Jahrbuch für Rechtssoziologie und Rechtstheorie XIII

Jahrbuch für Rechtssoziologie und Rechtstheorie

Herausgegeben in Verbindung mit
Erich Fechner, Arthur Kaufmann, Ulrich Klug, Niklas Luhmann,
Peter Noll (†), Heinrich Popitz, Manfred Rehbinder, Rüdiger Schott,
Paul Trappe

von Werner Maihofer und Helmut Schelsky (†)

Band XIII

Springer Fachmedien Wiesbaden GmbH

Gesetzgebungstheorie und Rechtspolitik

Herausgegeben von
Dieter Grimm und Werner Maihofer

Springer Fachmedien Wiesbaden GmbH

Ursprünglich erschienen bei Westdeutscher Verlag GmbH, Opladen 1988.

ISBN 978-3-531-12012-6 ISBN 978-3-663-14415-1 (eBook)
DOI 10.1007/978-3-663-14415-1

Dem Gedenken an

Peter Noll

gewidmet

Inhalt

Vorwort

Die Rechtswissenschaft versteht sich traditionell nicht in erster Linie als Wissenschaft von der Herstellung richtigen Rechts oder als Wissenschaft von der richtigen Herstellung des Rechts. Sie will vielmehr vor allem Wissenschaft vom richtigen Verständnis und der richtigen Anwendung des geltenden Rechts sein. Im Zentrum steht die Rechtsdogmatik. Rechtskritik und Gesetzesreform werden keineswegs gemieden, aber doch vorwiegend bei Gelegenheit der dogmatischen Behandlung des geltenden Rechts miterledigt. Als Teildisziplin der Rechtswissenschaft oder gar zum Ausbildungskanon gehörendes Lehrfach haben sich Gesetzgebungslehre und Rechtspolitik bis heute nicht etablieren können.

Allerdings läßt sich seit den siebziger Jahren ein zunehmendes Interesse an wissenschaftlich angeleiteter Rechtspolitik und Gesetzgebung beobachten, das seinen Grund in einer Veränderung der Staatstätigkeit hat. Der Übergang zur sozial-liberalen Koalition im Jahre 1969 war zugleich der Übergang von einer vorwiegend auf die Ordnung und Garantie bestehender gesellschaftlicher Verhältnisse bezogenen Politik zu vermehrter politischer Steuerung und Umgestaltung gesellschaftlicher Verhältnisse. Das hatte beträchtliche rechtspolitische Aktivitäten überwiegend verrechtlichender und nur teilweise deregulierender Natur, insgesamt jedenfalls eine ansteigende Gesetzesflut und eine stärkere Instrumentalisierung des Rechts sowie die zunehmende Verwendung finaler statt konditionaler Programmierung, auch Experimentier- und Zeitgesetze zur Folge.

Das wissenschaftliche Bemühen um Gesetzgebung, das mit diesem Wandel der politischen Verhältnisse einen gewissen Aufschwung nahm, war anfangs eher formaler Art. Es ging einerseits um Fragen der besseren Gesetzesformulierung im Sinne größerer Klarheit, Bindungskraft und Konsistenz, andererseits um eine Verbesserung des parlamentarischen Gesetzgebungsverfahrens, in dem die Hauptwurzel für die unbefriedigende Gesetzestechnik und -sprache erblickt wurde. Indessen läßt sich nicht feststellen, daß auf diesem Feld aufsehenerregende Fortschritte erzielt worden wären. Viel rechtspolitische Literatur der Zeit blieb aus heutiger Sicht ursachenfernes Lamento. Die verbreitete Skepsis gegenüber einer wissenschaftlich angeleiteten Rechtspolitik und Gesetzgebung fand sich vielfach bestätigt.

Inzwischen hat sich das Interesse merklich verlagert. Der Grund dafür liegt in den seither gemachten Erfahrungen mit dem Planungs- und Steuerungsstaat und seinem Werkzeug, dem interventionistischen Recht. Der relativ geringe Wirkungs- oder Durchsetzungsgrad zahlreicher Gesetze hat den Blick darauf gelenkt, daß die eigentliche rechtspolitische Problematik nicht in der Gesetzgebungstechnik und im parlamentarischen Verfahren, sondern in der Regelungsmaterie und in den politischen Rahmenbedingungen liegt. Daher rücken die

Fragen in den Vordergrund, inwieweit die Abläufe hochkomplexer Gesellschaften noch rechtlicher Steuerung zugänglich sind, welcher Rechtstyp dafür benötigt wird und wie der institutionelle Rahmen, etwa der Parteienstaat, die Möglichkeit rechtlicher Steuerung beeinflußt.

Fragen dieser Art stehen im Vordergrund des Bandes, der aus einer Tagung hervorgegangen ist, die im Herbst 1985 am Zentrum für interdisziplinäre Forschung der Universität Bielefeld stattfand und Vertreter verschiedener Disziplinen mit Praktikern aus dem legislativen Bereich zusammenführte. Der Tagung war kein vom Veranstalter ausformuliertes Programm, sondern nur der eben skizzierte Rahmen vorgegeben. Die eingeladenen Wissenschaftler und Praktiker waren aufgefordert, sich mit einem Beitrag ihrer Wahl in diesem Rahmen anzusiedeln. Die Heterogenität, die bei einem solchen Verfahren einkalkuliert werden muß, hat sich im Endeffekt als erfreulich gering erwiesen. Die größtenteils im Licht der Diskussion überarbeiteten Vorträge werden hier einem weiteren Kreis zugänglich gemacht.

Dieter Grimm

Charles-Albert Morand

Die Erfordernisse der Gesetzgebungsmethodik und des Verfassungsrechts im Hinblick auf die Gestaltung der Rechtsvorschriften

Seit der (Wieder-)Entdeckung der Gesetzgebung als zentralisierter Modus der menschlichen Verhaltensweisen haben wir einem paradoxen Phänomen beigewohnt. Die Juristen spielen, zumindest bei den Behörden, eine ausschlaggebende Rolle bei der Vorbereitung der Gesetzgebung. Dagegen verfügen sie über keinerlei methodischen Leitfaden für ihr Handeln. Die Rechtsdoktrin hat einen bedeutenden Erkenntniskorpus im Hinblick auf die Auslegung und Anwendung der Rechtsvorschriften zusammengestellt. Bis in jüngster Zeit hat sie sich aber für die Methoden, die auf die Gestaltung der Rechtsvorschriften anwendbar sind, nicht interessiert. Den Juristen ist daran gelegen, sich ihre bevorrechtete Rolle bei der Abfassung der Rechtsvorschriften zu bewahren. Sie haben aber so gut wie nichts getan, um Methoden zu entwickeln, die als Richtschnur für ihr Handeln dienen könnten.

Diese paradoxale Situation erklärt sich aus der Stellung, die der Gesetzgebung gegenüber ihrer Anwendung eingeräumt wird. Die Gestaltung der Rechtsvorschriften wird als ein rein politischer Prozeß betrachtet, die Auslegung und Anwendung der Normen dagegen als ein rein juristischer Prozeß. Das Recht regelt durchaus das Verfahren der Gesetzgebungsgestaltung. Bis in jüngster Zeit enthielt es keinerlei Vorschrift, die auf die Optimierung der Gesetzesabfassung gerichtet war. Zumindest zwei Faktoren erklären diese Situation. Zum einen wurde die Gesetzgebung in der Linie des Gesellschaftsvertrages als ein Willensausdruck betrachtet, der seine Legitimation daraus bezieht, daß er das Ergebnis eines demokratischen Prozesses darstellt. Sie wurde nicht als ein Erkenntnisakt konzipiert, der durch seine Qualität oder durch die Ergebnisse, die sie zeitigen dürfte, legitimiert würde. Das Gesetz ist Ausdruck des Gemeinwillens. Daraus hat man ursprünglich das Hauptattribut der Souveränität gemacht. In dieser Konzeption ist das Gesetz ein freier Akt, der zwar gewisse Verfahrensvorschriften, aber keine Gebote beachten muß, die es ermöglichen, die Ergebnisse der Handlung zu optimieren. Noch ein zweiter Faktor hat sich ausgewirkt. Das Recht verfügt über keinen auf die Gesetzgebung übertragbaren Begriffsapparat. Die Auslegungsmethoden, die dazu dienen, die Bedeutung einer zuvor aufgestellten Norm zu bestimmen, können für eine schöpferische Tätigkeit, die nicht mit der Anwendung von in der Verfassung enthaltenen Bestimmungen gleichgesetzt werden darf, nicht herangezogen werden.

Es gibt jedoch Anhaltspunkte dafür, daß sich hier eine Änderung anbahnt. In den Ländern, die eine geschriebene Verfassung besitzen und eine Kontrolle der Verfassungsmäßigkeit kennen, ist die Tätigkeit des Gesetzgebers nicht völlig frei, sondern hat innerhalb gewisser Grenzen zu erfolgen. Bestimmte Verfassungsrechte oder -grundsätze, wie die Gleichheit vor dem Gesetz oder das Prinzip der Verhältnismäßigkeit, implizieren, daß der Gesetzgeber nicht machen kann, was er will, sondern sich Mindestregeln der Rationalität zu unterwerfen hat. Die geistreiche Bemerkung über das englische Parlament ist nur auf eine beschränkte Zahl von Ländern anwendbar. Es kann ein zusätzlicher Schritt getan werden. Der Verfassungsrichter, dem bewußt ist, wie schwer die Begründungen einer Gesetzgebung in der Realität oder die Verhältnismäßigkeit der Mittel in bezug auf einen Zweck zu kontrollieren sind, kann dem Gesetzgeber die Beachtung gewisser Grundsätze der Gesetzgebungsmethodik vorschreiben und sich über eine Erhöhung der Transparenz der Gesetzgebungsprozesses eine leichtere Kontrolle der Tätigkeit des Gesetzgebers verschaffen. Genau das hat das deutsche Bundesverfassungsgericht getan.[1] Wenn es zu dieser Lösung gelangt ist, so deshalb, weil sich in Deutschland die Gesetzgebungsmethodik in den letzten fünfzehn Jahren dank den von den Sozialwissenschaften geleisteten Fortschritten weiterentwickelt hat. In der deutschsprachigen wissenschaftlichen Gemeinschaft handelt es sich dabei um eine neue Disziplin, die, obwohl sie sich noch in der Entwicklung befindet, ein breites Erkenntnisspektrum bietet.[2] Der Kontrast zu anderen Bereichen der Rechtskultur ist frappierend.[3]

Das Vordringen gewisser Erfordernisse der Rationalität und der Gesetzgebungsmethodik in das Recht wirft, wie man sich vorstellen kann, eine Reihe von Problemen auf. Es wird kritisch zu prüfen sein, in welcher Weise die Verfassungsgerichte diese Erfordernisse vorgesehen haben, und man wird sich Gedanken über den Inhalt dieser Erfordernisse machen und herausfinden müssen, welche staatlichen Organe am besten geeignet sind, ihnen Beachtung zu verschaffen.

Die Einbeziehung sozialwissenschaftlich abgeleiteter Gebote in das Recht setzt voraus, daß bestimmt wird, ob die Sozialwissenschaften in der Lage sind, die zum Ausdruck gebrachten Erwartungen zu erfüllen.

Die Tatsache, daß diese Gebote Gegenstand eines rechtlichen "Sein-Müssens" sein können, wirft ferner epistemologische Probleme auf, die mit dem Zusammentreffen zweier getrennter normativer Ordnungen zusammenhängen.

A. Die Erfordernisse der Gesetzgebungsmethodik

Die Gesetzgebungsmethodik ist Teil der Gesetzgebungswissenschaft, die darauf gerichtet ist, ein methodisches Vorgehen im Hinblick auf die Ausarbeitung rechtlicher Normen zu entwickeln. Sie beruht auf einer Zerlegung der Arbeitsgänge, die zur Annahme von gesetzlichen Normen in mehreren Phasen führen, auf der an der Kybernetik orientierten Gestaltung des Prozesses und auf der Aufstellung methodologischer Gebote, die auf die einzelnen Sequenzen, die der analytischen Zerlegung des Prozesses entsprechen, anwendbar sind. Die Hauptphasen sind:

1) das Auftreten eines Problems;
2) die Bestimmung dieses Problems anhand einer Analyse der Spannung, die zwischen den Wünschen einer Gesellschaft und dem Verhalten ihrer Mitglieder besteht;
3) die Festsetzung der Ziele;
4) die Analyse der Fakten in Beziehung zum Bereich der in Aussicht genommenen Rechtsvorschriften;
5) der Entwurf von Alternativlösungen einschließlich einer Untersuchung der Mittel zur Verfolgung bestimmter Zwecke;
6) die vorausschauende Bewertung der Geeignetheit dieser Mittel, die angestrebten Zwecke zu realisieren;
7) die Wahl der Mittel;
8) die rückschauende Bewertung der gewählten Lösung und schließlich, als neuer Zyklus, die Anpassung der Mittel an die verfolgten Finalitäten, sofern diese nicht selbst einer Transformation bedürfen.[4)]

Die Gesetzgebungsmethodik erstreckt sich nur auf den rationalen Teil des Prozesses. Sie ist somit nicht darauf gerichtet, anzuzeigen, welches die richtigen Finalitäten, die richtigen Gesetze sind, denn sonst wäre sie nicht wissenschaftlich, sondern ideologisch.[5)] Sie kann dagegen kundtun, daß im Hinblick auf gewisse Finalitäten bestimmte Mittel zu deren Verwirklichung geeignet sind oder nicht. Sie erstreckt sich nicht auf die Werte, sie ist keine Axiologie. Sie kann dagegen die Kohärenz der Werte sowie die Artikulierung der Endwerte und der instrumentalen Werte testen.[6)]

Es kann hier nicht darum gehen, anzuzeigen, welche Methoden auf die einzelnen Stufen des Gesetzgebungsprozesses anwendbar sind. Dazu wird man auf die vorhandenen Lehrbücher zurückgreifen müssen, die mehr oder weniger glücklich eine jeder einzelnen Stufe angemessene Methodologie entwickelt haben. Da es sich um eine höchst neue Disziplin handelt, ist offenkundig, daß diese Methoden verfeinert werden können und im Laufe der Zeit immer größere Wirksamkeit erlangen werden.

B. Die rechtlichen Erfordernisse

Obwohl die Gesetzgebung von Anfang an im Gegensatz zum Gewohnheitsrecht als ein rationaler Vorgang der Benehmensformen, der menschlichen Verhaltensweisen[7)] konzipiert wurde, unterlag der Gesetzgeber sehr lange Zeit hindurch keinen Vorschriften im Hinblick auf die Rationalität seines Handelns.

Vorbehaltlich der Beachtung der Verfassungsvorschriften wurde die Tätigkeit des Gesetzgebers als frei betrachtet. Keine formelle Vorschrift sieht vor, daß der Gesetzgeber sich bei der Analyse des Sachverhalts, der einer Rechtsvorschrift zugrunde liegt, und bei der Bestimmung der Mittel zur Verwirklichung der angestrebten politischen Finalitäten rational zu verhalten hat. Das demokratische Prinzip impliziert, daß das höchste Organ, das Parlament in einer repräsentativen Demokratie, das Volk in einer unmittelbaren Demokratie, frei bestimmt. Wenn die Mehrheit beschlossen hat, spielt es keine Rolle, ob sie widersprüchliche Ziele verfolgt und ob die Mittel den Zwecken angepaßt sind. Diese Situation, die dem Leitbild von der internen Souveränität entspricht und im 19. Jahrhundert vorherrschte, hat sich jedoch in den Ländern mit geschriebener Verfassung gewandelt. Nur Großbritannien ist weiterhin der Vorstellung von einem im Innern des Landes absoluten Souverän verhaftet, der durch das gemeinsame Handeln von Parlament und Königin wirkt.[8)] Die Verfassungen haben dem Handeln des Souveräns schrittweise Grenzen gesetzt, auch wenn nicht alle ein wirksames System zur Kontrolle der Verfassungsmäßigkeit eingeführt haben. Die genannten Grenzen betreffen zwar nicht unmittelbar die Tätigkeit des Gesetzgebers, sondern die Beachtung von Verfahren und Werten, die sich im wesentlichen aus den Grundrechten ergeben.

Einige der in der Verfassung zum Ausdruck gebrachten Werte implizieren indessen Rationalitätserfordernisse. Die Gleichheit vor dem Gesetz, das Verbot der Willkür und das Prinzip der Verhältnismäßigkeit sind ungeachtet dessen, ob sie im Rahmen der Ausübung eines Grundrechts oder als eigenständige Verfassungsgrundsätze wirken, Vorschriften, die dem primären Gesetzgeber ein Mindestmaß an Rationalität auferlegen. Wir beschränken uns hier auf eine Analyse der verfassungsmäßigen Erfordernisse. Es liegt indessen auf der Hand, daß der sekundäre Gesetzgeber, der auf dem Verordnungswege handelt, noch viel strengeren Rationalitätserfordernissen unterliegt und daß die Verwaltungsgerichte die Beachtung dieser Erfordernisse schärfer kontrollieren als ein Verfassungsgericht.

Wenn das Erfordernis eines Mindestmaßes an Rationalität für das Handeln des Gesetzgebers in allen Systemen auftritt, in denen eine Kontrolle der Verfassungsmäßigkeit gewährleistet ist, so stehen den Verfassungsgerichten zwei Wege offen. Der erste und geläufigste, dessen Typus die Schweiz verkörpert, besteht für das Verfassungsgericht darin, selbst zu prüfen, ob das Gesetz die vorgesehenen Bedingungen erfüllt. In diesem System prüft das Gericht selbst nach, ob ein Gesetz eine ausreichende Begründung in der Realität findet und ob die eingesetzten Mittel zur Erreichung der gesteckten Ziele geeignet sind. Das Gericht schreibt nicht die Anwendung von Grundsätzen der Gesetzgebungsmethodik vor, sondern ahndet Ergebnisse, die im Grunde auf die Anwendung einer falschen Methodik zurückzuführen sind. Die vom deutschen Bundesverfassungsgericht gewählte Lösung sieht anders aus. Ohne völlig darauf zu verzichten, die Beachtung eines Minimums an Rationalität vorzuschreiben, hat es sich in bestimmten Fällen darauf beschränkt, unmittelbar die Einhaltung gewisser wesentlicher Grundsätze der Gesetzgebungsmethodik aufzuerlegen und die fehlerhafte Anwendung dieser Grundsätze zu ahnden. Diese Haltung erklärt sich daraus, daß ein Verfassungsgericht tatsächlich nicht in der Lage ist, die vom Gesetzgeber geleistete Arbeit nachzuprüfen, was sich in äußerster Zurückhaltung bei seiner Kontrolle der Gesetzgebertätigkeit niederschlägt. Anstatt einen unmöglichen Auftrag schlecht auszuführen, lockert das deutsche Bundesverfassungsgericht lieber seinen Griff in bezug auf die materielle Kontrolle der Rationalität der Gesetze, um seine Anstrengungen auf die förmliche Kontrolle der auf den Gesetzgebungsprozeß gerichteten methodischen Grundsätze zu konzentrieren.

In der Schweiz schreiben verschiedene Verfassungsrechte oder -grundsätze dem Gesetzgeber ein Minimum an Rationalität vor. Die Gleichheit vor dem Gesetz, die sich im Normalfall mit dem Verbot der Willkür deckt und Diskriminierungen oder ungerechtfertigte Gleichstellungen untersagt, legt den kleinsten gemeinsamen Nenner der gesetzgeberischen Rationalität fest. "Ein Gesetzgebungserlaß steht im Widerspruch zu Artikel 4 des schweizerischen Bundesgesetzbuchs, wenn es ihm an einer objektiven, soliden Grundlage mangelt, wenn er sinn- und zwecklos ist oder rechtliche Unterscheidungen trifft, die keine angemessene faktische Rechtfertigung finden".[9] Es wird somit ein Minimum an Rationalität gefordert. Wie ein Verfasser feststellen konnte, "reicht es nicht, daß eine Rechtsnorm unzweckmäßig erscheint, um als willkürlich bezeichnet zu werden; sie muß vielmehr in jeder Hinsicht vernunftwidrig sein".[10] In dieser engen Konzeption der Willkür erlegt sich der Richter sehr große Zurückhaltung auf. Er vermeidet es nach Möglichkeit, "die Ansichten der Gesetzgebungs- oder Exekutivbehörden, die Rechtsnormen erlassen haben, durch seine eigenen zu ersetzen".[11]

Der Grundsatz der Verhältnismäßigkeit[12] enthält, wenn er sich an liberalen Werten orientiert, mehrere Erfordernisse im Hinblick auf die Rationalität der Handlung des Gesetzgebers. In mindestens zweien seiner Komponenten impliziert der Grundsatz der Verhältnismäßigkeit eine Realitätsprüfung oder zumindest eine Abschätzung der Auswirkungen, die eine Maßnahme auf diese Realität haben kann. Aufgrund der Vorschrift der Geeignetheit[13] muß eine Maßnahme imstande sein, die vom Gesetz angestrebten Wirkungen zu zeitigen. Der Richter muß beim Befinden über diese Angemessenheit eine Beurteilung der Auswirkungen des Gesetzes vornehmen. Bei einer abstrakten Kontrolle der Normen muß er sich an die Stelle des Gesetzgebers versetzen und eine vorausschauende Beurteilung der Auswirkungen vornehmen. Im Falle einer konkreten Kontrolle fragt es sich, ob er es damit genug sein lassen soll oder ob er nicht vielmehr eine rückschauende Beurteilung der Auswirkungen vornehmen muß.

Die Vorschrift der Erforderlichkeit[14], die impliziert, daß unter verschiedenen Maßnahmen diejenigen gewählt werden, die am mildesten sind und die

Freiheit am wenigsten einschränken, setzt eine komplexe Analyse der verschiedenen Alternativlösungen und ihrer vorhersehbaren Auswirkungen auf die Realität voraus.

Die Vorschrift der Verhältnismäßigkeit im engen Sinne, die im Grunde darauf hinausläuft, die auf dem Spiel stehenden öffentlichen und privaten Interessen miteinander zu vergleichen, scheint zwar auf den ersten Blick bloß auf einen Wertvergleich gerichtet, weist jedoch auf eine Analyse der Realität hin, denn diese beiden Interessentypen werden von realen Situationen bestimmt.[15] Um nur ein Beispiel zu nennen: das öffentliche Interesse, das dem Verbot der Nachtarbeit zugrunde liegt, impliziert eine komplexe Analyse der Auswirkungen dieser Art von Arbeit auf die Gesundheit der Arbeitnehmer, auf das Familienleben usw.

Zieht man eine provisorische, nicht erschöpfende Bilanz aus den Realitätsanalysen, die der Richter anzufertigen hätte, um sich der Beachtung einiger Verfassungsgrundsätze zu vergewissern, und hält man sich die sehr beschränkten Mittel für eine soziologische Untersuchung der Realität vor Augen, die dem Verfassungsrichter zur Verfügung stehen, so begreift man, warum das Bundesverfassungsgericht einen anderen Weg gewählt hat. Anstatt selbst eine Realitätsuntersuchung und Bewertungen vorzunehmen, zu denen es sich nicht imstande sieht, hat es sich damit begnügt, dem Gesetzgeber gewisse Erfordernisse der Gesetzgebungsmethodik vorzuschreiben und ihre Beachtung zu kontrollieren. Im Bewußtsein der Grenzen, die ihm seine Inkompetenz setzt, hat es sich in die Lage versetzt, wirklich das zu tun, was es vorhatte, nämlich die Begründung einer Maßnahme in einer komplexen Realität zu prüfen und die Auswirkungen einer Maßnahme auf eine ebenfalls komplexe Realität zu beurteilen.

Unter Zugrundelegung der Studie von Gusy[16] können wir die vier Grundsätze der Gesetzgebungsmethodik zusammenfassen, die vom Bundesverfassungsgericht für den Gesetzgeber herausgearbeitet worden sind.

1) Die Verpflichtung zur Feststellung der Tatsachen

Das Verfassungsgericht hat dem Gesetzgeber die Verpflichtung auferlegt, sämtliche Fakten im Zusammenhang mit der in Aussicht genommenen Rechtsvorschrift zu untersuchen. Dieses Erfordernis impliziert einen wissenschaftlichen Ansatz im Hinblick auf die Analyse komplexer wirtschaftlicher oder sozialer Phänomena. Dem Gericht zufolge muß sich der Gesetzgeber auf dem laufenden über den Stand der Methoden der empirischen soziologischen Forschung und der Statistik halten. Im Urteil über die Mitbestimmung hat das Gericht gewisse Mittel zur Erfüllung der vorgesehenen Erfordernisse angegeben.[17] Es kann beispielsweise ein Fachausschuß eingesetzt und damit betraut werden, die faktischen Daten unter politischem, wirtschaftlichem und rechtlichem Gesichtspunkt zu untersuchen. Es kann auch eine umfassende Anhörung im Rahmen des parlamentarischen Verfahrens vorgenommen werden.

2) Die Verpflichtung zur Beurteilung der Daten und der Alternativen

Aufgrund der Vielschichtigkeit der sozialen Frage muß der Gesetzgeber die faktischen Daten systematisch aufgliedern und beurteilen. Er muß ferner Regelungsalternativen aufstellen und die optimale Alternative nach Maßgabe der eingeholten Daten wählen.

3) Die Verpflichtung zu einer vorausschauenden Beurteilung

Der Gesetzgeber muß die vorhersehbaren Auswirkungen eines Gesetzes beurteilen, indem er sich bemüht, die abwegigen Auswirkungen ans Licht zu bringen. Die Mutmaßungen müssen sorgfältig belegt und plausibel sein. Das Wesentliche des Erfordernisses dürfte in der Transparenz der Analyse bestehen, die so zu erstellen ist, daß das Verfassungsgericht in völliger Kenntnis der Sachlage über die Mutmaßungen befinden kann.

4) Die Verpflichtung zur Beobachtung und Korrektur von Rechtsvorschriften

Die Verpflichtung, eine Rechtsvorschrift zu korrigieren, wenn sie andere als die vorgesehenen Auswirkungen und vor allem solche zeitigt, die ein Grundrecht gefährden könnten, wurde im Kalkar- und im Mitbestimmungsurteil deutlich festgelegt und danach regelmäßig bestätigt.[18)] Die Verpflichtung, ein Gesetz nach Maßgabe seiner tatsächlichen Auswirkungen zu korrigieren, impliziert die Verpflichtung, in regelmäßigen Abständen die Wirkungsweise eines Gesetzes zu kontrollieren. Die Verpflichtung zu einer rückschauenden Beurteilung, auch wenn sie vom Gericht nicht ausdrücklich genannt worden ist, ergibt sich somit implizit aus dessen Rechtsprechung. Die Beachtung dieser beiden Verpflichtungen wirft Verfahrensprobleme im Rahmen der Verfassungsklage auf. Es ist nämlich nicht ersichtlich, wie eine Verpflichtung angefochten werden könnte, die sich auf das nach der Gesetzesverkündung erfolgende parlamentarische Verfahren bezieht.[19)] Es darf jedoch nicht außer acht gelassen werden, daß diese Erfordernisse des parlamentarischen Verfahrens mit sachlichen Erfordernissen verbunden sind. Man könnte infolgedessen meinen, daß es, wenn das Parlament sich weigert, eine rückschauende Beurteilung vorzunehmen oder das Gesetz nach Maßgabe der erzielten Ergebnisse zu ändern, genügt, das Auftreten verfassungswidriger Auswirkungen wahrscheinlich zu machen, um die Anerkennung der Verfassungswidrigkeit im Rahmen einer Klage im Ausnahmeweg zu erreichen. Der Vorteil dieser Lösung besteht darin, daß das Gericht zur Sache befinden kann, ohne selbst eine rückschauende Beurteilung, zu der es ganz offensichtlich nicht imstande ist, vornehmen zu müssen.

C. *Die Rolle der verschiedenen öffentlichen Stellen im Hinblick auf die Beachtung der Grundsätze der Gesetzgebungsmethodik*

Mit der Forderung, daß die Rechtsvorschriften eine gewisse Übereinstimmung mit der Realität aufweisen und die gewählten Instrumente die Erreichung der vorgesehenen Finalitäten ermöglichen müssen, erlegt man den verschiedenen öffentlichen Stellen Pflichten auf, die sie nicht alle mit gleichem Erfolg erfüllen können. Das liegt daran, daß ihre Zusammensetzung, ihr Aufbau, ihre Arbeitsweise und die Zeit, über die sie für eine Entscheidung verfügen, sehr unterschiedlich sind.

1) Die Rolle des Verfassungsrichters

In der schweizer Konzeption nimmt der Richter selbst die sachliche Kontrolle der im Anschluß an den Gesetzgebungsprozeß erzielten Ergebnisse vor; er befindet selbst über die Realitätsbegründung einer Rechtsvorschrift und über die Geeignetheit bestimmter Mittel, gewisse Auswirkungen auf die Realität zu zeitigen. Man stellt sofort fest, daß der Verfassungsrichter ganz und gar außerstande ist, das, was er vorhat, wirklich und ernsthaft zu tun. Er verfügt weder über das erforderliche Personal noch über die beruflichen Fähigkeiten noch über die Zeit, derartige Kontrollen durchzuführen. Deshalb sieht man ihn zwischen einer aggressiven, aber inkohärenten Haltung und einem laxen Verhalten schwanken. Dies wird treffend veranschaulicht durch die Haltung, die das Schweizer Bundesgericht eingenommen hat, als es darüber zu entscheiden hatte, ob die steuerliche Veranlagung von Ehepaaren gegenüber der Veranlagung von im Konkubinat zusammenlebenden Personen auf der einen und der Veranlagung von Personen, die unverheiratet und nicht im Konkubinat zusammenleben, auf der anderen Seite mit dem Grundsatz der Gleichheit vor dem Gesetz vereinbar ist.[20)] Um die Bedeutung des Konkubinats zu bestimmen, ist es darauf angewiesen, sich auf einen einzigen Zeitungsartikel zu verlassen, demzufolge in der Schweiz angeblich 100.000 Paare "in wilder Ehe" zusammenleben.[21)]

Bei der Einschätzung der Bedeutung der zweiten Gruppe macht es sich nicht einmal die Mühe, seine Haltung zu begründen, so daß es ohne einen Beweisansatz behaupten kann, daß es sich um eine Randgruppe handelt. Man stellt bestürzt fest, daß ein so unzureichender Kenntnisstand dem Bundesgericht als Grundlage für die Feststellung hat dienen können, daß das derzeitige System der steuerlichen Veranlagung der Paare in den meisten steuerlichen Vorschriften verfassungswidrig ist. Die Laxheit ist dagegen vollkommen, wenn das Bundesgericht den Versuch unternimmt, die Steuerlast zu bestimmen, die verheirateten Paaren unter Berücksichtigung der Einsparungen, die einem solchen Paar im Vergleich zu zwei Unverheirateten möglich sind, berechtigterweise auferlegt werden kann. In Anbetracht des Umstands, daß diesbezüglich nur inadäquate oder überholte Statistiken verfügbar sind, vertritt das Bundesgericht die Auffassung, daß der Gesetzgeber damit über ausgedehnte Ermessensfreiheit verfüge und infolgedessen anhand politischer Kriterien befinden könne.[22)] Die zweitgenannte Haltung ist genauso kritisierbar wie die erstgenannte, denn sie prämiert die Nachlässigkeit des Gesetzgebers. Zwischen diesen gleichermaßen kritisierbaren Haltungen ist Platz für eine Zwischenposition. Und diesen Weg hat das deutsche Bundesverfassungsgericht eingeschlagen.

Indem es auf die materielle Kontrolle verzichtet, um sich auf das Vorschreiben und Kontrollieren der Beachtung von in gewisser Weise prozeduralen Grundsätzen der Gesetzgebungsmethodik zu beschränken, vermeidet es, selbst Fakten zu ermitteln, die es nicht kennen kann, verschafft sich dadurch aber eine optimale Kontrolle der Rationalität der Gesetzgebungsmaßnahmen. Die Zurückhaltung ist vollauf gerechtfertigt, weil es sich um eine Instanz handelt, deren Befugnisse auf die Kassation beschränkt sind. Wenn sie sich bei der Feststellung der Tatsachen an die Stelle des Gesetzgebers setzte, so würde sie ganz offensichtlich den Aufgabenbereich verlassen, der ihr von der Verfassung zugewiesen ist. Eine so auf die Entscheidung der Rechtsfragen eingeengte Instanz hat nicht die von den unteren Instanzen festgelegten Tatsachen zu überprüfen und sich a fortiori nicht an die Stelle des Gesetzgebers bei der Feststellung der einem Gesetz zugrunde liegenden Fakten zu setzen. In beiden Fällen kann sie Erfordernisse im Hinblick auf die Feststellung der Tatsachen dadurch geltend machen, daß sie die Verwendung angemessener Methoden vorschreibt. Sie hat diese aber nicht selbst aufzustellen. Da ihr die Ausstattung fehlt, um die Fakten der Rechtssache zu ermitteln, eignet sich eine Kassationsinstanz ganz und gar nicht zu der überaus komplexen Tätigkeit der Ermittlung der Tatsachen, die die Optionen des Gesetzgebers bedingen.

2) Die Rolle des Parlaments und des Volkes

Man kann sich fragen, ob die gleichen Einwände nicht auch im Hinblick auf die Tätigkeit des Parlaments und des Volkes erhoben werden können. Es ist geltend gemacht worden, daß weder die Verfassung noch das Gesetz von den Abgeordneten die zur Beachtung der Grundsätze der Gesetzgebungsmethodik erforderlichen Kenntnisse verlange und daß das Parlament nicht über angemessene Dienste zur Beachtung derartiger Grundsätze verfüge.[23)] In grundlegender Hinsicht wurde die Auffassung vertreten, daß das Gesetzgebungsverfahren ein Entscheidungsprozeß und nicht ein verbesserungsfähiger Erkenntnisprozeß sei.[24)]

Die Argumente sind in einer semidirekten Demokratie im Hinblick auf die Tätigkeit des Volkes von entscheidender Bedeutung. Wenn Bürger auf Kantonsebene eine Volksinitiative in Form eines ausgearbeiteten Entwurfs einbringen, so kann von ihnen nicht die Einhaltung von Grundsätzen der Gesetzgebungsmethodik verlangt werden. Sie sind in keiner Weise verpflichtet, das von ihnen gestellte Begehren zu begründen. Die vorbereitenden Arbeiten hinterlassen keine Spur. Eine Überprüfung des Gesetzgebungsverfahrens a posteriori ist somit ausgeschlossen. Eine Verfassung, die vorsieht, daß das Gesetzgebungsverfahren von einem Teil der stimmberechtigten Bürger veranlaßt werden kann, stellt das demokratische Prinzip über andere Werte, z.B. diejenigen, die man allgemein mit der Bezeichnung Rechtsstaat ausdrückt. Das Gesetz ist in diesem Sinne ein reines Gebot, ein bloßes fiat, der Wille des Fürsten. Es ist kaum Platz für Rationalitätserfordernisse, die als integrierender Bestandteil der Beachtung der Grundrechte konzipiert sind. Da das Volk seine Entscheidungen nicht begründet, stößt die gerichtliche Nachprüfung seiner Tätigkeit auf besondere Schwierigkeiten. Dies wird ganz offensichtlich, wenn es darum geht, die Volksentscheidungen individueller Art, die sich beispielsweise auf die Nichtersetzung der Beamten[25)] beziehen, und – in anderem Rahmen – die Entscheidungen eines Laiengerichts zu überprüfen.

Das parlamentarische Verfahren weist Analogien, aber auch tiefgreifende Unterschiede auf. Das Parlament ist ein großes Organ, das ebenfalls nicht verpflichtet ist, die Gesetzgebungsentscheidungen zu begründen. In den meisten Ländern verfügt es nicht über eine Verwaltungsbehörde, die in der Lage wäre, die Nachforschungen anzustellen, die die Grundsätze der Gesetzgebungsmethode implizieren. Hier endet jedoch der Vergleich. Die Parlamentsarbeit hinterläßt Spuren. Die Fakten und Vermutungen, die bei der Gesetzesbeschließung berücksichtigt worden sind, lassen sich also überprüfen. Die Parlamentsausschüsse haben völlig freie Hand, Sachverständige zu Rate zu ziehen, um ihre Information zu vervollständigen und Entscheidungen zu treffen, die ein gewisses Maß an Rationalität aufweisen. Das Parlament hat vor allem die Möglichkeit, von der Regierung zu verlangen, daß sie ihm alle zweckdienlichen Auskünfte erteilt und die Nachforschungen anstellt, die den Erfordernissen der Gesetzgebungsmethodik genügen. Wie ersichtlich, wird sich das Parlament – wie die Gerichte – in den meisten Fällen damit begnügen müssen, von der Regierung eine transparente Auskunft zu verlangen. Man wohnt so nach und nach einer Abwälzung der Verantwortlichkeit für die Beachtung gewisser Grundsätze der Gesetzgebungsmethodik bei: von den Gerichten auf das Parlament, vom Parlament auf die Regierung, ja auf die Verwaltungsbehörden. Die Funktion des Parlaments verwandelt sich – und dies gilt für den Großteil seiner Tätigkeiten – in eine Kontrollfunktion.

Gewiß wurde empfohlen, das Parlament möge sich mit eigenen Diensten ausstatten, die in der Lage sind, die Grundsätze der Gesetzgebungsmethodik anzuwenden.[26] Diese Lösung, die als ideal erscheint, wenn man die traditionellen Vorrechte des Parlaments achten will, wird in den meisten Ländern auf ein größeres Hindernis stoßen, das in der Bildung von zwei parallelen, konkurrierenden Verwaltungsbehörden besteht. Man kann sich nicht recht vorstellen, wie das Parlament eine unabhängige Verwaltungsbehörde leiten soll. Dies trifft ganz besonders auf Länder wie die Schweiz zu, in denen es noch ein Milizparlament gibt. Die Schaffung einer neuen, dem Parlament zugeordneten Verwaltungsbehörde, die angesichts des Umfangs der Aufgabe eine beträchtliche Größe haben müßte, hat wenig Aussichten, sich auf politischer Ebene zu realisieren. In einer allgemeinen Atmosphäre der Deregulation und in einer Zeit, in der allenthalben Slogans von weniger Staat sprießen, wird die Schaffung einer vollkommen neuen Verwaltungsbehörde auf unüberwindbare psychologische Hindernisse stoßen.

3) Die Rolle der Regierung und der Verwaltung

Letztlich ist es diese Ebene, auf der die von den Gerichten und dem Parlament formulierten Reihenerfordernisse schrittweise erfüllt werden könnten. Jedem Ministerium und in seinem Innern jeder Fachverwaltung müßte die letzte Verantwortlichkeit für die Beachtung der Erfordernisse der Gesetzgebungsmethodik übertragen werden. Die Rationalisierung, die von Erfordernissen im Hinblick auf die Beachtung der Grundrechte herrührt, hätte somit paradoxerweise zur Folge, daß die Verantwortlichkeiten auf die Ebene der Technokratie verlagert würden. Diese Konsequenz überrascht indessen nicht. In dem Maße, wie die Erfordernisse des Staates einen rationalen, wissenschaftlichen Ansatz zur Lösung der Probleme implizieren, ist die Verlagerung der letzten Verantwortlichkeiten auf die Ebene der Technokratie lediglich die institutionelle Umsetzung der aufgestellten materiellen Erfordernisse. Die Folgen dieser Verlagerungen sind tiefgreifend. Man kann erkennen, wie sich filigrangleich eine neue Machtkarte abzeichnet. An einem Ende die Demokratie als freier Ausdruck der Wünsche einer Gesellschaft, die ihre Legitimation aus den Wahlen und der Akklamation bezieht. An einem anderen Ende der Rechtsstaat, die rationale und gesetzliche Gewalt im weberschen Sinne, die von der Bürokratie ausgeübt wird und ihre Legitimation letztlich aus der wissenschaftlichen Erkenntnis bezieht. In freudschen Begriffen ausgedrückt, kann man sagen: die Welt des "Es", der Kessel der Wünsche einer Gesellschaft, und die Welt des "Ich" als Verbindungsinstanz zur Welt. Auf der einen Seite das unendliche Vergnügen des Gesetzgebens, das Carbonnier als die gesetzgeberischen Triebe[27] bezeichnet, auf der anderen der Realitätsgrundsatz als Instanz zur Kontrolle der Gesetzgebungslibido.

D. *Was von den Sozialwissenschaften erwartet werden kann*

Indem es die Beachtung gewisser Grundsätze der Gesetzgebungsmethodik vorschrieb, anstatt eine materielle Prüfung vorzunehmen, zu der es ganz offensichtlich ungeeignet ist, hat das deutsche Bundesverfassungsgericht den einzig möglichen Weg gewählt, um das Sagen und das Tun in Einklang zu bringen. Man kann sich indessen fragen, ob es den Beitrag, der von den Sozialwissenschaften erwartet werden kann, nicht übertrieben hat.

Wenn man der Meinung ist, daß die Gesetzgebungsbefugnis rationalisiert werden kann, so darf man nicht in eine naive Wissenschaftsgläubigkeit verfallen. Die Sozialwissenschaften sind trotz der in den letzten zwanzig Jahren erzielten Fortschritte nicht imstande, mit Gewißheit sämtliche Fragen zu beantworten, die man dank ihrem Beitrag lösen zu können vermeint. Die Ungewißheit schwankt indessen je nach der Art der aufgeworfenen Fragen. Die Verhaltensweisen sind leichter zu analysieren als die Ursachen, die sie bewirken. Die Erforschung der Vergangenheit stößt auf weniger Hindernisse als das Voraussehen der Zukunft.

Betrachtet man noch einmal die einzelnen weiter oben beschriebenen Etappen der Gesetzgebungsmethodik, so lassen sich die Leistungen, die berechtigterweise von den Sozialwissenschaften und anderen damit zusammenhängenden Disziplinen wie der Logik erwartet werden können, in groben Zügen darstellen. Die Analyse des Auftretens eines Problems (Phase 1) erscheint, zumindest auf den ersten Blick, als am einfachsten. Es genügt, die Äußerungen von Unzufriedenheit, die sich in der Gesellschaft offenbaren, und die Übertragung dieser Unzufriedenheit auf dem Wege durch die institutionellen Kanäle zu beschreiben. Die Bestimmung des Problems (Phase 2) ist schwieriger in bezug auf die Formulierung. Die Wünsche nach Veränderung, die in einer Gesellschaft offenbar werden, sind häufig widersprüchlich und mangelhaft artikuliert. Sie können von einer ungenügenden Unterrichtung über eine tatsächliche Gegebenheit herrühren und sich infolgedessen im Laufe des Gesetzgebungsprozesses aufgrund der materiellen Daten, die zusammengetragen werden können, ändern. Die Analyse des Verhaltens ist eines der privilegierten Ziele der Sozialwissenschaften. In dieser Hinsicht sind die Grenzen eher materieller Art: Zeitdruck, finanzielle Zwänge. Will man darüber hinaus die Ursachen dieses Verhaltens analysieren, so stößt man auf grundlegendere Hindernisse, die in den sozialwissenschaftlichen Werken beschrieben sind. Sie rühren von der Vielzahl der Ursachen her, die die zweckgerichteten Handlungen bestimmen. Sie ergeben sich ferner aus der Tatsache, daß die Aktoren sich beim Ergreifen der zur Erreichung eines Zwecks am besten geeigneten Mittel nicht immer rational verhalten. In zahlreichen Situationen sieht man sich einer beschränkten Rationalität gegenüber.[28] So, wenn die Staatsbürger (Subjekte) für ihre Entscheidung nur über begrenzte Auskunft verfügen oder wenn die Aggregation rationaler

Verhaltensweisen Ergebnisse zeitigt, die von dem angestrebten Ergebnis abweichen. Oder aber wenn die Staatsbürger sich für ihr Handeln auf mehr oder weniger fundierte Vorstellungen stützen.[29] In einem Falle begrenzter Rationalität ist die Erforschung der einem Zweck angepaßten Mittel entweder unmöglich oder zumindest zu kostspielig.[30]

Die Festsetzung der Ziele (Phase 3) ist im wesentlichen ein politischer Akt. Bei der Arbeit des Juristen tritt jedoch die Logik auf den Plan, um die Formulierung hierarchisierter, operativer und nicht widersprüchlicher Zielsetzungen zu begünstigen. Die genaue Kenntnis der einer Rechtsvorschrift zugrunde liegenden Verhaltensweisen und Tatsachen ist, auch wenn sie die Zielfestsetzung nicht unmittelbar bestimmt, nicht ohne Einfluß darauf. Durch sie kann insbesondere vermieden werden, daß von vornherein nicht zu verwirklichende politische Ziele gewählt werden. Die Analyse sämtlicher Fakten (Phase 4) im Zusammenhang mit der Rechtsvorschrift ist wesentlicher Bestandteil der Gesetzgebungsmethodik. In dem Maße, wie sie sich von der Untersuchung der Verhaltensweisen unterscheidet, wirft sie von Rechtsvorschrift zu Rechtsvorschrift verschiedene Probleme auf. Die Beurteilung der Betriebsrisiken eines Kernkraftwerks setzt voraus, daß andere Erkenntnisse als für das Ankämpfen gegen die Kostenexplosion im Gesundheitswesen gesammelt werden. Die Untersuchung der Tatsachen wird auf die verschiedenartigsten Erkenntnistypen zurückverweisen und auf die jeder Disziplin eigenen Schwierigkeiten treffen. Die Beurteilung der Tatsachen wird nicht ganz objektiv erfolgen können, sondern einen nicht zu reduzierenden Anteil an politischer Bewertung einschließen. Die Kontroverse um die Kernkraftwerke hat dies ganz deutlich gezeigt. Sie betraf nicht so sehr die physikalischen Probleme in bezug auf die objektive Gefahr, die ein Kernkraftwerk oder die Entsorgung darstellen kann, als vielmehr auf die Wette, die eine Gesellschaft über die Handhabung von Risiken, die mehrere Jahrhunderte andauern, abschließen kann. Die Erörterung hat indessen deutlich gemacht, daß so überaus rigorose Wissenschaften wie die Physik und die Geologie nicht völlig neutral und objektiv sind und daß die Wirklichkeitserkenntnis von den Werten, deren Träger die Forscher sind, beeinflußt werden kann. Der Entwurf von Alternativlösungen (Phase 5) ist aufgrund der Ungewißheit, die über der vorausschauenden Bewertung (Phase 6) schwebt, nur für eine sehr partielle Rationalisierung empfänglich.

Die vorausschauende Bewertung wirft in noch stärkerem Maße als die rückschauende Bewertung (Phase 7) das klassische sozialwissenschaftliche Problem auf, das darin besteht, den sozialen Wandel zu messen und vorauszusagen. Die Beziehungen, die sich zwischen zwei Phänomenen herstellen lassen, besitzen lokale, aber nicht allgemeine Gültigkeit. Man könnte höchstens von Modellen zur Beschreibung der ungefähren Beziehungen sprechen, die sich zwischen zwei Phänomenen erkennen lassen. Die Auswirkungen einer Maßnahme hängen vom Kontext ab, in den sie sich einfügt. Sie können zeitlich beträchtlich variieren, und zwar nach Maßgabe verschiedener Parameter, als da sind Art der Verbreitung, Reaktionen der öffentlichen Meinung, mehr oder weniger stark ausgeprägte Entschlossenheit der staatlichen Stellen. So, wie ein Phänomen vielfältige Ursachen hat, können auch die Auswirkungen zahlreich, ja letztlich endlos sein. Selbst wenn man eine der Ursachen eines sozialen Wandels isolieren kann, stellt man fest, daß die strukturellen Veränderungen mannigfaltig sind. Sie sind, wie man sagt, mit einer "strukturellen Irregularität"[31], einer zumindest relativen Inkohärenz ausgestattet.

Die Untersuchungen über die Anwendung der Gesetze[32] machen deutlich, daß die Faktoren, von denen die Anwendung beeinflußt wird, so zahlreich, zeitlich und räumlich so veränderlich, so abhängig vom Kontext[33] sind, in den sie sich einfügt, daß eine Verallgemeinerung sehr schwierig ist.

Wir sind weit davon entfernt, Gesetze über die Veränderung durch das Recht formulieren zu können, und noch lange dazu verurteilt, Phänomena zu beschreiben, die für jede einzelne Gesetzgebung und Anwendungsstruktur spezifisch sind. Wir sind also noch sehr weit davon entfernt, Konditionalgesetze von der Art formulieren zu können, wie es sie in der Physik gibt, und a fortiori gültige Voraussagen für die Zukunft zu treffen.

Die dem derzeitigen Stand der Sozialwissenschaften inhärenten Hindernisse besagen nicht, daß auf eine gewisse Rationalisierung der Gesetzgebung verzichtet werden muß.[34] Sie implizieren lediglich eine gewisse Bescheidenheit. Man muß sich ferner der Tatsache bewußt werden, daß ein häufigerer Rückgriff auf die Sozialwissenschaften beträchtliche finanzielle und personelle Mittel impliziert, um Ungewißheitsverringerungen zu bewerkstelligen, die bisweilen minimal sind. Es darf nicht außer acht gelassen werden, daß die sozialwissenschaftlichen Nachforschungen Zeit erfordern und daß sie sich – außer in rückschauender Hinsicht – für Reglementierungsbereiche, die ein schnelles Eingreifen des Gesetzgebers implizieren, nicht eignen. In diesen Fällen ist letzterer dazu verurteilt, auf Sicht zu schießen und erforderlichenfalls die Zielrichtung zu korrigieren, sobald er in der Lage ist, die Auswirkungen seines Handelns zu beurteilen.

E. Die Stellung der Gesetzgebungsmethodik

Wie die Verwaltungswissenschaft ist die Gesetzgebungsmethodik eine Kreuzpunktdisziplin[35], die die im Rahmen aller Humanwissenschaften und gelegentlich, je nach dem Gegenstand der Rechtsvorschrift, von den Naturwissenschaften entwickelten Erkenntnisse und Methoden benutzt. Die Soziologie und die Logik bilden das zentrale Gerüst der Disziplin. Diese greift jedoch auf andere Erkenntnistypen zurück: die Wirtschaftswissenschaft für die Wirksamkeitsanalyse, die Psychologie für die Verhaltensstudie, die Linguistik für die

Untersuchung der Gesetzessprache. Sie stellt einen normativen Komplex dar, der aus sämtlichen methodologischen Geboten gebildet wird, die den verschiedenen Disziplinen, aus denen sie sich zusammensetzt, entliehen wurden. Da sie auf die Optimierung der Ergebnisse gerichtet ist, hat sie ausgesprochen praxiologischen Charakter.[36)]

Als eklektische Disziplin bezieht die Gesetzgebungsmethodik Einheitlichkeit nur aus dem Gegenstand, auf den sie sich bezieht, aus der Rechtsvorschrift. Da es sich um ein juristisches Phänomen, nämlich die Ausarbeitung allgemeiner, abstrakter Maßnahmen, handelt, ist sie Teil der Rechtswissenschaft[37)], mit dem gleichen Anrecht wie beispielsweise die Auslegungsmethoden. Der Unterschied zwischen den beiden Methodentypen ist im übrigen nicht so deutlich, wie es auf den ersten Blick erscheint, wenn man einräumt, daß jede Interpretation einen mehr oder weniger großen Anteil an Rechtsschöpfung impliziert, und den Rückgriff auf alle möglichen sozialwissenschaftlichen Disziplinen als Leitlinie für die Interpretation befürwortet. Dies trifft zu für die am sozialen Kontext orientierte Interpretation, der man in der hermeneutischen[38)] Strömung begegnet, oder für die an den Folgen orientierte[39)] Interpretation, die eine vorausschauende Beurteilung der richterlichen Entscheidung impliziert.

Wie die Interpretationsmethoden können die Grundsätze der Gesetzgebungsmethodik in das Recht integriert, zum Gegenstand der Rechtsvorschriften werden. Eben dies ist in Deutschland im Rahmen der Rechtsprechung des Bundesverfassungsgerichts im Hinblick auf bestimmte Grundsätze der Gesetzgebungsmethodik geschehen. Dieses Beispiel macht deutlich, daß die Grenze zwischen Recht und Rechtswissenschaft verschwommen ist.[40)] Eher als um eine Grenze handelt es sich um eine poröse Membrane, die einen ständigen Austausch zuläßt. Die Infiltration von anderweitig erarbeiteten Methoden in das Recht erfolgt über vielfältige Kanäle. Der Gesetzgeber hat nicht die Ausarbeitung von Grundsätzen der Gesetzgebungsmethodik abgewartet, um die Aufmachung eines Rechtstextes zu systematisieren. Die Anwendung elementarer Grundsätze der Logik, z.B. des Grundsatzes der Nichtkontradiktion, erfolgt, selbst wenn sie unbewußt eintritt und nicht auf einer systematischen Ausbildung in dieser Disziplin beruht, in jedem Prozeß einer normativen Schöpfung. Die von der Rechtswissenschaft angehäuften Erkenntnisse beeinflussen im übrigen auf subtile Weise die vom Gesetzgeber gewählten Lösungen.

Die Einbeziehung von anderweitigen methodischen Grundsätzen in das Recht hat die Überlagerung zweier normativer Ordnungen mit jeweils eigenen Merkmalen zur Folge. Indem es aus den Erfordernissen des Rechtsstaats die Verpflichtung ableitet, gewisse methodische Grundsätze im Hinblick auf die Feststellung der Tatsachen oder die Voraussehung der Auswirkungen zu beachten, bezieht das deutsche Bundesverfassungsgericht in eine auf die Verwirklichung eines Gerechtigkeitsideals gerichtete normative Ordnung eine normative Ordnung praxiologischen Charakters ein, die auf die Optimierung der Auswirkungen einer Rechtsvorschrift ausgerichtet ist. Der Inhalt der Rechtsnorm hängt ganz von den Kapazitäten der Bezugsordnung ab. Die Rechtsnorm, die das Voraussehen der Auswirkungen eines Gesetzes vorschreibt, wäre eine unmögliche Norm, wenn sich herausstellen sollte, daß eine vorausschauende Beurteilung nicht realisierbar ist.

Schlußfolgerung

Sehr lange Zeit hindurch wurde die Schaffung des Rechts als reiner Willensgegenstand und die Auslegung als ein ausschließlich erkenntnismäßiger Prozeß dargestellt. Kelsen verdanken wir den Nachweis, daß die Auslegung sowohl einen Erkenntnisprozeß als auch einen Willensakt einschließt.[41)] Heute stellt man fest, daß dies auch für die Gestaltung der Rechtsvorschriften gilt.

In den meisten zeitgenössischen Verfassungssystemen ist der primäre Gesetzgeber nicht mehr allmächtig. Dies gilt in noch stärkerem Maße für den sekundären Verordnungsgeber. Der erste wird durch die Verfassungsvorschriften und vor allem durch die Grundrechte in seinem Handeln eingeschränkt. Daraus ergeben sich eine Reihe von Minimalvorschriften in bezug auf die Rationalität, die eine Kenntnis der Realität implizieren, die einer Rechtsvorschrift und einem Urteil über die Geeignetheit der Mittel zugrunde liegt, die zur Erreichung der im Gesetz vorgesehenen politischen Finalitäten gewählt werden. Die Verfassungsgerichte sind indessen nicht imstande, eine materielle Kontrolle der Beachtung dieser Erfordernisse vorzunehmen.

Deshalb ist dem deutschen Bundesverfassungsgericht beizupflichten, das sich in die Lage versetzt hat, eine wirksame Kontrolle zu gewährleisten, indem es dem Gesetzgeber vorschreibt, gewissen Erfordernissen der Gesetzgebungsmethodik gerecht zu werden. Es muß jedoch eingeräumt werden, daß es den möglichen Beitrag von seiten der Sozialwissenschaften insbesondere im Hinblick auf die vorausschauende Beurteilung überschätzt hat. Selbst wenn die Verringerung der Ungewißheit in diesem Bereich minimal ausfallen sollte, stellt schon die Tatsache, daß das Problem der Auswirkungen aufgeworfen und in einen analytischen Rahmen eingebettet wird, einen Fortschritt gegenüber der materiellen Kontrolle dar, der sich die Verfassungsgerichte widmen, ohne über die entsprechenden Mittel zu verfügen. Die Schwierigkeit der vorausschauenden Beurteilung kann durch eine Weiterentwicklung der rückschauenden Beurteilung, die bei einer Perfektionierung der sozialwissenschaftlichen Methoden verbesserungsfähig ist, ausgeglichen werden.

Die Entscheidung des deutschen Bundesverfassungsgerichts, die Gestaltung der Rechtsvorschriften gewissen Erfordernissen der Gesetzgebungsmethodik zu unterwerfen, d.h. daraus zumindest teilweise eine wissenschaftliche Tätigkeit zu machen, ist zugleich banal und folgenschwer. Banal, weil nicht einzusehen ist, warum eine so komplexe Tätigkeit wie die Gesetzgebung nicht ernst genommen werden sollte. Aus welchem Grunde wäre der Staat befugt, auf die Gesellschaft einzuwirken, ohne die Instrumente zu benutzen, die es ihm gestatten, diese Gesellschaft besser zu kennen und sein Tun zu optimieren, während ein noch so kleines Unternehmen unmittelbar bestraft würde, wenn es sich nicht die Mittel beschaffte, um die Bedürfnisse einer potentiellen Kundschaft herauszufinden. Warum sollte von allen zweckgerichteten Tätigkeiten ausgerechnet die des Staates dazu verurteilt sein, irrational zu bleiben.

Die Entscheidung des Bundesverfassungsgerichts ist indessen folgenschwer für die Ausbildung der Juristen. Zwar kann die Rechtswissenschaft noch als Kunst der Rhetorik und der Argumentation betrachtet werden, wenn es um die Ausbildung der mit Streitsachen befaßten Juristen geht, doch gilt dies nicht mehr für die Juristen, die mit der Abfassung der Rechtsvorschriften betraut sind. Ohne solide humanwissenschaftliche Ausbildung sind sie disqualifiziert und laufen nach dem Beispiel gewisser prähistorischer Tiere Gefahr, zugunsten von Spezies auszusterben, die besser an ihre Umwelt angepaßt sind. Der Versuch, die nicht sehr rigorosen Methoden des Streitsachenjuristen auf die Gesetzgebungsmethoden in Form einer Kunst des Gesetzemachens[42)] zu transponieren, wurde glücklicherweise abgebrochen. Eine neue Wissenschaft wird jedoch nicht an einem Tag aufgebaut, auch wenn sie von anderweitig entwickelten Erkenntnissen und Methoden profitiert. Die Verschlossenheit der meisten juristischen Fakultäten gegenüber der wissenschaftlichen Inangriffnahme der Probleme und die Unbesorgtheit, die ihnen daraus erwächst, daß die Frage nach den Mitteln der Rechtserkenntnis unterbleibt, sind Faktoren, die nicht dazu angetan sind, zu großen Optimismus im Hinblick auf die Möglichkeiten für die Entwicklung einer Gesetzgebungswissenschaft aufkommen zu lassen.

Anmerkungen

1 Siehe hierzu L. Mader, L'évaluation législative. Pour une étude empirique des effets de la législation, Lausanne 1985, 162-165; C. Gusy, Das Grundgesetz als normative Gesetzgebungslehre, ZRP 1985, 291 ff.

2 Siehe insbesondere P. Noll, Gesetzgebungslehre, Reinbeck 1973; J. Rödig et al., Vorstudien zu einer Theorie der Gesetzgebung, Bonn 1975; J. Rödig (Hg.), Studien zu einer Theorie der Gesetzgebung, Berlin 1976; C. Böret (Hg.), Gesetzgebungspraxis und Gesetzgebungslehre, Speyer 1980; K. Eichenberger et al., Grundfragen der Rechtssetzung, Basel 1978; K. Eichenberger, Gesetzgebung im Rechtsstaat, VVDStRL 1982, 39; T. Öhlinger (Hg.), Methodik der Gesetzgebung – Legistische Richtlinien in Theorie und Praxis, Wien 1982; W. Maihofer et al., Theorie und Methoden der Gesetzgebung, Frankfurt 1982; W. Hugger, Gesetze – Ihre Vorbereitung, Abfassung und Prüfung, Baden-Baden 1983; H. Hill, Einführung in die Gesetzgebungslehre, Heidelberg 1982.

3 Für den französischen Sprachraum siehe das vorgenannte Werk von Mader (Anm. 1). Für Polen siehe J. Wroblewski, A Model of Rational Law-Making, ARSP 1979, 187-201. Für

Italien sei z.B. N. Bobbio, Le bon législateur, Logique et analyse, 1971, angeführt. Die Problematik ist unseres Wissens im angelsächsischen Raum unbekannt.

4 Siehe insbesondere P. Noll, op. cit. (Anm. 2), und L. Mader, op. cit. (Anm. 1).

5 Siehe hierzu die Kritik von J.-F. Perrin, L'élaboration des lois peut-elle faire la matière d'une science? Travaux CETEL No 14 bis, Genf 1980. Zu dieser Frage siehe ebenfalls Th. Öhlinger, Zur Theorie der Gesetzgebung, in: J. Mohrke/O. Weinberger (Red.), Rechtsphilosophie und Gesetzgebung, Wien 1976, 79 ff. Der Verfasser zeigt, daß die Gesetzgebungsmethodik sich nicht auf die Suche des guten Rechts erstreckt und daß es nicht ihre Aufgabe ist mitzuteilen, welchen Inhalt die Gesetze haben müssen.

6 Zu dem sehr begrenzten Teil eines wissenschaftlichen Ansatzes gegenüber der Axiologie siehe J. Leca, La théorie politique, Traité de science politique, I, Paris 1985, 144 ff.

7 Siehe J. Lenoble/F. Ost, Droit, mythe et raison. Essai sur la dérive mytho-logique de la rationalité juridique, Brüssel 1980.

8 Zu der englischen Konzeption der internen Souveränität siehe H.L. Hart, Le concept de droit, frz. Übersetzung von Concept of the Law, angefertigt von M. Van de Kerchove, Brüssel 1976, 71 ff.

9 Entscheide, die diese Formulierung enthalten, gibt es dutzendweise. Siehe J.-F. Aubert, Traité de droit constitutionnel suisse, Neuchâtel 1967 und 1982, Nr. 1789.

10 A. Grisel, Traité de droit administratif, Neuchâtel 1984, 364.

11 Ibid., 365.

12 Über dieses Prinzip in der jüngsten Doktrin siehe für die Schweiz: A. Bonnard, Le principe de proportionnalité en droit public suisse, Recueil de travaux, Xe Congrès international de droit comparé, Basel 1979, 201 ff.; P. Müller, Le principe de proportionnalité, Zeitschrift für schweizerisches Recht, 1978 II, 197 ff.; U. Zimmerli, Der Grundsatz der Verhältnismäßigkeit im öffentlichen Recht, Zeitschrift für schweizerisches Recht, 1978 II, 1 ff. Für Deutschland siehe L. Hirschberg, Der Grundsatz der Verhältnismäßigkeit, Göttingen 1981; P. Lerche, Übermaß und Verfassungsrecht, Köln 1961.

13 Für die Schweiz siehe Grisel, op. cit. (Anm. 10), 369; für Deutschland siehe Gusy, op. cit. (Anm. 1), 295.

14 Ibid.

15 Siehe Gusy, op. cit. (Anm. 1), 295.

16 Ibid., 292 ff. Siehe auch Mader, op. cit. (Anm. 1), 162-165.

17 Siehe BVerfGE, 50, 335.

18 Für ein vollständiges Verzeichnis der Urteile siehe Gusy, op. cit. (Anm. 1), 293.

19 Zu dieser Schwierigkeit, ibid., 294, 295.

20 ATF 110 Ia, 7 ff., Hegetschweiler vom 13. April 1984.

21 Ibid., 19. Wenn dies zuträfe, würde es sich um eine Randgruppe handeln, weil es 1983 1,5 Mio. verheiratete Paare gab. Siehe hierzu D. Yersin, L'imposition du couple et de la famille, Bern 1984, 85.

22 Vorgen. ATF, 20, 21.

23 Siehe die Kritik von Gusy, op. cit. (Anm. 1), 297, 298.

24 Ibid., 298.

25 Siehe hierzu Grisel, op. cit. (Anm. 10), 505.

26 Vgl. L. Mader, op. cit. (Anm. 1).

27 Vgl. J. Carbonnier, Essais sur les lois, Evreux 1979, 189.

28 Siehe hierzu insbesondere R. Boudon, La place du désordre, Paris 1984, 56.

29 Ibid., 58.

30 Ibid., 56.

31 Ibid., 78.

32 Die Untersuchungen dieser Art sind in letzter Zeit immer zahlreicher geworden. Für Deutschland siehe vor allem die Arbeiten des deutschen Verbundes und insbesondere R. Mayntz (Hg.), Implementation politischer Programme, Königstein/Ts. 1980; R. Mayntz, Implementation politischer Programme II, Opladen 1983; R. Mayntz et al., Vollzugsprobleme der Umweltpolitik, Opladen 1978. Für die Schweiz handelt es sich vor allem um Untersuchungen, die im Rahmen des nationalen Programms Nr. 6 des Schweizerischen Nationalfonds durchgeführt wurden. Siehe insbesondere J.-D. Delley et al., Le droit en action. Etude de mise en oeuvre de la loi Furgler, St-Saphorin 1982; W. Bussmann, Gewässerschutz und Kooperativer Förderalismus in der Schweiz, Bern 1981. Für eine Zusammenfassung der wichtigsten Vollzugsstudien vgl. J.-D. Delley, La mise en oeuvre des politiques publiques, in: Handbuch Politisches System der Schweiz, Nr. 2, Stuttgart 1984 und W. Linder, Politische Entscheidung und Gesetzesvollzug in der Schweiz, Bern 1987. Für Frankreich siehe J.-G. Padioleau, L'Etat au concret, Paris 1982; P. Lascoumes et al., Administrer les pollutions et nuisances, Nemours 1985. In den Vereinigten Staaten sind die Untersuchungen sehr zahlreich. Für klassische siehe E. Bardach, The Implementation Game: What happens after a Bill becomes a Law, Cambridge 1979, 177. P. Sabatier, Mazmaniam, The Condition of Effective Implementation: A Guide to accomplishing Policy Objectives, in: Policy Analysis, Berkeley 1979, Nr. 5. Siehe auch S. Barrett/C. Fudge, Policy and action, Essays on the implementation of public policy, London 1981.

33 Über die Bedeutung des Kontextes für den Vollzug vgl. Delley et al., op. cit. (Anm. 32), 14, 15; J.-G. Padioleau, op. cit. (Anm. 32), 94 ff., 144 ff.; E. Blankenburg, Research Concept for the Study of Implementation, Berlin, International Institute of Management 1978 (daktyl.).

34 In dieser Hinsicht erscheinen uns die von Grund auf negativen Schlußfolgerungen von Gusy übertrieben. Siehe Gusy, op. cit. (Anm. 1), 296-298.

35 Siehe hierzu Mader, op. cit. (Anm. 1), 16 ff., 30 ff.

36 Zu dieser Frage vgl. Wroblewski, op. cit. (Anm. 3).

37 Zu dieser Frage vgl. Mader, op. cit. (Anm. 1), 32. Für eine weite, vielleicht zu weite Definition der Rechtswissenschaft vgl. C. Atias, Epistémologie juridique, Paris 1985, 36 ff., 135 ff.

38 Siehe hierzu D. Manaï, Le juge entre la loi et l'équité, Lausanne 1985, 265.

39 Siehe hierzu Mader, op. cit. (Anm. 1), 158 ff. und das Werk von T. Wälde, Juristische Folgenorientierung, Königstein/Ts. 1979.

40 Für eine deutliche Trennung zwischen beiden siehe H. Kelsen, Théorie pure du droit, Übersetzung von Ch. Eisenmann, 2. Auflage der Reinen Rechtslehre, Paris 1962, 97, 98. Zur jüngsten Erörterung und Relativierung dieser Frage vgl. Atias, op. cit. (Anm. 37), 40 ff.

41 Kelsen, op. cit. (Anm. 40), 459 ff.

42 Im Rahmen dieses Ansatzes siehe beispielsweise die Publikation der Schweizerischen Juristengesellschaft mit dem Titel: l'Art de légiférer, Zeitschrift für schweizerisches Recht, 1974 I, 1-456. Das Werk ist eine Anhäufung verschiedenartiger Rechtsanalysen und -gebote, die dem Beitrag der Sozialwissenschaft fast keine Rechnung trägt.

Karl A. Mollnau

Rechtsanwendung rechtsetzungstheoretisch betrachtet

I.

Von der Rechtsanwendungswissenschaft zur Rechtsetzungswissenschaft – so lautet die griffige Formel, unter der seit gut einem Jahrzehnt keine geringe Zahl von Rechtswissenschaftlern in westeuropäischen Ländern literarisch produzieren. Weichenstellend wie stimulierend war und ist dabei Peter Nolls Anfang der siebziger Jahre erschienene Gesetzgebungslehre.

Wie vielschichtig der Ursachenkomplex für diese Entwicklung auch gewesen sein mag, eine Rolle hat dabei der Wunsch gespielt, die instrumentelle Wirkungskraft des bürgerlichen Rechts zu verbessern und es stärker als ein Mittel für reformkapitalistische Bestrebungen auszugestalten.

Die Ausgangslage wurde so beschrieben: Gesetzgebung sei von alters her göttlichen Ursprungs gewesen oder zumindest göttlichem Ursprung zugeschrieben worden, sie habe sich bis heute mit dem Nimbus einer der rationalen Kontrolle unzugänglichen Institution umgeben und indem sie sich als Kunst gab, der wissenschaftlichen Kritik zu entziehen gewußt. Die Gesetzgebung befände sich im Übergangszustand von der Mystik zur Wissenschaft. Die Notwendigkeit einer Rechtsetzungswissenschaft wurde mit dem einprägsamen Vergleich motiviert, der Medizinmann sei durch den Arzt, der Alchimist durch den Chemiker und der Astrologe durch den Astronomen schon vor vielen Jahrhunderten abgelöst worden. Nur in der Gesetzgebung, der maßgeblichen Regelung in der Gesellschaft, leiste man sich den Luxus, an dem Glauben festzuhalten, es handle sich um eine genialische Begnadung der damit befaßten Künstler.[1)]

Nicht hier ist der Ort, über die Gültigkeit solcher Lagebeurteilungen zu richten. Ob allerdings in der juristischen Grundlagen- und angewandten Forschung die Thematik der Rechtsetzungstheorie und -methodik angegangen werden kann, wenn man sich von der Rechtsanwendung wegbewegt, muß angezweifelt werden. Überhaupt muß die wegleitende Orientierungskraft der Formel in Frage gestellt werden, derzufolge es in der Rechtswissenschaftsentwicklung darum gehe, den Schritt von der Rechtsanwendungs- zur Rechtsetzungsanalyse zu machen.

Wiederholt nicht eine solche Forschungsorientierung unter umgekehrtem Vorzeichen den gleichen methodischen Fehler, den zu beseitigen sie angetreten ist? Eine analytische Selbstbeschränkung der rechtlichen Regelung auf Rechtsetzung oder Rechtsanwendung verkennt nicht nur die Vermittlungen zwischen beiden, sondern vor allem ihre notwendige gegenseitige Ergänzungsbedürftigkeit. Rechtsetzung für sich genommen bleibt in der Luft hängen; Rechtsanwendung ohne Rückbezug und Rückwirkung zur Rechtsetzung verleugnet eine ihrer wesentlichen Voraussetzungen.

Außerdem suggeriert eine solche Orientierung, daß die erforderliche Ausarbeitung einer Rechtsetzungstheorie historisch voraussetzungslos erfolgen müsse. In Wirklichkeit gehört jedoch die Frage, wie man zu guten Gesetzen kommt, zu den sogenannten ewigen Themen rechtswissenschaftlichen Nachdenkens. Zur Erbmasse vergangener rechtswissenschaftlicher Forschungsanstrengungen gehört denn auch ein Fundus rechtsetzungstheoretischer Aussagen und Problemstellungen, der zumindest weiteren Nachdenkens wert ist. Die marxistische Rechtstheorie jedenfalls stellt ihre Bemühungen zur Ausarbeitung einer Rechtsetzungstheorie und -methodik bewußt in die Tradition progressiver Einsichten und Praktiken auf diesem Gebiet. Besonders aufhebenswert, und zwar in des Wortsinns doppelter Bedeutung, erscheinen ihr dabei die einschlägigen Leistungen der bürgerlichen Aufklärung. Aber auch zu realitätsadäquaten und theoretisch weiterführenden Einsichten anderer Autoren verhält sie sich nicht ignorant. So ist beispielsweise nicht nur von musealem Interesse, daß Josef Kohler, Franz von Liszt und Fritz Berolzheimer ihre Enquete, ob ein Institut für Rechtsphilosophie und soziologische Forschung gegründet werden solle, stark mit gesetzgebungspraktischen und -theoretischen Argumenten rechtfertigten.[2)]

Faßt man allerdings Rechtsanwendung nicht nur als Anwendung vom Staat gegebener Rechtsnormen, sondern auch als Verwirklichung einer vorgegebenen präpositiven Rechtsordnung auf, wie dies beispielsweise Naturrechtslehren verschiedener Schattierungen tun, dann macht die Losung: von der Rechtsanwendungs- zur Rechtsetzungswissenschaft einen gewissen Sinn. Denn unter dieser Voraussetzung ist in der Tat die bisherige Rechtswissenschaftsgeschichte ganz überwiegend Rechtsanwendungswissenschaft gewesen: Auch die Setzung und Bildung von geltenden Rechtsnormen wurde nämlich oft als zeit- und ortsgerechte Anwendung und Verwirklichung präpositiven Rechts thematisiert, was im Kern zumeist auf die richtige Erkenntnis eben dieses präpositiven Rechts hinauslief. Allerdings waren die rechtspolitischen Schlußfolgerungen, die daraus gezogen wurden, nicht nur unterschiedlich, sondern oft entgegengesetzt.[3)] Ein solcher Gegensatz war der zwischen Scholastik und Aufklärung. Während jene das Recht letztlich aus von Gott gegebenem Recht ableitete, machte diese das Naturrecht aus einer Transformationsstelle von göttlicher in menschliche Satzung und zu einem Umschlagplatz von menschlichen Interessen in menschliches Recht. Nichtsdestoweniger wurden dabei aber Forderungen nach künftigem Recht als Forderungen nach Verwirklichung bereits bestehenden Rechts ausgegeben. De-lege-ferenda-Forderungen wurden als de-lege-lata-Behauptungen maskiert.[4)]

Konzepte, in denen die Setzung von Rechtsnormen als Verwirklichung und/oder Anwendung bereits bestehenden Rechts oder vorgegebener Rechtsideen ausgegeben wird, werden bis heute von unterschiedlichen weltanschaulichen Positionen her entworfen. Nicht immer wird allerdings die Setzung von Rechtsnormen so deutlich als Verwirklichung und/oder Anwendung bestehenden Rechts oder vorgegebener Rechtsideen offengelegt wie bei Eugen Huber.[5)] Allen diesen Konzepten ist aber gemeinsam, daß sie Beziehungen untersuchen, die *innerhalb* der Sphäre rechtlicher Phänomene existieren. Recht entsteht in dieser Sicht immer aus Recht oder rechtlichen Phänomenen wie etwa Gerechtigkeit, Rechtsidee oder Rechtsbewußtsein. Ob oder wie Recht aus Nichtrecht entsteht, danach wird erst gar nicht gefragt. Genau dies ist aber eine Fragestellung, die die weltanschaulichen Grundlagen einer jeden Rechtsetzungstheorie tangiert. Für materialistisch orientierte Rechtsetzungstheorien ist diese Fragestellung sogar eine notwendige, wenn auch nicht hinreichende Bedingung.

II.

Ihrer materialistischen und dialektischen Basis entsprechend ist für eine marxistische Rechtsetzungstheorie die Analyse der nichtrechtlichen, aber rechtserzeugenden materiellen Zusammenhänge und Sachverhalte in der Gesellschaft und ihrer Geschichte der durch nichts zu ersetzende Ausgangspunkt all ihrer Bemühungen. Wie die marxistische Rechtstheorie insgesamt, so ist auch eine Rechtsetzungstheorie auf marxistischer Grundlage nur von einem sozialtheoretischen Ansatz her zu betreiben, was auch der Natur der Rechtsetzung entspricht, die nämlich, genau wie das Wirken des Rechts, ein sozialer Vorgang, eine Funktion der Gesellschaft unter ganz bestimmten Bedingungen ist.

Mehr noch: Eine materialistisch und dialektisch fundierte Rechtsetzungstheorie ist ihrer Substanz nach Sozialwissenschaft. Da diese Rechtsetzungstheorie den Erzeugungsprozeß von Rechtsnormen als integrierenden Bestandteil einer bestimmten Gesellschaft in ihrer Totalität betrachtet, bestimmte kausalgesetzliche Zusammenhänge zwischen dem Zustand einer Gesellschaft und ihrer Rechtsetzung nicht leugnet und die Rechtsnorm selbst als Sozialphänomen zu erklären sucht, bedarf sie nicht des zweiten Gleises einer sogenannten Normwissenschaft – wie das aber verschiedene, unserer Tagung vorliegende Beiträge anzunehmen scheinen.

Lassen wir einmal offen, was unter einer solchen Normwissenschaft verstanden werden soll und wie ihr wissenschaftssystematischer Status zu verstehen sei, wenn sie neben die Sozialwissenschaft gestellt wird. Die Annahme einer ihrem Charakter nach nichtgesellschaftswissenschaftlichen Normwissenschaft als eines konstitutiven Elements einer Rechtsetzungstheorie kann sich als Einlaßtor für allerlei Irrationalismus erweisen, der wiederum aber dem Anliegen wissenschaftlicher Rechtsetzungstheorie abträglich ist, nämlich dazu beizutragen, daß richtiges, gesellschaftlich adäquates Recht entsteht.

Für die marxistische Rechtskonzeption ist Recht nicht nur schlechthin eingebettet in Gesellschaft, sondern Teil von Gesellschaft während einer bestimmten historischen Dauer ihrer Entwicklung; Recht ist nicht nur Bewirktes, sondern auch Bewirkendes. Zu den rechtstheoretischen Leistungen von Marx gehört die Erklärung des Rechts als einer historischen Erscheinung aus der Gesellschaft heraus. Daran anknüpfend und darauf weiterbauend, ist es Aufgabe einer marxistischen Rechtsetzungstheorie, nicht nur die heute vor sich gehenden Realprozesse der Rechtsetzung zu analysieren, sondern vor allem zur inhaltlichen und organisatorisch-verfahrensmäßigen Qualifizierung und Rationalisierung der Rechtsetzung in den sozialistischen Ländern wirksam etwas beizusteuern.

Basissachverhalt einer solchen Rechtsetzungstheorie sind gesellschaftliche Verhältnisse, die über die Eigenschaft rechtlicher Regelungsnotwendigkeit verfügen und die mit Hilfe empirischer Analysen feststellbar sind. Das Vorhandensein solcher Verhältnisse ist selbst noch kein Recht, jedoch eine unerläßliche Bedingung dafür, daß in einem vielfach vermittelten sozialen Vorgang Recht aus der Gesellschaft heraus erzeugt werden kann, aber auch muß.

Rechtlicher Regelung bedürftige Gesellschaftsverhältnisse erfordern ein bestimmtes rechtliches Regelungspotential; dies muß gemacht, hergestellt, erzeugt werden. Wie, mit welchen Mitteln und auf welchen Wegen dies geschieht, das zu entscheiden, dafür steht jeweils ein gewisser Spielraum zur Verfügung. Zweierlei ist allerdings ausgeschlossen: die Erzeugung dieses rechtlichen Regelungspotentials als Verwirklichung präexistenten Rechts oder ausschließlich als Anwendung positiv gesetzter bzw. in stiller Gewohnheit gewachsener Normen zu betrachten.

Indem die marxistische Rechtskonzeption auf diesen Sachverhalt aufmerksam machte, enthielt sie in nuce von Anfang an auch Konturen einer Rechtsetzungstheorie. Insofern trifft für die marxistische Rechtswissenschaft die Diagnose nicht zu, die Herr Maihofer zu Beginn unserer Debatten vorgetragen hat, Rechtswissenschaft verstehe sich bisher als Rechtsanwendungswissenschaft.

Auf einem anderen Blatt steht allerdings die Frage, ob sich die marxistische Rechtswissenschaft in ihrer bisherigen Entwicklung der theoretischen Analyse der Rechtsetzung in ausreichendem Maße angenommen hat. Und das ist zweifellos nicht der Fall gewesen. Bemühungen zur systematischen Ausarbeitung einer marxistischen Rechtsetzungstheorie sind erst seit etwa zwei Jahrzehnten in Gang gekommen.[6)] Insoweit gibt es auf den ersten Blick eine Parallelität zur juristischen Theorieentwicklung in westlichen Ländern. Daraus aber konvergenztheoretische Schlüsse ableiten zu wollen, ist irrig. Die Ursachen und Absichten für die verstärkte Hinwendung der Rechtswissenschaft der sozialistischen Länder zur Rechtsetzung sind andere als jene in den kapitalistischen Ländern.

Wenn ungefähr seit Ende der sechziger Jahre rechtsetzungstheoretische und -methodische Überlegungen innerhalb der marxistischen Rechtswissenschaft zunehmend angestellt werden, dann hängt dies mit dem tendenziellen Bedeutungszuwachs des Rechts in der sozialistischen Gesellschaft zusammen. Die Realität lehrt, daß das Recht in dieser Gesellschaft durch keinen anderen Mechanismus der Verhaltensregelung ersetzt werden kann. Allein dies führte auch zu veränderten Zeitvorstellungen über die Existenz- und Wirkungsdauer des sozialistischen Rechtstyps. So wenig der Sozialismus eine kurzfristige Übergangsgesellschaft ist, so wenig hat das sozialistische Recht bloß Durchgangs- und Übergangscharakter zu nichtrechtlichen Systemen der Verhaltensregulation.[7)] Vielmehr geht es darum, die historische Spezifik des sozialistischen Rechts in Inhalt, Struktur und Wirkung erst einmal voll zur Geltung zu bringen. Allein dies setzt fortschreitende Verbesserung der Regelungsgüte des sozialistischen Rechts voraus, die wiederum bestimmter wissenschaftlicher Fundierungen bedarf und die u.a. in Gestalt rechtsetzungstheoretischer Einsichten und rechtsetzungsmethodischer Empfehlungen von der Rechtswissenschaft zu liefern sind.

III.

Um das erforderliche rechtliche Regelungspotential für gesellschaftliche Beziehungen, die rechtlicher Regelung bedürfen, aufzubauen, sind allgemeinverbindliche, mit staatlichem Befolgungsanspruch ausgestattete Rechtsnormen unentbehrlich. Anders sind die gemeinschaftlichen Interessen der staatlich organisierten sozialen Klassen und Schichten nicht gesamtgesellschaftlich durchsetzbar. Die Erzeugung und/oder Inkraftsetzung solcher Rechtsnormen kann auf verschiedenen Wegen geschehen. Heute kommt jedoch kein Rechtssystem damit aus, Rechtsnormen nicht im Wege der Rechtsetzung zu erzeugen. Die staatliche Rechtsetzungstätigkeit erzeugt und prägt ganz wesentlich das rechtliche Regelungspotential; sie beeinflußt auch maßgeblich die Optimalität und Rationalität des Rechts. Deshalb ist auch die fast paradigmatische Orientierung großer Bereiche der rechtswissenschaftlichen Grundlagenforschung auf gesetzgebungs- bzw. rechtsetzungstheoretische Fragestellungen verständlich; verspricht man sich doch zu Recht von Qualitätsverbesserungen der Rechtsetzungsarbeit günstige Auswirkungen auf die gesellschaftliche Wirksamkeit des Rechts.

Aber irrig wäre die Annahme, die Rechtsetzung könne allein und ausschließlich das gesamte Potential an rechtlicher Regelung für sämtliche regelungsbedürftige Beziehungen vollständig, eindeutig und vorausschauend erzeugen. Das Regelungspotential des Rechts wird nicht nur vom Gesetzgeber oder Rechtsetzer per Entscheidung gesetzt; auch die Rechtsanwender schaffen es mit. Gerade deshalb ist es erforderlich, die Rechtsanwendung aus der Perspektive der Rechtsetzung zu betrachten. (Ebenso wird die umgekehrte Sichtweise gebraucht, sie steht jedoch hier nicht zur Debatte!)

Da es im folgenden nicht möglich sein wird, eine auch nur annähernd vollständige Analyse der Rechtsanwendung aus rechtsetzungstheoretischem Erkenntnisinteresse vorzulegen, sollen zunächst übergreifende Implikationen verdeutlicht werden, die eine rechtsetzungstheoretische Analyse der Rechtsanwendung enthalten:

Erstens: Gesetzgebungstheorien ohne rechtsanwendungstheoretische Überlegungen verfehlen ihren Gegenstand. Rechtsanwendung ist zumindest auch Gegenstand der Rechtsetzungstheorie als sie a) Anteil an der Rechtsetzung hat, b) in Rückkopplungsbeziehungen zur Rechtsetzung steht und c) auf der Grundlage verallgemeinerungsfähiger Interessen als Komponente der Rechtserzeugung wirksam wird.

Zweitens: Die einseitige oder ausschließlich quantitative und qualitative Perfektionierung und Ausdehnung der Rechtsetzung ist kein geeigneter Weg, um einen objektiv gegebenen rechtlichen Regelungsbedarf in der Gesellschaft abzudecken.

Drittens: Der notwendige rechtliche Regelungsbedarf sowie die erforderliche Optimierung der rechtlichen Regelungsmechanismen erfordert die Qualifizierung und Optimierung von Rechtsetzung und Rechtsanwendung gleichermaßen. Von der Rechtsetzung her ist die Mitwirkung der Rechtsanwendung an der Konstituierung des rechtlichen Regelungspotentials einzukalkulieren. Zur praktischen Verwertbarkeit rechtsetzungstheoretischer Vorstellungen gehört es, rechtspolitische Empfehlungen vorzulegen, die die Relationen zwischen Rechtsetzung und Rechtsanwendung angeben, die in einem gegebenen Regelungskomplex herrschen sollen.

Die Rechtsanwendung im beschriebenen Sinne unter dem Gesichtspunkt der Rechtsetzung zu betrachten, ist mit Auffassungen unvereinbar, die die Rechtsetzung als einen zeitlich, institutionell und funktionell von der Anwendung des Rechts völlig abgekoppelten Vorgang auffassen. Solche Auffassungen stellen sich mitunter auf der Basis der Gewaltenteilungsdoktrin ein, und zwar besonders dann, wenn ihre fiktiven Elemente herausgestellt und Rechtsetzung und Rechtsanwendung als Verkörperungen von vermeintlich qualitativ verschiedener politischer Macht angesehen werden.

Hingegen ist eine rechtsetzungstheoretische Betrachtung der Rechtsanwendung mit der Idee der Arbeitsteilung bei der Erzeugung des rechtlichen Regelungspotentials nicht nur vereinbar, sondern setzt sie sogar voraus. Und sofern in der Gewaltenteilungsdoktrin Elemente der Arbeitsteilungsidee mitschwingen, werden natürlich auch diese Elemente samt positiven Wirkungen nicht negiert.[8)]

Rechtsanwendung unter rechtsetzungstheoretischem Aspekt zu sehen, setzt arbeitsteilige Rechtserzeugung voraus und basiert auf der These von der arbeitsteiligen Komplementarität zwischen Rechtsetzung und Rechtsanwendung, die –

um eine Formulierung Klenners[9] aufzugreifen – letztlich auf eine dialektische Identität von Rechtsetzung und Rechtsanwendung hinausläuft. Identität ist dabei im Hegel-Leninschen Sinne nicht als Tautologie oder Kongruenz, sondern als Wirkungsgleichheit von sich ineinander verwandelnden Gegensätzen aufzufassen.[10]

Um die arbeitsteilige Komplementarität zwischen Rechtsetzung und Rechtsanwendung theoretisch zu reproduzieren, muß der rechtliche Regelungsmechanismus ganzheitlich gesehen, also Rechtsetzung und Rechtsanwendung zumindest zusammengenommen werden. In dieser Sicht sind – dies mehr nebenbei – Gesetzgebungstheorie, Rechtsanwendungs- und Rechtsprechungslehre usw. in einer komplexen juristischen Regelungstheorie aufzuheben; einer Regelungstheorie, die den genetischen, strukturellen und funktionalen Aspekt des Rechts miteinander verknüpft.

Dem angedeuteten Vorgehen liegen ferner insbesondere Einsichten in die Natur der Rechtsanwendung zugrunde, über die spätestens seit der Jahrhundertwende diskutiert wird, wenn auch von ganz unterschiedlichen sozialen und theoretischen Voraussetzungen her, die aber immer noch nicht zu den juristischen Trivialerkenntnissen gehören.

Negativ lassen sich diese Einsichten mit folgendem Satz formulieren: Aus der Geschichte und Gegenwart ist keine Rechtsordnung bekannt, in der das Paradigma einer strengen Deduktion aller Rechtsanwendungsentscheidungen aus den allgemeinverbindlichen geltenden Rechtsnormen realisiert worden wäre oder realisiert würde.

IV.

Rechtsanwendung ist weder Rechtsetzung für den Einzelfall, noch ist Rechtsetzung die Summe antizipierter Entscheidungen von Einzelfällen. Mithin sind jene theoretischen Positionen kaum haltbar, wonach die Rechtsnorm eine Implikation von Anwendungsfällen sei.[11] Aber wirklichkeitsfremd sind auch jene Ansichten, die Rechtsnormen für die Rechtsanwendung als überflüssig betrachten, sie bestenfalls als pretty playthings[12] oder zur nachträglichen Begründung irrational auf der Grundlage des Rechtsgefühls getroffener Entscheidungen benutzen möchten.[13]

Wenn auch aus der Geschichte und Gegenwart keine Rechtsordnung mit einer vollständig gelungenen Determination der Rechtsanwendungsentscheidung durch die Rechtsnorm bekannt ist, so lassen sich doch Beispiele für Versuche in dieser Richtung nennen. So u.a. das Preußische Allgemeine Landrecht mit seinen 19.194 Paragraphen und seinem kleinlich bevormundenden Versuch, die Rechtsanwendung in die Rolle einer blanken Gehorsamsübung zu zwingen. Normierte Borniertheiten wie die folgende: "Auf die Meinungen der Rechtslehrer, oder ältere Aussprüche der Richter, soll, bei künftigen Entscheidungen, keine Rücksicht genommen werden" (Einleitung des ALR), fanden ihre ideelle Grundlage in rechtstheoretischen Thesen wie sie z.B. Friedrich II. vertrat: Vollkommene Gesetzbücher sind das Meisterstück des menschlichen Verstandes im Bereiche der Regierungskunst; ein Gesetzbuch, dessen Bestimmungen so klar und genau sein müßten, daß jeder Streit um die Auslegung ausgeschlossen wäre: "Alles wäre vorausgesehen, alles in Einklang gebracht."[14)]

Die Unmöglichkeit, durch noch so große *rechtsetzerische* Regelungsdichte gesellschaftliche Beziehungen vollständig und vollkommen rechtlich regulieren zu können, ruft die Notwendigkeit der aktiven, schöpferischen und eigenverantwortlichen Mitwirkung der Rechtsanwender auf den Plan. Das für das tatsächliche rechtliche Geregeltsein gesellschaftlicher Beziehungen erforderliche Regelungspotential kann nicht aufgebaut werden ohne den Beitrag, der von der Rechtsanwendung und in der Rechtsanwendung dazu eingebracht werden muß.

Bezogen auf die justitielle Rechtsanwendung hat das Hegel bereits klar ausgesprochen. Für ihn konnte das Gesetz nicht jene letzte Bestimmtheit festsetzen, welche die Wirklichkeit erfordert, sondern dies zu entscheiden, muß es dem Richter überlassen. Und Hegel fährt fort, daß dabei das Gesetz den Richter nur durch ein Minimum und Maximum beschränke, tue nichts zur Sache und hebe nicht auf, daß vom Richter alsdann eine solche endliche, rein positive Bestimmung gefaßt werde, sondern gestehe sie demselben – wie notwendig – zu.[15)]

Die Unmöglichkeit, von der Rechtsetzung her allein die Alternativstruktur rechtlich relevanten Handelns im voraus zu erkennen, zu bewerten und aufzulösen, ergibt sich aus der unendlichen Vielzahl von Rechtsanwendungssituationen. Erkenntnistheoretisch ist außerdem auch in diesem Bezug relevant: So wie die Wirklichkeit immer reicher als jede Theorie ist, so sind alle Normensysteme ärmer als die Wirklichkeit.

Wenn aber von der Rechtsetzung her die rechtliche Regelung gesellschaftlicher Beziehungen weder vollständig noch vollkommen *vorausentschieden* (erkannt, bewertet) werden kann, dann kann Rechtsanwendung, die wirklichkeitsadäquat sein soll, nicht nur Reproduktion von Erkenntnissen, Wertungen und Entscheidungen sein, die bereits von den anzuwendenden Rechtsnormen verkörpert werden. Rechtsanwendung ist dann notwendigerweise auch Produktion von Erkenntnissen, Wertungen und Entscheidungen. Aus diesem Grunde kann – wie immer mehr erkannt worden ist – eine Rechtsanwendungsentscheidung nicht nur im Wege bloßer Deduktion aus geltenden Rechtsnormen abgeleitet werden.

Der Rechtsanwendung ihre produktive Komponente streitig zu machen heißt, die Rechtsanwendungssituation nicht unter dem Gesetz der Geschichte stehend zu begreifen und den Rechtsanwendungsprozeß von der Wirklichkeit und ihren empirischen Einflüssen abzuriegeln. Damit sind die Tore für eine extreme Rechtsdogmatisierung mit all ihren negativen Folgen weit geöffnet.

Weder der Beitrag, den die Rechtsetzung zur Konstituierung des für die Regelung gesellschaftlicher Beziehungen erforderlichen Potentials zu erbringen hat, noch jener der Rechtsanwendung, sind vorgegebene fixe Größen. Mit einem Typ bestimmter Gesellschafts- und Machtverhältnisse sowie der entsprechenden Rechtsordnung sind jedoch für die Verteilung der Regelungsaufgaben zwischen Rechtsetzung und Rechtsanwendung Rahmenbedingungen gesetzt.

Zu diesen Bedingungen gehören: die Qualität und Quantität der Interessenwidersprüche zwischen den Klassen und Schichten, zwischen dem Individuum und der Gesellschaft, dem Bürger und dem Staat; das Kräfteverhältnis im politischen System; die historische Stellung einer Rechtsordnung; rechtskulturelle Traditionen usw.

Innerhalb dieser Rahmenbedingungen existiert aber eine ziemliche Bandbreite für die im Detail festzulegende Verteilung der Regelungsaufgaben zwischen Rechtsetzung und Rechtsanwendung. Dabei ist zu berücksichtigen, daß die Verteilung rechtlicher Regelungsaufgaben letztlich immer auch ein Ergebnis politischer Prozesse ist und oft zu verfassungsrechtlichen und anderen Kompetenzfestlegungen führt.

Den unterschiedlichen Konzepten über das Verhältnis von Rechtsetzung und Rechtsanwendung sowie den diversen praktizierten Modellen liegen in der Regel empirisch feststellbare Interessenkonstellationen zugrunde. Diese Konzepte und Modelle sind deshalb nur richtig zu würdigen, wenn sie auch als Reflexion und Resultat von Auseinandersetzungen zwischen verschiedenen sozialen Kräften, auch zwischen Fraktionen innerhalb der herrschenden Klasse, erkannt werden, wobei das Feld und der Gegenstand dieser Auseinandersetzung die organisatorische Struktur und staatsrechtliche Gestaltung des rechtlichen Regelungsprozesses ist.

Die heftige Kontroverse zwischen der Begriffsjurisprudenz und der Interessenjurisprudenz bzw. der Freirechtsbewegung um die Jahrhundertwende ist dafür ein Beispiel.[16)] Hinter dem Ruf nach freier Rechtsfindung standen rechtspolitische Bedürfnisse, die aus den sozialstrukturellen Veränderungen des Übergangs vom Konkurrenz- zum Monopolkapitalismus resultieren und die u.a. zur tendenziellen Demontage der bürgerlichen Gesetzlichkeit führten. Hermann Kantorowicz erklärte denn auch programmatisch, mit der Freirechtsbewegung sei die Rechtswissenschaft in ihre voluntaristische Phase eingetreten; die juristischen Konstruktionen seien nichts als der Nachweis, daß nur die Anwendung bestimmter Rechtsbegriffe die *gewollten* Rechtsfolgen gewähre (Hervorhebung im Original!).[17)] Wenn auch maßlos übertrieben, so zielte doch der österreichische Justizminister Klein in die richtige Richtung, wenn er von den Freirechtlern sagte, sie würden nicht bloß eine wissenschaftliche Umwälzung, sondern eine Art Staatsstreich bezwecken, in dem sie die verfassungsmäßigen Gesetzgebungsfaktoren entthronen wollen.[18)]

Die Aufteilung der Regelungsaufgaben auf den Gesamtprozeß der rechtlichen Regelung gesellschaftlicher Verhältnisse, das Verhältnis von Rechtsetzung und Rechtsanwendung ist nicht rechtstechnischer Natur: Legt man die ökonomischen, politischen und sonstigen Interessen frei, die hinter konkreten Regelungsaufgabenverteilungen zwischen Rechtsetzung und Rechtsanwendung stehen, dann vermag man auch zu erkennen, wie mit Hilfe dieser Regelungsaufgabenverteilung Einfluß auf den Rechtsinhalt genommen wird.

Außerdem: Von einem jeweils konkret gestalteten Verhältnis zwischen Rechtsetzung und Rechtsanwendung gehen bestimmte Konsequenzen für Gesetzlichkeit, Rechtssicherheit und Demokratie aus. Rechtsetzungstheoretische Konzepte, die alles und jedes vollständig und nur durch Rechtsetzung zu regeln vorschlagen, sind im Grunde juridische Ausformungen des bürokratischen Zentralismus; umgekehrt ist die Vorstellung von sogenannter absoluter rechtlicher Selbstregulation ein rechtstheoretisches Zwillingskind des Anarchismus. – Dies weiter zu untersuchen, ist ein Thema für sich.

V.

Die Verteilung der Regelungsaufgaben zwischen Rechtsetzung und Rechtsanwendung ist nicht nur ein Problem, das sich auf das Ganze einer Rechtsordnung bezogen stellt. Wir sehen uns vielmehr mit ihm bei der Ausarbeitung eines jeden Rechtsetzungsaktes konfrontiert. Handelt es sich dabei um Gesetze oder andere an der Spitze der Normativakthierarchie stehende Entscheidungen, tritt außerdem noch hinzu, in welcher Weise Regelungsaufgaben von nachgeordneten rechtsetzungsbefugten Organen wahrzunehmen sind. Es ist dies also das Problem, wie die Beziehungen zwischen rechtsetzerischer Basis- und Nachfolgenormierung im Hinblick auf einen regelungsbedürftigen Komplex gesellschaftlicher Beziehungen aussehen sollen. Die Verteilung der Regelungsaufgaben zwischen Rechtsetzung und Rechtsanwendung angesichts konkreter Regelungsgegenstände zu bedenken, gehört zur rechtspolitischen Konzipierung eines Gesetzes, einer Verordnung oder anderer Normativakte, jener schwierigen Arbeit, die gewissermaßen eine Vorarbeit beim Gesetzemachen darstellt.[19)]

Je gründlicher die Verteilung der Regelungsaufgaben zwischen Rechtsetzung und Rechtsanwendung bedacht wird, um so größer ist die Aussicht, ein optimales Aufteilungsverhältnis erreichen zu können. Von der mehr oder weniger gelungenen Lösung dieses Problems hängt anderes ab oder wird zumindest tangiert.

So beeinflußt die Entscheidung, was und inwieweit durch Normierung in der Rechtsetzung geregelt wird, den Umfang der Rechtsnormenproduktion. Bestimmte Ausuferungen der rechtsetzerischen Normenproduktion sind mitunter die Folge von Bestrebungen, möglichst viel und im Detail vom notwendigen Regelungspotential auf der Ebene der Rechtsetzung zu erzeugen.

Auch die Überschaubarkeit und Transparenz des Rechts hängt mit ab von der optimalen Verteilung der Regelungsaufgaben zwischen Rechtsetzung und Rechtsanwendung. Es ist ein Irrtum anzunehmen, Recht wäre schon dann überschaubar, wenn dies die Rechtsnormen sind. In Wirklichkeit ist Überschaubarkeit und Transparenz des Rechts eine Eigenschaft des ganzen rechtlichen Regelungsprozesses, also der Rechtsetzung wie der Rechtsanwendung samt der verschiedenen Regelungsfiguren, angefangen von der abstraktesten Rechtsnorm bis zur Einzelentscheidung. Die Praxis kennt nicht wenige Fälle, in denen gerade solche Kodifikationen, Gesetze usw. schwer überschaubar sind, die in der Absicht, ein möglichst überschaubares Recht schaffen zu wollen, durch starken Gebrauch von Generalklauseln, Bewertungsbegriffen und ähnlichen Regelungsmitteln besonders kurz gehalten wurden.

Eine vollständige Verteilung der Regelungsaufgaben zwischen Rechtsetzung und Rechtsanwendung würde die genaue und vollständige Kenntnis aller anfallenden Regelungserfordernisse voraussetzen. Allein eine solche Kenntnis zum Zeitpunkt der Konzipierung eines Gesetzes oder eines anderen Normativaktes zur Verfügung zu haben, ist nicht möglich. Deshalb kann auch von der Rechtsetzung her die rechtliche Regelung nicht vollständig vorprojektiert werden. Forderungen nach einer vollständigen Vorprojektierung des gesamten rechtlichen Regelungsprozesses in der Rechtsetzung kehren nur die These um, wonach Rechtsanwendung reine Deduktion sei.

Daß die rechtliche Regelung nicht vom Rechtsetzer völlig vorprojektiert werden kann, führt u.a. zu dem geläufigen Phänomen, welches mit der Wendung beschrieben wird, das Gesetz sei klüger als der Gesetzgeber. Doch geht diese metaphorische Wendung am Kern der Sache vorbei: Jenes nämlich, was Gesetze mitunter klüger erscheinen läßt, ist in Wahrheit das Ergebnis der "Klugheit" des Rechtsanwenders.

Aber um eine vollständige Vorprojektierung der rechtlichen Regelung durch den Rechtsetzer geht es in Wirklichkeit gar nicht, wichtig ist vielmehr, daß der Rechtsetzer nicht in der Illusion eines Regelungsperfektionismus befangen ist und die Möglichkeiten prüft, ob und inwieweit im Rahmen des von ihm erkannten oder abgeschätzten erforderlichen Regelungspotentials Raum für Regelung in der Rechtsanwendung gegeben werden kann. Dies wiederum setzt eine der Wirklichkeit einigermaßen angemessene Vorstellung vom komplementären und wirkungsidentischen Charakter sowie vom Inhalt der Rechtsetzung und Rechtsanwendung voraus.

Eine Auffassung, die dem entgegensteht, aber in verschiedenen Abstufungen gegenwärtig sehr virulent ist, ist jene, die Rechtsanwendung als programmiertes, Rechtsetzung als programmierendes Entscheiden definiert.[20)]

Im Umkreis solcher Vorstellungen kann der Rechtsanwender natürlich nicht als Regelungssubjekt in Erscheinung treten. Was von ihm bestenfalls verlangt wird, ist der Nachvollzug der programmierenden Entscheidung, der den Charakter der Auslegung und der Reduktion auf schon Bekanntes annimmt, also den Richter und jeden anderen Rechtsanwender in eine Position hineindefiniert, in der er sich – so Luhmann – höchstens enttäuscht, nicht aber lernend zu verhalten habe.[21)]

Um die Verteilung der Regelungsaufgaben zwischen Rechtsetzung und Rechtsanwendung bei der Konzipierung von Normativakten als Aufgabenstellung orten und in ihrer rechtspolitischen Konsequenz übersehen zu können, scheint es zweckmäßig zu sein, von einem Konzept auszugehen, das dem Luhmanns genau entgegengesetzt ist. Rechtsanwendung wäre dann nicht nur als Abarbeitung und Vollzug, sondern auch als Erarbeitung und Konstituierung eines Programms zu betrachten, dessen Inhalt auf die Begründung und Festlegung von Berechtigungen und Verpflichtungen auf der Grundlage von geltenden Rechtsnormen zielt. Das ist mehr, ja es ist auch etwas anderes, als die sogenannte richterliche Rechtsetzung oder Rechtsfortbildung zwecks Lückenfüllung des Gesetzes.

VI.

Die Konstituierung und Erarbeitung eines konkreten Entscheidungsprogramms in einer gegebenen Rechtsanwendungssituation ist ein kompliziertes Wechselspiel von schöpferischer und nichtschöpferischer, eigenverantwortlicher und geleiteter, produktiver und reproduktiver Tätigkeit, von Innovation und Routine des Rechtsanwenders. Dieses Wechselspiel durchzieht den ganzen Rechtsanwendungsprozeß.

Es liegt auf der Hand: quantitativ und qualitativ hängen die schöpferischen Aktivitäten zu einem nicht geringen Teil von Voraussetzungen ab, die an die einzelnen Rechtsanwendungssubjekte gebunden sind. Dies ist natürlich im Hinblick auf den potentiellen Adressatenkreis eines zu konzipierenden Normativaktes ins Kalkül zu ziehen. Gleichzeitig aber sollte der Rechtsetzer erwägen, wie er durch flankierende Maßnahmen, den ins Auge gefaßten Adressatenkreis befähigen kann, den erforderlichen Beitrag zum Regulationspotential in der Rechtsanwendung beisteuern zu können.

Daß die Rechtsanwendung eine schöpferisch-eigenverantwortliche Komponente aus objektiven Gründen enthält, ist jedenfalls eine An- wie Herausforderung an alle Rechtsanwender, nicht zuletzt den Bürger.

Es bedarf nicht der Erörterung, daß es beispielsweise Unterschiede zwischen einem Richter und einem Nichtjuristen gibt, weil ihre eigenverantwortlich-schöpferische Aktivität in der Rechtsanwendung von unterschiedlichen fachlichen Voraussetzungen ausgeht; ein Sachverhalt, der mit dem Berufsstand der Juristen als Ergebnis der Arbeitsteilung objektiv gegeben ist. Dennoch wäre es aber unangemessen, und das gilt besonders für das Recht und seine Demokratiefunktion in einer sozialistischen Gesellschaft, die schöpferisch-eigenverantwortliche Komponente in der Rechtsanwendung aus einer professionalistisch-etatistischen Perspektive heraus zu betrachten: Bei allen qualitativen und quantitativen Unterschieden, die bei den differenten Typen und Arten von Rechtsanwendungssubjekten vorliegen, sind doch die objektiven Gründe, Bedingungen, Inhalte und Strukturen der eigenverantwortlich-schöpferischen Komponente in der sozialistischen Rechtsanwendung gleichartig.

Angelpunkt bei der Erarbeitung und Konstituierung des Entscheidungs- und Handlungsprogramms in einer gegebenen Rechtsanwendungssituation ist das Erfassen des Sachverhalts und Tatbestandes sowie der Wechselbezüge zwischen beiden. Das trifft besonders bei der justitiellen Rechtsanwendung zu, gilt aber dem Grunde nach auch für alle anderen Arten der Rechtsanwendung.

Um Sachverhalt und Tatbestand sowie den Wechselbezug zwischen beiden zu erfassen, bedarf es, grob gesagt, folgender Operationen:

a) Erkennen (= Qualifizieren), daß ein gesellschaftlicher Realitätsausschnitt eine Rechtsanwendungssituation ist: Eine Rechtsanwendungssituation liegt dann vor, wenn zum Zeitpunkt t_1, t_2 usw. der Geltungsdauer von bestimmten Rechtsnormen und auf ihrer Basis gesellschaftliche Beziehungen gegeben sind, die über die Eigenschaft des tatsächlichen Geregeltwerdenmüssens – letztlich bedeutet dies die Umwandlung in Rechtsverhältnisse – verfügen oder wenn gesellschaftliche Beziehungen vorliegen, die bereits geregelt sind, deren Regelung aber modifiziert, verändert, wiederhergestellt oder beendet werden muß.

Rechtsanwendungssituationen gehören ihrem gnoseologischen Status nach zum Objektbereich; sie sind keine wie auch immer gearteten Abbilder der Realität, sondern selbst Realität.

b) Formierung des Sachverhalts: Unter einem Sachverhalt ist eine Gesamtheit von Aussagen zu verstehen, die eine gegebene Rechtsanwendungssituation, genauer: das in ihr enthaltene Regelungsrelevante, abbildet. Der Sachverhalt gehört dem Subjektbereich an; er ist ein *kognitives* Abbild. Die Formierung des Sachverhalts ist reproduktiv im Hinblick auf die Widerspiegelungsbeziehungen, die in Gestalt bestimmter Rechtsnormen vorgegeben sind; sie ist produktiv im Hinblick auf die Schaffung neuer Widerspiegelungsbeziehungen, die von den Rechtsnormen nicht verkörpert werden, aber zur Aneignung und Beherrschung der Rechtsanwendungssituation erforderlich sind. Über dieses produktive Moment in der Formierung des Sachverhalts fließt die Realität und Empirie der Rechtsanwendungssituation in ihrer tatsächlichen Beschaffenheit zum Zeitpunkt der Rechtsanwendung in das Recht ein.[22)]

c) Formierung des Tatbestandes: Unter einem Tatbestand sind Handlungsaufforderungen zu verstehen, die auf der Grundlage geltender Rechtsnormen sowie eines gegebenen Sachverhalts gebildet wurden. Auch er gehört dem

Subjektbereich an; ist jedoch im Unterschied zum Sachverhalt kein *kognitives* Abbild. *Reproduktiv* ist die Formierung des Tatbestandes, soweit sich aus dem System geltende Rechtsnormen oder aus Rechtsnormen unmittelbar und deduktiv Handlungsaufforderungen (oder Elemente für sie) herleiten lassen, die dem Sachverhalt adäquat sind. *Produktiv* ist sie dort, wo der Rechtsanwender die in den Rechtsnormen enthaltenen Verpflichtungen und Berechtigungen ergänzen oder mit zusätzlichen Elementen von Handlungsaufforderungen versehen muß.

Anmerkungen

1 Rolf Bender, in: Zeitschrift für Rechtspolitik, München 1976, S. 132.

2 Begründung und Ergebnisse dieser Enquete, in: Archiv für Rechts- und Wirtschaftsphilosophie 1910/11, Heft 4, S. 190 ff.

3 Vgl. hierzu Hermann Klenner, Marxismus und Menschenrechte, Berlin 1982, S. 26 ff.

4 Im einzelnen hierzu H. Klenner, a.a.O., S. 43 f., 47.

5 Eugen Huber, Recht und Rechtsverwirklichung. Probleme der Gesetzgebung und Rechtsphilosophie, Basel 1921, bes. S. 245 ff.

6 Vgl.: Anita Naschitz, Theorie und Technik der Rechtsschöpfung, Bukarest 1969; K. Fabian (Hrsg.), Grundfragen der Theorie der sozialistischen Rechtsschöpfung, Prag 1976; D.A. Kovacev, Der Mechanismus der Rechtsschöpfung des sozialistischen Staates, Moskau 1977; K.A. Mollnau (Hrsg.), Probleme einer Rechtsbildungstheorie, Berlin 1982; V. Knapp (Hrsg.), Theoretische Probleme der Rechtsetzung, Prag 1983.

7 Zur Weiterentwicklung des Sozialismusbildes siehe die zusammenfassende Darstellung von Alfred Kosing/Erich Hahn u.a., Dialektik des Sozialismus, Berlin 1981.

8 Nach einer Charakterisierung von Marx und Engels (Werke, Bd. 5, S. 194) ist die Gewaltenteilungsdoktrin im Grunde "die profane industrielle Teilung der Arbeit, zur Vereinfachung und Kontrolle angewandt auf den Staatsmechanismus". Sie werde nur soweit angewandt, als sie gerade den bestehenden Verhältnissen zusage.

9 Klenner brachte die These von der dialektischen Identität zwischen Rechtsetzung und Rechtsanwendung in die Diskussion des IV. Berliner Rechtstheoretischen Symposiums (1981) ein; siehe K.A. Mollnau (Hrsg.), Einflüsse des Wirkens des Rechts und seiner gesellschaftlichen Wirksamkeit auf den sozialistischen Rechtsbildungsprozeß, Materialien des IV. Berliner Rechtstheoretischen Symposiums, Berlin 1982, S. 162. Inzwischen hat er seine Überlegungen fortgeführt; siehe Vom Recht der Natur zur Natur des Rechts, Berlin 1984, S. 187 ff.

10 Lenin, Werke, Bd. 38, S. 99, 338.

11 So beispielsweise H. Ryffel, Rechtssoziologie, Neuwied 1974, S. 157.

12 K.N. Llewellyn, The Brambled Bush, 3. Aufl., New York 1960, S. 14; zit. nach: Udo Große-Wentrags, Juristische Methodenlehre und Entscheidungshandeln, Münster 1980, S. 318 ff.

13 H. Isay, Rechtsnorm und Entscheidung, Berlin 1929, S. 164.

14 G.B. Volz (Hrsg.), Die Werke Friedrichs des Großen, Bd. 8, Berlin 1913, S. 32.

15 G.W.F. Hegel, Rechtsphilosophie, Berlin 1981, S. 247.

16 Siehe hierzu die Dokumentation wichtiger Originalquellen: G. Ellscheid/W. Hassemer (Hrsg.), Interessenjurisprudenz, Darmstadt 1974; W. Krawietz (Hrsg.), Theorie und Technik der Begriffsjurisprudenz, Darmstadt 1976.

17 Gnaeus Flavius (Hermann Kantorowicz), Der Kampf um die Rechtswissenschaft, Berlin 1906, S. 41.

18 Franz Klein, Freie Rechtsfindung, in: Das Recht, 1906, S. 915 ff.

19 Vgl. hierzu W. Maihofer, Gesetzgebungswissenschaft, in: G. Winkler/B. Schilcher, Gesetzgebung, Wien 1981, S. 25.

20 N. Luhmann, Rechtssoziologie, 2. Auflage, Opladen 1983, S. 267 ff.

21 Vgl. N. Luhmann, in: Die Funktionen des Rechts in der modernen Gesellschaft, Jahrbuch für Rechtssoziologie und Rechtstheorie, Bielefeld 1970, S. 191.

22 Nicht nur, aber auch unter diesem Aspekt lohnt es sich, den Satz aus Marx' Gothaer-Programm Kritik: Recht kann seiner Natur nach nur in der Anwendung von gleichem Maßstab bestehen (MEW, 19, S. 21), auch in einer weiteren Lesart zu bedenken: Recht kann seiner Natur nach nur in der Anwendung von gleichem Maßstab bestehen.

Gunther Teubner

Gesellschaftsordnung durch Gesetzgebungslärm?
Autopoietische Geschlossenheit als Problem für die Rechtsetzung

I. Fremdsteuerung durch Selbststeuerung?

Das Recht reguliert die Gesellschaft, indem es sich selbst reguliert. Auf diese Kurzformel müßte man unsere Thematik in Abwandlung eines bekannten Satzes von Jean Piaget bringen ("Intelligenz organisiert die Welt, indem sie sich selbst organisiert", (1937)). Sie gäbe die Antwort auf die Frage, wie Rechtsetzung, insbesondere Gesetzgebung, sich auf die merkwürdigen Sozialphänomene einlassen kann, die heute unter Begriffen wie Systemautonomie, basale Zirkularität, Selbstreferenz und Autopoiese eine beträchtliche Faszination ausüben. Daß gesellschaftliche Autonomie die Gesetzgebung vor gravierende Probleme stellt, ist gewiß nicht neu. Schließlich waren schon vor 170 Jahren "still wirkende Kräfte" am Werke – heute würden wir weniger romantisierend von der Autonomie sozio-kultureller Evolution sprechen –, die der damaligen Zeit "den Beruf für Gesetzgebung" verdarben. Ebensowenig neu wäre es und dazu ziemlich reizlos, die Neologismen von Selbstreferenz und Autopoiese als Ersatz für alte, schon verbrauchte Kampfbegriffe einzusetzen, um zum x-ten Male Gesetzgebungswahn, Staatsaktivismus und interventionistischen Konstruktivismus im Ganzen zu diskreditieren.

Reizvolle und zu einem gewissen Grade neue Fragestellungen verspricht hingegen die paradoxe Kurzformel von Fremdsteuerung durch Selbststeuerung. Erstens: Gelingt es mit Hilfe der Theorie selbstreferentieller Systeme wie sie von Förster (1981), Maturana (1982) und Luhmann (1984b) entwickelt haben, gesellschaftliche Autonomie als Problem für die Gesetzgebung präziser und/oder radikaler als in bisherigen Formulierungen zu fassen? Zweitens: Wie ist trotz hochgetriebener rechtlicher und gesellschaftlicher Autonomie dennoch sinnvolles gesetzgeberisches Handeln möglich – wie unweghaft, indirekt, verschachtelt, paradox, zirkulär, widersprüchlich auch immer? Mit diesen zwei Fragen hoffe ich zugleich, etwas zur Klärung der in der Regulierungsdiskussion aufgetauchten neuen Rechtskonzepte beitragen zu können, die zur Zeit unter etwas exotischen Bezeichnungen wie postinterventionistisches Recht (Brüggemeier und Joerges, 1984), prozeduralisiertes Recht (Wiethölter, 1982a, 1982b, 1984a, 1984b, 1986; Hart, 1984; Günther, 1984), neo-korporatistisches Recht (Mayntz, 1983a, 1983b; Streeck und Schmitter, 1985, S. 149 ff.), ökologisches Recht (Ladeur, 1984a, 1984b) – oder in meiner Formulierung – reflexives Recht (Teubner, 1982, 1984a, 1984b) die Runde machen.

II. Autonomie als Autopoiese

Um kurz die Konstruktion vorzustellen, auf der weitergebaut werden soll (Luhmann, 1984b; Teubner, 1988): Gesellschaft wird verstanden als ein autopoietisches Kommunikationssystem. Die Gesellschaft besteht aus Kommunikationen, die die Eigenschaft haben, andere Kommunikationen zu produzieren. Aus dem allgemeinen Kommunikationskreislauf der Gesellschaft haben sich spezialisierte Kommunikationskreisläufe thematisch ausdifferenziert, von denen einige sich soweit verselbständigt haben, daß sie als autopoietische Sozialsysteme zweiten Grades anzusehen sind. Sie haben gegenüber der gesellschaftlichen Kommunikation eigenständige Kommunikationseinheiten als ihre Elemente konstituiert, die ihrerseits selbstreproduktiv sind, also Kommunikationseinheiten gleicher Art und Güte herstellen. Sämtliche ihrer Systemkomponenten sind selbstproduziert: Sonderkommunikationen als Elemente, selbstgenerierte Erwartungen als Strukturen, eigenständige Prozesse, thematisch definierte Grenzen, selbstkonstruierte Systemumwelten, selbstdefinierte Identität. Sie sind kommunikativ geschlossen, aber informationell gegenüber ihrer Umwelt offen.

Das Rechtssystem in seiner modernen Gestalt genügt den Erfordernissen eines solchen autopoietischen Sozialsystems (vgl. auch Heller, 1985, S. 182 ff.). Seine Elemente sind Kommunikationen über Recht/Unrecht, die sich als selbstdefinierte Rechtshandlungen eigenständig reproduzieren (Luhmann, 1983b, 1984a, 1985b; Teubner, 1988; Deggau). Sie werden in rechtseigenen Prozessen über spezialisierte Rechtserwartungen als Strukturen gesteuert und definieren durch ihre thematische Spezialisierung auf Normativität die Grenzen des Systems. In seinen Operationen entwirft das Rechtssystem eine systemeigene Umwelt, die "Rechtswirklichkeit", die streng systemrelativ als Konstruktion eines inneren Modells der Außenwelt zu verstehen ist. Darin besteht die kognitive Offenheit des normativ geschlossenen Rechtssystems (vgl. auch Dupuy, 1988, S. 55 ff.).

Ebenso wie das Recht haben andere Kommunikationskreisläufe autopoietische Geschlossenheit erreicht. Zu nennen sind insbesondere formale Organisationen als operativ geschlossene Entscheidungskreisläufe (Gomez/Probst, 1985; Clune, 1988; Teubner, 1985) und funktionale Teilsysteme, wie Politik und Wirtschaft (Luhmann, 1983a, 1984c). Auch hier die gleichen Verhältnisse von selbstreproduktiven Spezialkommunikationen, systemeigenen Prozessen und Strukturen, selbstkonstruierten Umwelten, auch hier das Zusammenspiel von operativer Geschlossenheit und informationeller Offenheit.

Im Umgang mit dieser doppelten Autonomie – der Autopoiese von Recht und der von gesellschaftlichen Teilsystemen – steckt nun das moderne Problem der Gesetzgebung. Wenn Autonomie ex-definitione Selbstregulierung ist, wie soll dann Gesetzgebung als Fremdregulierung möglich sein? Das Problem wäre nicht so gravierend, wenn die Funktion des Rechtssystems nur darin bestünde, gesellschaftliche Konflikte zu entscheiden. Konfliktentscheidung durch Recht läßt sich noch streng systemintern als rechtliche Selbstregulierung konstruieren. Das Rechtssystem tastet mit rechtseigenen Sensoren (Grenzrollen, dogmatischen Begriffen) seine gesellschaftliche Umwelt auf Konflikte ab, re-konstruiert diese Konflikte in eigener Regie als Erwartungskonflikte, prozessiert diese über rechtseigene Normierungen, Verfahren und Dogmatiken und produziert die verbindliche Entscheidung des Konflikts als "Fallnorm", an die wiederum neue Rechtskommunikationen anschließen können. Dies alles spielt sich ausschließlich in den systemeigenen Sinngrenzen der Rechtskommunikationen ab. Auch Gesetzgebung ist dann als ein strikt rechtsinterner Prozeß zu konstruieren. Die Normproduktion im engeren Sinne wird aus dem Konfliktlösungsverfahren herausgelöst und einem spezialisierten Verfahren unterstellt. In einem rechtlich konstituierten Verfahren, das im rechtlich definierten Gesetzgebungsakt kulminiert, werden rechtlich relevante Informationen selektiert, die dann zu einem verbindlichen Rechtssatz zusammengefaßt werden.

Schwierig wird es erst, wenn das Recht mit gesellschaftlichen Durchsetzungssansprüchen versehen wird, konkret: wenn der Gerichtsspruch vollstreckt werden soll. Der Gerichtsvollzieher kann sein Geschäft nicht mehr systemintern erledigen, er jedenfalls muß im Einzelfall in die gesellschaftliche Wirklichkeit hinaus. Schwieriger noch wird es, wenn dem Recht eine systematische Beeinflussung der Umwelt, also wirksame Regelung und Steuerung abverlangt wird. Das aber ist im modernen regulatorischen Recht die Regel (Voigt, 1980, 1983, 1984; Teubner, 1984b, S. 300). Wenn die Politik gerade das Recht als Steuerungsmittel einsetzt, dann muß das Rechtssystem in die gesellschaftliche Wirklichkeit "ausgreifen". Aber wie kann es das, wenn es doch in seinem eigenen Zirkel gefangen ist?

Gesellschaftliche Autonomie wird also unter diesen drei Voraussetzungen zum Problem für die Gesetzgebung: (1) autopoietische Geschlossenheit des Rechtssystems, (2) autopoietische Geschlossenheit des regulierten Teilsystems, (3) Interventionsansprüche des seinerseits geschlossenen politischen Systems.

Eine wahrhaft geschlossene Gesellschaft! Aus dem operativ geschlossenen Rechtssystem führt kein Weg heraus. Da Rechtshandlungen immer nur Rechtshandlungen produzieren, normative Qualität immer nur auf andere Akte oder Ereignisse übertragen wird, ist in Bezug auf Rechtsoperationen kein output des Rechts vorstellbar (Luhmann, 1985a, S. 4), und es führt kein Weg in die operative Geschlossenheit der regulierten Teilsysteme hinein. Organisationsentscheidungen werden von Organisationsentscheidungen produziert, Zahlungen von Zahlungen; beide können nicht direkt von außen gesteuert werden. In v. Försters Formulierung: Nichts als "order from noise" (v. Förster, 1981, S. 17). Für die Gesellschaft produziert die Gesetzgebung nur Lärm in der Außenwelt, unter dessen störendem Eindruck sie die eigenen internen Ordnungen variiert.

Um es auf eine Formel zu bringen: Gesellschaftliche Autonomie als Problem für die Gesetzgebung ist ein Verhältnis doppelter Zirkularität. Wie soll man durch Gesetzgebung aus dem geschlossenen Zirkel des Rechts ausbrechen und in die geschlossenen Zirkel der gesellschaftlichen Welten eindringen?

III. Konkurrierende Modelle gesellschaftlicher Autonomie

Ohne sogleich auf Ausweichstrategien einzugehen, sollte zunächst gefragt werden, was diese im Ganzen recht artifizielle Konstruktion an neuer Problemsicht erbringt (vgl. Rottleuthner, 1988, S. 112 ff.). Werden damit gegenüber der bisherigen Diskussion über Hindernisse der Gesetzgebung, über Recht und sozialen Wandel, Krise der Regulierung und Probleme der Politikimplementation die berühmten "regulatory failures" genauer oder anders beschrieben?

Üblicherweise wird in der juristischen und rechtssoziologischen Diskussion das Phänomen gesellschaftlicher Autonomie nur als individuelle Freiheit, von der Rechtsnorm abzuweichen, thematisiert und mit entsprechenden Strategieempfehlungen beantwortet. Juristen sehen Normungehorsam und Normumgehungen und reagieren darauf mit neuen Normierungen: Normungehorsam und Normumgehungen werden mit Verboten belegt. Rechtssoziologen bearbeiten das Problem individuell verstandener Autonomie mit dem Wirksamkeitsmodell der Norm: Norm – Sanktion – Reaktion, in einfacher oder in verfeinerter Form. Klassisch Theodor Geiger, wonach die Verbindlichkeit einer Norm sich nach dem Verhältnis von Normkonformität und Sanktionsintensität bei Abweichung bemißt (Geiger, 1964, S. 70). Sanktionsverstärkung heißt die Devise, wenn sich als individuelle Normabweichung verstandene Autonomie der Rechtsetzung entgegenstellt. Autonomie von gesellschaftlichen Handlungssystemen wird in diesen Modellen nicht thematisiert.

Allenfalls in der berühmten Formel "law in the books" versus "law in action", die für die Rechtssoziologie so viel bedeutet (z.B. wieder Podgorecki, 1984, S. 83), scheint die Problematik au f. In der Tat lassen sich hier Verbindungslinien ziehen, dann nämlich, wenn man das book-law und das action-law als autonome Sozialwelten konstruierte, die sich allenfalls über wechselseitige Beobachtung zugänglich sind. Aber das book-law ernst zu nehmen, geht gegen das Selbstverständnis: "... DOCTRINE? This is the big liberating move? You've got to be kidding!" (Gordon, 1984, S. 117).

Schon näher am Problem der Systemautonomie operieren Autoren, die "regulatory failures" im wesentlichen auf politische Macht- und Interessenkonstellationen zurückführen (Clune, 1983a, 1983b; Reich, 1984, S. 159; Bercusson, 1987, S. 55 ff.). Gewiß hat man damit ein zentrales Problem vor Augen, aber schon der selbstgesetzte Hinweis, daß es sich um strukturelle Interessen handelt, die aufgrund systembedingter Macht überlegene Strategien entwickeln können, um die Bemühungen des regulatorischen Rechts zu durchkreuzen, zeigt an, daß es sich bei Macht womöglich nur um ein Oberflächenphänomen handelt und man damit die systemischen Widersprüche nicht mehr thematisiert. Entsprechend machtvoll fallen denn auch die Empfehlungen einer regulatorischen Gegenstrategie aus: Verstärkung der politischen Machtressourcen der regulatory agencies und/oder Gegenmachtpositionen der betroffenen Interessen. Soll das aber schon alles sein?

Unmittelbar mit dem Problem der Systemautonomie haben es hingegen diverse Filtermodelle, Kontingenztheorien und natürlich input/output-Konzepte zu tun, die strukturelle Widersprüche zwischen verschiedenen Sozialsphären thematisieren. Auf der einen Seite stehen Theorien über den "mismatch" von Regulierungsstrukturen und regulierten Strukturen. Selznick etwa betont die Eigendynamik von sozialen Institutionen, die nur im Falle der Übereinstimmung ihrer "opportunity structure" mit der "conceptual readiness" des Rechts überwunden (oder besser: ausgenutzt) werden kann (Selznick, 1966, S. 55, 1969, S. 243; Nonet und Selznick, 1978, S. 106; vgl. auch Ott, 1972, S. 372 ff.). In der Regulierungsdebatte werden häufig "regulatory failures" auf einen "mismatch" von Regulierungsinstrumenten (z.B. "command-and-control"-Normen) und der Eigenlogik des Regulierungsfeldes (z.B. ökonomische Nutzenorientierung) zurückgeführt und entsprechende feldadäquate Regelungsinstrumente gefordert, z.B. verkäufliche Verschmutzungsrechte (etwa Mitnick, 1980, S. 337 ff.; Breyer, 1982, S. 161; A. Schmid, 1985; Stewart, 1988). Ähnlich sind "Kongruenzmodelle" in der Implementationsforschung gebaut, die von der Kontingenztheorie der Organisation (Lawrence und Lorsch, 1967a, 1967b, 1969) ausgehend, die Kongruenz von politischen Programmen, Regelungsinstrumenten und Strukturen in den Implementationsfeldern thematisieren (Mayntz, 1983a, 1983b, S. 15).

Auf der anderen Seite stehen Theorien, die die unvermeidliche Transformation oder Perversion von Regulierungsprogrammen betonen, wenn diese auf autonome Sozialstrukturen auftreffen. Bekanntgeworden ist die rechtssoziologische "Drei-Stufen-Hypothese über die Wirksamkeit des Rechts", wonach Recht beim Durchlauf durch drei Systemfilter – Gesamtsystem, Subsystem, Persönlichkeit – einschneidend modifiziert wird (Podgorecki, 1967, S. 271; 1984, S. 87). Den Konflikt zwischen gesamtgesellschaftlichem Recht und teilsysteminternen sozialen Regulierungsmechanismen betont Sally Moore im Modell der "semi-autonomous social fields" (1973, S. 720, 722). Ähnlich in der Anlage, aber inhaltlich weitergehend sind die in der Verrechtlichungsdiskussion entwickelten Vorstellungen von unterschiedlichen Systemlogiken von Recht und gesellschaftlichen Teilbereichen, wonach pathologische Effekte der Verrechtlichung auf die Differenzen in Organisationsstrukturen, Motivationen und Rationalitäten zurückzuführen sind. Am bekanntesten ist hier wohl Habermas' "Kolonialisierung der Lebenswelt" geworden (Habermas, 1981, S. 522; vgl.

auch Offe, 1983). Und erst recht gehören in diese Gruppe die in der Theorie offener Systeme entworfenen input/output-Modelle, nach denen rechtliche Regelungsimpulse durch systeminterne autonome Konversionsprozesse in der Gesellschaft einschneidend verwandelt werden (z.B. Clune, 1983a, S. 53 ff.).

IV. Geschlossenheit, Zirkularität, Resistenz

Von solchen Struktur- und Filtermodellen dürfte sich bei aller Gemeinsamkeit der Betrachtungsweise das Autopoiese-Modell in folgenden Hinsichten unterscheiden.

(1) Die *Geschlossenheit* ist radikalisiert. Während die genannten Ansätze von der Möglichkeit der Direktintervention ausgehen und nur deren mehr oder weniger einschneidenden Modifikationen betonen, wird hier eine operative Geschlossenheit der Teilsysteme postuliert, die es ausschließt, daß ein System an der Autopoiese des anderen teilnimmt. Was man bisher ohne weiteres unterstellen konnte, daß nämlich Recht und Sozialwirklichkeit einander real zugänglich sind, wird in Autopoiese-Konzepten erst zum Problem. Denn Umwelt ist für das System systemrelative Konstruktion, nicht mehr.

Die Konsequenzen sind weitreichend. Man kann Gesetzgebungsmodelle nicht mehr einfach nach dem input/output-Schema und als Informationsaustauschbeziehung zwischen Recht und Gesellschaft fassen. Man muß auf Vorstellungen linearer Kausalität verzichten, wonach die gleichen Rechtsnormen gleiche gesellschaftliche Änderungen verursachen (vgl. allgemein v. Förster, 1984b, S. 8 ff.). Stattdessen kann man nur mit Vorstellungen von interner Kreiskausalität und deren Beeinflussung durch "modulierende" Außeneinflüsse arbeiten (dazu Teubner, 1984a, S. 130). Und man muß eine eigentümliche Aktivitätsverschiebung von Gesetzgebung als Informationssender zu den gesellschaftlichen Sphären als Informationsempfänger nachvollziehen. Es ist nicht die Gesetzgebung, die in den gesellschaftlichen Teilsystemen Ordnung schafft, vielmehr sind es die Teilsysteme, die mit Gesetzgebung hoch selektiv umgehen und sie recht willkürlich dazu benutzen – oder auch nicht benutzen –, um sich ihre eigene Ordnung aufzubauen. Dies ist das berühmte "order-from-noise"-Prinzip (v. Förster, 1981, S. 17): "thanks to the little demons in the box, in the long run only those components of the noise were selected which contributed to the increase of order in the system".

(2) Die *Qualität* der Systemautonomie ist eine andere. In den vorher angesprochenen Struktur- und Filtermodellen bleibt es oft vage, worin genau die gesellschaftliche Autonomie besteht, die das Gesetzgebungsgeschäft so schwierig macht. Wie sehen die "little demons in the box" eigentlich aus? Sind eigen-

sinnige Normen, Werte, Rationalitäten, Weltbilder, Ideologien, handfeste Interessen, Machtkonstellationen, materielle Produktionsverhältnisse oder all das zusammen am Werke? Üblicherweise dürfte Autonomie als Selbstregulierung verstanden werden, sei es über normative Mechanismen (z.B. das Recht der Bukowina), sei es über nicht-normative Mechanismen (z.B. Preissteuerung im Markt).

Im Autopoiese-Modell hingegen gewinnt Autonomie eine eigentümliche Präzision. Autonomie ist Zirkularität. Entweder findet man sie in der Zirkularität der Selbstreproduktion der Elemente (Luhmann, 1985a, S. 2, 4). Das ist Autopoiese im engeren Sinn. Die Autonomie der Wirtschaft bestünde dann in der Selbstreproduktion der Zahlungsakte, die Autonomie der Organisation in der Selbstreproduktion der Organisationsentscheidungen. Oder aber man findet Autonomie – was ich vorziehen würde – in der Zirkularität von sozialer Selbstreferenz schlechthin. *Wo immer in der sozialen Realität eine Operation, ein Prozeß, ein System auf sich selbst trifft* (in welcher Form auch immer, als Produktion oder als Beobachtung z.B.), *entsteht* eine Beziehung der Selbstbestimmung, die von außen nicht bestimmt werden kann – eben *Autonomie*. Oder: F=0 (F) (Varela, 1981, S. 19). Autonomie wäre dann das Emergenzphänomen, die neue soziale Qualität, die bei jeder sozialen Selbstreferenz notwendig entsteht. Die Autonomie der Wirtschaft bestünde dann nicht nur in der Selbstreproduktion ihrer Elemente (Zahlungen), sondern auch in der Selbstgenerierung ihrer Strukturen (Preise), in der Orientierung von Zahlungen an der Vermehrung von Zahlungsfähigkeit (Profit), in ihren Formen der Selbstbeobachtung (Wirtschaftstheorie und Wirtschaftspolitik). Die Autonomie von Organisation bestünde dann entsprechend nicht nur in der Selbstreproduktion von Organisationsentscheidungen, sondern auch in der Herstellung formaler und informaler Organisationsstrukturen (Erwartungen), in ihrer Selbstbegrenzung durch Mitgliedschaft (Zugehörigkeit plus Regelunterwerfung), in ihrer Selbstbeschreibung als handlungsfähiges Kollektiv (juristische Person), in ihrer Identitätsorientierung (Unternehmensinteresse, Verbandswohl). Man sieht: Die kleinen Teufel von vorhin tauchen alle wieder auf – Normen, Werte, Ideologien etc. – jetzt aber können wir sie an ihren (selbstreferentiellen) Hörnern erkennen.

Gesellschaftliche Autonomie als Problem für die Gesetzgebung ist entsprechend als gradualisiertes Konzept zu fassen. Es ist dann nichts mit der "unbiegsamen Härte" der Autopoiese, auf die sich Maturana (1982, S. 301) und Luhmann (1985a, S. 2) so gern stützen, wenn sie darauf bestehen, daß eine Frau entweder schwanger oder nicht schwanger ist. Vielmehr muß man sich Sozialsysteme unterschiedlichen Autonomisierungsgrades vorstellen, die die Gesetzgebung vor ganz unterschiedliche Probleme stellen, je nachdem in welchem Ausmaße sie selbstreferentielle Zirkel in ihren Operationen und Beobachtungen herausbilden.

(3) Schließlich läßt sich mit dem Autopoiese-Modell etwas genauer angeben, worin die *Resistenz* gesellschaftlicher Autonomie gegenüber Gesetzgebung und anderen äußeren Eingriffen besteht. Es geht nicht einfach, wie in den "semi-autonomous social fields", die Sally Moore so gern bestellt, um den Konflikt zwischen sozialen und rechtlichen Normen: "the fact that it (the small field) can generate rules and customs and symbols internally, but that it is also vulnerable to rules and decisions and other forces emanating from the larger world by which it is surrounded" (Moore, 1973, S. 720).

Vielmehr geht es um Aufrechterhaltung von Zirkularität, von der kleinen selbstreferentiellen Operation bis hin zur Autopoiese des ganzen Systems. Das ist mehr und anders als der Widerstand der Bauern der Bukowina gegen das zentralistische offizielle Recht. Das ist aber auch etwas anderes als die alte "system maintenance", die in gesellschaftlichen Zusammenhängen bekanntlich unter dem Problem litt, daß ihr das klargeschnittene Problem des Todes fehlte (Habermas und Luhmann, 1971, S. 151). Die Resistenz der so verstandenen Autonomie der Gesellschaft zwingt die Gesetzgebung, wenn sie die Desintegration selbstreferentieller Verhältnisse vermeiden will (was sie im übrigen nicht muß), auf einen Entwicklungspfad, der von der doppelten Selektivität rechtlicher und gesellschaftlicher Autopoiese vorgezeichnet ist.

Damit sind wir aber auch schon bei den Lösungsperspektiven angelangt. Es wird nun Zeit, nachdem wir uns als Autopoieten von Regulatoren, Implementatoren und anderen Rechts- und Sozialwandlern gehörig abgegrenzt haben und in dieser Eigenschaft der Gesetzgebung einige Hürden in Form von gesellschaftlicher Autonomie in den Weg gelegt haben, zu zeigen, wie die Gesetzgebung, wenn sie sich nur der Denkmittel des reflexiven Rechts bedient, diese Hürden im Sprunge nimmt. Doch die Enttäuschung ist herb. Die Hürden erweisen sich als unüberwindbar. Es sind, wie üblich, nur Umgehungen, Schleichwege, Ausweichstrategien möglich und auch Reflexion kann nicht mehr tun als die Hürden deutlicher sichtbar zu machen und – vielleicht – die Umwege ein wenig auszubauen.

Die These heißt: Die in selbstreferentiellen Verhältnissen wurzelnde Systemautonomie gesellschaftlicher Teilbereiche ist einer gesetzgeberischen Direktintervention unzugänglich. Möglich erscheinen nur indirekte Interventionen, die aber je spezifische negative Folgeprobleme aufwerfen. Ich möchte sie unter den Begriffen *wechselseitige Beobachtung, Anschluß durch Interferenz* und *Kommunikation über Organisation* diskutieren.

V. Wechselseitige Beobachtung

Das Recht verordnet der Wirtschaft einen Preisstop. Ein solches Preiskontrollgesetz wird normalerweise als Fall einer klaren Direktintervention des

Rechts in die Wirtschaft verstanden. In autopoietischer Sicht jedoch schrumpft es auf einen bloßen Akt der Beobachtung zusammen: das Recht beobachtet die Wirtschaft mit Hilfe eines Rechtssatzes über Preiskontrolle. Schaut man noch genauer hin, wird aus der ehrgeizigen Fremdsteuerung eine bloße Selbstbeobachtung: das Recht beobachtet mit Hilfe einer Preiskontrollnorm nur seine eigenen Operationen und stellt sich dabei vor, daß die Wirtschaft so und so funktioniert.

Diese Konstruktion einer strikt konstruierten Umwelt wird bekanntlich im erkenntnistheoretischen Konstruktivismus vertreten (Piaget, 1937; Watzlawick, 1976, 1981; Glasersfeld, 1981a, 1981b, 1984; Maturana, 1982, S. 301; v. Förster, 1981, 1984a; Hejl, 1985; S. Schmidt, 1987). Die Konstruktion ist nicht nur auf erkennende menschliche Subjekte, sondern auch auf autonome Sozialsysteme anwendbar (Luhmann, 1984b, S. 647). Die Existenz der Umwelt wird dabei nicht solipsistisch geleugnet, sondern vorausgesetzt. Von Förster (1981): Es gibt eine reale Umwelt, erkennende Systeme haben jedoch keinen unmittelbaren Zugang zu ihr. Sie können sie nur beobachten. Und Beobachten ist entgegen common sense als streng systeminterner Vorgang zu verstehen, der weder in die Realität "out there" noch von außen nach innen führt. Beobachten heißt nur, daß ein System in internen Operationen Unterscheidungen einführt und anhand dieser Unterscheidungen etwas bezeichnet.

Konstruktivistisch betrachtet, muß man also Interventionen des Rechts in die Wirtschaft als wechselseitige Beobachtungen zweier autonomer, in sich geschlossener Kommunikationssysteme ansehen, ohne daß die Möglichkeit eines Direktkontaktes bestünde. Das Recht "erfindet" sich ein Bild von der Wirtschaft und formuliert seine Normen im Umgang mit diesem Bilde. Die Wirtschaft "erfindet" sich ihr Bild des Rechts und prozessiert ihre Zahlungsvorgänge im Umgang mit diesem Bilde. Man kann diese inneren Modelle der Außenwelt immer weiter verfeinern (Deggau, 1988, S. 147 ff.), wie es etwa die Dogmatik des Wirtschaftsrechts oder heute die Wirtschaftsrechtstheorie tut; dies Verfahren führt jedoch nicht aus den Rechtsvorstellungen über Wirtschaft in die Realität des Wirtschaftssystems hinein.

Wechselt man die Systemreferenz, dann kann man aus der Beobachterperspektive noch zusätzlich beobachten (= konstruieren), daß die wechselseitigen Beobachtungen der Sozialsysteme nicht willkürlich gegeneinander variieren, sondern Ko-Variationen aufweisen. Der Beobachter kann das Vorliegen oder Nicht-Vorliegen "struktureller Kopplungen" von Rechtsoperationen und Wirtschaftsoperationen feststellen. Die strukturelle Kopplung zwischen autopoietischem System und seinem "Medium" – wie Maturana (1982, S. 20, 251 ff.) sie beschreibt – betrifft verschiedene Phänomenbereiche, die einander nicht zugänglich sind. Es sind nur "blinde" Prozesse der Ko-Evolution von Recht und geregeltem Teilsystem möglich, die vom Rechtssystem her prinzipiell nicht zu kontrollieren sind. Diese Ko-Evolution wird anscheinend von der doppelten

Selektivität der Autopoiese des Rechts und der des betroffenen Sozialsystems gesteuert. Rechtsakte müssen sich vor der Autopoiese beider Systeme "bewähren". Darin liegt ihr regulativer Erfolg.

An dieser Stelle sollte man nach rechtspolitischen Konsequenzen fragen: Kann eine sich als reflexiv verstehende Gesetzgebungspolitik etwas aus dieser blinden Interaktion zweier sich selbst beobachtender Systeme lernen? Kann das Recht sich darauf einstellen, daß seine Regulierungen nur Selbstregulierungen sind, die auf undurchschaubare Weise mit den selbstbezogenen Operationen anderer Teilsysteme ko-variieren? Vielleicht sollte man, etwas locker an Lindblom anknüpfend (Lindblom und Cohen, 1979, S. 58) mit der Umstellung von Wissen auf Interaktion arbeiten. Die Wissensstrategie läuft folgendermaßen: Wenn die Gesellschaftsadäquanz von Recht in bezug auf eines der gesellschaftlichen Teilsysteme bezweifelt wird, stellt man die Forderung, das Recht müsse seine Kenntnis von den realen Abläufen, Funktionen, Strukturen der Teilsysteme verbessern, müsse also wissenschaftlich fundierte Modelle seiner Umweltsysteme entwickeln und auf diese Modelle seine Normen zuschneiden. Dies ist ganz im Sinne einer soziologischen Jurisprudenz, einer ökonomischen Analyse des Rechts (vgl. Daintith und Teubner, 1986, S. 3). Eben haben wir aber gesehen, daß diese Wissensstrategie nicht die Grenzen des Rechtssystems überschreiten kann. Womöglich ist es deshalb aussichtsreicher, an der Interaktion selbst, also an der blinden Ko-Variation von Rechtssystem und Wirtschaftssystem anzuknüpfen und durch (natürlich systeminterne) Operationen die Mechanismen der Ko-Variation zu beeinflussen. Wie ist das vorstellbar?

In der ökonomischen Analyse des Rechts wird folgendes Modell ko-evolutiver Prozesse von Recht und Wirtschaft diskutiert (Rubin, 1977; Priest, 1977). Ein wirtschaftlich als unbefriedigend empfundener Rechtszustand wird von ökonomischen Akteuren aufgegriffen und vor die Justiz in Form von Klagen gebracht. Die Entscheidung kann dadurch zwar nicht determiniert werden, die Rechtsentscheidung aber wirkt auf die Wirtschaft zurück und löst solange neue Klagen aus ("relitigation"), bis sich ein Zustand eingependelt hat, der zu einem Pareto-Optimum der in den Entscheidungen formulierten Rechtsnormen geführt hat. Dieses Evolutionsmodell dürfte auf allzu heroischen Annahmen beruhen, dürfte insbesondere unrealistisch in bezug auf die Rationalität der Akteure sein und zudem die selektiven Mechanismen der Justiz nicht hinreichend berücksichtigen (zur Kritik: Hirshleifer, 1982, S. 46 ff.). Dennoch bleibt es als allgemeines Modell für uns hilfreich. Es impliziert, daß das Rechtssystem sozusagen durch die Unruhe draußen, durch den Lärm der Wirtschaftsakteure, gezwungen wird, seine interne Ordnung solange zu variieren, bis wieder relative Ruhe eingetreten ist. Es impliziert weiter, daß sich das Rechtssystem gezielt für Außenlärm empfindlich machen kann. Man ändert dann nicht die inhaltlichen Vorstellungen der Rechtsdogmatik über Wirtschaft, sondern setzt an dem evolutiven Mechanismus der Variation an. Am deutlichsten wird dies an "access to justice" (Cappelletti und Garth, 1978), an der Variation der Zugangsbedingungen zur Justiz. Dazu gehört insbesondere die Erweiterung von Klagemöglichkeiten, ihre Ausdehnung auf bestimmte kollektive Interessen, auf Verbände und andere Organisationen. Die berühmten Rechtsinnovationen von class action, Verbandsklage und allgemeiner die Öffnung des gerichtlichen Zwei-Personen-Prozesses für kollektive Interessen erscheinen dann in dieser Sicht als die gezielte Beeinflussung der Ko-Variation von Recht und reguliertem Teilsystem. Man wird dieses Modell nicht nur auf ein Teilsystem, etwa die Wirtschaft, anwenden dürfen, sondern muß auch die Ko-Variation des Rechts mit anderen Teilsystemen in Betracht ziehen. Man müßte dann den variety pool des Rechtssystems auch in bezug auf andere Systeme erhöhen. Hier dürfte die staatlich geförderte Organisation von nicht konfliktfähigen Interessen ein interessanter Ansatzpunkt sein. Ein geeignetes theoretisches Konzept zur Analyse solcher rechtlicher Variationsmechanismen bietet das von Joerges (1981, 1984) entwickelte Konzept des "Entdeckungsverfahren Praxis".

Es ist natürlich eine höchst indirekte Form der Steuerung, durch gezielte Erhöhung der rechtsinternen Variationsmöglichkeiten ko-evolutive Prozesse zwischen Systemen zu beeinflussen. Sie zieht aber nur die Folgerung aus der allgemeinen Einsicht, daß selbstreferentiell geschlossene Systeme nur durch Selbstregulierung fremdregulierende Effekte erreichen.

VI. Interferenz

In diesem sehr einschränkenden Sinn der Ko-Evolution zweier sich wechselseitig beobachtender autopoietischer Systeme kann man also von Gesetzgebung als "Fremdregulierung durch Selbstregulierung" sprechen. Dieser von systemtheoretischen Prämissen her zwingende Befund führt nun Autoren wie Bechmann dazu, alle Ansprüche an Regulierung der Gesellschaft durch Recht zu "suspendieren" und Steuerung durch reflexives Recht als contradictio in adiectu zu behandeln. Recht kann danach weder Kontroll- noch Regulierungsinstrument für andere soziale Systeme sein: "Systeme beobachten Systeme, nichts weiter" (Bechmann, 1984, S. 200 f.). Luhmann (1985a, S. 1) formuliert den gleichen Befund vorsichtiger. Er bezeichnet es als ein theoretisch nicht zureichend geklärtes Problem, wie autopoietische Systeme, die nur sich selbst regulieren, andere Systeme regulieren können. Und Kritiker greifen dies Problem gern auf, um daran die "Sprachlosigkeit der Systemtheorie" zu demonstrieren: Sie könne sich die Gesellschaft nur als wechselseitig indifferente Monaden vorstellen, die nicht aufeinander einwirken, sondern sich nur instrumentell aufeinander einstellen können (Münch, 1985, S. 27). Es scheint, als laufe die Systemtheorie in eine selbstkonstruierte Falle und sitze nun in der selbstreferentiellen Geschlossenheit gefangen.

Führt kein Weg aus den je in sich geschlossenen (Selbst–)Beobachtungszirkeln heraus? M.E. gibt es einen Weg, die Zirkularität nicht nur systemintern zu durchbrechen. Dieser Weg führt über eine Besonderheit der Verschachtelung autopoietischer Systeme, die, soweit ich sehe, in der Theorie noch nicht ausreichend beachtet worden sind: die Interferenz von gleichartigen autopoietischen Systemen. Ich möchte die These zur Diskussion stellen: *Die "Interferenz" von sozialen Systemen ermöglicht, daß diese Systeme über Beobachtungsbeziehungen hinaus in ihren Elementen kommunikativ gekoppelt sind.* Allerdings ist sogleich eine Einschränkung hinzuzufügen: Die Vorteile des realen Umweltkontaktes werden mit den Nachteilen von Filtereffekten erkauft.

Man muß bei Sozialsystemen zwischen ihren Kontakten zur innergesellschaftlichen Umwelt und denen zur außergesellschaftlichen Umwelt unterscheiden. Zur äußeren Umwelt, wozu auch die konkreten Menschen zählen, sind nur kognitive Beobachtungsbeziehungen in der oben geschilderten Art möglich. Gesellschaftliche Systeme kommunizieren nur *über* Mensch und Natur, nicht *mit* ihnen. Mit der innergesellschaftlichen Umwelt hingegen scheint eine Art direkter Umweltkontakt möglich zu sein. Über die Brücke der Interferenz können gesellschaftliche Kommunikationssysteme sich nicht nur beobachten, sondern kommunikativ aneinander gekoppelt sein. Und das aus drei Gründen. Sie verwenden, erstens, den gleichen Grundstoff "Sinn". Zweitens, sie benutzen alle, in welch spezialisierter Form auch immer, Kommunikationen als Elemente ihrer jeweiligen Systembildung. Und drittens und am wichtigsten: jede Spezialkommunikation in einem beliebigen gesellschaftlichen Teilsystem – Interaktion, Organisation, funktionalem Subsystem – ist immer zugleich – buchstäblich *uno actu* – allgemeingesellschaftliche Kommunikation.

Die Freude, die einen interventionistisch gesonnenen, aber konstruktivistisch desillusionierten Gesetzgeber befällt, wenn er von der Systeminterferenz hört, wird allerdings wieder getrübt, wenn er die Kosten in Betracht zieht, die diese Art der Systembeeinflussung mitsichbringt. Denn was er gegenüber der bloßen Systembeobachtung an kommunikativer Koppelung gewinnt, muß er mit einem Motivations- und Informationsverlust beim kommunikativen Anschluß in den interferierenden Systemen bezahlen.

Im Rechtssystem gilt eine dort formulierte Erwartung entweder oder sie gilt nicht. Zwischentöne der Geltung sind nicht zugelassen. Darin besteht ja gerade der Vorteil des Rechtsmediums: daß es die Abnahmewahrscheinlichkeit einer Kommunikation drastisch erhöht. Was für die Rechtsgeltung einer Erwartung als eindeutiges Entweder/Oder gilt, gilt für die soziale Geltung der uno actu formulierten sozialen Erwartung noch lange nicht. Die soziale Geltung einer (Rechts–)Norm kann verschiedene Intensität besitzen. Dies berechtigt Geiger (1964, S. 277 ff.) von Verbindlichkeitskalkül, Blankenburg (1980, S. 83) von Recht als gradualisiertem Konzept zu sprechen. Die Interferenz von Recht und Lebenswelt wird also mit einem Entdifferenzierungseffekt erkauft. Rechtskommunikationen motivieren nur Rechtskommunikationen zuverlässig. Ihr Motivationswert für lebensweltliche Kommunikationen ist bekanntlich ziemlich gering und muß mit anderen Kommunikationsmedien verstärkt werden, mit moralischen Pressionen, Überzeugungen von der Wahrheit des Rechts und natürlich vor allem mit Sanktionen, dem Einsatz von gewaltgestützter Macht.

Die Motivationsverluste sind noch höher, wenn das Recht nicht nur die Lebenswelt kolonialisiert, sondern in andere funktionale Teilsysteme oder in formale Organisationen ausgreifen will. Dann muß es mit dem systematischen Widerstand systemspezifischer Motivationsquellen rechnen, die zwar kommunikativen Anschluß nicht verhindern, aber die Abnahmebereitschaft drastisch absinken lassen. Im direkten Konflikt mit dem Profitmotiv hat der Rechtsgehorsam bekanntlich wenig Chancen; diese sinken gegen Null, wenn bei drohendem Konkurs das Überleben der Organisation auf dem Spiele steht.

Hier besteht ein weiterer Einsatzpunkt für ein "reflexives" Recht. Man kann ein Stück weiterkommen, wenn man die Mechanismen von Systembeobachtung und Systeminterferenz verbindet. Recht kann seine Regulierungschancen dadurch erhöhen, daß es eine "Optionspolitik" entwickelt und diese zugleich an der Fremdbeobachtung des Rechts durch das regulierte Teilsystem korrigiert.

In den Fällen von Vertrag und subjektivem Recht stellt das Recht der Wirtschaft im Gegensatz zur "command-and-control" Regulierung bloße Optionen zur Verfügung. Man kann die Option ausüben oder nicht; wenn man sie aber ausübt, ist man an ihre Bedingungen gebunden. Diese Bedingungen sind durch politisch-rechtliche Programme variierbar, aber nur bis zu einer bestimmten Grenze, von der an die Kosten der Konditionen die Nutzen der Option übersteigen. Und an dieser Stelle kann das Recht aus den Selbstbeobachtungen im Wirtschaftssystem lernen (vgl. Deggau, 1988, S. 139 ff.). Hier sollten Juristen etwa die Analyseangebote der economic analysis of law annehmen und für ihre Regulierungszwecke ausbeuten (vgl. etwa Schanze, 1986, S. 204 ff.). Die imperialistischen Ansprüche des "efficiency"-Kriteriums kann man dabei getrost zurückweisen (z.B. Buxbaum, 1984, S. 539 ff., 1986, S. 282 f.). Aber aus ihren Analysen kann man etwas darüber erfahren, was passiert, wenn die Logik von Rechtsstrukturen und die von ökonomischen Strukturen aufeinandertreffen. Insbesondere kann man sich davon versprechen, etwas mehr über Möglichkeiten und Grenzen der politisch-rechtlichen Konditionierung von Vertragsformen und subjektiven Rechten zu erfahren. Ein Beispiel für ein solches rückwirkendes Ausnutzen von ökonomischen Effekten für die Formulierung von Rechtsnormen mit politischer Steuerungsabsicht scheinen mir die Analysen von Allan Schmid zu sein (1986, S. 132).

Verallgemeinert man dies über die Figuren von Vertrag und subjektivem Recht hinaus, dann besteht eine Möglichkeit, den Begriff des reflexiven Rechts weiterzudenken, darin, rechtspolitisch verstärkt "Optionspolitik" einzusetzen. Das bedeutet, daß das Recht in Teilbereichen auf einen umfassenden Regelungsanspruch verzichtet und nur noch Ordnungsentwürfe herstellt, von denen die Beteiligten Gebrauch machen können oder nicht (Luhmann, 1985a, S. 11). Was hat dies für Konsequenzen? Auf der einen Seite scheint es sich hier um eine flexible und anpassungsfähige Rechtspolitik zu handeln. Nur wenn es gegenüber gesellschaftlichen Bedürfnissen adäquat ist, wird das Recht benutzt, in anderen Fällen nicht. Der Verzicht auf echte Normierung des Verhaltens im Sinne einer autoritativen Verhaltenserwartung hat aber durchaus gravierende Folgen für das Verständnis von Normativität. Die Geltung von Rechtsnormen wird in das Belieben der Rechtsunterworfenen gestellt. Eine solche Interpretation taucht bekanntlich häufig in der ökonomischen Analyse des Rechts auf, wo Rechtsnormen nur noch als Kostenfaktor gesehen werden mit der Möglichkeit, daß im Falle, daß die Nutzen des verbotenen Verhaltens die Kosten der Sanktionierung überschreiten, das verbotene Verhalten nicht nur gewählt wird, sondern auch als durchaus korrekt angesehen wird (z.B. effizienter Vertragsbruch, optimale Sanktionen; Posner, 1977, ch. 2; Easterbrook und Fischel, 1982, S. 1177). Damit wird die autoritative Rechtsgeltung der Norm als solche in Frage gestellt und die Funktion der Erwartungssicherheit des Rechtes insoweit aufgehoben. Man kann dann nicht mehr davon ausgehen, daß die fragliche Norm oder das Ordnungsangebot zur stabilisierenden Orientierung des Verhaltens benützt wird, sondern man muß es von vornherein in seiner Geltung als kontingent sehen. Auch zur Konfliktregulierung fällt diese Erwartung dann aus. Ein solches Recht wird also nur seiner Funktion der Verhaltenssteuerung gerecht, verliert aber dabei die Funktion der Erwartungssicherung und der Konfliktregulierung. Daraus wird deutlich, daß eine solche "Optionspolitik" nur in Teilbereichen des Rechts sinnvoll ist.

Andererseits sind die Vorteile einer solchen Verhaltenssteuerung nicht zu unterschätzen. Wenn das Recht – in Teilbereichen – auf seinen Anspruch verzichtet, die gesellschaftliche Umwelt zu regulieren und sich damit begnügt, Ordnungsentwürfe anzubieten, wobei es den Benutzern freistellt, ob sie von dem Angebot Gebrauch machen oder nicht, dann setzt das Recht auf blinde Evolution innerhalb des regulierten Systems. Wenn die Ordnungsleistung, die es intern erfunden hat, für andere Systeme attraktiv ist, wird sie aufgegriffen, wenn nicht, bleibt es totes Buchstabenrecht. Der naheliegenden Kritik, daß damit das Recht nichts anderes tut als den Status quo zu zementieren, bzw. den ohnehin Mächtigen die Möglichkeit gibt, ihre Macht zu steigern, kann – wie man am Beispiel von Vertrag und subjektivem Recht sieht – in gewisser Weise dadurch begegnet werden, daß solche Ordnungsangebote nun ihrerseits konditioniert oder mit anderen Interventionsmechanismen gekoppelt werden. Eine Möglichkeit ist, Ordnungsoptionen anzubieten, zugleich aber die allgemeine Regulierung zu treffen, daß eine der Optionen gewählt werden muß (Beispiel: Vorgeschlagene Richtlinie der EG über Mitbestimmungsmodelle in Europa (dazu Abeltshauser, 1985)). Eine zweite Möglichkeit ist die Verbindung mit attraktiven Berechtigungen, also etwa das Koppeln von Verbandsprivilegien mit gleichzeitiger Regulierung ihrer internen Ordnung (dazu Teubner, 1978, S. 208 ff.). Beides kann nur zusammen akzeptiert werden. Oder Haftungsbeschränkung nur bei Akzeptierung bestimmter Gesellschaftsformen und Gesellschaftsstrukturen. Eine dritte Möglichkeit ist die Koppelung von Steuerungsimpulsen, die verschiedenen Systemlogiken angehören, etwa die Verbindung von ökonomischen Anreizen mit juristischen Regulierungen (Beispiel: Gewährung von Subventionen unter rechtlichen Auflagen).

VII. Kommunikation über Organisation

Um die Grundlinien des bisherigen Gedankengangs zu rekapitulieren: Ausgangspunkt war die durch die doppelte Autopoiese des Rechts und der gesellschaftlichen Teilsysteme bedingte Unmöglichkeit der direkten Rechtsintervention. Eine erste Ausweichstrategie fanden wir in der wechselseitigen Systembeobachtung, die aber nur zu einer "blinden" Ko-Evolution von Recht und Gesellschaft führte. Reflexiv verstärken läßt sich dieser Mechanismus durch eine gezielte Beeinflussung des internen Variationsmechanismus im Recht – access to justice. Die zweite Ausweichstrategie besteht darin, kommunikativen Anschluß über Systeminterferenz herzustellen, deren negative Folgeprobleme aber in Motivationsverlusten bestehen. In einer rechtlichen "Optionspolitik" konnten wir Chancen für einen reflexiven Ausbau dieser Strategie finden. Abschließend sollten wir uns kurz einer dritten Ausweichstrategie zuwenden: der Kommunikation über Organisation.

Man sollte klar sehen, daß es großer Umwege bedarf, um auf diese Weise Einflußkanäle zwischen funktionalen Teilsystemen zu schaffen. Die großen Teilsysteme der Gesellschaft – Politik, Recht, Wirtschaft, Wissenschaft – sind als solche nicht kollektiv handlungsfähig. Sie bedürfen zur verbindlichen Kommunikation handlungsfähiger Organisationen, die aber niemals repräsentativ für einen gesellschaftlichen Teilbereich auftreten können. Ihnen fehlt die "Verpflichtungsfähigkeit", für das Ganze der Politik, der Wirtschaft oder des Rechts aufzutreten. Sie kompensieren dies etwas mühselig durch interne Mechanismen formaler Organisation, die ihnen gewisse Machtmittel über die Mitglieder an die Hand geben – und durch politische Rhetorik. Diese formalen Organisationen können nun als kollektive Akteure über die Grenzen funktionaler Teilsysteme hinweg kommunizieren (Clune, 1988; Hutter, 1988a, 1988b), aber natürlich auch nur in der Weise, daß sie ein sich seinerseits verselbständigendes System der Inter-System-Beziehungen aufbauen: Gesprächskreise, Kollektivverhandlungen, Vernehmlassungsverfahren, konzertierte Aktionen. Dieser verschachtelte Aufbau vervielfacht die operativ geschlossenen Beobachtungsverhältnisse.

Tragbar wird das Ganze auch hier nur durch Mechanismen der Systeminterferenz, die in der prinzipiell gleichen Weise wie zwischen funktionalem Teilsystem und lebensweltlicher Kommunikation arbeiten. Auch formale Organisationen benutzen Kommunikationen als Systemelemente – in der Form von Organisationsentscheidungen. Organisationsentscheidungen können an Rechtskommunikationen kommunikativ anschließen, wenn diese mit einer Organisationsentscheidung *uno actu* zusammenfallen. Das gleiche gilt wiederum für Wirtschaftskommunikationen. Freilich treten auch hier starke Filtereffekte auf, die auf unterschiedliche Systemkontexte zurückzuführen sind.

Attraktiv wird dieser kommunikative Umweg gegenüber der "command-and-control" Regulierung letztlich nur deshalb, weil er den – wenn auch vermittelten – Zugriff auf zentrale Selbststeuerungsmechanismen im jeweiligen Teilsystem eröffnet. Die Politik gewinnt hier gleichzeitig den Zugang zur Gesetzgebung, die die Produktion von Rechtsnormen steuert, und zu den zentralen Mechanismen der Organisationssteuerung von Unternehmen, Gewerkschaften und anderen Verbänden. Die Vorteile und Nachteile dieser Steuerung über Verhandlungssysteme sind in der Literatur zum Neo-Korporatismus detailliert beschrieben worden. (Zur Literatur siehe: Cawson und Ballard, 1984, S. 1-25.) Interpretationen und Einschätzungen sind zahlreich und kontrovers. M.E. trifft jene Einschätzung am ehesten zu, die neo-korporatistische Verhandlungssysteme als wechselseitige Angleichung der inneren Außenweltmodelle der zentralen Steuerungsinstanzen unterschiedlicher Teilsysteme ansieht und damit den Aspekt der Einschränkung eigentlich gegebener Systemmöglichkeiten mit Rücksicht auf das Funktionieren anderer Systeme betont (Scharpf, 1979; Willke, 1983).

Die Rolle des Rechts ist bei solchen zentralisierten Abstimmungsprozessen ziemlich begrenzt. Jedoch sind auch hier in gewissem Umfang reflexive Verstärkungen vorstellbar, nämlich dann, wenn Rechtsnormen spezifisch auf die Förderung der Voraussetzungen solcher Verhandlungssysteme eingestellt werden. In der neo-korporatistischen Literatur wird dies mit "procedural regulation" beschrieben (Mayntz, 1983a, S. 138 ff.; Streeck und Schmitter, 1985, S. 149 ff.; G. Schmid, 1985). Wie an anderer Stelle ausführlicher dargelegt (Teubner, 1982, 1984a, 1984b), beschränkt sie sich darauf, Organisationsformen, Prozeduren und Kompetenzen für innerorganisatorische und für zwischenorganisatorische Beziehungen zur Verfügung zu stellen. Nicht zu Unrecht hat man im kollektiven Arbeitsrecht und in der Mitbestimmungsgesetzgebung Rechtsformen einer solchen Förderung von Verhandlungssystemen gefunden (z.B. Ronge, 1983). M.E. ist es durchaus vielversprechend, die institutionalistisch ansetzenden Analysen des Neo-Korporatismus (besonders Streeck und Schmitter, 1985) auf die Entwicklung einer solchen "reflexiven" Gesetzgebungspolitik hin zu untersuchen.

Abeltshauser, Thomas, 1985: Funktionelle Alternativen einer europäischen Unternehmensverfassung. Florenz: EUI Dissertation

Bechmann, Gotthard, 1984: "Reflexives Recht. Ein neues Theorieparadigma für die Rechtswissenschaft?", in: Brüggemeier, G./Joerges, Ch. (Hg.): Workshop zu Konzepten des postinterventionistischen Rechts. Bremen: ZERP, Materialien 4, 194-212

Bercusson, Brian, 1987: "Juridification and Disorder", in: Teubner, G. (Hg.): Juridification of social Spheres. Berlin: de Gruyter, 49-90

Blankenburg, Erhard, 1980: "Recht als gradualisiertes Konzept. Begriffsdimensionen der Diskussion um Verrechtlichung und Entrechtlichung", in: Blankenburg, E./Klausa, E./ Rottleuthner, H. (Hg.): Alternative Rechtsformen und Alternativen zum Recht. Opladen: Westdeutscher Verlag, 83-98

Breyer, Stephen G., 1982: Regulation and Its Reform. Cambridge: Harvard University Press

Brüggemeier, Gert/Joerges, Christian (Hg.), 1984: Workshop zu Konzepten des postinterventionistischen Rechts. Bremen: ZERP Materialien 4

Buxbaum, Richard, 1984: "Corporate Legitimacy, Economic Theory and Legal Doctrine", 45, Ohio State Law Journal, 515-543

Ders., 1986: "Federal Aspects of Corporate Law and Economic Theory", in: Daintith, T.C./ Teubner, G. (Hg.): Contract and Organization. Berlin: de Gruyter, 274-292

Cappelletti, Mauro/Garth, Bryant, 1978: "Access to Justice: The Worldwide Movement to Make Rights Effective. A General Report", in: Cappelletti, M./Garth, B. (Hg.): Access to Justice: A World Survey, Vol. I, Book I. Milan: Giuffre, 5-124

Cawson, Alan/Ballard, John, 1984: "A Bibliography of Corporatism", EUI Working Paper 84/115

Clune, William H. III, 1983a: "A Political Model of Implementation and Implications of the Model for Public Policy Research, and the Changing Roles of Law and Lawyers", 69, Iowa Law Review, 47-125

Ders., 1983b: "The Political Origins and Political Process of Regulation: What we can Learn from a Positive Political Analysis", in: Trubek, D. (Hg.): Reflexive Law and the Regulatory Crisis. Madison: University of Wisconsin, Madison

Ders., 1988: "Implementation as Autopoietic Interaction of Autopoietic Organizations", in: Teubner, G. (Hg.): State, Law, Economy as Autopoietic Systems. Berlin: de Gruyter

Daintith, Terence/Teubner, Gunther, 1986: "Sociological Jurisprudence and Legal Economics: Risks and Rewards", in: Daintith, T.C./Teubner, G. (Hg.): Contract and Organization. Berlin: de Gruyter, 3-24

Deggau, Hans-Georg, 1988: "The Communicative Autonomy of the Legal System", in: Teubner, G. (Hg.): Autopoietic Law. Berlin: de Gruyter, 128-151

Dupuy, Jean-Pierre, 1985: "On the Supposed Closure of Normative Systems", in: Teubner, G. (Hg.): Autopoietic Law. Berlin: de Gruyter, 51-69

Easterbrook, Frank H./Fischel, Daniel R., 1982: "Antitrust Suits by Targets of Tender Offers", 80, Michigan Law Review, 1155-1178

Förster, Heinz von, 1981: Observing Systems. Seaside, Cal.: Intersystems Publications

Ders., 1984a: "Erkenntnistheorien und Selbstorganisation", 4, Delfin, 6-19

Ders., 1984b: "Principles of Self-Organization – In a Socio-Managerial Context", in: Ulrich, H./Probst, G. (Hg.): Self-Organization and Management of Social Systems. Berlin: Springer, 2

Geiger, Theodor, 1964: Vorstudien zu einer Soziologie des Rechts. Neuwied: Luchterhand

Glasersfeld, Ernst von, 1981a: "Einführung in den radikalen Konstruktivismus", in: Watzlawick, P. (Hg.): Die erfundene Wirklichkeit. München: Piper, 16-38

Ders., 1981b: "An Epistemology for Cognitive Systems", in: Roth, G./Schwegler, H. (Hg.): Self-Organizing Systems. An Interdisciplinary Approach. Frankfurt: Campus, 121-131

Ders., 1984: "Reconstructing the Concept of Knowledge", Athen, Typescript

Gomez, Peter/Probst, Gilbert, 1985: "Organisationelle Geschlossenheit im Management sozialer Institutionen", 5 Delfin, 22-29

Gordon, Robert W., 1984: "Critical Legal Histories", 36, Stanford Law Review, 57-125

Günther, Klaus, 1984: "Materialisierung als Rekontextualisierung des Formalrechts". Frankfurt, Manuskript

Habermas, Jürgen, 1981: Theorie des kommunikativen Handelns. Frankfurt: Suhrkamp

Ders./Luhmann, Niklas, 1971: Theorie der Gesellschaft oder Sozialtechnologie – Was leistet die Systemforschung? Frankfurt: Suhrkamp

Hart, Dieter, 1984: "Zur konzeptionellen Entwicklung des Vertragsrechts", 27, Die Aktiengesellschaft, 66-80

Hejl, Peter M., 1985: "Konstruktion der sozialen Konstruktion: Grundlinien einer konstruktivistischen Sozialtheorie", in: Mohlar, A. (Hg.): Einführung in den Konstruktivismus. München: Oldenbourg

Heller, Thomas C., 1985: "Legal Discourse in the Positive State. A Post-Structuralist Account", in: Teubner, G. (Hg.): Dilemmas of Law in the Welfare State. Berlin: de Gruyter, 173-199

Hirshleifer, Jack, 1982: "Evolutionary Models in Economics and Law", 4, Research in Law and Economics, 1-60

Hutter, Michael, 1988a: "How the Economy talks the Law into Co-Evolution. An Exercise in Autopoietic Social Theory", in: Teubner, G. (Hg.): State, Law, Economy as Autopoietic Systems. Berlin: de Gruyter

Ders., 1988b: Die Produktion von Recht. Tübingen: Mohr und Siebeck

Joerges, Christian, 1981: Verbraucherschutz als Rechtsproblem. Heidelberg: Recht und Wirtschaft

Ders., 1984: "Vertragsgerechtigkeit und Wettbewerbsschutz in den Beziehungen zwischen Automobilherstellern und Händlern: Über die Aufgaben richterlicher Rechtspolitik in 'Relationierungsverträgen'", in: Festschrift für Rudolf Wassermann. Neuwied: Luchterhand, 697-713

Ladeur, Karl H., 1984a: Abwägung – Ein neues Paradigma des Verwaltungsrechts. Frankfurt: Campus

Ders., 1984b: "Flexibilisierungsstrategien – Alternativen zum 'Steuerungsstaat' – 'Reflexives Recht' – 'Prozeduralisierung' – 'ökologisches Recht'", in: Brüggemeier, G./Joerges, Ch. (Hg.): Workshop zu Konzepten des postinterventionistischen Rechts. Bremen: ZERP Materialien 4, 311-339

Lawrence, Paul R./Lorsch, Jay W., 1967a: "Differentiation and Integration in Complex Organizations". 12, Administrative Science Quarterly, 1-47

Dies., 1967b: Organizations and Environment. Boston: Harvard University

Dies., 1969: Developing Organizations: Diagnosis and Action. Reading, Mass.: AddisonWesley

Lindblom, Charles/Cohen, David K., 1979: Usable Knowledge. Social Science and Social Problem Solving. New Haven: Yale University Press

Luhmann, Niklas, 1971: Politische Planung. Opladen: Westdeutscher Verlag

Ders., 1983a: "Das sind Preise. Ein soziologisch-systemtheoretischer Klärungsversuch", 34, Soziale Welt, 153-170

Ders., 1983b: "Die Einheit des Rechtssystems", 14, Rechtstheorie, 129-154

Ders., 1984a: "Die Rückgabe des zwölften Kamels". Florenz: EUI Conference Materials: Autopoiesis in Law and Society

Ders., 1984b: Soziale Systeme. Grundriß einer allgemeinen Theorie. Frankfurt: Suhrkamp

Ders., 1984c: "Die Wirtschaft der Gesellschaft als autopoietisches System". 13, Zeitschrift für Soziologie, 308–327

Ders., 1985a: "Einige Probleme mit 'reflexivem Recht'". 6, Zeitschrift für Rechtssoziologie, 1–18

Ders., 1985b: "The Self-Reproduction of Law and Its Limits", in: Teubner, G. (Hg.): Dilemmas of Law in the Welfare State. Berlin, New York: de Gruyter, 111–127

Maturana, Humberto R., 1982: Erkennen: Die Organisation und Verkörperung von Wirklichkeit. Ausgewählte Arbeiten zur biologischen Epistemologie. Braunschweig: Vieweg

Mayntz, Renate, 1983a: "The Conditions of Effective Public Policy: A New Challenge for Policy Analysis", 2, Policy and Politics, 123–143

Dies., 1983b: "Zur Einleitung: Probleme der Theoriebildung in der Implementationsforschung", in: Mayntz, R. (Hg.): Implementation politischer Programme II. Opladen: Westdeutscher Verlag, 7–24

Mitnick, Barry, 1980: The Political Economy of Regulation. Creating, Designing and Removing Regulatory Forms. New York: Columbia University Press

Moore, Sally F., 1973: "Law and Social Change: The Semi-Autonomous Social Field as an Appropriate Object of Study", in: 7, Law & Society Review, 719–746

Münch, Richard, 1985: "Die sprachlose Systemtheorie. Systemdifferenzierung, reflexives Recht, reflexive Selbststeuerung und Integration durch Indifferenz", 6, Zeitschrift für Rechtssoziologie, 19–28

Nonet, Philippe/Selznick, Philip, 1978: Law and Society in Transition. New York: Harper & Row

Offe, Claus, 1983: "Limits of Legal Regulation". Discussion Paper prepared for the conference on 'Constitutionalism and Democracy'. Oslo, January, 16–19

Ott, Claus, 1972: "Die soziale Effektivität des Rechts bei der politischen Kontrolle der Wirtschaft", in: Rehbinder, M./Schelsky, H. (Hg.): Zur Effektivität des Rechts. Opladen: Westdeutscher Verlag, 345–408

Piaget, Jean, 1937: La construction de reel chez l'enfant. Neuchatel: Delachaux et Niestle

Podgorecki, Adam, 1967: "Dreistufen-Hypothese über die Wirksamkeit des Rechts (Drei Variable für die Wirkung von Rechtsnormen)", in: Hirsch, E./Rehbinder, M. (Hg.): Studien und Materialien zur Rechtssoziologie. Köln: Westdeutscher Verlag, 271–283

Ders., 1984: "The Three Levels of Operation of the Law". 13, Quaderni Fiorentini per la Storia del Pensiero Giuridico Moderno, 81–107

Posner, Richard, 1977: Economic Analysis of Law. Boston: Little Brown

Priest, Georg L., 1977: "The Common Law Process and the Selection of Efficient Rules", 6, Journal of Legal Studies, 65–83

Reich, Norbert, 1984: "Reflexives Recht? Bemerkungen zu einer neuen Theorie von Gunther Teubner", in: Festschrift für Rudolf Wassermann. Neuwied: Luchterhand, 151–163

Ronge, Volker, 1983: "Rechtssetzung durch Tarifvertrag?", in: Voigt, R. (Hg.): Abschied vom Recht? Frankfurt: Suhrkamp

Rottleuthner, Hubert, 1988: "Biological Metaphors in Legal Thoughts", in: Teubner, G. (Hg.): Autopoietic Law. Berlin: de Gruyter, 97–127

Rubin, Paul H., 1977: "Why is the Common Law Efficient?". 6, Journal of Legal Studies, 51–63

Schanze, Erich, 1986: "Potential and Limits of Economic Analysis: The Constitution of the Firm", in: Daintith, T.C./Teubner, G. (Hg.): Contract and Organization. Berlin: de Gruyter

Scharpf, Fritz, 1979: "Die Rolle des Staates im westdeutschen Wirtschaftssystem: Zwischen Krise und Neuorientierung", in: Staat und Wirtschaft. Schriften des Vereins für Sozialpolitik (Bd. 102). Berlin: Duncker & Humblot, 15–44

Schmid, Allan, 1986: "Neo-Institutional Economic Theory: Issues of Landlord and Tenant Law", in: Daintith, T.C./Teubner, G. (Hg.): Contract and Organization. Berlin: de Gruyter, 132-141

Schmid, Günther, 1985: "Regulierung im Wohlfahrtsstaat: Das Beispiel Behindertenpolitik", in: Voigt, R. (Hg.): Recht als Instrument der Politik. Opladen: Westdeutscher Verlag

Schmidt, Siegfried (Hg.), 1987: Der Diskurs des Radikalen Konstruktivismus. Frankfurt: Suhrkamp

Selznick, Philip, 1966: "Law. The Sociology of Law", 9, International Encyclopedia of the Social Sciences, 50

Ders., 1969: Law, Society, and Industrial Justice. New York: Russell Sage

Stewart, Richard, 1988: "Regulation and the Crisis of Legalization in the United States", in: Daintith, T.C. (Hg.): Law and Economic Policy: Comparative and Critical Perspectives

Streeck, Wolfgang/Schmitter, Philippe, 1985: "Gemeinschaft, Markt und Staat – und die Verbände?", 25, Journal für Sozialforschung, 133–157

Teubner, Gunther, 1978: Organisationsdemokratie und Verbandsverfassung. Tübingen: Mohr und Siebeck

Ders., 1982: "Reflexives Recht. Entwicklungsmodelle des Rechts in vergleichender Perspektive", in: 68, Archiv für Rechts- und Sozialphilosophie, 13-59

Ders., 1984a: "Das regulatorische Trilemma. Zur Diskussion um post-instrumentale Rechtsmodelle", 13, Quaderni Fiorentini per la Storia del Pensiero Giuridico Moderno, 109-149

Ders., 1984b: "Verrechtlichung – Begriffe, Merkmale, Grenzen, Auswege", in: Kübler, F. (Hg.): Verrechtlichung von Wirtschaft, Arbeit und sozialer Solidarität. Vergleichende Analysen. Nomos: Baden-Baden, 289-344

Ders., 1985: "Unternehmensinteresse – das gesellschaftliche Interesse des Unternehmens 'an sich'?", 149, Zeitschrift für das Gesamte Handels- und Wirtschaftsrecht, 470-488

Ders., 1988: "Evolution of Autopoietic Law", in: Teubner, G. (Hg.): Autopoietic Law. Berlin: de Gruyter, 217-241

Varela, Francisco J., 1981: "Autonomy and Autopoiesis", in: Roth, G./Schwegler, H. (Hg.): Self-Organizing Systems. Frankfurt: Campus, 14-24

Voigt, Rüdiger (Hg.), 1980: Verrechtlichung. Frankfurt a.M.: Athenäum

Ders., 1983: Gegentendenzen zur Verrechtlichung. Opladen: Westdeutscher Verlag

Ders., 1984: Abschied vom Recht? Frankfurt: Suhrkamp

Watzlawick, Paul, 1976: Wie wirklich ist die Wirklichkeit? München: Piper

Ders. (Hg.), 1981: Die erfundene Wirklichkeit. München: Piper

Wiethölter, Rudolf, 1982a: "Entwicklung des Rechtsbegriffs", in: Gessner, V./Winter, G. (Hg.): Rechtsformen der Verflechtung von Staat und Wirtschaft. Opladen: Westdeutscher Verlag, 38-59

Ders., 1982b: "Wissenschaftskritische Ausbildungsreform – Anspruch und Wirklichkeit", in: Francke, R./Hart, D./Lautmann, R./Thoss, P. (Hg.): Einstufige Juristenausbildung in Bremen. Zehn Jahre Bremer Modell. Neuwied: Luchterhand, 7-33

Ders., 1984a: "Materialisierungen und Prozeduralisierungen von Recht", in: Brüggemeier, G./Joerges, Ch. (Hg.): Workshop zu Konzepten des post-interventionistischen Rechts. Bremen: ZERP Materialien 4, 25-64

Ders., 1984b: "Sozialwissenschaftliche Modelle im Wirtschaftsrecht", in: Brüggemeier, G./ Joerges, Ch. (Hg.): Workshop zu Konzepten des post-interventionistischen Rechts. Bremen: ZERP Materialien 4, 2-24

Ders., 1986: "Sanierungskonkurs der Juristenausbildung". Frankfurt: 1, Kritische Vierteljahresschrift für Gesetzgebung und Rechtswissenschaft), 21

Willke, Helmut, 1983: Die Entzauberung des Staates. Königstein: Athenäum

Franz-Xaver Kaufmann

Steuerung wohlfahrtsstaatlicher Abläufe durch Recht

Aufgabe des vorliegenden Beitrags ist es, die Funktion des Rechts im Kontext wohlfahrtsstaatlicher Interventionen genauer zu bestimmen. Dies setzt sowohl eine Präzisierung des Konzepts wohlfahrtsstaatlicher Intervention als auch eine steuerungstheoretische Perspektive voraus, die im vorliegenden Beitrag allerdings nicht im Detail entfaltet werden kann. Das Schwergewicht der Analyse liegt auf einer differenzierten Betrachtung von Sachverhalten, die in der bisherigen Diskussion mit dem Schlagwort der "Verrechtlichung der Sozialpolitik" allzu grobschlächtig erfaßt werden.

1. Sozial- bzw. Wohlfahrtsstaatlichkeit

Während in den 50er und 60er Jahren der nach dem Zweiten Weltkrieg im angelsächsischen Raum aufkommende Begriff des 'Welfare State' in Deutschland überwiegend kritisch-abwertend als 'Versorgungsstaat' aufgenommen wurde, hat der Begriff seit ca. 1980 als annäherndes Synonym zum eingeführten Begriff 'Sozialstaat' Eingang in das deutschsprachige sozialwissenschaftliche Schrifttum gefunden. Da "Sozialstaat" bisher weitgehend eine Domäne juristischer Interpretation geblieben ist, tun sich Sozialwissenschaftler offensichtlich leichter mit dem neu eingeführten Begriff und seinen diffuseren Bedeutungsüberschüssen.

Es herrscht weitgehende Übereinstimmung darüber, daß mit dem Begriff des Sozial- bzw. Wohlfahrtsstaats ein Staatstypus bezeichnet werden soll, der die Verantwortung der Gewährleistung menschenwürdiger Lebensbedingungen für alle ihm Angehörenden in expliziter Form übernimmt.[1] Was darunter jedoch im einzelnen zu verstehen ist, inwieweit der Staat durch solche Verantwortung zur Gewährleistung sozialer Teilhabe verpflichtet ist und welche Arten von Interventionen hierfür ohne nachteilige Nebenwirkungen geeignet sind, darüber sind die Auffassungen zwischen den politischen (und wissenschaftlichen!) Strömungen geteilt.

Nicht nur der Begriff des Wohlfahrtsstaats, auch derjenige des Sozialstaats leidet bisher an ungenügender sozialwissenschaftlicher Ausarbeitung; die nachfolgenden Ausführungen sind lediglich als Stichworte zu verstehen, in welche Richtung m.E. eine sozialwissenschaftliche Theorie des Wohlfahrtsstaats zu entwickeln wäre.[2]

Die Rede vom Sozial- oder Wohlfahrtsstaat ist mißverständlich: Sozialität ist nur *ein* Bestimmungsmerkmal des verfassungsmäßigen Staatskonzeptes (vgl. Art. 20 Abs. 1, 28 Abs. 1 Satz 1 GG), und ebenso kann 'Wohlfahrt' nur als ein Staatsziel unter anderen gelten. Es gibt auch kein einheitliches politisches Teilsystem, daß mit der Wahrnehmung der Wohlfahrtsfunktionen des Staates beauftragt wäre, wenngleich bestimmte Politikbereiche (z.B. Arbeits- und soziale Sicherungspolitik, Gesundheitspolitik, Familien- und Jugendpolitik, Bildungspolitik, Raumordnungspolitik) einen expliziteren Bezug zu wohlfahrtsstaatlichen Zielsetzungen als andere aufweisen. Während in der verfassungstheoretischen Diskussion das Verhältnis von Sozialstaatlichkeit und Rechtsstaatlichkeit stets als ein zum mindesten teilweise spannungsreiches gesehen wurde und somit die Wohlfahrtsziele stets in Relation zu anderen Staatsaufgaben gesetzt wurden, läßt die angelsächsische Explikation des Wohlfahrtsstaats eine solche Relativierung weitgehend vermissen. Die angelsächsische Wohlfahrtsstaatstheorie ist überwiegend schlicht normativ, d.h. sie setzt bestimmte Wohlfahrtsziele, ordnet ihnen bestimmte öffentliche Institutionen ("The Social Services") zu und vergleicht deren tatsächliche Entwicklung und Wirksamkeit mit den postulierten Zielsetzungen. Diese *Verdinglichung* des Konzepts hängt offensichtlich mit der wesentlich schwächeren Ausbildung des Staatskonzepts im angelsächsischen Raum zusammen (vgl. 2.1).

Die verfassungstheoretische Diskussion zur Sozialstaatlichkeit in der Bundesrepublik geht dagegen einen anderen Weg: Nachdem das Grundgesetz im Gegensatz zur Weimarer Reichsverfassung auf eine explizite Formulierung sozialer Grundrechte verzichtet hat, hat sich – nach anfänglicher Zurückhaltung hinsichtlich des materialen Gehalts der Sozialstaatsklauseln – eine an der Frage nach "sozialen Voraussetzungen der Realisierung grundrechtlicher Freiheit" (Böckenförde 1976: 238) orientierte Interpretation durchgesetzt.[3)] Dies gestattet grundsätzlich eine überaus breite und offene Interpretation der Sozialstaatlichkeit, enthält dem Konzept aber alle konkrete Programmatik vor, wie sie in der Formulierung sozialer Grundrechte der Weimarer Reichsverfassung und der meisten Länderverfassungen gegeben ist.

Die inhaltliche Zurückhaltung verfassungstheoretischer Interpretationen der Sozialstaatlichkeit kann sich nur sehr bedingt auf fehlenden Konsens hinsichtlich der grundlegenden Dimensionen menschlicher Wohlfahrt berufen.[4)] Das Kernargument der verfassungstheoretischen Zurückhaltung ist vielmehr die Befürchtung, daß eine extensive Interpretation der Sozialstaatsklausel des Grundgesetzes i.S. subjektiver öffentlicher Sozialrechte die rechtliche Verbindlichkeit der Verfassungsnormen aushöhlen und die vergleichsweise hohe politische und gesellschaftliche Akzeptanz der Verfassungsrechtsprechung in der Bundesrepublik vermindern könnte.

Während die klassische, liberale Grundrechtsinterpretation in den Grundrechten im wesentlichen Abwehrrechte des Individuums gegen staatliche Eingriffe sah, neigt die sozialstaatlich orientierte Grundrechtsinterpretation dazu, staatliches Handeln als u.U. notwendige Voraussetzung ihrer faktischen Verwirklichkeitschancen zu postulieren. "Im Unterschied zur Abwehrkomponente verleiht diese Garantie i.d.R. aber keine subjektiven öffentlichen Rechte, sondern richtet sich in erster Linie an den Gesetzgeber und fordert ihn zu grundrechtsfundierender Tätigkeit auf. Nur dort, wo der Gesetzgeber selbst ein Minimum von Grundrechtsausstattung unterschreitet, sind aus dem objektivrechtlichen Gehalt der Grundrechte ausnahmsweise einklagbare Leistungsansprüche des einzelnen Grundrechtsträgers abgeleitet worden" (Grimm 1982: 57).

Damit werden Gemeinsamkeiten und Differenzen der deutschen sozialstaatlichen und der angelsächsischen wohlfahrtsstaatlichen Programmatik sichtbar: Gerade weil das deutsche Grundgesetz die Sozialstaatlichkeit explizit als geltenden Verfassungsauftrag an den Gesetzgeber betrachtet, muß sich die Verfassungsgerichtsbarkeit und die juristische Verfassungsinterpretation hinsichtlich ihrer inhaltlichen Ausgestaltung zurückhalten. Sozialstaatlichkeit erscheint hier ausdrücklich als Frage der Gesetzgebungspolitik, einer Politik allerdings, der die Verfassung verbindlich eine übergreifende allgemeine Richtung weist. Im angelsächsischen Raum fehlt es an einer vergleichbaren verfassungsrechtlichen Verfestigung des wohlfahrtsstaatlichen Gedankenguts. Es ist dort von vornherein stets lediglich ein politischer Akt, normative Forderungen wohlfahrtsstaatlich zu begründen. Mit der Verabschiedung des allgemeinen Teils eines Sozialgesetzbuches und den darin enthaltenen Zielsetzungen (§ 1) und spezifischen sozialen Rechten (§§ 3–10) hat der Gesetzgeber in der Bundesrepublik überdies für Kernbereiche der Sozialpolitik (allerdings unter Ausschluß des Arbeitsrechts!) eine Konkretisierung und Systematisierung wohlfahrtsstaatlicher Grundsätze vorgenommen, der die angelsächsische Gesetzgebungspraxis nichts Vergleichbares zur Seite stellen kann.[5)]

Es ist daher nicht überraschend, daß in der angelsächsischen Diskussion der rechtlichen Fundierung wohlfahrtsstaatlicher Aktivitäten geringere Bedeutung zugemessen wird und statt dessen stärker auf die faktischen Leistungen, den hierfür erbrachten finanziellen, personellen und organisatorischen Aufwand sowie auch das Verhältnis von sozialen Problemen und möglichen oder wünschbaren Maßnahmen abgehoben wird. Ebenso wird nunmehr deutlich, weshalb die Problematik der 'Verrechtlichung', also die Frage nach möglichen Nebenwirkungen einer vorwiegend rechtlichen Steuerung wohlfahrtsstaatlicher Abläufe, vor allem im deutschen Kontext auftaucht, während die amerikanische Diskussion über 'Deregulation' vor allem die Wirtschaftspolitik betrifft.

Eine brauchbare sozialwissenschaftliche Theorie des Wohlfahrtsstaats muß versuchen, die *pragmatische* und die *rechtliche* Betrachtungsweise zu verbinden. Während die deutsche Tradition dazu neigt, die Differenz zwischen der rechtlichen Normierung und der Wirklichkeit des Sozialstaats zu minimieren, neigt die angelsächsische Diskussion dazu, die Bedeutung des unterschiedlichen Grades staatlicher Verpflichtung zur Erbringung sozialer Leistungen unterzubelichten. Beide Dimensionen entfalten jedoch ihre eigene Dynamik und Wirksamkeit, die für ein angemessenes Verständnis der Wirkungsweise wohlfahrtsstaatlicher Maßnahmen zusammen gedacht werden müssen.

Da die Schaffung zwingenden Rechts das spezifische Organisationsmittel des Staats ist, liegt die spezifische Differenz der Wohlfahrtsstaatlichkeit zu allen anderen Formen sozialen Engagements (beispielsweise von Kirchen, Gemeinden oder bestimmten gesellschaftlichen Gruppen) gerade in diesem Moment der rechtlichen Fundierung. Wohlfahrtsstaatlichkeit bestimmt sich demzufolge nach drei grundlegenden Gesichtspunkten:

1. Nach dem Ausmaß, in dem ein Staat explizite Verantwortung für die Gewährleistung menschenwürdiger Lebensbedingungen übernimmt;
2. nach dem Ausmaß, in dem diese Verantwortung nicht nur deklamatorischen Charakter trägt, sondern in eine Selbstbindung des Staates durch die Einräumung von Rechtsansprüchen an die Leistungsadressaten überführt worden ist;
3. nach dem Ausmaß, in dem konkrete staatliche Maßnahmen zur Gewährleistung der Erfüllung derartiger Rechtsansprüche ergriffen werden.

Die begriffliche Fixierung der Sozialstaatlichkeit durch Bezug auf staatliche Aktivität bedeutet selbstverständlich nicht, daß die Handlungen, welche im günstigen Falle zur Gewährleistung menschenwürdiger Lebensbedingungen beitragen, ausschließlich von staatlichen Trägern und ihrem Personal ausgehen müssen. Es erscheint im Gegenteil gerade als Spezifikum der Sozialpolitik[6)], daß Status und Lebenslage von Individuen in erheblichem Maße von Einflüssen nicht-staatlicher Akteure abhängig sind. Staatliche Rechtssetzung und Finanzierung richten sich überwiegend nicht direkt an die zu Begünstigenden, sondern an Dritte, beispielsweise Wirtschaftsunternehmen, Sozialversicherungsträger, Kommunen, Wohlfahrtseinrichtungen usw., von deren Verhalten bzw. Leistungen das Ausmaß sozialer Teilhabe abhängig ist. Daraus resultiert eine Mehrstufigkeit wohlfahrtsstaatlicher Abläufe, die für die Steuerbarkeit wohlfahrtsstaatlicher Interventionen von entscheidender Bedeutung ist.

Vergegenwärtigen wir uns zunächst das *Problem wohlfahrtstaatlicher Intervention* in seinen Grundzügen: Wie auch immer man im einzelnen die wohlfahrtsstaatliche Programmatik explizieren mag, stets bezieht sie sich auf die Beeinflussung sozialer Verhältnisse, von deren Eigenarten die alltäglichen Möglichkeiten der Lebensführung von Individuen abhängig sind. Ziel oder mindestens Legitimation wohlfahrtsstaatlicher Maßnahmen ist stets die Behebung oder Milderung individueller Not, Benachteiligung oder Beeinträchtigung. Der systematische Ort, an dem sich der Erfolg oder Mißerfolg sozialpolitischer Maßnahmen entscheidet, ist daher das Individuum in seinem ökonomischen und sozialen Kontext. Auf der anderen Seite ist am systematischen Ort des Ursprungs wohlfahrtsstaatlicher Maßnahmen der Gesetzgeber weder in der Lage, die vielschichtige Spezifität aller möglichen Einzelfälle zu berücksichtigen, noch kann er unmittelbare Hilfe gewähren. Die Zentralisierung der Entscheidungsbefugnisse erzwingt gleichzeitig die Generalisierung der Entscheidungsprämissen und die Notwendigkeit ihrer Spezifizierung in der Form von Einzelentscheidungen. In dem Maße, als der Staat (Bund, Land) bestimmte Handlungszusammenhänge gesetzlich regelt, folgt daraus zum mindesten deren Standardisierung und Vernetzung auf überregionaler Ebene, wenn nicht gar eine Vereinheitlichung und Zentralisierung.[7)]

Diesen Tendenzen zur Vereinheitlichung und Zentralisierung sind im Bereich wohlfahrtsstaatlicher Politik jedoch *sachimmanente Grenzen* gesetzt, d.h. es lassen sich Einflüsse und Zusammenhänge aufweisen, die die Wirksamkeit regulativer Politik in diesem Bereich in Frage stellen. Denn die sozialen Verhältnisse, auf die staatliches Handeln einwirken will, haben ihre eigene Struktur und Dynamik. Gerade der Umstand, daß Struktur und Dynamik der von Hegel so genannten 'Bürgerlichen Gesellschaft' entgegen ihren Verheißungen nicht die gleiche Freiheit Aller zu verbürgen vermochte, sondern neue Strukturen der Abhängigkeit hervorbrachte, hat ja bekanntlich zur Reaktivierung der bereits im merkantilistischen Staat offenkundigen politischen Bemühungen um staatliche Wohlfahrt geführt.[8)] Das Einwirken des Staates auf die 'gesellschaftlichen Verhältnisse' ist kein einseitiger Vorgang, sondern ein Prozeß zunehmender Interdependenz zwischen den politischen und den übrigen, im Zuge der 'Trennung von Staat und bürgerlicher Gesellschaft' ausdifferenzierten gesellschaftlichen Teilsystemen.

Wohlfahrtsstaatliche Politik entfaltet sich typischerweise im Grenzbereich zwischen 'Staat' und 'bürgerlicher Gesellschaft', zwischen 'Öffentlichkeit' und 'Privatheit', und nur ein Teil der relevanten Aktivitäten erfolgt unmittelbar im Rahmen staatlicher Verwaltung. In hohem Umfange sind (zumeist hochorganisierte) Akteure beteiligt, die einer direkten staatlichen Weisungsbefugnis nicht unterliegen, deren Verhalten daher nur im Rahmen gesetzlicher Vorgaben zu kontrollieren ist, und die ihrerseits versuchen, auf die sie betreffenden rechtlichen Prämissen und praktischen Vollzüge staatlichen Handelns i.S. ihrer eigenen Interessen Einfluß zu gewinnen. Hierbei kann es sich entweder um (häufig verbandsmäßig organisierte) gesellschaftliche Akteure handeln[9)] oder aber um unter staatlichem Einfluß gegründete, jedoch formal unabhängige Organisationen öffentlich- oder privatrechtlichen Charakters (vgl. Schuppert 1981, Gessner/Winter 1982, Hood 1986 a).

Mehr noch: Selbst im Bereich der unmittelbaren Staatsverwaltung und zumal beim Vorliegen föderalistischer Strukturen sind (personelle und organisatorische) Eigeninteressen zu vermuten, die – bezogen auf zentralstaatliche Intentionen – zu Zielverschiebungen und Implementationswiderständen führen können (klassisch hierzu Pressman und Wildavsky 1973, zusammenfassend Hood 1976, für Deutschland Scharpf, Reissert, Schnabel 1976, 1978). Das gilt auch und gerade in Fällen, wo der Gesetzgeber die Mitwirkung anderer politischer Akteure vorschreibt. So bemerkt Lehner (1979: 621), "daß die Mischfinanzierung eine Politiksteuerung durch Parlamente oder politisch verantwortliche exekutive Instanzen kaum zuläßt. Probleme und Problemlösungen müssen vielmehr möglichst exklusiv in den spezialisierten Interaktionen der Politikverflechtung definiert und ausgehandelt werden. Die an diesen Interaktionen beteiligten Fachbürokratien des Bundes und der Länder können und müssen also selbst als politische 'Entrepreneure' auftreten und die Politiksteuerung übernehmen".

Zusammenfassend läßt sich festhalten, daß unter Bedingungen einer politischen Verfassung, die Herrschaft demokratischer Legitimation unterstellt und eine explizite Verantwortung der Regierung für Dimensionen individueller und kollektiver Wohlfahrt postuliert, staatliches Handeln nur über eine beschränkte Autonomie verfügt und in erheblichem Umfang auf das Zusammenwirken mit anderen – parastaatlichen und gesellschaftlichen – Akteuren angewiesen ist. In steuerungstheoretischer Hinsicht ist es sogar problematisch, Staatlichkeit als ein einheitliches Handlungszentrum zu begreifen. Selbst die politischen Kernstrukturen sind – schon aufgrund zunehmender Komplexitätssteigerung des politischen Systems selbst – nur als eine Vielzahl von Akteuren angemessen zu begreifen. Die *Steuerungsproblematik* im Sozial- oder Wohlfahrtsstaat kann daher zunächst in einem sehr allgemeinen Sinne als das Problem der Koordination dieser Vielzahl beteiligter Akteure durch staatliche Vorgaben bestimmt werden.

Endlich kann keineswegs vorausgesetzt werden, daß wohlfahrtsorientierte Interventionen des Staates hinsichtlich ihrer Ausgestaltung und ihres Operationsmodus auch bei erfolgreicher Koordination der beteiligten Akteure den sozialen Problemlagen immer angemessen sind, die sie zu lösen beanspruchen. Sozialpolitische Interventionen sind typischerweise durch den Umstand gekennzeichnet, daß Normadressaten und Normbenefiziare nicht identisch sind. Hieraus ergeben sich spezifische Probleme, auf die zurückzukommen sein wird.

Das Problem wohlfahrtsstaatlicher Intervention läßt sich somit zur Frage verdichten, ob und unter welchen Bedingungen der Staat mit den ihm zur Verfügung stehenden Mitteln in der Lage ist, die mit der wohlfahrtsstaatlichen Programmatik verbundenen Versprechungen einzulösen bzw. die daraus resultierenden Ansprüche zu befriedigen. Analytischer formuliert geht es um das Problem der Bewirkbarkeit sozialpolitisch intendierten Wirkungen unter Realbedingungen, bei denen eine 'Brechung' der politischen Interventionen durch die Struktureigenschaften des Implementations- wie des Wirkungsfeldes sozusagen a priori zu vermuten sind.[10] Dieses Problem hat zahlreiche Aspekte, die im vorliegenden Zusammenhang ausschließlich in der Perspektive der Möglichkeiten und Grenzen rechtlich konditionierter Steuerung diskutiert werden können.

2. Zur Funktion des Rechts im Kontext sozialer Steuerung

Nach herkömmlicher Auffassung (zumal in Deutschland) besteht ein sehr enger Zusammenhang zwischen Staat und Recht, der in der Idee der Rechtsstaatlichkeit auf den Begriff gebracht wird. Das Staatswesen und seine Organe werden selbst durch Recht konstituiert, und alle Staatstätigkeit findet ihre Möglichkeiten und Grenzen durch Recht geregelt. Gleichzeitig setzt staatliches Recht eine Rahmenordnung für die Entfaltung der 'freien gesellschaftlichen Kräfte', deren Verletzung durch Mobilisierung staatlicher Sanktionsgewalt in Grenzen gehalten wird. In dem Maße jedoch, als dem Staate nicht mehr nur Sicherheits- und Ordnungsfunktionen, sondern auch sozial gestaltende Funktionen – insbesondere solche der Beeinflussung der wirtschaftlichen Entwicklung, der Daseinsvorsorge und der Gewährleistung sozialer Teilhabe – zugemutet bzw. von seinen Organen übernommen werden, ändert sich die Funktion des Rechts in wesentlichen Dimensionen. Dies ist in der deutschen Staatsrechtslehre vor allem im Gefolge Forsthoffs früh erkannt, jedoch bis heute nicht systematisch bewältigt worden.

Es ist jedoch zu vermuten, daß die interdisziplinäre Öffnung der Rechtswissenschaft zu den Sozialwissenschaften gerade mit diesem Funktionswandel nachhaltig zusammenhängt (vgl. Grimm 1982, kritisch Blankenburg/Treiber 1982). In dem Maße, als staatliches Recht mit Bezug auf die gesellschaftlichen Verhältnisse nicht mehr nur eine Rahmenordnung – als öffentlich sanktioniertes System privater Rechtsverhältnisse und als Katalog verbotener Verhaltensweisen – vorgibt, sondern beansprucht, in diese Verhältnisse i.S. materialer Ziele steuernd einzugreifen, insoweit also das Ziel staatlicher Interventionen nicht mehr bloß die Verhinderung, sondern die Bewirkung bestimmter sozialer Verhaltensweisen betrifft, bedarf die Rechtsgestaltung solider Kenntnisse der Zusammenhänge und der in ihnen wirksamen Kräfte. Im Rahmen einer Tagung über "Gesetzgebungstheorie und Rechtspolitik" führt das gestellte Thema daher zur Frage an den Sozialwissenschaftler, welches aus seiner Sicht die *Möglichkeiten und Grenzen staatlichen Eingreifens mit Hilfe von Recht zur Beeinflussung sozialer Problemlagen und zur Gewährleistung sozialer Teilhabe* sind.

Obwohl (oder gerade weil) Soziologen (zumal in Deutschland) abstrakte Fragestellungen dieses Typs lieben, verführt die Frage leicht zu einer für die Gesetzgebungstheorie wenig hilfreichen, nämlich sehr allgemeinen Antwort. Als Beispiel kann auf den – im übrigen ausgezeichneten – Beitrag von Teubner (1984) verwiesen werden. Im Anschluß an die jüngste Version systemtheoretischen Denkens, die Theorie selbstreferentieller bzw. autopoietischer Systeme[11], wird als Bedingung regulatorischer Rechtsanwendung eine "'strukturelle Kupplung' von Politik, Recht und gesellschaftlichem Lebensbereich" (Teubner 1984: 316) postuliert, ein in seiner Allgemeinheit durchaus plausibles und das Verwirrspiel der jüngsten "Verrechtlichungsdebatte" (etwa Voigt (Hg.),

1980, 1983a,b) in bemerkenswerter Weise auflösendes Kriterium. Es kann jedoch für die Gesetzgebungtheorie nur brauchbar gemacht werden, wenn es gelingt, diese Vorstellung in einer Weise zu konkretisieren, daß die *spezifischen* Differenzen typischer Problemlagen sichtbar werden, welche den *verschiedenen* Möglichkeiten politischer Steuerung mittels Recht als mehr oder weniger zugänglich erscheinen.

2.1 Dimensionen der Verrechtlichung in steuerungsanalytischer Perspektive

Die Problemformel 'Steuerung durch Recht' ist – ebenso wie die jüngst hochgespielte der 'Verrechtlichung' – zu abstrakt, um analytisch brauchbar zu sein. Da beide Formeln auf denselben Problemhorizont verweisen, sei zunächst versucht, den Erscheinungsraum des Rechts in einer für steuerungsanalytische Zwecke geeigneten Form zu dimensionieren.[12)]

Rechtsphänomene sind bekanntlich wesentlich älter als die Entstehung des modernen Staates, doch geht mit seiner Entstehung eine Qualitätsänderung des Rechts, seine 'Positivierung', d.h. gleichzeitig 'Verstaatlichung' und 'Vergesetzlichung', einher. Diese Form der Verrechtlichung (hier i.S. von Habermas 1981: 524 ff.) hat sich auf der Basis des römischen Rechts in den kontinentaleuropäischen Staaten wesentlich stärker entwickelt als in den Ländern des 'Common Law', deren Staatsauffassung auch wesentlich weniger institutionell geprägt ist (vgl. Nettl 1968, Dyson 1982).[13)] Dementsprechend ist sowohl der hoheitliche Charakter der Rechtssetzung und Rechtsdurchsetzung als auch der Anspruch auf ein möglichst widerspruchsfreies Rechtssystem in Kontinentaleuropa wesentlich ausgeprägter – und ebenso die Hoffnungen, die in einen 'starken Staat' gesetzt werden. Und in der Tat hat – insbesondere in Preußen und Frankreich – bereits der merkantilistische Staat sich eine stabile organisationelle (öffentliche Verwaltung) und personelle (Beamtenschaft) Infrastruktur geschaffen, die bis heute eine vergleichsweise höhere staatliche Steuerungskapazität auf dem Kontinent vermuten lassen.

Die deutsche 'Verrechtlichungsdebatte' steht im Horizont der Vorstellungen eines 'starken Staates', der als hoheitlicher Rechtsstaat in all seinen Handlungen an das von ihm selbst gesetzte Recht gebunden ist. Während unter den liberalen Prämissen einer möglichst weitgehenden Entkoppelung von Staat und bürgerlicher Gesellschaft das Recht – soweit ihm überhaupt verhaltenssteuernde Funktionen zugesprochen wurden – sich an die Organe des Staates selbst und ihren auf Sicherheit und Ordnung beschränkten Aufgabenbereich richtete, weitet sich das Aufgabenspektrum und damit auch der Kreis der Normadressaten unter den Prämissen der Wohlfahrtsstaatlichkeit ins kaum mehr rechtsimmanent Begrenzbare aus. Die Grenzen erscheinen zunächst lediglich politischer Natur – und damit je nach vorherrschenden Strömungen verschiebbar. In dieser

Situation wird die Frage nach den Handlungspotentialen oder Steuerungsmöglichkeiten des Staates sowie ihren Grenzen dringlich: Ansprüche an das Tätigwerden des Staates können nur noch rational unter dem Gesichtspunkt der Erfolgsaussichten und Nebenwirkungen solchen Tätigwerdens erörtert werden, insoweit als die verfassungsmäßigen Grenzen fließend geworden sind.[14)]

Die Verrechtlichungsdebatte stellt eine spezifische Version der Diskussion um 'Staatsversagen' dar (so auch Voigt 1983b: 23 ff.), ein Begriff aus der steuerungstheoretischen Debatte (s.u.). Sie bleibt jedoch hinter der steuerungsanalytischen Fragestellung insofern zurück, als sie dem Recht selbst steuernde Wirkungen zumutet, obwohl dieses, wie zu zeigen sein wird, nur eine Teilfunktion sozialer Steuerung übernehmen kann. Das gilt selbst für den im Bereich der öffentlichen Verwaltung dominierenden Typus der hierarchischen Steuerung. Überdies haben die meisten Steuerungsformen rechtliche Grundlagen, die allerdings mehr oder weniger in den Vordergrund rücken können.

In einem sehr allgemeinen Sinne kann von 'Verrechtlichung' überall dort gesprochen werden, wo die soziale Bedeutung des (geschriebenen) Rechts zunimmt. Mit dieser Bestimmung ist allerdings erkenntnismäßig wenig gewonnen. Wie Teubner (1984: 291) zu Recht bemerkt, ist "in der aktuellen Diskussion der Begriff Verrechtlichung dermaßen inflationiert, daß man ihn sorgfältig eingrenzen muß, um überhaupt sinnvolle Aussagen machen zu können". Verrechtlichung in diesem allgemeinen Sinne läuft auf verschiedenen Ebenen ab, die – teilweise im Anschluß an Voigt (1981) und Zacher (1984) – wie folgt unterschieden werden können:

1. *Verstaatlichung:*
   Der wachsende Einfluß des Staates auf die Gestaltung und Systematisierung des Rechts, insbesondere die Zunahme zentral-staatlicher Kompetenzen zur rechtlichen Gestaltung gesellschaftlicher Lebensbereiche.[15)] Dem Prozeß der Verstaatlichung des Rechts als Kompetenzverlagerung entspricht in steuerungstheoretischer Perspektive der Prozeß der Zentralisierung von politischen Entscheidungen.
2. *Vergesetzlichung:*
   Die Standardisierung, Generalisierung, Systematisierung und Differenzierung des Rechts auf der Basis legislativer Akte. Vorstaatliches Recht (und auch das 'Case Law') ist typischerweise an Brauch und Sitte sowie an richterliche Einzelentscheidungen gebunden. Mit der Positivierung des Rechts vollzieht sich – wie Luhmann (1972: 207 ff.) hervorhebt – nicht nur eine stärkere Systematisierung und Differenzierung, sondern vor allem auch die Institutionalisierung einer Änderbarkeit des Rechts: "Das historisch Neue und Riskante der Positivität des Rechts ist die Legalisierung von Rechtsänderungen" (209). Insofern ist die Vergesetzlichung eine

notwendige Realbedingung für eine politische Manipulierbarkeit des Rechts und damit für interventionistische Politik.

3. *Die Verrechtlichung sozialer Beziehungen:*
Von einer sozialen 'Steuerung durch Recht' kann sinnvollerweise nur dort gesprochen werden, wo Handlungsweisen oder soziale Interaktionen 'verrechtlicht' sind, d.h. in an der rechtlichen Normierung orientierter Weise ablaufen (vgl. Ellscheid 1979, Kaufmann 1984a). Mit der 'Berufung auf das Recht' geht typischerweise eine Qualitätsänderung sozialer Beziehungen einher, die andere Formen sozialer Steuerung – etwa 'Kollegialität' oder 'Solidarität' – in Frage stellen.

4. *Bürokratisierung:*[16)]
Der Ausbau der öffentlichen Verwaltung als explizit rechtsbezogener Organisationsform sowie allgemeiner die Verrechtlichung von Beziehungen innerhalb und zwischen formalen Organisaionen. Hiermit geht regelmäßig einher eine weitere Differenzierung und Verdichtung der gesetzlichen Normen und damit häufig eine Einschränkung der Handlungs- und Ermessensspielräume nachgeordneter Stellen.

5. *Justizialisierung:*
Die Tendenz, soziale Konflikte nicht nur zu verrechtlichen, sondern sie richterlicher Entscheidung zu unterwerfen. Diese Tendenz ist für verschiedene Rechtsgebiete sehr unterschiedlich ausgeprägt, häufig werden andere Konfliktregelungsformen (z.B. Kontaktabbruch, fortgesetztes Verhandeln, Schiedsgerichtsbarkeit, Schlichtung) vorgezogen. Justizialisierung, die auch unter den Bedingungen vorstaatlichen Rechts möglich ist, entfaltet beim gleichzeitigen Vorliegen der übrigen Verrechtlichungstendenzen eine diese verstärkende Wirkung, und zwar insbesondere auf den Ebenen 2 bis 4.

Auch wenn die fünf skizzierten Teilprozesse sich tendenziell wechselseitig verstärken und insofern zu Recht von einem Gesamtphänomen 'Verrechtlichung' gesprochen werden kann, so bezieht sich die Problematisierung von Verrechtlichung und ihren Folgen doch regelmäßig auf partielle Zusammenhänge, die entweder auf einer oder im Grenzbereich zwischen zwei benachbarten Analyseebenen anzusiedeln sind.[17)]

Von einer sozialen 'Steuerung durch Recht' kann sinnvollerweise nur dort gesprochen werden, wo Handlungsweisen oder soziale Interaktionen 'verrechtlicht' sind, d.h. in *an der rechtlichen Normierung orientierter* Weise ablaufen, die Handlungskoordination also in näher zu spezifizierender Weise durch Recht (mit-)bewirkt wird. Dies ist eine soziologische, keine juristische oder politikwissenschaftliche Perspektive. Sie unterscheidet sich von der juristischen Perspektive in zweierlei Hinsicht: Nicht der Tatbestand der rechtlichen Normierung selbst, die Vergesetzlichung, ist entscheidend, sondern die soziale Orientierung an Rechtsnormen. Diese Orientierung braucht zudem nicht normkonform zu sein: Auch die bewußte Gesetzesumgehung oder (z.B. protestierende) Rechtsverletzung ist an der rechtlichen Normierung orientiertes Handeln, wenngleich sie i.d.R. nicht zu stabilen Handlungsketten zwischen mehreren Akteuren führt. In der politikwissenschaftlichen Perspektive erscheint 'Steuerung durch Recht' als 'regulative Politik', d.h. als Intervention des Staates mit Hilfe von Geboten und Verboten (vgl. Mayntz 1983a, Hucke 1983), unabhängig vom Erfolg bzw. der Rechtswahrnehmung durch die Normadressaten. Die politikwissenschaftliche Perspektive setzt die hoheitliche Steuerungskompetenz des Staates zum mindesten heuristisch voraus und analysiert sodann die Erfolgs- und Mißerfolgsbedingungen.[18)]

Offensichtlich liegen diesen drei Perspektiven unterschiedliche Ausgangspunkte, und d.h. auch implizite normative Annahmen zugrunde: Für den Juristen ist die objektive Existenz des Rechts als Ordnungsmacht, für den Politikwissenschaftler die Fähigkeit des Staates, Politik zu betreiben, für den steuerungstheoretisch orientierten Soziologen dagegen das Gelingen der Koordination von Handlungen verschiedener Akteure unter präsumtiven übergeordneten Gesichtspunkten[19)] Ausgangspunkt aller weiteren Überlegungen. Diese drei Perspektiven sind m.E. nicht nur kompatibel, sondern mit Bezug auf das Problem "Steuerung durch Recht" komplementär.

2.2 Dimensionen sozialer Steuerung

Herkömmliche Diskussionen um politische und gesellschaftliche Steuerung gehen meist davon aus, daß das politische und das ökonomische System unterschiedlichen, jedoch für sich einheitlichen Steuerungsimperativen unterliegen. Die Verbalschlachten 'Marktwirtschaft versus Staat' oder 'Markt versus Plan' stellen jedoch eine nur noch politisch verstehbare Verschleierung der faktischen Steuerungsprobleme dar. Zum einen lassen sich die als spezifisch behaupteten Steuerungselemente wie Macht/Recht und Hierarchie einerseits, Geld und Markt andererseits in beiden Bereichen nachweisen, und zum anderen stellen die darauf bezogenen Steuerungstypen keine erschöpfende Beschreibung der Formen der Handlungskoordination im politischen und ökonomischen und erst recht nicht in den übrigen Gesellschaftsbereichen dar.

Bezugsproblem einer soziologischen Steuerungstheorie ist die Erklärung des Zustandekommens von Handlungsketten, d.h. des sozialen Tatbestandes, daß – wie alltäglich, aber auch in größeren Zusammenhängen zu beobachten – spezifische Handlungen verschiedener Akteure in im Regelfall erwartbarer Weise spezifische Anschlußhandlungen nach sich ziehen.[20)] Im Zuge fortschreitender Pazifizierung größerer Räume und gesellschaftlicher Arbeitsteilung konnten immer längere Handlungsketten stabilisiert werden (vgl. Elias 1976: 321 ff.) und genau dies erscheint als Bedingung der spezifischen Leistungsfähigkeit moderner Gesellschaften. Die im Regelfall erwartbare Verkettung von Handlungen prinzipiell als unabhängig zu denkender Akteure setzt jedoch erfolgreiche Handlungskoordination voraus, und wie, d.h. in welchen verschiedenen Formen dies geschehen kann, ist die Ausgangsfrage des hier vertretenen steuerungstheoretischen Ansatzes.

Erfolgreiche Handlungskoordination setzt aus steuerungsanalytischer Sicht die Lösung von drei Problemen voraus:

1. Das Problem der Bestimmung oder Abstimmung von Kriterien 'richtigen' Handelns für oder zwischen beteiligten Akteuren (Guidance). Handlungskoordination setzt typischerweise Richtwerte oder Zeichen voraus, an denen die Akteure die erwartete Nützlichkeit oder Schädlichkeit ihres Handelns in einem größeren, über die Interaktionspartner hinausreichenden Zusammenhang beurteilen können. Offensichtlich kommt dem Recht gerade zur Lösung dieses Problems entscheidende Bedeutung zu, doch können ähnliche Effekte z.B. auch durch die Prozesse der Preisbildung oder – in dauerhaften Interaktionszusammenhängen – durch Bildung von Sitte und Tradition erreicht werden.
2. Das Problem der Gewährleistung 'einsichtigen', d.h. norm- und situationsangemessenen Verhaltens (Control). Die Lösung dieses Problems hat sowohl informationelle wie motivationale Aspekte: Zum einen geht es darum, eine der Handlungskoordination förderliche Situationswahrnehmung bei den beteiligten Akteuren zu stimulieren, am Beispiel des Rechts also etwa durch die Definition von Sachverhalten und durch Subsumtionsregeln. Zum anderen geht es aber auch darum, die Beteiligten zu normkonformem, d.h. den Erhaltungsbedingungen des größeren Handlungszusammenhangs kompatiblem bzw. förderlichen Verhalten zu motivieren. In dieser Beziehung kommt dem Recht meist nur eine subsidiäre Funktion zu: Es vermag zwar die Nachteile, welche aus einem nicht normkonformen Verhalten erwachsen, näher zu bestimmen, hat jedoch i.d.R. auf die Gratifikationen der Normkonformität nur einen geringen Einfluß.[21)]
3. Das Problem der Sicherung von Kommunikation über Ergebnisbewertungen als Voraussetzung des Lernens der beteiligten Akteure (Evaluation). Im Bereich der Steuerung durch Recht dient der Lösung dieses Problems vor allem die Einrichtung der Gerichte, während im Bereich von Organisationen etwa auf die Möglichkeiten von Abwanderung und Widerspruch beispielhaft hinzuweisen ist.

Aus diesen drei Problemstellungen lassen sich die Hauptdimensionen bzw. Teilfunktionen sozialer Steuerung ableiten – 'Guidance', 'Control' und 'Evaluation' – es wird postuliert, daß nur durch das Zusammenspiel dieser drei Teilfunktionen dauerhafte Handlungsverkettungen zustande kommen können.[22)]

Die Koordination sozialer Handlungen ist nie 'mechanisch' gesichert, da Handlungen regelmäßig Ressourcen der Handelnden beanspruchen. Wesentliche Merkmale steuerungstheoretisch relevanter Handlungsketten sind daher:

- Die Wiederholbarkeit von Handlungen im Zeitablauf,
- die Existenz eines Initiierungs- und Erhaltungsaufwands bei Handlungsketten (ökonomisch: Transaktionskosten),
- Steigerungsmöglichkeiten der Leistungsfähigkeit bei der Verkettung von Handlungen infolge von Lernprozessen.

Während im Rahmen kurzer Handlungsketten die Probleme der Handlungsnormierung, -kontrolle und -beurteilung u.U. ausschließlich interaktiv gelöst werden können (operationale Steuerung) setzt die Etablierung längerer Handlungsketten regelmäßig zusätzliche Vorkehrungen voraus, die mit dem Begriff der *institutionellen Steuerung* angesprochen werden. Es lassen sich verschiedene institutionelle Arrangements aufweisen, die unter bestimmten Bedingungen erfolgreiche Handlungskoordination wahrscheinlich machen. Unter institutionellen Arrangements seien dabei Konfigurationen von Normen (Rules) — im weitesten Sinne, unter Einschluß von z.B. Definitionen, Routinen und Handlungsmaximen — verstanden, die in einem bestimmten Handlungskontext (action arena) im Regelfall als Handlungsprämissen wirken. Steuerungstheoretisch relevant ist nun die Abstraktion der Bedingungen, unter denen derartige institutionelle Arrangements erfolgreiche Handlungskoordination wahrscheinlich machen. Derartige Bedingungen beziehen sich z.B. auf Zutritt, Sachbereich, Positionen, Kompetenzen, Informationsformen, die Gewichtung von Einfluß bei Entscheidungen oder die Verteilung von Kosten und Nutzen (vgl. E. Ostrom, 1986: 468 ff.).

Aus der sozial- und wirtschaftswissenschaftlichen Literatur sind zahlreiche Konfigurationen bekannt, denen steuernde Qualitäten zugesprochen werden. Ihre Leistungsfähigkeit ist unter dem Gesichtspunkt der Lösung der drei oben genannten genannten Bezugsprobleme der Handlungskoordination zu prüfen. Auf diese Weise lassen sich 'reine Typen sozialer Steuerung' analytisch entwikkeln, die sich in charakteristischen Merkmalen sowohl ihrer Regelstruktur als auch der Bedingungen ihrer koordinativen Wirksamkeit unterscheiden. In diesem Sinne wurden bisher Markt (Krüsselberg 1986, Gretschmann 1986, E. Ostrom 1986), Hierachie (Krüsselberg 1986, Hegner 1986), Solidarität (Kaufmann 1984b, Gretschmann 1986, Hegner 1986), Wahlsysteme (Herzberg und V. Ostrom 1986) sowie Kollegialität (Majone 1986) untersucht. Ein Großteil der faktisch ablaufenden Prozesse komplexer Handlungkoordination — man denke etwa an die Entwicklung einer Raumfähre oder die Durchsetzung schadstoffarmen Treibstoffs — ist allerdings nur als Ergebnis des Zusammenspiels von Elementen unterschiedlicher Steuerungsformen angemessen zu begreifen.

2.3 Recht – steuerungstheoretisch

Welche Bedeutung hat nun das staatlich gesetzte Recht für die Koordination von Handlungen? Diese Frage bedarf einer differenzierten und vielschichtigen Antwort, die hier nur in ihren für die Erklärung der Steuerung wohlfahrtsstaatlicher Abläufe wichtigen Dimensionen angedeutet werden kann.

Aus steuerungstheoretischer Perspektive ist zunächst festzuhalten, daß für die *individuelle* Handlungskoordination, also die Sequenzierung von Handlungen eines Individuums, das ja an einer Vielzahl von Handlungsketten partizipiert, Rechtsnormen typischerweise nur eine sehr indirekte Rolle spielen.[23)] Dagegen ist es offenkundig, daß die Handlungskoordination zwischen *verschiedenen* Akteuren fast immer eine (zumindest latente) rechtliche Komponente hat, auf die man sich – spätestens im Notfall – berufen kann. Diese kann jedoch sehr unterschiedlich ausgestaltet sein. Für unseren sozialpolitischen Zusammenhang sind vor allem folgende Typen rechtlicher Normierung bedeutungsvoll:

1. *Verbote*: Neben den hier meist nur indirekt relevanten strafrechtlichen Normen sind vor allem Verbote zu nennen, die die Benachteiligung sozial schwächerer Personen (Gruppen) verhindern sollen, beispielsweise im Arbeitsvertrags- oder Mietrecht.
2. *Gebote*: Hierzu gehören neben den verschiedenen, die Finanzierung wohlfahrtsstaatlicher Aktivitäten erst ermöglichenden Abgabepflichten vor allem Sicherheitsnormen und Mindeststandards (z.B. im Arbeitsschutz, Umweltschutz oder Baurecht), aber auch Berichts- oder Beteiligungspflichten (z.B. Mitbestimmung, Sozialrecht).
3. *Einräumung von Rechtsansprüchen*: Diese können sich auf bestimmte Leistungen oder Unterlassungen Dritter, häufig aber auch auf Mitwirkungsmöglichkeiten beziehen. Von Rechtsansprüchen sei in diesem Zusammenhang nur insoweit die Rede, als dem Normbenefiziar die rechtlich anerkannte Möglichkeit eingeräumt wird, zur Realisierung seines Rechtsanspruches gegenüber den Normadressaten hierfür zuständige staatliche Instanzen (Gerichte, Aufsichtsämter usw.) zu bemühen.
4. *Formulierung von Zwecken*: Im Unterschied zu Ziff. 1 bis 3 werden hiermit keine grundsätzlich erzwingbaren Normen gesetzt, sondern übergreifende Gesichtspunkte formuliert, die für die Beurteilung von Sachverhalten und die Richtung der Handlungen in einem bestimmten Handlungskontext maßgeblich sein sollen.
5. *Definition von Bedingungen*: Der ganz überwiegende Teil der Rechtsordnung befaßt sich mit der Definition von Bedingungen, unter denen bestimmte Verhaltensweisen möglich sein sollen. Dies geht von der Definition von Maß, Gewicht und Währung über die Regelungen des Privatrechts

bis zu den Bedingungen gerichtlicher oder administrativer Gewährungen bzw. Versagungen.

6. *Regelung von Verfahren*: Die Entwicklung einer Normkonfiguration, die meist auch Normen nach Ziff. 1 bis 5 enthält und bedingte Handlungsverkettungen von mindestens zwei beteiligten Akteuren programmiert. Von Bedeutung sind in unserem Zusammenhang nicht nur Verwaltungs- und Gerichtsverfahren, sondern auch die Regelung von Verhandlungssituationen, etwa im Unternehmens- und Arbeitsrecht, aber z.B. auch im Bereich des Gesundheitswesens.
7. *Errichtung von Einrichtungen öffentlichrechtlicher oder privatrechtlicher Art*: Auf diese Weise entstehen neue, zum mindesten formal unabhängige Akteure, denen bestimmte Aufgaben zugewiesen werden können. Gerade im Bereich der Daseinsvorsorge wird gerne von einer solchen "Auslagerung öffentlicher Aufgaben" Gebrauch gemacht. Häufig wird dabei gleichzeitig der Einfluß staatlicher und nicht-staatlicher Akteure institutionalisiert (z.B. Sozialversicherungsträger, Energiewirtschaft).
8. *Normierung staatsinterner Koordination*: Hierzu gehören insbesondere das staatliche Organisationsrecht und das sog. instrumentelle Verwaltungsrecht, also der rechtliche Kern der institutionellen Steuerung der staatlichen Akteure. Im Unterschied zu den vorangehenden Normierungstypen begründen diese Rechtsnormen typischerweise keine direkten Mitwirkungsmöglichkeiten nicht-staatlicher Akteure, sondern regeln die Handlungsmöglichkeiten staatlicher Akteure. Dennoch kann ihre Ausgestaltung von erheblicher Bedeutung für die Wahrscheinlichkeit von Anschlußhandlungen derartiger Akteure sein.

Staatliche Interventionen mittels Rechtssetzung bedienen sich typischerweise unterschiedlicher Kombinationen dieser Normierungstypen, und im Regelfall beinhalten staatliche Interventionen nicht ausschließlich Rechtssetzungsakte, diese bedürfen zu ihrer Wirksamkeit vielmehr zusätzlicher Maßnahmen: Etwa der Schaffung neuer Verwaltungsabteilungen bzw. Behörden als Ausführungs- oder Kontrollorgane, die Bereitstellung von Finanzmitteln zur Subventionierung nicht-staatlicher Träger oder zur Erfüllung eingegangener Verpflichtungen, usw.

Ob und unter welchen Bedingungen "Recht und Geld: Die Wirkungsmittel des Wohlfahrtsstaates" (Luhmann) tatsächlich geeignet sind, bestimmte Politikziele zu erreichen bzw. bestimmte Probleme zu lösen, bleibt umstritten. In der hier vertretenen steuerungstheoretischen Perspektive dient Recht primär der Handlungsnormierung, Geld der Handlungskontrolle. Zwar sind die Normkonfigurationen im Rahmen institutioneller Koordination nie ausschließlich rechtlicher Art, doch spielen Rechtsnormen – vor allem im Grenzbereich von Staat und 'Gesellschaft' – regelmäßig eine konstitutive, häufig auch eine indikative Rolle. Geldleistungen dagegen kommt erhebliche motivierende Kraft zu, um erwünschte Anschlußhandlungen zu bewirken, zum mindesten wenn ihre Vergabe an bestimmte Bedingungen gebunden wird.

Allerdings bleiben Recht und Geld im Regelfall mehrstufiger Politikverwirklichung zu unspezifisch, um zweckmäßige Anschlußhandlungen sicherzustellen. Sie vermögen nicht eine angemessene Situationswahrnehmung und adäquate Handlungskompetenzen der Normadressaten sicherzustellen. Recht und Geld vermitteln als Kommunikationsmedien "Entscheidungsprämissen und können dadurch die Bindungswirkung von Entscheidungen übertragen. ... sie sind abstrakt einsetzbar – d.h. ohne allzu genaue Vorherbestimmung der Situationen, in denen sie konkret verwendet werden" (Luhmann 1981: 95). Genau dies zeigt jedoch ihre Ergänzungsbedürftigkeit, sobald es um situationsgerechte Anwendung geht.

Das gilt in besonderem Maße für die aus steuerungstheoretischer Sicht notwendige Gewährleistung der Handlungsbeurteilung. Im Kontext primär hierarchischer Steuerung, wie sie nach vorherrschender Auffassung für staatliches Handeln charakteristisch ist (bzw. sein soll), gewährleisten Recht und Geld als Vermittler von Entscheidungsprämissen grundsätzlich keine Prozesse der Handlungsbeurteilung oder Rückkoppelung, die herrschende Auffassung vertraut also lediglich auf "die Bindungswirkung von Entscheidungen". Prozesse der Handlungsbeurteilung müssen gesondert institutionalisiert werden.

Betrachtet man nun die Wirklichkeit der Verwaltungskontrolle, so stellt man fest, daß diese überwiegend in fragmentierter, dimensionsspezifischer Weise verläuft. *Rechtmäßigkeit* ist nur *ein* Kriterium des Verwaltungshandelns, dem man als weitere generelle Kriterien *Zweckmäßigkeit*, *Wirtschaftlichkeit* und – für den Bereich der Daseinsvorsorge und der Leistungsverwaltung – *Bürgernähe* zur Seite stellen kann (vgl. Kaufmann (Hg.), 1979: bes. 18 ff., 505 ff.). Während die Beurteilung der Rechtmäßigkeit (durch die Gerichte) und der Wirtschaftlichkeit (durch die Rechnungshöfe) gesonderten staatlichen Instanzen übertragen ist, ist die Berücksichtigung der Kriterien der Zweckmäßigkeit und der Bürgernähe allenfalls in politisch-parlamentarischen Kontrollprozessen, sonst jedoch überwiegend nur durch verwaltungsinterne Kontrollen zu gewährleisten. Dabei scheint es sehr fragwürdig, inwieweit diese Kontrollen geeignet sind, eine Kommunikation über Ergebnisbewertung als Voraussetzung des Lernens der beteiligten Akteure in Gang zu setzen. Es werden daher zusätzliche Formen der Gesetzes- und Verwaltungsevaluation, verstärkte Bürgerbeteiligung, verstärkter Einbezug von Experten und Interessenvertretern sowie stärkere Öffentlichkeit des Verwaltungshandelns gefordert.

Aus einer primär rechtsstaatlichen Perspektive erscheint diese Betonung der rechtsexternen Dimensionen des Verwaltungshandelns problematisch, zum mindesten dann, wenn diese Kriterien Handlungen nahelegen, die mit den geltenden Rechtsnormen konfligieren. Aus steuerungstheoretischer Perspektive ist jedoch gerade eine gewisse Pluralität und Redundanz der ja notwendigerweise selektiven verwaltungsexternen Kontrolle erforderlich, um der Multivalenz staatlicher Interventionen Rechnung zu tragen (vgl. Wirth 1986a). Öffentliche Verwaltungen stehen – wie übrigens alle gesellschaftlichen Akteure – typischerweise *unter widersprüchlichen Anforderungen* (hierzu grundlegend Hegner 1978) und sie vermögen daher die an sie gestellten Anforderungen nie vollständig, sondern bestenfalls in einer Form balancierender Optimierung zu erfüllen. Von daher muß auch das Problem der Verwaltungskontrolle neu bedacht werden (hierzu Hood 1986b).

Üblicherweise werden die Steuerungsmöglichkeiten durch Recht lediglich im Kontext der "Steuerung mittels regulativer Politik, dem Königsweg staatlicher Intervention" (Mayntz 1979: 55) diskutiert. In dieser Prioritätensetzung schwingt die typisch deutsche, hoheitliche Staatsauffassung mit, welche das 'Regierbarkeitsproblem' als Problem der Durchsetzbarkeit des gesetzlich formulierten staatlichen Willens interpretiert. Diese Auffassung impliziert streng genommen die *notwendige* Zweckmäßigkeit staatlicher Anordnungen, eine Art weiser Voraussicht des Gesetzebers über die zu erwartenden Folgen seiner Gesetze. Oder zum mindesten eine überaus hohe Lernfähigkeit und Problemverarbeitungskapazität des Gesetzgebers, der die Folgen der von ihm erlassenen Gesetze überprüft und sie entsprechend den gemachten Erfahrungen modifiziert. Endlich kann man diese Auffassung auch dahingehend deuten, daß sich der Gesetzgeber nur solcher Aufgaben annehmen solle, die mit den einfachen Mitteln regulativer Normierung[24)] in zweckmäßiger und einigermaßen überschaubarer Weise gelöst werden können. Dieser liberal-konservativen Politikauffassung steht die faktische Entwicklung und der zum mindesten relative Erfolg wohlfahrtsstaatlicher Politik entgegen, deren Erfolgsbedingungen jedoch noch kaum in verallgemeinernder Form begreifbar sind.

Greifbares Ergebnis der gegenwärtigen Diskussion um 'Entrechtlichung' (hierzu bes. Voigt 1983b) ist denn auch weniger die Empfehlung totaler staatlicher Abstinenz als die des beschränkteren und indirekteren Einsatzes regulativer Normen als ultima ratio in einem Feld öffentlich-privater Interdependenzen. Die Empfehlungen gehen hier von 'Gesetzesentrümpelung' als bloßem Abbau überflüssiger oder gar widersprüchlicher Normen über die Flexibilisierung der Gesetzgebung durch vermehrten Einsatz von Generalklauseln und Ermessensspielräumen, die Verstärkung informellen Verwaltungshandelns (hierzu Bohne 1980) und vorgerichtlicher Konfliktregelung als Versuch gütlicher Einigung 'im Schatten des Rechts', bis zur "dezentralen Kontextsteuerung" korporatistischer Handlungssysteme.[25)]

Damit wird deutlich – was auch durch die einleitende Aufzählung unterschiedlicher Typen rechtlicher Normierung suggeriert werden sollte – daß *"Steuerung durch Recht" einen weit umfangreicheren Bereich staatlicher Maßnahmen betrifft, als dies in den vorherrschenden Diskussionen thematisiert wird.* Gleichzeitig zeigt der Katalog der 'Entrechtlichungsvorschläge', daß sie nahezu alle in Abschnitt 2.1 angesprochenen Dimensionen der 'Verrechtlichung' betreffen, wobei jedoch keineswegs die kumulative Anwendung der verschiedenen Strategien empfohlen wird. Vielmehr zeichnen sich die 'Entrechtlichungsvorschläge' typischerweise dadurch aus, daß sie dysfunktionalen Wirkungen einer allzu weit getriebenen Verrechtlichung durch Abschwächung oder Beseitigung von einzelnen Aspekten begegnen wollen. Für die Beurteilung der wohlmeinenden Vorschläge fehlt es jedoch bisher weitgehend an klaren Kriterien, was bei der Unklarheit des zugrunde liegenden Steuerungsbegriffs nicht überrascht.

Wenn wir soziale Steuerung allgemein als das Problem von Handlungskoordination fassen, also der Ermöglichung erwartbarer Anschlußhandlungen im Horizont eines übergreifenden Kontextes, so werden die meisten 'Entrechtlichungsvorschläge' plausibel: Gesetzesentrümpelung meint die Beseitigung von Vorschriften, die entweder keine oder 'falsche' Anschlußhandlungen wahrscheinlich machen; die Flexibilisierung von Gesetzgebung und Verwaltung soll ein verstärktes Eingehen auf die Besonderheiten des in Frage stehenden Einzelfalles ermöglichen und auf diese Weise 'einsichtige' Anschlußhandlungen von Verwaltung und Publikum erleichtern; Informalisierung der Konfliktregelung in Verwaltung und Justiz soll die Orientierung an Rechtsnormen in der Interaktionssituation zurückdrängen und auf diese Weise sachlich gerechtfertigte Kompromisse erleichtern; und die unter dem Stichwort 'Neokorporatismus' diskutierten Verhandlungssysteme zwischen Staat und Verbänden sollen der 'Interessenvermittlung' zwischen Akteuren dienen, die aufgrund ihrer unterschiedlichen Struktur und Handlungsmöglichkeiten im Falle eines antagonistischen Verhaltens mehr zu verlieren als zu gewinnen hätten.

2.4 Recht, Organisation und Person

Was nun die Wirkungsmöglichkeiten der Gesetzgebung betrifft, so hängt sie entscheidend von der angemessenen Einschätzung der sozialen Folgen bestimmter Normen ab. "Rechtsänderungen als Einzelmaßnahmen (werden) in mehr oder weniger unifunktionaler, zweckgerichteter Perspektive entschieden, (treffen) aber auf eine durchweg multifunktionale Wirklichkeit auf... Diese Multifunktionalität gibt jeder einzelnen Neuerung eine hohe, zumeist unermeßliche Zahl von Folgewirkungen in ganz andersartigen Sachbereichen" (Luhmann 1972: 309). Theoretisch erscheint das Problem somit unlösbar, obwohl die Praxis des Rechtsgebrauchs es durchaus als plausibel erscheinen läßt, daß die Rechtswirkungen im durchschnittlichen Fall so unberechenbar nicht sind. Welches aber sind die Bedingungen, welche die Absehbarkeit von Rechtswirkungen wahrscheinlich oder unwahrscheinlich machen? Drei zentrale Gesichtspunkte seien hier genannt, die jedoch je nach Typus des Normadressaten – Organisationen oder Personen – unterschiedliche Bedeutung besitzen:

1. Die Kompatibilität oder Inkompatibilität von Rechtsnormen mit im zu regelnden Kontext anerkannten Sozialnormen oder Werten, ein in der Rechtswissenschaft seit langem erkannter und diskutierter Zusammenhang;
2. die Kompatibilität oder Inkompatibilität von Rechtsnormen mit Interessenlagen der Normadressaten, ein vor allem in der Politikwissenschaft hervorgehobener Zusammenhang;
3. die Etabliertheit und Zugänglichkeit des Handlungszusammenhangs, in den rechtliche Regulierung eingreift, ein vorwiegend soziologischer Gesichtspunkt. Unter Etabliertheit sei der Umstand verstanden, daß bestimmte Handlungszusammenhänge bereits solange existieren, daß die in ihnen Handelnden eigene Situationsdeutungen aufgebaut und Handlungsroutinen entwickelt haben, daß also die Verhaltensweisen im betreffenden Kontext zum mindesten unter den Beteiligten im Regelfall erwartbar sind. Wo es an derartigen sozialen Regelmäßigkeiten überhaupt fehlt, kann naturgemäß auch die Auswirkung von Interventionen nicht vorausgesehen werden. Die sozialen Regelmäßigkeiten müssen jedoch überdies für Dritte, insbesondere solche, die mit Politikformulierung befaßt sind, bekanntwerden, und dies setzt im Regelfall eine zum mindesten beschränkte Öffentlichkeit oder selbst rechtlich gesicherte Zugänglichkeit voraus.[26)]

Bei der Einschätzung möglicher Auswirkungen rechtlicher Regulierungen muß auf einen in der Rechtstheorie und Gesetzgebungslehre bisher nicht systematisch berücksichtigten Unterschied hingewiesen werden, die Frage nämlich, ob es sich bei den Normadressaten um Organisationen oder natürliche Personen handelt.[27)] Im Kern läßt sich die Bedeutung dieses Unterschieds auf die *Affinität von Recht und Organisation* einerseits und die *Fremdheit von Recht und interpersoneller Kommunikation* andererseits zurückführen. Unabhängig vom inhaltlichen Verhältnis zwischen spezifischen Rechts- und Sozialnormen kann für formal organisierte Handlungskontexte eine verrechtlichte Kommunikationsform als *normal* gelten, während sie für Interaktionen, die auf der Einschätzung wechselseitiger Vertrauenswürdigkeit der Interaktionspartner beruhen, als *Vertrauensbruch* in Erscheinung treten kann (vgl. Ellscheid 1979: 42 ff.). Vor allem für Personen mit geringer Organisationserfahrung – etwa Arbeiter, Jugendliche oder Hausfrauen – kann die an Recht orientierte Kommunikationsform, wie sie insbesondere für Verwaltungskontakte charakteristisch ist, schon von sich aus einschüchternd, um nicht zu sagen abstoßend wirken.[28)] Allerdings ist wohl auch hier noch näher zu unterscheiden: Es gibt Rechtsmaterien, deren normativer Gehalt aufgrund ihrer lange dauernden Geltung (ihrer 'Etabliertheit') auch ohne genaue Rechtskenntnis in großen Zügen Bestandteil des Rechtsbewußtseins weiter Bevölkerungskreise geworden ist, so insbesondere im Privat- und Strafrecht. Öffentlichrechtliche Verhältnisse, insbesondere die Materien des Verwaltungsrechts, bleiben dagegen dem Rechtsbewußtsein der Bevölkerung fremd. Überdies irritieren Rechtsänderungen das vorhandene Rechtsbewußtsein, und insoweit die Änderbarkeit des Rechts – also gerade der unter Steuerungsgesichtspunkten immanente Vorteil der Positivierung – ins öffentliche Bewußtsein tritt, ist mit einem *Unbestimmtwerden des Rechts- und Unrechtsbewußtseins* sowie einer Irrationalisierung des Rechtsgefühls zu rechnen (vgl. Kaufmann 1985a). Man wird also auf der Ebene natürlicher Personen – soweit sie nicht als Spezialisten alltäglichen Kontakt zu bestimmten Rechtsmaterien besitzen – immer weniger ausreichende Rechtskenntnis voraussetzen dürfen. Inwieweit diese durch ein generelles Vertrauen in die Wirksamkeit der Rechtsordnung und die daraus folgende Bereitschaft, sich in einschlägigen Fällen an kompetente Spezialisten der Rechtspflege oder der Verwaltung zu richten, substituiert werden kann, ist eine noch weitgehend unerforschte Frage.[29)]

Ganz anders dagegen sind die Verhältnisse im Bereich formaler Organisation: Je größer und differenzierter eine Organisation ist, desto mehr dominiert schriftliche über mündliche Kommunikation und desto selbstverständlicher wird die Substituierbarkeit der Interaktionspartner. Überdies sind – zum mindesten in hierarchisch strukturierten Organisationen – dem regulativen Recht analoge Normierungen auch außerhalb des öffentlichen Bereichs verbreitet. Der gesamte Interaktionsstil ist hier also für rechtsförmige Regelungen weit offener, und man wird von einer hohen formalen Akzeptanzbereitschaft rechtlicher Normierung ausgehen können. Dies ist insbesondere von Bedeutung für den Bereich der Interorganisationsbeziehungen – also etwa zwischen staatlichen und anderen formal organisierten Akteuren wie Verbänden, Großunternehmungen oder modernen Kliniken. Zumeist verfügen diese Organisationen auch ihrerseits über spezielle Rechtsabteilungen oder zum mindesten über spezialisierte Fachkräfte, die sich in den für sie relevanten Rechtsmaterien auskennen.

Aus dieser grundsätzlich hohen Affinität zur rechtlichen Regelung resultiert auf seiten organisierter Akteure allerdings auch eine Tendenz zum *instrumentellen Rechtsgebrauch*, mit der bei natürlichen Personen nur in Ausnahmefällen gerechnet werden muß. Hierunter sei die Instrumentalisierung von Rechtsnormen zu eigenen Zwecken verstanden, auch wenn dies den Zwecken der rechtlichen Regulierung zuwiderläuft. Häufiger als offene Rechtsverletzungen ist daher in diesem Bereich der Versuch, die intendierten Wirkungen regulativer Politik zu umgehen, indem Gesetzeslücken, unbestimmte Rechtsbegriffe oder auch konkurrierende Rechtsnormen zur Legitimation des eigenen Handelns herangezogen werden. Hier wird also – und zwar sowohl auf seiten staatlicher Instanzen wie organisierter Normadressaten – die Positivität des Rechts zum Prinzip erhoben, worauf sich ein dauernder Bedarf an Modifikation der Rechtsnormen zu ergeben scheint. Es überrascht daher nicht, daß – nach einer

Aufstellung von Hasskarl (1968, zit. nach Noll 1973: 165) zwischen 1949 und 1965 fast die Hälfte aller Bundesgesetze und über die Hälfte der Verordnungsermächtigungen die Gebiete des Finanzwesens und des Wirtschaftsrechts betreffen. "Diese Rechtsbereiche sind also unstabiler und enthalten weniger auf Dauer angelegte Normen als die übrigen" (Noll). Die wohlfahrtsstaatlichen Kernmaterien des Arbeits- und Sozialrechts, die häufig als Hauptursache der 'Gesetzesflut' vermutet werden, treten mit 14,3 % der Gesetze – zum mindesten in der untersuchten Epoche – deutlich zurück.[30)]

3. *Die Bedeutung des Rechts im Kontext unterschiedlicher Formen sozialstaatlicher Intervention*

Es verbleibt nun, die bisherigen Überlegungen im Hinblick auf die Steuerbarkeit sozialstaatlicher Interventionen durch Recht zusammenzufassen.

Hierbei ist zunächst die Mehrstufigkeit dieser Interventionen selbst hervorzuheben, die für den Fall sozialer Dienstleistungen durch Figur 1 schematisch veranschaulicht wird.

Diese Darstellungsweise hebt auf die verschiedenen Voraussetzungen ab, von denen die Erbringung sozialer Dienstleistungen abhängig ist, führt jedoch nicht die beteiligten Akteure auf und verweist auf unterschiedliche Politik- und Verwaltungsebenen nur durch die Unterscheidung von örtlichem und überörtlichem Bereich.[31)] Immerhin wird die Distanz zwischen dem nur an Phase A beteiligten Gesetzgeber und den nur an Phase D beteiligten Leistungsempfängern oder Zielgruppen deutlich. Die Phasen A bis C vollziehen sich im wesentlichen auf der Basis von Inter-Organisationsbeziehungen, wobei in Phase A staatliche Akteure (Parlament, Ministerialverwaltung) dominieren, allerdings unter mehr oder weniger tatkräftiger Mitwirkung von Parteien und Verbänden. In Phase B dominieren administrative Akteure auf kommunaler, Landes- und Bundesebene, die – über Haushaltsvorbereitung und Haushaltsabwicklung – die öffentliche Teil- oder Totalfinanzierung sozialer Leistungen bestimmen, unter meist tatkräftiger Mitwirkung der interessierten Träger von Leistungsangeboten. Letztere – teils staatliche, teils kommunale, teils 'freie Träger' – dominieren in Phase C, indem sie etwa über Errichtung, Ausbau oder Schließung von Schulen, Krankenhäusern, Kindergärten oder Beratungsstellen beschließen, stets allerdings unter einer mehr oder weniger starken staatlichen Aufsicht, in den Flächenstaaten meist durch Mittelinstanzen (Bezirksregierung, Schulkollegien). Phase D endlich wird typischerweise vom leistungserbringenden Personal bzw. dessen unmittelbaren Vorgesetzten dominiert, bei beschränkten Mitwirkungsmöglichkeiten der Leistungsadressaten einerseits und der Einrichtungsträger andererseits.

Figur 1: Der Gesamtzusammenhang der Leistungserbringung

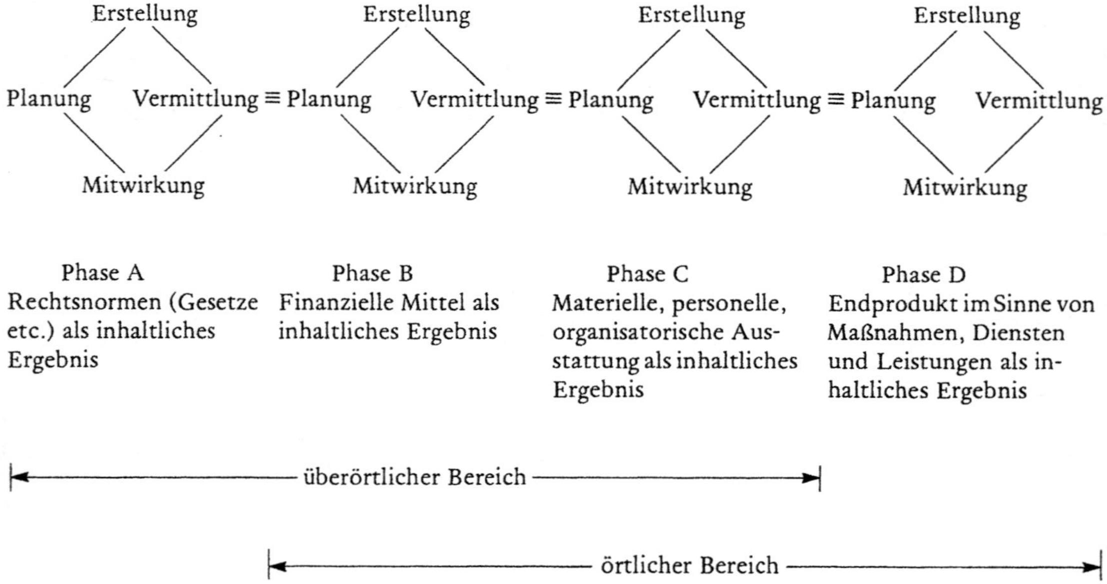

Quelle: F.X. Kaufmann (Hg.), 1977: 20

Figur 2: Das pädagogische Interventionssystem im nordrhein-westfälischen Kindergartenwesen

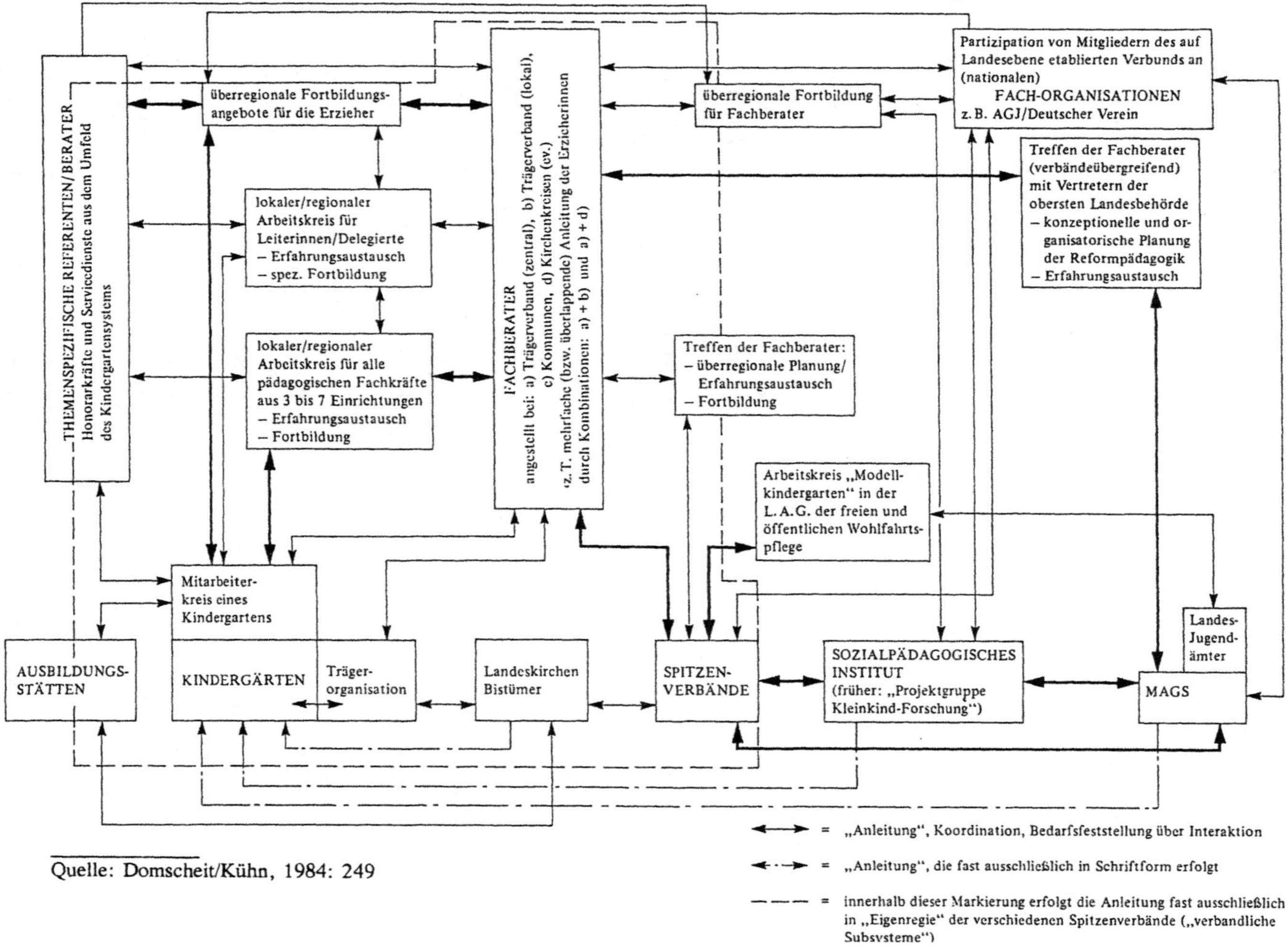

Quelle: Domscheit/Kühn, 1984: 249

Einflußmöglichkeiten der auf einer bestimmten Stufe dominierenden Akteure auf Handlungsverläufe anderer Stufen sind beschränkt, wobei höhere Instanzen immerhin die Entscheidungen nachgeordneter Instanzen durch Bedingungen beeinflussen können, während Einflüsse 'von unten' nur in Ausnahmefällen und auf meist indirektem Wege (z.B. über die Presse oder die Gerichte) zum Tragen kommen können. Für andere Bereiche wohlfahrtsstaatlicher Intervention müßte die Darstellung etwas modifiziert werden, doch würde sich am grundlegenden Sachverhalt nichts ändern, daß nämlich die Normbenefiziare als natürliche Personen völlig an der Peripherie des häufig imposanten Netzwerks interorganisatorischer Beziehungen stehen, innerhalb dessen die staatliche Intervention sich verwirklicht. Ein immer noch vereinfachtes Beispiel eines konkreten Netzwerks, wie es im Rahmen einer Studie zur Implementation des Nordrhein-Westfälischen Kindergartengesetzes rekonstruiert wurde, zeigt Figur 2.

Um die spezifischen Steuerungsmöglichkeiten des Rechts und ihre Grenzen im Bereich der Sozialpolitik deutlicher herauszuarbeiten, empfiehlt es sich, nicht nach institutionellen Gebieten der Sozialpolitik, wie sie durch die Systematik der Gesetze und Träger präformiert ist, sondern *nach dem Typus der Intervention* zu unterscheiden. Dabei erscheint unter wohlfahrtstheoretischen Gesichtspunkten eine Klassifikation angezeigt, die die angestrebten Wirkungen mit den hierfür typischerweise geeigneten Instrumenten verbindet.[32)] Ausgangspunkt ist die Frage nach den Voraussetzungen sozialer Teilhabe oder – gesellschaftstheoretisch formuliert – Inklusion.[33)] Soziale Teilhabe oder die Realisierbarkeit grundrechtlicher Freiheiten als Inbegriff wohlfahrtsstaatlicher Zielsetzung setzt nach der hier vorgeschlagenen Schematisierung viererlei voraus (vgl. Figur 3):

1. *Status*, d.h. sozial anerkannte Teilhaberechte, wie sie in den verfassungsmäßigen Grundrechten oder gesetzlichen Ansprüchen präformiert sind. Ihre soziale Verwirklichung setzt allerdings deren faktische Respektierung durch Dritte in Prozessen der Statuszuweisung voraus.
2. *Ressourcen*: Hierunter seien knappe Güter (bes. Zeit, Geld, Besitz) verstanden, über die Individuen grundsätzlich frei, jedoch in beschränktem Umfange verfügen können. Alle Formen sozialer Teilhabe verbrauchen Ressourcen, die somit je nach Umständen zum Engpaßfaktor werden können.
3. *Gelegenheiten*: Soziale Teilhabe setzt ein Angebot an Teilhabemöglichkeiten voraus, das nach Maßgabe von Status, Ressourcen und Kompetenzen wahrgenommen werden kann. Im Unterschied zu Ressourcen handelt es sich hier um Aspekte der sozialen, räumlichen und sachlichen Umwelt der Individuen, über die diese nicht selbst, sondern nur nach von Dritten gesetzten Bedingungen (z.B. des Zutritts, der Zahlungswilligkeit, der Bedürftigkeit oder Kooperationsbereitschaft) verfügen können.

Figur 3: Soziale Teilhabe und sozialpolitische Intervention

	soziale Teilhabe			
Dimensionen sozialer Teilhabe	Status	Ressourcen	Gelegenheiten	Kompetenzen
sozial-politische Güter	Rechtsansprüche	Geldleistungen	infrastrukturelle Einrichtungen	personenbezogene Dienstleistungen
Interventions-form	rechtliche	ökonomische	ökologische	pädagogische

4. *Kompetenzen*: Hierunter werden unmittelbar an die eigene Person gebundene Voraussetzungen der Handlungsfähigkeit (wie Bildung, Gesundheit, Wissen, Fertigkeiten) und der Handlungsbereitschaft (wie normative Orientierungen, Leistungsbereitschaft oder spezifische Motivationen) verstanden, die als notwendige Bedingungen sozialer Aktivität gelten können.

Sozialstaatliche Interventionen können im Hinblick auf die mit ihnen verbundenen Intentionen danach klassifiziert werden, welche dieser Dimensionen der Prämissen sozialer Teilhabe sie zu fördern geeignet sind.[34)]

Auch die 'sozialpolitischen Güter' lassen sich in Anknüpfung an verbreitete Klassifikationen in vier Kategorien – Rechtsansprüche, Geldleistungen, infrastrukturelle Einrichtungen und personenbezogene Dienstleistungen – einteilen, die sich den vier Dimensionen sozialer Teilhabe in meist eindeutiger Weise zuordnen lassen. Dementsprechend können sozialstaatliche Maßnahmen, deren *End*zweck in der Herstellung oder Vermittlung dieser vier Leistungstypen zu sehen ist, unter den Begriff der zugeordneten (rechtlichen, ökonomischen, ökologischen und pädagogischen) Interventionsform subsumiert werden. Die nebenstehende Übersicht konkretisiert das Konzept in einigen wesentlichen Punkten.

Bezogen auf diese Interventionsformen sei nun abschließend die Bedeutung rechtlicher Normierung spezifiziert.[35)]

3.1 Rechtliche Interventionsform

Wie schon der Name sagt, kommt hier dem Recht und den damit verbundenen Organen der Rechtsaufsicht und der Rechtspflege zentrale Bedeutung zu. Überwiegend handelt es sich bei der rechtlichen Interventionsform um die Setzung und Anwendung regulativen Rechts, wobei jedoch – und dies erschwert die Wirksamkeit – Normadressaten und Normbenefiziare i.d.R. nicht identisch sind. So ist etwa der Arbeitgeber gehalten, im Interesse der Gesundheit des Arbeitnehmers bestimmte Vorkehrungen zu treffen, zu deren kompetenter Ausgestaltung Werksärzte oder Sicherheitsingenieure zuständig sind, während die Überwachung bei staatlichen Gewerbeärzten oder Gewerbeaufsichtsämtern liegt. Dem Arbeitnehmer steht kein unmittelbarer Erfüllungsanspruch hinsichtlich der Arbeitsschutzbestimmungen zu, er hat lediglich einen Schadenersatzanspruch im Falle der Schädigung. Aber auch dort, wo – wie im Sozialrecht – dem Normbenefiziar subjektive Rechte eingeräumt werden, er also selbst auch Normadressat ist, verhindert dann oft subjektive Rechtsunkenntnis und mangelnde Kompetenz im Umgang mit Behörden eine intentionskonforme Rechtswahrnehmung. Insoweit als nicht Maßnahmen kollektiver

Übersicht: Sozialpolitische Interventionsformen

Interventionsform / Dimensionen	rechtliche	ökonomische	ökologische	pädagogische
I Wirkungsweise	Wirkt auf die rechtlichen Grundlagen sozialer Beziehungen durch die Ordnung und den Schutz von Rechtsverhältnissen	Wirkt auf die Struktur der verfügbaren Haushaltseinkommen durch interpersonelle Umverteilung von Primäreinkommen	Wirkt auf Verteilung räumlich gebundener Teilhabemöglichkeiten durch Planung von Raumnutzung und Schaffung von Infrastruktur	Wirkt auf die Vermittlung sozio-kultureller **Bestände an Personen;** inhaltliche Beeinflussung von Lernprozessen.
II Typische Maßnahmen	Einräumung von Schutz-, Beteiligungs-, Inanspruchnahme-, Beschwerderechten sowie Beteiligungsverpflichtungen. Verfahrensregelungen, Gerichtsbarkeit, Aufsichtsorgane	Steuern und Abgaben Transferzahlungen Steuererleichterungen	Landes- u. Stadtentwicklungsplanung, Sozialplanung, Wohnungsbau Finanzierung von Einrichtungen	Professionalisierung, Curricula Angebot von Bildung, Beratung, Rehabilitation und Information Unterstützung von Selbsthilfeaktivitäten
III sozialpolitisch intendierte Hauptwirkung	Stärkung der Rechtsstellung sozial schwacher Personenmehrheiten im Hinblick auf Teilhabemöglichkeiten	Erhöhung der verfügbaren Einkommen von Personenmehrheiten mit ungenügendem Primäreinkommen	Verbesserung der Zugangschancen und der Qualität von lebenslagerelevanten Umweltsegmenten	Erhöhung der Handlungsfähigkeit von Personen mit Bezug auf legitime Teilhabemöglichkeiten
IV Trägerschaft	notwendigerweise staatlich	(para)staatlich, z. T. verbandliche Selbstverwaltung	Zusammenwirken staatlicher und intermediärer Instanzen	Staat, intermediäre Instanzen, kollektive Selbsthilfe
V Zentralproblem der Realisierung	Rechtswahrnehmung Normkonformität	Finanzierung	inter-organisatorische Koordination, Inanspruchnahme	interpersonelle Kommunikation als Wirksamkeitsbedingung
VI Generalisierbarkeit von Regelungen	hoch	hoch	niedrig	niedrig
VII öffentliche Kosten	niedrig	hoch	hoch, verteilungsabhängig	variabel
VIII Implementierbarkeit	zentral – dezentral, mittelschwer	zentral, leicht	zentral – dezentral mittelschwer	dezentral, schwierig
IX Akzeptanz	interessen- und kompetenzabhängig	i.d.R. unproblematisch bei Zweckbindung selektiv	selektiv/variabel	unkontrollierbar/umstritten

Quelle: Kaufmann 1982a: 85

Selbsthilfe (z.B. nachbarschaftlicher, solidarisch-betroffener oder gewerkschaftlicher Art) greifen, kann u.U. durch pädagogische Interventionen (z.B. Sozialarbeit) flankierend geholfen werden .

Vor allem im Bereich des Arbeitsrechts muß überdies damit gerechnet werden, daß die Rechtsansprüche und Schutznormen der Arbeitnehmer Interessen der Arbeitgeber verletzen und von daher Implementationswiderstände zu erwarten sind. Es hängt dann von der Präsenz oder Mobilisierbarkeit staatlicher Aufsichtsbehörden ab, ob sich der Umfang der Normverletzungen ausdehnt.[36] Alles in allem kann jedoch davon ausgegangen werden, daß in diesem auf die Wirkungsmöglichkeiten des Rechts ja spezifisch zugeschnittenen Bereiche Steuerungswirkungen durch Recht vergleichsweise einfach zu erzielen sind. Insoweit als die Implementation der Rechtsnormen allerdings einen spezifischen Kontrollaufwand nach sich zieht, ergeben sich auch hier jeweils spezifische Wirkungsbedingungen, die bereits im Gesetzgebungsprozeß mit berücksichtigt werden sollten.

3.2. Ökonomische Interventionsform

Auch die Administration des flexiblen Interventionsmediums Geld läßt sich grundsätzlich durch Rechtsnormen vergleichsweise leicht steuern – der entscheidende Engpass ist hier die Verfügbarkeit der Mittel selbst. Allerdings ist zu unterscheiden zwischen Geldleistungen, die aufgrund allgemeiner und einfach nachweisbarer Titel der Anspruchsberechtigung zugesprochen werden (wie z.B. Altersrenten oder Kindergeld) und solchen, wo die Anspruchsberechtigung nur aufgrund von Bedingungen entsteht, deren Vorliegen im Einzelfall geprüft werden muß (wie z.B. bei der Invalidenrente, dem Wohngeld oder der Hilfe zum Lebensunterhalt). Im letztgenannten Fall sind die Mitwirkungserfordernisse der Normbenefiziare wesentlich höher, und damit auch deren Einflußmöglichkeit auf die Höhe der gewährten Leistung. Das kann – bezogen auf den Rechtszweck – sowohl zu Unterforderungen wie zu Überforderungen (hierzu Wulfhorst 1982) führen. Während die Administration von Geldleistungen, auf die ein wiederkehrend-gleichbleibender Anspruch besteht, leicht zentralisiert werden kann, muß für Ansprüche, deren Bestandsvoraussetzung stets neu festgestellt werden soll, eine dezentrale Administration existieren; häufig werden dann kommunale Ämter mit der Implementation betraut, wobei vielfältige Einflüsse einer einheitlichen Rechtsanwendung entgegenstehen können.

Staatliche Maßnahmen zur Erhöhung der verfügbaren Einkommen bedienen sich in der Bundesrepublik grundsätzlich administrativer Mittel, die auf einer eingehenden rechtlichen Regelung beruhen. Das gilt sowohl für Steuererleichterungen als auch für die in dieser Betrachtung im Vordergrund stehenden Transferzahlungen, welche in der Bundesrepublik heute grundsätzlich aufgrund subjektiver Rechtsansprüche gegenüber staatlichen oder parastaatlichen Sozialleistungsbehörden gewährt werden.[37] Angesichts der vielseitigen Verwendungsmöglichkeiten des Geldes und der daraus resultierenden universalen Begehrtheit wird der Umgang mit Geld staatlicherseits regelmäßig sehr detailliert geregelt. Ökonomische Interventionen beruhen daher regelmäßig auf einer detaillierten konditionalen Programmierung in der Form von Gesetzen, Verordnungen und verwaltungsinternen Ausführungsbestimmungen. Auch im Rahmen der ökonomischen Interventionsform kommt also dem Recht – im Sinne der Einräumung subjektiver Rechtsansprüche, der Regelung von Verfahren und der Festsetzung von Bedingungen – große Bedeutung zu.

Voraussetzung zielgerechter Rechtswirkungen ist hier im Regelfall die Wahrnehmung der subjektiven Rechtsansprüche in der Form ordnungsgemäßer Antragstellung sowie eine korrekte Sachverhaltsermittlung seitens der zuständigen Sozialbehörden. Dabei ergibt sich ein charakteristisches Dilemma: Einerseits liegt die Realisierung eingeräumter Rechtsansprüche auch und gerade für die bedürftigsten Bevölkerungsgruppen (welche häufig auch die geringste Handlungskompetenz aufweisen) im Sinne des Rechtszwecks. Daraus ergibt sich die Forderung an die Sozialbehörden, den Normbenefiziaren bei der Realisierung ihrer Ansprüche behilflich zu sein. Andererseits sind sie jedoch auch gehalten, die Realisierung ungerechtfertigter Ansprüche zu verhindern und insbesondere Versuchen eines instrumentellen Rechtsgebrauchs entgegenzutreten.[38] Diese gleichzeitig helfende und kontrollierende Doppelrolle scheint im Publikumskontakt schwer realisierbar, was im Rahmen der Sozialämter zur Trennung von 'Innendienst' und 'Außendienst' geführt hat (vgl. Zacher 1984: 63 f.). Erschwert wird eine sachgerechte Rechtsanwendung weiterhin, wenn – wie heute im Bereich der Sozialhilfe – die Sachverhaltsfeststellungen im Horizont von Massenarbeitslosigkeit und restringierten Budgets erfolgen müssen (vgl. Leibfried/Tennstedt 1985).

Ähnlich wie die rechtliche setzt die ökonomische Interventionsform eine 'Verrechtlichung' im fünffachen oben beschriebenen Sinne zwingend voraus. Umverteilung der Primäreinkommen, und dies ist der funktionale Kern dieser Interventionsform, setzt auf der Seite des Nehmens hoheitliche Akte und auf der Seite des Gebens die Einhaltung eindeutig definierter Bedingungen voraus. Berücksichtigt man, daß nur über die Einkommensumverteilung von den Erwerbstätigen zu den Nicht-Erwerbstätigen das Verhältnis zwischen den Generationen ökonomisch stabilisiert werden kann (vgl. Kaufmann/Leisering 1984), wird die Zentralität dieser Interventionsform deutlich.

3.3 Ökologische Interventionsform

Während 'Daseinsvorsorge' und die damit einhergehende Planung und Bereitstellung kollektiv oder individuell nutzbarer Einrichtungen von alters her eine gemeindliche Aufgabe gewesen ist (vgl. Gröttrup 1973) hat sich hier – vor allem aufgrund der daraus resultierenden regionalen und sozialen Disparitäten – in den letzten Jahrzehnten ein wachsender Staatseinfluß durchgesetzt. Erinnert sei etwa an den sozialen Wohnungsbau, das Städtebauförderungsgesetz oder das Krankenhausfinanzierungsgesetz, aber auch auf Länderebene hat der Staatseinfluß in weiten Bereichen zugenommen. Ein besonderes Kapitel stellen in diesem Zusammenhang die sog. Gemeinschaftsaufgaben (Art. 91a und b GG) dar, bei denen neben der örtlich notwendigen Implementation ein Zusammenwirken von Bund und Ländern erforderlich ist, das zu spezifischen Koordinationsschwierigkeiten geführt hat (vgl. Scharpf u.a. 1976).

Ziel sozialstaatlicher ökologischer Intervention ist 'die Angleichung der Lebensbedingungen' in der Bundesrepublik Deutschland. Die spezifischen kumulativen Benachteiligungen, die sich aus der unterschiedlichen Wirtschaftskraft bestimmter Regionen, den unterschiedlichen Präferenzen kommunaler Mehrheiten, der unterschiedlich entwickelten Nachfrage nach bestimmten Dienstleistungen (z.B. Bildung) usw. ergeben (vgl. hierzu Kaufmann 1979, passim), sollen durch staatliche Eingriffe reduziert werden. Dem dient teilweise die Verstaatlichung von Planungskompetenzen, vor allem aber ein vielfältiges System der Finanzhilfen, durch die das Planungs- und Investitionsverhalten der Kommunen in Richtung auf eine Verbesserung der räumlichen und sozialen Infrastruktur beeinflußt werden soll. Auch wenn derartige Programme im Einzelfall durchaus auch konjunkturelle oder regionalpolitische Motive haben mögen, so interessiert aus sozialpolitischer Sicht ihre Wirkung auf die Lebenslage der im Einzugsgebiet bestimmter Einrichtungen wohnenden Bevölkerungsgruppen. Für sie stellt die Verbesserung des Angebots grundsätzlich eine Erweiterung der Teilhabechancen dar.

Dennoch stellt die Feststellung des Bedarfs und insbesondere die Abwägung von Prioritäten nach derartigen Einrichtungen ein in systematischer Form weitgehend ungelöstes Problem dar. Verschiedene Positionen lassen sich unterscheiden:

a) Anhänger einer möglichst weitgehenden 'Privatisierung' oder 'Vermarktlichung' der Güterproduktion argumentieren, der vorhandene Bedarf lasse sich komparativ am besten dadurch feststellen, daß die Leistungen dieser Einrichtungen zu Markt- oder zum mindesten zu Herstellungspreisen (öffentlich oder privat) angeboten werden. Dabei soll eine möglichst weitgehende Konkurrenz zwischen verschiedenen Anbietern herrschen.
   Gegen diese Position ist zunächst kritisch einzuwenden, daß infrastrukturel-

le Angebote, welche typischerweise entweder in der Form von 'Selbstbedienung' (z.B. Sportstätten, Gemeindehäuser) oder in der Form der Inanspruchnahme sozialer Dienstleistungen (z.B. Schulen, Krankenhäuser) genutzt werden, eine der wesentlichen Eigenschaften 'reiner' Wirtschaftsgüter, nämlich ihre Mobilität, entbehren. Infrastrukturelle Einrichtungen sind per definitionem ortsgebunden, d.h. ihre Inanspruchnahme setzt die Mobilität der Nachfrager und nicht der Anbieter voraus. Gerade für sozial benachteiligte Gruppen ist jedoch eine unterdurchschnittliche Mobilität anzunehmen; manche Einrichtungen (z.B. Kindergärten) sind für bestimmte Bevölkerungsgruppen nur zugänglich, wenn sie in Fußgängernähe angeboten werden. Eine angemessene räumliche Streuung des Angebots ist jedoch bei rein marktmäßiger Steuerung nicht zu erwarten. Zum mindesten müßten hier staatlich oder gemeindlich koordinierte Abstimmungsprozesse zwischen den Anbietern stattfinden, wie sie etwa im Bereich der Jugendhilfe oder der Krankenhausfinanzierung versucht werden.

b) Typischerweise werden infrastrukturelle Einrichtungen jedoch nicht nur öffentlich koordiniert, sondern auch in ihrer Inanspruchnahme öffentlich subventioniert. Leistungen des Bildungssystems sind in der Bundesrepublik weitgehend unentgeltlich, die Inanspruchnahme von Krankenhäusern deckt nur die variablen Kosten, die Nutzung von Kindergärten wird von Eltern, Trägern und Staat gemeinsam finanziert usw. Der rationale Gehalt dieses 'ökonomisch irrationalen' Vorgehens liegt in der Unterstellung, daß die Nutzung derartiger Einrichtungen nicht nur einen individuellen, sondern auch einen kollektiven Nutzen stiftet, daß die Inanspruchnahme dieser Einrichtungen also 'meritorious' sei, daher der ökonomische Begriff der meritorischen Güter. Es wird also ein öffentliches Interesse an der Inanspruchnahme dieser Güter unterstellt, auch dann, wenn die Nutzeneinschätzung der potentiellen 'Konsumenten' nicht so hoch ist, daß sie bereit wären, die vollen Produktionskosten zu bezahlen.[39)] Die Inanspruchnahme infrastruktureller Einrichtungen dient – so die meist nur implizite Begründung – der Entfaltung von Humanvermögen, d.h. von Kompetenzen, die gesellschaftlich erforderlich sind: Arbeitskraft, Erziehungsfähigkeiten, politische Kompetenz usw. (hierzu grundsätzlich Krüsselberg 1977). Es ist also offensichtlich, daß gerade in diesem Bereich über wesentliche Bedingungen der Gewährleistung einer sozialen Verwirklichung der verfassungsmäßigen Grundrechte entschieden wird.

c) Von diesen grundsätzlichen sozialstaatlichen Begründungen her läßt sich allerdings eine Bedarfsnormierung noch nicht ableiten. Eine Obergrenze ist dort zu vermuten, wo das Angebot auch bei unentgeltlicher Nutzungsmöglichkeit nicht mehr voll in Anspruch genommen wird, wobei auch hier – wie das erfolgreiche Beispiel der Bildungswerbung auf dem Lande zeigt, die Grenzen hinausschiebbar sind. Diese Obergrenze läßt sich überdies angesichts der prinzipiell beschränkten öffentlichen Mittel praktisch nicht realisieren. Deshalb sind hier Allokationsentscheidungen unter Knappheit unverzichtbar, für die allerdings theoretisch voll befriedigende Verfahren bisher nicht zur Verfügung stehen. Sowohl die verschiedenen Formen partizipatorischer Planung als auch die häufiger praktizierten Formen der Politikverflechtung und korporatistischer Verhandlungssysteme und erst recht die in der Bundesrepublik kaum praktizierten Formen zentralistischer Allokationsentscheidungen vermögen in steuerungstheoretischer Hinsicht nicht voll zu befriedigen.[40)]

Welche Bedeutung haben nun rechtliche Regelungen in dem hier natürlich nur grob zu skizzierenden Zusammenhang? Zunächst dürfte deutlich geworden sein, daß die eigentlichen Probleme dieser Interventionsform im Bereich der Allokationsentscheidungen liegen, also dessen, was gemeinhin auch mit dem Stichwort 'Planung' angesprochen wird. Was die Seite der Wirkungen auf die Adressaten angeht, so handelt es sich entweder um individuelle Nutzen, die sich aus der Inanspruchnahme der Einrichtungen unmittelbar ergeben und in ähnlicher Weise in den Bereich privater Wertungen fallen wie die Einkommensnutzung, deren Gewährleistung Ziel der ökonomischen Interventionsform ist. Soweit darüber hinaus jedoch Wirkungen auf die Person der Nutzer und ihre Kompetenzen beabsichtigt sind, werden wir darauf im Zusammenhang mit der pädagogischen Interventionsform eingehen.

Da die in Frage stehenden Allokationsentscheidungen unter der Prämisse knapper Mittel getroffen werden müssen, sind hier *Prozesse der Interessenartikulation und des Interessenausgleichs* zwischen den beteiligten, im Regelfall hoch organisierten (staatlichen, parastaatlichen und privaten) Akteuren unverzichtbar, da auf seiten aller Akteure die Interessenlagen multivalent sind. Neben den unter sozialstaatlichen Gesichtspunkten interessierenden Momenten der Verbesserung und des Ausgleichs von Teilhabechancen spielen hier regelmäßig machtpolitische Gesichtspunkte, spezifische Organisationsinteressen und gelegentlich Interessen demokratischer Legitimation eine Rolle. Angesichts des notwendigen Informationsdefizits und eines virtuellen Legitimationsdefizits staatlicher Planung ist auch ein juristisch 'starker Staat' auf die bereitwillige Kooperation der 'bürgernäheren' Träger und ihre Verbände angewiesen (vgl. Franz, Rosewitz, Wolf 1986: 543–552). Regulatives Recht spielt deshalb hier typischerweise nur eine untergeordnete Rolle, dagegen lassen sich Planungs- und Partizipationsverfahren sowie Planungszwecke grundsätzlich rechtlich regeln, auch wenn dies aufgrund politischer Widerstände häufig nicht geschieht.

In steuerungstheoretischer Perspektive wäre eine konstituierende Normsetzung in der Weise zu wünschen, daß nicht nur Prozesse der Handlungsnormierung, sondern auch solche der *Handlungsbeurteilung* sichergestellt werden. In der Perspektive 'reiner Steuerungsformen' sind Verhandlungssysteme meist durch das Vorherrschen von Kollegialität gekennzeichnet: D.h. wenn überhaupt Prozesse der Handlungsnormierung und Handlungsbeurteilung (und nicht der bloßen Interessenabstimmung im Rahmen von Tauschprozessen) stattfinden, so erfolgt Handlungsnormierung und Handlungsbeurteilung in der Form von Diskussions- und Überzeugungsprozessen (vgl. Majone 1986), wobei als mögliche Sanktionen die Zuweisung und Aberkennung von Achtung bzw. sozialem Einfluß fungieren. Derartige Prozesse sind in hohem Maße personenbezogen, fungieren also nur insoweit, als die Repräsentanten der verschiedenen Organisationen nicht beliebig austauschbar sind. Der in die gleiche Richtung wirkende, jedoch inhaltlich 'stärkere' Koordinationsmechanismus der Professionalität läßt sich in den hier in Frage stehenden Bereichen beim gegenwärtigen Stand unserer wissenschaftlichen Kenntnis über Wirkungszusammenhänge noch kaum einsetzen. Offen und unter dem Gesichtspunkt 'partizipatorischer Planung' viel diskutiert ist die Frage, inwieweit auch demokratische Steuerungsformen im Rahmen von Planungsprozessen möglich sind. Sie scheitern wohl weniger an sachimmanenten Gründen denn an den Machtinteressen der beteiligten organisierten Akteure. Inwieweit ihnen allerdings nicht nur eine legitimierende, sondern auch eine evaluierende und damit effektivierende Funktion zukommen könnte, scheint offen.

3.4 Pädagogische Interventionsform

Die Entwicklung sozialer Kompetenzen oder von 'Humanvermögen' ist nicht nur unter normativen Gesichtspunkten der Sozialstaatlichkeit, sondern auch unter Effektivitätsgesichtspunkten gesellschaftlicher Entwicklung zu begründen. Dieser zweite Gesichtspunkt ist jedoch bisher noch kaum ausgearbeitet, wenngleich plausibel: Wie sollte die heutige wirtschaftliche Leistungsfähigkeit bei einem durchschnittlichen Gesundheitszustand und Bildungsgrad wie vor hundert Jahren gewährleistet werden? Die Ansprüche, die das moderne Leben an die Aufmerksamkeit, Zuverlässigkeit, Anpassungsfähigkeit, Leistungsbereitschaft, Frustrationstoleranz, Differenzierungsvermögen und Wissen der Bevölkerung stellt, gehen weit über das in der bisherigen Menschheitsgeschichte Notwendige hinaus – oder sind zum mindesten in der Art völlig anders und auf eben die spezifischen Leistungen angewiesen, die durch die verschiedenen Formen der Sozialisation, Bildung, Rehabilitation und Beratung erst ermöglicht werden.

Ein erheblicher, wenngleich im historischen Vergleich vermutlich sinkender Teil dieser Leistungen wird sozusagen 'naturwüchsig' im Rahmen von Familie, Nachbarschaft, Vereinigungen und sonstigen Solidaritätsformen erbracht. Daneben sind jedoch in steigendem Umfange öffentliche Leistungen getreten – die Einführung der allgemeinen Schulpflicht markiert hier die Schwelle zur wohlfahrtsstaatlichen Entwicklung am deutlichsten.

Die Systematisierung der hier ablaufenen Prozesse in steuerungstheoretischer Perspektive steht noch in ihren Anfängen. Sicher ist, daß der Prozeß der Inanspruchnahme sozialer Dienste mit zahlreichen Hemmnissen und 'Filtern' belastet ist, die eine sozusagen gradlinige Realisierung entsprechender sozialstaatlicher Intentionen in Frage stellen (vgl. Wirth 1982). Allerdings hängt es in erheblichem Umfange von der Struktur der leistungserbringenden Einrichtungen wie auch den Handlungskompetenzen ihres 'Publikums' ab, ob und wie effektiv die hier notwendigen 'Koproduktionsprozesse' ablaufen (vgl. Wirth 1986b).

Entscheidend für diese Interventionsform ist somit der Umstand, daß ihre Wirksamkeit ganz entscheidend von der *Endstufe* des gesamten Prozesses, also der *Interaktion* zwischen den die Endleistung produzierenden Einrichtungen und deren Publika abhängig ist. Es kommt also entscheidend auf die Leistungsfähigkeit des im unmittelbaren Publikumskontakt stehenden Personals an, das innerhalb der in Frage stehenden Organisationen zumeist nur einen untergeordneten Status einnimmt (vgl. Grunow 1978). Während in all den Fällen, wo die zu vermittelnden Leistungen standardisierbar sind (z.B. Geldleistungen, Sachleistungen i.e.S.) eine konditionale Programmierung und damit weitgehende 'Bürokratisierung' der Leistungserbringung zwar mit gewissen Frustrationen für die Leistungsempfänger verbunden sein mag, aber doch im Kern die Wirksamkeit nicht beeinträchtigt, muß für unmittelbar personenbezogene Dienstleistungen eine allzu eingehende rechtliche Normierung der Leistungserbringungsprozesse als im strengen Sinne wirkungswidrig vermutet werden. Allerdings wäre auch diese Vermutung zu differenzieren: Ärztliche Leistungen lassen sich z.B. in hohem Umfange typisieren und im Rahmen von Gebührenordnungen bewerten. Die Kombination der Leistungen und die Beurteilung ihrer Notwendigkeit im Einzelfall läßt sich dagegen rechtlich nicht mehr regulieren. Die entsprechenden Kontrollversuche von Krankenkassen und kassenärztlichen Vereinigungen operieren mit Durchschnittswerten pro Arzt, deren Fragwürdigkeit offenkundig wird, sobald beispielsweise die Altersstruktur des Patientenstammes verschiedener Ärzte sehr unterschiedlich ist. Noch deutlicher haben sich die Versuche einer allzu eingehenden rechtlichen Regulierung im Bildungswesen als fragwürdig erwiesen, die curriculare Bewegung ist nach kurzer Blüte schnell an ihre organisatorischen, pädagogischen und politschen Grenzen gekommen.

Ein Beispiel erfolgreicher sozialpolitischer Reform stellt die Pädagogisierung des Elementarbereichs in den 70er Jahren dar (vgl. Domscheit, Kaufmann, Kühn 1980; Domscheit, Kühn 1984). Eine wesentliche Charakteristik dieser Reform bestand jedoch gerade darin, daß die zugrunde liegenden gesetzlichen Normierungen hier sehr offen blieben und lediglich die allgemeine Richtung angaben (Zweckprogrammierung), und daß die Umstrukturierung des Kindergartenbereichs kaum in der Form regulativen Rechts erfolgte. Entscheidend war einerseits die verstärkte Subventionierung und der Ausbau des Kindergartenwesens (ökologische Intervention), andererseits die Anhebung des Qualifikationsniveaus des Kindergartenpersonals durch eine Verbesseung der Ausbildungseinrichtungen, die Anhebung der tariflichen Einstufung mit entsprechender Erhöhung der Qualifikationsanforderungen, und nicht zuletzt die Einrichtung eines Fachberatungssystems in enger Abstimmung mit den Trägerorganisationen (vgl. o. Fig. 2). Die Rekonstruktion des Reformverlaufs zeigt, daß dabei den (zum mindesten in Nordrhein-Westfalen dominierenden) Trägern der freien Wohlfahrtspflege entscheidender Einfluß zukam. Die Pointe dieses Erfolgs ist allerdings darin zu sehen, daß das Kindergartensystem als Ganzes in jener Zeit unter einen erheblichen Erfolgszwang gestellt war, da zahlreiche bildungspolitische Bemühungen dazu tendierten, die Vorschulerziehung dem Elementarbereich auszugliedern und dem Schulwesen anzugliedern.[41)]

Alles in allem sind also die Steuerungsleistungen des Rechts im Rahmen der pädagogischen Interventionsformen sehr beschränkt. Es kann hier lediglich darum gehen, Wirkungselemente anderer Steuerungsformen (Kollegialität, Professionalität, Solidarität) zur Geltung zu bringen und Vorkehrungen zu treffen, daß die diesen Steuerungsformen immanent partikularistischen Züge hinsichtlich ihrer Auswirkungen in Grenzen gehalten werden.

4. Zusammenfassung

Die Verwirklichung sozial- bzw. wohlfahrtsstaatlicher Zielsetzungen ist auf das Recht als das charakteristische Organisationsmittel des Staates mit Notwendigkeit angewiesen. Es gibt jedoch gute Gründe für die Annahme immanenter Grenzen der Wirksamkeit rechtlicher Steuerung im Wirkungsfeld wohlfahrtsstaatlicher Zielsetzungen. Sie genauer zu bestimmen war die Absicht der vorangehenden Überlegungen.

In dem Maße, als das Recht von einer 'moralgetränkten Ordnung' zu einem positivierten Steuerungsmittel des Staates wird, sinkt seine soziale Verbindlichkeit. Die 'Verrechtlichung' im skizzierten fünffachen Sinne des Wortes treibt somit gleichzeitig die Einwirkungsmöglichkeiten des Staates voran und beeinträchtigt ihre soziale Wirksamkeit.

Dabei stößt die rechtsförmige Gestaltungsabsicht des Staates auf eine doppelte *Grenze:* Zum einen auf diejenige entgegenstehender Interessen, die sich mit mehr oder weniger Erfolg um so eher einem mißliebigen Regulierungsanspruch zu entziehen suchen, als die moralische Verbindlichkeit des Rechts sinkt. Hier gibt es unter rechtsstaatlichen Gesichtspunkten keine Alternative zu einer weiteren 'Verrechtlichung', die ihre Grenzen im wesentlichen an der Steigerung des Kontroll- bzw. Durchsetzungs- und Judizialisierungsaufwands, oder in ökonomischer Formulierung: der Transaktionskosten, findet. Eine zweite Grenze ergibt sich aus dem spezifischen Kriterium *sozial*staatlicher Intervention, der es um die Ermöglichung sozialer Teilhabe auch für sozial benachteiligte Bevölkerungsgruppen geht. Ihnen ist die verrechtlichte Kommunikationsform weitgehend fremd, und so erscheinen sie zwar als Rechtfertigungsgrund, oft aber nicht als die tatsächlich Begünstigten wohlfahrtsstaatlicher Maßahmen. Auch diese Aussage ist allerdings nach dem Typus der sozialpolitischen Interventionen zu differenzieren: Während bei der rechtlichen und ökonomischen Interventionsform der rechtsförmigen Steuerung zentrale Bedeutung zukommt, ist ihre Wirkungsmöglichkeit bei der ökologischen und der pädagogischen Interventionsform aus unterschiedlichen Gründen sehr beschränkt.

Insoweit als die Gesetzgebungstheorie die mögliche Wirksamkeit staatlicher Maßnahmen als Beurteilungskriterium anerkennt, ist aus sozialwissenschaftlichen Untersuchungen zur Wirkungsweise staatlicher Interventionen grundsätzlich brauchbares Wissen zu erwarten. Dieses wird allerdings häufig nur politikbereichsspezifisch aufbereitet werden können. Theorien mittlerer Reichweite sind rechtspolitisch informativer als allzu generelle soziologische Theorien. Damit sind allerdings auch einer allgemeinen Gesetzgebungstheorie inhaltliche Grenzen gesetzt. 'Rechtspolitische Rationalisierungsgewinne' sind wahrscheinlich eher im Rahmen bereichsspezifischer Fachöffentlichkeiten zu erzielen als auf dem Niveau einer allgemeinen Gesetzgebungslehre.

Anmerkungen

1 Girvetz (1968: 512) definiert mit wünschenswerter Klarheit: "The Welfare State is the institutional outcome of the assumption by a society of legal and therefore formal and explicit responsibility for the basic well-being of all of its members."

2 Hierzu ausführlicher Kaufmann 1985b, 1986a.

3 Von besonderer Bedeutung in diesem Zusammenhang die Beratungen der Vereinigung der deutschen Staatsrechtslehrer auf der Jahrestagung 1971 über "Grundrechte im Leistungsstaat" und die anschließende Diskussion. Vgl. Martens 1972 und Häberle 1972. Zusammenfassend Grimm 1983. Zur älteren Diskussion vgl. Forsthoff 1968 und eingehend Zacher 1980.

4 Trotz des relativ weiten Bedeutungsraums des Begriffs 'Wohlfahrt' besteht im Grundsätzlichen auch auf internationaler Ebene eine überraschend hohe Übereinstimmung hinsichtlich der wichtigsten Dimensionen menschlicher Lebensbedingungen, deren Gewährleistung Aufgabe staatlichen Handelns sein soll. Programmatische Formulierungen finden sich in der allgemeinen Erklärung der Menschenrechte der Vereinten Nationen (Art. 22-27) und in verbindlicherer Form in der Europäischen Menschenrechtskonvention und der Europäischen Sozialcharta. Auch die Diskussion um soziale Indikatoren hat international konsensfähige Bereiche wohlfahrtsstaatlicher Zielsetzungen erkennen lassen, vgl. OECD 1973. – Zacher (1984: 46 ff.) betont, daß "hinter dieser Schwäche vorordnenden Rechts (scil. des Verfassungs- und internationalen Rechts, F.X.K.) gegenüber dem Sozialrecht nicht vergessen werden darf, daß Sozialpolitik und Sozialrecht solchen Vorordnungen unterliegen."

5 Genauere Vergleichsstudien stehen noch aus; erste Hinweise bei Zacher 1984: 17 ff., 57 f.

6 Wir benützen den Terminus 'Sozialpolitik' im folgenden nicht im institutionellen Sinne, sondern als analytischen Begriff zur Kennzeichnung staatlich induzierter Maßnahmen, die auf die Beeinflussung sozialer Teilhabemöglichkeiten gerichtet sind. Hierzu ausführlicher Kaufmann 1982a: 55-63.

7 Wie die Geschichte der Sozialpolitik zeigt, orientiert sich die Gesetzgebung häufig an exemplarischen Problemlösungen, die zuvor auf kommunaler, genossenschaftlicher oder freigemeinnütziger Ebene erprobt wurden, z.B. Krankenversicherung, Sozialer Wohnungsbau. Wo der Staat bereits existierende Träger berücksichtigt, erfolgt die staatliche Intervention meist inkremental i.S. fortschreitender Standardisierung und Vernetzung. Werden dagegen neue Einrichtungen von Staats wegen geschaffen (z.B. Arbeitsverwaltung), ist der Grad der Zentralisierung und Vereinheitlichung von Anbeginn höher.

8 Zur merkantilistischen Wohlfahrtspolitik vgl. Maier 1966.

9 Dies ist das Thema der sog. Korporatimus-Diskussion, vgl. Kirberger 1978, Schmitter und Lehmbruch 1979, Alemann und Heinze 1979, Offe 1981.

10 Natürlich hat das Problem der Bewirkbarkeit sozialpolitisch intendierter Wirkungen noch einen anderen, spezifisch politischen Aspekt: Da Sozialpolitik ihrem normativen Gehalt nach stets den "Schutz des Schwächeren" (hierzu v. Hippel 1982) intendiert, müssen ihre Forderungen grundsätzlich gegen den Strom der gesellschaftlichen Machtverhältnisse durchgesetzt werden. Die Frage, unter welchen Bedingungen sozialpolitische Gesetze bzw. Programme politisch verwirklicht werden können, liegt außerhalb des hier zu behandelnden Problemkreises.

11 Hierzu zusammenfassend Luhmann 1984: 51-70 und allgemeiner Maturana 1982: bes. 14-31, 170-225, sowie G. Teubner in diesem Band. Der Grundgedanke besagt in unserem Zusammenhang, daß jedes soziale System zu seiner Selbsterhaltung auf bestimmte Konstitutionsbedingungen angewiesen ist, deren Berücksichtigung sein Verhalten gegenüber Außeneinflüssen nachhaltig bestimmt. 'Steuerung' i.S. von gezielter Verhaltensbeeinflussung eines Systems durch ein anderes System erscheint von daher als grundsätzlich unwahrscheinlich bzw. nur unter sehr spezifischen Bedingungen überhaupt möglich.

12 Die dabei relevanten Unterscheidungen können mit den rechtsdogmatischen Klassifikationen nur zufälligerweise übereinstimmen, da eine der zentralen Aporien gegenwärtiger Rechtsdogmatik ja gerade in der Nicht-Integrierbarkeit prospektiver Folgenbetrachtung liegt. Vgl. Teubner 1984: 309 f.

13 Die Differenzen zwischen der kontinentaleuropäischen und der angelsächsischen Staatsentwicklung werden bei Habermas wie bei den meisten deutschen Theoretisierungsversuchen politischer Modernisierung zu wenig berücksichtigt. Aus demselben Grunde ist es fragwürdig, die deutsche 'Verrechtlichungsdebatte' allzusehr mit der US-amerikanischen Diskussion über 'Deregulation' zu parallelisieren. Letztere ist eher mit der in der Bundesrepublik geführten 'Privatisierungsdebatte' zu vergleichen.

14 Luhmann (1981: 95) weist darauf hin, daß "mit Hilfe von Rechtssetzung und Geldbewilligung in der Zentrale schon politische Erfolge erreicht werden — und dies ohne Rücksicht auf die faktischen Auswirkungen solcher Maßnahmen". Das Faktum des zum mindesten vorübergehenden politischen Erfolges von 'Wahlgeschenken', 'symbolischem Politikgebrauch' oder auch wohlmeinendem Irrtum über Gesetzesfolgen ist kaum zu bestreiten. Auch bedarf es eher außergewöhnlicher Umstände, daß die Konsequenzen politischer Fehlentscheidungen diejenigen treffen, die sie tatsächlich zu verantworten haben. Auch wenn sich solche Intransparenz infolge der notwendigen Komplexität der Verhältnisse nicht grundsätzlich beseitigen läßt, bleibt der Anspruch auf Wirksamkeit notwendiges Element einer normativen Begründung von Politik (vgl. den Beitrag von Zeh in diesem Band). Die Gesetzgebungslehre und die wissenschaftliche Analyse einzelner Sachpolitiken können dazu beitragen, solche Begründungsprozesse zu versachlichen.

15 Dies gilt auch für den Bereich des privaten Rechts: Erinnert sei an F.C. von Savignys Kritik an den die lokalen Rechte vereinheitlichenden Kodifikationsbemühungen seiner Zeit (1828: 43).

16 Der Begriff der Bürokratisierung deckt in historischer und aktueller Perspektive eine Vielzahl interdependenter Prozesse auf allen Ebenen sozialer Wirklichkeit, vgl. Grunow 1982, 1986. Die nachfolgende Skizze reduziert den Begriff in der Perspektive der Verrechtlichungsproblematik.

17 Nur am Rande sei angemerkt, daß die Dimensionierung sich auf ein Mehrebenenmodell soziologischer Analyse bezieht: Der Begriff der Verstaatlichung ist der Gesellschaftsebene, derjenige der Vergesetzlichung der institutionellen Ebene, derjenige der Bürokratisierung der organisatorischen und interorganisatorischen, derjenige der Verrechtlichung sozialer Beziehungen der interaktiven Ebene zuzuordnen. Zur Konzeptualisierung dieser Ebenen vgl. Kaufmann 1982b: 256-260; Grunow 1982: 158-218.

18 Um semantischen Mißverständnissen vorzubeugen, sei betont, daß 'politische Steuerung', d.h. staatliche Maßnahmen mit intendierter Drittwirkung hier nicht als Steuerung, sondern als Intervention bezeichnet wird. Inwieweit solche Interventionen Steuerungswirkungen entfalten, ist ja gerade das Problem!

19 So explizit der Ansatz der interdisziplinären Forschungsgruppe "Steuerung und Erfolgskontrolle im öffentlichen Sektor" (Kaufmann, Majone, Ostrom (eds.) 1986) aber auch die von Teubner (1984) und Willke (1983, 1984) entwickelten Perspektiven zeigen ähnliche Erkenntnisinteressen.

20 Im Rahmen der Diskussionen auf der diesem Bande zugrunde liegenden Tagung nahm die Konfrontation dieses Ansatzes mit demjenigen von G. Teubner breiten Raum ein. Um den Rahmen dieses Aufsatzes nicht zu sprengen, muß auf eine ausführliche Präsentation der theoretischen Ausgangsannahmen und Grundbegriffe hier verzichtet werden, vgl. hierzu Kaufmann 1986b. Im Unterschied zur Theorie autopoietischer Systeme handelt es sich bei der hier vertretenen Steuerungstheorie nicht um eine allgemeine Konstitutionstheorie des Sozialen, sondern um eine Theorie mittlerer Reichweite, die das Zusammenwirken von Akteuren, die man sich auch als autopoietische Systeme vorstellen kann, erklären will. Den theoretischen Ausgangspunkt bildet dabei die Annahme der Umweltabhängigkeit (und nicht nur Umweltoffenheit!) personaler und sozialer Systeme. Deren (durch die Annahmen von 'bounded rationality' näher bestimmte) Aktorqualität und nicht ihre Systemeigenschaften bestimmen den Focus der Steuerungstheorie. Erst in zweiter Linie ist sodann zwischen den Systemeigenschaften von Personen und Organisationen als Akteuren zu unterscheiden.

21 Diese Aussage gilt in dem Maße, als Recht und Moral auseinandertreten, wie es als Folge der Positivierung des Rechts in modernen Gesellschaften zu erwarten ist. Vgl. Kaufmann 1985a.

22 Vgl. hierzu ausführlich Kaufmann 1986b; leider kann eine überzeugende deutsche Kurzbezeichnung der drei Teilfunktionen noch nicht vorgelegt werden. Für die nachfolgenden Zwecke übersetzen wir Guidance mit Handlungsnormierung, Control mit Handlungskontrolle und Evaluation mit Handlungsbeurteilung; die genauere Ausarbeitung der deutschsprachigen Begrifflichkeit muß einer späteren Publikation vorbehalten bleiben.

23 So mag beispielsweise der Umstand, daß bestimmte Verhaltensweisen geboten oder verboten sind, ihre Wertigkeit für das Individuum beeinflussen; ebenso mögen rechtliche Fristsetzungen andere Prioritäten überlagern.

24 Hierunter sind zu verstehen "unpersönlich formulierte Verhaltensvorschriften ..., die sich an bestimmte Adressaten richten, mit einer Sanktionsdrohung verknüpft sind und als Gebote, Verbote oder bedingte Erlaubnisse formuliert sein können" (Mayntz 1983: 51).

25 Dezentrale Kontextsteuerung: "Politische Steuerung muß sich vom Leitbild hierarchischer Interaktionsbeziehungen verabschieden und sich auf die retikulare (d.h. netzwerkartige,

F.X.K.) Kommunikationsstruktur gleichgeordneter Subsysteme neu einstellen. Die Bedingung der Notwendigkeit politischer Steuerung – die Autonomie der Teile – muß zugleich als Bedingung der Möglichkeit der Intervention begriffen werden: Steuerungsimpulse sind möglich in der Form der Konditionalisierung der Randbedingungen, die als beobachtbare Differenzen die Informationsbasis der jeweiligen basalen Zirkularität (richtiger: der Akteure, F.X.K.) abgeben" (Willke 1984: 48). Zur Steuerungsproblematik korporatistischer Handlungssysteme vgl. Teubner 1979, Gotsch 1984; Schimank/Glagow (1984) weisen jedoch zu Recht darauf hin, daß nicht alle Formen staatlicher Einbeziehung von Verbandshandeln unter den Begriff des Korporatismus subsumiert werden sollten.

26 Betrachtet man die historische Entwicklung der wohlfahrtsstaatlichen Interventionen, so zeigt sich, daß der erfolgreiche Aufbau von Politikbereichen durch eine allmähliche 'Verrechtlichung' (im oben beschriebenen fünffachen Sinne des Wortes) gekennzeichnet ist. Etablierte Politikbereiche sind zudem durch eine Fachöffentlichkeit gekennzeichnet, im Rahmen derer spezialisierte Meinungsbildungsprozesse zwischen Wissenschaftlern, Verwaltungsleuten, Politikern und Fachjournalisten stattfinden. Auch wenn derartige Meinungsbildungsprozesse gegen Irrtümer nicht gefeit sind, ist von ihnen im Laufe der Jahre doch ein bemerkenswerter Beitrag zur kognitiven Aufhellung der Wirkungsbedingungen innerhalb eines bestimmten Politikbereichs zu erwarten. Zur Bedeutung derartiger 'Policy Communities' vgl. Sharpe 1986, Majone 1986.

27 "Wenn man als Recht das bezeichnet, was verhaltensmäßig in Erscheinung tritt, so wird es in Organisationen formuliert, es wird weitgehend von Organisationen überwacht und durchgeführt, und es richtet sich überwiegend an Organisationen als Adressaten seiner Norm. ... Diese Organisationsgebundenheit (spielt) im Selbstverständnis und in den Theorien der Rechtswissenschaftler nur eine untergeordnete Rolle ...: Weitgehend formulieren Rechtswissenschaftler ihre Begriffe an einem Modell von Recht, das die Steuerung des Verhaltens von Individuen und die Regelung von Konflikten zwischen Personen in den Vordergrund rückt" (Blankenburg und Lenk 1980: 7).

28 Empirische Belege z.B. bei Kaupen 1972; zur objektiven Benachteiligung der Personengruppen mit geringer Organisationserfahrung im Lohnsteuerverfahren vgl. Linder 1972.

29 Nach unseren eigenen Untersuchungen scheint die Bereitschaft der Steuerzahler, ihre eigenen Interessen wahrzunehmen, stärker von der Einschätzung ihres Rechtswissens als von der tatsächlichen Richtigkeit dieses Wissens abzuhängen. Die Bereitschaft, sich sachverständigen Rats zu versichern, steigt überdies mit dem Bildungsgrad und der allgemeinen Erfahrung im Umgang mit Behörden. Vgl. Grunow, Hegner, Kaufmann 1978.

30 Einen breiten Überblick über die neueren Tendenzen zur Verrechtlichung im Bereich der Sozial- und Wirtschaftspolitik geben die Beiträge von H.F. Zacher, S. Simitis, F. Kübler und K. Hopt in Kübler 1984.

31 Angesichts der Vieldimensionalität der Zusammenhänge sind Vereinfachungen unvermeidlich. Eine komplementäre, an den Phasen des politischen Prozesses und den beteiligten Akteuren orientierte Darstellung gibt R. Mayntz 1980: 238.

32 Vgl. Kaufmann 1982a: 66-86; zur Begründung dieses Ansatzes und zur Beurteilung anderer Klassifikationsvorschläge vgl. Kaufmann/Rosewitz 1983.

33 Zur Inklusion als gesellschaftstheoretischem Korrelat wohlfahrtsstaatlicher Zielsetzungen vgl. Luhmann 1981: 25 ff.

34 Die hier gemeinte Intention läßt sich nicht immer aus den Gesetzesmotiven oder angegebenen Rechtszwecken ableiten, ist jedoch i.d.R. aus dem Gesamtkontext bestimmter Maßnahmen unschwer zu erschließen. Sozialpolitische Gesetze entfalten ihre Wirksamkeit i.d.R. in mehreren dieser Dimensionen. Der Vorteil dieser analytischen Unterscheidungen liegt in unserem Zusammenhang darin, daß sie die Bedingungen der Effektuierung rechtlicher Regelungen genauer zu differenzieren gestatten.

35 Von verschiedenen Autoren ist die Vollständigkeit dieser Klassifikation in Frage gestellt worden. Geht man – wie es hier verdeutlicht wurde – vom Problem der Verwirklichung sozialstaatlicher Zielsetzungen aus, halte ich die Klassifikation nach wie vor für abschließend. Ebenfalls auf die Lebensverhältnisse natürlicher Personen gerichtet ist jedoch eine fünfte, sicherheitspolitisch motivierte Interventionsform zu nennen, die man als kontrollierende Intervention (aus bald sanktionsorientierten, bald kustodialen Motiven) bezeichnen kann. Nicht auf der gleichen Ebene dagegen liegt der Vorschlag von Heinze/Olk (1984: 167), die Einrichtung von Verhandlungssystemen als weitere Interventionsform zu betrachten. Verhandlungssysteme beziehen sich – wie die vorangehende Darstellung deutlich gemacht haben dürfte – auf den vorgelagerten verbandlichen oder Trägerbereich, allenfalls auf die Formen kollektiver Interessenvertretung, nicht jedoch unmittelbar auf die sozialen Teilhabemöglichkeiten.

36 Im übrigen gelten hier die meisten Restriktionen, die in der Literatur zu den Möglichkeiten und Grenzen regulativer Politik namhaft gemacht werden (vgl. etwa Noll 1972, Mayntz 1979, 1983).

37 Alternativen wären etwa eine staatliche Mindestlohngesetzgebung oder eine kommunale Fürsorgepflicht ohne subjektive Rechtsansprüche, wie sie vor dem BSHG bestand.

38 Ein besonderes Problem stellt die Kombination unterschiedlicher Geldleistungen im Rahmen der ökonomischen Interventionsform dar. Hierfür bestehen nur in Einzelfällen rechtliche Regeln (z.B. Anrechnungsnormen), die überdies aus der Sicht der Adressaten häufig uneinsichtig und 'unvernünftig' scheinen. Umgekehrt ergeben sich aber auch Kumulationsmöglichkeiten, die aus sozialpolitischer Sicht 'perverse' Folgen zeigen. Dieses Problem läßt sich jedoch durch konditionale Programmierung nicht befriedigend lösen, sondern nur durch politische und organisatorische Zusammenfassung und Vereinfachung der Sozialleistungen i.S. einer finalen Betrachtungsweise, d.h. unter der expliziten Zielsetzung bedarfsadäquater Einkommensminima.

39 Hinzu kommt, daß personalintensive Dienstleistungen, wie sie in Krankenhäusern, Theatern, Bildungs- und Beratungseinrichtungen erbracht werden, schwer rationalisierbare Güter sind, deren relativer Preis im Zuge der wirtschaftlichen Entwicklung enorm gestiegen ist. Ohne entsprechende öffentliche Subventionierung müßte also nicht nur mit einer konstanten, sondern mit einer bei gleichem Bedürfnis rückläufigen Inanspruchnahme gerechnet werden.

40 Dieser Bereich ist wegen seiner Kompliziertheit noch wenig erforscht. Es ist allerdings zu vermuten, daß hier steuerungstheoretisch befriedigende Lösungen grundsätzlich möglich wären, jedoch häufig am Widerstand oder der fehlenden Einsicht besonders mächtiger Akteure scheitern. Hierbei sind vielfach spezifische, auf eine Sicherung oder Erweiterung bestehender Domänen ausgerichtete Organisationsinteressen von entscheidender Bedeutung (vgl. Franz 1986: 483-492).

41 Man kann daraus den auch steuerungstheoretisch begründbaren Schluß ziehen, daß Verhandlungssysteme nur unter externem Druck zu auch für Dritte akzeptablen Ergebnissen gelangen.

Literatur

Alemann, U.v., Heinze, R.G. (Hg.), 1979: Verbände und Staat, Opladen

Blankenburg, E., Lenk, K. (Hg.), 1980: Organisation und Recht – Organisatorische Bedingungen des Gesetzesvollzugs. Jahrbuch für Rechtssoziologie und Rechtstheorie, Bd. 7, Opladen

Blankenburg, E., Treiber, H., 1982: Interpretationsherrschaft über die Grundrechte als Konkurrenzproblem zwischen Rechts- und (empirisch-orientierten) Sozialwissenschaftlern. In: W. Hassemer u.a. (Hg.), Grundrechte und soziale Wirklichkeit, Baden-Baden, 9-37
Böckenförde, E.-W., 1976: Grundrechtstheorie und Grundrechtsinterpretation. In: Ders., Staat, Gesellschaft, Freiheit. Studien zur Staatstheorie und zum Verfassungsrecht, Frankfurt/M., 221-252
Bohne, E., 1980: Informales Verwaltungshandeln im Gesetzesvollzug. In: E. Blankenburg / K. Lenk, op.cit., 20-80
Domscheit, S., Kaufmann, F.X., Kühn, M., 1980: Innovative Politik im Bereich verbandlicher Wohlfahrtspflege am Beispiel der Kindergartenreform in Nordrhein-Westfalen. In: R. Mayntz (Hg.), op.cit., 176-199
Domscheit, S., Kühn, M., 1984: Die Kindergartenreform – Eine Fallstudie bundesdeutscher Sozialpolitik, Frankfurt/New York
Dyson, K., 1980: The State Tradition in Western Europe, Oxford
Elias, N., 1976: Über den Prozeß der Zivilisation. Bd. 2: Wandlungen der Gesellschaft, Entwurf zu einer Theorie der Zivilisation, (zuerst 1939), Frankfurt/M.
Ellscheid, G., 1979: Die Verrechtlichung sozialer Beziehungen. In: Neue Hefte der Philosophie 17: Recht und Moral, Göttingen, 37-61
Forsthoff, E., 1968: Rechtsstaatlichkeit und Sozialstaatlichkeit, Darmstadt
Franz, H.J., 1986: Interorganizational Arrangements and Coordination at the Policy Level. In: Kaufmann, Majone, Ostrom, op.cit., 479-494
Franz, H.J., Rosewitz, B., Wolff, H., 1986: Associations and Coordination. In: Kaufmann, Majone, Ostrom, op.cit., 531-555
Gessner, V., Winter, G., 1982: Rechtsformen der Verflechtung von Staat und Wirtschaft, Opladen
Girvetz, H.K., 1968: Art. Welfare State. In: International Encyclopedia of the Social Sciences. Vol. 16: 512-521
Glagow, M. (Hg.), 1984: Gesellschaftssteuerung zwischen Korporatismus und Subsidiarität, Bielefeld
Gotsch, W., 1984: Neokorporatismus in steuerungstheoretischer Perspektive. In: M. Glagow (Hg.), op.cit., 54-88
Gretschmann, K., 1986: Solidarity and Markets. In: Kaufmann, Majone, Ostrom, op.cit., 387-405
Grimm, D., 1982: Grundrechte und soziale Wirklichkeit – zum Problem eines interdisziplinären Grundrechtsverständnisses. In: W. Hassemer u.a. (Hg.), Grundrechte und soziale Wirklichkeit, Baden-Baden, 39-76
Grimm, D., 1983: Die sozialgeschichtliche und verfassungsgeschichtliche Entwicklung zum Sozialstaat. In: P. Koslowski u.a. (Hg.), Chancen und Grenzen des Sozialstaats. Tübingen, 41-64
Gröttrup, H., 1973: Die kommunale Leistungsverwaltung – Grundlagen der gemeindlichen Daseinsvorsorge, Stuttgart
Grunow, D., 1978: Alltagskontakte mit der Verwaltung, Frankfurt/New York
Grunow, D., 1982: Bürokratisierung und Debürokratisierung im Wohlfahrtsstaat. Habilitationsschrift, Universität Bielefeld
Grunow, D., 1986: Development of the Public Sector: Trends and Issues. In: Kaufmann, Majone, Ostrom, op.cit., 25-58
Grunow, D., Hegner, F., Kaufmann, F.X., 1978: Steuerzahler und Finanzamt, Frankfurt/New York
Habermas, J., 1981: Theorie des kommunikativen Handelns. Bd. 2: Zur Kritik der funktionalistischen Vernunft, Frankfurt/M.

Häberle, P., 1972: Grundrechte im Leistungsstaat, 2. Mitbericht. In: Veröffentlichungen der Vereinigung der deutschen Staatsrechtslehrer, Bd. 30, Berlin/New York, 43–141

Hegner, F., 1978: Das bürokratische Dilemma: Zu einigen unauflöslichen Widersprüchen in den Beziehungen zwischen Organisation, Personal und Publikum, Frankfurt/New York

Hegner, F., 1986: Solidarity and Hierarchy: Institutional Arrangements for the Coordination of Actions. In: Kaufmann, Majone, Ostrom, op.cit., 407–429

Heinze, R.G., Olk, T., 1984: Sozialpolitische Steuerung: Von der Subsidiarität zum Korporatismus. In: M. Glagow (Hg.), op.cit., 162–194

Herzberg, R., Ostrom, V., 1986: Votes and Vetoes. In: Kaufmann, Majone, Ostrom, op.cit., 431–443

Hippel, E.v., 1982: Der Schutz des Schwächeren, Tübingen

Hood, C., 1976: The Limits of Administration, London/New York

Hood, C., 1986a: The Hidden Public Sector: The 'Quangocratization' of the World. In: Kaufmann, Majone, Ostrom, op.cit., 183–207

Hood, C., 1986b: Concepts of Control over Public Bureaucracies: 'Comptrol' and 'Interpolable Balance'. In: Kaufmann, Majone, Ostrom, op.cit., 765–783

Hucke, J., 1983: Regulative Politik. Das Beispiel Umweltschutz. In: R. Voigt, op.cit. (1983a), 50–66

Kaufmann, F.X. (Hg.), 1977: Bürgernahe Gestaltung der sozialen Umwelt – Probleme und theoretische Perspektiven eines Forschungsverbundes, Meisenheim

Kaufmann, F.X. (Hg.), 1979: Bürgernahe Sozialpolitik – Planung, Organisation und Vermittlung sozialer Leistungen auf lokaler Ebene, Frankfurt/New York

Kaufmann, F.X., 1982a: Elemente einer soziologischen Theorie sozialpolitischer Intervention. In: Ders. (Hg.), Staatliche Sozialpolitik und Familie, München, 49–86

Kaufmann, F.X., 1982b: Art. Wirtschaftssoziologie, allgemeine. In: Handwörterbuch der Wirtschaftswissenschaften, Stuttgart etc., Bd. 9: 239–267

Kaufmann, F.X., 1984a: Was heißt Verrechtlichung und wo wird sie zum Problem. In: Ders. (Hg.), Ärztliches Handeln zwischen Paragraphen und Vertrauen, Düsseldorf, 9–23

Kaufmann, F.X., 1984b: Solidarität als Steuerungsform. Erklärungsansätze bei Adam Smith. In: F.X. Kaufmann / H.G. Krüsselberg (Hg.), Markt, Staat und Solidarität bei Adam Smith, Frankfurt/New York, 158–184

Kaufmann, F.X., 1985a: Rechtsgefühl, Verrechtlichung und Wandel des Rechts. In: E.J. Lampe (Hg.), Das sogenannte Rechtsgefühl. Jahrbuch für Rechtssoziologie und Rechtstheorie, Bd. 10, Opladen, 185–199

Kaufmann, F.X., 1985b: Major Problems of the Welfare State: Defining the Issues. In: S.N. Eisenstadt / O. Ahimeir (Eds.), The Welfare State and its Aftermath, London, 44–56

Kaufmann, F.X., 1986a: The Blurring of the Distinction 'State versus Society' in the Idea and Practice of the Welfare State. In: Kaufmann, Majone, Ostrom, op.cit., 127–138

Kaufmann, F.X., 1986b: The Relationship between Guidance, Control and Evaluation. In: Kaufmann, Majone, Ostrom, op.cit., 211–228

Kaufmann, F.X., 1986c: Steuerungsprobleme der Sozialpolitik. In: R.G. Heinze (Hg.), Neue Subsidiarität – Leitidee für eine zukünftige Sozialpolitik? Opladen, 39–63

Kaufmann, F.X., Rosewitz, B., 1983: Typisierung und Klassifikation politischer Maßnahmen. In: R. Mayntz (Hg.), op.cit., 25–49

Kaufmann, F.X., Leisering, L., 1984: Studien zum Drei-Generationenvertrag. Institut für Bevölkerungsforschung und Sozialpolitik, Materialien Bd. 15, Bielefeld

Kaufmann, F.X., Majone, G., Ostrom, V. (Eds.), 1986: Guidance, Control and Evaluation in the Public Sector. The Bielefeld Interdisciplinary Project, Berlin/New York

Kaupen, W., 1972: Das Verhältnis der Bevölkerung zur Rechtspflege – Empirische Materialien zur Frage der Effektivität von Recht. In: M. Rehbinder / H. Schelsky (Hg.), Zur Effektivität des Rechts. Jahrbuch für Rechtssoziologie und Rechtstheorie, Bd. 3, Düsseldorf, 555-563

Kirberger, W., 1978: Staatsentlastung durch private Verbände, Baden-Baden

Krüsselberg, H.G., 1977: Die vermögenstheoretische Dimension in der Theorie der Sozialpolitik. In: C.v. Ferber / F.X. Kaufmann (Hg.), Soziologie und Sozialpolitik. Sonderheft 19 der Kölner Zeitschrift für Soziologie und Sozialpolitik, Opladen, 232-259

Krüsselberg, H.G., 1985: Markets and Hierarchies. In: Kaufmann, Majone, Ostrom, op. cit., 349-386

Kübler, F. (Hg.), 1984: Verrechtlichung von Wirtschaft, Arbeit und sozialer Solidarität – Vergleichende Analysen, Baden-Baden

Lehner, F., 1979: Politikverflechtung: Institutionelle Eigendynamik und politische Kontrolle. In: J. Matthes (Hg.), Sozialer Wandel in Westeuropa. Verhandlungen des 19. Deutschen Soziologentages, Frankfurt/M., 611-627

Leibfried, S., Tennstedt, F. (Hg.), 1985: Politik der Armut und die Spaltung des Sozialstaats, Frankfurt/M.

Linder, H., 1972: Die Inanspruchnahme steuerlicher und vermögenspolitischer Vergünstigungen durch die Lohnsteuerpflichtigen, Opladen

Luhmann, N., 1972: Rechtssoziologie 1 + 2, Reinbek

Luhmann, N., 1981: Politische Theorie im Wohlfahrtsstaat, München/Wien

Luhmann, N., 1984: Soziale Systeme: Grundriß einer allgemeinen Theorie, Frankfurt/M.

Maier, H., 1966: Die ältere deutsche Staats- und Verwaltungslehre (Polizeywissenschaft), Neuwied/Berlin

Majone, G., 1986: Mutual Adjustment by Debate and Persuasion. In: Kaufmann, Majone, Ostrom, op.cit., 445-458

Martens, W., 1972: Grundrechte im Leistungsstaat, 1. Bericht. In: Veröffentlichungen der Vereinigung der deutschen Staatsrechtslehrer, Bd. 30, Berlin/New York, 7-42

Maturana, H.R., 1982: Erkennen: Die Organisation und Verkörperung von Wirklichkeit, Braunschweig/Wiesbaden

Mayntz, R., 1979: Regulative Politik in der Krise? In: J. Matthes (Hg.), Sozialer Wandel in Westeuropa. Verhandlungen des 19. Deutschen Soziologentages, Frankfurt/M., 55-81

Mayntz, R. (Hg.), 1980: Implementation politischer Programme – Empirische Forschungsberichte, Königstein/Ts.

Mayntz, R. (Hg.), 1983: Implementation politischer Programme II: Ansätze zur Theoriebildung, Opladen

Mayntz, R., 1983a: Implementation von regulativer Politik. In: Dies., op.cit., 50-74

Nettl, J.P., 1968: The State as a Conceptual Variable. In: World Politics 20: 559-592

Noll, P., 1973: Gesetzgebungslehre, Reinbek

OECD, 1973: List of Social Concerns Common to Most OECD Countries, Paris

Offe, C., 1981: The Attribution of Public Status to Interest Groups: Observations on the West German Case. In: S. Berger (Hg.), Organizing Interests in Western Europe: Pluralism, Corporatism, and the Transformation of Politics, Cambridge, 123-158

Ostrom, E., 1986: A Method of Institutional Analysis. In: Kaufmann, Majone, Ostrom, op.cit., 459-475

Pressman, J., Wildavsky, A., 1973: Implementation, Berkeley

Savigny, F.C., 1828: Vom Beruf unserer Zeit für Gesetzgebung und Rechtswissenschaft, 2. Aufl., Heidelberg

Sharpe, J., 1986: Intergovernmental Policy-Making: The Limits of Subnational Autonomy. In: Kaufmann, Majone, Ostrom, op.cit., 59-81

Scharpf, F.W., Reissert, B., Schnabel, F., 1976: Theorie der Politikverflechtung, Kronberg/Ts.

Scharpf, F.W., Reissert, B., Schnabel, F., 1978: Policy Effectiveness and Conflict Avoidance in Intergovernmental Policy Formation. In: Hanf, K., Scharpf, F.W. (Hg.), Interorganizational Policy Making, London/Beverly Hills, 57-115

Schimank, U., Glagow, M., 1984: Formen politischer Steuerung: Etatismus, Subsidiarität, Delegation und Neokorporatismus. In: M. Glagow, op.cit., 4-28

Schmitter, P.C., Lehmbruch, G. (Hg.), 1979: Trends Towards Corporatist Intermediation, London

Schuppert, G.F., 1981: Die Erfüllung öffentlicher Aufgaben durch verselbständigte Verwaltungseinheiten, Göttingen

Simitis, S., 1984: Zur Verrechtlichung der Arbeitsbeziehungen. In: F. Kübler, op.cit., 73-165

Teubner, G., 1979: Neo-Korporatistische Strategien rechtlicher Organisationssteuerung: Staatliche Strukturvorgaben für die gesellschaftliche Verarbeitung politischer Konflikte. In: Zeitschrift für Parlamentsfragen 10: 487-502

Teubner, G., 1984: Verrechtlichung – Begriffe, Merkmale, Grenzen, Auswege. In: F. Kübler (Hg.), op.cit., 289-344

Voigt, R. (Hg.), 1980: Verrechtlichung, Königstein/Ts.

Voigt, R., 1981: Mehr Gerechtigkeit durch mehr Gesetz? In: Aus Politik und Zeitgeschichte. Beilage zur Wochenzeitung 'Das Parlament', B 21

Voigt, R. (Hg.), 1983a: Abschied vom Recht, Frankfurt/M.

Voigt, R. (Hg.), 1983b: Gegentendenzen zur Verrechtlichung. Jahrbuch für Rechtssoziologie und Rechtstheorie. Bd. 9, Opladen

Willke, H., 1983: Entzauberung des Staates. Überlegungen zu einer sozialen Steuerungstheorie, Königstein/Ts.

Willke, H., 1984: Gesellschaftssteuerung. In: M. Glagow, op.cit., 29-53

Wirth, W., 1982: Inanspruchnahme sozialer Dienste: Bedingungen und Barrieren, Frankfurt/New York

Wirth, W., 1986a: Control in Public Administration: Plurality, Selectivity and Redundancy. In: Kaufmann, Majone, Ostrom, op.cit., 595-624

Wirth, W., 1986b: Public Administration and Publics: Control of Bureaucratic Performance by Affected Citizens. In: Kaufmann, Majone, Ostrom, op.cit., 739-763

Wulfhorst, S.T., 1982: Leistungssteigerndes Verhalten der Berechtigten im Sozialrecht. In: Vierteljahresschrift für Sozialrecht, Bd. 10, H. 1, 1-18

Zacher, H.F., 1980: Sozialpolitik und Verfassung im ersten Jahrzehnt der Bundesrepublik Deutschland, Berlin

Zacher, H.F., 1984: Verrechtlichung im Bereich des Sozialrechts. In: F. Kübler, op.cit., 73-165

Eckard Rehbinder

Reflexives Recht und Praxis
Der Betriebsbeauftragte für Umweltschutz als Beispiel

I. Regulatorisches vs. reflexives Recht

1. Regulatorisches Versagen

Staatliche Intervention ist die Antwort des politisch-administrativen Systems auf "Marktversagen", d.h. auf politisch unerwünschte Folgen der Selbststeuerung der Gesellschaft über den Markt oder sonstige Formen freiwilliger Verhaltenskoordinierung.[1)] Ziel einer derartigen Intervention ist die Sicherstellung bestimmter, vom politisch-administrativen System präferierter gesellschaftlicher Bedürfnisse und Interessen (regelmäßig auf Kosten anderer Bedürfnisse oder Interessen). In rechtstheoretischer Sicht kann man das moderne interventionistische Recht, d.h. das öffentliche Planungs- und Eingriffsrecht jenseits des traditionellen Polizeirechts (z.B. Raumordnungs- und Bauleitplanungsrecht, Wirtschaftsverwaltungsrecht, Umweltrecht) und das öffentliche Leistungsrecht (z.B. Sozialrecht), aber auch das materialisierte Privatrecht (z.B. Verbraucherschutz- oder Mietrecht), als Antwort auf ein "Rechtsversagen" bezeichnen, nämlich auf politisch unerwünschte Folgen der bloßen Sicherung von Freiheitsrechten und Ermöglichung freiwilliger Verhaltenskoordinierung durch klassisches Formalrecht. Das geschieht allerdings selten, weil man das Stigma "Rechtsversagen" offenbar dem Versagen des interventionistischen Rechts vorbehalten möchte. Terminologisch ist der Ausdruck "Rechtsversagen" auch ungenau, weil, auch wenn man den "institutionellen" Charakter des klassischen Formalrechts (im Gegensatz zum "medialen" Charakter des interventionistischen Rechts) betont, das Versagen der Selbststeuerungsmechanismen der Gesellschaft im Vordergrund steht, für die das klassische Formalrecht nur die juristische Infrastruktur bildet. Als praktische Abbreviatur mag er jedoch nützlich erscheinen.

Staatliche Intervention und damit auch interventionistisches/materialisiertes Recht zielt auf gesellschaftliche Veränderungen: Zur Durchsetzung politisch präferierter gesellschaftlicher Bedürfnisse und Interessen soll durch Verbote, Erlaubnisvorbehalte oder negative Anreize das Verhalten von Akteuren im Rahmen gesellschaftlicher Teilsysteme in bestimmte Richtung gelenkt werden, oder es sollen durch Erbringung staatlicher Leistungen bei den Empfängern Veränderungen ihres Verhaltens oder ihres wirtschaftlichen oder sozialen Status und ihrer Chancen bewirkt werden. Ob dies tatsächlich möglich ist, wird heute zunehmend bezweifelt. Unter dem Stichwort "regulatorisches Versagen" und in dessen Gefolge "Versagen des interventionistischen Rechts" oder kurz "Rechtsversagen" wird, empirisch plausibel gemacht durch (allerdings keineswegs systematisch angelegte) Erkenntnisse der Implementationsforschung, theoretisch untermauert durch Aussagen der Systemtheorie, grundsätzlich bestritten, daß das politisch-administrative System und das Rechtssystem in der Lage seien, durch Intervention andere gesellschaftliche Teilsysteme wie Wirtschaft, Gesundheitswesen, soziale Sicherheit, Kultur und Erziehung im Hinblick auf bestimmte Zielvorgaben zu steuern.[2] Das "regulatorische Trilemma"[3] des modernen Interventionsstaates soll darin bestehen, daß interventionistische Politik und interventionistisches Recht entweder wegen "Inkongruenz" (oder Indifferenz) zwischen den Mitteln der Intervention und den Funktionsbedingungen des Teilsystems leerlaufen, das betreffende gesellschaftliche Teilsystem "überlegalisiert" und hierdurch funktionsunfähig (desintegriert) wird oder aber eine "Übersozialisierung" (z.B. Überpolitisierung) und damit Desintegration des Rechts selbst eintritt.

All das ist gewiß übertrieben[4]: Regulative Politik ist nicht generell gescheitert; sie war nur weniger erfolgreich als in der Planungs- und Reformeuphorie der siebziger Jahre erhofft, wobei die Erfolgs- oder Mißerfolgsbilanz je nach dem Regelungsbereich recht unterschiedlich sein dürfte. Die Implementationsforschung belegt auch, daß regulatives Versagen oft in Wahrheit nicht Versagen des Regelungsinstrumentariums, sondern "Programmversagen" und damit Politikversagen ist.[5] Immerhin ließe sich insoweit argumentieren, daß die Überforderung des politischen Systems "systembedingt" sei, d.h. gerade auf der Notwendigkeit der Abwägung zwischen kollidierenden Interessen und Bedürfnissen bei der Entscheidung über Ziele und Instrumente der Intervention beruhe, die oft an der Komplexität der gesellschaftlichen Teilsysteme scheitere.[6] Wie dem auch sei, als völlig falsch wird die Analyse wohl niemand bezeichnen wollen, und es interessiert daher, ob und welche Auswege aus dem "regulatorischen Trilemma" angeboten werden.

Die Palette der Reaktionsmöglichkeiten des politisch-administrativen Systems auf das regulatorische Versagen ist groß.[7] Sie reicht von der totalen Entrechtlichung durch Privatisierung staatlicher Aufgaben bzw. Überlassung an gesellschaftliche Koordinationsmechanismen über die Ökonomisierung der interventionistischen Politik (z.B. staatliche Organisation geregelter Märkte für Verschmutzungsrechte im Umweltschutz) bis hin zu diversen Formen "weicher Intervention", die man neuerdings mit "Prozeduralisierung" oder "reflexivem Recht" zu bezeichnen pflegt.[8] Mit diesen letzteren Interventionsmechanismen, wenn sie überhaupt solche sind, insbesondere mit der Theorie des reflexiven Rechts und ihrer Bewährung in der Praxis am Beispiel des Betriebsbeauftragten für Umweltschutz soll sich der folgende Beitrag beschäftigen.

2. *Das Programm des reflexiven Rechts*

Der Ausweg aus dem regulatorischen Trilemma liegt nach Auffassung der Anhänger des reflexiven Rechts in einer lediglich indirekten Intervention, freilich nicht durch "ökonomische Instrumente", wie es das Programm der Ökonomisierung der Intervention will, sondern durch Steuerung von Selbstreflexion innerhalb gesellschaftlicher Teilsysteme sowie – was im vorliegenden Zusammenhang von geringerer Bedeutung ist – in bloßer Koordinierung ("Relationierung") im Verhältnis zwischen verschiedenen Teilsystemen: Statt Planung erwünschter Ergebnisse sollen in autonomen – und grundsätzlich autonom zu erhaltenden – gesellschaftlichen Teilsystemen lediglich die Entscheidungsstrukturen (Organisation, Verfahren, Kompetenzen) mit dem Ziel normiert werden, daß das betreffende Teilsystem "externe Konflikte internalisiert", d.h. die möglichen negativen Folgen seiner Tätigkeit für andere Teilsysteme und die Gesamtgesellschaft mit verarbeitet. Ziel der reflexiven Intervention ist also die Erhaltung von sich selbst steuernden gesellschaftlichen Teilsystemen, die aber aufgrund von Organisations- und Verfahrensvorgaben hinsichtlich "externer Interessen" lernfähig sind und diese bei der Erbringung ihrer Leistungen angemessen berücksichtigen. Darin liegt der Unterschied zur "traditionellen" regulativen Intervention, die sich zugegebenermaßen zum Teil ebenfalls der bloßen Einwirkung auf Organisation und Verfahren bedient. Nicht so sehr in den verwandten Rechtskategorien, sondern in der Zielrichtung der Intervention liegt, was vielfach mißverstanden wird, das Neue des reflexiven Rechts.

Im einzelnen gibt es im Lager des reflexiven Rechts aber nicht unerhebliche Divergenzen. Stone (und wohl auch Steinmann)[9)] huldigen eher einem "voluntaristischen" Konzept, das primär auf die verhaltensändernden Wirkungen bloßer Institutionalisierung (Struktur- und Verfahrensänderung) setzt. Teubner[10)] scheint schon etwas interventionistischer gesonnen, wenn er von der Notwendigkeit "profitbedrohender Strategien" spricht (was freilich auf Organisations- und Verfahrensintervention ohne materielles Zielsystem kaum passen dürfte) und eine Änderung der Machtstruktur im Unternehmen fordert, die zur Aufnahme der Außenwirkungen der Unternehmenstätigkeit in den Entscheidungsprozeß des Unternehmens zwingt. Ulrich[11)] schließlich sieht die von ihm geforderte organisatorisch-institutionelle Umstrukturierung des Unternehmens allein unter dem Gesichtspunkt der besseren Durchsetzung staatlicher Zielvorgaben, versucht also Binnenreflexion auf externe Interessen mit externer Regelung zum Schutz dieser Interessen zu verknüpfen; strenggenommen kann man ihn wohl nicht mehr als Vertreter des reflexiven Rechts bezeichnen.

Als Instrumente reflexiver Intervention in der Wirtschaft (und hier insbesondere gegenüber Unternehmen) werden genannt[12)]:

- Vertretung öffentlicher Interessen im Aufsichtsrat der Großunternehmen (Abkoppelung von Inhaberschaft unternehmensinterner Ressourcen – Kapital und Arbeit – und exklusiver Steuerungsrechte),
- spezifische Repräsentation bestimmter, besonders sensibler öffentlicher Interessen im Unternehmen außerhalb des Aufsichtsrats (z.B. durch Vertreter öffentlicher Interessen in der Unternehmensleitung oder im mittleren Management),
- Strukturierung des Entscheidungsprozesses (z.B. bezüglich Entscheidungsebene, Entscheidungsmethodologie, Abstimmungsverfahren),
- Publizität über die Auswirkungen der Unternehmenstätigkeit auf externe Interessen (z.B. Sozialbilanz).

Im Verhältnis zwischen verschiedenen gesellschaftlichen Teilsystemen wird die Institutionalisierung neokorporatistischer Abstimmungsprozesse (z.B. konzertierte Aktion, Tarifvertrag in der Wirtschafts- und Sozialpolitik) genannt.

Die Begründung für die Notwendigkeit eines Umschaltens von regulativer zu reflexiver Intervention beruht auf einer, freilich nicht wirklich empirisch abgesicherten, Analyse der Gründe für die angenommenen Schwächen des Interventionsstaates: Regulatorisches Versagen beruht weitgehend auf Politikversagen, weil der interventionistische Staat an der Zielproblematik scheitert; wegen zu hoher gesellschaftlicher Komplexität gelingt es nicht, genaue politische Ziele zu formulieren. Eine "weiche" Intervention, die auf andere gesellschaftliche Teilsysteme nicht mit staatlichem Befehl, sondern mit organisatorischen oder verfahrensrechtlichen Vorgaben sozusagen in deren "Sprache" einwirkt, verspricht die "Sperrigkeit" dieser Systeme gegenüber Einwirkungen aus der Außenwelt zu überwinden. Wegen der Begrenztheit der Intervention ist geringeres soziales Wissen des politisch-administrativen Systems erforderlich, so daß die Gefahr eines Politikversagens geringer erscheint.

3. Vom regulatorischen Trilemma zum reflexiven Dilemma?

Gegen die Grundannahmen der Theorie des reflexiven Rechts lassen sich manche Einwände erheben[13)]; den mir am wichtigsten erscheinenden soll im folgenden in theoretischer Sicht nachgegangen werden, um sie dann später mit den praktischen Erfahrungen zu konfrontieren, die mit einer "Institution" des reflexiven Rechts, nämlich dem Betriebsbeauftragen für Umweltschutz, gemacht wurden.

Zunächst ist zu bezweifeln, ob die Gefahr des Politikversagens bei reflexiver Intervention notwendigerweise geringer ist. Ziel der reflexiven Intervention ist die Stärkung externer Interessen im Entscheidungsprozeß des betreffenden gesellschaftlichen Teilsystems. Jeder Versuch des politisch-administrativen Systems, in dieser Weise in andere Teilsysteme zu intervenieren, muß auf Widerstand der Akteure dieses Teilsystems und ihrer Repräsentanten im politisch-administrativen System stoßen, wobei die Stärke des Widerstands von Art und Intensität des Oktrois externer Interessen abhängen dürfte. Stones Voluntarismus wäre sicher eher erträglich als Teubners Verlangen nach Änderung der Machtstruktur. Die rechtspolitische Diskussion um die Unternehmenspublizität in den sechziger Jahren zeigt ebenso deutlich wie die um die Unternehmensmitbestimmung in den siebziger Jahren, daß organisatorisch-institutionelle Interventionen äußerst konfliktträchtig sein können, konfliktträchtiger als viele regulative Interventionen. Eine politische Entscheidung über pluralistische Interessenkollisionen wird daher auch bei reflexiver Intervention notwendig; damit besteht auch die Gefahr systematischer politischer Fehleinschätzungen, falscher Kompromisse, des Einbaus von Vollzugsdefiziten in das Programm und der Untätigkeit durch Selbstblockade des politisch-administrativen Systems. Um abzuschätzen, ob diese Gefahren geringer sind als bei regulativer Intervention, bedürfte es empirisch abgesicherter Aussagen über das Ausmaß des Politikversagens beim traditionellen Interventionstyp. Hinzu kommt, daß reflexive Intervention die Zielfindungsproblematik lediglich auf die Ebene der einzelnen gesellschaftlichen Teilsysteme abschiebt. Zielkonflikte werden dadurch nicht ausgeschlossen, wenn und soweit externe Interessen im gesellschaftlichen Teilsystem im Wege der Reflexion berücksichtigt werden sollen. Es ist unwahrscheinlich, daß ein gesellschaftliches Teilsystem, das primär auf Optimierung seiner Leistung ausgerichtet ist, externe Interessen in Zielkonflikten besser berücksichtigen wird als dies das politisch-administrative System vermag.[14)]

Regulatives Versagen – besser reflexives Versagen – ist auch bei reflexiver Intervention durchaus nicht ausgeschlossen, wenn das Teilsystem die ihm aufgezwungene reflexive Struktur nicht verkraftet. Möglicherweise kauft man sich statt des beschworenen regulatorischen Trilemmas nur ein reflexives Dilemma ein, wenn nämlich das gesellschaftliche Teilsystem die verordnete reflexive Struktur zurückweist (Inkongruenz) oder in seiner Funktionsfähigkeit beeinträchtigt wird (Überlegalisierung). Den Stellenwert dieses Einwandes kann man freilich einigermaßen erst beurteilen, wenn der Geltungsanspruch des reflexiven Rechts abgesteckt ist. Bisher ist im reflexiven Lager nicht recht deutlich geworden, ob reflexives Recht das bisher vorherrschende regulative Recht völlig ablösen oder nur ergänzen soll und im letzteren Fall: wie die Grenzziehung verläuft.[15)] Recht, auch reflexives Recht, das auf Organisations- oder Verfahrensänderung abzielt, kann direkt nur auf die formale Organisation gesellschaftlicher Teilsysteme, z.B. von Unternehmen, einwirken. Im Hinblick auf die Bedeutung informeller Entscheidungsstrukturen besteht die Möglichkeit, daß die gesetzliche Regelung unterlaufen wird (Inkongruenz). Als Beispiel sei auf die Versuche im Bereich des Mitbestimmungsgesetzes hingewiesen, Entscheidungen in mitbestimmungsfreie Aufsichtsratsausschüsse oder in die Spartenorganisation zu verlagern.[16] Auch die Konfliktfähigkeit der durch reflexive Intervention integrierten externen Interessen dürfte gering sein. Die intendierte Entkoppelung der Inhaberschaft von Ressourcen im Unternehmen und ausschließlicher Entscheidungsbefugnisse führt nicht zu gleichartiger Machtlosigkeit der Repräsentanten aller Interessen im Unternehmen. Im Gegensatz zu den Vertretern der Kapitaleigner und Arbeitnehmer verfügen die Vertreter externer Interessen in der Unternehmensorganisation über keine reale Machtbasis. Ohne massive Intervention in die Entscheidungsstrukturen des Unternehmens durch Einräumung eigener positiver Entscheidungs- oder jedenfalls Vetorechte würde das Gewicht der Vertreter externer Interessen nur davon abhängen, welche Bedeutung diese Interessen in den Außenbeziehungen der Unternehmen haben – und nicht etwa, welche Bedeutung sie nach Auffassung des intervenierenden Gesetzgebers haben sollen.[17] Insofern kann das Unternehmen über seine eigene Selbstreflexion disponieren. Auch positive Entscheidungs- oder Vetorechte können wirkungslos sein, wenn sich der Vertreter externer Interessen, z.B. aus Gründen unternehmensinternen Fortkommens, nicht rollenkonform verhält. Daß die verordnete Reflexion der Unternehmen von diesen auch angenommen wird, vermag die staatliche Rechtsordnung nicht zu gewährleisten.

Auch die alternative Gefahr einer "Überlegalisierung" läßt sich keineswegs ausschließen. Reflexive Interventionen können die Selbststeuerungsfähigkeit der betreffenden gesellschaftlichen Teilsysteme, z.B. der Unternehmen, beeinträchtigen. Die rechtlich verordnete Beteiligung einer Vielzahl pluralistischer Interessen kann ähnlich wie im politisch-administrativen System zu einer Fragmentierung der Entscheidungsprozesse führen, die die Entscheidungsfähigkeit des ganzen Systems bedroht. Bei der Mitbestimmung wird die mögliche Blokkade des Entscheidungssystems der Unternehmen durchaus als reale Gefahr anerkannt.[18] Ähnliche Gefahren gehen von einer Verschiebung der Entscheidungskriterien aus. Reflexive Interventionen bedienen sich nicht eigentlich der "Sprache" des jeweiligen gesellschaftlichen Teilsystems, nur weil sie sich eines bereits vorhandenen internen Selbstregulierungsmechanismus bedienen, so daß sie deshalb leicht "absorbiert" werden können. Sie sind "artfremde" Interventionen, weil und soweit die verordneten Organisations- und Verfahrensänderungen auf die Berücksichtigung externer Interessen abzielen, für die das betreffende gesellschaftliche Teilsystem keine Relevanzkriterien besitzt.[19] "Sprache" der Wirtschaft ist das Geld, Steuerungswirkungen gehen daher primär von Gewinnen und Verlusten aus. Ein vergleichbarer Mechanismus der Zurechnung und Kontrolle von Erfolgen und Mißerfolgen läßt sich hinsichtlich externer Interessen nicht in das Entscheidungsverfahren der Unternehmen integrieren. Eine rechtlich verordnete und zur Vermeidung von Ineffektivität (Inkongruenz) in Form positiver Entscheidungs- oder Vetorechte auch rechtlich abgesicherte Wahrnehmung externer Interessen, an die man als Ausweg denken mag, kann dazu führen, daß der Zurechnungs- und Kontrollmechanismus von Gewinnen und Verlusten in seiner Steuerungsfunktion beeinträchtigt wird, weil er jederzeit im Hinblick auf diffuse öffentliche Interessen ausgeschaltet werden kann.[20] So gesehen ist die Theorie reflexiver Intervention letztlich ein frontaler Angriff gegen die funktionale Ausdifferenzierung der Gesellschaft. Widerstand gegen reflexive Intervention muß daher nicht ein Indiz für deren befürchtete Effektivität, sondern kann genauso ein Anzeichen dafür sein, daß diese dysfunktionalen Wirkungen erwartet werden.

Schließlich mag man auch daran zweifeln, ob reflexive Intervention generell mit geringerem sozialen Wissen auskommt als regulative Intervention. Angesichts der Komplexität gesellschaftlicher Teilsysteme erfordern Änderungen ihrer Organisationsstruktur oder Verfahrensregeln, wenn man Inkongruenz oder Überlegalisierung vermeiden will, durchaus eingehende Kenntnisse über reale Organisationsstrukturen, Entscheidungsverfahren, Entscheidungskriterien, Erfolgskontrollen und die bisherige Berücksichtigung externer Interessen im betreffenden gesellschaftlichen Teilsystem. Ein grundlegender Unterschied gegenüber regulativer Intervention ist nicht ersichtlich. Daß etwa die Veränderung der Mitbestimmung durch Vertretung öffentlicher Interessen oder die Etablierung eines "gläsernen Unternehmens" qua sozialer Unternehmenspublizität als Beispiel reflexiver Intervention geringere Anforderungen an den Kenntnisstand des Gesetzgebers stellen als etwa die Erhöhung des Staubabscheidungsgrades in Zementfabriken nach dem Stand der Technik von 95 auf 98% als Beispiel regulativer Intervention, ist kaum plausibel zu machen. Die notwendigen Kenntnisse sind gewiß unterschiedlicher Art. Ob sie beim einen oder anderen Interventionstyp für eine erfolgreiche Intervention mehr oder weniger umfassend oder intensiv sein müssen, dürfte vom Einzelfall abhängen.

II. Der Betriebsbeauftragte für Umweltschutz als Anwendungsfall reflexiver Intervention

1. Vertreter spezieller öffentlicher Interessen in der Theorie des reflexiven Rechts

Mit der Frage, unter welchen Voraussetzungen und mit welchen Zielen die Vertretung öffentlicher Interessen im Management der Unternehmen institutionalisiert werden kann, hat sich im reflexiven Lager insbesondere Christopher Stone[21] beschäftigt. Stone betont – von seinem "voluntaristischen" Ansatzpunkt aus konsequent und insoweit im Gegensatz zu Teubner – die Ambivalenz derartiger öffentlicher Interessenvertretung. Einerseits kann darin nach seiner Auffassung die rigideste Form staatlicher Intervention zur Erzwingung regulativen Rechts liegen, wo nämlich zur Durchsetzung bestimmter regulativer

Zielsetzungen massiv in die Organisationsstruktur und das Entscheidungsverfahren des Unternehmens eingegriffen wird. Stone nennt in diesem Zusammenhang die Zuweisung von Pflichtaufgaben im Bereich der Produktsicherheit und der betrieblichen nuklearen Sicherheit an besondere Betriebsbeauftragte und Mitglieder der Verwaltung im amerikanischen Lebensmittel- und Arzneimittelgesetz und Atomrecht. Stone meint, daß derartige, auf bestimmte regulatorische Ziele und die Einhaltung bestimmter regulatorischer Normen abzielende Interventionen in die Binnenorganisation des Unternehmens im Hinblick auf das Fehlen ausreichenden sozialen Wissens im politisch-administrativen System über die internen Organisations- und Entscheidungsstrukturen des Unternehmens mit hohen sozialen Risiken verbunden seien; sie sollten deshalb auf Ausnahmefälle erheblicher Gefahren für die Allgemeinheit in einem bestimmten Industriezweig (z.B. bei großen Gefahren durch technische Innovation, Betriebsunfälle, Umweltbelastungen oder internationale Beziehungen) oder wiederholte schwere Gesetzesverstöße in einem Unternehmen (im letzteren Fall: im Wege der Einzelanordnung) beschränkt sein. Dabei versucht Stone, der Position des besonderen Betriebsbeauftragten durch Ansiedlung an möglichst hoher Stelle in der Unternehmenshierarchie erhebliche Macht und Information zu verleihen, vertraut aber letztlich auf die Kraft von Intra-Rollen-Konflikten. Ulrichs[22] allgemein gehaltene Vorstellungen von einem Vertreter öffentlicher Interessen im Geschäftsführungsorgan des Unternehmens sind ebenfalls letztlich dem interventionistischen Modell zuzuordnen. Die pluralistische Struktur des Geschäftsführungsorgans unter Einbeziehung von Vertretern öffentlicher Interessen ist für ihn nicht Mittel zur Schaffung von Strukturbedingungen für soziale Verantwortlichkeit der Unternehmen auf freiwilliger Grundlage, also für interne Selbstregulierung, sondern Wirksamkeitsvoraussetzung für eine unternehmensbezogene staatliche Kontrolle.

Von der Strukturintervention zur Durchsetzung konkreter regulatorischer Ziele unterscheidet Stone die gesetzliche Institutionalisierung von Vertretern öffentlicher Interessen in der Verwaltung der Unternehmen, deren Aufgabe es ist, allgemein im Unternehmen die freiwillige Verfolgung öffentlicher Interessen, wo sie mit Profitmaximierungszielen eines Unternehmen kollidieren, zu fördern. Sie sollen zuständig sein für die Reflexion gesellschaftlicher Folgen der Unternehmenstätigkeit einschließlich einer Überwachung von Umwelt- oder Sozialverträglichkeitstudien, für Außenkontakte mit Behörden und betroffenen Interessengruppen, aber auch für die Überwachung von Programmen, die den Vollzug von staatlichen Gesetzen im Unternehmen sicherstellen sollen. Problematisch bleibt bei diesem Ansatz die Art und Weise, in der die Abstimmung zwischen Befriedigung von Konsumentenbedürfnissen, Maximierung des Unternehmensertrags (als Grundlage für die Abschöpfung von Löhnen, Steuern und Gewinnen, deren interne Relationierung ebenfalls schwierige Abstimmungsprobleme aufwirft) und "öffentlichen Interessen" erfolgt. Teubner[23] hat hierauf in abstrakter Form hingewiesen, bleibt insofern freilich einer rein wirtschaftlichen Perspektive verhaftet, als er die Vertretung öffentlicher Interessen auf die Ertragsfunktion des Unternehmens und deren Verteilungsprobleme (Abstimmung zwischen Löhnen, Steuern und Gewinnen) konzentriert.

2. *Der Betriebsbeauftragte für Umweltschutz: gesetzliches Modell und Wirklichkeit*

Die Einführung eines "Betriebsbeauftragten" für Immissionsschutz, Wasserreinhaltung und Abfall in den zentralen Umweltgesetzen der Bundesrepublik (Bundes-Immissionsschutzgesetz 1974, 3. Novelle zum Wasserhaushaltsgesetz 1976, Novelle zum Abfallbeseitigungsgesetz 1976) ist ein Lehrstück für den Realitätsbezug der Hoffnungen im Lager des reflexiven Rechts, durch Strukturintervention eine interne Selbststeuerung der Unternehmen zu erreichen. Aufbauend auf dem Vorbild des Sicherheitsbeauftragten im Bergrecht (Preußisches Allgemeines Berggesetz von 1865) und im Unfallversicherungsrecht (Novelle zur Reichsversicherungsordnung von 1963), des wasserrechtlichen Beauftragten (der seinerzeit aber nur aufgrund besonderer behördlicher Anordnung zu bestellen war; Wasserhaushaltsgesetz von 1957) und des Strahlenschutzbeauftragten (Erste Strahlenschutzverordnung von 1960), beruht das Modell des Betriebsbeauftragten auf Gedankengut, das man heute unbefangen als reflexives Recht bezeichnen würde. Die Einführung des Betriebsbeauftragten wurde vorbereitet durch eine Studie des Verfassers[24)], dessen Begründung sich wie ein frühes Credo des reflexiven Rechts liest:

"Die Situation demokratisch-pluralistischer Industriegesellschaften ist durch wechselseitige Durchdringung von Staat und Gesellschaft, aber auch relative Autonomie der Gesellschaft, insbesondere des mächtigen Subsystems Wirtschaft gekennzeichnet... Es ist nicht zu erwarten, daß ohne grundlegende strukturelle Änderungen, die angesichts des strukturellen Konservativismus pluralistischer Systeme und wohl auch – unabhängig vom konkreten politischen System – komplexer Industriegesellschaften überhaupt in weiter Ferne stehen, die Effizienz staatlicher Außensteuerung der Wirtschaft, insbesondere im Bereich des Umweltschutzes, schnell verbessert werden kann. Umso wichtiger ist es zur Bewältigung der Umweltprobleme, innerhalb des Subsystems Wirtschaft alle die Kräfte zu stärken, die zu einer dem Umweltschutz förderlichen Innensteuerung beitragen... Der durch das Gesetz ausgeübte Zwang zur Selbstorganisation kann, sofern die organisatorische Flexibilität gewahrt bleibt, die Unternehmen veranlassen, sich auch inhaltlich stärker mit Umweltschutzmaßnahmen zu befassen. Der gesetzliche Organisationszwang eröffnet aufgrund der Entlastungsfunktion für die Unternehmensführung, der Koordinierung bisher verstreut verantworteter Unternehmensaufgaben und der Eigendynamik der Stelleninhaber die Chance für eine aktive, zukunftsweisende Umweltpolitik der Unternehmen, die nicht "drohenden" staatlichen Maßnahmen so lange als möglich Widerstand leistet und die bestehenden Gesetze nur widerwillig erfüllt, sondern die Sorge um Erhaltung und Verbesserung unserer natürlichen Lebensgrundlagen als Aufgabe auch des Unternehmens begreift".

Die Konzeption des Betriebsbeauftragten fand aufgrund eines ausformulierten Gesetzesentwurfs des Arbeitskreises für Umweltrecht, den der Verfasser verbreitet hatte[26)], Eingang in den dem Bundestag schon vorliegenden Entwurf zum Bundes-Immissionsschutzgesetz und in die Novellen zum Wasserhaushaltsgesetz und Abfallbeseitigungsgesetz und wurde vom Parlament, wenngleich mit einigen sachlichen Änderungen, gebilligt. Dabei war bedeutsam, daß einzelne Großunternehmen bereits begonnen hatten, den betrieblichen Umweltschutz organisatorisch zu verselbständigen. Ziel des Gesetzgebers war es, in Ergänzung des traditionellen interventionistischen Regelungsinstrumentariums eine neue, als "Kooperationsmodell" konzipierte Institution zu schaffen, um eine umweltorientierte Verhaltensänderung der Unternehmen, zum Teil auch der Kommunen, herbeizuführen. Die Idee des Betriebsbeauftragten hat – abgesehen vom mitbestimmungsrechtlichen Arbeitsdirektor, der bereits seit dem Montan-Mitbestimmungsgesetz von 1951 institutionalisiert ist – in der Folgezeit, zum Teil mit gewissen Abwandlungen, Eingang in zahlreiche andere Gesetze gefunden (insbesondere Betriebsarzt und Fachkraft für Arbeitssicherheit nach dem Arbeitssicherheitsgesetz von 1973, Datenschutzbeauftragter nach dem Bundesdatenschutzgesetz von 1977, verantwortliche Person nach dem Sprengstoffgesetz von 1976, Arzneimittelgesetz von 1978 und Bundesberggesetz von 1980, Störfallbeauftragter nach der Störfallverordnung von 1980).

Der Gesetzgeber hat sich hinsichtlich des umweltrechtlichen Betriebsbeauftragten dafür entschieden, ihn als Mann des Betriebes, d.h. als Organ der Selbstkontrolle des betrieblichen Umweltschutzes, zu institutionalisieren. Der Betriebsbeauftragte ist also nicht als betriebsinterner Aufpasser der Behörde gedacht.[27)] Das Ausmaß, in dem die betreffenden Gesetze in die Organisationsgewalt der Unternehmen eingreifen, ist gering.

Das Gesetz[28)] legt zunächst die Aufgaben des Betriebsbeauftragten in sehr allgemeiner Form fest (nur beim Strahlenschutzbeauftragten, der hier nicht besonders behandelt wird, finden sich genauere Aufgabenzuweisungen). Die Aufgaben des Betriebsbeauftragten lassen sich aufgliedern in die:

- Überwachungsfunktion (Überwachung der Einhaltung der gesetzlichen Vorschriften, insbesondere regelmäßige Kontrollen, Messungen, Vorschläge zur Beseitigung von Mängeln),
- Innovationsfunktion (Hinwirkung auf die Entwicklung, Einführung und Anwendung umweltfreundlicher Verfahren und Erzeugnisse, Stellungnahme bei umweltrelevanten Investitionsentscheidungen),
- Kommunikationsfunktion (Schulung und Aufklärung von Betriebsangehörigen),
- Repräsentationsfunktion (schwach entwickelt: Kontakt zu den Behörden).

Hinsichtlich der Kompetenzen des Betriebsbeauftragten gilt, daß dieser im Unternehmen nur eine Beraterfunktion hat. Er besitzt keinen Entscheidungsbereich. Das gilt selbst für die Überwachungsfunktion. Der Betriebsbeauftragte hat dem Betriebsleiter festgestellte Mängel mitzuteilen und Vorschläge über die Maßnahmen zur Beseitigung dieser Mängel zu machen. Kann er sich mit dem zuständigen Betriebsleiter über seine Vorschläge oder Bedenken nicht einigen, so besitzt er ein direktes Vortragsrecht gegenüber der Geschäftsleitung, rechtlich durchzusetzen vermag er sich jedoch nicht.[29)]

Auch die rechtliche Verantwortlichkeit des Betriebsbeauftragten ist schwach entwickelt. Die Nichtwahrnehmung seiner Aufgaben ist nach dem Gesetz kein besonderer Straf- oder Bußgeldtatbestand. Ob sich eine straf- oder ordnungsrechtliche Verantwortlichkeit des Betriebsbeauftragten aus allgemeinem Recht – Verantwortung für Unterlassen wegen "Garantenstellung" – ergeben kann, ist zweifelhaft; überwiegend wird dies mangels eigener Entscheidungsbefugnisse des Betriebsbeauftragten verneint.[30)] Ggf. kommt Beihilfe in Betracht.

Der Betriebsbeauftragte wird von der Geschäftsleitung ohne direkte Mitwirkung der zuständigen Behörden bestellt; es besteht lediglich eine Anzeigepflicht gegenüber der Behörde. Gesetze und Verordnungen legen bestimmte Qualifikationsmerkmale des Betriebsbeauftragten fest, deren Einhaltung allerdings unter behördlicher Kontrolle steht. Die Abberufung des Betriebsbeauftragten ist grundsätzlich frei. Das gesetzliche Benachteiligungsverbot schützt den Betriebsbeauftragten nur dagegen, wegen seiner Aktivitäten als Betriebsbeauftragter entlassen oder sonstwie benachteiligt zu werden. Es sichert dagen nicht die Position des Betriebsbeauftragten im statusrechtlichen Sinne ab. Dieser kann durchaus als Reaktion auf seine Aktivitäten, z.B. wegen Meinungsverschiedenheiten zwischen ihm und dem Betriebs- oder Geschäftsleiter, abberufen werden.[31)]

Die gesetzliche Regelung beläßt der Geschäftsleitung einen erheblichen organisatorischen Entscheidungsspielraum für die reale Ausgestaltung der Stellung und die Koordinierung der Aufgaben des Betriebsbeauftragten mit sonstigen im Betrieb wahrgenommenen Aufgaben. Das Gesetz legt bestimmte Unterstützungspflichten der Geschäftsleitung fest und schreibt vor, daß die Geschäftsleitung bei der Bestellung mehrerer Betriebsbeauftragter für die Koordinierung in der Wahrnehmung ihrer Aufgaben, insbesondere durch Bildung eines Ausschusses für Umweltschutz, zu sorgen hat. Darüber hinaus liegt die Organisationsgewalt bei der Geschäftsleitung. Diese entscheidet insbesondere darüber, ob ein Betriebsbeauftragter seine Tätigkeit neben anderen Aufgaben in Personalunion ausübt, an welcher Stelle er in der Betriebshierarchie angesiedelt wird, sie entscheidet über betriebliche Kommunikationswege und über Weisungsrechte gegenüber dem Betriebsbeauftragten. Insbesondere ist auch eine Erweiterung der Aufgaben und Kompetenzen (z.B. Behördenkontakt, Weisungsrecht im Notfall oder Vetorecht) möglich.

Die Erfahrungen mit dem Betriebsbeauftragten sind von Ullmann[32)] in einer empirischen Untersuchung, wenngleich nicht umfassend, aufgearbeitet worden. Außerdem haben sich einzelne Praktiker aus Wirtschaft, Verwaltung und Gewerkschaften zur Bewährung des Betriebsbeauftragten in der Praxis geäußert.[33)] Insgesamt liegt damit ausreichendes Material vor, um jedenfalls eine vorläufige Beurteilung abzugeben.

Mit Sicherheit läßt sich sagen, daß das gesetzgeberische Ziel, mit dem Betriebsbeauftragten ein neuartiges Kooperationsmodell für den Umweltschutz zu schaffen, und die betreffenden Unternehmen, soweit dies nicht bereits vor Erlaß der Gesetze auf freiwilliger Grundlage erfolgt war, zur Selbstorganisation des betrieblichen Umweltschutzes zu veranlassen, gelungen ist. Die große Mehrzahl der betroffenen Unternehmen ist schon bald nach Erlaß der betreffenden Gesetze ihrer Pflicht zur Bestellung von Betriebsbeauftragten nachgekommen. Die Einfügung des Betriebsbeauftragten in die Betriebsorganisation[34)] erfolgt im allgemeinen in der Weise, daß der Betriebsbeauftragte zentral in der Betriebshierarchie, d.h. direkt unterhalb der Geschäfts- oder Betriebsleitung (ggf. mit zusätzlicher Unterstellung unter die Spartenleitung) lokalisiert wird; es handelt sich also regelmäßig um eine Stelle mit Stabscharakter. Nicht selten werden dem Betriebsbeauftragten auch Weisungsrechte eingeräumt. In sehr großen Betrieben ist oft eine sehr differenzierte Organisation des betrieblichen Umweltschutzes entstanden, mit besonderen Umweltschutzabteilungen auf Unternehmens- oder Betriebsebene, in denen für das ganze Unternehmen oder den ganzen Betrieb zuständige Betriebsbeauftragte tätig sind, denen spezielle Betriebsbeauftragte für einzelne Betriebe oder Betriebsteile unterstehen; derartige Organisationsformen erstrecken sich vielfach auch auf einen ganzen Konzern, was die Ausführungsregelungen zum Bundes-Immissionsschutzgesetz ausdrücklich zulassen (Konzernbetriebsbeauftragter). In vielen Fällen derartiger Ausdifferenzierung des betrieblichen Umweltschutzes insbesondere im Konzern werden die verschiedenen Aufgaben des Betriebsbeauftragten unterschiedlichen Stufen der Betriebshierarchie zugeordnet: Für die Überwachungsfunktion ist ein für den Betrieb verantwortlicher Betriebsbeauftragter zuständig, während die Innovationsfunktion dem für das ganze Unternehmen oder den Konzern zuständigen Beauftragten zugewiesen wird; nur diese Funktion wird dann direkt unterhalb der Unternehmens- oder Geschäftsleitung wahrgenommen. Einzelne Bundesländer halten eine derartige Aufspaltung der Aufgaben des Betriebsbeauftragten allerdings für unzulässig. Kleinere Unternehmen bestellen dagegen oft auch externe Betriebsbeauftragte (was nur mit behördlicher Genehmigung zulässig ist) oder machen den Geschäfts- oder Betriebsleiter selbst zum Betriebsbeauftragten. Die Spannweite der in der Praxis vorkommenden organisatorischen Lösungen ist also ganz erheblich.

Hinsichtlich der Aufgaben des Betriebsbeauftragten[35)] findet sich in der Praxis regelmäßig eine Erweiterung auf die Repräsentationsfunktion (Kontakt zu

Behörden und zur Öffentlichkeit). Im Bundes-Immissionsschutzgesetz, im Wasserhaushaltsgesetz und im Abfallgesetz ist diese Funktion nur indirekt angesprochen. In der Praxis hat es sich als zweckmäßig erwiesen, dem Betriebsangehörigen, der innerbetrieblich für den Umweltschutz, wenngleich ohne Entscheidungsbefugnisse, verantwortlich ist und besondere Detailkenntnisse besitzt, auch die Vertretung der Interessen des Unternehmens insbesondere gegenüber Behörden anzuvertrauen; auch die Behörden sind hieran interessiert und drängen deshalb häufig auf die Wahrnehmung der Repräsentationsfunktion durch den Betriebsbeauftragten.

Die Überwachungsfunktion und die Repräsentationsfunktion stehen in der Praxis im Vordergrund, wobei die Überwachungsfunktion mit Abstand den höchsten Stellenwert in der betrieblichen Praxis besitzt. Dagegen hat sich die Innovationsfunktion, die nach den rechtspolitischen Vorstellungen des Gesetzgebers und den Hoffnungen im Lager des reflexiven Rechts eigentlich im Vordergrund stehen sollte, in der Praxis nicht recht durchgesetzt.[36)] Die Mitwirkung an der Entwicklung, Einführung und Anwendung umweltfreundlicher Verfahren und die Mitwirkung an Investitionsentscheidungen treten deutlich zurück; die Mitwirkung an der Entwicklung und Einführung umweltfreundlicher Produkte ist fast bedeutungslos. In der Wirtschaft wird dies allerdings bestritten und auf die fehlende Sichtbarkeit der Innovationsfunktion hingewiesen und deren praktische Bedeutung gegenüber Angriffen in der Öffentlichkeit und von seiten der Gewerbeaufsicht betont.[37)] Andererseits wird zugegeben, daß der Betriebsbeauftragte bei Investitionsentscheidungen und Entscheidungen über Anlagenänderungen nicht selten übergangen wird.

Das Durchsetzungsvermögen des Betriebsbeauftragten[38)] scheint zumindest auf den ersten Blick groß. In etwa zwei Drittel aller von Ullmann untersuchten Großbetriebe und 43% aller von ihm untersuchten Betriebe gab es Meinungsverschiedenheiten zwischen dem Betriebsbeauftragten und dem Betriebsleiter über die Reduzierung von Umweltbelastungen, Investitionen, die Finanzierung von Maßnahmen des Umweltschutzes, die Produktionstechnologie sowie über die Mitwirkungsbefugnisse des Betriebsbeauftragten. Der Betriebsbeauftragte setzte sich in 64% der Fälle voll, in 23% teilweise und nur in 13% nicht durch. Gleichwohl kann man aus diesen Zahlen nicht schon auf eine problemlose Einfügung des Betriebsbeauftragten in die innerbetriebliche Entscheidungsorganisation schließen, da eine hohe Zahl von Antwortverweigerungen (30% bezüglich der Frage nach voller Durchsetzung, 59% bezüglich der Frage nach mangelnder Durchsetzung) das Befragungsergebnis verfälscht und eher zum Schluß nötig, daß in der Praxis Konflikte zwischen Betriebsleitung und Betriebsbeauftragtem als eine heikle Sache empfunden werden. Dafür sprechen auch Bekundungen einzelner Betriebsbeauftragter über die Problematik der Abhängigkeit des Betriebsbeauftragten besonders in kleineren Betrieben und die verschiedenen Forderungen nach einer rechtlichen Absicherung seines Status über das Benachteiligungsverbot hinaus.[39)]

Für das Ausmaß, in dem der Betriebsbeauftragte auf unternehmerische Entscheidungen im Bereich des betrieblichen Umweltschutzes Einfluß zu nehmen vermag[40)], spielt nach den vorliegenden empirischen Untersuchungen weder die Art seiner organisatorischen Eingliederung noch die Bedeutung der jeweiligen Umweltprobleme für das Unternehmen (insbesondere Umweltschutzkosten) und die Häufigkeit und Intensität von Konflikten mit den Behörden eine Rolle. Dies legt die Vermutung nahe, daß es nicht so sehr auf die organisatorische Eingliederung (Stellung in der Betriebshierarchie) sowie auf die Einstellung der Betriebsleitung zum Umweltschutz ankommt; die Tätigkeit des Umweltschutzbeauftragten scheint eher in einer routinemäßigen Abwicklung von betrieblichen Umweltproblemen und – hinsichtlich der Repräsentationfunktion – in der Abwiegelung behördlicher Forderungen zu bestehen. Bei wichtigen Entscheidungen geht die Verhandlungs- und Entscheidungskompetenz auf das Linienmanagement sowie die Betriebs- oder Geschäftsleitung über.

3. Ineffizienz oder Überlegalisierung: Das "reflexive Dilemma" des Betriebsbeauftragten

Die empirische Bilanz, die man auf der Grundlage der vorhandenen – zugegeben unzureichenden – empirischen Kenntnisse für den Betriebsbeauftragten für Umweltschutz ziehen kann, ist eher ernüchternd. Die Institutionalisierung des Betriebsbeauftragten hat nicht zu einer umweltorientierten Verhaltensänderung der Unternehmen geführt. Hinsichtlich der Innovationsfunktion waren die gesetzlichen Regelungen nicht in der Lage, die systembedingten Restriktionen zu überwinden[41)]; es ist zweifelhaft, ob die Institutionalisierung des Betriebsbeauftragten in irgend einer Weise zu umweltfreundlichen Innovationen beigetragen hat. Die Überwachungsfunktion ist von den Unternehmen akzeptiert, die Repräsentationsfunktion den gesetzlich vorgesehenen Aufgaben des Betriebsbeauftragten hinzugefügt worden, weil diese im betrieblichen Eigeninteresse liegen. Auch in diesen Bereichen erfüllt der Betriebsbeauftragte eher routinemäßige Aufgaben, sein Einfluß auf strategische Entscheidungen ist gering. Die Einstellung der Geschäftsleitung ist zwar allgemein wenig bedeutsam, dürfte aber die Wirkungsmöglichkeiten des Betriebsbeauftragten in negativer Hinsicht begrenzen; wie diverse Umweltskandale der jüngsten Vergangenheit zeigen, vermag der Betriebsbeauftragte offenbar wenig gegen eine uneinsichtige Geschäftsleitung auszurichten.

Reflexives Recht vertraut auf die Kraft von Intra-Rollen-Konflikten. Der Betriebsbeauftragte muß sich wie jeder andere Unternehmensangehörige am Interesse des Unternehmens an der Erzielung von Gewinnen orientieren;

gleichzeitig wird er aber durch die gesetzliche Aufgabenzuweisung für den betrieblichen Umweltschutz in die Pflicht genommen. Die Hoffnung, daß aus diesem Intra- Rollen-Konflikt quasi automatisch eine innerbetriebliche Vermittlung von Ökonomie und Ökologie entstehen werde, hat sich bisher nicht bestätigt. Ein Grund hierfür mag darin liegen, daß der Betriebsbeauftragte nicht über ausreichende Macht im Unternehmen verfügt. Das ihm eingeräumte Vortragsrecht verleiht formale Verhandlungsmacht, aber keine formalen Entscheidungs- oder auch nur Mitentscheidungsbefugnisse. Die organisatorische Plazierung des Betriebsbeauftragten unterhalb der Betriebs- oder Geschäftsleitung schließt diesen weitgehend von strategischen Entscheidungen aus. Dieses formelle Machtdefizit wird auch nicht durch informelle Macht kompensiert. Faktische Macht im Unternehmen hängt wesentlich von der Kontrolle "kritischer Ressourcen" des Unternehmens ab.[42)] Umweltschutz ist nur eine "unproduktive" Investition und daher keine "natürliche" kritische Ressource, sondern allenfalls eine "politische". Im Gegensatz zu Kapital und Arbeit hat der Umweltschutz auch keine personale Machtbasis im Unternehmen. Wäre der Umweltschutz für das Überleben des Unternehmens besonders wichtig und nach außen konfliktträchtig und deshalb eine "politische" kritische Ressource, so könnte man sich allerdings vorstellen, daß der Betriebsbeauftragte faktisch eine stärkere Position im Unternehmen einnähme. Bislang ist dies nicht der Fall.

Den anderen Grund für die Schwäche des Betriebsbeauftragten kann man in betrieblichen Karrieremustern sehen. Der Betriebsbeauftragte übt seine Tätigkeit vielfach nebenberuflich aus und steht insoweit in einer doppelten Loyalität, insbesondere in kleineren und mittleren Unternehmen. Wo das nicht der Fall ist, wird er an einem Aufstieg in der Unternehmenshierarchie interessiert sein, der ihn in der Regel in eine Position außerhalb des betrieblichen Umweltschutzes führen wird. Probate Mittel der Rollendifferenzierung wie formale Qualifikation, Entwicklung eines Berufsbilds und berufsständische Organisation, die beim Betriebsbeauftragten in Ansätzen bereits vorhanden sind, vermögen an dieser Sachlage wenig zu ändern. Anders wäre das eventuell bei einer Plazierung des Betriebsbeauftragten im Vorstand. Bei der gesetzlich vorgegebenen Situation wird das Rollenverständnis des Betriebsbeauftragten von vornherein kaum dahin gehen, auf die Entwicklung und Einführung umweltfreundlicher Innovationen, z.B. neuer umweltfreundlicher Verfahren, hinzuwirken, die betriebswirtschaftlich nachteilig sind, sofern bestehende Anforderungen auch mit alter Technologie zu erfüllen sind.[43)] So läßt sich auch erklären, daß sich der Betriebsbeauftragte überwiegend harmonisch in die Betriebsorganisation einfügt und sich nach den Aussagen zahlreicher Unternehmen bei innerbetrieblichen Konflikten überwiegend voll oder jedenfalls teilweise durchsetzt. Man wird darin eine antizipierte Anpassung an konsensfähige Vorschläge und Maßnahmen, nicht aber besonderes Durchsetzungsvermögen aufgrund einer innerbetrieblichen Konfliktstrategie zu sehen haben. Dementsprechend fordern praxeologische

Arbeiten vom Betriebsbeauftragten Verhandlungsgeschick, Fingerspitzengefühl und Kompromißbereitschaft.[44)] Besondere Probleme scheinen in kleinen Unternehmen zu bestehen, in denen einerseits wegen Fehlens einer bürokratischen Organisation eine eigene Rolleninterpretation durch den Betriebsbeauftragten besonders schwierig ist, andererseits die betriebliche Personaldecke oft zu dünn ist, um einen internen Betriebsbeauftragten zu bestellen. Die gewählten Ausweichstrategien – Personalunion mit einem Vertreter der Unternehmensleitung oder Serviceunternehmen – verfehlen das mit der Institutionalisierung des Betriebsbeauftragten intendierte gesetzgeberische Ziel. Bei größeren Unternehmen kommt es demgegenüber vielfach zu einer Aufspaltung des Betriebsbeauftragten nach unterschiedlichen Funktionen und auf der Ebene des Gesamtunternehmens (besonders des Konzerns), die der Gesetzgeber so nicht gewollt hat. All das zeigt, daß sich bereits die äußerst weitmaschig gehaltenen Regelungen des Gesetzes an der Organisationskomplexität der Unternehmen stoßen.

Ullmann[45)] zieht aus den empirischen Befunden die Folgerung, daß die Einführung des Betriebsbeauftragten in der ersten Hälfte der siebziger Jahre einen bestehenden organisatorischen Nachholbedarf gedeckt habe, eine gesetzliche Pflicht zur Bestellung des Betriebsbeauftragten aber mit zunehmender Etablierung des betrieblichen Umweltschutzes in fast allen betroffenen Unternehmen überflüssig geworden sei; es reiche aus, die Behörden (entsprechend § 53 Abs. 2 BImSchG, §§ 4 Abs. 2 Nr. 2, 21 a Abs. 2 WHG, § 11 a Abs. 2 AbfG) zu ermächtigen, säumigen Unternehmen die Bestellung eines Betriebsbeauftragten im Einzelfall aufzugeben.

Andere, insbesondere Behörden- und Gewerkschaftsvertreter[46)], verlangen dagegen eine erhebliche Verstärkung der formalen Macht des Betriebsbeauftragten durch gesetzliche Entscheidungsbefugnisse oder Berichtspflichten gegenüber der Behörde und einen gesetzlichen Schutz gegen eine Abberufung und wollen zum Teil auch die Rolle der Behörden und des Betriebsrats stärken (z.B. Mitspracherecht der Behörden und des Betriebsrats bei der Bestellung und Abberufung) sowie externe Betriebsbeauftragte untersagen. Damit begibt man sich indessen von der Skylla der Ineffizienz in die Charybdis der Überlegalisierung, und es besteht die Gefahr eines Umschlagens von der weichen, reflexiven zu einer harten, regulativen Intervention. Die Einräumung gesetzlicher Entscheidungsbefugnisse an den Betriebsbeauftragten impliziert, daß dieser notfalls gegen den Willen der Geschäftsleitung Maßnahmen des Umweltschutzes durchführen, Investitionen verhindern oder anordnen, umweltfreundliche Verfahren oder Produkte einführen könnte. Eine derartige kompetenzielle Selbstständigkeit des Betriebsbeauftragten würde ihm einen Sonderstatus im Unternehmen einräumen, der zu einer Fragmentierung der unternehmerischen Verantwortung führen müßte und letztlich die Funktionsfähigkeit des unternehmerischen Entscheidungsprozesses in Frage stellen könnte. Es ist schwer ersichtlich, wie ein Betriebsbeauftragter Entscheidungen zugunsten des Umweltschutzes mit weitreichenden wirtschaftlichen Folgen sollte treffen können, ohne Verantwortung für das Unternehmen insgesamt zu tragen. Der Betriebsbeauftragte geriete in eine potentielle Frontstellung zur Unternehmensleitung mit der Folge, daß das Vertrauensverhältnis zur Unternehmensleitung gefährdet und er vom innerbetrieblichen Informationsfluß abgeschnitten würde. Die Selbstreflexion auf der Grundlage der Freiwilligkeit würde durch Selbstintervention durch Zwang abgelöst, ohne daß freilich sicher wäre, ob der Verleihung formaler Macht an den Betriebsbeauftragten auch ein entsprechender realer Machtzuwachs korrespondierte. Selbst im Bereich der betrieblichen Mitbestimmung nach dem Betriebsverfassungsgesetz hat das Gesetz aus wohl erwogenen Gründen dem Betriebsrat keine derartig weitgehende Entscheidungs- oder auch nur Vetorechte eingeräumt, da bei Meinungsverschiedenheiten zwischen Geschäftsleitung und Betriebsrat letztlich die Einigungsstelle zu entscheiden hat (§§ 87 Abs. 2, 91 S. 2, 98 Abs. 4 BetrVG). Diskutabel erscheinen allenfalls gesetzliche Entscheidungsbefugnisse des Betriebsbeauftragten bei schwerwiegenden Gesetzesverstößen und Gefahr im Verzug, da hier eine Abwägung der Belange des Umweltschutzes mit anderen betrieblichen Erfordernissen unter keinen Umständen zu Lasten des Umweltschutzes ausfallen sollte.

Die geforderte Verstärkung der Rolle der Behörden, insbesondere in der Form von Berichtspflichten gegenüber den Behörden bei Gesetzesverstößen, deren Beseitigung die Geschäfts- oder Betriebsleitung verweigert hat, ist nicht ohne gesetzliche Vorbilder. Nach § 30 Abs. 2 S. 2 StrlSV hat der Betreiber, wenn er sich mit dem Strahlenschutzbeauftragten nicht über eine vorgeschlagene Strahlenschutzmaßnahme oder -einrichtung einigen kann, die Ablehnung des Vorschlags schriftlich mitzuteilen und zu begründen und eine Abschrift der zuständigen Behörde zu übersenden. Diese Regelung läßt sich mit den potentiell extrem großen Gefahren radioaktiver Strahlung begründen. Damit ist jedoch ein qualitativer Schritt in Richtung auf Institutionalisierung des Betriebsbeauftragten als interner Aufpasser der Behörde im Unternehmen gemacht. Der Betriebsbeauftragte wird praktisch zu einem betrieblichen Außenposten des behördlichen Vollzugssystems, obwohl nach der formalen Rollenverteilung die Berichtspflicht weiterhin der Geschäftsleitung obliegt. Dies hätte ähnliche, wohl aber noch weiterreichende Auswirkungen auf seine interne Stellung im Unternehmen als die Einräumung gesetzlicher Entscheidungsbefugnisse. Jedenfalls würde damit der Übergang auf ein interventionistisches Modell organisatorischer Intervention vollzogen. Mit dem reflexiven Modell kompatibel wäre allenfalls die datenschutzrechtliche Regelung, wonach der Betriebsbeauftragte, ohne seine Loyalitätspflicht gegenüber dem Unternehmen zu verletzen, sich von sich aus an die zuständige Behörde wenden kann (§ 29 Abs. 1 S. 2 BDSG).[47)]

III. Schlußbemerkung

Am Beispiel des Betriebsbeauftragten für Umweltschutz zeigt sich, daß die Institutionalisierung besonderer Vertreter öffentlicher Interessen im Unternehmen durchaus sinnvoll sein kann, um die unternehmensinternen Bemühungen um eine Berücksichtigung externer Interessen anzuregen, zu stärken und zu kanalisieren. Derartige Maßnahmen reflexiver Intervention haben jedoch oft nur begrenzte Wirkung. Sie vermögen offenbar nicht die wirtschaftssystembedingten, d.h. durch Einbettung von Unternehmen in eine marktwirtschaftliche Ordnung bedingten, Restriktionen aufzuheben. Zumindest in den Fällen, in denen, wie beim Umweltschutz, solche Restriktionen besonders stark sind, bleibt daher die Notwendigkeit, die Durchsetzung politischer Zielsetzungen primär durch Änderung der Rahmenbedingungen der Marktwirtschaft und durch intelligentere Formen staatlicher Intervention, die sich zum Beispiel stärker ökononischer Instrumente und damit der eigentlichen "Sprache" der Wirtschaft bedienen, anzustreben. Damit ist nicht gesagt, daß reflexive Intervention unter anderen sozialen Systemumweltbedingungen nicht erfolgreich sein kann. Was daher nottut, ist nicht etwa eine völlige Absage an das Programm reflexiver Intervention, sondern eine nüchterne Einschätzung seiner Möglichkeiten.

Anmerkungen

1 Siehe dazu etwa Voigt, Verrechtlichung in Staat und Gesellschaft, in: ders., Verrechtlichung, 1980, S. 15 ff.; Wiethölter, Entwicklung des Rechtsbegriffs, JbRSozRTh 8 (1982), 38 ff.; Teubner, in: Zacher/Simitis/Kübler/Hopt/Teubner, Verrechtlichung von Wirtschaft, Arbeit und sozialer Solidarität 1984, S. 289, 304 ff.; Wieacker, Privatrechtsgeschichte der Neuzeit, 2. Aufl. 1967, S. 539 f.

2 Vgl. Mayntz, Regulative Politik in der Krise?, in: Matthes, Sozialer Wandel in Westeuropa, 1979, S. 55 ff.; Reich, The regulatory crisis: does it exists and can it be solved?, Government and Policy 1984, 177 ff.; Breyer, Regulation and its Reform, 1982; Wahl, Die bürokratischen Kosten des Rechts- und Sozialstaats, Verwaltung 1980, 237 f.; eine systemtheoretische Begründung findet sich bei Teubner/Willke, Kontext und Autonomie: Gesellschaftliche Selbststeuerung durch reflexives Recht, ZfRSoz. 1984, 4, 7 ff.

3 Teubner, s. Anm. 1, S. 313 ff.; ders., Das regulatorische Trilemma, Quarderni Fiorentini per la storia del pensiero giuridico moderno 13 (1984), 109, 125.

4 Vgl. insbesondere Reich, Reflexives Recht? Bemerkungen zu einer neuen Theorie von Gunther Teubner, in: Festschrift für Wassermann, 1985, S. 151, 153 ff.: "Globales Krisenszenario des Rechts".

5 Vgl. Mayntz, Mängel der Implementation politischer Programme, Verwaltung 1977, 51; dies., Zur Einleitung: Probleme der Theoriebildung in der Implementationsforschung, in: Mayntz, Implementation politischer Programme II (1983), S. 7 ff.; Bruder, Forschungsanalytische Defizite der Implementationsforschung, VerwA 1984, 129 ff.; Dahme/Grunow/Hegner, Aspekte der Implementation sozialpolitischer Anreizprogramme, in: Mayntz, Implementation politischer Programme, 1980, S 154 ff.

6 Vgl. Teubner/Willke, s. Anm. 2, S. 8 ff.

7 Überblick bei Voigt, Gegentendenzen zur Verrechtlichung, JbRSozRTh 9 (1983), 17 ff., m.w.N.

8 Teubner, Reflexives Recht, ARSP 68 (1982), 13 ff.;ders., s. Anm. 1, S. 334 ff.; ders., Das regulatorische Trilemma, s. Anm. 3, 122 ff. m.w.N.; Teubner/Willke, s. Anm. 2, 13 ff.; Willke, Gesellschaftssteuerung, in: Brüggemeier/Joerges, s. Anm. 4, S. 161, 189 ff.; Wiethölter, s. Anm 1; ders.; Materialisation and Proceduralisation in Modern Law, in: Teubner, Dilemmas of Law in the Welfare Sate, 1984; ders., Materialisierung und Prozeduralisierung von Recht, in: Brüggemeier/Joerges, Workshop zu Konzepten des postinterventionistischen Rechts, ZERP Materialien 4, 1984, S. 25, 38 ff.

9 Stone, Where the Law Ends. The Social Control of Corporate Behavior, 1975, S. 119 ff., 152 ff., 174, 217 ff.; ders., Public Interest Representation: Economic and Social Policy Inside the Enterprise, in: Hopt/Teubner, Corporate Governance and Directors' Liabilities, 1985, S. 122, 127 ff.; vgl. auch Steinmann/Gerum, Reform der Unternehmensverfassung, 1978, S. 70; Steinmann, The Enterprise as a Political System, in: Hopt/Teubner aaO., S. 401, 415f.; Brinkmann, Unternehmensinteresse und Unternehmensrechtsstruktur, 1983, S. 216 ff.; Kübler, Dual Loyalty of Labour Representatives, in: Hopt/Teubner aaO., S. 427, 439f. m.w.N.

10 Teubner, Das regulatorische Trilemma, s. Anm. 3, 137 ff.; Teubner/Willke, s. Anm. 2, 23 f.; Teubner, s. Anm. 1, S. 341 f.; ders., "Corporate responsibility" als Problem der Unternehmensverfassung, ZGR 1983, 34 f.

11 Ulrich, Die Großunternehmung als quasi-öffentliche Institution, 1975, S. 174 ff., 189 ff., 212 ff., 225 ff.; dazu Teubner, ZGR 1983, 34 ff.

12 Teubner, Das regulatorische Trilemma, s. Anm. 3, 137 ff.; Stone, Where the Law Ends, s. Anm. 9, S. 119 ff., 152 ff., 174 ff., 184 ff., 217 ff.; ders., in Hopt/Teubner, s. Anm. 9, S. 141 ff.; Dierkes, Corporate Social Reporting and Auditing: Theory and Practice, in: Hopt/Teubner, s. Anm. 9, S. 354 ff.

13 Vgl. Reich, s. Anm. 4; Blankenburg, The Poverty of Evolutionism. A Critique of Teubner's Case for "Refexive Law", Law & Society, Review 18 (1984), 723 ff.; Bechmann, Anfragen zur Integrationsproblematik von Politik, Recht, Gesellschaft: Interpenetration und Selbstreferenz, in: Brüggemeier/Joerges, s. Anm. 8, S. 194 ff.; Gotthold, Anfragen an die Konzeption des reflexiven Rechts bei Teubner/Willke, ebenda S. 241 ff. Kritik grundsätzlicher Natur bei Luhmann, Einige Probleme mit "reflexivem Recht", ZfRSoz. 6 (1985), 1 ff.: Recht kann nur selbstreflexiv sein, sich selbst für seine gesellschaftlichen Bedingungen sensibilisieren, aber keine Oberregulierung der Gesellschaft sein!

14 Vgl. allgemein Reich, s. Anm. 4, S. 160: Entlastung des Rechts, Belastung der Aushandlungsprozesse.

15 Siehe aber Stone, Where the Law Ends, s. Anm. 9, S. 121; ders., in Hopt/Teubner, s. Anm. 9, S. 129 ff.; Teubner/Willke, s. Anm. 2, 13 f.

16 Vgl. BGHZ 83, 144; OLG Hamburg, AG 1984, 248; Säcker, Allgemeine Auslegungsgrundsätze zum Mitbestimmungsgesetz 1976, ZHR 148 (1984), 153, 180.

17 Vgl. Lawrence/Lorch, Organisation and Environment: Managing Differentiation and Integration, 1969; Jacobs, Dependency and Vulnerability: An Exchange Approach to the Control of Organisation, ASQ 1974, 45 ff.; Pfeffer/Salancik, The External Control of Organisation, 1978.

18 BVerfGE 50, 290, 331 ff., 352, 357; Kübler/Schmidt/Simitis, Mitbestimmung als gesellschaftspolitische Aufgabe, 1978, S. 147 ff., 155 ff., 188 ff.

19 Vgl. demgegenüber Teubner, Das regulatorische Trilemma, s. Anm. 3, S. 137 ff., der diese Frage nicht stellt.

20 Vgl. Krause, Corporate Social Responsibility: Interests and Goals, in: Hopt/Teubner, s. Anm. 9, S. 95, 114 ff.; auch Stone, in: Hopt/Teubner, s. Anm. 9, S. 135 f.

21 Stone, in: Hopt/Teubner, s. Anm. 9, S. 127 ff.; weniger deutlich: ders., Where Law Ends, s. Anm. 9, S. 152 ff., 174 ff., 184 ff.

22 Ulrich, s. Anm. 11, S. 174 ff., 193, 225 ff.

23 Teubner, ZGR 1983, 34, 51 ff.

24 Rehbinder/Burgbacher/Knieper, Ein Betriebsbeauftragter für Umweltschutz?, 1972.

25 AaO, S. 7, 8 und 25.

26 Umweltbeauftragter für Immissionsschutz – Gilt auch für die öffentliche Hand, Umwelt-VdI 2/73, S. 43 (Gesetzesentwurf S. 44).

27 Bundesminister des Inneren, Umweltbericht '76 (1976), Rdnr. 087; Jarass, Bundes-Immissionschutzgesetz, 1983, vor § 53 Rdnr. 3; Hansmann, in: Landmann/Rohmer, Gewerbeordnung, Band III: Umweltschutz, §§ 53-58 Rdnr. 2, 3, 15, 16; Schöttler, Der Betriebsbeauftragte für Immissionsschutz, BB 1976, 205; Tettinger, Der Immissionsschutzbeauftragte – ein Beliehener?, DVBl 1976, 752, 758 f.; Köhler, Der wasserrechtliche Beauftragte, ZfW 1976, 323, 335 f., 343; Stich, Die Betriebsbeauftragten für Immissionsschutz, Gewässerschutz und Abfall, GewA 1976, 145, 149; Speiser, Der Schutzbeauftragte nach dem Bundes-Immissionschutzgesetz, BB 1975, 1325, 1327.

28 Gesetzliche Regelungen: §§ 53-58 BImSchG, 6.BImSchV; §§ 21 a-g WHG; §§ 11 a-f AbfG, VO über Betriebsbeauftragte für Abfall.

29 Hansmann, s. Anm. 27, vor §§ 53-58 Rdnr. 16; Köhler, s. Anm. 27, 342; Jarass, s. Anm. 27, vor § 53 Rdnr. 4; Keune, Betriebsbeauftragte für Umweltschutz, Umwelt-VDI 1979, 405.

30 Hansmann, s. Anm. 27, § 54 Rdnr. 25; Köhler, s. Anm. 27, 344; Stich, s. Anm. 27, 153; Keune, s. Anm. 29, 406 ff.; Speiser, s. Anm. 27, 1327; Sander, Umweltstraf- und Ordnungswidrigkeitsrecht, 1981, S. 44 ff.; abweichend Szelinsky, Der Umweltschutzbeauftragte, WiVerw 1980, 266, 287.

31 Hansmann, s. Anm. 27, § 58 Rdnr. 7; Jarass, s. Anm. 27, § 58 Rdnr. 3; Köhler, s. Anm. 27, 342; Speiser, s. Anm. 27, 1326 f.

32 Ullmann, Der Betriebsbeauftragte für Umweltschutz aus betriebswirtschaftschaftlicher Perspektive: Umweltpolitische Notwendigkeit oder gesetzgeberischer Perfektionismus?, ZfbF 33 (1981), 992; knapper auch in Ullmann, Industrie und Umweltschutz, 1982, S. 102 ff.

33 Arbeitsgemeinschaft für Umweltfragen, Wortprotokoll über das Mitgliedergespräch, 30.8.1979, S. 40 ff.; Interparlamentarische Arbeitsgemeinschaft, Stenografisches Protokoll über die Sitzung der Kommission für Umweltfragen am 13.10.1980, KLW-Dr. 532; Westdeutscher Rundfunk – Studio Düsseldorf –, Thema Heute – Zwei zu Eins, 30.11.1983, Zwischen Baum und Borke – Umweltschutzbeauftragte im Betrieb, von Falk vom Hofe.

34 Dazu Ullmann, ZfbF 33 (1981), 992, 1002 f.

35 Ullmann, ZfbF 33 (1981), 992, 1003 ff.

36 Ullmann, ZfbF 33 (1981), 992, 1004 f.; Hansmann, in: Arbeitsgemeinschaft für Umweltfragen, s. Anm. 33, S. 53, 60 f.; Feldhaus, ebenda, S. 57.

37 Sander, in: Interparlamentarische Arbeitsgemeinschaft, s. Anm. 33, S. 13; Fathmann, ebenda, S. 15; Repenning, in: Arbeitsgemeinschaft für Umweltfragen, s. Anm. 33, S. 60; Trobisch ebenda, S. 61.

38 Dazu Ullmann, ZfbF 33 (1981), 992, 1007 f.

39 Holler, in: Interparlamentarische Arrbeitsgemeinschaft, s. Anm. 33, S. 7 f., 12.

40 Ullmann, ZfbF 33 (1981), 992, 1008 ff.

41 Ullmann, ZfbF 33 (1981), 992, 1013.

42 S. Anm. 17.

43 Ullmann, ZfbF 33 (1981), 992, 1011 f.

44 Nachweise bei Ullmann, ZfbF 33 (1981), 992, 1008 (Fn. 47).

45 Ullmann, ZfbF 33 (1981), 992, 1013.

46 Pütz, in Westdeutscher Rundfunk, s. Anm. 33, S. 18; W. Schneider, ebenda, S. 11 ff.

47 Das – durchaus erfolgreiche – aktienrechtliche Model des (externen) Abschlußprüfers (vgl. §§ 316–324 HGB) ist auf den innerbetrieblichen Umweltschutz kaum übertragbar, da hier eine laufende, interne Kontrolle erforderlich ist und mangels funktionsfähiger Umweltrechnungslegung (Umweltbilanz usw.) auf absehbare Zeit kein formales Bewertungssystem zur Verfügung steht.

Renate Mayntz

Berücksichtigung von Implementationsproblemen bei der Gesetzesentwicklung
Zum Beitrag der Implementationsforschung zur Gesetzgebungstheorie

I.

Nachdem sich die rechtswissenschaftliche Dogmatik wie auch die juristische Methodenlehre lange Zeit überwiegend mit dem Rechtszustand *nach* Erlaß eines Gesetzes beschäftigt hatten, befassen sich Juristen seit Anfang der 70er Jahre zunehmend mit Gesetzgebungsproblemen, die sie unter der Bezeichnung Gesetzgebungslehre (so Noll 1973, Baden 1977 und Hill 1982), Gesetzgebungstheorie (so Rödig 1976 und Kindermann 1979) oder auch als Rechtsetzungswissenschaft (so Fricke und Hugger 1979) behandeln. Den Anstoß für die neuerlich verstärkte Beschäftigung mit gesetzgeberischen Problemen sieht Noll (1973, S. 29 f.) u.a. in Bestrebungen zur Rationalisierung von Recht und Politik. Seibel (1984, S. 13) meint, daß es die Anfang der 70er Jahre bewußt werdenden Probleme einer wirkungsvollen gesellschaftlichen (und ökonomischen!) Steuerung gewesen seien, die die wissenschaftliche Aufmerksamkeit auf Fragen der Gesetzgebung und des Gesetzesvollzugs gelenkt hätten.

Wie dem auch sei, die Zunahme rechtswissenschaftlicher Bemühungen um eine die Praxis anleitende Gesetzgebungstheorie ist seit dieser Zeit unverkennbar. Dabei stehen teilweise formale Anforderungen an die Gestaltung von Gesetzestexten im Vordergrund, während Handlungsaspekte wie etwa die praktische Kontrollierbarkeit eines Tatbestandes oder der durch eine Regelung erzeugte Koordinationsbedarf eher vernachlässigt werden. Kennzeichnend dafür sind die Arbeiten von Kindermann (1979) oder Baden (1977). Dagegen interessierten sich bereits Noll (1973) und später Fricke und Hugger (1980) auch für Aspekte der Wirkungsweise von Rechtsnormen. Noll etwa, der die Untersuchung von Form und Inhalt von Rechtsnormen mit dem Ziel fordert, "Kriterien, Richtlinien und Anleitungen zur rationalen Normgebung und Normgestaltung zu erarbeiten" (1973, S. 15), behandelt neben Verfahrensfragen vor allem Wirksamkeitsprobleme; die Gesetzgebungstechnik sieht er als "Mittel zur Erreichung des mit dem Gesetz verfolgten Zweckes" (S. 169). Den bislang bemerkenswertesten Schritt hin zu einer "anwendungsorientierten Gesetzgebungslehre" – so Böhret im Vorwort – verdanken wir Hugger (1983). Auch dieses Buch stellt jedoch über weite Strecken im Grunde erst jene Fragen, die eine empirisch fundierte Gesetzgebungstheorie beantworten müßte; es zeigt auf, was zu beachten ist, doch kann es nur in engen Grenzen zugleich empirisches Wissen über Kausalzusammenhänge bereitstellen, das konkrete Gestaltungsentscheidungen lenken würde. Das gilt verstärkt für die sowohl auf Landes- wie auf Bundesebene in den letzten zehn Jahren meist in der Form von Kriterienkatalogen oder Listen von Prüffragen entwickelten Richtlinien für die Gestaltung rechtlicher Vorschriften (vgl. hierzu Fricke & Hugger 1980, die derartige Prüfkataloge vor allem auf Landesebene analysiert haben).

In dieser Situation ist es eine wichtige Frage, ob man bei der Entwicklung einer präskriptiven Gesetzgebungstheorie auf Ergebnisse der sozialwissenschaftlichen Policy-Forschung und speziell der Implementationsforschung zurückgreifen kann. Der hier gesteckte Rahmen verbietet es zwar, auf etwaige Beiträge in extenso inhaltlich einzugehen. Vielmehr sollen zunächst vier eher grundsätzliche Fragen erörtert und sodann an einem Beispiel exemplarisch gezeigt werden, wie ein derartiger Beitrag aussehen könnte. Die vier allgemeinen Fragen lauten:

- Was kann eine mit sozialwissenschaftlichen Forschungsergebnissen angereicherte Gesetzgebungstheorie von der Implementationsforschung lernen?
- Lernt auf diesem Wege am Ende auch der Gesetzgeber?
- Ist es überhaupt möglich, daß die Gesetzgebungspraxis aus einer allgemeinen Theorie lernt, oder läßt sich die Gesetzgebung in inhaltlicher Hinsicht nur durch Lernen aus Erfahrung verbessern?
- Vorausgesetzt, daß ein Lernen auf dem Wege über Theoriebildung möglich ist: Ist es eigentlich wünschenswert, daß der Gesetzgeber davon Gebrauch macht?

Gegenstand der hier als Bezugspunkt genommenen Theorie sollen allerdings nicht nur Gesetze sein, sondern das, was in der sozialwissenschaftlichen Policy-Forschung unter dem Begriff der staatlichen Handlungsprogramme (bzw. kurz: Programme) gefaßt wird.[1)]

II.

1.) Was kann man aus den Ergebnissen der Implementationsforschung lernen?

Um diese Frage zu beantworten, ist es notwendig, sich kurz zu vergegenwärtigen, womit sich die Implementationsforschung befaßt. Dabei kann das bereits an anderer Stelle (Mayntz 1983, S. 18) abgebildete Schema 1 helfen. Beobachtungsgegenstand von Implementationsstudien ist speziell die Interaktion zwischen Implementeuren (Vollzugsträgern) und Adressaten. Die *Vollzugsträger* müssen keine staatlichen Instanzen sein, doch interessiert sich verständlicherweise vor allem die verwaltungswissenschaftliche Implementationsforschung

Schema 1: Wirkungszusammenhänge im Implementationsprozeß

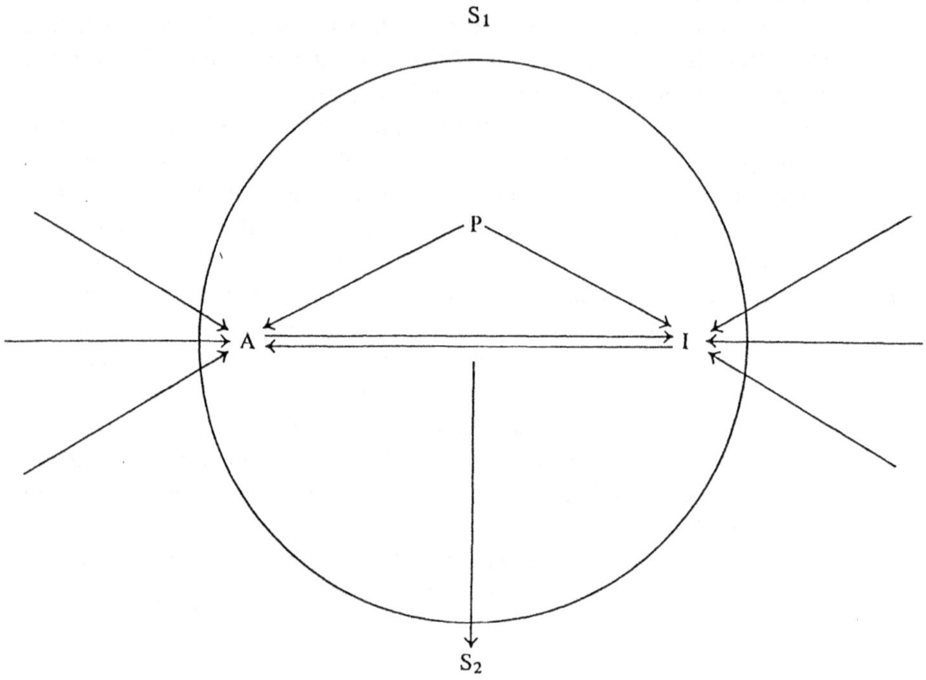

Legende: S_1 = Ausgangssituation, die als Problem empfunden wird und durch ein Programm verändert werden soll
S_2 = angestrebter Zielzustand, als Ergebnis der Programmwirkung
P = Programm
I = Implementeure
A = Adressaten

insbesondere für administrative Vollzugsinstanzen. Ähnlich können auch die *Adressaten* sowohl private wie öffentliche Akteure (z.B. auch: andere Behörden) sein, doch interessieren in der Implementationsforschung vor allem die ersteren.

Das *Programm*, das den Rahmen für die Interaktion zwischen Implementeuren und Adressaten bildet, wird in der Implementationsforschung in der Regel als Datum genommen, doch hat man schon frühzeitig erkannt, daß wichtige Ursachen für einen unbefriedigenden Programmerfolg auch und gerade in bestimmten Eigenschaften der Programme selbst liegen können. So wurde etwa in einer Untersuchung über Vollzugsprobleme der Umweltpolitik, die zu den ersten größeren empirischen Implementationsstudien in der Bundesrepublik zählt, ausdrücklich auf eine Reihe von Mängeln des gesetzlichen Instrumentariums verwiesen (Mayntz u.a. 1978, S. 33 f., 56 f.). Das heißt selbstverständlich noch nicht, daß die Implementationsforschung Aussagen über eine zweckmäßige Programmgestaltung anstrebt. Unverkennbar ist jedoch, daß sich viele Implementationsforscher – die Verfasserin nicht ausgeschlossen – gerade aufgrund ihrer Forschungserfahrungen im Laufe der Zeit zunehmend für Fragen der Programmgestaltung (Policy Design) interessiert haben, so daß man hier sogar von einem neuen Forschungsgebiet sprechen kann (Lindner & Peters 1984).

Was die Implementationsforschung auf jeden Fall geleistet hat, ist eine Differenzierung des analytischen Rahmens, in dem sich Fragen der Programmgestaltung erörtern lassen. In der Policy-Forschung selbst hatte man sich lange Zeit schwergewichtig für Programminhalte und hier vor allem für das cui bono der vorgesehenen Maßnahmen interessiert, ohne den mehr formalen Programm-Merkmalen besondere Beachtung zu schenken. Indem die Implementationsforschung die Aufmerksamkeit auf das Verhalten von Vollzugsinstanzen lenkte, schärfte sie zwangsläufig den Blick für Details der staatlichen Handlungsvorgaben und damit für die Dimensionen der Programmgestaltung. Inzwischen existieren mehrere Modelle für die Unterscheidung verschiedener Programmelemente (vgl. z.B. Göbel 1980, S. 84; Knöpfel & Weidner 1980, S. 88 f.; Jann 1981, S. 49 ff.), bei denen man oft in der einen oder anderen Form eine Unterscheidung zwischen einem Programmkern oder Wirkungsteil auf der einen und einer Programmschale oder einem Durchführungsteil auf der anderen Seite antrifft. Zum Kern eines Programms gehören dabei neben etwaigen expliziten Zielformulierungen und der Bestimmung der Adressaten vor allem die gewählten Interventionsinstrumente und die konkreten adressatenbezogenen Maßnahmen, die ihnen eine anwendungsfähige Form geben. Der Durchführungsteil des Programms enthält dagegen die organisatorischen und verfahrensmäßigen Regelungen, die den Implementationsprozeß strukturieren. Dazu gehören insbesondere: die Bestimmung der Vollzugsträger, die Normierung der administrativen Verfahrensweise, die Regelung von Widerspruchs- und Beschwerdemöglichkeiten und von Beteiligungsmöglichkeiten sowie Regelungen, die die zeitliche

Geltungsdauer des Programms und seine Anpassung in bestimmten zeitlichen Abständen bzw. in Abhängigkeit von bestimmten Wirkungen betreffen. Die Unterscheidung dieser verschiedenen Programmelemente dient dazu, die Aufmerksamkeit systematisch auf bestimmte Gestaltungsalternativen bei der Programmentwicklung zu lenken.

Von besonderer Bedeutung in dieser Aufzählung verschiedener Programmelemente ist die Kategorie der Interventionsinstrumente (auch Steuerungsinstrumente oder kurz Instrumente genannt). Bei diesen Instrumenten handelt es sich um die grundsätzlichen Arten staatlichen Handelns, durch das versucht wird, das Verhalten gegebener Adressatengruppen in eine bestimmte Richtung zu lenken und/oder einen bestimmten Zielzustand im Regelungsfeld zu erreichen. Obwohl es auch vor und außerhalb der Implementationsforschung Versuche gegeben hat, verschiedene Formen staatlicher Intervention zu unterscheiden, ist diese Diskussion doch ohne Zweifel durch die Implementationsforschung belebt worden (vgl. hierzu den zusammenfassenden Beitrag von Kaufmann & Rosewitz 1983). Dabei zeichnet sich die Tendenz ab, von einer Klassifikation aufgrund formaler rechtlicher Merkmale oder aufgrund von (z.B. distributiven versus redistributiven) Wirkungen überzugehen auf eine Kategorisierung, die auf die Art der Einwirkung abstellt[2)] und die Aufmerksamkeit insofern auf relativ leicht faßbare Gestaltungsalternativen lenkt (die selbstverständlich unter Wirkungsaspekten höchst bedeutsam sind).

Abgesehen davon, daß die angedeuteten analytischen Differenzierungen selbst ein nicht unwichtiger Beitrag zu einer sozialwissenschaftlich informierten Gesetzgebungstheorie sind, stellt sich die Frage, ob gerade die Implementationsforschung generalisierungsfähige Aussagen über die Vor- und Nachteile bzw. neutraler: die Konsequenzen der auf die einzelnen Programmelemente bezogenen Gestaltungsentscheidungen zu machen erlaubt. Die Antwort auf diese Frage ist ein bedingtes Ja. Da das Verhalten von Vollzugsträgern oft unmittelbarer Beobachtungsgegenstand der Implementationsforschung ist, sollte sie einerseits etwas darüber sagen können, wie diese Akteure auf bestimmte Programmvorgaben reagieren, bestimmte Regeln praktisch handhaben usw. Damit sollte es möglich sein, etwas über die Vollzugseignung oder administrative Praktikabilität von Programmvorgaben auszusagen. Daß das in der Tat der Fall ist, werde ich im zweiten Teil meines Beitrages zu zeigen versuchen. Allerdings hat die Implementationsforschung auch gezeigt, daß das Verhalten der Vollzugsinstanzen nicht nur, ja unter Umständen nicht einmal primär von Programmvorgaben, sondern sehr stark von ihren eigenen Organisationsmerkmalen, ihrer strukturellen Lokalisierung, von Ausstattungsfaktoren und der Einbindung in übergreifende Kooperationsbeziehungen bestimmt wird. Dieses Wissen ist für eine *Gesetzgebungstheorie* nur soweit nutzbar, wie Durchführungsinstanzen aus einem breiteren Angebot frei gewählt bzw. sozusagen nach Maß neu geschaffen werden können. In der deutschen Verwaltung ist das selten möglich, weshalb es *praktisch* eher darum geht, etwas über die administrative Praktikabilität bestimmter Programmcharakteristika als über die Merkmale einer wirksamen Vollzugsverwaltung zu lernen. In kognitiver Hinsicht sind beide Lernrichtungen gleich möglich; was differiert, ist allein die Gestaltbarkeit von I und P.

Die Implementationsforschung beobachtet wenigstens teilweise auch das Verhalten der Programmadressaten und läßt insofern auch Aussagen über die Wirkungsweise und die Wirksamkeit von Programmen mit bestimmten Merkmalen zu. So läßt sich aus der Implementationsforschung etwa lernen, wie bestimmte Adressaten (z.B. öffentliche versus private oder große versus kleine Unternehmen) auf die Vorgabe verschiedener Arten von Standards (z.B. Grenzwerte versus Richtwerte; vgl. Mayntz & Hucke 1978), Kontrollen oder Sanktionsdrohungen reagieren oder wie finanzielle Anreize beschaffen sein müssen, um wirksam zu werden (Scharpf 1983). Zu beachten ist natürlich, daß es sich bei den Reaktionstendenzen der Adressaten keineswegs um quasi zwangsläufige Folgen bestimmter gestaltbarer Programmcharakteristika handelt. Bei gegebenen Programmvorgaben variiert die Reaktionsweise nicht nur mit bestimmten Adressatenmerkmalen, sondern auch mit der Art, wie diese Vorgaben von den Vollzugsträgern gehandhabt und durchgesetzt werden. Das heißt, daß sich auch nur *bedingte* Schlußfolgerungen für programmbezogene Gestaltungsentscheidungen ziehen lassen – bedingt, weil sie nur für bestimmte Arten von Adressaten in bestimmten Situationen angesichts eines ganz bestimmten Implementationsverhaltens der Vollzugsträger gelten.

Wenn die Implementationsforschung damit auch erlaubt, etwas über die wahrscheinliche Reaktion bestimmt gearteter Vollzugsträger und Adressaten auf verschiedene Programmcharakteristika zu sagen, so ergibt sich aus ihr für eine ganze Reihe anderer Kriterien, die für staatliche Interventionsentscheidungen wichtig sind, kaum etwas. Geht man etwa von einem normativ gemeinten Kriteriensatz für staatliche Interventionsentscheidungen aus, wie er in Schema 2 skizziert ist[3)], dann ist ohne weiteres einsichtig, daß die Ergebnisse der Implementationsforschung wenig dazu beitragen können, etwa die Frage nach dem Interventionsbedarf, aber auch nach Nebenwirkungen oder der Kompatibilität verschiedener Regelungen oder Programme zu sagen. Zu bezweifeln ist auch, daß die Implementationsforschung – wie Hoppe, van de Graaf und van Dijk (1985) hoffen – helfen kann, falsche Problemdefinitionen bei staatlichen Interventionen zu vermeiden. Eine korrekte Kausaltheorie der Problemverursachung ist selbstverständlich eine zentrale Voraussetzung der zielgerechten Wirksamkeit staatlicher Handlungsprogramme, und hierzu können die Sozialwissenschaften im allgemeinen und bestimmte Arten der Policy-Forschung im besonderen gewiß etwas beitragen, doch erfordert das andere Ansätze als den der Implementationsforschung.

Schema 2: Die Interventionsentscheidung und ihre Teilphasen

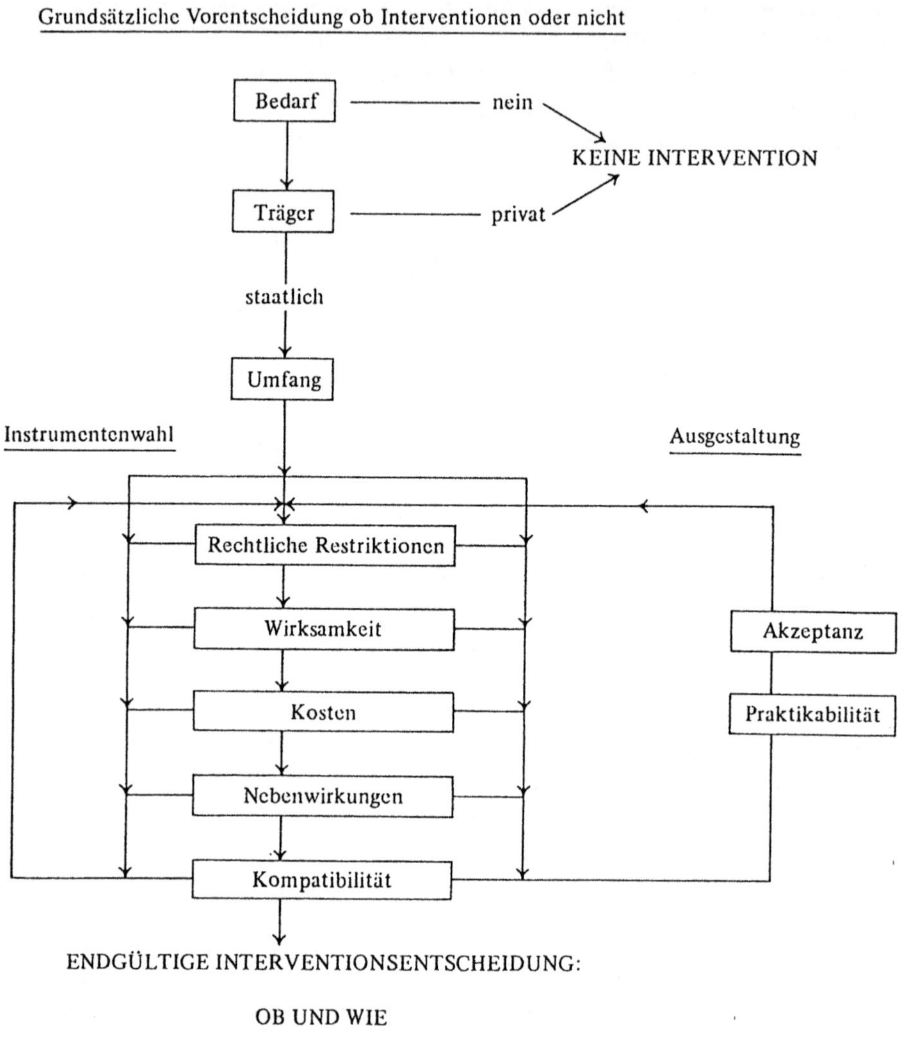

Zusammengenommen heißt das, daß die Implementationsforschung außer gewissen Differenzierungen des analytischen Rahmens einer empirisch fundierten, präskriptiven Gesetzgebungstheorie insbesondere Einsichten über die Verhaltensneigungen von Vollzugsträgern angesichts bestimmter Programmvorgaben liefern kann, sowie Einsichten über die Reaktionstendenzen von bestimmten Adressatengruppen auf das Vollzugshandeln der Implementeure. Aus beidem lassen sich Rückschlüsse hinsichtlich der Wirksamkeit von Programmen mit bestimmten Merkmalen ziehen.

2. Wer lernt, der Theoretiker oder der Praktiker?

Die Frage, wer eigentlich aus den Ergebnissen der Implementationsforschung etwas lernt, der Gesetzgebungstheoretiker oder der Gesetzgeber unmittelbar, soll nur kurz gestreift werden, geht es hier doch nicht um ein Nachzeichnen konkreter Lernprozesse oder um einen Beitrag zu dem oft erörterten Thema der Beziehung von Wissenschaft und Politik. Daß heute eine neue Generation von zwar meist juristisch gebildeten, aber zugleich sozialwissenschaftlich interessierten Gesetzgebungstheoretikern als möglicher Adressat einschlägiger Forschungsergebnisse aufgetaucht ist, wurde eingangs schon gesagt. Interesse besteht aber auch beim Gesetzgeber, mindestens in Teilen der höheren Ministerialbürokratie, zu deren Alltagsgeschäft die Programmentwicklung gehört. Ein Indiz dafür sind die bereits erwähnten Prüflisten, die Einrichtung spezieller Arbeitsgruppen und die Vergabe einschlägiger Gutachtenaufträge an Sozialwissenschaftler durch Ministerien und Staatskanzleien. Die Offenheit der Gesetzgeber in den Parlamenten und ihre Bereitschaft, einschlägige sozialwissenschaftliche Forschungsergebnisse bei ihren gesetzgeberischen Entscheidungen systematisch heranzuziehen, erscheint dagegen sehr viel ungewisser. Prinzipiell sollte die Lernbereitschaft im politischen Bereich um so höher sein, je deutlicher gesetzgeberische Entscheidungen von klaren Steuerungsabsichten gelenkt werden. Daß jedoch unter der Vorherrschaft spezifisch politischer Rationalitätskriterien auf gesellschaftliche Vorgänge gerichtete Steuerungsintentionen und damit auch Wirksamkeitsüberlegungen bei der Programmentwicklung tatsächlich oft in den Hintergrund gedrängt werden, ist – etwa im Zusammenhang mit dem Phänomen der symbolischen Politik – oft festgestellt worden. So liegt die Vermutung nahe, daß die Ergebnisse der Implementationsforschung weniger unmittelbar als vielmehr auf dem Weg über eine praxisorientierte Gesetzgebungstheorie und die Ministerialbürokratie Einfluß auf die Programmentwicklung bekommen. Der Umweg über die Gesetzgebungstheorie setzt allerdings etwas voraus, was keineswegs als selbstverständlich gelten kann, nämlich die Theoriefähigkeit der Implementationsforschung.

3. Situatives oder theoretisches Lernen?

Die Implementationsforschung besitzt überwiegend Fallstudiencharakter. Völlig unbestritten ist, daß man z.B. aus einer empirischen Untersuchung über den Vollzug der Umweltschutzgesetzgebung auch etwas über Wirkungsmängel erfährt, die mit den Besonderheiten der gesetzlichen Vorschriften, der definierten Normen und Standards, der gebotenen Anreize oder angedrohten Sanktionen zusammenhängen, und daß sich ein solches Wissen für eine etwaige Novellierung nutzen läßt. Auf ein bestimmtes Programm bezogene Implementations- und Evaluationsstudien können deshalb gezielt eingesetzt werden, um gleichsam in einem Trial-and-error-Prozeß verschiedene Programmvarianten auszuprobieren oder schrittweise nach einer besonders wirksamen Interventionsform zu suchen (Gooren & Snellen 1985; vgl. auch Mader in diesem Band). Obwohl die Bundesrepublik wohl weniger experimentierfreudig ist als es etwa die Vereinigten Staaten sind, lassen sich auch hier Beispiele für ausdrücklich vorgesehene Lernprozesse finden (Hellstern & Wollmann 1983), ganz abgesehen davon, daß nicht nur Gesetzesnovellierungen, sondern auch die wiederholte Auflage zeitlich befristeter Programme mit gleichartiger Zielsetzung (etwa: Konjunkturförderung) immer schon Gelegenheit zum Lernen aus Erfahrung boten. Bei einem solchen Lernen ist allerdings zu berücksichtigen, daß die Wirkungsbedingunmgen der Anfangs- oder Experimentierphase eines Programms häufig nicht mit denen der Routine-Implementation identisch sind, weil sich sowohl Adressaten wie Implementeure auf ein längerfristiges Programm im Laufe der Zeit einstellen und sich darauf bezogen dann anders verhalten als in der Anfangsphase.

Weniger deutlich ist, ob über diese Möglichkeiten des situativen Lernens hinaus auch ein Lernen über Theoriebildung und damit die Beeinflussung von Gestaltungsentscheidungen ex ante möglich ist.[4)] Die Implementationsforscher selbst sind hier relativ skeptisch. Wie Hoppe u.a. formulieren: "... the tangible results of implementation research are likely to remain conceptual and heuristic in nature" (Hoppe, van de Graaf & van Dijk 1985, S. 6), wobei ihr pragmatischer Nutzen vor allem in einer generellen Sensibilisierung der Entscheider für die Reaktionsneigungen von Adressaten und Implementeuren liegt – "the situation's back-talk", wie diese Autoren das nennen (S. 7). Das bedeutet nicht, daß man es grundsätzlich für unmöglich hält, aus den in der Regel auf bestimmte einzelne Programme bezogenen Implementationsstudien *überhaupt* verallgemeinernde Aussagen abzuleiten. Die Frage ist eher, ob diese möglichen Verallgemeinerungen, die notwendigerweise eine Vielzahl differenzierender Faktoren, auf die es in der Praxis ankommt, in einer weiten Ceteris-paribus-Klausel unterbringen müssen, nicht praktisch nutzlose Selbstverständlichkeiten sind. So machen auch die in der Literatur zu findenden Listen von Voraussetzungen bzw. Modelle wirksamer Implementation (z.B. Mazmanian & Sabatier 1981, S. 7) zwar auf mögliche Vollzugshindernisse aufmerksam; transformiert man sie zu Handlungsmaximen, dann kommen jedoch, wie Hoppe u.a. (1985, S. 9) zeigen, leicht solche Gemeinplätze wie "assign implementation to sympathetic agencies with slack resources" oder "reduce the complexity of joint action" heraus. Die möglichen *theoretischen* Generalisierungen aus der Implementationsforschung beziehen sich, wie ich an anderer Stelle zu zeigen versucht habe (Mayntz 1983, S. 15 ff.), eher auf generelle Mechanismen im Zusammenspiel verschiedener vollzugsrelevanter Faktoren. Wie oben (Abschnitt 1.) festgestellt, sind außerdem auf der Ebene empirischer Regelmäßigkeiten Aussagen über (kontingente) Verhaltens- und Reaktionstendenzen von Implementeuren und Adressaten möglich. Das kann jedoch tatsächlich lediglich dazu dienen, den Gesetzgeber auf Restriktionen bei der Umsetzung etwaiger Steuerungsabsichten aufmerksam zu machen. Es erlaubt nicht, im Einzelfall Gestaltungsentscheidungen unmittelbar aus einem festen Regelsatz abzuleiten. Quasi deterministische Rezepturen nach dem Schema "Willst Du B, dann tue A" kann es im übrigen schon deshalb nicht geben, weil der Programmerfolg nicht nur in verschiedenen Situationen auf unterschiedlichen Voraussetzungen beruht, sondern weil es auch in ein und derselben Situation verschiedene, gleichermaßen erfolgreiche Kombinationen von Programm-Merkmalen geben kann (vgl. hierzu Palumbo 1985).

Ganz abgesehen von den begrenzten Möglichkeiten einer praxisbezogenen Theoriebildung ist ihr möglicher Nutzen für die Gewährleistung einer wirksamen Umsetzung politischer Zielsetzungen vor allem auch dadurch beschränkt, daß Programmvorgaben das Geschehen im Regelungsfeld nur höchst partiell zu steuern vermögen – siehe hierzu noch einmal Schema 1. Dieser Tatbestand war es schließlich, der die Implementationsforschung überhaupt erst motivierte. Der Hinweis von Seibel (1984, S. 55), eine Feinsteuerung ex ante sei nicht erreichbar, würde dementsprechend auch dann gelten, wenn eine praxisorientierte Gesetzgebungstheorie die Wahl optimaler Programmcharakteristika erlaubte.

4. Ist eine Gesetzgebungstheorie wünschenswert?

Die Frage, ob Gestaltungsentscheidungen bei der Programmentwicklung sich aus einer empirisch fundierten, allgemeinen Theorie ableiten lassen, oder ob nur ein unmittelbares Lernen aus Erfahrung möglich ist, hat nicht nur einen grundsätzlich methodologischen Aspekt, sondern auch normative Implikationen, die z.B. jüngst im Rahmen des IPSA-Weltkongresses[5)] lebhaft diskutiert wurden. Dabei wurde denen, die sich um eine theoretische Fundierung der Programmgestaltung bemühen, ein zentralistisch-etatistischer Bias, wenn nicht gar eine hypertrophierte Steuerungsmanie vorgeworfen, da sich eine Verbesserung der kognitiven Entscheidungsgrundlagen ex ante zugunsten des sog. top-down-Ansatzes (statt der bottom-up-Perspektive) und damit (zentraler) Kontrolle statt (dezentralem) Lernen auswirken muß. Damit befinden wir uns unvermittelt auf einen Kampfplatz versetzt, auf dem unter wechselnden Bezeichnungen immer wieder ähnliche Gegenüberstellungen stattfinden: Instrumentelles versus reflexives Recht (Teubner 1983), Steuerung durch Recht versus Steuerung durch alternative (und "weiche") Mittel, Gesetzgeberperspektive versus Adressatenperspektive, – und eben auch Kontrolle versus Lernen. Diese – natürlich holzschnittartigen – Gegensatzpaare berühren eines der zentralen Probleme gegenwärtiger politischer Theorie *und* Praxis, und wenn die aus der Implementationsforschung zu ziehenden Lehren hier nicht neutral sein sollten, ergäbe sich für den Forscher tatsächlich ein ethisches Problem, das sich auch nicht einfach mit dem Hinweis abtun läßt, die informierte Intervention sei allemal der Ignoranz des Gesetzgebers vorzuziehen.

Nun ist gewiß richtig, daß systematisches Lernen aus einer Gesetzgebungstheorie nur in dem Maße sinnvoll ist, wie Gesetzgebung als wichtiges Steuerungsmittel erscheint, so daß hier tatsächlich eine Affinität besteht. Richtig ist sicher auch, daß die politischen Entscheider mehr in ihrer Mittelwahl als in ihrer Zielwahl von einer solchen Theorie beeinflußt würden, die sie insofern vielleicht wirkungsvoller, aber nicht unbedingt vernünftiger machte. Allerdings beeinflussen sich Ziel- und Mittelwahlen in der politischen Praxis gegenseitig; schon deshalb würde eine Theorie optimaler Programmgestaltung nicht ausschließlich die instrumentelle Rationalität staatlicher Interventionsentscheidungen erhöhen. Vor allem aber ist es eine unzutreffende Unterstellung, daß die Lehren aus der sozialwissenschaftlichen Erforschung von Implementationsprozessen auf eine Intensivierung zentraler Steuerung hinauslaufen müßten. Wie Hoppe u.a. (1985, S. 1, 7 ff.) feststellen, addieren sich die Lehren aus der Implementationsforschung keineswegs alle zu der Maxime "design better control strategies", sondern stützen im Gegenteil ebensosehr die entgegengesetzte Maxime "design better learning strategies" – eine Schlußfolgerung, die ganz ähnlich auch Linder und Peters (1985) aus ihrer Literaturübersicht ziehen. Eine Programmgestaltung, die sich an der zweiten Maxime orientiert, würde u.a. den Vollzugsinstanzen größere Handlungsspielräume und den Betroffenen wirksame Möglichkeiten der Artikulation und Beteiligung einräumen sowie gegebenenfalls eine Veränderung der Programmvorgaben in Abhängigkeit der beobachteten Programmwirkung vorsehen.

Die Ergebnisse der Implementationsforschung sind aber nicht nur für die Alternative: zentrale Steuerung versus Anpassung neutral. Das Bemühen, aus den Einsichten der Implementationsforschung zu lernen, kann den Gesetzgeber sogar dazu verführen, die Programmgestaltung ex ante so weit an die voraussehbaren Vollzugsbedingungen anzupassen, daß die Ziele der Intervention aus dem Blick geraten. Wenn die Advokaten von reflexivem Recht, "weichen" Interverntionsformen und Adaptation nicht einfach für einen Steuerungs*verzicht* des Staates optieren, d.h. solange es überhaupt noch um alternative Interventions- bzw. Implementationsstrategien geht, kann der Anspruch auf Verwirklichung der (demokratisch legitimierten) politischen Ziele nicht aufgegeben werden. Flexibilität und Anpassungsfähigkeit im Gesetzesvollzug und damit auch eine gewisse Offenheit der Programmgestaltung kann unter bestimmten Bedingungen durchaus eine Voraussetzung erfolgreicher Implementation sein. Diese Offenheit kann sich sogar auf die Zielsetzung erstrecken, um lokale Besonderheiten wie die unterschiedliche Intensität des Problemdrucks in verschiedenen Regionen berücksichtigen zu können. Der Versuch jedoch, die Programmvorgaben der Handlungsbereitschaft der Adressaten anzupassen, um so von vornherein möglichst wenig Widerstand zu provozieren, kann bedeuten, daß man sich Scheinerfolge durch die Senkung des Steuerungsanspruchs erkauft. Ähnlich problematisch wäre das Bemühen, die Programmvorgaben an die erkannten Mängel und die fehlende Durchsetzungsfähigkeit der vorhandenen Vollzugsträger anzupassen und so administrative Praktikabilität auf Kosten der Wirksamkeit zu maximieren.

Um derartige Disfunktionalitäten zu vermeiden, wäre es notwendig, daß die präskriptive Gesetzgebungstheorie die Alternative: zentrale Steuerung versus Anpassung selbst noch mitbedenkt. Wie Seibel zeigt, indem er – im wesentlichen aus der Implementationsforschung – Aussagen über bestimmte negative Folgen der Wahl "weicher" (adaptiver, reflexiver) Regelungsformen, die unter spezifischen Bedingungen auftreten, zusammenstellt, ist das tatsächlich möglich. Wenn vorher bekannt ist, daß Ermessensspielräume und unbestimmte Rechtsbegriffe dann "zum Aufbrechen von Konflikten zwischen Vollzugsbehörden und Normadressaten führen, wenn die Stellung der Behörde durch mangelnde personelle und technische Ausstattung sowie aufgrund ihrer Einbindung in zielwidrige Interessen übriger Dienststellen des Vollzugsträgers schwach und die Konfliktbereitschaft und Konfliktfähigkeit des Normadressaten .... ausgeprägt ist" (Seibel 1984, S. 59), kann das dem Gesetzgeber helfen, eine "weiche" Regelung nur zu wählen, wenn die Voraussetzungen im Regelungsfeld den Programmerfolg nicht gefährden.

III.

Voraussetzungen administrativer Praktikabilität[6)]

Was bisher recht allgemein erörtert wurde, läßt sich zu Illustrationszwecken vertiefen, wenn man sich einem bestimmten Programmgestaltungsaspekt näher zuwendet und fragt, was sich dafür speziell aus den Ergebnissen der Implementationsforschung lernen läßt. Wie oben dargelegt, ist die administrative Praktikabilität ein Programmgestaltungsaspekt, zu dem die Implementationsforschung einigermaßen sichere Aussagen des Typs "Was wirkt wie" zu machen erlaubt. Ein praktikables Programm macht dem Vollzugsträger die Durchführung so leicht wie möglich, ohne dabei eine wirksame Zielverwirklichung zu beeinträchtigen. Es geht also nicht darum, Programme zu entwickeln, die die Verwaltung möglichst wenig belasten, sondern darum, bei einmal gesetzten Programmzielen eine möglichst wenig aufwendige und dennoch wirkungsvolle Form ihrer Erreichung zu finden. Praktikabilität ist insofern eine besondere Form von Effizienz – es geht, grob formuliert, um die Erleichterung der Durchführung und die Minimierung des Durchführungsaufwands zur Erzielung einer gegebenen Wirkung. Mangelnde Praktikabilität bedeutet entsprechend Ressourcenvergeudung und stellt eine Überforderung der Vollzugsträger dar, die häufig zu Vollzugsdefiziten führt.[7)]

Die Vollzugseignung einer gesetzlichen Regelung ist analytisch von ihrer Wirksamkeit zu trennen. Eine Regelung kann wirksam sein, d.h. sie kann das Verhalten der Adressaten in der gewünschten Weise verändern, obwohl ihre Anwendung für die Vollzugsträger überaus aufwendig ist. Andererseits kann eine von den Verwaltungsbehörden leicht zu handhabende Regelung im Hinblick auf eine Veränderung des Adressatenverhaltens mehr oder weniger unwirksam bleiben. Die analytische Unabhängigkeit von Vollzugseignung und Wirksamkeit darf jedoch nicht übersehen lassen, daß zwischen ihnen ein empirischer Zusammenhang besteht. Dieser Zusammenhang ist allerdings keineswegs simpel, denn Praktikabilität und Wirksamkeit können sich unter bestimmten Umständen gegenseitig verstärken, unter anderen jedoch gegenseitig beeinträchtigen. Fehlende administrative Praktikabilität, also eine Überforderung der Vollzugsbehörden, führt leicht zu Vollzugsdefiziten, indem Normen nicht systematisch angewandt, Kontrollen nicht durchgeführt, Leistungsempfänger nicht informiert werden usw., und das kann die Erreichung der Programmziele gefährden. Eine isolierte Maximierung administrativer Praktikabilität geht jedoch ihrerseits fast mit Sicherheit auf Kosten der Wirksamkeit eines Programms. Die Kombination einer wirksamen mit einer praktikablen Programmgestaltung ist insofern eine höchst komplexe Optimierungsaufgabe, von der hier lediglich ein Aspekt beleuchtet wird.

Was ein Programm für die Vollzugsbehörden mehr oder weniger praktikabel macht, läßt sich empirisch am ehesten ex negativo bestimmen, d.h. durch die Beobachtung und Analyse von auftretenden Schwierigkeiten beim Gesetzesvollzug. Da genau derartige Schwierigkeiten in der Implementationsforschung thematisiert werden, läßt sich aus der entsprechenden Literatur eine Reihe von – allgemein formulierten – Merkmalen erschließen, die die mehr oder weniger große Praktikabilität einer Gesetzesvorschrift, Verfahrensregel usw. bestimmen. Das Ergebnis eines solchen Versuchs, der kennzeichnenderweise im Auftrag des Bundesinnenministeriums unternommen wurde, zeigt die in Schema 3 dargestellte Kriterienliste (Mayntz & Lex 1982, S. 26), für die allerdings auch rechtswissenschaftliche Literatur herangezogen wurde. Wie gleich zu zei-

Schema 3: Kriterien administrativer Praktikabilität

	I. Bedingungen administrativer Handlungsfähigkeit
Handlungsvorauss.	1. Informiertheit 2. Ermächtigung 3. Vollständigkeit
kognitive Vorauss.	4. Verständlichkeit 5. Eindeutigkeit (Präzision) 6. Überschaubarkeit
Konsistenz	7. Widerspruchsfreiheit 8. Kompatibilität 9. Nicht-Überschneidung
Handlungsfähigkeit	10. Flexible Handhabbarkeit 11. Durchführbarkeit 12. Unabhängigkeit von externen Inputs
	II. Aspekte des Vollzugsaufwands
Behördenebene	13. Bearbeitungsaufwand 14. Sachverstandserfordernisse 15. Zeitbedarf
Interaktion intra-adm.	16. Koordinationserfordernisse 17. Mitwirkungserfordernisse 18. Rechenschaftslegungserfordernisse
Interaktion mit A.	19. Konfliktregelungserfordernisse 20. Kontroll- und Sanktionsaufwand 21. Outreach-Erfordernisse

gen sein wird, lassen sich aus der Implementationsforschung jedoch Hinweise auf mehr und auch auf andere Praktikabilitätskriterien erschließen, als in der einschlägigen rechtswissenschaftlichen Literatur normalerweise im Vordergrund stehen.

Die Kriterien der Liste[8)] sind in zwei große Gruppen unterteilt; die eine bezieht sich auf Bedingungen administrativer Handlungsfähigkeit, die andere auf verschiedene Aspekte des Vollzugsaufwands. Die beiden Kriteriengruppen sind aus unterschiedlichen Perspektiven gewonnen; man könnte sie die Perspektiven des Gesetzgebungsjuristen und des Verwaltungspraktikers nennen. Gerade die Praxis erlebt Praktikabilitätsmängel von Programmvorgaben vor allem aus der Aufwandsperspektive, d.h. als Überforderung. Die Kriterien der zweiten Gruppe lassen sich entsprechend auch vor allem aus Ergebnissen der Implementationsforschung entnehmen. Dabei sind die eher formalen Merkmale der ersten Kriteriengruppe durchaus als Bestimmungsfaktoren des Vollzugsaufwands anzusehen. Allerdings läßt sich zeigen, daß sich die Aufwandskriterien keineswegs voll auf die Merkmale der ersten Gruppe zurückführen lassen; der Vollzugsaufwand hängt vielmehr in starkem Maße vom Regelungs*inhalt* ab.

Hinweise auf konkrete Bedingungen administrativer Handlungsfähigkeit, speziell soweit sie unter die Kriterien 1-9 der Liste subsumierbar sind, lassen sich auch in der rechtswissenschaftlichen Literatur finden. Die ersten drei Kriterien bezeichnen wichtige Voraussetzungen, damit Vollzugsbehörden überhaupt tätig werden können. In der Praxis spielen sie eine weniger wichtige Rolle, sei es, daß hier Mängel von den Vollzugsbehörden nicht als besonders problematisch erlebt werden, sei es, daß speziell in der deutschen Verwaltung Mängel hinsichtlich dieser Kriterien selten sind. Die in den Kriterien 4-6 angesprochenen kognitiven Voraussetzungen finden sich in der einen oder anderen Form in fast allen existierenden Prüfkatalogen. Sie beziehen sich nicht auf spezifische Programmelemente, sondern gelten generell. Die Konsistenzkriterien 7-9 beziehen sich dagegen auf unterschiedliche Aspekte: die Forderung nach Widerspruchsfreiheit auf verschiedene Regelungen innerhalb eines Programms, die Forderung nach Kompatibilität auf die Beziehungen zwischen verschiedenen Programmen und das Kriterium der Nichtüberschneidung speziell auf Zuständigkeiten von Behörden und Geltungsbereiche von einzelnen Regelungen.

Der spezifische Beitrag der Implementationsforschung beginnt bei den letzten drei Kriterien der ersten Gruppe, die die Handlungsmöglichkeiten der Vollzugsträger im Implementationsprozeß ansprechen. Alle drei Kriterien beziehen sich speziell auf jene Regelungen, die das Verhalten der Vollzugsträger den Adressaten gegenüber bestimmen. Die flexible Handhabbarkeit von derartigen Regelungen, d.h. die Existenz von administrativen Handlungsspielräumen, ist sowohl zur Ermöglichung sachgerechter Entscheidungen in Fällen mit schwer vorhersehbaren Merkmalkombinationen als auch für die Berücksichtigung sich wandelnder Anwendungsvoraussetzungen wichtig. Mit dem Kriterium der Durchführbarkeit wird, daß es den Vollzugsbehörden tatsächlich praktisch möglich sein muß, das zu tun, was im Rahmen des Implementationsprozesses von ihnen verlangt wird. Durchführbarkeitsprobleme treten immer in spezifischer Form auf, also z.B. als Probleme der Kontrollierbarkeit, Nachweisbarkeit, Prüfbarkeit oder Erzwingbarkeit; sie sind prinzipiell von den durch kognitive Unsicherheit hervorgerufenen Problemen bei mangelnder Eindeutigkeit von Regelungen zu unterscheiden. Ein wichtiger Aspekt der Handlungsfähigkeit von Vollzugsbehörden ist es schließlich, ob sie tätig werden können, ohne z.B. auf Informationszulieferungen von außen oder auf die Zustimmung einer anderen Stelle warten zu müssen. Derartige Abhängigkeiten werden in einem Programm z.B. durch Beteiligungs- und Mitwirkungsvorschriften, aber auch durch informationelle Entscheidungsvoraussetzungen festgelegt, die die Vollzugsbehörde von der Zulieferung durch andere Instanzen oder die Adressaten selbst abhängig machen.

Die im zweiten Block zusammengestellten neun Kriterien beziehen sich auf den Verbrauch von Ressourcen, die für den Vollzug eines Programms benötigt werden. Dabei wird von den materiellen Gesetzeskosten oder Zweckausgaben abgesehen; auch die Befolgungskosten, die bei den Adressaten entstehen, werden hier nicht berücksichtigt. Vielmehr handelt es sich, um Reese (1981, S. 7) folgend einen von der Nationalökonomie entwickelten Begriff analog zu benutzen, um Transferkosten, also Kosten, die bei der Übertragung von Leistungen bzw. der Durchführung von Programmen auf seiten der Verwaltung entstehen. Wenn hier im übrigen von Aufwand statt von Kosten gesprochen wird, dann soll damit unterstrichen werden, daß es nicht nur um finanzielle Ressourcen geht. Vielmehr handelt es sich durchweg um bestimmte Beanspruchungen des Vollzugspersonals, die nicht nur quantitativer, sondern auch qualitativer Art sind.

Die Aufwandskriterien sind in drei Kriterien eingeteilt. In der ersten Gruppe geht es um Anforderungen auf der Ebene einzelner Behörden. Die folgenden drei Kriterien sprechen Anforderungen an, die sich aus interaktiven Beziehungen innerhalb der Verwaltung ergeben, sofern sie durch Vorgaben des Programms verursacht werden. Die letzten drei Kriterien bezeichnen Aufwandsaspekte der Interaktion von Vollzugsträgern mit den Programmadressaten; sie hängen im wesentlichen von der Art des gewählten Instrumentariums und seiner Ausgestaltung ab. So sind die Konfliktregelungserfordernisse immer dort am größten, wo — vor allem durch regulative Normsetzung — Verhaltenserwartungen gegen den Widerstand ihrer Adressaten durchgesetzt werden sollen. Auch der Kontroll- und Sanktionsaufwand ist generell bei regulativen Programmen am größten. Die in der Literatur relativ selten en Outreach-Erfordernisse dagegen sind eher für Leistungs- und Anreizprogramme charakteristisch.

Die Aussagen, welche Merkmale ein Programm für die administrativen Vollzugsinstanzen praktikabel machen bzw. sie umgekehrt belasten und das

Vollzugshandeln erschweren, lassen sich weiter spezifizieren, wenn man sie auf die einzelnen Programmelemente bezieht. So lassen sich grundsätzliche Gestaltungsalternativen reflektieren. Bei der Festlegung von Kontrollen zur Überwachung der Normeinhaltung oder des Vorliegens einer Berechtigungsvoraussetzung sind z.B. insbesondere die Durchführbarkeit und der Kontrollaufwand zu bedenken. Praktisch geht es dabei u.a. um Zugangsprobleme zu dem zu kontrollierenden Tatbestand (Erfaßbarkeit, Beobachtbarkeit), um die rechtliche Zulässigkeit wirksamer Kontrollverfahren und um den oft problematischen Indikatorwert dessen, was kontrolliert wird, für den Sachverhalt, um den es eigentlich geht – wobei die Wahl eines in dieser Hinsicht mangelhaften Kontrollverfahrens nicht selten aus wahrgenommenen Zugangs- und Zulässigkeitsbeschränkungen resultiert. Beispiele lassen sich nicht nur in Bereichen regulativer Politik finden, z.B. bei der Lebensmittelüberwachung und im Umweltschutz, sondern auch bei finanziellen Anreiz- und Transferprogrammen, wo es oft kaum möglich ist, mit begrenztem Aufwand und den der Behörde zur Verfügung stehenden Mitteln zu prüfen, ob die Anträge den Vergabekriterien tatsächlich genügen. Werden die Vollzugsbehörden in dieser Hinsicht oder auch durch die vorgeschriebene Kontrollhäufigkeit praktisch überfordert, reagieren sie mit selektiver Normanwendung bzw. partieller Nichtanwendung – wie empirische Monographien ausführlich dokumentieren (vgl. etwa Bundesanstalt 1980, S. 863 ff.).

Ebensowenig wie eine absolute Minimierung des Vollzugsaufwands Ziel der Programmgestaltung sein kann, kann eine Maximierung der Praktikabilitätskriterien in der ersten Gruppe es sein, denn das hätte nicht nur Wirksamkeitseinbußen zur Folge, sondern wäre *auch unter Praktikabilitätsgesichtspunkten* disfunktional. Der Grund hierfür liegt in der Tatsache, daß verschiedene Praktikabilitätskriterien z.T. über ihre Folgewirkungen in einer negativen Beziehung zueinander stehen, so daß die wachsende Berücksichtigung des einen sich negativ auf ein anderes auswirkt. Dieses für Gestaltungsentscheidungen charakteristische Problem ist auch nicht etwa ein bloßes Artefakt der Kriterienformulierung. Es ist ganz im Gegenteil kennzeichnend für solche Entscheidungen, daß sie eine Mehrzahl von Werten gleichzeitig realisieren, einer Mehrzahl von Anforderungen gleichzeitig genügen sollen, und *zwischen diesen* bestehen gewöhnlich wenigstens teilweise Widersprüche. Genau hier liegt auch ein zentraler Grund dafür, daß sich positive Rezepturen ("man nehme ...") für die Programmgestaltung nicht formulieren lassen – nicht, weil wir (noch) zu wenig wüßten, sondern weil sie dem Entscheidungsgegenstand nicht angemessen wären.

Was hier abstrakt formuliert wurde, läßt sich am Beispiel des Kriteriums "Eindeutigkeit" veranschaulichen. Eindeutig formulierte Regeln, Tatbestandsvoraussetzungen, Zuständigkeitszuweisungen usw. gelten gemeinhin als ein Desiderat. Zwar wird die fehlende Eindeutigkeit von Äußerungen in der Alltagskommunikation meist nicht einmal bemerkt, weil sich das Sinnverstehen hier stark auf den Kontext anstatt auf das explizit Gesagte stützt. Beim Versuch, Begriffe oder Texte auszulegen, wird dagegen die Unschärfe des explizit Formulierten deutlich. Das Kriterium der Eindeutigkeit bezieht sich dementsprechend darauf, wie weit die sprachliche Formulierung die Auslegung steuert. Unter Praktikabilitätsgesichtspunkten sind damit Interpretationsprobleme, die mit der Verwendung unbestimmter Rechtsbegriffe, der mangelnden Operationalität von Definitionen, der mißverständlichen Abgrenzung von Tatbeständen, Geltungsbereichen oder Adressatengruppen in den Texten, die als Handlungsgrundlage der Vollzugsverwaltung fungieren, zusammenhängen. Die Anwender einer Regelung müssen erkennen können, was diese von ihnen verlangt. (Daß die Eindeutigkeit der Formulierung auch dazu dient, Interpretationen, die den Intentionen des Gesetzgebers zuwiderlaufen, auszuschließen und zu gewährleisten, daß in gleichen Situationen gleiche Entscheidungen getroffen werden (Rechtssicherheit, Gleichbehandlung), steht auf einem anderen Blatt, denn damit sind Wirksamkeitsaspekte angesprochen.)

Dem Vollzugsträger bietet die eindeutige Formulierung kognitive Sicherheit und ist deshalb leichter zu handhaben als eine vieldeutige Formulierung. Nun hat jedoch die semantische Eindeutigkeit bzw. Vieldeutigkeit Folgen nicht nur auf der kognitiven Ebene, sondern auch auf der Handlungsebene, wie das nachfolgende Schema verdeutlicht:

Gestaltungsdimension	Folgen auf kognitiver Ebene	Handlungsebene
Eindeutigkeit	Sicherheit	Genaue Festlegung
Vieldeutigkeit	Unsicherheit	Handlungsspielraum

Hier wird sichtbar, daß die Folgen semantischer Ein- oder Vieldeutigkeit für die Vollzugsträger durchaus ambivalent sind: Sicherheit auf der kognitiven Ebene ist erwünscht, doch zieht sie auf der Handlungsebene eine leicht als starr empfundene Festlegung nach sich. Auf der Handlungsebene schätzen die Vollzugsbehörden eher Regelungen, die sie flexibel handhaben können, weil sie ihnen die Reaktion auf im einzelnen nicht vorhersehbare Sachverhalte und sich verändernde Situationen erleichtern (ganz abgesehen davon, daß sie ihnen das Bewußtsein geben, Verantwortung zu tragen bzw. Macht ausüben zu können, anstatt nur wie ein Computer funktionieren zu müssen). Aus eben diesen (und einigen anderen) Gründen gehört denn auch die "flexible Handhabbarkeit" zu den Kriterien administrativer Praktikabilität, was bedeutet, daß es in der Beziehung zwischen den Kriterien 5 und 10 der obigen Liste einen Konflikt gibt – zumindest insoweit, als Handlungsspielräume nicht durch ein genau definiertes

Ermessen, Ausnahmeregeln und Kann-Vorschriften, sondern durch die interpretationsbedürftige Allgemeinheit einer Formulierung de facto eröffnet werden.

Auch die flexible Handhabbarkeit von Regelungen ist jedoch unter Praktikabilitätsgesichtspunkten nicht nur positiv zu bewerten, und das selbst dann nicht, wenn Flexibilität durch Ermessenseinräumung, Kann-Vorschriften oder bloße Richtwerte statt verbindlicher Standards erzielt wird, ein Konflikt mit dem Eindeutigkeitskriterium also nicht vorliegt. Die Vollzugsbehörden machen vielmehr insbesondere Aufwandsargumente gegen größere Entscheidungsspielräume geltend. Ermessensentscheidungen, Kann-Vorschriften usw. stellen die Sachbearbeiter vor Probleme der Güterabwägung, erfordern einen höheren Begründungsaufwand sowohl Adressaten wie vorgesetzten Instanzen gegenüber und machen damit schließlich auch Konflikte wahrscheinlicher. Dies alles gilt um so mehr, je geringer in der Sache zwischen Adressaten und Vollzugsbehörden bzw. letzteren und vorgesetzten Instanzen Konsens besteht. Wenn Interessendivergenzen im Spiel sind, wird ein weiter Entscheidungsspielraum für die Vollzugsbehörden besonders aufwendig.

Die Vollzugsbehörden reagieren auf diese Probleme mit Strategien, die den Aufwand reduzieren sollen, z.B. indem sie Höchstsätze als Richtsätze oder Richtwerte als Grenzwerte handhaben (ersteres wurde bei Finanzhilfeprogrammen, letzteres im Umweltschutz beobachtet). In der Sozialverwaltung haben Grunow und Hegner (1978, S. 284 ff.) festgestellt, daß die großen Ermessensspielräume bei der Sozialhilfegewährung im Sinne einer vereinfachten Verfahrensbearbeitung benutzt werden, und zwar durch selektive Akzentuierung der rein finanziellen Aspekte der Hilfsbedürftigkeit. Für die Programmwirkung sind diese aufwandsreduzierenden Verhaltensweisen problematisch, wenn nicht deutlich negativ zu beurteilen. Damit veranschaulicht dieses Beispiel nicht nur die zwischen verschiedenen Praktikabilitätskriterien existierenden Spannungen, sondern auch, wie Praktikabilitätsmängel in Wirkungsmängel umschlagen können und unterstreicht damit noch einmal, daß es sich bei der Programmgestaltung in der Regel um eine überaus komplexe Optimierungsaufgabe handelt.

Anmerkungen

1 Programm, im Englischen gewöhnlich "policy" genannt, meint eine in Form von Zielen und/oder mehr oder weniger detaillierten Handlungsanweisungen ausformulierte staatliche Interventionsabsicht, die das Verhalten bestimmter Adressaten steuern soll. Ein Programm ist ein Gesetz oder auch ein zusammengehöriges Bündel von Gesetzen samt den zugeordneten Ausführungsbestimmungen (Rechtsverordnungen usw.). Das Konzept des Programms ist insofern nicht vom Gesetzgeber her, sondern von den Vollzugsträgern her konzipiert, d.h. es interessiert nicht so sehr, was der Gesetz- oder Verordnungsträger in einem Verfahren entwickelt und in einem Akt erlassen hat, sondern was die Handlungsgrundlage der administrativen Vollzugsträger bei der alltäglichen Aufgabenerfüllung ist.

2 Eine gute Zusammenfassung der in der Implementationsforschung unterschiedenen Typen von Steuerungsinstrumenten bietet die folgende, von Jann (1983, S. 146) stammende Übersicht:

Bezeichnung	Verhaltensänderung durch:
Regulierung	Ge- und Verbote, Sanktionen
Finanzierung	finanzielle Anreize oder Abgaben; Subventionen oder Transfers
Information	Information, Überredung
Leistung	Angebot staatlicher Güter und Dienstleistungen
Strukturierung	Beeinflussung der Entscheidungsstruktur (Organisations-, Personal- oder Prozeßstruktur)

3 Das Schema wurde entnommen der vom Bundesminister des Innern herausgegebenen wissenschaftlichen Auswertung der Sachverständigenanhörung zu Ursachen einer Bürokratisierung in der öffentlichen Verwaltung, Teil C, Renate Mayntz: Gesetzgebung und Bürokratisierung, Bonn 1980, S. 77a.

4 Diese Frage wird unter dem Stichwort "Generalisierbarkeit von Wirkungsverläufen" auch in dem Beitrag von Wolfgang Zeh in diesem Band angesprochen.

5 Session III, 3, Policy Implementation and Policy Evaluation.

6 Die folgenden Ausführungen stützen sich sinngemäß, gelegentlich sogar wörtlich auf ein bisher nur in hektographierter Form einem kleinen Interessentenkreis zugängliches Gutachten; vgl. Mayntz & Lex 1982.

7 Die Frage der Vollzugseignung stellt sich prinzipiell auch im Hinblick auf die Adressaten eines Gesetzes, wobei die Merkmale, die ein Gesetz für die Adressaten praktikabel erscheinen läßt, von den Kriterien der administrativen Praktikabilität nicht einmal prinzipiell verschieden sind. Auch bei den Adressaten geht es z.B. u.a. um die Verständlichkeit, die Befolgbarkeit und den nötigen Aufwand für die Befolgung einer Regelung (z.B. Beibringen von Belegen, Informationslasten usw.). Dennoch sollen diese Fragen im Interesse der thematischen Konzentration hier ausgeklammert bleiben.

8 Wie bei allen induktiv gebildeten Klassifikationen ist auch bei dieser induktiv entwickelten Kriterienliste Zahl und Abgrenzung der Kategorien zwar plausibel, aber in Grenzen willkürlich. So wäre es durchaus möglich, einzelne Kategorien weiter zu unterteilen (z.B. 11) oder auch zusammenzufassen (z.B. 7-9).
Auch sind andere Abgrenzungen zwischen einzelnen Kategorien denkbar, was besonders dort deutlich wird, wo zwischen verschiedenen Kategorien fließende Übergänge bestehen (z.B. zwischen 4 und 6).

Literatur

Baden, Eberhard, Gesetzgebung und Gesetzesanwendung im Kommunikationsprozeß. Studien zur juristischen Hermeneutik und Gesetzgebungslehre, Baden-Baden, 1977

Bundesanstalt für Arbeitsschutz und Unfallforschung Dortmund, Arbeitsschutzsystemuntersuchung in der Bundesrepublik Deutschland. Forschungsbericht Nr. 232, Bd. 1-5, Dortmund, 1980

Fricke, Peter, Werner Hugger, Test von Gesetzentwürfen. Teil 1: Voraussetzungen einer testorientierten Rechtssetzungsmethodik, Speyer, 1979

Fricke, Peter, Werner Hugger, Test von Gesetzentwürfen, Teil 2: Experimentelle Methoden zur Unterstützung der Rechtssetzungspraxis, Speyer, 1980

Göbel, Ludwig, Probleme der Regelungsform und der Institutionalisierung, in: Carl Böhret (Hrsg.), Gesetzgebungspraxis und Gesetzgebungslehre, Speyer, 1980, S. 75-87

Gooren, Wil A.J. &, Ig. Th. M. Snellen, Early Warning Evaluation — A Beacon in Pursuing Policy. Beitrag zur Session "Policy Implementation and Policy Evaluation" des 13. IPSA-Weltkongresses in Paris, Nijmegen, 1985

Grunow, Dieter, Friedhart Hegner, Die Gewährung persönlicher und wirtschaftlicher Sozialhilfe. Untersuchung zur Bürgernähe der kommunalen Sozialverwaltung. Schriftenreihe der Forschungsgruppe "Sozialplanung und Sozialverwaltung e.V." Bd. 2, Bielefeld, 1978

Hellstern, Gerd-Michael, Hellmut Wollmann (Hrsg.), Experimentelle Politik – Reformstrohfeuer oder Lernstrategie, Opladen, 1983

Hill, Hermann, Einführung in die Gesetzgebungslehre, Heidelberg, 1982

Hoppe, Robert, Henk van de Graaf, Asje van Dijk, Implementation as Design Problem. Problem Tractability, Policy Theory and Feasibility Testing. Beitrag zur Session "Policy Implementation and Policy Evaluation" des 13. IPSA-Weltkongresses in Paris, Amsterdam, 1985

Hugger, Werner, Gesetze – ihre Vorbereitung, Abfassung und Prüfung, Baden-Baden, 1983

Jann, Werner, Kategorien der Policy-Forschung, Speyerer Arbeitshefte 37, Speyer, 1981

Jann, Werner, Staatliche Programme und "Verwaltungskultur", Opladen, 1983

Kaufmann, Franz-Xaver, Bernd Rosewitz, Typisierung und Klassifikation politischer Maßnahmen, in: Renate Mayntz (Hrsg.), Implementation politischer Programme II, Opladen, 1983, S. 25-49

Kindermann, Harald, Ministerielle Richtlinien der Gesetzestechnik, Berlin, 1979

Knoepfel, Peter, Helmut Weidner, Normbildung und Implementation: Interessenberücksichtigungsmuster in Programmstrukturen von Luftreinhaltepolitiken, in: Renate Mayntz (Hrsg.), Implementation politischer Programme, Königstein/Ts., 1980, S. 82-104

Linder, Stephen H., B. Guy Peters, From Social Theory to Policy Design, Journal of Public Policy 4, 1984, S. 237-259

Linder, Stephen H., B. Guy Peters, A Design Perspective on Policy Implementation: The Fallacies of Misplaced Prescription, Beitrag für die Tagung der Western Political Science Association, Las Vegas, Nevada, 1985

Mayntz, Renate, Probleme der Theoriebildung in der Implementationsforschung, in: dies. (Hrsg.), Implementation politischer Programme II, Opladen, 1983, S. 7-24

Mayntz, Renate, unter Mitarbeit von Christa Lex, Voraussetzungen und Aspekte administrativer Praktikabilität staatlicher Handlungsprogramme. Wissenschaftliche Ausarbeitung im Auftrag des Bundesministeriums des Innern, Köln, 1982

Mayntz, Renate, Jochen Hucke, Gesetzesvollzug im Umweltschutz. Wirksamkeit und Probleme, in: Zeitschrift für Umweltpolitik Nr. 2, 1978, S. 217-244

Mayntz, Renate u.a., Vollzugsprobleme der Umweltpolitik, hrsg. v. Rat von Sachverständigen für Umweltfragen, Wiesbaden, 1978

Mazmanian, Daniel A., Paul A. Sabatier, Effective Policy Implementation, Lexington, Mass., 1981

Noll, Peter, Gesetzgebungslehre, Reinbek, 1973

Palumbo, Dennis J., Evaluating Policy Implementation: Central Issues in Comparative Analysis, Beitrag zur Session "Policy Implementation and Policy Evaluation" des 13. IPSA-Weltkongresses in Paris, Tempe, Ariz., 1985

Reese, Jürgen, Modernisierung staatlicher Aufgabenerledigung, unveröff. Ms., 1981

Rödig, Jürgen, Logische Untersuchungen zur Makrostruktur rechtlicher Kodifikate, in: ders. (Hrsg.), Studien zu einer Theorie der Gesetzgebung, Berlin/Heidelberg/New York, 1976, S. 592-611

Scharpf, Fritz W., Interessenlage der Adressaten und Spielräume der Implementation bei Anreizprogrammen, in: Renate Mayntz (Hrsg.), Implementation politischer Programme II, Opladen, 1983, S. 99-116

Seibel, Wolfgang, Die Nutzung verwaltungswissenschaftlicher Forschung für die Gesetzgebung. Chancen und Risiken weniger komplexer Rechtssetzungen, München, 1984

Teubner, Gunther, Substantive and Reflexive Elements in Modern Law, Law & Society Review, Vol. 17, 1983, S. 239-285

Klaus Lüderssen

Die Steuerungsfunktion des Gesetzes
Überformung oder Gegensteuerung zur Entwicklungstendenz einer Gesellschaft – am Beispiel der stufenweisen Ersetzung der Freiheitsstrafe

Der Untertitel signalisiert einen "Entwicklungsplan". Aber Plan oder Planung – das kann (mindestens) zweierlei sein.

Einmal: der "*Plan* der Geschichte", etwas nüchterner und weniger umfassend, zugleich konkreter ausgedrückt: Die Tendenzen gesellschaftlicher Entwicklung. Hier wird das planende Subjekt ausgeklammert, man beobachtet und versucht zu begreifen, was geschieht; der bewußte Anteil der Menschen beschränkt sich auf die Wahrnehmung, ob sie mit dem Gang der Dinge einverstanden oder dagegen sind, ob das Glück der einen das Unglück der anderen ist und so weiter.

Richtet sich der Blick indessen auf die Menschen, die schon immer – in der Moderne, wenn die Zeichen nicht trügen, besonders häufig – gründlich vorbereitet und weit vorausschauend die Aufgabe, etwas zu gestalten, selbst zu bewegen, übernehmen, so haben wir die Alternative. Zwar ist auch diese *Planung* Teil der Geschichte, doch sichtbar abgehoben von dem, was gleichsam hinter dem Rücken der Menschen ohnehin passiert oder auch gegen ihre Intention.

A.

Es ist nun gar nicht sicher, welche Bedeutung von Plan oder Planung mit "stufenweise Ersetzung der Freiheitsstrafe" zu assoziieren ist. Es gibt eine Fülle von gezielten Gesetzesänderungen und bewußt kriminalpolitisch gesteuerter Gesetzesanwendung – aber vieles passiert einfach nur, wie etwa die Überfüllung der Gefängnisse, die Überlastung der Bewährungshilfe oder die Veränderung der Einstellung der Bevölkerung gegenüber Strafgefangenen oder Entlassenen. Man könnte freilich sagen, daß damit nur die Wirkungen gezielter Einflußaufnahme in der Strafrechtspflege tätiger Personen bezeichnet sind. Gegen diese Annahme spräche jedenfalls nicht, daß von den Akteuren offensichtlich nicht beabsichtigte Ereignisse eintreten, denn dabei kann es sich ja um schlichtes Mißlingen handeln und insofern eine direkte kausale Linie zur intendierten Aktion hergestellt werden. Doch irgendwo enden diese Rechnungen im Unwägbaren, sind die kausalen Linien, die zu einzelnen Handelnden führen, eben nicht mehr aufzufinden. Wäre es anders, hätten die Soziologen nicht das Recht, zwischen Intention und Funktion zu unterscheiden; ein Recht, das ihnen, weil insofern alle Erfahrungen zusammentreffen, niemand mehr bestreitet. Verkehrt wäre es freilich, angesichts dieser schwimmenden Kausallinien die Wirkungen und damit den Sinn intendierter Handlungen Einzelner im Prozeß der Rechtsentwicklung zu leugnen.

Vielmehr zeigt sich mit der Verschränkung von Intention und Funktion in der gesellschaftlichen Empirie etwas, was dem Ende der großen idealistischen Philosophie, der Einsicht in die Unauflösbarkeit der Subjekt-Objekt-Beziehung vergleichbar ist. An diesem non-liquet spekulativ zu rütteln, wäre daher ebenso unsinnig wie der Versuch, die Hermeneutik des Subjekt/Objekt-Zirkels zu durchbrechen oder hinter sich zu lassen, aber man muß es – das non-liquet – vielleicht noch intensiver beschreiben.

I. Von Entwicklungstendenzen der Gesellschaft zu sprechen, impliziert, daß man im unüberblickbar Mannigfaltigen, im Totalinventar sozusagen "patterns" oder Strukturen oder gar Gesetze sieht. Damit ist das ganze Spektrum zwischen Historismus und Historizismus Thema. Und zwar sowohl, was die Rekonstruktion der Vergangenheit, die Wahrnehmung der Gegenwart und die Prognose für die Zukunft angeht.

Dabei verwende ich den Begriff Historismus so, wie Friedrich Meinecke ihn einst definiert hat.[1] Sein Kern "besteht in der Ersetzung einer generalisierenden Betrachtung geschichtlich-menschlicher Kräfte durch eine individualisierende Betrachtung". Weil "entwickelnde und individualisierende Denkweise ... unmittelbar zusammen" gehören, es "im Wesen der Individualität, der des Einzelmenschen wie der ideellen und realen Kollektivgebilde" liegt, "daß sie sich nur durch Entwicklung offenbart"[2], hat es freilich immer nahegelegen, den Begriff Historismus auch anders aufzufassen (ja in sein Gegenteil zu verkehren), nämlich als einen Hinweis darauf, daß den "zunächst mannigfachen Veränderungen ein *Prinzip der Ordnung* entrissen" werden darf.[3] Denn dieses Prinzip der Ordnung kann leicht zum Geschichtsgesetz heraufstilisiert werden, und das ist dann eine Geschichtsphilosophie mit ontologischem Gewißheitsanspruch, deren berühmteste Beispiele Hegel und Marx geliefert haben. Seit Poppers' Kritik dieser Geschichtsphilosophie sollte man daher für sie den Terminus Historizismus reservieren.[4]

Neuerdings wird Popper allerdings vorgeworfen, er habe unzulässigerweise eine spezielle Wissenschaftstheorie der Physik im Sinne einer universalen Forschungslogik auf alle "zweigleisigen", d.h. auf empirische Tatsachen bezogenen Wissenschaften ausgedehnt und sich dabei einseitig auf die Klärung reiner Geltungsbeziehungen (wie in der Logik und Mathematik) konzentriert. In diesem "nominalistischen Credo" sieht Elias[5] eine Fortsetzung metaphysischer Traditionen, in denen unabhängig von der tatsächlichen Forschungspraxis invariante Erkenntnisgesetze postuliert worden seien. Elias' Einwand scheint jedoch auf einer Überbewertung der Aussagen Poppers zu logischen Konsistenz von Theorien gegenüber dem Falsifikationismus, aus dem sich ja erst der Sinn der Konsistenzforderung ergibt, zu beruhen. Es ist daher fraglich (wie auch Esser[6] vermutet), ob sich Elias' Hinweis auf die Korrespondenz zwischen der Forschungsmethode einerseits und der Strukturiertheit des Forschungsgegenstandes andererseits, die sich daran bestätigt, ob der Forscher die Tatsachen trifft oder nicht, so weitgehend von Poppers eigener Konzeption unterscheidet. Daß, wie Elias behauptet, physikalische Phänomene, die in Teileinheiten analytisch zerlegbar sind, eine andere Art von Erklärungen verlangen als komplexe biologische und noch höher organisierte soziale Phänomene, bei denen es auf Interdependenzen zwischen Individuen und die Prozesse ihrer Entstehung und Veränderung ankommt, dürfte von Popper kaum bestritten werden. Schließlich kommt es beiden auf die Kontrolle der Erklärungen durch Tatsachen an, und die Logik der Forschung will allein dafür Kriterien liefern. Auch Elias' Terminus der 'Figuration', den er für die Beschreibung derjenigen Prozesse, in denen sich nicht-intendierte Handlungsfolgen intendierter Handlungen zu komplexen Phänomenen vernetzen, beansprucht ja nur, eine angemessenere Erklärung für faktische soziale Veränderungen zu ermöglichen als einfache Kausalerklärungen, die nur eine Relation zwischen zwei individuellen Ereignissen in den Blick nehmen, oder historizistische Gesetzesaussagen, in denen komplexe Phänomene nicht mehr auf Handlungen (bzw. Handlungsfolgen) zurückführbar sind. Elias plädiert also vor allem für Innovationen bei den Forschungsmethoden, um solche Verengungen, wie sie z.B. durch das Hempel-Oppenheim-Schema in den Sozialwissenschaften hervorgerufen worden sind, zu überwinden. Diese Kritik an der einseitigen Fixierung auf das deduktiv-nomologische Modell der Erklärung mag vielleicht auch Popper treffen, jedoch nicht die wissenschaftstheoretische Bedeutung von logischer Konsistenz und Falsifizierbarkeit und zwar gerade wegen des nicht prognostizierbaren Einflusses nicht-intendierter Handlungsfolgen (auch in den Wissenschaften). Für Elias ist eigentlich nur die Entdeckung erfolgreicherer und erklärungskräftigerer Hypothesen wichtiger als die Konstruktion detaillierter deduktiver Systeme. Diese Akzentverschiebung deckt sich mit den jüngsten Einsichten der post-empiristischen Wissenschaftstheorie (Kuhn, Lakatos, Feyerabend).

Ich gehe davon aus, daß ein wissenschaftliches Interesse an den extremen Positionen nicht mehr besteht. Aber damit ist nicht gesagt, daß man auf die Position eines Historismus zurückfällt, der das Individuelle isoliert, sich gegen die Konstruktion von Entwicklungen ganz sperrt. Läßt man die grundsätzlichen methodologischen Bedenken einmal beiseite, so öffnen sich dem Blick doch ziemlich viele ernstzunehmende Versuche, Entwicklungen zu fixieren. Man kann das gut studieren an dem Gang, den die Idee des Fortschritts in der Geschichtsschreibung genommen hat. In seinem für das Historische Lexikon zur politisch-sozialen Sprache in Deutschland gegebenen Überblick apostrophiert Reinhart Koselleck ein "empirisches Substrat" in Wissenschaft, Technik und Industrie[7] – unter Bezugnahme auf Ranke, der "zwar die geschichtsphilosophischen Folgerungen zusammengestrichen" habe, einen unbedingten Fortschritt jedoch annehme, "soweit wir die Geschichte verfolgen können im Bereiche der materiellen Interessen, ..., in allem, was sich sowohl auf die Erkenntnis als auf die Beherrschung der Natur bezieht".[8]

Sehr weit reicht das freilich nicht, wie die dem Aufschwung der Naturwissenschaften im 19. Jahrhundert folgenden zweifelhaften sozialdarwinistischen

Positionen zeigen[9)] – obwohl sich derlei zäh behauptet und gegenwärtig in Konnotationen zwischen Biologie und Recht, wie Rottleuthner unter zutreffender Einordnung des systemtheoretischen Ansatzes, kürzlich berichtet hat[10)], neue Blüten treibt.[11)] Es bleibt letztlich dabei, daß "die Gesamtbewegung nur von einem bewußt eingenommenen Standpunkt aus erfaßt werden" kann[12)], weshalb, um bei diesem Anwendungsfall zu bleiben, Fortschritt ein geschichtlicher Perspektivbegriff ist[13)], der schnell zur "Ersatzreligion" verkommt[14)] oder doch jedenfalls unter "ideologischen Besetzungszwang" gerät.[15)]

Auf der anderen Seite muß der "reine Historismus" mit dem Dilemma kämpfen, daß es die ganz und gar objektive, neutrale Standpunktlosigkeit so wenig gibt, wie die Landkarte eins zu eins, was immer wieder deutlich gemacht werden kann am Problem der anachronistischen Begriffsverwendung[16)] in der Geschichtsschreibung.

Wenn man sich diesen unreduzierbaren subjektiven Anteil retrospektiver Betrachtung eingesteht, so ist man freilich versucht, dann auch für die Prognose fünf gerade sein zu lassen und Konstruktionen zu wagen. Die zusätzlichen Einwände, die sich hier auftun, sind allerdings noch schwerer zu widerlegen. Popper hat sie so formuliert: "Wenn es so etwas wie ein wachsendes menschliches Wissen gibt, dann können wir nicht heute das vorwegnehmen, was wir erst morgen wissen werden".[17)] Hinzu tritt, daß der Anteil, den die Realisierung subjektiver Absichten an historischen Entwicklungen hat, nicht vorhersehbar ist.[18)] Schließlich gilt, was Franz Böhm[19)] unter Heranziehung der Arbeiten von Friedrich A. Lutz[20)] gegen Ende seines wissenschaftlichen Wirkens noch einmal sehr klar hervorgehoben hat: "Das Gesetz der geschichtlichen Entwicklung kann in der Hand derer, die zumindest *auch* Propagandisten sind, die mit aller Kraft wünschen, was sie prophezeihen, eine mächtige Waffe werden ..., wenn der Propagandist die Menschen überzeugen kann, er habe dieses Gesetz der zwangsläufigen Entwicklung erkannt und wisse mit absoluter Sicherheit, wohin die Reise gehe ..., dann entsteht auch bei denen, die das vorausgesagte Ziel der Reise verabscheuen, das Gefühl, daß jeder Widerstand dagegen nutzlos sei ..., dann werden nur die handeln, die das Vorausgesagte, unabänderliche Schicksal bejahen oder, eben weil es komme, bejahen zu müssen glauben. Und gerade deshalb mag eingetreten, was prophezeit worden ist".

Es ist nun das Verdienst derjenigen Geschichtsphilosophie, die sich analytisch nennt, für die damit, was die Zukunft angeht, etablierten Denkverbote doch einige Ausnahmen formuliert zu haben.[21)]

Den Komponenten bestimmter Strukturierungen der sozialen Welt entgehe, "daß zwar der Determinismus wie z.B. der Kausalkonnex sich subjektunabhängig vollzieht, daß aber das Arrangement der Anfangsbedingungen eines sozialen Systems, und das heißt: die Wirkungsbedingungen, unter denen sich ein deterministischer Prozeß ereignet, durchaus nicht subjektunabhängig sind; umgekehrt ist nicht zu übersehen, daß ganz bestimmte geschichtlich vorgegebene, subjekt-unabhängige oder objektive gesellschaftliche Tatsachen vorliegen müssen, damit es zur Kultivierung einer bestimmten individuell-subjektiven oder gruppenspezifischen Auslegung parteilicher Auffassungen kommen kann." Die Schwierigkeiten, sozialwissenschaftliche Aussagen, wenn sie sich auf Entwicklungen beziehen, überprüfbar zu machen, rühren vor allem daher, "daß das Erkenntnissubjekt jenem historischen Wirkungszusammenhang selbst angehört, dem es sich in den Gesellschaftswissenschaften als seinem Objektbereich zuwendet".[22)] Daraus folgt immerhin, daß die "Bedingungen, unter denen gewisse Gesetze in Wirksamkeit sind, geändert werden" können.[23)] Das ist planbar und daher auch prognostizierbar. Wahrscheinlich ist es so, daß die Zweifel an Voraussagbarkeit geschichtlicher Entwicklungen in dem Maße schwinden, wie die Menschen mehr Freiheit genießen und nicht mehr so sehr Gegenstand naturwüchsiger Prozesse sind.[24)] Das heißt: Eine bestimmte Vorstellung von Freiheit – wie sie sich etwa in der Behauptung der Relevanz von Kommunikation und Diskurs ausdrückt – sichert sowohl mehr Empirie in Bezug auf die Voraussagbarkeit gesellschaftlicher Entwicklungen, wie auch mehr oder ebensoviel Legitimation in Bezug darauf, daß man Voraussagen gesellschaftlicher Entwicklungen akzeptieren kann – wenn es eben nur solche sind, deren Basis die Freiheit des Menschen ist, eine Freiheit, die hier und jetzt am ehesten durch die Fähigkeit und die Möglichkeit gekennzeichnet ist, an Diskursen teilzunehmen. Es ist danach möglich, "die Bedingungen einer 'rationalen Verfaßtheit' der Gesellschaftsstrukturen, den intellektuellen und ideologischen Bewußtseinsstand der Bevölkerung und die auf diesen Faktoren aufbauenden gesamtgesellschaftlichen Planungsmöglichkeiten" zu fixieren.[25)] Man kann sich durchaus auf den Standpunkt stellen, "daß die Sozialwissenschaften auf Grund der Rationalität der handelnden Individuen, der von ihnen selbst geschaffenen 'Welt' einen höheren Grad der Erklärbarkeit (...) und Prognostizierbarkeit haben (...). Zwischen dem erreichten Entwicklungsstand der Gesellschaft und den Möglichkeiten, verläßliche Prognosen zu formulieren, gibt es einen engen Zusammenhang".[26)] "Da mit dem bloßen Deuten oder dem Verstehen (Max Weber) von sozialen Tatsachen nur ein reflektierender, aber kein gestaltender Praxisbezug hergestellt werden kann – und ja auch gar nicht soll – hat sich eine Wissenschaft nach der anderen (...) auf gesellschaftliche Praxis 'eingelassen' bzw. einlassen müssen. Der Praxisorientierung korrespondiert aber notwendig das Bemühen um Steigerung des prognostischen Potentials".[27)]

Ich bin weit entfernt von der Annahme, damit das von Habermas immer verheißene, aber meines Erachtens nie konkretisierte Konzept einer "Geschichtsphilosophie in praktischer Absicht"[28)] skizziert zu haben. Aber eine Diskussionsbasis dafür, wie man sich zu "Entwicklungstendenzen der Gesellschaft" verhalten könnte, ist vielleicht geschaffen.

II. Die andere Seite der Sache – die Planung – stellt sich gegenwärtig eher unter der Metapher "Steuerung der Gesellschaft" vor. Eine genauere Analyse dessen, was damit gemeint sein kann, führt schnell zu der, wenn ich recht sehe, jüngsten Bielefelder Publikation auf diesem Felde: "Gesellschaftssteuerung zwischen Korporatismus und Subsidiarität"[29], deren Inhalt ich hier nicht referieren möchte. Vielmehr beschränke ich mich darauf, die Frage nach dem Ausweg aus dem regulatorischen Dilemma auf das Teilsystem Justiz, an dessen Adresse sich die Strafgesetzgebung vorwiegend richtet, zuzuspitzen. Ob sich auch dort jener zunehmend für Teilsysteme behauptete selbstreferentielle, gegen Außeneinflüsse sich immunisierende Betrieb ausmachen läßt, möchte ich allerdings stark bezweifeln. Mit Eckhard Rehbinder meine ich im übrigen, daß regulative Politik nicht generell gescheitert ist, sondern "daß regulatives Versagen oft in Wahrheit nicht Versagen des Regelungsinstrumentariums, sondern 'Programmversagen' und damit Politikversagen ist"[30] – speziell auf dem Gebiet der Strafgesetzgebung. Ferner glaube ich, daß Norbert Reich recht hat, wenn er die Radikalität der Systemtheorie nicht "in dem Rückgriff auf das Autonomiekonzept" sieht, sondern in der Entsubjektivierung und Reformalisierung dieses Begriffs".[31] Damit ist das Teilsystem Justiz möglicherweise "aus dem Schneider". Denn gerade von Entsubjektivierung kann man hier nicht sprechen. Eher trifft das Gegenteil zu: Zu viele Vorurteile, die ebenso persönlich wie außengesteuert[32] sind, prägen das Bild, wenn man den Implementierungen nur ein wenig nachgeht. Gleichwohl dürfte doch die von Helmut Willke gegebene Empfehlung hilfreich sein, den steuernden Zugriff auf die "Interaktionsbeziehungen zwischen den Teilen" zu richten.[33] Die "knowledge and opinion about law" (KOL)-Forschungen könnten der Gesetzgebung hier den Weg weisen.[34]

III. Das sieht danach aus, als ob der *Überformung* gesellschaftlicher Entwicklungstendenzen der Vorzug gegeben würde. Demgegenüber ist noch einmal zu betonen, daß die planenden Individuen Teil der gesellschaftlichen Entwicklung sind, so daß – sieht man nur auf sie – auch dann, wenn sie nicht vogelfrei agieren, sondern sich an Erwartungen, Bedürfnissen und Wertungen orientieren, *Gegensteuerung* sehr wohl zu registrieren ist. Der Gegensatz verschwindet also, ohne daß dabei eine dritte, in der Themenstellung nicht implizierte Größe – der farblose Nachvollzug gesellschaftlicher Entwicklungstendenzen – herauskommen kann. Vielmehr deuten wir, indem wir handeln, auch unsere historische Situation. Und umgekehrt können wir diese Situation gar nicht anders begreifen, als daß wir handeln.

B.

Ich möchte das vor Eintritt in den Bericht über die gegenwärtige Praxis der Freiheitsstrafe an Hand des Wandelns verdeutlichen, den das strafrechtliche Prinzip der subjektiven Zurechnung durchgemacht hat. Ich wähle dieses Prinzip, weil es der Angelpunkt allen modernen Strafrechts ist, und Aussagen darüber die Vermutung begründen, daß ihre Struktur sich in Aussagen über die Lösung von Folgeproblemen wiederfindet.

Subjektive Zurechnung, nicht Schuld – das ist jetzt die Parole. Freilich sprechen nicht alle so, sondern nur diejenigen, die Zweifel an der Legitimation des Staates haben, Kriterien für Schuld aufzustellen und sie auf seine Bürger anzuwenden. Denn das Moment von Vorwerfbarkeit, wodurch Schuld im rechtlichen wie im moralischen Sinne definiert ist, setzt eine Autorität voraus, über die der moderne säkularisierte Staat nicht verfügt, nicht verfügen soll. Es geht jetzt nicht darum, ob man der neueren Richtung, die mit der älteren Tradition im Streit liegt[35)], folgen möchte. Vielmehr interessiert die Frage, wie es zu diesem, wie man gut sagen kann, Paradigmawechsel gekommen ist.

Man kann auf mehreres verweisen: Erkenntnistheoretische Skepsis, Etablierung der Autonomie des Einzelnen gegenüber dem Staat, Zurückdrängung der Religion. Wissenschaftler, die – mit je unterschiedlichen Schwerpunkten – sich in diesen Gedankengängen bewegen, können für sich in Anspruch nehmen, gründlich nachgedacht zu haben und werden doch einräumen, ja vielleicht sogar darauf pochen, daß ihre Theorien nicht absolute persönliche Hervorbringungen sind, sondern sich in gesellschaftliche Tendenzen einfügen. Um Präzisierung gebeten, wird es ihnen freilich schwer fallen, ihren Anteil zu gewichten: weder folgen sie nur gesellschaftlichen Tendenzen, noch sind diese ausschließlich durch sie geprägt – das steht fest. Aber wo ist die Mitte, in der die Wahrheit liegt? Noch schwieriger wird es, wenn man mehr ins Einzelne geht. Einige Soziologen meinen, aus den Einwendungen, die man gegen das Prinzip eines von Staats wegen erhobenen Vorwurfs erheben kann, ergebe sich, daß es ganz unmöglich sei, menschliches Handeln danach abzustufen, ob und gegebenenfalls wie groß die Verantwortlichkeit des Individuums dabei sei. Gestützt wird dieser rigorose Standpunkt entweder auf einen ziemlich unkritischen Determinismus philosophischer Provenienz oder auf die sozialwissenschaftlich begründete Erfahrung, Lebensverhältnisse und gesellschaftliche Institutionen seien so übermächtig, daß Intentionen des Einzelnen vernachlässigbare Gründe seien. Man kann auf diese Weise in der Tat die überlieferte Kopplung von Schuld und Vergeltung lösen, das heißt die Unmöglichkeit, von Schuld zu sprechen oder Schuld festzustellen, entzieht, wenn man sich an die genuine Bedeutung des Wortes hält, der Vergeltung den Boden. Was an deren Stelle treten soll, bleibt dann allerdings offen; entweder man optiert für die ersatzlose Streichung von Sanktionen – das ist der zeitgenössische "Abolitionismus" – oder man sieht allenfalls die Chance gesellschaftlichmechanischer Gegendeterminationen. Das eine ist, da die Menschen (noch) daran gewöhnt sind, Reaktionen zu erwarten und bei ihrem Ausbleiben (mindestens) unsicher werden, zu gefährlich (mit Blick auf die zu vermeidenden Interessenverletzungen), das andere unmenschlich im Sinne eines bereits ziemlich ausgebreiteten verfassungsrechtlichen Systems des Respektes vor der Persönlichkeitsautonomie.

Wieder muß man hier die Überlegungen anhalten und konstatieren, daß sie nicht unabhängig sind von "Strömungen", deren Richtung und Herkunft sich nicht im Nachweis gedanklicher Konzepte einzelner noch so kluger und einflußreicher Menschen – etwa Wissenschaftler, Rechtspraktiker oder Politiker – erschöpfen.

Daran ändert sich nichts, wenn man noch einen weiteren Schritt tut und zur Debatte stellt, daß der Wunsch, der Staat möge nicht reaktionslos gestellt werden, doch vielleicht erfüllt werden kann, indem man die Abstufungen, die das Strafrecht in der Vergangenheit bis in die Gegenwart hinein unter der Devise mehr oder weniger Schuld entwickelt hat – wieviel wußte der Täter von dem, was er tat, war er sich über die Rechtslage im Klaren, konnte er sich auf eine Notlage berufen, auf eine geistige oder seelische Erkrankung – daraufhin prüft, ob sie etwas hergeben für die Antwort auf die Frage, was man dem Täter zumuten kann, auf sich zu nehmen, damit er in seinem und natürlich auch im Interesse der anderen respekt- und rücksichtsvoller umgeht mit fremden Rechtsgütern. Die Belastungen, an die man dabei denkt, sind sämtlich diesem Zweck verpflichtet und daher – angesichts der mannigfachen Motivationen, denen ein Mensch zugänglich ist – sehr ausdifferenziert. In der Sprache alter und neuer fachlicher Begriffe heißt das: an die Stelle der Verbindung von Schuld und Vergeltung tritt die zwischen subjektiver Zurechnung und Prävention.

Das sind Theorien, die man auch schon in Lehrbüchern findet. Aber sie leben nur, weil diejenigen, die sie sich ausgedacht haben, dabei gleichsam nicht allein waren und darauf vertrauen konnten, daß Verhältnisse und Vorstellungen in der Gesellschaft lebender Menschen diese motivationalen Wirkungszusammenhänge realistisch erscheinen ließen. Abermals ist hier also ein planend-konstruierendes Handeln Einzelner im Kontext gesellschaftlicher Entwicklungen zu registrieren und noch einmal: Es kommt jetzt nicht entscheidend darauf an, welches gesellschaftliche Entwicklungsmuster und welche gedankliche Einzelleistung die größere Überzeugungskraft entfaltet, sondern nur darauf, festzuhalten, daß – wie man sich auch entscheidet – zwei Perspektiven schwer trennbar ineinander verflochten sind.

Im Urteil über die Praxis der Freiheitsstrafe als Sanktion auf strafbares Verhalten offenbaren sich die *Folgen* des in Gang gekommenen Prozesses der Ablösung vergeltungsorientierter Schuld durch präventionsorientierte subjektive Zurechnung. Indessen sind sicher sogar primäre Impulse zu verzeichnen, das heißt *direkte* Erfahrungen und Einsichten im Umgang mit der Freiheitsstrafe haben das Nachdenken Einzelner und jene damit verbundene Ersetzung des Schuldbegriffs durch den Begriff der subjektiven Zurechnung befördert. Jeweils ist die Dialektik individueller (gegebenenfalls planender) Konzeption und gesellschaftlicher Entwicklung im Spiel.

C.

Das alles ist zu bedenken, wenn man eine Aussage wie die folgende wagt:

I. Wir nähern uns dem Ende der durch die Freiheitsstrafe bestimmten Epoche. Nachdem sie ihrerseits eine langwährende Zeit der qualifizierten Todes- und Leibesstrafen – unter dem Eindruck der Erfahrungen und moralischen Einsichten, daß diese Strafen weder zweckmäßig noch human waren – abgelöst hat, sieht sie sich jetzt selbst diesen Einwänden gegenüber.

1.) Die Stichworte sind:

- Resozialisierung und Einsperrung können nicht miteinander in Einklang gebracht werden, die sozialen Fähigkeiten des Gefangenen nehmen eher ab.[36)]
- Die persönlichkeitszerstörende Wirkung längerer Freiheitsentziehungen[37)] wird (nicht nur von dem professionell damit Befaßten und den Betroffenen, sondern auch vom allgemeinen Publikum) stärker wahrgenommen.
- Darunter leidet auch die Generalprävention, weil sie nur noch sinnvoll ist mit Blick auf die Motivierbarkeit der Normadressaten durch Androhung und Vollzug effektiv auf Resozialisierung gerichteter Strafe.[38)]
- Die verbleibende Sicherung für die Zeit der Einsperrung schließlich erweist sich auch als "Milchmädchenrechnung", weil die Haft in der Regel, wenn resozialisierende Maßnahmen unterbleiben, kriminelle Impulse eher verstärkt oder sogar neu produziert; außerdem wachsen für eine Vielzahl von Fällen die Zweifel daran, daß der Freiheitsentzug im Verhältnis zur erreichten zeitlich beschränkten Sicherung in einem angemessenen Verhältnis steht.

Diese Probleme sind nach und nach sichtbar geworden. Spätestens seit den zwanziger Jahren (mit Unterbrechung der NS-Zeit) kann man von einer durchgehenden Kontinuität sprechen und viele Versuche registrieren, den unbefriedigenden Zustand auf dem Wege der Gesetzgebung zu ändern:

– Jugendstrafe
– Strafaussetzung zur Bewährung (schon durch Urteil oder nach einer gewissen Dauer der Verbüßung)
– Verurteilung ohne Bestrafung
– Verwarnung ohne Verurteilung
– Erweiterung des Anwendungsbereiches der Geldstrafe
– Ergänzung des Strafensystems durch Maßnahmen der Besserung und Sicherung.

2.) Niemand stellt diese Änderungen, obwohl sie bei ihrer Einführung mehr oder weniger umstritten waren, heute noch in Frage. Doch gibt es auch Entwicklungen (eben in jenem oben skizzierten Doppelsinne), die umstritten bleiben. Dazu gehört insbesondere die Einführung des Paragraphen der Strafprozeßordnung, welcher der Staatsanwaltschaft erlaubt, gegen vom Beschuldigten zu erbringende Auflagen ein Verfahren einzustellen (§ 153a). Zwar ist die Zustimmung des Gerichts erforderlich; doch ist damit das Bedenken, hier sei das Prinzip der Gewaltenteilung – der Sache nach richterliche Entscheidungen fallen in die primäre Zuständigkeit der Exekutive – nicht ausgeräumt. Außerdem wird die fehlende Transparenz dieser Entscheidungen beklagt, manche sprechen darüber hinaus vom Freikauf.[39)] Auf der anderen Seite führt die Anwendung dieser Vorschrift dazu, daß das zweifelhafte Stigma der öffentlichen Verurteilung weniger Menschen trifft als vorher, daß Kriminalisierung insgesamt zurückgeht. Allerdings ist nicht einzusehen, weshalb man diese Vorteile nicht auch erreichen kann unter Beibehaltung der richterlichen Zuständigkeit. Öffentlichkeit und Mündlichkeit ließen sich ebenfalls aufrechterhalten. Nur der Verzicht auf besonders gründliche Ermittlung der Wahrheit, auf die Suche nach einer ganz und gar gerechten Lösung, ist schwer zu vermeiden. Aber längst erhebt man ja auch für die Hauptverhandlung diesen Anspruch nicht mehr uneingeschränkt. Der sich zurücknehmende, selbstbindende *Rechtsstaat* läßt konkurrierende Wahrheiten und Gerechtigkeitskonzepte des zum autonomen Subjekt im Prozeß etablierten Beschuldigten zu. Demokratie und Erkenntniskritik – einander animierend und stützend – haben da längst das ihre getan.[40)]

II. Gegenwärtig wird diskutiert:

1.) Wiederum die Stichworte:

– Die Heraufsetzung der Höchststrafen bei der Strafaussetzung zur Bewährung.[41)]
– Wegfall der Klausel, die bei Strafen von einer bestimmten Dauer (derzeit zwischen ein und zwei Jahren) die Aussetzung der Strafe an besondere

Voraussetzungen in der Person *und* der Tat knüpfen (§ 56 Abs. 2 Strafgesetzbuch); das gleiche gilt für die vorzeitige Entlassung aus der Strafhaft schon nach Verbüßung der halben Strafe (§ 57 Abs. 2 Strafgesetzbuch).[42)]

- Eine Reihe von Veränderungen in Bezug auf die Vorraussetzungen, unter denen die Aussetzung einer Strafe zur Bewährung, beziehungsweise die vorzeitige Entlassung widerrufen werden kann.
- Generelle Zunahme ambulanter Maßnahmen als Alternativen zur Freiheitsentziehung.

Auch hier ist es so, daß die Generallinie ernsthaft nicht angefochten wird.

2.) Andere, weitergehende Vorschläge allerdings sind noch keineswegs durchweg anerkannt, etwa die generelle Abschaffung der Freiheitsentziehung im Jugendstrafrecht, beziehungsweise die Heraufsetzung des Mindestalters für Freiheitsentziehung. Zu den umstrittenen Positionen gehört ferner die nicht unpopuläre Idee, man könne die historisch gewachsenen Probleme der Strafe durch ihre Zurückgabe an die Gesellschaft, insbesondere an kleinere Gruppen, die sich nicht gezwungen sehen, in ihre Reaktionsmuster staatliche Zielsetzungen aufzunehmen, beseitigen.[43)]

III. Für jede *"zukünftige"* Kriminalpolitik stellt sich die Frage, wie sie sich gleichsam in diese Entwicklungen einfädelt. Die grundlegende Schwierigkeit liegt darin, daß diese Entwicklungen nicht einheitlich gesehen werden. Die im Vorstehenden sichtbar gemachten Tendenzen der Zurücknahme des effektiven Freiheitsentzuges legen die Assoziation einer insofern zunehmenden Humanisierung des Strafrechts nahe. Daß das moderne Strafrecht von dieser Tendenz getragen sei, wird aber von verschiedenen Seiten bestritten.

Einmal heißt es, daß mit dem Einzug des Zweckgedankens in das Strafrecht der Sinn für die Grenzen der Einsetzung dieses Instrumentes verlorengegangen sei, der Schutz jedes Rechtsgutes und die Einsetzung jeder Sanktion der staatlichen Disposition zugänglich geworden sei.[44)]

Zum anderen wird darauf hingewiesen, daß überhaupt erst mit der Etablierung des Staates und seiner disziplinierenden Machtinstrumente die Ausgangspunkte für die auch noch in der Moderne herrschende Repression geschaffen worden seien, deren Zurücknahme als wachsende Humanisierung des Strafrechts zu bezeichnen, die Dinge auf den Kopf stelle: Wäre es zu dem Sündenfall der Einführung des staatlichen Strafrechts nicht gekommen, gäbe es auch nicht die Notwendigkeit seiner Humanisierung.[45)]

Welcher der angedeuteten Theorien der Entwicklung man auch folgen mag, jeweils erhebt sich dann noch die Frage nach dem Stellenwert der Steuerungsfunktion des Gesetzes. Überformen die Gesetze die Entwicklungstendenzen oder sind sie eine Gegensteuerung? Zeitlich muß man hier – insofern dürfte Einigkeit bestehen – eine Zäsur machen. Erst der spät-neuzeitliche Gesetzesbegriff gestattet überhaupt, von Gegensteuerung zu sprechen. Bis dahin war den Menschen die Vorstellung, Gesetze könnten etwas Neues schaffen, seien nicht nur nachträgliche Aufzeichnung schon entwickelter Rechtsregeln, fremd.[46)]

IV. Das – zunächst etwas grob gezeichnete – Bild ist nunmehr ein wenig zu verfeinern.

1.) Die allgemeine Aussage, daß die Freiheitsstrafe im Rückgang begriffen sei, muß statistisch etwas differenziert werden.[47)]

Was die Verhängung der Freiheitsstrafen angeht, so ist nämlich generell eine Zunahme zu beobachten. Man muß dabei nur berücksichtigen, daß diese Zunahme vorwiegend (etwa die Hälfte) die Aburteilungen von Verstößen gegen das Betäubungsmittelgesetz betrifft[48)]; ein weiterer großer Anteil entfällt auf Raub, Erpressung, Vergewaltigung. Nur bezogen auf den – freilich größeren – "Rest" der Delikte kann man eine generelle Abnahme der Verhängung von Freiheitsstrafen beobachten.

Beim Vollzug ist es so, daß die Aussetzungen der Verbüßung zwar zunehmen, und zwar ganz erheblich in den Regelfällen (§ 56 Abs.2, StGB)[49)], bei den Widerrufen der Aussetzung indessen ebenfalls eine Zunahme zu beobachten ist.

Die Untersuchungshaft schließlich bietet ein ähnliches Bild wie die Verhängung der Freiheitsstrafe. Das heißt, sie nimmt zu im Bereich der Betäubungsmittel- und schweren Erpressungs- und Vergewaltigungskriminalität; im übrigen aber nimmt sie ab (dies freilich nur, wenn man vom Vollzug der Untersuchungshaft bei Ausländern absieht). Eine Einschränkung erfährt diese Aussage wiederum durch das Datum, daß die Prozentzahl der Fälle von Untersuchungshaft, auf die keine Freiheitsstrafe folgt, von 2 auf 18 gestiegen ist.[50)]

Vergleichbare Ambivalenzen finden sich, wenn man Neukriminalisierung oder Verschärfung der Kriminalisierung einerseits, Entkriminalisierung oder Abschwächung der Kriminalisierung andererseits durch Gesetzgebung und Rechtsprechung genauer ansieht. Im einzelnen braucht das an dieser Stelle aber nicht verfolgt zu werden.[51)] Festzuhalten sind nur gewisse Korrelationen: Dort, wo Neukriminalisierung (etwa im Bereich des Wirtschafts- insbesondere Umweltstrafrechts) oder Verschärfung der Kriminalisierung (etwa bei der Bekämpfung der Rauschgiftkriminalität oder – wiederum – von Raub[52)], Erpressung und Vergewaltigung) eintritt, schieben sich die Strafzwecke der Abschreckung und Sicherung in den Vordergrund[53)]. Ist aber die Neigung zur Entkriminalisierung spürbar, so nimmt auch die Tendenz, auf den Strafzweck der Resozialisierung abzustellen, zu[54].

2.) Es bleibt zu überlegen, welche Prognosen man machen kann. Bemerkenswert dabei ist, daß Fakten und Wünsche leicht durcheinandergehen. Man hofft auf die *Realisierung* von Wünschen – damit ist man bei den Tatsachen; erst recht ist dies der Fall, wenn man glaubt, angeben zu können, auf welchem Weg und in welchem Zeitraum das alles geschehen kann, sich vielleicht sogar eine eigene aktiv gestaltende Funktion zuschreibt. Doch niemand wird sich darüber täuschen, daß dies auf eine *Auswahl* von Tatsachen deutet. Für sich genommen braucht das noch nicht zu beunruhigen, denn wer kann schon für die Zukunft an alles denken; das klappt ja nicht einmal für die Gegenwart und Vergangenheit.

Bei der rechtspolitischen Prognose fällt auf, daß die Auswahl der Tatsachen handlungsbezogen ist. Freilich sind auch Handlungen Tatsachen, so daß man sozusagen in dem Genre bleibt. Aber diese Handlungen sind von Vorstellungen darüber geleitet, was passieren *soll*, Wertungen bestimmen also ihre Auswahl. Eine Prognose von Entwicklungstendenzen ist das nur, wenn man den handelnden Einzelnen *mit* seinen Wertungen dazurechnet. Wieder stehen wir vor dem unauflösbaren Problem, den Anteil zu bestimmen, den ein solches individuelles Handeln *und* insbesondere die es bestimmenden Wertvorstellungen im Gesamtgefüge der geselischaftlichen Kräfte, die am Einzelnen vorbei oder über ihn hinweggehen, haben.

a) Unter dem Vorbehalt dieser Klärung stehen die folgenden Bemerkungen, von denen man schwer sagen kann, wie sich Voraussage und Anregung mischen.

aa) Sie betreffen überdies nur einen bestimmten Sektor der Kriminalität oder, wenn man will, eine bestimmte Gruppe von Tätern. Es handelt sich um den Diebstahl und die Diebe. Verglichen mit Rechtsgutverletzungen älterer wie neuerer Art, haben wir es eigentlich – aber auch das ist schon eine methodologisch schwer zu klassifizierende Tendenzaussage – mit etwas Harmlosem zu tun, auch wenn man die qualifizierten Fälle etwa des Einbruchs hinzunimmt. Nichtsdestoweniger ist Diebstahl immer noch der Prototyp des "Verbrechens".[55]

Diebstahl ist eine so klar umreißbare Massenerscheinung, daß, wer die Lösung der Probleme, welche sich hinsichtlich der staatlich-gesellschaftlichen Reaktion auf dieses Delikt stellen, zu lösen verspricht, der öffentlichen Debatte über die steigende Kriminalitätsrate, die Gefängnisüberfüllung und die Ratlosigkeit beim Umgang mit einer großen Tätergruppe[56] eine die Wogen ganz erheblich glättende Wendung gibt.

bb) Das wird unmittelbar plausibel, wenn man sich auf den besonders handgreiflichen Anknüpfungspunkt der Gefängnisüberfüllung[57] konzentriert. Fordert und vermutet man, daß "wir wahrscheinlich in zwanzig Jahren kaum noch jemand wegen einfachen Diebstahls in der Strafanstalt haben werden"[58], so ist leicht vorstellbar, wieviel Haftplätze dann frei sind. Also lohnt es sich, den Weg dahin zu beschreiten.

Die *Gesetzgebung* wäre zunächst um Unterstützung der Vorschläge zu bemühen, für die das geltende Recht bereits Spielräume läßt. Hierher sind zu rechnen:

- die Heraufsetzung der Höchststrafen für die Strafaussetzung zu Bewährung,
- die Beseitigung der "Umständeklausel",
- Änderung der Bewährungszeiten[59],
- Loslösung der Bewährungshilfe von der Justiz[60],
- Änderungen der Widerrufungsvoraussetzungen (im Sinne der Empfehlungen an die Rechtsprechung).

Darüber hinaus wäre zu denken an:

- Streichung der Rückfallsvorschrift (§ 48 StGB),[61]
- Einführung nachträglicher Strafzumessungsregeln,[62]
- Ausdehnung der für eine Verwarnung mit Strafvorbehalt (§ 59 StGB) in Betracht kommenden Fälle auf Strafen bis zu einem Jahr,[63]
- Änderungen des Rechtes der Untersuchungshaft, insbesondere eine Sperre bei zu erwartender Strafhöhe von unter einem Jahr; ferner Ausbau der Haftsurrogate.[64]

b) Sicher erhöht sich der tatsächliche Gehalt einer Prognose, in die eingeht, was ihre Urheber handelnd postulieren, wenn man zeigen kann, daß die Mittel, die für die Erreichung des rechtspolitischen Ziels eingesetzt werden sollen, die erforderliche Eignung haben, ökonomisch vertretbar sind und nicht unerwünschte Nebenfolgen hervorbringen, beziehungsweise neue Rechtsgüter verletzen, die Gefahr der Verletzung erhöhen oder die Verletzung ohnehin schon getroffener Rechtsgüter intensivieren.

aa) Die vorliegende Skizze bietet für eine minutiöse Analyse der Mittel-Zweck-Beziehungen keinen Raum[65]: vielmehr muß mann es bei der Benennung einiger Indikatoren bewenden lassen:

(1) An der Spitze steht die These, daß die Effizienz ambulanter Maßnahmen hinter den Resozialisierungsversuchen im Gefängnis jedenfalls nicht zurückbleibt.[66)]

(2) Auch die Generalprävention leidet nicht bei Zunahme ambulanter Maßnahmen.[67)]

(3) Die "Sicherheit auf Zeit", das heißt die Dauer der Einsperrung, ist im Vergleich zu der Wirksamkeit des Selbstschutzes (Alarmanlagen, Hausdedektive, Werkschutz) und der Leistung der Versicherungen nicht hoch zu veranschlagen; damit entfallen auch die entsprechenden "Strafbedürfnisse" der Bevölkerung. Unvorstellbar ist, daß diese Entwicklung alternativer Schutzsysteme durch den Stop einer auf Freiheitsentzug nicht mehr angewiesenen Resozialisierungspraxis oder gar Wiedereinführung entsprechend drakonischer Strafen für den Diebstahl aufgehalten werden könnte.

bb) Die Kosten/Nutzen-Frage ist bereits zugunsten ambulanter Maßnahmen beantwortet.[68)] Allerdings ist es sehr schwer, zu exakten Ergebnissen zu gelangen, weil die Variablen, die man berücksichtigen muß, fast unübersehbar sind. Dies ist, soviel ich sehe, noch nie mit wenigen Worten so deutlich gemacht worden wie in einem vor einigen Jahren erschienenen Artikel von Hartmut Schellhoss. Deshalb erlaube ich mir, hier die einschlägige Passage wörtlich zu zitieren:

"Wohl niemand weiß, wieviele Mittel in der Bundesrepublik in die Verbrechensvorbeugung, wieviele Mittel in die repressive Verbrechensbekämpfung und wieviele Mittel in die Resozialisierung investiert werden und ob bzw. in welchen Maße diese einzelnen Investitionen sich auf den Umfang oder auf die Beschaffenheit der Kriminalität auswirken. Eine Überprüfung könnte Klarheit darüber verschaffen, ob beispielsweise die Kriminalprävention am erfolgreichsten ist und damit bei insgesamt unverändertem Mitteleinsatz unter dem Strich mehr Erfolg dadurch erzielt werden könnte, daß in die Kriminalprävention auf Kosten etwa der Repression mehr investiert wird. Es könnte beispielsweise auch zu klären versucht werden, ob der mit dem Strafvollzug erreichte Erfolg bei der Bekämpfung der Rückfallkriminalität in gleichgelagerten Fällen nicht auch mit der wesentlich kostengünstigeren Bewährungshilfe erzielt oder gar übertroffen werden könnte. ... In ihren jeweiligen Kosten identische Alternativen von Strafvollzugsmaßnahmen könnten dahingehend überprüft werden, welche Maßnahmen die größte Resozialisierungschance gemessen etwa an der beruflichen Eingliederung von Strafentlassenen bietet.

Von Interesse müßte eigentlich auch die Frage sein, ob es Teile der Bevölkerung gibt, deren Belange durch öffentliche Investitionen in die Verbrechensbekämpfung mehr geschützt werden, als dies bei anderen Teilen der Bevölkerung der Fall ist. Werden die verfügbaren Mittel so eingesetzt, daß für jede Deliktart die Chance einer Aufklärung und Aburteilung gleich ist, wie es das Legalitätsprinzip verlangt? Nicht zuletzt wäre zu fragen, ob im Kriminalbereich die öffentlichen Mittel so eingesetzt werden, daß für alle Straftäter die Chance, als solche auch registriert und verurteilt zu werden, gleich ist – unangesehen ihres sozialen Status'. Immerhin sind unter den Verurteilten die Angehörigen der unteren Schichten unserer Bevölkerung stark überrepräsentiert, während die Ergebnisse von Dunkelfelduntersuchungen nicht amtlich registrierter Kriminalität dafür sprechen, daß zumindest die Eigentumskriminalität über alle Schichten unserer Bevölkerung gleich verteilt ist.".[69]

cc) Was die Zielkonflikte angeht, so sind sie bekannt und anderwärts behandelt.[70] (Unterstrichen sei nur noch einmal, daß hier die verschiendenen, unzweifelhaft von persönlich-politischen Erwartungen geprägten Perspektiven der Entwicklung besonders kraß aufeinandertreffen. Argumentiert wird freilich auf empirischer Grundlage – aber welche Erfahrungen in den Blick kommen, bestimmt eine vorweggehende Wertung.[71]). Eine besonders einprägsame Beschreibung des Problems hat jetzt Stefan Quensel[72] gegeben:

"Gibt es denn wirklich Leute, die auf argumentativer Ebene ernsthaft meinen, daß die Abschaffung des einen Übels die berechtigte Fortexistenz des anderen unterstreicht? Daß also im großen Maßstab die Abschaffung des Strafvollzugs etwa die Todesstrafe rechtfertige, beziehungsweise im kleineren Maßstab das Schwinden der geschlossenen Fürsorgeerziehung die pädagogische Wirkung des Jugendstrafvollzuges hervorhebt? ... Und, so frage ich mich auf nunmehr faktisch-tatsächlicher Ebene weiter, hat diese so fatale Kritik die von ihren konservativen Gegnern schon damals befürchtete Ausweitung der kurzen und mittleren Strafen (Ersatzfreiheitsstrafe, Bewährungswiderrufe, Verlängerung der fünfmonatigen Strafen) zumindest längerfristig gesehen doch noch herbeigeführt? Nachdem doch – zum Teil schon im Vorgriff auf die Gesetzesreform – zumindest in den ersten Jahren der Anteil aller (faktisch) kurzen Freiheitsstrafen – relativ wie absolut, den Personen wie den Strafmonaten nach – zurückging ...?"

D.

Am Schluß bleibt die Frage, weshalb der naheliegende, durch die bisherige kriminalpolitische Entwicklung legitimierte Gedanke, den Vollzug der Freiheitsentziehung vor allem im Bereich des Diebstahls weitgehend aufzugeben, inzwischen nicht längst realisiert ist oder doch wenigstens eindeutig Anstrengungen in dieser Richtung gemacht werden.

In erster Linie liegt das wohl an der falschen Einschätzung des Faktors "Verbrechensfurcht".[73] Diese Furcht existiert, aber nicht pauschal, sondern durchaus deliktspezifisch – im Sinne der *anderen* (schwereren) Delikte. Allerdings ist hier ein enormes Forschungsdefizit zu registrieren – eine Aufgabe der Demoskopie.[74]

Vermutlich werden Erhebungen dazu führen, daß das säkularisierte Wissen unserer Zeit Gefängnisse nur noch für allerschwerste Gewalttaten rechtfertigt. Dieser Ernüchterung müßte das emphatische – "Haltet den Dieb!" – von einst eigentlich längst gewichen sein. Aber der bildhafte Vergleich, den Herman Bianchi vor gut zwanzig Jahren angestellt hat, ist wohl immer noch aktuell:

"Der mittelalterliche Handwerker lief mit einem ebenso ruhigen Herzen die Foltertürme entlang, wie der Angestelle des 20. Jahrhunderts entlang des Gefängnissen radelt".[75)] Wer einmal nach Aix-en-Provence in Südfrankreich kommt, kann eine besondere Variante studieren: Das Gefängnis inmitten des lebhaften südlichen Gemüse- und Obstmarktes.

Anmerkungen

1 F. Meinecke, Die Entstehung des Historismus (von C. Hinrichs neu herausgegebene und eingeleitete Ausgabe), München 1965, S. 2. In diesem Sinne scheint auch auf dem internationalen Historikerkongreß in Stuttgart "ein neuer Historismus" in den Vordergrund getreten zu sein (siehe Frankfurter Allgemeine Zeitung vom 4. September 1984, S. 25).

2 Meinecke, a.a.O., S. 5.

3 K. Mannheim, Historismus, in: Archiv für Sozialwissenschaft und Sozialpolitik, 42, Bd. 4. (1924), S. 1 ff.

4 K. R. Popper, Das Elend des Historizismus, Tübingen 1965. Damit wäre auch der vor langer Zeit von K. Heussi (Die Krisis des Historismus, Tübingen 1932) erhobenen Forderung Genüge getan, niemand möge, weil "wir gegenwärtig von einer einheitlichen Verwendung des Begriffes entfernt sind" ihn anwenden, der nicht genau sage, was er darunter verstehe (S. 15). Die von Heussi gegebene Typologie der Begriffsverwendungen ist immer noch sehr lehrreich.

5 N. Elias, Das Credo eines Metaphysikers. Kommentare zu Poppers "Logik der Forschung", in: Zeitschrift für Soziologie 14 (1985), S. 93; dagegen H. Esser, Logik oder Metaphysik der Forschung? Bemerkungen zur Popper-Interpretation von Elias, a.a.O., S. 257; H. Albert, Mißverständnisse eines Kommentators, a.a.O., S. 265; dazu wiederum: N. Elias, Wissenschaft oder Wissenschaften? Beitrag zu einer Diskussion mit wirklichkeitsblinden Philosophen, a.a.O., S. 268; vgl. auch die sich auf Äußerungen H. Essers beziehende Auseinandersetzung zwischen A. Bogner u. H. Esser in der Kölner Zeitschrift für Soziologie und Sozialpsychologie 37 (1985), S. 800.

6 Esser, Logik, a.a.O.

7 R. Koselleck, Fortschritt, in: O. Brunner/W. Conze/R. Koselleck (Hrsg.), Geschichtliche Grundbegriffe, Historisches Lexikon zur politisch-sozialen Sprache in Deutschland, Bd. 2, Stuttgart 1975, S. 409.

8 Koselleck, a.a.O., S. 410.

9 Koselleck, a.a.O., S. 42.

10 H. Rottleuthner, Biologie und Recht, in: Zeitschrift für Rechtssoziologie 1985, S. 104 ff.; ders., Die Bedeutung biologischer Determinanten für das Recht, in: E.-J. Lampe (Hrsg.), Beiträge zur Rechtsanthropologie, in: Archiv für Recht und Sozialphilosophie, Beiheft Nr. 22, Stuttgart 1985, S. 112 ff., ferner jetzt: ders., Biologische Metaphern im Rechtsdenken, Manuskript für die Konferenz über "Autopoiesis in Law and Society" am European University Institute in Florenz, Dezember 1985.

11 Dazu meine Miszelle in: Rechtshistorisches Journal, Bd. 5 (1986), S.343 ff.

12 R. Koselleck, Vergangene Zukunft, 4. Aufl., Frankfurt 1985, S. 92.

13 Koselleck, Fortschritt, a.a.O., S. 412.

14 Koselleck, Fortschritt, a.a.O., S. 410.

15 Koselleck, Fortschritt, a.a.O., S. 415.

16 Hierzu jetzt – für die Rechtsgeschichte – sehr instruktiv Dieter Simon, in: Rechtshistorisches Journal Bd. 3, (1984), S. 2.

17 A.a.O., S. XII.

18 K. Acham, Über Parteilichkeit und Objektivität in den Gesellschaftswissenschaften. Einige methodologische Betrachtungen, in: R. Koselleck/W.J. Mommsen/J. Rüsen (Hrsg.), Objektivität und Parteilichkeit in der Geschichtswissenschaft, München 1977, S. 399 ff. (417 ff.).

19 F. Böhm, Wirtschaftsordnung und Geschichtsgesetz, Tübingen 1974, S. 6 f.

20 F. Lutz, Wirtschaftliche Entwicklung in der Sicht ökonomischer Denker, in: R. W. Meyer (Hrsg.), Das Problem des Fortschritts heute, Darmstadt 1960, S. 183 ff.

21 Acham, a.a.O.

22 Acham, a.a.O., S. 419.

23 Acham, a.a.O., S. 421.

24 M. Horkheimer, Zum Problem der Voraussagen in den Sozialwissenschaften, in: Zeitschrift für Sozialforschung, Jahrgang II (1933), S. 407 ff.

25 B. Schäfers (Hrsg.), Gesellschaftliche Planung, Stuttgart 1973, S. 29 ff. (33).

26 Schäfers, a.a.O., S. 34.

27 Schäfers, a.a.O., S. 38.

28 J. Habermas, Protestbewegung und Hochschulreform, Frankfurt 1969, S. 44.

29 Herausgegeben von M. Glagow, Bielefeld 1984.

30 Reflexives Recht und Praxis – Der Betriebsbeauftragte für Umweltschutz als Beispiel, in diesem Bd., S. 109 ff. mit Belegen (110).

31 N. Reich, Reflexives Recht? Bemerkungen zu einer neuen Theorie von Gunther Teubner, in: Festschrift für Rudolf Wassermann zum 60. Geburtstag, Neuwied/Darmstadt 1985, S. 151 ff. (160).

32 Materialreich jetzt W. Hassemer, Vorverurteilung durch die Medien? in: Neue Juristische Wochenschrift 1985, S. 1921 ff.

33 Gesellschaftssteuerung, in: Glagow, a.a.O., S. 29 ff. (50).

34 Daran anknüpfend jetzt G. Smaus, Das Strafrecht und die Kriminalität in der Alltagssprache in der deutschen Bevölkerung, Opladen 1985.

35 A. Kaufmann, Schuld und Prävention, in: Festschrift für Rudolf Wassermann, a.a.O., S. 889 (896), bringt den Gegensatz auf die Begriffe "Schuldrealismus 'versus' Schuldnominalismus".

36 W. Heinz, Ambulante Maßnahmen – kriminologische Überlegungen und Ausblick, in: H. Kury (Hrsg.), Ambulante Maßnahmen zwischen Hilfe und Kontrolle. Interdisziplinäre Beiträge zur kriminologischen Forschung, Bd. 7, Köln/ Berlin/Bonn/München 1984, S. 439 ff. (443).

37 Das haben insbesondere jüngere Forschungen zur lebenslangen Haft gezeigt, siehe W. Rasch, H. Einsele und H.-D. Stark, in: H.-D. Jescheck/O. Triffterer (Hrsg.), Ist die lebenslange Freiheitsstrafe verfassungswidrig?, Baden-Baden 1978, S. 25.

38 K. Lüderssen, Die generalpräventive Funktion des Deliktsystems, in: W. Hassemer/K. Lüderssen/W. Naucke, Hauptprobleme der Generalprävention, Frankfurt 1979, S. 54 ff.

39 E. Schmidhäuser, Freikaufverfahren mit Strafcharakter im Strafprozeß, Juristenzeitung 1973, S. 529 ff.

40 K. Lüderssen, Kriminologie, Baden-Baden 1984, S. 170 f.

41 Dies sah auch der Gesetzentwurf der SPD-Fraktion (BT Dr 10/1116) zum 23. Strafrechtsänderungsgesetz vor.

42 Seit dem 1. Mai 1986 ist durch das 23. Strafrechtsänderungsgesetz vom 13. April 1986 (BGBl I S. 393) eine "Gesamtwürdigung von Tat und Persönlichkeit" des Verurteilten,

§ 56 Abs. 2 StGB, sowie seiner "Entwicklung im Strafvollzug" bei der Halbstrafenentscheidung, § 57 Abs. 2 StGB, gesetzlich vorgeschrieben.

43 Dazu K. Lüderssen, Der Freiheitsbegriff der Psychoanalyse und seine Folgen für das moderne Strafrecht, in: W. Hassemer/K. Lüderssen/W. Naucke, Fortschritte im Strafrecht durch die Sozialwissenschaften? Heidelberg 1983, S. 67 ff. (90 f.).

44 W. Naucke, Die Wechselwirkung zwischen Strafziel und Verbrechensbegriff, Stuttgart 1985, S. 24 f. (siehe dort Anm. 20, dort weitere Belege und Auseinandersetzung mit abweichenden Auffassungen).

45 H. Steinert, Strafrecht als Anachronismus – Strafrechtsentwicklung als zunehmende Humanisierung. Einige Anmerkungen zur "Durkheim'schen Täuschung" in der Soziologie der Strafrechtsentwicklung, Kriminalsoziologische Bibliographie 1975, S. 15 ff.; dazu K. Lüderssen, Kollektive Zurechnung – individualisierende Haftung. Ein "Grundwiderspruch" der modernen Kriminalpolitik?, in: K. Lüderssen/F. Sack (Hrsg.), Vom Nutzen und Nachteil der Sozialwissenschaften für das Strafrecht, Frankfurt 1980, S. 37 f. (747 f.).

46 F. Wieacker, Aufstieg, Blüte und Krisis der Kodifikationsidee, in: Festschrift für Gustav Böhmer, Bonn 1954, S. 34 ff.

47 Allgemein dazu K. Lüderssen, Der Freiheitsbegriff der Psychoanalyse, a.a.O., S.86 (siehe dort Anm. 20).

48 Heinz, a.a.O., S. 494; H. Horstkotte, Rückblick auf die Strafrechtsreform von 1969, Erwartungen, Erfolge, Enttäuschungen, in: Bewährungshilfe, a.a.O., 1984, S. 2 ff. (9 ff.); H.-J. Albrecht, Die Kriminalitätsentwicklung in der Bundesrepublik Deutschland, in: Bewährungshilfe, a.a.O., S. 37 ff. (49 f.).

49 Obwohl die Umständeklausel in den §§ 56 Abs. 2 und 57 Abs. 2 StGB identisch formuliert war, hat die Zahl der Aussetzungen nach § 57 Abs. 2 StGB in den letzten Jahren nicht nennenswert zugenommen. Die Neufassung des § 57 Abs. 2 StGB vom 1. Mai 1986 gibt der Praxis aber Anknüpfungspunkte dafür, häufiger die Strafe nach Verbüßung der Hälfte auszusetzen.

50 Heinz, a.a.O., S. 495.

51 Systematisierender Überblick bei W. Naucke, Über deklaratorische, scheinbare und wirkliche Entkriminalisierung, in: Goltdammer's Archiv für Strafrecht 1984, S. 199 ff.

52 Typisches Beispiel: Die Entwicklung der Rechtsprechung zur "Scheinwaffe" im Sinne des § 250 StGB, siehe Horstkotte, a.a.O., S. 9–11; H.-J. Albrecht, a.a.O., S. 45. Ferner: A. Eser, "Scheinwaffe" und "schwerer Raub", Juristenzeitung 1981, S. 761 ff., 821 ff.

53 H.-J. Albrecht, a.a.O., S. 42.

54 F. Streng, Außerrechtliche Determinanten von Strafzumessungsentscheidungen, in: H.-J. Kerner/H. Kury/K. Sessar (Hrsg.), Deutsche Forschungen zur Kriminalitätsentstehung und Kriminalitätskontrolle, Bd. 2, Köln/Berlin/Bonn/München 1983, S. 1288 ff. (1294).

55 Das andere, wie man auch sagen kann "cliché", ist der "Mord". Er unterscheidet sich jedoch vom Diebstahl, wenn man von Tötungen im Kriege absieht (kritisch zu dieser "Rechnung": H. Jäger, Versuch über Makrokriminologie, Mskr.), durch die statistische Geringfügigkeit.

56 K. Lüderssen, Rehabilitationsshilfen für entlassene Strafgefangene. Neue Forschungsansätze und universitäre Arbeitsfelder, in: Festschrift für Rudolf Wassermann, a.a.O. 1985, S. 927 ff.

57 Hierzu R. Oberhein, Gefängnisüberfüllung, Frankfurt/Bern/New York 1985; dazu die Rezension von S. Scheerer, Strafverteidiger 1986, S. 509 f.

58 A. Böhm, in: Stenographische Niederschrift über die 5. Sitzung des Rechtsausschusses, 8. Sitzung des Unterausschusses Justizvollzug (öffentliche Anhörung) zur Situation des Strafvollzuges in Hessen, 7. September 1984, Wiesbaden, S. 30.

59 K.-H. Groß, Zum Entwurf eines Strafrechtsänderungsgesetzes, in: Strafverteidiger 1985, S. 81 ff.

60 Heinz, a.a.O., S. 508.

61 Horstkotte, a.a.O., S. 11. § 48 StGB wurde durch das 23. Strafrechtsänderungsgesetz vom 18.IV. 1986 (BGBl I S. 393) aufgehoben.

62 Horstkotte, a.a.O.

63 Dazu F. Dencker, Ein Plädoyer für § 59 StGB, Strafverteidiger 1986, S. 399 ff.

64 Arbeitskreis Strafprozeßreform, Die Untersuchungshaft, Gesetzentwurf mit Begründung, Heidelberg 1983, S. 4, 61 ff.

65 Eingehender zu dem Problem: K. Lüderssen, Kriminologie, a.a.O., S. 48 f.

66 F. Dünkel/D. Spiess, Kriminalpolitische Bewertung der Strafaussetzung und Folgerungen für die Praxis in der Bundesrepublik, in: F. Dünkel/G. Spiess (Hrsg.), Alternativen zur Freiheitsstrafe, Strafaussetzung zur Bewährung und Bewährungshilfe im internationalen Vergleich, Freiburg 1983, S. 503 ff.

67 Heinz, a.a.O., S. 492.

68 Heinz, a.a.O., S. 444, 552; zu den Kosten der Gefängnisneubauten M. Voß, Über das keineswegs zufällige Zusammentreffen von Gefängnisneubau und der Einrichtung ambulanter Alternativen, in: H.-J. Kerner (Hrsg.), Diversion statt Strafe, Heidelberg 1983, S. 95 ff. (97), (siehe dort Anm. 4 mit Belegen); zum Ganzen ferner ders., Aufforderung zum Verzicht auf Gefängnisneubauten in Hessen und anderswo, in: Kriminalsoziologische Bibliographie 1984, S. 36 ff.

69 H. Schellhoss, Kriminalitätsbekämpfung — koste, was es wolle ?, in: Bewährungshilfe, Jg. 31, 1984, S. 76 ff. (79).

70 K. Lüderssen, Der Freiheitsbegriff der Psychoanalyse, a.a.O., S. 79 ff.; ders., Rehabilitationshilfen für entlassene Strafgefangene, a.a.O.; S. 935 ff.

71 Unvermindert wichtig hierzu G. Stratenwerth, Das rechtstheoretische Problem der "Natur der Sache", Tübingen 1957.

72 In: Kriminologisches Journal 1985, S. 145.

73 Grundlegend dazu G. Arzt, Der Ruf nach Recht und Ordnung. Ursachen und Folgen der Kriminalitätsfurcht in den USA und in Deutschland, Tübingen 1976.

74 Hier erhebt sich freilich das Problem der staatlichen Auftragsforschung; vgl. dazu H. Jäger, Ambivalenz zwischen Staatsforschung und staatlicher Auftragsforschung, in: Kriminologisches Journal 1980, S. 328 ff.; ferner G. Kaiser, "Biokriminologie", "Staatskriminologie" und die Grenzen kriminologischer Forschungsfreiheit, in: Kriminologie, Psychiatrie, Strafrecht. Festschrift für Heinz Leferenz, Heidelberg 1983, S. 47 ff. (69 ff.); H. Schüler-Springorum, Zum Verhältnis von Kriminologie und Kriminalpolitik, in: Gedächtnisschrift für Peter Noll, Zürich 1984, S. 141 ff. (146 ff.).

75 H. Bianchi, Ethik des Strafens, Neuwied/Berlin 1966, S. 89.

Klaus König[1)]

Zur Überprüfung von Rechtsetzungsvorhaben des Bundes

1. Probleme der Rechtsetzung

Die Rechtsetzung ist in Wissenschaft und Praxis – Gesetzgebungstheorie und Rechtspolitik – zu einem bevorzugten Gegenstand kritischer Aufmerksamkeit geworden. Gesetztes Recht ist über seine Funktion als Medium staatlicher Steuerung hinaus selbst ein politisches Thema. Die immer direktere Verrechtlichung von immer mehr Lebenssachverhalten wird nicht nur in Parlamenten und Parteien kritisiert. Auch die juristischen Dienste in der Exekutive begreifen, daß immer mehr Gesetze nicht besseres Recht bedeuten.

Sieht man das von Staats wegen gesetzte Recht zusammen mit der substantiellen Beschaffenheit eben dieses Staates in der Gesellschaft, dann muß man sich die Frage stellen, ob die Verrechtlichung nicht eine allgemeine wohlfahrtsstaatliche Überanstrengung des Gemeinwesens wiedergibt. Die konstitutionellen Werte des leistenden und sozialen Rechtsstaates scheinen überanstrengt zu sein, weil von einer politisch-administrativen Generalagentur verlangt wird, alles und jedes zu kompensieren, was als soziales Defizit verstanden werden kann. Der Staat und insbesondere der Gesetzgeber sind es, auf die sich die sozialen Erwartungen konzentrieren. Die Kritik an der zunehmenden Verrechtlichung und an der Gesetzgebung sind damit auch Teil der allgemeinen gesellschaftspolitischen Diskussion, inwieweit der demokratische Wohlfahrtsstaat überhaupt noch regierbar ist.

Von den Rechtsstäben im Regierungsapparat wird indessen erwartet, daß sie – bevor eine solche Problemebene erreicht ist – sozio-politische Inhalte und rechtskommunikative Formen in einer Weise zusammenbringen, daß der öffentliche Nutzen der Gesetze verbessert wird. Der soziale Rechtsstaat ist nicht darauf begrenzt, dem gesellschaftlichen Handeln durch gesetzliche Regelungen einen Ordnungsrahmen zu setzen. Leistende Funktionen sind zu erbringen. Kollektive Güter müssen verteilt werden. Da in unserer repräsentativen Demokratie die wesentlichen Fragen durch den parlamentarischen Gesetzgeber für Verwaltung und Bürger programmatisch vorentschieden werden müssen, haben wir auch in Zukunft mit einer Vielzahl von Gesetzen zu leben.

Die Verrechtlichung ist so auch Folge von verfassungsrechtlichen Grundentscheidungen und institutionellen Rahmenbedingungen. Das Problem, in diesem Bereich nach Ansatzpunkten für eine Änderung zu suchen, ist mithin, daß mitursächliche Faktoren der Normflut wegen der ihnen innewohnenden Werte durchaus bejaht und gewollt sind. Dies macht große Gegenentwürfe eher unwahrscheinlich. Um so wichtiger wird die Frage, wie innerhalb des gegebenen konstitutionellen und institutionellen Rahmens das staatliche Handlungsinstrumentarium und damit auch die Rechtsetzung verbessert werden kann.

Gemessen an ihren eigenen Gestaltungsintentionen werden der Rechtsetzung vielfach Vollzugsdefizite, Verlust an Folgebereitschaft der Bürger, Unwirksamkeit und schädliche Nebenwirkungen vorgehalten. Auch durch immer dichtere Normen in einem Regelungsfeld scheint die soziale Treffsicherheit der Gesetzgebung eher geringer geworden zu sein. In Teilbereichen wird festgestellt, daß die Verwaltungen dazu übergegangen sind, selbst ihre Prioritätenordnungen zwischen den aus ihrer Sicht wichtigen, jedenfalls zu vollziehenden und den weniger wichtigen Rechtsvorschriften aufzustellen. Das Bild vom "Land der sanften Bürokraten", "wo überall Regeln sind, aber keiner an sie glaubt", wo die Beamten sich von den von ihnen zu vollziehenden Regeln "mit einem Augenzwinkern distanzieren"[2)], ist überzeichnet. Es deutet jedoch auf die Überforderung von Verwaltung und Bürger durch die Rechtsetzung hin.

Die Gründe für die Defizite in der Gesetzgebung sind vielschichtig. Gesetzgebung als politischer Prozeß unterliegt den Anforderungen der Konfliktregulierung, für die die Interessenbefriedigung von größerem Gewicht ist als Gesichtspunkte einer systematischen, eindeutigen und vollzugsgeeigneten Programmgestaltung. Profilierungs- und Opportunitätserwägungen der Politik können ebenso eine Rolle spielen wie das Perfektionsstreben der Fachkundigen im Parlament, in den Ministerialverwaltungen und der Verbandsbürokratie. Unzureichende Kenntnisse der Ministerialverwaltungen über Vollzugssituationen verstärken die oft zu beobachtende Neigung, die nachgeordneten Behörden durch möglichst detaillierte Regelungen zu binden. Umgekehrt fordern manche Vollzugsverwaltungen detailliertere Regelungen, um routinehaft entscheiden zu können, aber auch nicht selten, um Verantwortung nicht übernehmen zu müssen. Kontrollinstanzen wie Gerichte und Rechnungshöfe dringen auf Regelungsgenauigkeit wie umgekehrt die Legisten bemüht sind, Sachverhalte durch dichtere Regelungen justizsicherer oder für den Rechnungshof unangreifbarer zu machen.

2. Maßnahmen zur Rechts- und Verwaltungsvereinfachung

Die sich in solcher Kritik andeutenden Defizite der Rechtsetzung und die eher beispielhaft zu verstehenden Gründe für die zunehmende Verrechtlichung verweisen auf einen überaus vielschichtigen Ursachen- und Wirkungszusammenhang, der nahezu alle Ebenen und Aspekte des staatlichen Handelns einbezieht, mit dem die Lösung gesellschaftlicher Probleme durch Gesetz und Recht intendiert wird. Dies schließt staatliche Patentrezepte von vornherein aus, läßt aber bei Berücksichtigung der konstitutionellen und institutionellen Rahmenbedingungen, der unvermeidlichen Wertkonflikte sowie der Struktur des politischen Prozesses zwei Ansatzpunkte einer Abhilfe politisch-praktikabel erscheinen, nämlich einmal Aktionen zur Bereinigung und zur Vereinfachung des Regelungsbestandes und zum anderen den Einbau von Gegenmechanismen in den politisch-administrativen Rechtsetzungsprozeß, um Tendenzen einer weiter fortschreitenden Verrechtlichung vorzubeugen und die Gesetzgebung zu verbessern.

Die Bundesregierung hat – ähnlich wie der größte Teil der Länder zuvor – im Juli 1983 Maßnahmen zur Rechts- und Verwaltungsvereinfachung beschlossen, wonach

- jedes Ressort zu prüfen hat, welche Vereinfachungsmöglichkeiten in seinem Geschäftsbereich bestehen,
- alle Entwürfe von Rechts- und Verwaltungsvorschriften in jedem Stadium unter Anlegung strenger Maßstäbe auf ihre Notwendigkeit zu überprüfen sind.

Eine unabhängige Kommission aus Vertretern von Ländern, kommunalen Spitzenverbänden, der Wirtschaft, der Justiz sowie der Wissenschaft unter Federführung des Bundesministeriums des Innern begleitet die Maßnahmen der Bundesregierung und macht eigene Vorschläge, die unmittelbar Anstöße für Aktivitäten der Ressorts geben.

Seit dem Kabinettsbeschluß sind eine beachtliche Zahl von Vorhaben zur Rechts- und Verwaltungsvereinfachung abgeschlossen, auf den Weg gebracht oder begonnen worden. Der erste Bericht zur Rechts- und Verwaltungsvereinfachung enthält 144 Vorhaben von unterschiedlichem Gewicht in nahezu allen Politikbereichen.[3)] Ein Beispiel für eine umfassendere Vereinfachung ist die Novellierung des Städtebaurechts, die noch in dieser Legislaturperiode abgeschlossen werden soll. Ergebnis von "Entrümpelungsaktionen", aber teilweise auch tiefergreifenden Änderungen ist das in der parlamentarischen Beratung befindliche 1. Rechtsbereinigungsgesetz;[4)] ein 2. Rechtsbereinigungsgesetz wird zur Zeit vorbereitet.

3. *Prüfung der Notwendigkeit, Wirksamkeit und Verständlichkeit von Rechtsetzungsvorhaben des Bundes*

Der Auftrag zur Notwendigkeitsprüfung der Rechtsetzungsvorhaben des Bundes wurde durch einen weiteren Kabinettsbeschluß vom 11. Dezember 1984 konkretisiert.[5)] Danach sollen die Bundesminister "alle Rechtsetzungsvorhaben in jedem Stadium sowohl als Gesamtvorhaben als auch in ihren Einzelregelungen anhand von Prüffragen zur Notwendigkeit, Wirksamkeit und Verständlichkeit prüfen". Hervorgehoben wird in dem Beschluß der Bundesregierung die

Prüfungspflicht des Bundesministers der Justiz im Rahmen der sogenannten Rechtsförmlichkeitsprüfung gemäß § 38 GGO II und des Chefs des Bundeskanzleramtes im Zusammenhang mit der Vorbereitung der Kabinettsentscheidungen. Meinungsverschiedenheiten bei der Beurteilung der Vorhaben hinsichtlich ihrer Notwendigkeit, Praktikabilität und Wirksamkeit sollen in der Besprechung der beamteten Staatssekretäre beraten werden.

Versucht man, die konzeptionellen Überlegungen nachzuzeichnen, die für die Ausgestaltung des Normprüfungsverfahrens und die Strukturierung der Prüffragen maßgeblich gewesen sind, dann ergibt sich folgender Umriß: Grundgedanke ist es, den Überforderungen von Verwaltung und Bürger durch zu viele, zu dichte und zu schnell sich ändernde Regelungen Einhalt zu gebieten sowie die Praktikabilität und Wirksamkeit der Gesetze und Verordnungen zu verbessern. Hier ist die Gesetzgebung des Bundes und insbesondere die Vorbereitung der gesetzgeberischen Entscheidungen durch die Ministerialverwaltung des Bundes schon aus quantitativen Gründen ein gewichtiger Ansatzpunkt. Zwar können die Ursachen für Umsetzungsprobleme auch in der Ineffizienz von Vollzugsverwaltungen liegen; praktische Erfahrungen sowie Implementationsstudien und Evaluationen haben jedoch deutlich gemacht, daß ein enger Zusammenhang zwischen gesetzlichen Programmfehlern und Vollzugs- und Wirkungsdefiziten besteht.

Die Überlegungen zur Verbesserung der Gesetzgebung insbesondere unter Vollzugs- und Wirkungsaspekten beruhen zwar auf Einsichten in die Überforderung öffentlichen Handelns; andererseits wird aber die Erforderlichkeit einer wirksamen staatlichen Steuerung gesellschaftlicher Abläufe durch Gesetze anerkannt. Aus dieser Sichtweise ist für die programmatische Gestaltung von Gesetzen und anderen Rechtsvorschriften nicht nur die abstrakte Gleichheit und Allgemeinheit ausschließlicher Leitgedanke. Die rechtsnormativen Festlegungen sind mit Blick auf durch sie verfolgte politische Gestaltungszwecke zu treffen. Für die einem solchen politischen Steuerungsanspruch unterliegende Rechtsetzung werden sodann Problem- und Wirkungszusammenhängen maßgeblich, denen mehr als bisher bei der Programmgestaltung Rechnung zu tragen ist.

Dabei werden jedoch auch die Grenzen einer Orientierung der Gesetzgebung an Problemlösungs-, Umsetzungs- und Wirkungszusammenhängen gesehen. Soziales Handeln ist nur begrenzt determinierbar. Unsicherheiten hinsichtlich der Wirksamkeit des politisch-administrativen Steuerungsinstrumentariums lassen sich prinzipiell nicht ausräumen. Weiterhin sind Gesetze auch dort, wo sie Zweck-Mittel-Zusammenhängen unterstellt sind, Rechtsnormen, die sich ihrer rechtlichen Eigenart nicht entziehen können. Dementsprechend muß sich jedes rechtsförmige Kodifikat unter Gesichtspunkten der Gerechtigkeit relativieren lassen. Zudem wird den Gesetzen in der politischen Diskussion in der Regel unterstellt, daß sie im Sinne ihrer intendierten Zwecke wirken. Dies hat manchmal mit einer unreflektierten Normgläubigkeit zu tun, beruht im Grunde aber auf unserem repräsentativen politischen System. Die tatsächlichen Wirkungen eines staatlichen Programms werden in der Regel erst langfristig sichtbar; solange ist man auf Vermutungen angewiesen. Über Erfolge und Mißerfolge der Politik wird regelmäßig in einem kürzeren Turnus entschieden. Leistungsnachweise von Regierungen können deshalb oft weniger durch Auswirkungen auf gesellschaftliche Abläufe als vielmehr durch den Vorweis erlassener Gesetze erbracht bzw. durch Hinweise auf unterlassene oder gescheiterte Gesetze in Zweifel gezogen werden. Auf der anderen Seite muß die Politik reagieren, wenn ein solcher Legitimationszusammenhang durch begründete Kritik an der unterstellten Wirksamkeit von gesetzlichen Regelungen in Frage gestellt wird. Insofern besteht ein Interesse, die stärkere Orientierung der Gesetzgebung an Ursachen- und Vollzugszusammenhängen zu erreichen.

Für die Überlegungen, in welcher Weise Mechanismen gegen Tendenzen zur Überregelung in den Gesetzgebungsprozeß eingebaut und eine stärkere Orientierung an Praktikabilitäts- und Wirkungsaspekten erreicht werden können, sind Erfahrungen bestimmend, wonach sich die Grundmuster des politischen Prozesses letztlich bei der Entwurfsarbeit durchzusetzen pflegen. Eine verbesserte Aufbereitung von Informationen im politischen Prozeß wird nur in dem Maße wirklich genutzt, wie die Konflikt- und Konsensprozesse dieses entweder fordern oder aber zumindest erlauben. Bei realistischer Einschätzung können deshalb bei der Gesetzesvorbereitung in den Ministerien ansetzende Maßnahmen allenfalls unterstützend dazu beitragen, den politisch-administrativen Prozeß intelligenter zu machen.

In welcher Weise dies geschehen kann, hängt einmal davon ab, welche Erkenntnisse und Erfahrungen zu einer sozialadäquaten Gesetzgebung vorhanden sind, die den an der Gesetzgebung beteiligten Akteuren vermittelt werden können. Um hier Hinweise zu erhalten, hatte der Bundesminister des Inneren 1980 eine Sachverständigenanhörung durchgeführt und wissenschaftlich auswerten lassen.[6] Das Ergebnis ist, daß es zwar mehr Einsichten in Ursachen- und Wirkungszusammenhänge, Instrumente staatlicher Steuerung, typische Vollzugsprobleme usw. gibt, daß man aber hinsichtlich eines großen Teils der gesetzgeberischen Probleme noch weit von verallgemeinerungsfähigen Aussagen entfernt ist. Die Gesetzgebungswissenschaften können – jedenfalls bisher – nur in engen Grenzen Wissen über Kausalzusammenhänge bereitstellen, das gesetzgeberische Gestaltungsentscheidungen lenken könnte. Hinzu kommt, daß jede Gesetzgebungslehre den Primat der Politik zu akzeptieren hat. Im Gesetzgebungsprozeß werden Informationen politischen Wertungen unterworfen, Konflikte kleingearbeitet, Kompromisse gemacht, Interessen ausgeglichen und Konsens gesucht und oft auch Kausalitäten geleugnet.

Dies alles läßt – wenn man von eher gesetzestechnischen Fragen absieht – anwendungsfähige Handlungsmaßstäbe oder Richtig-Falsch-Aussagen kaum zu. Es ist bei der Vorbereitung des zuvor genannten Kabinettsbeschlusses diskutiert worden, ob man wenigstens Leitbilder oder Entscheidungskriterien im Sinne der mit der Verbesserung der Gesetzgebung intendierten Zwecke formulieren sollte. So hat die bayerische Staatsregierung im Rahmen der "Richtlinien für die Wahrnehmung und Organisation öffentlicher Aufgaben im Freistaat Bayern"[7] Leitsätze für die Vorschriftengebung beschlossen. Diese und andere Kriterien und Leitbilder müssen jedoch in großen Teilbereichen so offen formuliert bzw. breit gefaßt sein, daß ihr präskriptiver Wert nur begrenzt ist. Man hat sich deshalb im Bund für einen Fragenkatalog entschieden, um gleichzeitig den heuristischen Charakter dieses Unternehmens zu unterstreichen. Die Fragen sind allerdings nicht indifferent formuliert. Sie sind vielmehr in Richtung der mit der Normprüfung verfolgten Zwecke gefaßt. Erst in einem zweiten Schritt sollen später auf der Grundlage der gemachten Erfahrungen und weiterer Untersuchungen Kriterien für die Beantwortung der Fragen entwickelt werden. Langfristige Absicht könnte es sein, eine Art Handbuch der Gesetzgebung zu erarbeiten, in dem differenziert nach dem Grad der Komplexität der Problemstellung Fragen, Kriterien, aber auch – vergleichbar den legistischen Richtlinien der Schweiz[8] – zu rechtstechnischen Fragen Entscheidungshinweise oder – entsprechend den Arbeitshilfen des Bundesministers der Justiz[9] – detaillierte Formulierungshilfen zusammengefaßt werden. So etwas kann aber wohl nur auf der Grundlage einer fortentwickelten Gesetzgebungslehre geleistet werden.

4. Katalog der Prüffragen

Funktion des vom Kabinett beschlossenen Fragenkatalogs zur Normprüfung ist es, den Überlegungsvorgang bei der Entwicklung des Gesetzesprogramms zu strukturieren, auf bisher tendenziell vernachlässigte Problemaspekte und Fragestellungen hinzuweisen und alternative Problemlösungen anzuregen. Weiterhin sollen in innerministeriellen und interministeriellen Verhandlungs- und Koordinierungsprozessen Fragen nach bisher eher vernachlässigten Problemaspekten legitimiert und Begründungszwänge angehoben werden. Die Prüffragen zur Notwendigkeit, Wirksamkeit und Verständlichkeit von Rechtsetzungsvorhaben des Bundes gliedern sich in 10 Fragenkomplexe. Sie sind überwiegend aus der Problemlösungs- und Steuerungsperspektive des Bundesgesetzgebers entwickelt worden. Durch die Bürokratiekritik und die Klagen über Vollzugsdefizite angeregt, gibt es jedoch auch Fragen, für die eher die Sichtweise der Normadressaten bestimmend gewesen ist. Dies gilt z. B. für Fragenkomplexe, die die Bürgernähe und Verständlichkeit sowie die Praktikabilität einer Regelung betreffen.

Die Grundstruktur des Fragenkatalogs ist angelehnt an Auffassungen vom politischen Prozeß als eines Prozesses der Bearbeitung gesellschaftlicher

Probleme, in dem Mißstände artikuliert, als politische Forderungen an die politischen Instanzen herangetragen werden, in dem politische Ziele formuliert und Handlungsmöglichkeiten entwickelt und in Form von Rechtsnormen verbindlich festgelegt werden, um sodann über die Verwaltungen von Bund, Ländern und Gemeinden vollzogen oder vom Bürger direkt als Handlungsanweisungen akzeptiert zu werden. Die Fragenkomplexe des Prüfkatalogs orientieren sich im wesentlichen an den Phasen des Prozesses der Entscheidungsfindung, wobei diese jedoch weniger als zeitlich nacheinander ablaufende Schritte, sondern als analytisch gewonnene Abschnitte gedacht sind.

Wenn man sich den Fragenkomplexen[10)] im einzelnen zuwendet, ergibt sich folgendes Bild: Will man die Erforderlichkeit einer Rechtsetzungsvorhabens in Frage stellen oder dessen Wirksamkeit verbessern, ist es erforderlich, genauer die Ausgangssituation zu analysieren, die als Problem empfunden wird und durch das Rechtsprogramm verändert werden soll. Wenn Mißstände aus dem gesellschaftlichen Umfeld an die Regierung herangetragen werden, geschieht dies in der Regel als Forderung nach einer bestimmten Problemlösung. So werden z. B. häufig Probleme im sozialen Umfeld von vornherein als Rechtsänderungs-Probleme artikuliert. Es ist eine wichtige Aufgabe der Normprüfung, daß die hinter solchen Forderungen stehenden Vor-Urteile über die Ausgangssituation, die angestrebten Zielzustände, die darin enthaltenen Bewertungen, den Entscheidungsspielraum, den Handlungsbedarf und die Problemlösungen transparenter gemacht und zugunsten einer informierteren Diskussion über die Entscheidungsmöglichkeiten in Frage gestellt werden. Dies soll durch die ersten Fragenkomplexe erreicht werden.

Damit die Auseinandersetzung nicht sogleich auf die staatlichen Handlungsmöglichkeiten verengt wird, wird unter der Leitfrage: Muß überhaupt etwas geschehen? (1.) zunächst nach dem generellen Handlungsbedarf gefragt. Unterfragen nach den Zielen (1.1), den Forderungen aus dem gesellschaftlichen Umfeld (1.2), einschließlich der Betroffenen (1.6) sollen den politischen Kontext deutlicher machen. Mit Fragen nach der Sach- und Rechtslage (1.3), nach den festgestellten Mängeln (1.4), den Entwicklungen in Wirtschaft, Wissenschaft, Technik und Rechtsprechung (1.5) sowie der Zahl der zu erwartenden praktischen Fälle (1.6) sollen die auf die Ausgangssituation und den Handlungsspielraum einwirkenden faktischen und normativen Größen bewußter gemacht werden. Mit der Kontrollfrage: Was geschieht, wenn nichts geschieht? (1.7) schließt der Fragenkomplex nach dem generellen Handlungsbedarf ab.

Nach Bearbeitung der Bedarfsprobleme stellt sich die Frage, welche generellen Handlungsmöglichkeiten es gibt, um die Ausgangssituation in den angestrebten Zielzustand zu transformieren. Die diesbezüglichen Probleme werden in dem zweiten Fragenkomplex: Welche Alternativen gibt es? (2.) angesprochen. Dabei wird auf neuere Erkenntnisse der Implementations- und Wirkungsforschung zu den verschiedenen Möglichkeiten des Einwirkens auf gesellschaftliche

Abläufe Bezug genommen. Auch wenn generalisierungsfähige Aussagen über Vor- und Nachteile von bestimmten Instrumenten und Programmtypen nur sehr bedingt möglich sind, gibt es doch – mehr als bisher angenommen worden ist – Erfahrungen zum Einsatz von Handlungsformen, die sich für eine verbesserte Vorab-Schätzung der Wirksamkeit staatlicher Steuerungen nutzen lassen. So ist es ein nicht unwichtiger Beitrag für eine informiertere Auswahl von Handlungsmöglichkeiten, wenn mit Blick auf ihre Wirkungsfaktoren Grundtypen öffentlicher Interventionsinstrumente aufgezeigt werden. Hierauf wird Bezug genommen, wenn im Anschluß an die Problemanalyse (2.1) nach den "generell geeigneten Handlungsinstrumenten" gefragt wird, mit denen das "angestrebte Ziel vollständig oder mit vertretbaren Abstrichen erreicht werden kann" (2.2). Bei der Auswahl der günstigsten Handlungsinstrumente (2.3) sollen insbesondere Aufwand sowie Belastungen für Bürger und Wirtschaft, Wirksamkeit, Kosten, Auswirkungen auf den vorhandenen Normenbestand und geplante Programme, Neben- und Folgewirkungen sowie Akzeptanz durch Adressaten und Vollzugsträgern bedacht werden (2.3). Ein Vorgehen, bei dem neue Vorschriften vermieden werden können, ist dabei zu bevorzugen (2.4).

Wenn geklärt ist, daß über ein staatliches Handlungsinstrument auf die gesellschaftlichen Abläufe eingewirkt werden soll, stellt sich nach unserem föderativen Staatsaufbau die Frage, welche Ebene zu handeln hat. Entsprechend wird im dritten Fragenkomplex gefragt: Muß der Bund handeln? (3.) Hervorzuheben ist die durch den Subsidiaritätsgedanken bestimmte Fragerichtung. Darin kommt die Absicht der Bundesregierung zum Ausdruck, den unter dem Leitbild vom kooperativen Föderalismus entstandenen Zentralisierungstendenzen entgegenzuwirken. Entsprechend wird das Tätigwerden des Bundes einer besonderen Begründungspflicht unterworfen (3.1, 3.2). Unterstützt wird dies durch eine zusammen mit der Normprüfung verabschiedete Änderung der Geschäftsordnung der Bundesministerien, nach der die Notwendigkeit einer bundesgesetzlichen Regelung besonders begründet werden muß. Selbst wenn dem Bund nach der Verfassung die Kompetenz zum Handeln zusteht, soll gefragt werden, wie weit diese Kompetenzen des Bundes ausgeschöpft werden müssen (3.3). Die Bundesregierung beabsichtigt, durch eine restriktivere Wahrnehmung von Bundeskompetenzen den Ländern mehr Möglichkeiten zu eigenverantwortlichem Handeln einzuräumen.

Wenn auf Bundesebene zu handeln ist, soll weiter gefragt werden, ob dies in der programmatischen Form eines Gesetzes getan werden muß (4.). Die Auswahl der Programmformen wird insbesondere durch das Verfassungsprinzip vom Gesetzesvorbehalt bestimmt. Nach der Rechtsprechung des Bundesverfassungsgerichts bedürfen alle "wesentlichen" Materien der gesetzlichen Normierung. Das Wesentlichkeitskriterium, auf das in der Frage 4.1 Bezug genommen wird, markiert die Untergrenze der Vergesetzlichung. Für die Auswahl der Programmform oberhalb dieser Grenze ist der Gesichtspunkt mitentscheidend, ob wegen der Bedeutsamkeit eine Regelung dem Parlament vorbehalten bleiben sollte (4.2). Anderenfalls ist zu prüfen, ob Rechtsverordnungen, Verwaltungsvorschriften oder Satzungen die angemessene Programmform darstellen (4.3).

Nach Fragen zum jetzigen Handlungsbedarf (5.) soll die Ausgestaltung des Gesetzesprogramms geprüft werden. Hierbei sind neben den Merkmalen des Programmes selbst, d.h. der gewählten Instrumente zum Einwirken auf gesellschaftliche Abläufe sowie der Ausgestaltung der kommunikativen Festlegungen, insbesondere das zu erwartende Verhalten der Vollzugsinstanzen sowie die Reaktion der Gesetzesadressaten und der indirekt Betroffenen in Rechnung zu stellen. Weiterhin ist für die Programmgestaltung ein angemessenes Verhältnis von Kosten und Nutzen von Bedeutung. Diese komplexen Anforderungen werden in vier weiteren Fragenabschnitten aufgegriffen.

Unter der Leitfrage: Ist der Regelungsumfang erforderlich? (6.) geht es im wesentlichen um die angemessene Programmgestaltung unter eher gesetzestechnischen Aspekten. Danach sollen Programmsätze und Plan-Ziel-Beschreibungen möglichst vermieden (6.1), die Regelungstiefe durch eine allgemeinere Fassung (Typisierung, Pauschalierung, unbestimmte Rechtsbegriffe, Generalklauseln) beschränkt (6.2), Details möglichst dem Verordnungsgeber überlassen (6.3) und Doppelregelungen insbesondere mit Blick auf höherrangiges Recht (6.4) vermieden werden. Hier soll jedem Regelungsperfektionismus vorgebeugt werden. Weiterhin wird der kritische Blick auf Nachbarregelungen gelenkt (6.6) und bei Gesetzesänderungen eine über den unmittelbaren Änderungsbedarf hinausgehende Überprüfung der Gesamtregelung gefordert (6.7).

Mit Fragen nach der Geltungsdauer (7.) wird auf die Möglichkeit aufmerksam gemacht, Regelungen zu befristen (7.1) oder eine Regelung auf Probe vorzusehen (7.2). Eine Evaluierung mit der Geltungsbefristung zu verbinden, wie dies im amerikanischen Sunset-Konzept vorgesehen ist, dürfte jedoch die Ausnahme bleiben.

Um die Akzeptanz einer Regelung sowie ihre bürgernahe und verständliche Fassung geht es in einem weiteren Fragenkomplex (8.) Gefragt wird nach der Aufnahmebereitschaft des Bürgers (8.1) und insbesondere nach den Belastungen, die von der vorgesehenen Regelung durch die Einschränkung von Freiräumen und die Auflage von Mitwirkungspflichten (8.2) sowie eine behördliche Inanspruchnahme (8.3) ausgehen.

Soweit die Regelungen nicht unmittelbar das Handeln der Bürger bestimmen, sondern über die öffentlichen Verwaltungen vollzogen werden, stellt sich die Frage ihrer Praktikabilität (9.). Entsprechend der Bedeutung, die der Berücksichtigung von Vollzugsaspekten bereits bei der Programmentwicklung zukommt, ist der diesbezügliche Fragenkomplex stärker ausdifferenziert. Dabei wird nach Möglichkeiten gefragt, wie durch eine entsprechende Programmgestaltung der Verwaltungsvollzug vermieden (9.1) und behördliche Kontrollen eingeschränkt werden können (9.2). Wenn dies nicht möglich ist, soll versucht werden, mit den vorhandenen Verwaltungsressourcen auszukommen und die Verwaltung nicht zusätzlich zu belasten. Dementsprechend sollen besondere Verfahren vermieden (9.5), auf Zuständigkeits- und Organisationsregelungen, Mitwirkungsvorbehalte, Berichtspflichten verzichtet, neue Behörden und Beratungsgremien nicht vorgesehen werden (9.6). Die Fragen zu den beteiligten Vollzugsbehörden (9.7), ihre Interessen (9.8) und Handlungsspielräume (9.9) sollen darauf aufmerksam machen, daß Vollzugsbehörden nicht lediglich als Mittel zur Umsetzung des betreffenden Gesetzesprogramms betrachtet werden dürfen. Da Behörden in der Regel nicht im Zusammenhang mit einzelnen Programmen errichtet werden und dementsprechend ihre Aufgaben von allgemeinerem Charakter sind, sind sie von den einzelnen Programmen relativ unabhängig. Dies läßt es zweckmäßig erscheinen, die Programmgestaltung eher den Verwaltungsorganisationen anzupassen als umgekehrt.

Aus den eigenen Interessen der beteiligten Verwaltungen ergeben sich auch bei einem strikt öffentlich-rechtlichen Implementationsmuster Interessenkonflikte (9.8) und in der Folge Vollzugsprobleme. Es kann deshalb auch nicht vorausgesetzt werden, daß sich nachgeordnete Behörden programmgemäß bis ins Detail zentral steuern lassen. Selbst bei Über- und Unterordnungsverhältnissen in der Organisation der Vollzugsinstanzen bestehen Elastizitäten der Programmumsetzung. Mit der Aufforderung, die Meinungen der Vollzugsbehörden zum Regelungszweck und Vollzugsauftrag zu erkunden (9.10) und die Möglichkeiten eines Planspiels unter Beteiligung der Vollzugsträger zu bedenken (9.11) sollen Vollzugserfahrungen stärker in die Programmentwicklung einbezogen werden.

Im engem Bezug zu den Vollzugsaspekten stehen Fragen nach Kosten und Nutzen (10.). Dabei soll deutlich gemacht werden, daß es nicht nur um die Auswirkungen auf die Haushalte von Bund, Ländern und Kommunen geht (10.3), sondern auch um die zusätzlichen Belastungen bei den Gesetzesadressaten (10.1). Der besondere Hinweis auf kleine und mittlere Unternehmen (10.2) soll darauf aufmerksam machen, daß diese Unternehmen in besonderer Weise durch Formen der sogenannten Bürokratieüberwälzung belastet werden. Der Fragenkatalog schließt mit Hinweisen zu Kosten-Nutzen-Untersuchungen (10.4) und zur nachträglichen Kontrolle (10.5).

5. Anmerkungen zum Fragenkatalog

Wenn man den so umrissenen Fragenkatalog einer Bewertung unterzieht, dann ist vorab zu bedenken, daß er seinerseits Ergebnis eines politisch-administrativen Abstimmungs- und Entscheidungsprozesses ist. Aus der Sicht einer Gesetzgebungslehre mag man sich in manchen Teilbereichen eine stringentere Abfolge der Fragen wünschen. Es mag nicht konsequent erscheinen, daß die Frage nach dem augenblicklichen Handlungsbedarf (5.) von dem ersten Fragenkomplex getrennt wird, in dem der Handlungsbedarf aufgrund der Problemanalyse geprüft wird. Auch wäre es folgerichtiger gewesen, die Fragen hinsichtlich des Regelungsumfanges an das Ende zu stellen; denn bei der Programmgestaltung geht es gerade darum, den Gesichtspunkten der Akzeptanz beim Bürger und der Vollzugseignung größere Beachtung zukommen zu lassen.

Es ist zudem bei manchen Unterfragen nicht deutlich, warum diese aufgenommen, andere wichtige Teilbereiche dagegen überhaupt nicht angesprochen werden. So wird beispielsweise die Frage nach dem "Ob" einer staatlichen Aufgabenerfüllung als Bestandteil der Entscheidung über mögliche staatliche Interventionsinstrumente angesehen. Probleme des Steuerungsinstrumentariums und der staatlichen oder nichtstaatlichen Aufgabenerfüllung stehen zwar in einem sehr engen Verhältnis zueinander. Es erscheint jedoch nicht ausreichend, die Frage, ob der Staat handeln soll oder nicht, instrumentell zu betrachten. Auch wenn die verstärkten Bemühungen um ein theoretisches Durchdringen der "⅔ffentlichen Aufgaben" nicht zu allgemeingültigen Aussagen zur Bestimmung von Staatsaufgaben geführt haben, wäre es wünschenswert gewesen, eine verstärkte Diskussion über die Aufgaben des sozialen Rechtsstaats anzuregen.

Weiterhin scheint zu wenig berücksichtigt zu sein, daß in der Regel nicht einzelne Interventionsinstrumente eingesetzt, sondern Maßnahmenbündel in Programmen zusammengefaßt sind. So arbeiten z.B. regulative Programme mit unterschiedlichen Instrumenten wie Geboten, Verboten, Genehmigungspflichten und Strafandrohungen. Bisherige Erfahrungen lassen vorsichtige Abschätzungen der Wirkungsweise von solchen Programmtypen zu, so daß entsprechende Fragen sinnvoll gewesen wären. Die Ausgestaltung des Fragenkatalogs zur Praktikabilität der Regelungen läßt ebenfalls eine Reihe von Problemen offen, deren Bedeutung in Implementationsuntersuchungen hervorgehoben wird. Hier wäre eine weitere Differenzierung möglich gewesen.

Auch bei der Bestimmung der Ausgangssituation hätte man die vorhandenen Einsichten in Ursachen- und Wirkungszusammenhänge in ein noch weiter verfeinertes Fragengerüst einstellen können. Erste Entwürfe enthielten deshalb auch eine stärker an den Erkenntnissen und Gliederungen der Gesetzgebungswissenschaften angelehnte Zusammenstellung. In den Beratungen zur Vorbereitung des Kabinettsbeschlusses hat man sich jedoch insbesondere im Interesse der Akzeptanz beim Verwaltungspraktiker auf die Fragenkomplexe beschränkt, die nach überwiegender Auffassung von besonderer Bedeutung sind. Zudem hat man in Aufbau und Sprachbild Überforderungen vermeiden wollen. Die Erfahrungen mit dem Fragenkatalog werden letztlich zeigen müssen, ob dieser im Hinblick auf seine Intention schlüssig ist. Heute ist es indessen schon interessant, ihn einer reflexiven Probe zu unterwerfen, nämlich den Fragenkatalog auf sich selbst zu beziehen und ihn entsprechend den Prüffragen zur Notwendigkeit, Wirksamkeit und Verständlichkeit von Rechtsetzungsvorhaben des Bundes zu überprüfen.[11)]

6. Organisation und Verfahren der Normprüfung

In Umsetzung des Kabinettsbeschlusses vom Dezember 1984 sind die Gesetzgebungsreferenten in den Ressorts durch Minister- oder Staatssekretärsschreiben und/oder durch Hausanordnung angewiesen worden, die Prüffragen bei ihren Entwurfsarbeiten sowie bei der ressortinternen Abstimmung zugrunde zu legen. Darüber hinaus wurden Querschnittseinheiten, wie Rechtsreferate oder aber besondere Referate zur Rechts- und Verwaltungsvereinfachung beauftragt, die Entwürfe einer Ex-ante-Kontrolle zu unterwerfen und gegenüber den Fachreferaten auf eine stärkere Berücksichtigung des Gesamtanliegens einer Rechts- und Verwaltungsvereinfachung zu drängen.

Im Rahmen der interministeriellen Abstimmung ist es insbesondere Aufgabe des Bundesministers der Justiz, im Rahmen der Rechtsförmlichkeitsprüfung gemäß § 38 GGO II verstärkt auch auf die Notwendigkeit, Wirksamkeit und Praktikabilität der Rechtsetzung zu achten. Dem Bundesminister des Innern obliegt die Prüfung insbesondere unter Vollzugsaspekten. Weiterhin werden von den Spiegelreferaten im Bundeskanzleramt die Vorhaben im Rahmen ihrer allgemeinen Koordinierungsfunktion und der Vorbereitung der Kabinettsentscheidungen auch mit Blick auf Möglichkeiten einer Rechts- und Verwaltungsvereinfachung hin überprüft. Die Planungsgruppe im Bundeskanzleramt ist beauftragt, die unter Notwendigkeits-, Wirksamkeits- und Praktikabilitätsaspekten für bedenklich erkannten Rechtsetzungsvorhaben genauer zu überprüfen und möglichst frühzeitig im Zusammenwirken mit dem Bundesminister der Justiz und dem Bundesminister des Innern auf die Ressorts einzuwirken.

Das von der Bundesregierung beschlossene Normprüfungsverfahren verzichtet also weitgehend auf eine zentrale Prüfung und setzt bewußt in den Ressorts und bei den nach der Gemeinsamen Geschäftsordnung der Bundesministerien vorgesehenen Abstimmungsmechanismen an. Maßgebend hierfür ist gewesen, daß eine zentrale Prüfung – wie z.B. in Bayern oder Niedersachsen – schon aus Gründen der Quantität der Rechtsetzungsvorhaben ausscheiden muß, will man nicht eine Art "Gesetzgebungsamt" schaffen. Im Bereich der Bundesregierung muß deshalb eine Normprüfung arbeitsteilig organisiert werden. Vorgabe des Kabinetts ist dabei, keine "Bürokratie zur Entbürokratisierung" zu schaffen. Statt dessen sollen vorhandene Einrichtungen stärker genutzt werden.

Die ersten Erfahrungen mit der Normprüfung haben bereits deutlich gemacht, daß diese nur dann Erfolg haben kann, wenn die politischen Leitungen das Anliegen in der ressortinternen und der interministeriellen Abstimmung für die Angehörigen der Ministerialverwaltungen erkennbar unterstützen. Dies ist insbesondere erforderlich, um dem fachübergreifenden Anliegen der Rechts- und Verwaltungsvereinfachung gegenüber den fachpolitischen Interessen das notwendige Gewicht zu verleihen. Der Gesetzgebungsreferent muß antizipieren können, daß er bei der Leitung seines Hauses auffällt, wenn seine Rechtsetzungsvorhaben unter Notwendigkeits-, Wirkungs- und Verständlichkeitsaspekten bedenklich sind. Dies wird beispielsweise dann der Fall sein, wenn der Gesetzgebungsreferent erwarten muß, daß solche Bedenken im Rahmen der Vorbereitung von Kabinettsentscheidungen von seiten des Bundeskanzleramtes aufgegriffen und zum Gegenstand der wöchentlichen Besprechung der Staatssekretäre gemacht werden. Wie die Erfahrungen in den Ländern bestätigt haben, kommt insoweit der Regierungszentrale eine wichtige "Wächterfunktion" zu.

Ob das von der Bundesregierung beschlossene Normprüfungsverfahren und seine Organisation ein Gegengewicht zu Überregelungstendenzen bilden und eine Verbesserung der Gesetzgebung im Sinne einer größeren Praktikabilität und Wirksamkeit von Regelungen bewirken, kann nach den bisher nur kurzen Erfahrungen nicht beurteilt werden. Es ist auf den Erfahrungsbericht zu verweisen, den die Bundesminister des Innern und der Justiz Anfang 1986 gegenüber dem Bundeskabinett zu geben haben. Freilich gibt es heute schon Stimmen, die sagen, daß die politische Diskussion zur Rechts- und Verwaltungsvereinfachung sowie die Institutionalisierung einer Normprüfung erkennbar und erfahrbar erste Änderungen in den Einstellungen der am Gesetzgebungsprozeß beteiligten Akteure zur Folge gehabt haben.

Anmerkungen

1 Für sachkundige Unterstützung habe ich Ernst Hüper, Bonn, zu danken.

2 R. Dahrendorf, in: 'Die Zeit' vom 14.12.1984.

3 Vgl. BMI (Hrsg.): Erster Bericht zur Rechts- und Verwaltungsvereinfachung, Bonn, Februar 1985.

4 Entwurf eines Ersten Rechtsbereinigungsgesetzes BT-Drs. 10/3290 vom 03.05.1985.

5 Vgl. Anlage "Prüffragen zur Notwendigkeit, Wirksamkeit und Verständlichkeit von Rechtsetzungsvorhaben des Bundes" (im Anhang abgedruckt, S. 420-422).

6 Vgl. Bundesminister des Innern: Sachverständigenanhörung zu Ursachen einer Bürokratisierung in der öffentlichen Verwaltung sowie zu ausgewählten Vorhaben zur Verbesserung des Verhältnisses von Bürger und Verwaltung, Bonn 1980.
Teil A: Zusammenstellung der schriftlichen Stellungnahmen der Sachverständigen.
Teil B: Stenographisches Wortprotokoll.
Teil C: R. Mayntz: Wissenschaftliche Auswertung.

7 Vgl. Bayerische Staatskanzlei (Hrsg.): Dokumentation der Tätigkeit der Kommission für den Abbau von Staatsaufgaben und Verwaltungsvereinfachung, Bd. 3, München 1984, S. 117 ff.

8 Vgl. Richtlinien der Gesetzestechnik 1976 (Schweiz), hrsg. von der Schweizerischen Bundeskanzlei und der Eidgenössischen Justizabteilung, September 1976.

9 Vgl. BMJ-Arbeitshilfen zur Gestaltung von Bundesrecht (Empfehlungen nach § 38 Abs. III GGO II), hrsg. v. Bundesministerium der Justiz.

10 Vgl. Anlage "Prüffragen zur Notwendigkeit, Wirksamkeit und Verständlichkeit von Rechtsetzungsvorhaben des Bundes".

11 Vgl. dazu: BT-Drs. 10/3616 vom 04.07.1985.

Literatur

Bender, R., Zur Notwendigkeit einer Gesetzgebungslehre, Stuttgart, 1974

Blankenburg, E./Lenk, K. (Hrsg.), Organisation und Recht – Organisatorische Bedingungen des Gesetzesvollzugs; Jahrbuch für Rechtssoziologie und Rechtstheorie, Bd. 7, Opladen, 1980

Böhret, C. (Hrsg.), Gesetzgebungspraxis und Gesetzgebungslehre, Speyer, 1980

Gesellschaft zur Förderung der Entbürokratisierung (Hrsg.), Entbürokratisierung in den Bundesländern, Bonn, 1983

Hill, H., Einführung in die Gesetzgebungslehre, Heidelberg, 1982

Hucke, J./Wollmann, H., Kriterien zur Bestimmung der Wirkung von Gesetzen, Schriftenreihe Verwaltungsorganisation, Bd. 5, hrsg. vom Bundesminister des Innern, Bonn, 1982

Hugger, W., Gesetze – Ihre Vorbereitung, Abfassung und Prüfung, Baden-Baden, 1983

Kindermann, H., Ministerielle Richtlinien der Gesetzestechnik, Berlin, Heidelberg, New York, 1979

König, K., Programmsteuerung in komplexen politischen Systemen. In: Die Verwaltung, 1974, S. 137 ff.

König, K., Zur Evaluation der Gesetzgebung. In: Hellstern, G. M./Wollmann, H. (Hrsg.): Experimentelle Politik – Reformstrohfeuer oder Lernstrategie, Opladen, 1982, S. 122 ff.

Krems, B., Grundfragen der Gesetzgebungslehre, erörtert anhand neuerer Gesetzgebungsvorhaben, insbesondere des Bergschadensrechts, Berlin, München, 1979

Kübler, F. (Hrsg.), Verrechtlichung von Wirtschaft, Arbeit und sozialer Solidarität – vergleichende Analyse, Baden-Baden, 1984

Luhmann, N., Rechtssoziologie 1 + 2, Reinbek b. Hamburg, 1982

Mayntz, R. (Hrsg.), Implementation politischer Programme – Empirische Forschungsberichte, Königstein/Ts., 1980

Mayntz, R. (Hrsg.), Implementation politischer Programme II: Ansätze zur Theoriebildung, Opladen, 1983

Mayntz, R., Voraussetzungen und Aspekte administrativer Praktikabilität staatlicher Handlungsprogramme, Schriftenreihe Verwaltungsorganisation, Bd. 6, hrsg. v. Bundesminister des Innern, Bonn, 1982

Noll, R., Gesetzgebungslehre, Reinbek b. Hamburg, 1973

Öhlinger, Th. (Hrsg.), Methodik der Gesetzgebung, Wien, New York, 1982

Rödig, J. (Hrsg.), Studien zu einer Theorie der Gesetzgebung, Berlin, Heidelberg, New York, 1976

Schäffer, H./Triffterer, O. (Hrsg.), Rationalisierung der Gesetzgebung, Baden-Baden, 1984

Schneider, H., Gesetzgebung, Heidelberg, 1982

Schreckenberger, W., Sozialer Wandel als Problem der Gesetzgebung. In: Verwaltungsarchiv, 1977, S. 28 ff.

Schreckenberger, W./König, K./Zeh, W. (Hrsg.), Gesetzgebungslehre, Grundlagen – Zugänge – Anwendung, Stuttgart u.a., 1986

Seibel, W., Die Nutzung verwaltungswissenschaftlicher Forschung für die Gesetzgebung, München, 1984

Voigt, R., Verrechtlichung, Königstein/Ts., 1980

Voigt, R., (Hrsg.), Gegentendenzen zur Verrechtlichung. Jahrbuch für Rechtssoziologie und Rechtstheorie, Bd. 9, Opladen, 1983

Weiß, H. W., Verrechtlichung als Selbstgefährdung des Rechts. In: Die öffentliche Verwaltung, 1978, S. 601 ff.

Winkler, G./Schilcher, B. (Hrsg.), Gesetzgebung, Wien, New York, 1981

Zeh, W., Wille und Wirkung der Gesetze, Heidelberg, 1984

Konrad Hobe

Umsetzung kriminalpolitischer Zielsetzungen im Gesetzgebungsverfahren

I.

Geht man den Bereichen "kriminalpolitische Zielsetzungen" und "Gesetzgebungsverfahren" nach, so zeigt sich, daß sie aufeinander bezogen sind: Die Zielsetzungen der Kriminalpolitik lassen sich zu einem guten Teil nur durch den Gesetzgeber verwirklichen. Die Gesetzgebung muß sich bei Tätigwerden auf diesem Gebiet, ihrem Sinn entsprechend, nach der Kriminalpolitik richten. Es ergibt sich ferner, daß in diesem Aufeinanderbezogensein, und damit in der Umsetzung der Kriminalpolitik und ihrer Zielsetzungen im Gesetzgebungsverfahren, Reibungen auftreten können.

Dies folgt aus der Verschiedenheit der beiden Gebiete: Die bewegliche Kriminalpolitik, von der man nie weiß, was denn gerade ihre gültige Aussage ist, konstituiert sich, mehr oder weniger begründet, in dem Gespräch der Wissenschaftler, der Praktiker und der in sonstiger Weise Interessierten; sie steht in einem eigenen Kräfte- und Spannungsverhältnis, das sich auch schnell ändern kann. Schon wenn eine kriminalpolitische Zielsetzung in ein Regierungsprogramm eingeht, sie sozusagen festgeschrieben wird, tritt etwas zu ihr hinzu, das zwar in ihr angelegt ist – sie will ja verwirklicht werden – was ihr aber doch, in ihrer Beweglichkeit, fremd ist.

Auf der anderen Seite steht das Gesetzgebungsverfahren, das schwerfällig und langwierig ist sowie in einem eigenen vielfachen Spannungsfeld steht, in das die – festgeschriebene – kriminalpolitische Zielsetzung lediglich als ein Moment eingeht. Das muß zu Schwierigkeiten führen.

II.

Zu den genannten Schwierigkeiten, die sich bei der Umsetzung ergeben können, tritt eine weitere hinzu: Eine Aussage darüber, ob eine Umsetzung stattgefunden hat, ist häufig nur begrenzt möglich.

In einigen Fällen läßt sich die Umsetzung allerdings ohne weiteres feststellen. Z.B. wenn eine Strafvorschrift, die an veralteten Moralvorstellungen orientiert ist, gestrichen wird. Hier tritt der Erfolg mit der Streichung ein.

Bei anderen Vorschriften, zumal denen des Verfahrensrechts, ist es möglich, durch mannigfaltige Kontakte mit der Praxis herauszufinden, wie die neue

Regelung angewandt wird und ob dieses der kriminalpolitischen Zielsetzung entspricht. Auch ist in diesem Bereich eine Aktenuntersuchung grundsätzlich erfolgversprechend.

Schwierig wird es mit den darüber hinausgehenden Erfolgskontrollen. Welche Auswirkung hat z.B. das Erste Gesetz zur Bekämpfung der Wirtschaftskriminalität (1. WiKG) vom 29. Juli 1976 (BGBl. I, S. 2034) auf die Wirtschaftskriminalität?

In diesen Fällen sind umfangreiche Untersuchungen nötig, die personalund kostenintensiv sowie zeitaufwendig sind. Vieles, auch in grundsätzlichen Fragen, ist nicht oder nicht hinreichend sicher bekannt. Genannt sei hier als weiteres Beispiel die Generalprävention. Welchen generalpräventiven Effekt hat eine Strafandrohung, welchen ihre Höhe? Es ist zwar bekannt, daß wichtiger als die Art und die Höhe der Strafandrohung die Wahrscheinlichkeit ist, ergriffen und überführt zu werden. Das darüber hinausgehende Wissen ist bruchstückhaft. Wenn z.B. in einem anderen Land mit ähnlicher Wirtschafts- und Sozialstruktur und vergleichbaren kulturellen Einstellungen die entsprechende Straftat viel geringer sanktioniert wird und es trotzdem nicht häufiger zur Verurteilung kommt, heißt dies, das diese Sanktion ebenso generalpräventiv wirkt wie die strengere? Oder kann es sein, daß aus irgend einem Grund dieses Delikt in dem anderen Land seltener vorkommt? Oder war nur in der Bevölkerung die Neigung anzuzeigen, geringer, weil die Gerichte doch nichts täten? Ferner: welche Nebeneffekte treten auf ? Dies alles sind Fragen, deren Erwähnung hier nur verdeutlichen soll, wie schwierig es ist, festzustellen, ob eine kriminalpolitische Zielsetzung wirklich umgesetzt wurde. Diese Schwierigkeit birgt die Gefahr, daß der Gesetzgeber eine bestimmte kriminalpolitische Zielsetzung zu verfolgen vermeint, die Auswirkungen aber nicht recht überschaut, auch gar nicht überschauen kann, und dadurch ohne es zu wissen de facto eine ganz anders geartete Kriminalpolitik fördert.

Im folgenden wird von den Fällen ausgegangen, in denen es möglich war festzustellen, wie die Umsetzung der kriminalpolitischen Ziele verlaufen ist. Sei es, daß sie unmittelbar dem Gesetzestext zu entnehmen war, sei es, daß eine hinreichende empirisch-kriminologische Erfolgskontrolle durchgeführt wurde.

Hierbei sei an dieser Stelle davon abgesehen, auf erkennbar geglückte Umsetzungen der kriminalpolitischen Ziele im Gesetzgebungsverfahren einzugehen. Die Ausführungen beschränken sich auf Fälle, in denen es zu Schwierigkeiten der Umsetzung kommt, d.h., es wird allein ein Beitrag zu Pathologie der Umsetzung versucht.

III.

§ 2 S. 1 des Strafvollzugsgesetzes (StVollzG) vom 16. März 1976 (BGBl. I, S. 581) heißt: "Im Vollzug der Freiheitsstrafe soll der Gefangene fähig werden, künftig in sozialer Verantwortung ein Leben ohne Straftaten zu führen (Vollzugsziel)."

Wie läßt sich dieses Ziel durchsetzen? Hierfür sind u.a. auch eine bestimmte Struktur und Ausstattung der Vollzugsanstalten erforderlich. Ohne diese, die das Vollzugsklima prägen, besteht von vornherein nur schlechte Aussicht auf Verwirklichung des Vollzugsziels. Diese Struktur und Ausstattung sind jedoch kostspielig. Bereits im Gesetz mußten mit Rücksicht auf die Finanzlage der Länder erhebliche Abstriche gemacht werden. Auch jetzt stehen dem Strafvollzug nicht genügend Mittel zur konsequenten Verwirklichung des genannten Vollzugsziels zur Verfügung. Damit ergibt sich eine Inkongruenz zwischen der im Gesetz festgeschriebenen kriminalpolitischen Vorgabe und der Wirklichkeit des Strafvollzuges.

Man darf vermuten, daß hinter dem genannten finanziellen Engpaß letztlich nicht oder nicht nur die knappe Haushaltslage der Länder steht, sondern vielmehr ein gewisses Mißbehagen an der Konzeption, die dem Strafvollzugsgesetz nach der zitierten Vorschrift zugrunde liegt. Gerade die Frage der Finanzierung ist eine Stunde der Wahrheit: Hier wird sehr genau überlegt, ob dasjenige, was finanzielle Mittel in Anspruch nehmen würde, auch wirklich zu wollen ist.

IV.

Mit dem Dritten Strafrechtsänderungsgesetz (3. StrÄndG) vom 4. August 1953 (BGBl. I, S. 735) wurde durch Einfügung eines neuen § 56 in das Strafgesetzbuch, an dessen Stelle später der heute geltende § 18 StGB trat, auch der Anwendungsbereich der Strafvorschriften über die Körperverletzung mit Todesfolge (§ 226 StGB) modifiziert.

Vorher konnte nach diesem Tatbestand bestraft werden, wer einen anderen vorsätzlich verletzte, wenn diese Körperverletzung zum Tode des Verletzten geführt hatte. Es kam nicht darauf an, ob der Täter hinsichtlich des Todes vorsätzlich oder auch nur fahrlässig gehandelt hatte. Es genügte, wenn die Körperverletzung den Tod zufällig verursacht hatte.[1)]

Das war mit dem Schuldgrundsatz, nach dem eine Bestrafung nur wegen vorwerfbaren Verhaltens möglich ist, unvereinbar. Für diese Vorschrift ergab sich deshalb aus dem neuen § 56 StGB, der für mehrere Tatbestände mit vergleichbarer Problematik die bestehende Lücke in der Anwendung des

Schuldprinzips beseitigen sollte, daß hinsichtlich der Verursachung des Todes wenigstens Fahrlässigkeit erforderlich sei.

Das 3. StrÄndG ließ jedoch im übrigen die frühere Strafvorschrift unverändert. Es bleibt also ein eigener Tatbestand erhalten. Bestehen blieb auch der hohe Strafrahmen.

Beides bedeutete eine Restproblematik, die noch heute vorhanden ist, jedenfalls hinsichtlich des praktisch wichtigeren Falles, daß der Tod durch Fahrlässigkeit herbeigeführt wurde. Um dem Schuldprinzip Rechnung zu tragen, wäre es auch in Betracht gekommen, die Vorschrift gänzlich zu streichen und die entsprechenden Fälle nach den üblichen Regeln der Idealkonkurrenz, hier von vorsätzlicher Körperverletzung und fahrlässiger Tötung, zu behandeln. Das hätte zu einem Strafrahmen mit erheblich niedrigerer Obergrenze geführt.

Diese Lösung wäre allerdings unangemessen gewesen, wenn bei Anwendung der Regeln der Idealkonkurrenz, d.h. bei einer Berücksichtigung des Unrechts- und Schuldgehalts des weniger schweren Delikts im Strafrahmen des schwereren, der Unrechts- und Schuldgehalt des gesamten Delikts nicht hinreichend ausgeschöpft würde. Nur dann wäre ein eigener Tatbestand notwendig gewesen, in dem entweder der Strafrahmen analog zum Grundsatz der Asperation über den des schwereren Teildelikts hinausgeht oder sogar – wie im damals und im heute geltenden Recht – auch noch diesen bereits erweiterten erneut nach oben erheblich ausdehnt.

Ob Gründe für das eine oder das andere vorliegen, wurde im Gesetzgebungsverfahren nicht ausdiskutiert. Der gegenwärtige Strafrahmen bei § 226 StGB ist vielmehr aus der Vorgeschichte dieser Vorschrift heraus zu erklären. Er ist derselbe wie bei Inkrafttreten des Strafgesetzbuches für das Deutsche Reich im Jahr 1872. Lediglich wurde durch das Erste Gesetz zur Reform des Strafrechts – 1. StrRG – vom 25. Juni 1969 (BGBl. I, S. 645) mit Wirkung ab 1. April 1970 die vorher vorgesehenen Zuchthaus- und Gefängnisstrafen zu einer einheitlichen Freiheitsstrafe verschmolzen, ohne daß sich jedoch die Untergrenze (drei Jahre) und die Obergrenze (15 Jahre) des Regelstrafrahmens änderten. Bei der Anwendung der Regeln der Idealkonkurrenz hätte sich ein Strafrahmen mit der Obergrenze von fünf Jahren Freiheitsentzug – Freiheitsstrafe bzw. vor dem 1. StrRG Gefängnis oder Zuchthaus – und einer Untergrenze von weit unter drei Jahren ergeben.

Der bei Inkrafttreten des Reichsstrafgesetzbuchs bestehende hohe Strafrahmen dürfte jedoch eine Nachwirkung dessen sein, daß das Delikt ursprünglich – im Allg. Preußischen Landrecht und auch noch in Entwürfen für ein Preußisches Strafgesetzbuch – offensichtlich unter dem Einfluß der Lehre vom dolus indirectus als Totschlag oder böslicher Totschlag angesehen wurde.[2)] Mit dem – langsamen – Schwinden dieser Lehre im vorigen Jahrhundert war es dann nicht mehr möglich, dem Täter eine lediglich wahrscheinliche Folge seines Verhaltens – hier: den Tod des Opfers – als vom Vorsatz (dolus) umfaßt zuzurechnen. Das Delikt galt deshalb nunmehr als Fall der Körperverletzung, so z.B. im Preußischen Strafgesetzbuch selber und, ihm folgend, im Strafgesetzbuch für das Deutsche Reich. Die Struktur des Tatbestandes war jedoch noch immer von der Lehre des dolus indirectus beeinflußt: Erforderlich war, verständlich als Zerfallsprodukt des dolus indirectus, Vorsatz hinsichtlich der Körperverletzung, während hinsichtlich der Todesfolge, die das Delikt nicht mehr als Totschlag qualifizierte, bloße Kausalität genügte. Der ungewöhnlich hohe Strafrahmen, der das Delikt der Körperverletzung mit tödlichem Ausgang der Schwere nach in die Nähe des Totschlags rückt, läßt sich verstehen als ein nur zögerndes Sichlösen von der an sich aufgegebenen Konzeption als vorsätzlicher Tötung.

Der Strafrahmen des geltenden § 226 StGB ist dagegen nicht das Ergebnis einer an sich nötigen eingehenden Erwägung, ob wegen eines ungewöhnlich hohen Unrechts- und Schuldgehalts von dem bei Annahme von Idealkonkurrenz vorgesehenen Strafrahmen, sogar über eine Verschärfung analog dem Grundsatz der Asperation hinaus, abzuweichen sei. Hierbei hätte durchaus die historische Perspektive, nämlich die Entwicklung der Feuerbachschen Lehre von der culpa dolo determinata, in den Hintergrund treten können. Erwägungen zur Schwere des Unrechts- und Schuldgehalts bei § 226 StGB wurden jedoch, auch später in der Großen Strafrechtskommission[3)], lediglich in Ansätzen vorgenommen.

Immerhin war in § 149 des Entwurfs eines Strafgesetzbuches 1962 (E 62) eine weitere Änderung vorgesehen: Der Tatbestand sollte zwar beibehalten werden, die Obergrenze der Strafrahmen – die Untergrenzen können hier außer Betracht bleiben – aber, abgesehen vom Fall der schweren Körperverletzung als Grunddelikt, gesenkt werden, nämlich bis auf eine Gefängnisstrafe von höchstens zehn Jahren, wenn das Grunddelikt eine gefährliche Körperverletzung war, und bis auf eine solche von höchstens fünf Jahren, wenn das Grunddelikt eine einfache Körperverletzung war.

Aus verschiedenen Gründen, die hier nicht weiter zu erörtern sind, kam es jedoch nur zu einer Reform des Allgemeinen Teils und zu partiellen Reformen des Besonderen Teils des Strafgesetzbuches, die diese Gedanken des E 62 nicht aufgriffen. Der hohe Strafrahmen des § 226 StGB blieb sozusagen stehen.[4)] Damit erscheinen die Erwägungen für die Durchsetzung des kriminalpolitischen Zieles, bei § 226 StGB das Schuldprinzip voll zu verwirklichen, im zentralen Punkt als unabgeschlossen.

V.

Es liegt nahe, in den Fällen einer mangelhaften oder möglicherweise unabgeschlossenen Umsetzung des kriminalpolitischen Zieles durch das Gesetzgebungsverfahren dem Gesetzgeber die Aufgabe aufzubürden, für Abhilfe zu sorgen. Es fragt sich aber, ob der Gesetzgeber tatsächlich hierzu in der Lage wäre. Nicht selten steckt die eigentliche Schwierigkeit an ganz anderer Stelle.

a) Wenn sich die inkongruente Verwirklichung des Vollzugsziels letztlich darauf zurückführen läßt, daß die dem Ziel zugrundeliegende Vollzugskonzeption weitgehend auf Mißbehagen stieß, so scheint es erforderlich, zunächst eine Vollzugskonzeption zu erarbeiten, die sich praktisch bewähren kann und theoretisch legitimiert ist. Beides erscheint gegenwärtig durchaus schwierig. Es besteht weder ein klares empirisches Wissen über die Auswirkungen eines Resozialisierungsvollzuges noch eine eindeutige kriminalpolitische Konzeption über den Strafvollzug. Gewiß kann im Rahmen eines Gesetzgebungsverfahrens diesen Fragen nachgegangen werden. Realistischer ist es dagegen, zunächst außerhalb des Gesetzgebungsverfahrens eine Vollzugskonzeption zu erarbeiten, die den genannten Merkmalen genügt und auch von den Personen, die sie umzusetzen hätten, angenommen würde. Hier ist ein weites Feld für Tätigkeit offen, ehe der Zeitpunkt gekommen ist, an dem der Gesetzgeber sinnvoll aktiv werden kann.

b) Die Frage einer Änderung oder gar Aufhebung des § 226 StGB wirft außer der geschilderten Problematik eine Reihe weiterer grundsätzlicher Fragen auf. Die erwähnte Lösung des E 62 wäre, auch nach einer Verschmelzung der dort noch vorgesehenen Gefängnis- und Zuchthausstrafe, kaum übernehmbar.
Die genannte Vorschrift steht in einem systematischen Zusammenhang mit den anderen Körperverletzungsdelikten. Eine Änderung des § 226 StGB würde dehalb auch dieses System berühren, dürfte es jedenfalls nicht außer acht lassen. D.h. eine Änderung des § 226 StGB erscheint, um Spannungen im System zu vermeiden, nur sinnvoll im Rahmen einer Revision der Körperverletzungsdelikte.

§ 226 StGB ist ein Unterfall des auch sonst vorkommenden Falles, daß eine bestimmte deliktische Handlung – hier die Körperverletzung – in sich die Tendenz trägt, weitere schlimmere Folgen – hier den Tod – mit sich zu bringen. Dieses Phänomen ist im Grunde auf die gleiche Weise wie in § 226 StGB in einer Reihe weiterer Strafvorschriften, den sog. erfolgsqualifizierten Delikten eingefangen. Eine Änderung des § 226 StGB müßte deshalb auch die anderen erfolgsqualifizierten Delikte im Auge behalten. Zu ihnen gehören u.a. die Aussetzung mit Todesfolge (§ 221 Abs. 3 StGB), die Vergiftung mit Todesfolge (§ 229 Abs. 2 StGB), die Freiheitsberaubung mit Todesfolge (§ 239 Abs. 3 StGB), ein Fall der besonders schweren Brandstiftung (§ 307 Nr. 1 StGB), die Überschwemmung mit Todesfolge (§ 312 StGB) und die gemeingefährliche Vergiftung mit Todesfolge (§ 319 StGB).

Schließlich hat der Gesetzgeber das Phänomen, das er früher unter dem Gesichtspunkt des erfolgsqualifizierten Delikts geregelt hatte, neuerdings durch anderes Vorgehen erfaßt. Es wird teilweise nicht auf Fahrlässigkeit, sondern auf Leichtfertigkeit abgestellt, z.B. beim sexuellen Mißbrauch von Kindern mit Todesfolge (§ 176 Abs. 4 StGB), der Vergewaltigung mit Todesfolge (§ 177 Abs. 3 StGB), der sexuellen Nötigung mit Todesfolge (§ 178 Abs. 3 StGB), dem erpresserischen Menschenraub mit Todesfolge (§ 239a Abs. 2 StGB), der Geiselnahme mit Todesfolge (§ 239b Abs. 2 StGB) und dem Raub mit Todesfolge (§ 251 StGB). In anderen Fällen kommt es nicht auf die eingetretene Verletzung, sondern auf die – vorsätzlich bzw. leichtfertig oder fahrlässig herbeigeführte – Gefahr an, wobei die entsprechenden Fälle als Regelbeispiele ausgestaltet sind. So z.B. beim Widerstand gegen Vollstreckungsbeamte (§ 113 Abs. 2 S. 2 Nr. 2 StGB), der Gefangenenmeuterei (§ 121 Abs. 3 S. 2 Nr. 3 StGB), dem Abbruch der Schwangerschaft (§ 218 Abs. 2 S. 2 Nr. 2 StGB) und dem Herbeiführen einer Explosion durch Kernenergie (§ 310b Abs. 3 S. 2 StGB). Dies legt die Vermutung nahe, daß im StGB ein im Grunde gleichartiges Phänomen nach zwei verschiedenen gesetzgeberischen Methoden erfaßt wurde, wobei jeweils noch für den einzelnen Tatbestand zu prüfen wäre, ob hierfür ein sachlicher Grund bestand: Es kann sich in gewissem Umfang lediglich um einen historisch zu erklärenden Unterschied handeln. Man käme also bei einer Änderung des § 226 StGB in die Notwendigkeit, eine Reihe weitverzweigter grundsätzlicher Fragen mitzuerörtern. Auch hier scheint es geboten, bereits vor der Befassung des Gesetzgebers mit diesem Problem theoretisch und kriminologisch-praktisch abgesicherte Lösungen zu erarbeiten.

VI.

Letzlich führen die vorstehenden Gedankengänge auf einen Problembereich, der gleichfalls zumindest in seiner gegenwärtigen Gestalt erkannt sein sollte, ehe sich der Strafgesetzgeber sinnvoll mit einem Gesetzgebungsvorhaben oder der Beseitigung eines Mangels früherer gesetzgeberischer Tätigkeit befaßt: Es geht um die Fundierung der Kriminalpolitik.

Kriminalpolitische Grundtendenzen, die z.B. in Grundannahmen über den Sinn und die Aufgabe der strafrechtlichen Sanktionen und den Umfang des für strafbar zu erklärenden Verhaltens verkörpert sind, schwanken weltweit zwischen bestimmten Polen. Sie reichen von der besonderen Hervorhebung der Idee der Wiedereingliederung des Täters bis hin zu einer starken Betonung des generalpräventiven Aspekts. Die Kriminalpolitik eines bestimmten Landes kann von dieser Entwicklung kaum unbeeinflußt bleiben.

Die Kriminalpolitik wird ferner, soweit sie die offizielle Regierungspolitik geworden ist, beeinflußt von der generellen Grundorientierung der Regierungspolitik.

Beides kann zusammengehen und in dieselbe Richtung weisen. Tendenzen der just-desert-Politik und des Neoklassizismus können sich mit einer eher konservativen Regierungspolitik zusammenfinden. Es wäre jedoch unvollkommen, darin eine Fundierung der Kriminalpolitik zu erblicken, so nahe es liegt, zu sagen, eine Kriminalpolitik sei legitimiert, weil sie weltweiten Tendenzen entspreche und im Rahmen der Regierungspolitik stattfinde. Es bestünde nicht nur die Gefahr unkontrollierter Einflüsse von Gruppen, die eine bestimmte Kriminalisierung erreichen oder verhindern wollen. Diese Gefahr muß man sehen, obwohl sie gerade im Strafrecht nicht überschätzt werden darf. Wer interessiert sich denn schon – außer in Fachkreisen – dafür, ob § 226 StGB zu ändern ist oder nicht? Das steht außerhalb des Spannungsfeldes politischer Interessen.

Eine legitimierte Kriminalpolitik hat vielmehr Einsichten in den Prozeß der Normgenese und Einsichten – soweit wie möglich – in die Auswirkungen der Strafgesetze zur Voraussetzung.

Zu ihr gehört alsdann eine Feststellung der Gebiete, auf denen ein strafrechtliches Regelungsbedürfnis besteht. Damit ist jedoch keine bloße Aufzählung gemeint. Aus dem Zuge der heutigen Zeit, die Umwelt – Sachen und Menschen – zu beherrschen, ergeben sich Gefährdungsbereiche, d.h. die Zonen, in denen soziale Schäden auftreten können. In dieser Weise lassen sich z.B. Terrorismus, Drogenmißbrauch, Wirtschaftskriminalität, Waffenschmuggel u.a.m. in gewissem Umfang strukturell aus der Gesellschaft heraus erklären sowie andere Gefährdungsgebiete identifizieren.

Aus diesen Gebieten selber ergeben sich jedoch keine Gesichtspunkte ihrer Regelung. Diese sind vielmehr in den kulturellen Orientierungen zu finden. Der Jurist beruft sich gern auf diese Orientierungen, nach denen er sich zu richten und die er zu schützen habe. Diese sind aber gerade heute unklar. Gerade sie bedürfen heute einer Legitimierung. Hier steckt das Hauptproblem, das sich bis in die Schwierigkeiten der Umsetzung auswirkt. Letztlich ist es erforderlich, sich vom Gedanken der Beherrschung zu lösen und eine neue Orientierung des Menschen zur Wirklichkeit zum Ausgangspunkt zu machen. Eine Kriminalpolitik legitimiert sich letztlich an kulturellen Orientierungen, die ihrerseits – gerade heute – der Legitimierung aus der seinsgeschichtlichen Position des Menschen bedürfen.

Anmerkungen

1 Vgl. RGSt 5,29; BGHSt 1, 332.

2 Vgl. A.F. Berner, Körperverletzung, in: Der Gerichtssaal, 19. Jhg., 1867, S. 1 ff; D. Oehler, Das erfolgsqualifizierte Delikt als Gefährdungsdelikt, ZStW 69, 1957, S. 503 ff.

3 Zur dortigen Diskussion vgl. die 22. Sitzung am 21. Juni 1955 zum Thema 'Erfolgsdelikte' mit Referaten von Frau Koffka und H.H. Jescheck, ferner mit Beiträgen insbes. von Baldus

und Gallas (Ndschr. Bd. 2, S. 234-259); sowie Gallas in Ndschr. Bd. 5, S. 50; vgl. auch die Erörterung der Körperverletzung mit schwerer Folge i.d. 71. Sitzung am 7. März 1958 (Ndschr. Bd. 7, S. 160 ff.).

4 Gegen den zu hohen Strafrahmen vgl. z.B. auch Rudolphi, Systematischer Kommentar zum Strafgesetzbuch, 3. Aufl., 1983, Anm. 2 zu § 18 m.w. Nw., und H.-J. Lorenzen, Zur Rechtsnatur und verfassungsrechtlichen Problematik der erfolgsqualifizierten Delikte, Berlin 1981.

Wolfgang Zeh

Vollzugskontrolle und Wirkungsbeobachtung als Teilfunktion der Gesetzgebung

1. Vorbedingungen für eine praktische Relevanz von Gesetzgebungungstheorie

Wo Gesetzgebungstheorie als Gesetzgebungslehre für die Gesetzgebungspraxis wirksam werden wollte, fiel bisher häufig die frustrierende Beobachtung an, daß die Praxis ihre Hinweise anscheinend für nicht sonderlich wertvoll hielt und sie selten berücksichtigte. Das hängt mit der politischen Natur der Gesetzgebung zusammen. Sie wirkt sich – zunächst für das äußere Verhältnis von Politik und Beratung – folgendermaßen aus:

Erstens lassen sich die politischen Akteure die Ziele und Inhalte der Gesetzgebung nicht theoretisch aus der Hand nehmen, auch nicht wenn dies in noch so hilfsbereiter Absicht unternommen wird; soweit Gesetzgebungstheorie mit der Attitüde auftritt, besser – oder überhaupt – zu wissen, was ein Gesetz wie hätte regeln sollen und welcher Unfug stattdessen legiferiert wurde, bleibt die Akzeptanz der Praktiker gering. Zweitens steht die Gesetzgebungstheorie bei den Praktikern im Verdacht, an den Gesetzgebungsprozeß Rationalitätsmaßstäbe der Wissenschaft anlegen oder herantragen zu wollen – methodische Stringenz, innere Widerspruchsfreiheit, intersubjektiv nachvollziehbare Hypothesen und Prognosen usw. –, während Politik und damit auch Gesetzgebung in Wahrheit doch ein eher irrationales Geschäft sei und notwendigerweise auch bleibe – zurückhaltender ausgedrückt: daß sie wesentlich anderen Rationalitätskriterien folge als die Wissenschaft.

Darin kommt mehr zum Ausdruck als das bekannte Interaktionsproblem zwischen Politik und wissenschaftlicher Beratung. Es handelt sich darum, daß die wissenschaftliche Beschäftigung mit Methoden, Problemen, Ergebnissen und Folgen der Gesetzgebung – gleich ob als klassische Gesetzgebungslehre, als Rechtsphilosophie oder als Evaluations-, Implementations- oder Wirkungsforschung – dazu zwingt, insoweit auch als Praktiker und Politiker zu denken, dabei aber auch dazu verführt, eigene Sachgerechtheitsvorstellungen an die Stelle dessen zu setzen, was in der politischen Wirklichkeit Ergebnis eines hochkomplexen, nicht von einer Stelle aus steuerbaren und auch analytisch kaum nachzeichenbaren Prozesses ist. Daher mißtraut der Politiker jedem, der ihm besseres Wissen darüber anbietet, "wie es gemacht wird". Für den Wissenschaftler ergibt sich daraus die Forderung, sich solcher eigener Prämissen bewußt zu werden und sie dann auszuweisen, oder aber sie nach Möglichkeit zu eliminieren und die Gesetzgeberperspektive einzunehmen, also die Ziele und Wirkungsabsichten eines jeweiligen Gesetzes diesem selbst zu entnehmen und die Rationalitätsforderungen erst ab hier mit der Fragestellung nach dem Wie einsetzen zu lassen. Das ist freilich außerordentlich schwierig, weil gerade bei der Gesetzgebung Zwecke und Mittel besonders schwer trennbar sind.

Für den politischen Praktiker wiederum hängt die Distanz zur theoretisch-wissenschaftlichen Durchdringung der Gesetzgebung mit seiner Identität zusammen. Er fühlt, daß man ihn gerade deshalb braucht, weil Entscheidungen unter Unsicherheit getroffen und verantwortet werden müssen, weil und insoweit es also nicht gelingt, Regelungsbedarf und Regelungsergebnis restlos und alternativlos aus den relevanten Variablen logisch abzuleiten. Wäre das optimale Ergebnis im sachverständigen und wissenschaftlich abgesicherten Dialog auszudiskutieren, würde die Rolle des repräsentativ gewählten Politikers fragwürdig, der unter der mentalen Kluft von Sachkunde und Entscheidungskraft zwar leidet, von ihr aber auch lebt.

Inzwischen scheint jedoch ein Punkt in das Gesichtsfeld der Gesetzgebungstheorie zu rücken, von dem aus dieses schwierige Verhältnis neu angegangen werden kann: die Frage nach der Wirkung und der Wirksamkeit der Gesetze. Das ist eine Frage, auf die der Politiker reagieren muß. Wirksamkeit der Gesetze heißt aus politischer Sicht Erfolg; die Behauptung, Gesetze seien wirkungslos oder hätten mehr als nur gelegentlich andere als die intendierten Wirkungen, heißt Fehlschlag oder Mißerfolg, mehr noch: Es geht tendenziell an die Wurzeln des Legitimationszusammenhangs von Programmatik der Parteien, allgemeinen Wahlen, Regierungsprogrammen und gesetzgeberischen Leistungen (dazu später näheres).

Richtig angesetzt, hat die Frage nach der Wirksamkeit der Gesetze den Vorzug, Methoden und Leistungen der Gesetzgebung an ihren eigenen Ansprüchen zu messen und den politischen Prozeß nicht durch wissenschaftliche Rationalitätsforderung zu ersetzen – und sich dem entsprechenden Vorwurf grauer Theorie auszusetzen –, sondern seine Einflußfaktoren mit zu berücksichtigen. Das ist immer noch ein hoher Anspruch, aber er ist eindringlicher und weniger leicht zurückzuweisen. An ihren Wirkungen ist die Politik – hier: als Gesetzgebung – analytisch besser zu "packen" als an ihrem Wollen.

2. *Politische und praktische Bezüge der Wirkungsfrage*

2.1 *Blickwechsel von der Erzeugung zur Anwendung von Rechtsnormen*

Nach der Wirkung von Gesetzen zu fragen, heißt den Blick zunächst abzuwenden von all den Bedingungen, die ein Gesetz zustande bringen, und ihn hinzuwenden zum Geschehen in der sozialen Wirklichkeit nach dem Erlaß des

Gesetzes. Der Ansatz ist um einen Grad distanzierter und empirischer als bei der Analyse des Formulierungsprozesses. Der Forscher begibt sich nicht in die Köpfe der an der Normerzeugung beteiligten Akteure, sondern wendet ihnen – wohlgemerkt: wiederum zunächst – gleichsam den Rücken zu, um zu sehen, welche Reaktionen die Norm bei den in Betracht kommenden Betroffenen auslöst und welche Effekte das hat. Erst danach wendet er sich der Frage nach dem Warum zu – die immer tendenziell normativ ist –, und erst jetzt besteht die Möglichkeit und die Notwendigkeit, nach Kausalitäten zwischen der Produktion der Norm und den beobachteten realen Effekten und mithin auch nach der Wirksamkeit gesetzgeberischer Absichten zu fragen, wobei auch – aber keinesfalls nur – der Normerzeugungsprozeß wieder ins Auge gefaßt werden muß.

Das klingt etwas mechanisch, aber darauf kommt es im Augenblick nicht an. Wichtig ist, daß der Forscher damit bis zu einem gewissen Grade das Verhalten des Praktikers und auch des Politikers einerseits nachahmt, andererseits aber auch systematischer als dieser selbst vorexerziert. Auch in der Praxis bedeutet der Erlaß eines Gesetzes für die daran Beteiligten zunächst eine Änderung der Blickrichtung auf die Wirkungen. Nach der – freilich oft nur zu wörtlich zu verstehenden – "Verabschiedung" eines Gesetzes gilt das Interesse der Anwendung, dem Vollzug, dem Verhalten der Betroffenen und den feedbacks, die davon zurückfließen und dem Praktiker beispielsweise als Erfolg oder Fehlschlag, als Vollzugsdefizit oder Akzeptanzproblem, als erwünschte oder unerwünschte Nebenwirkung, als Verwirklichung oder Durchkreuzung seiner Ziele und gegebenenfalls als Novellierungsbedarf vor Augen treten. Systematische Wirkungsbeobachtung unternimmt es, eben dies vor die Augen der Gesetzgebungspraxis zu bringen und die dafür maßgeblichen Kausalzusammenhänge sichtbar zu machen.

2.2 *Ansätze zur Wirkungskontrolle in der Praxis*

Dies ist heute nicht mehr nur eine abstrakte Forderung; ansatzweise geschieht es tatsächlich. Das Berichtswesen zwischen Bundestag und Bundesregierung umfaßt nach dem Stand von April 1985 66 verschiedene vom Bundestag formell verlangte, in unterschiedlichen Perioden – teilweise auch nur einmal – vorzulegende Berichte. In einer beträchtlichen Zahl dieser Berichtsanforderungen wird konkret nach den Wirkungen von Gesetzen, untergesetzlichen Normen oder Programmen gefragt (z.B. "Bericht über die Auswirkungen, die sich aus den Einschränkungen in § 44 des Arbeitsförderungsgesetzes ... ergeben haben"; "... über die bisherigen Erfahrungen bei der Durchführung des Mikrozensusgesetzes"; "... über die mit dem Künstlersozialversicherungsgesetz gewonnen praktischen Erfahrungen ..."; "Erfahrungsbericht über das Mehrfachtäter-Punktsystem für Verkehrssünder ..."; u.a.m.).

Vergleichbares, wenn auch nicht immer explizit als Wirkungsanalyse ausgewiesen, geschieht durch Große und Kleine Anfragen im Bundestag (z.B. die Kleine Anfrage "Erfahrungen mit dem Beratungshilfegesetz" der Fraktion der SPD vom Juli 1984). Informell betreiben die Fachausschüsse des Bundestages im Rahmen ihres sogenannten Selbstbefassungsrechts – Kontrolle des "zuständigen" Ressorts außerhalb der Beratung von Gesetzesvorlagen und anderen Anträgen – ebenfalls Wirkungsbeobachtung und Vollzugskontrolle, gespeist sowohl durch die Erfahrungen der einzelnen Abgeordneten wie auch durch angeforderte Berichte und Stellungnahmen aus den Ressorts. Auch der Petitionsausschuß nimmt dafür geeignete Informationen aus der Bevölkerung auf (wobei das Problem noch nicht gelöst ist, wie diese Informationen systematisiert und der Wirkungsbeobachtung mit Blick auf jeweilige Gesetze nutzbar gemacht werden können).

In noch stärkerem Maße beobachtet die Bundesregierung selbständig und für eigene Zwecke Vollzug und Wirksamkeit von Gesetzen. In einigen Ressorts sind Evaluierungsreferate eingerichtet worden. Andere geben regelmäßig Implementationsstudien und Wirkungsanalysen bei Instituten des nachgeordneten Bereichs oder bei externen Forschungseinrichtungen in Auftrag. In Ausweitung der klassischen Rechtsförmlichkeitsprüfung hat die Bundesregierung neuerdings ein Prüfraster entwickelt, das bei der Konzipierung neuer Entwürfe angelegt werden soll – es ist auch dem Bundestag zur Information der Ausschüsse übermittelt worden –, welches wesentlich auch auf die Frage der Erforderlichkeit, der Wirksamkeitsvoraussetzungen und der Wirkungssicherheit des Entwurfs abstellt. Und schließlich betreibt jeder Gesetzgebungsreferent in einem Ministerium auf informelle Weise Wirkungsbeobachtung, sofern er für "sein" Gesetz zuständig bleibt und Informationen darüber sammelt, wie es sich im Vollzug und im jeweiligen Wirkungsfeld bewährt. Er ist nicht selten die Station, über die Defizitmeldungen, Novellierungswünsche und neue Regelungsvorschläge zurücklaufen.

Intensiviert wird dieser Prozeß u.a. auch durch die stark ausgebaute Zusammenarbeit der Fachministerien des Bundes und der Länder auf praktisch allen Stufen der Hierarchie (beim Unterbau dieser sogenannten dritten Ebene des Bundesstaates handelt es sich um ungefähr 1.000 Konferenzen, Arbeitskreise, Arbeitsgruppen, Gesprächskreise, Gesprächsrunden und Treffen auf praktisch allen Fachgebieten, selbst über Länderzuständigkeiten hinaus). Erwähnt werden sollte auch das Beirats- und Kommissionswesen der Bundesregierung; hier lagert sich ein Kranz von über 200 Gremien mit insgesamt etwa 6.000 Mitgliedern um die Bundesregierung, von so bekannten Sachverständigenräten wie den "Fünf Weisen" bis zu so wenig prominenten Gremien wie der "Deutschen Pappelkommission" mit elf Mitgliedern. Auch dieses stark verbandsimprägnierte Beratungswesen vermittelt feed-backs über Akzeptanz, Verwirklichung und Wirkungsprobleme gesetzgeberischer Zielsetzungen.

2.3 Wachsende Folgenverantwortung des Gesetzgebers

Zugleich ist festzustellen, daß die Änderungsgeschwindigkeit der Gesetze seit geraumer Zeit zu wachsen scheint. Die große, vorläufig abschließende Kodifikation, die für Jahrzehnte ein Rechtsgebiet ordnet, kommt praktisch nicht mehr vor. Die Regel ist dagegen – nicht selten im betreffenden Gesetz selbst schon vorgesehen – die kurzfristige Novellierung. Es soll vorkommen, daß am Entwurf für die Novelle schon gearbeitet wird, während das Gesetz noch nicht einmal im Bundesgesetzblatt steht. Das Haltbarkeitsdatum gesetzgeberischer Produkte wird laufend niedriger, es scheint sich um leicht verderbliche Ware zu handeln.

Man mag dies als Hektik und Regelungswirrwarr beklagen oder die hohe Sensibilität und Reagibilität des Gesetzgebers begrüßen. Man mag auch darüber spekulieren, ob dies eine Folge intensivierter – wenn auch bisher eher unsystematischer und nicht voll institutionalisierter – Wirkungsbeobachtung ist oder ob umgekehrt die aktuelle Forderung nach systematischer Wirkungskontrolle durch jene beschleunigte Ad-hoc-Anpassung und SofortNovellierung von Rechtsnormen ausgelöst ist. Wichtig und aufschlußreich – wenn auch hier nicht vollständig zu beantworten – ist die Frage, welche tieferen Gründe sowohl hinter der "Motorisierung" des Gesetzgebers als auch hinter der Forderung nach Wirkungskontrolle stehen.

Zunächst muß wohl dasjenige konstant gesetzt werden – und zwar konstant einschließlich seiner Dynamik –, was als Anpassungsdruck und Änderungsimpuls aus dem nichtsstaatlichen Umfeld auf den Gesetzgeber einwirkt. Forderungen und Beschwernisse von Verbänden, Organisationen und Bürgerinitiativen, ganz besonders aber deren augenblickliche verstärkende Registrierung und Umsetzung durch die Massenmedien, bewirken heute eine permanente problemorientierte Information und damit einen dauernden Reiz für die Kräfte der Gesetzgebung, etwas verbessern zu sollen. Es ist nicht mehr üblich und vielleicht für die Interessenten nicht mehr möglich, eine erlassene Rechtsnorm zunächst als "gegeben" – vgl. "Gesetzgeber" – hinzunehmen und sich mit Verwaltung und gegebenenfalls Verwaltungsrechtsprechung darüber auseinanderzusetzen, was aus der Norm wird. Stattdessen wird permanenter Kurzschluß zum Legitimationsorgan hergestellt: Sofortige Abhilfe und Besserung wird vom Gesetzgeber selbst verlangt. Ihm wird eine umfassende Detailverantwortung für die Ergebnisse zugeschrieben, die er unter den Bedingungen ausgebauter Rechtsstaatlichkeit im wesentlichen mit erneuten Rechtsnormen wahrzunehmen sucht.

Das spiegelt sich auch in juristischen Kategorien. Charakteristisch ist etwa die "Wesentlichkeitstheorie" des Bundesverfassungsgerichts, wonach die "wesentlichen" Regelungen nicht von der Verwaltung gesetzt, sondern vom parlamentarischen Gesetzgeber getroffen werden müssen. Es liegt auf der Hand, daß die Frage, was "wesentlich" ist oder so empfunden wird, zur Disposition einer Meinungs- und Bewußtseinsbildung steht, die durch machtvolle Interessen und artikulationsstarke Gruppen intensiviert und gesteuert werden kann. Die dogmatische Diskussion der letzten Jahre über die Reichweite des Gesetzesvorbehalts geht in dieselbe Richtung (in Österreich noch weiter vorangetrieben als in der Bundesrepublik Deutschland). Seit längerem geht das Bundesverfassungsgericht zwanglos davon aus, die Verfassungskonformität von Gesetzen hänge auch daran, ob sie zweckmäßig, zielgerecht, zur Verwirklichung der Intention geeignet seien. Nur: Was heißt das? Welches Steuerungsvermögen ist von dem sprachlichen Produkt Rechtstext maximal zu erwarten?

Diese Entwicklungen reflektieren und verstärken jedenfalls die Notwendigkeit für den Gesetzgeber, sich über Wirkungen und Nebenwirkungen, Effekte und Folgen seiner Gesetze und Novellen zu kümmern. Er steht in der Gefahr oder bereits in der Situation, durch die Definitionsmacht anderer Kräfte bezüglich der Mängel und Mißerfolge seiner Rechtsnormen von einer Ecke in die andere getrieben zu werden, um ubiquitären Regelungsforderungen hinterherzujagen. Man denkt an den Wettlauf von Hase und Igel, bei dem der Igel immer schon "allhier" ist, so sehr der Hase sich auch bemüht. Leider versteht der Hase nicht, wie der Igel das macht – nämlich durch Vervielfachung seiner Existenz –, bis er sich seinen Herzinfarkt geholt hat. Auf die Dauer wird sich der Gesetzgeber – innerhalb dieses politischen Konglomerats vor allem das Gesetzgebungsorgan Parlament – ebenfalls Informations- und Definitionsmacht über die Frage der Wirksamkeit der Gesetze verschaffen müssen, wenn er nicht vollends zum Spielball der Interessenten mit ihrer Defizit- und Mißerfolgs-Argumentation werden will. Hier dürfte ein Motiv für die bisherigen Ansätze zur Wirkungsbeobachtung und für die aktuellen Überlegungen zu ihrer systematischen Verbesserung und Nutzung liegen.

2.4 Zur Legitimationsaufgabe der Gesetzeswirksamkeit

Folgenreich ist aber die Frage, warum der skizzierte Mechanismus überhaupt so funktioniert. Weshalb konnte der konstitutionelle Gesetzgeber einigermaßen gelassen abwarten, wie ein Gesetz von den Bürgern, von der Verwaltung und von den Interessenten befolgt, umgesetzt und akzeptiert würde, und es im übrigen der richterlichen Rechtsfortbildung überlassen, wohin es sich im Laufe der Zeit entwickelte, und weshalb kann der parlamentarische Gesetzgeber dies augenscheinlich nicht mehr?

Das verweist auf einen inneren Zusammenhang von Gesetzeswirksamkeit und parlamentarischer Regierungsweise. Hier wird nämlich ein wichtiger Teil des Legitimationsbedarfs aus der Vorstellung wirksamer Gesetze gedeckt. In den allgemeinen Wahlen wird – neben der personellen Komponente – ein programmatisches Angebot gemacht, welches dadurch als verwirklichungsfähig gilt, daß die betreffende Partei mit der Parlamentsmehrheit ausgestattet wird. Wer die Wahl gewinnt und die Mehrheit bilden kann, bekommt zum einen den Gesetzgeber in die Hand; die Mehrheit im Parlament beschließt die Gesetze und bewilligt den Staatshaushalt. Zum anderen bekommt diese Mehrheit über Kanzlerwahl und Regierungsbildung die Vorbereitungs- und Umsetzungskompetenz der Exekutive in die Hand. Das alsbald für die Wahlperiode vorgelegte Regierungsprogramm stellt in weitem Umfang ein Gesetzgebungsprogramm und ein haushalts- und finanzpolitisches Programm dar, dessen "Verwirklichung" davon abhängt, daß im Parlament die entsprechenden Beschlüsse gefaßt werden. Im Laufe der Wahlperiode zeigt sich, inwieweit die angekündigten Entscheidungen fallen; in der nächsten Wahl wird auch darüber entschieden, ob diese Programmatik erfolgreich war oder abgebrochen werden soll, ob also dieselbe politische Partei oder Koalition wiederum die Mehrheit erlangt oder sie verliert.

Damit ist eine "Legitimationskette", aber auch ein politischer Ergebniszusammenhang zwischen der Wahlentscheidung des Volkes und den eintretenden politischen Folgen und Veränderungen hergestellt. Um dasjenige, was real geschieht, der Wahlentscheidung zurechnen zu können, ist es notwendig, daß die Gesetze als rechtsstaatliche Zwischenschritte der Verwirklichung politischer Programmatik wirksam sind. Andere als die gesetzgeberisch normierten Wirkungen wären nicht auf die Wählerentscheidung rückführbar. Würden regelmäßig andere als die angekündigten und durch Gesetze normierten Ergebnisse eintreten, wäre nicht mehr begründbar, warum die Wähler für die eine oder andere Programmatik stimmen, ihr also die Gesetzgebungsmehrheit verschaffen sollten. Die Stimmabgabe für bestimmte Parteien hätte dann keine parlamentarisch vermittelbare Bedeutung mehr für die Politikergebnisse, mit anderen Worten: Dem Repräsentationsgedanken und der darin eingeschlossenen Legitimierbarkeit politischer Ergebnisse wäre die Substanz genommen.

Die politisch-parlamentarische Praxis ist von dieser Vorstellung deutlich geprägt. Um die Gesetze und ihren Inhalt wird zwischen allen Beteiligten gekämpft. Dieser Kampf wäre nicht zu begründen, wenn nicht davon ausgegangen würde, daß die Gesetze im jeweils intendierten Sinne wirkten; er würde sich nicht lohnen, wenn weder die von der Mehrheit angekündigten Vorteile noch die von der Opposition befürchteten Nachteile, sondern irgendetwas anderes dabei herauskäme. Die "Normgläubigkeit" im Sinne einer vorausgesetzten Wirkungs- und Gestaltungsmacht der Rechtsetzung erweist sich so als wesentlicher Teil der Innenausstattung des repräsentativen und rechtsstaatlichen

Systems. Tiefgehende Zweifel an der Wirksamkeit der Gesetze gehen deshalb, bewußt oder unbewußt, tendenziell an die Substanz.

Übrigens ist von diesem Zusammenhang auch der Teil heutiger Legitimitätsüberzeugungen betroffen, der auf die Vorstellung von Sachrationalität gegründet ist. Auch wer rationale Zweck-Mittel-Relationen und günstige Kosten-Nutzen-Verhältnisse fordert, muß unter den Bedingungen des Rechtsstaates wirksame Gesetze und Programme fordern. Beide Instrumente des modernen Staates, Recht und Geld, müssen mit Bezug auf bestimmte Wirkungen wirtschaftlich eingesetzt werden. Für die bestmögliche Zielerreichung soll so wenig wie möglich Geld und so wenig wie möglich rechtlicher Eingriff aufgewandt werden, die auferlegten Regulierungen und abgeforderten Steuergelder sollen möglichst vollständig und ausschließlich den Zwecken dienen, für die sie eingesetzt werden. Nachdem staatliches Handeln in hohem Maße auf Rechtsetzung angewiesen ist, kann der Staat sich auch insofern unwirksame Gesetze nicht erlauben: Sie binden Ressourcen, ohne daß diese in einem rationalen Verhältnis zu den erreichten Wirkungen stehen; sie verbrauchen Rechtsgeltung und Folgebereitschaft, ohne daß dem die Erreichung erstrebter Zwecke gegenüberstünde.

2.5 Zusammenfassung

Insgesamt wird man daher feststellen müssen, daß Wirkungsbeobachtung nicht oder nicht mehr eine Funktion ist, die außerhalb oder unterhalb der Gesetzgebung und zeitlich nach dem einzelnen Gesetz einzuordnen und anderen als gesetzgeberischen Institutionen vorzubehalten wäre. Auch das Parlament kann sich offenbar nicht auf die Generaldebatte grundsätzlicher Kursbestimmungen und politisch-geistiger Wandlungsprozesse zurückziehen und sich Wirkungen und Folgen seiner Gesetzesproduktion von anderen Stellen nur aufbereiten und mitteilen lassen. Das Gesetzgebungsorgan und die Abgeordneten werden vielmehr täglich in Haftung genommen für alle Ergebnisse und Folgen, gleichgültig ob sie von der Verwaltung, von der Rechtsprechung oder von konfligierenden gesellschaftlichen Gruppen verursacht sind; dabei ist gerade die Art, wie die Informationen über diese Folgen für das Gesetzgebungsorgan "aufbereitet" werden, ein Teil des Problems. Wirkungsbeobachtung, und das heißt für eine Vielzahl von Gesetzen zugleich Vollzugskontrolle, wird dadurch zu einer Funktion auch der Gesetzgebung selbst.

3. *Methodische und institutionelle Probleme der Wirkungsbeobachtung*

Es soll hier nicht im einzelnen vorgeführt werden, wie Wirkungsbeobachtung und Vollzugskontrolle bei Gesetzen ablaufen kann. Aus den bisherigen Überlegungen ergeben sich aber einige methodische Voraussetzungen dafür, wie überhaupt anzusetzen ist. Die Aussage, Gesetzgebung sei ein in hohem Maße politischer und legitimatorischer Prozeß, kann ja nicht als Absage an die Möglichkeit systematischer Wirkungsbeobachtung oder als "Forschungsverbot" verstanden werden, sondern muß dazu herausfordern, sich Klarheit über die damit gegebenen methodischen Voraussetzungen zu verschaffen.

3.1 *Die Bestimmung von Gesetzeszielen*

Klarheit muß zunächst über die Maßstäbe gewonnen werden. Was ist es, dessen Wirkung und Wirksamkeit beobachtet und bewertet werden soll? Es muß sich um Intentionen, Ziele, Wirkungsabsichten handeln, und wenn es um die Wirksamkeit von Gesetzen oder anderen Rechtsnormen geht, muß es sich um Ziele dieser Gesetze handeln. Es kommt also darauf an, die Ziele und ihre Reichweite zu erkennen, die ein Gesetz umfaßt. Das sind nicht (mehr) die Ziele, mit denen an das Gesetzesprojekt herangegangen wurde. Was nach dem Durchgang durch das Gesetzgebungsverfahren herauskommt, unterscheidet sich notwendig von den einstmals herangetragenen Wünschen und Zielvorstellungen der politischen Akteure. Ein Soll-Ist-Vergleich zwischen programmatischen Vorstellungen "aus einer Hand" – etwa einer Partei – einerseits und realen Vorgängen im betroffenen Sektor andererseits wird in den meisten Fällen schon wegen des dazwischenliegenden Gesetzgebungsverfahrens ein Defizit ergeben.

Ein Gesetz ist immer von Kompromissen geprägt: Unterschiedliche Interessen sind partiell mitberücksichtigt worden, Gestaltungsvorstellungen aus Bundessicht und solche aus der Sicht der Länder wurden miteinander in Einklang gebracht, nicht verletzbare Vorgaben der Verfassung oder verfassungsrechtliche Risiken haben zur Zurückhaltung bei der Zielformulierung geführt, monetäre und nichtmonetäre Folge- und Nebenwirkungen sowie Unterschiede bei der Umsetzung in verschiedenen Ländern und Regionen können – ausgesprochen oder latent – bereits mitberücksichtigt oder in Kauf genommen worden sein. Das bedeutet, daß beim Gesetz selbst anzusetzen ist, wenn nach seiner Wirkung gefragt wird, nicht bei vorausliegenden programmatischen Vorstellungen oder gar bei Sachgerechtheitsvorstellungen des Beobachters selbst. Selbstverständlich sind auch solche anderen Wirkungsbeobachtungen legitim und vielleicht notwendig, etwa auch aus der Perspektive Betroffener, nur wird dann etwas anderes als das Gesetz evaluiert, z.B. ein Parteiprogramm, eine Verbandsforderung oder eine als wichtig angesehene Aufgabe ("Umweltschutz", "gesunde Wohnverhältnisse", "Chancengleichtheit im Bildungswesen" u.ä.).

Nicht immer können die Ziele eines Gesetzes seinen ausdrücklichen Formulierungen entnommen werden. Häufig wird eine Interpretation notwendig, und hier kann es geboten sein, den Gesetzgebungsprozeß näher ins Auge zu fassen. Dabei ist wichtig, daß nichts hineininterpretiert wird; nicht was "eigentlich" gewollt war kennzeichnet die Gesetzesziele, sondern allenfalls was "durchsetzbar" war, einschließlich des dabei in Kauf genommenen. Ausgangspunkt und auch Kontrollpunkt für die Zielbestimmung muß immer der Text des Gesetzes sein, gegebenenfalls ergänzt durch Informationen, die dem Gesetzgebungsprozeß entnommen werden können. Verglichen mit rechtswissenschaftlichen Auslegungskategorien steht die hier erforderliche Zielbestimmung näher bei der historischen Interpretation, bei der Frage nach dem Willen des Gesetzgebers, als bei der sogenannten objektiven Auslegung, die mit dem Merksatz, ein Gesetz sei klüger als seine Väter, tendenziell den Anspruch erhebt, der Interpret sein klüger als die am Gesetzgebungsverfahren Beteiligten.

3.2 Wirkungsvermittlung durch Einflußfaktoren

Klarheit ist ferner erforderlich über die Möglichkeiten und Grenzen, den Gesetzen Wirkungen zuzurechnen. Wirkung und Wirksamkeit – also intendierte Wirkung – behaupten eine Kausalbeziehung zwischen dem Gewollten und bestimmten realen Erscheinungen. Bei Gesetzen kann diese Beziehung nicht unmittelbar sein, sondern muß durch etwas vermittelt werden. Als vermittelnde Faktoren kommen zahlreiche Akteure, Verhaltensweisen, Informationen, Randbedingungen und weitere Variablen in Betracht. So sehr bei der Zielbestimmung am Gesetzestext angesetzt werden muß, so wenig darf bei den wirkungsvermittelnden Faktoren eine Beschränkung auf den Gesetzestext erfolgen. Er wirkt nicht durch sich allein, sondern durch den Gebrauch, der davon gemacht oder nicht gemacht wird. Andernfalls bliebe die Gesetzgebungslehre den Kategorien Verständlichkeit, Widerspruchsfreiheit und hinreichende Promulgation des Textes verhaftet, was ganz offensichtlich nicht ausreicht, um die Wirkungsweise und Wirkungsunterschiede von Gesetzen zu erklären. Die angeblich früher verbreitete und heute vermißte "Kunst" der Gesetzgebung, sprachlich eindrucksvolle, fachlich präzise, gleichwohl allgemein verständliche, dazu noch kurze und in den vorhandenen Normenbestand widerspruchslos sich einfügende Gesetzestexte zu erlassen, ist nicht der Punkt, aus dem heutige Wirkungsmängel, Vollzugsdefizite und Akzeptanzprobleme zu kurieren sind.

Die wirkungsvermittelnden und wirkungsbeeinflussenden Faktoren können zahlreich sein. Einige sind überall bekannt oder scheinen auf der Hand zu liegen; so wird häufig die Art des Gesetzsvollzugs einen wichtigen Faktor darstellen, also etwa Personal und Organisation von Behörden, Sachkunde, verfügbare Finanzmittel, Erlaß von untergesetzlichen Rechtsvorschriften und ähnliches. Andere wichtige Faktoren können im Verhalten Betroffener gefunden werden, etwa Widerstand gegen Rechtsnormen, Umgehungsversuche, abweichende Wertvorstellungen usw. Es muß aber angenommen werde, daß es außer solchen naheliegenden Faktoren noch zahlreiche andere gibt; andernfalls wäre es nicht schwer, die wenigen Variablen zu erkennen, in ihrer Bedeutung abzuschätzen und sie beim Erlaß von Gesetzen und nachfolgenden Rechtsakten zweckentsprechend zu berücksichtigen oder zu beeinflussen. Die Wirkungsprobleme vieler Gesetze lassen dagegen den Schluß zu, daß zusätzliche, nicht offensichtliche Einflußfaktoren eine Rolle spielen, und daß andere Faktoren möglicherweise zu Unrecht für bestimmte Effekte verantwortlich gemacht oder in ihrem Zusammen- und Gegeneinanderwirken nicht richtig eingeschätzt werden.

Deshalb kommt es darauf an, eine ausreichende, die Wirklichkeit wenigstens in reduzierter Komplexität abbildende Menge der möglichen Einflußfaktoren zu konzipieren und gegebenenfalls zu beobachten, vor allem aber ist es wichtig, eine Methode zu entwickeln, wie das unterschiedliche Einflußgewicht solcher wirkungsvermittelnder Faktoren bestimmt werden kann. Sie stehen auch untereinander in Kausalbeziehungen, bilden Wirkungsketten und ganze Komplexe von verflochtenen Faktoren, und es ist nicht auf den ersten Blick zu erkennen, welche Faktoren Beiträge zur Verwirklichung erstrebter Ziele leisten und welche dazu beitragen, daß die Wirksamkeit geschwächt oder die Intentionen durchkreuzt werden. Angesichts der Komplexität der realen Abläufe wird man schwerlich ein rein quantitatives, sozusagen berechenbares Verfahren der Gewichtung unterschiedlicher Einflußfaktoren entwickeln können. Dennoch sollte wenigstens abgeschätzt werden, von welchen Faktoren besonders zahlreiche oder besonders gravierende Einflüsse ausgehen; welche mit besonders vielen anderen Faktoren verknüpft sind oder sich mit ihnen summieren; und welche bei verschiedenen Gesetzen immer wieder einflußstark in Erscheinung treten. Das verweist übrigens – worauf noch zurückzukommen ist – auf die Notwendigkeit *vergleichender* Wirkungsforschung an mehreren Gesetzen, um herausfinden zu können, welche Einflußfaktoren mit einer gewissen Regelmäßigkeit immer wieder ihre Rolle spielen und welche anderen nur fachspezifisch bei einem oder einzelnen Gesetzen auftreten.

Ein notwendiges Hilfsmittel kann es sein, die zahlreichen wirkungsvermittelnden Faktoren bestimmten Sphären zuzuordnen und dadurch Gruppen zu bilden, beispielsweise der Sphäre der staatlichen oder kommunalen Verwaltung, der Sphäre von Interessenten und Betroffenen, der Sphäre von Massenmedien und öffentlicher Meinung, der Sphäre des Gesetzestextes – seiner Gliederung, Systematik, Sprache, Zielformulierung usw. –, der Sphäre des anderweitigen Normenbestandes usw. Dadurch lassen sich die einzelnen Einflußfaktoren besser auf kausale Verflechtungen beurteilen und auch Bestände an Erfahrungswissen aus den jeweiligen Bereichen für die Gewichtung nutzbar machen. Als Ziel kann ein Raster angestrebt werden, das aus generalisierbaren Einflußfaktoren besteht und im Prinzip für die Wirkungsuntersuchung zahlreicher Gesetze herangezogen werden kann.

3.3 Generalisierbarkeit von Wirkungsverläufen?

Dies führt zu einer grundsätzlichen Frage der Zweckrichtung von Wirkungsbeobachtung, die bisher theoretisch kaum erörtert wurde. In Wissenschaft und Praxis ist, wenn auch meist unausgesprochen, klar, daß Wirkungsbeobachtung und Vollzugskontrolle nicht nur den Zweck haben, die Handhabung und den Erfolg der einzelnen Rechtsnorm festzustellen und gegebenfalls nachzuhelfen oder nachzubessern; vielmehr besteht eine wesentliche Intention darin, aus den Erfahrungen mit dem einen Gesetz etwas zu lernen für zukünftige andere. Zur Debatte steht damit die Generalisierbarkeit beobachteter Wirkungsverläufe. Wirkungskontrolle ist für andere, weitere Gesetze nur dann fruchtbar zu machen, wenn mit einiger Wahrscheinlichkeit angenommen werden kann, daß bestimmte Faktoren der Gesetzeswirkung immer wieder in gleicher oder ähnlicher Weise ihre Rolle spielen. Ist das der Fall, oder erleidet jedes Gesetz, jede Rechtsnorm ein unwiederholbares Einzelschicksal?

Die Praxis, die mehr klassischen Beiträge zur Gesetzgebungslehre und auch die meisten Fallstudien im Bereich der Implementationsforschung gehen anscheinend ohne weiteres von der Generalisierbarkeit bestimmter Wirkungsverläufe aus. Es wird versucht bzw. empfohlen, aus den festgestellten Gründen für Wirkungsdefizite bestimmter Konstellationen rechtlicher Intrumente oder gesetzgeberischer Zielvorgaben in der Weise zu lernen, daß "nächstes Mal" eine andere Konstellation, eine andere Methode angewandt wird; und umgekehrt greift man in der Praxis auf "bewährte" Rechtssetzungsmethoden ohne nochmalige Prüfung der Geeignetheit gerne zurück. Dem dient es, wenn in der Geschäftsordnung der Bundesregierung Regeln für die Abfassung von Rechtsnormen aufgestellt, in einigen Bundesländern und insbesondere auch in Österreich und in der Schweiz legistische Richtlinien erlassen werden, ja sogar, wenn eine relativ einheitliche Vollzugsorganisation in der öffentlichen Verwaltung vorgesehen ist, mit welcher im Prinzip alle Rechtsnormen angewandt und vollzogen werden sollen. Würde der Weg vom Erlaß zu den Wirkungen eines Gesetzes jedesmal anders und unvorhersehbar verlaufen, so wäre es reiner Zufall, ob organisatorische oder anderweitige Vorkehrungen zur Gesetzesanwendung den Zielen des jeweiligen Gesetzes zur Erfüllung verhelfen oder diese durchkreuzen würden.

Vieles spricht dafür, generalisierbare Faktoren der Gesetzeswirkung anzunehmen. Es scheint aber geboten, sich über die Schwierigkeiten Rechenschaft zu geben und – über Alltagstheorien hinaus – zu einer tatsächlich geprüften und nachprüfbaren Feststellung der Generalisierbarkeit bestimmter Einflußfaktoren und Wirkungsverläufe zu kommen. Andernfalls ist die Enttäuschung über scheinbar zu geringe Nutzungsmöglichkeiten von Wirkungsuntersuchungen vorprogrammiert. Forschungspraktisch heißt das aber, daß vergleichende Wirkungsuntersuchungen auf die Dauer unverzichtbar sind.

3.4 Das Parlament in der Wirkungskontrolle

Institutionell stellt sich die Frage nach dem Subjekt von Wirkungsbeobachtung und Vollzugskontrolle. Wer führt sie durch, wer steuert sie, wer macht in welcher Weise von den Ergebnissen Gebrauch? Sicher darf man zunächst annehmen, daß die Exekutive – für Bundesgesetze konkret: die Ministerialverwaltung – insoweit eine Aufgabe hat, und das schließt auch die von ihr beauftragten Institute und wissenschaftlichen Einrichtungen mit ein.

Angesichts der oben erörterten politischen und legitimatorischen Relevanz der Gesetzeswirksamkeit kann es jedoch nicht genügen, Wirkungskontrollen lediglich auf administrativer Ebene und durch die Ministerien durchführen zu lassen, die das jeweilige Gesetz entworfen haben und bis zu einem gewissen Grade seine Umsetzung in untergesetzliche Regelungen und seine Durchführung steuern. So legitim und notwendig dies ist, so gerechtfertigt ist aber auch eine Einschaltung des Parlaments in Prozesse der Wirkungskontrolle und der Bewertung der Kontrollergebnisse. Sie ist, politisch betrachtet, unvermeidlich in den umfassenderen Prozeß parlamentarischer Kontrolle der Regierung einverteilt.

Dabei kann einer maßgeblichen parlamentarischen Beeinflussung und Nutzung der Wirkungsbeobachtung nicht mit dem – auch sonst gern verwendeten – Argument mangelnder Sachkunde entgegengetreten werden. Zum einen kann zusätzliche spezialisierte Sachkunde, soweit für die hier vertretene Rolle des Parlaments erforderlich, organisatorisch geschaffen werden; zum anderen kommt es auf eine "eigenhändige" Durchführung von Wirkungskontrollen durch Abgeordnete nicht an, sondern darauf, daß das Parlament Evaluationsprozesse politisch steuert und die Entscheidungsfreiheit über die Nutzung ihrer Ergebnisse behält.

Wirkungsuntersuchungen von ministerieller Seite dürfen nicht dazu führen, daß die dem Parlament und den Abgeordneten schon heute von seiten der Exekutive nachhaltig gemachten Vorgaben darüber, ob ein Gesetz erlassen oder novelliert werden muß oder nicht – über drei Viertel der vom Bundestag behandelten Gesetzentwürfe werden von der Regierung vorgelegt –, nun auch noch mittels zugelieferter Wirkungsanalysen technokratisch untermauert und unablehnbar gemacht werden. Der politische Aspekt der damit verbundenen Erfolgsbewertung muß eine Sache der politischen und parlamentarischen Willensbildung bleiben. Ob eine Regelung sich bewährt hat, ob sie von den Betroffenen akzeptiert, von der Verwaltung richtig angewandt, von der Rechtsprechung möglicherweise deformiert worden ist u.a.m., muß der parlamentarischen und auch der allgemeinen politischen Auseinandersetzung zugänglich bleiben, ohne daß auch dies noch von Expertenmeinungen überlagert und der Nicht-Experte politisch sprachlos gemacht wird.

Dem ist dadurch Rechnung getragen, daß das Parlament sich institutionell in die Wirkungsbeobachtung von Gesetzen einschaltet. Organisatorischer Ort hierfür sind grundsätzlich die Ausschüsse, in denen die Gesetze und Novellen auch in der Beratungsphase behandelt werden. Hier ist auch – das entspricht bereits der Praxis – der Ort, wo die eingangs angesprochenen Erfahrungsberichte der Regierung über Vollzug und Wirksamkeit von Gesetzen anlaufen und untersucht, sowie gegebenenfalls zum Gegenstand parlamentarischer Initiativen oder einer sonstigen Willensbildung gemacht werden. Die erforderliche Sachkunde ist in den Ausschüssen versammelt; zusätzliche Möglichkeiten der Unterstützung durch die Parlamentsverwaltung sind im Prinzip gegeben, werden derzeit auch im Rahmen von Überlegungen zur Verbesserung der Arbeit des Bundestages untersucht.

In den Ausschüssen bietet sich ferner die Methode des Hearings an, die gerade für Wirkungskontrollen nutzbar gemacht werden könnte. Bisher werden Anhörungen meist im Entwurfsstadium von Gesetzen durchgeführt. Ein "Vollzugs-Hearing", einige Jahre nach dem Inkrafttreten eines Gesetzes veranstaltet, könnte sowohl den wissenschaftlichen Sachverstand im entsprechenden Feld als auch die dort aktiven Verbände mit den Beamten der zuständigen Ressorts und den Abgeordneten zusammenführen, um das erhobene Material über Vollzug und Wirksamkeit vorzulegen und politisch aufzubereiten. Hier wäre die Information teils zu vermitteln, teils zu erarbeiten, die es dem Gesetzgebungsorgan ermöglichen würde, rechtzeitig bei der "Erfolgsbewertung" seiner Gesetze mitzusprechen.

4. Grenzen der Wirkungsorientierung in der Gesetzgebung

Überlegungen wie diese könnten den Eindruck erwecken, als habe die Gesetzgebung ausschließlich das Ziel, mittels Rechtsnormen die gesellschaftliche Wirklichkeit zweckgerichtet zu gestalten und das Verhalten der Mitmenschen auf diese Zwecke zu orientieren, und als sei es erstrebenswert und möglich, die Wirkungssicherheit eines jeden Gesetzes auf gleichsam 100 Prozent seiner Intentionen zu bringen. Demgegenüber ist klarzustellen, daß nicht nur die angesprochenen methodischen und politischen Implikationen einen perfekten, flächendeckenden Mechanismus zur Hervorbringung optimaler Gesetze faktisch verhindern werden, sondern daß auch eine Verengung auf den Aspekt der Wirksamkeit die volle Zwecksetzung der Gesetzgebung nicht erfassen würde.

4.1 Komplexitätsschranken

Zunächst sind faktische Schranken für die politische Steuerung und Gestaltung durch Gesetze unübersehbar. Sie liegen in der Komplexität der Wirklichkeit, die beeinflußt werden soll. Die Vielzahl der zusammen- und gegeneinanderarbeitenden Faktoren bewirkt, daß eine vollständige Kontrolle und Zurichtung aller Bedingungen für die Zielverwirklichung des einen Gesetzes immer zugleich dazu führen müßte, daß das so geschaffene Bedingungsgefüge andere Ziele nicht zugleich ebenfalls vollständig verwirklichen kann. Bestenfalls geht es um eine Optimierungsaufgabe zwischen verschiedenen Zielsetzungen, für die das Instrumentarium der Gesetzgebung gleichermaßen in Anspruch genommen wird und möglichst geeignet sein soll. Weder kann angenommen werden, ein vorhandenes Faktorengefüge – z.B. der Ausschnitt "öffentliche Verwaltung" – sei für jede gesetzgeberische Gestaltungsabsicht in völlig gleicher Weise zur perfekten Verwirklichung in der Lage, noch ist der Gedanke realistisch, dieses Faktorengefüge – und daneben die vielen anderen – für jedes Gesetz neu zuzuschneiden oder aufzubauen. Es müssen, bildhaft gesprochen, die einmal verlegten Leitungsnetze für die unzähligen Impulse immer wieder benutzt werden; möglich sind allenfalls zusätzliche Kabel und gewisse Reparaturen, nicht aber vollständig neue "Anlagen" für jedes neue Gesetz.

4.2 Normative Schranken

Aber auch normativ, sowohl vom Verfassungsrecht als auch vom aktuellen politischen Denken her, ergeben sich Schranken der Gesetzeswirksamkeit daraus, daß die vollständige Kontrolle der wirkenden Faktoren einen Zugriff voraussetzen würde, der praktisch total und politisch totalitär wäre. Aus der Sicht des Bundesgesetzgebers bilden Grundentscheidungen der Gewaltenteilung, des Föderalismus, der kommunalen Selbstverwaltung, der Grundrechte wichtige, vorgegebene und akzeptierte Grenzen für den politischen Gestaltungsanspruch. In diesem Sinne dürfen Gesetze gar nicht "absolut" wirksam sein. Erst auf dem Boden dieser Voraussetzungen kann legitim versucht werden, das einzelne Gesetz in Bezug auf seine Wirksamkeit zu optimieren. Manche zeitgenössischen Klagen über die Kompromißzwänge des parlamentarischen Geschäfts und über die leider nur bedingte Steuerungskapazität politischer Strukturen sollten vor diesem Hintergrund bedacht werden.

4.3 Integrative Zwecke der Gesetzgebung

Gesetzgebung hat aber auch noch andere Zwecke als nur den der möglichst perfekten Verwirklichung politischer Gestaltungsvorstellungen. Gesetze haben daneben, bewußt oder unbewußt, die Aufgabe, gesellschaftliche Einheit zu stiften, indem sie eine gegenseitige Verständigung über Geltungsanspruch und Geltungshintergrund des Rechts, Rechtsbewußtsein und kulturelle Identität ermöglichen. Zu den Integrationszwecken der Rechtsetzung kann die nur beschränkte Wirkungskraft einzelner Gesetze einen Beitrag leisten. In einer so stark verrechtlichten und durchnormierten Gesellschaft wie der unseren enthalten Wirkungsschwächen einzelner Rechtsnormen auch das geheime Signal, daß das Handeln ohne den Zwang gesetzter Normen noch sinnvoll und wirkungsvoll ist. Das unterschwellige Bewußtsein von der nur bedingten Gestaltungskraft des Rechts verschafft vielleicht erst die individuelle Möglichkeit, den Geltungsanspruch der einzelnen Norm anzuerkennen, Gesetze aktiv zu befolgen, statt sich etwa nur als Objekt ihrer Wirkungsmechanismen zu verstehen. Die Loyalität zum gesetzten Recht im ganzen ist miterkauft durch die begrenzte Wirksamkeit der einzelnen Norm, die es ermöglicht, das ungeheure Geflecht der Rechtsnormen insgesamt hinzunehmen.

Daß dieser Zusammenhang einem – glücklicherweise unauslöschbaren – menschlichen Bedürfnis entspricht, zeigt ein Blick auf den Absolutismus und auf totalitäre Staaten. Selbst mit den äußerst rigiden Mitteln, die Militärdiktaturen und Polizeistaaten in Anspruch nehmen, und selbst mit der absoluten Gewalt des Fürsten über Leben und Tod war und ist es keineswegs möglich, mittels rechtsförmiger Befehle die soziale Wirklichkeit nach Belieben zu gestalten und die Menschen in entscheidenden Fragen endgültig gehorsam zu machen. Der Geist des Gesetzgebers, so hat Montesquieu gesagt, muß der Geist der Mäßigung sein, wenn Gesetze wirken sollen.

Vor diesem Hintergrund muß die Frage nach Wirkungsbeobachtung und Wirkungskontrolle sowie der gesamte Ansatz der Gesetzeswirksamkeit relativiert werden. Damit ist aber nicht dementiert, daß für Gesetzgebungstheorie und Gesetzgebungspraxis weit diesseits solcher Schranken erheblichen Möglichkeiten – und aktuelle Anlässe – gegeben sind, der Wirkungsfrage gesteigerte Aufmerksamkeit zu schenken.

Literatur

Die folgenden Hinweise beschränken sich auf Arbeiten neueren Datums und innerhalb dessen auf Sammelwerke und umfassendere Darstellungen. Wegen der inzwischen beachtlichen Vielzahl von Einzelschriften und Aufsätzen wird auf die annotierte Bibliographie von Eberhard Baden in: Schreckenberger, Waldemar u.a. (Hrsg.), Gesetzgebungslehre, Grundlagen – Zugänge – Anwendung, 1986, verwiesen.

Bundesakademie für öffentliche Verwaltung (Hrsg.), Praxis der Gesetzgebung, eine Lehr- und Lernhilfe, Regensburg, 1984

Fricke, Peter, Modelle zur Institutionalisierung einer Gesetzeskontrolle, Frankfurt a. M./Bern, 1983

Böhret, Carl (Hrsg.), Gesetzgebungspraxis und Gesetzgebungslehre. Ein Erfahrungsaustausch über die Verbesserung von Rechtsnormen, Speyer, 1980

Hellstern, Gerd-Michael/Wollmann, Hellmut (Hrsg.), Experimentelle Politik – Reformstrohfeuer oder Lernstrategie, Bestandsaufnahme und Evaluierung, Opladen, 1983

Hill, Hermann, Einführung in die Gesetzgebungslehre, Heidelberg, 1982

Hugger, Werner, Gesetze – ihre Vorbereitung, Abfassung und Prüfung, Baden-Baden, 1983

Kindermann, Harald (Hrsg.), Studien zu einer Theorie der Gesetzgebung 1982, Berlin/Heidelberg/New York, 1982

Öhlinger, Theo (Hrsg.), Methodik der Gesetzgebung, Legistische Richtlinien in Theorie und Praxis, Wien/New York, 1982

Schäffer, Heinz/Triffterer, Otto (Hrsg.), Rationalisierung der Gesetzgebung, Baden- Baden, 1984

Schneider, Hans, Gesetzgebung, Heidelberg, 1982

Schreckenberger, Waldemar u.a. (Hrsg.), Gesetzgebungslehre, Grundlagen – Zugänge Anwendung, Stuttgart u.a., 1986

Winkler, Günther/Schilcher, Bernd (Red.), Gesetzgebung. Kritische Überlegungen zur Gesetzgebungslehre und zur Gesetzgebungstechnik, Wien/New York, 1981

Zeh, Wolfgang, Wille und Wirkung der Gesetze, Heidelberg, 1984

Luzius Mader

Experimentelle Gesetzgebung

1. Zum Begriff

"Theoretisch läßt sich jeder Gesetzgebungsakt als Experiment auffassen"[1]: das Gesetz (unabhängige Variable) wird als Mittel eingesetzt, um das menschliche Verhalten (abhängige Variable) zu beeinflussen und dadurch ein bestimmtes Resultat zu bewirken. Diese Auffassung ist zweifellos vertretbar; die Beobachtung der Gesetzgebungspraxis liefert zahlreiche Bestätigungen ihrer Richtigkeit, zumindest was Gesetzgebungen mit vorwiegend *instrumentellem* Charakter betrifft.

Sicher sind die meisten Erlasse einer praktischen Bewährungsprobe ausgesetzt. Dies ist jedoch mit dem Begriff der experimentellen Gesetzgebung nicht gemeint. Dieser Begriff ist auch nicht mit der namentlich von W. Hugger propagierten experimentellen Rechtsetzungsmethodik gleichzusetzen. W. Hugger unterscheidet verschiedene Erscheinungsformen des Experiments in der Gesetzgebung: Zeitgesetz, Modellversuch und Entwurfstest.[2] Zeitgesetze sind jedoch nicht unbedingt Experimentiergesetze.[3] Die Befristung kann in der Tat aus ganz verschiedenen Gründen vorgesehen werden, nicht bloß um bestimmte Vorschriften vorläufig zu testen. Modellversuche dienen zwar meist der Erprobung einer rechtlichen Regelung in der Wirklichkeit, basieren aber häufig auf freiwilliger Teilnahme und beschränken sich daher in der Regel auf begünstigende Maßnahmen.[4] Der Begriff wird aber manchmal auch für simulierte Experimente, nicht nur für Realversuche verwendet.[5] Die Entwurfstests schließlich beziehen sich auf Regelungen ohne rechtliche Verbindlichkeit.[6] Sie mögen zwar im Rahmen der Gesetzesvorbereitung eine ähnliche Funktion wie die Erprobung verbindlicher Erlasse haben, werfen jedoch aus rechtlicher Sicht nicht die gleichen Probleme auf wie Gesetze oder Verordnungen mit Versuchscharakter.

Im folgenden wird der Begriff "experimentelle Gesetzgebung" in einem wesentlich engeren Sinn gebraucht. Gemeint ist damit die praktische Erprobung befristeter rechtlicher Regelungen in der – zumindest deklarierten – Absicht, Erfahrungen im Hinblick auf einen späteren, definitiv gedachten legislatorischen Entscheid zu sammeln. Die Prüfung von Erlaßentwürfen wird damit ausgeklammert. Auch geht es nicht um die allgemeine Darstellung der Gesetzgebung als einen auf Erfahrung, auf trial und error, gestützten Lernprozess. Andererseits soll der Begriff der experimentellen Gesetzgebung nicht dermaßen eingeschränkt werden, daß nur jene Versuche erfaßt werden, welche den Anforderungen eines eigentlichen Experiments genügen.[7]

2. "Experimente" in der Gesetzgebungspraxis

Die praktische Erprobung rechtlicher Regelungen ist keine neue Erscheinung. Man denke nur an Martinis berühmten Entwurf des Allgemeinen Bürgerlichen Gesetzbuchs Österreichs. Dieser Entwurf wurde 1797 mit geringfügigen Anpassungen versuchsweise im damaligen Galizien in Kraft gesetzt, um seine Tauglichkeit für die anderen Teile der habsburgischen Monarchie zu prüfen.[8)] Solche "Gesetzgebung auf Probe" scheint aber früher doch eher selten gewesen zu sein. Erst seit einigen Jahren erfreuen sich Erlasse mit Versuchscharakter einer beachtlichen Beliebtheit in der Gesetzgebungspraxis. Dies gilt nicht nur für die Schweiz, auf die sich die folgenden Ausführungen im wesentlichen beziehen. In anderen Ländern, insbesondere in der Bundesrepublik Deutschland, ist die Situation offensichtlich ähnlich.[9)] Namentlich im Bildungswesen, im Bereich der Verkehrspolitik, im Medienbereich und bei der Erhebung statistischer Daten werden staatliche Maßnahmen zunächst häufig als Versuche eingeführt. Als Beispiele aus schweizerischer Sicht seien hier etwa genannt:

- die Durchführung eines zeitlich und örtlich begrenzten Versuchs mit Tempo 50 innerorts[10)];
- die Durchführung lokaler Rundfunkversuche[11)];
- die probeweise Durchführung von repräsentativen Haushaltserhebungen[12)];
- der versuchsweise Anschluß von Grenzstellen und kantonalen Polizeikommandos an das automatisierte Schweizerische Personenfahndungsregister[13)];
- die Erprobung neuer Vollzugsformen im Straf- und Maßnahmenvollzug.[14)]

Diese Aufzählung von Beispielen erhebt keinen Anspruch auf Vollständigkeit. Sie hat lediglich den Zweck, die praktische Dimension des Themas etwas zu erhellen. Zu den im Erlaßtext selbst als Versuch deklarierten Regelungen kommen übrigens verschiedene weitere Maßnahmen hinzu, die offensichtlich auch einen experimentellen Charakter haben, welcher namentlich in ihrer Befristung zum Ausdruck kommt. Erwähnt sei hier etwa die aus Gründen des Umweltschutzes erfolgte Herabsetzung der Höchstgeschwindigkeit für Motorfahrzeuge außerhalb von Ortschaften und auf Autobahnen.[15)] Der entsprechende Erlaß gilt vorläufig nur für die Dauer von drei Jahren. Auch der Bundesbeschluß über die Innovationsrisikogarantie für kleinere und mittlere Unternehmen, welcher kürzlich dem Volk zur Abstimmung unterbreitet und von diesem verworfen worden ist, war nur für eine beschränkte Zeit gedacht. Nach Ansicht verschiedener Parteien und Verbände, die sich gegen den Erlaß eines unbefristeten Gesetzes aussprachen, hätte damit u.a. auch der Versuchscharakter der Vorlage belegt werden sollen.[16)] Schließlich finden sich auch auf kantonaler und kommunaler Ebene Regelungen, welche zunächst praktisch getestet und erst dann definitiv eingeführt werden; dies vor allem im Bildungswesen (Schulversuche) und im Bereich des Verkehrs (z.B. tarifliche Maßnahmen zur Förderung des öffentlichen Verkehrs wie die sogenannten Umweltschutzabonnements).

Es wäre natürlich interessant, anhand der konkreten Beispiele den Gründen dieser relativ jungen Tendenz in der Rechtsetzungspraxis, die mit der traditionellen Vorstellung vom Gesetz kaum vereinbar ist[17], nachzugehen. Geht es tatsächlich viel weniger darum, "eine Mehrzahl rechtlicher Lösungen nacheinander (zu) erproben und hierauf ernsthaft und unvoreingenommen (zu) prüfen, als unter dem Vorwand des Experimentierens kurzerhand rechtliche Bindungen ab(zu)schütteln"?[18] Wird lediglich aus der Not mangelnder Rechtsgrundlagen eine Tugend gemacht?[19] Ist der Gesetzgeber infolge vermehrten Wissens über die oftmals unerwünschten, kontraproduktiven Auswirkungen seines Handelns unsicherer, skeptischer geworden? Handelt er etwa im Bewußtsein, daß in manchen Bereichen das Ausmaß irreversibler Entwicklungen und Entscheide zunimmt?[20] Sind Erlasse mit Versuchscharakter in erster Linie Resultat politischer Kompromisse: die Gegner einer Vorlage verhindern einen endgültigen Entscheid, während die Befürworter sich zumindest vorläufig durchsetzen?[21] Ist die Tendenz zur "Gesetzgebung auf Probe" Ausdruck gehobener rechtlicher Anforderungen an die Qualität der Gesetzesvorbereitung und des Inhalts legislatorischer Entscheide?[22] Ist diese Entwicklung nicht auch ein Hinweis darauf, daß die normative Legitimation staatlicher Entscheide zerbröckelt und zunehmend auf die Ergänzung durch andere Legitimationsquellen (Resultat, Wissenschaft) angewiesen ist?[23] Oder geht es etwa bloß darum, die Betroffenen schonend an einen Eingriff in einem bestimmten Bereich, an eine neue rechtliche Regelung zu gewöhnen? Hat die experimentelle Gesetzgebung somit gewissermaßen eine pädagogische Funktion?[24]

Alle diese Fragen liefern wahrscheinlich partielle Erklärungsansätze für die Aktualität probeweisen Vorgehens in der Gesetzgebung. Im folgenden geht es jedoch nicht darum, die Ursachen der zunehmenden Bedeutung dieser speziellen Form der Rechtsetzung aufzuzeigen. Meine Absicht ist viel bescheidener. Es sollen lediglich einige Fragen und Probleme erörtert werden, welche die experimentelle Gesetzgebung m.E. aus juristischer, gesetzgebungsmethodischer und gesetzestechnischer Sicht aufwirft. Dabei sind allerdings die Gründe, welche zur Erprobung rechtlicher Regelungen führen, nicht völlig außer acht zu lassen. Aus *juristischer Sicht* steht die Frage im Vordergrund, ob und unter welchen Voraussetzungen und Bedingungen experimentelle Gesetzgebung zulässig – oder unter Umständen auch geboten – ist. Es geht also vor allem um die Vereinbarkeit von Experimentiergesetzen mit den in der Verfassung verankerten Grundsätzen und Rechten. Anliegen der *Gesetzgebungsmethodik* ist es, Kriterien und Richtlinien zu entwickeln, welche es erlauben, zu beurteilen, wann ein versuchsweises Vorgehen angezeigt ist. Aus *gesetzestechnischer Sicht* schließlich ist die formale Ausgestaltung experimenteller Erlasse zu diskutieren.

3. Experimentiergesetze als eigene Rechtsfigur?

Sind Experimentiererlasse eine besondere Form der Gesetzgebung? Stellen sie tatsächlich eine "neue, selbständige Rechtsfigur"[25] dar, oder ist es verfehlt, ihnen einen solchen besonderen Rang zu verleihen?[26]

Experimentelle Gesetzgebung hat grundsätzlich den Zweck, Grundlagen für einen späteren Entscheid des Gesetzgebers zu beschaffen. Sie soll einen *geplanten* Lernprozess ermöglichen. Die Gültigkeit von Erlassen mit Versuchscharakter ist in der Regel zeitlich und oft auch örtlich genau begrenzt. Zudem ist die Erhebung und Auswertung der für die Beurteilung der Wirkungsweise und der Auswirkungen der getesteten Regelung erforderlichen Daten meistens im voraus organisiert. Diese Merkmale unterscheiden Experimentiergesetze von Erlassen ohne Versuchscharakter. Die Durchführung von Wirkungskontrollen, die Befristung und das Ermöglichen von Lernprozessen rechtfertigen es jedoch nicht unbedingt, von einer eigenständigen Rechtsfigur zu sprechen. Diese Elemente finden sich zum Teil auch bei anderen Erlassen. Entscheidend scheint mir, ob Experimentiergesetze unter dem Gesichtspunkt der von der Verfassung garantierten Rechte und Grundsätze anders zu beurteilen sind als Gesetze ohne Versuchscharakter; ob, mit anderen Worten, für sie andere rechtliche Anforderungen gelten. Dies ist m.E. zu bejahen. Für Gesetzgebungsexperimente gelten spezifische verfassungsrechtliche Voraussetzungen und Bedingungen, die allerdings bis anhin noch zu wenig geklärt sind.[27] Im jetzigen Stadium der rechtswissenschaftlichen Diskussion ist es zwar unmöglich, diese Voraussetzungen und Bedingungen präzise festzulegen; es wäre wohl auch verfehlt, die Ausgestaltung und die Durchführung von Gesetzgebungsexperimenten bereits in ein umfassendes und differenziertes Netz von Regeln einzubinden, zumal die verschiedentlich befürworteten Regeln und Grundsätze eher gesetzgebungsmethodischer und -technischer als rechtlicher Natur sind.[28] Trotzdem können einige rechtliche Überlegungen angestellt werden, welche es rechtfertigen, die experimentelle Gesetzgebung als besondere Rechtsetzungsform, als eigenständige Rechtsfigur, zu betrachten.

4. Besondere verfassungsrechtliche Anforderungen

a) Einschränkungen der verfassungsmäßig gewährleisteten Rechte durch den Staat sowie Leistungen des Staates an die Bürger bedürfen grundsätzlich einer *formellen gesetzlichen Grundlage.*[29] Dies gilt im Prinzip auch für Erlasse mit Versuchscharakter. In der Praxis sind jedoch die Anforderungen, die an die gesetzliche Grundlage solcher Erlasse gestellt werden, oftmals eindeutig weniger streng. Letztere genießen gewissermaßen einen Versuchs-Bonus. Für Regelungen, welche als Versuche konzipiert und zeitlich begrenzt sind, begnügt man sich oft mit einem Erlaß auf Verordnungsstufe (materielle gesetzliche Grundlage), sofern ein rechtsetzender Erlaß überhaupt für notwendig erachtet wird und der Versuch nicht gestützt auf bloße verwaltungsinterne Anordnungen oder Richtlinien durchgeführt wird. Erst die definitiv gedachte Regelung wird dann auf Gesetzesstufe eingeführt. Diese Differenzierung der Anforderungen an die Gesetzmäßigkeit wird von der Bundesverwaltung als zulässig erachtet, wenn auch nur mit Zurückhaltung und ernsthaften Bedenken. Sie wird zum Teil auch von der Lehre befürwortet.[30)]

b) Der Gesetzgeber verfügt grundsätzlich über eine recht große Handlungs- und Gestaltungsfreiheit. Erlasse, welche sich nicht auf ernsthafte sachliche Gründe stützen lassen oder sinn- und zwecklos sind, verstoßen jedoch gegen das *Willkürverbot*; sie verletzen überdies den Grundsatz der Rechtsgleichheit, wenn sie rechtliche Unterscheidungen treffen, für die keine vernünftigen Gründe in den zu regelnden Verhältnissen zu finden sind, oder Unterscheidungen unterlassen, die sich aufgrund der Verhältnisse aufdrängen.[31)] Auch die potentiellen Folgen legislatorischer Eingriffe sind so weit wie möglich abzuklären und zu berücksichtigen.[32)] Das deutsche Bundesverfassungsgericht hat sich zu diesem Problem namentlich in seinem Mitbestimmungsurteil noch viel deutlicher geäußert: "... der Gesetzgeber (muß) sich an einer sachgerechten und vertretbaren Beurteilung des erreichbaren Materials orientiert (haben). Er muß die ihm zugänglichen Erkenntnisquellen ausgeschöpft haben, um die voraussichtlichen Auswirkungen seiner Regelung so zuverlässig wie möglich abschätzen zu können...".[33)]

Der Gesetzgeber ist also zur Abklärung der relevanten Realien und zur Ermittlung der voraussichtlichen Wirkungen verpflichtet. Mit anderen Worten: die Qualität der Vorbereitung legislatorischer Entscheide muß gewissen rechtlichen Anforderungen genügen.[34)] Beim Erlaß von Experimentiergesetzen können diese Anforderungen jedoch nicht in gleichem Maß erfüllt werden. Der Zweck der versuchsweisen Regelung besteht ja gerade darin, die für den definitiven Entscheid notwendigen Erfahrungen und Kenntnisse zu gewinnen.[35)] Dabei muß natürlich begründeter Anlaß für die Annahme bestehen, daß durch einen zweckmäßig gestalteten Versuch relativ gesicherte Entscheidungsgrundlagen beschafft werden können. Eigentlich zwingende Schlüsse für die zukünftige Regelung sind allerdings kaum zu erwarten, unter anderem weil der Versuchscharakter der Vorschriften nicht ohne Einfluß auf die Verhaltensweisen der Betroffenen ist.[36)]

c) Vor allem wenn sie nicht nur befristet, sondern auch örtlich begrenzt sind, schließen Gesetzgebungsexperimente notwendigerweise eine Ungleichbehandlung der Rechtsunterworfenen ein. Es ist deshalb verschiedentlich gerügt worden, sie verstößen grundsätzlich gegen das *Gebot der Gleichbehandlung*. In der Schweiz ist dieses Argument beispielsweise gegen die versuchsweise Einführung einer herabgesetzten Höchstgeschwindigkeit in bestimmten Orten geltend gemacht worden. Das Bundesgericht ist in diesem Fall zum Schluß gelangt, der gesetzliche Auftrag zur Festsetzung allgemeiner Höchstgeschwindigkeiten verlange zwar grundsätzlich eine einheitliche Regelung, verbiete aber das Erproben abweichender Regelungen zur Gewinnung von Entscheidungsgrundlagen für eine Änderung der allgemeinen Höchstgeschwindigkeit nicht.[37)] Anders ausgedrückt: das Experimentieren kann als sachlicher Differenzierungsgrund gelten.[38)]

d) Gesetze können grundsätzlich jederzeit geändert werden.[39)] Wesentliche Einschränkungen dieses Grundsatzes durch eine zu extensive Konkretisierung des *Gebots der Rechtssicherheit* engen die Handlungsfreiheit des Gesetzgebers ein und sind mit demokratischen Prinzipien nicht ohne weiteres vereinbar.[40)] Es ist jedoch unbestreitbar, daß der Rechtssicherheit in den letzten Jahren zumindest in der schweizerischen Rechtsprechung und Lehre größere Bedeutung beigemessen wird.[41)] Wenn, wie dies bei experimenteller Gesetzgebung der Fall ist, eine zeitliche Begrenzung vorgesehen ist, sollten die Rechtsunterworfenen darauf vertrauen können, daß vor Ablauf der Frist Änderungen nur aus besonders gewichtigen Gründen vorgenommen werden.[42)] Die Befristung schafft gewissermaßen eine besondere Vertrauenssituation. Das Gebot, nicht zwingende Änderungen zu vermeiden, ist zudem nicht nur eine Frage des verfassungsrechtlich garantierten Vertrauensschutzes, sondern auch eine Voraussetzung für die sinnvolle Durchführung von Versuchen.

e) Man muß sich auch fragen, ob unter dem Gesichtspunkt des *Grundrechtschutzes* spezifische verfassungsrechtliche Anforderungen an Experimentiergesetze zu stellen sind. Namentlich: gibt es Rechtsgüter oder grundrechtliche Positionen, die grundsätzlich kein legislatorisches Experimentieren zulassen, die somit nur durch auf Dauer angelegte, auf soliden Entscheidungsgrundlagen oder klaren Wertungen beruhende Erlasse gefährdet oder eingeschränkt werden können? Diese Frage ist wahrscheinlich zu bejahen. "Es gibt Grundrechte, die sich überhaupt dem Experiment entziehen".[43)] Grundsätzlich ausgeschlossen sind natürlich insbesondere Versuche, die mit ernsthaften Gefährdungen des Lebens, der Gesundheit und der Menschenwürde des Einzelnen verbunden sind. Auch aus der Sicht der Grundrechte ist es also richtig, die experimentelle Gesetzgebung als besondere Form der Rechtsetzung zu betrachten.

f) Schließlich stellt sich in einem Bundesstaat auch die Frage, inwiefern es im Rahmen experimenteller Gesetzgebung möglich ist, von der Kompetenzverteilung zwischen Bund und Gliedstaaten abzuweichen.[44)] Erlaubt der Versuchscharakter einer Regelung dem Bund, Bereiche zu erfassen, die normalerweise in die Zuständigkeit der Gliedstaaten fallen? Inwiefern kann die Forschungsförderungskompetenz, über die der Bund in der Schweiz und auch in der Bundesrepublik Deutschland verfügt, als subsidiäre Kompetenzgrundlage für die Durchführung von Versuchen herangezogen werden? Auch unter föderalistischen Gesichtspunkten scheint mir ein gewisser Versuchs-Bonus vertretbar: ein weniger strikter Maßstab kann angelegt und eine befristete Erweiterung des Handlungsspielraums des Bundes kann in Kauf genommen werden, sofern Gewähr dafür besteht, daß das experimentelle Vorgehen nicht bloßer Vorwand für die Verschiebung der verfassungsrechtlichen Kompetenzen ist.[45)]

5. *Gesetzgebungsmethodische Perspektive*

Aus gesetzgebungsmethodischer Sicht interessiert, wie gesagt, vor allem die Frage, wann und in welchen Situationen ein experimentelles Vorgehen zweckmäßig und angezeigt ist. Wie beim Problem der rechtlichen Anforderungen kann es auch hier nur darum gehen, einige keineswegs erschöpfende Aspekte kurz zu skizzieren.

a) Erlasse mit zumindest vorgeblichem Versuchscharakter werden in der Praxis wohl aus den verschiedensten Gründen geschaffen.[46)] Ihr eigentlicher Zweck sollte aber die Beschaffung von Entscheidungsgrundlagen sein. Gesetzgebungsexperimente setzen also voraus, daß der Gesetzgeber nicht über die für einen endgültigen Entscheid notwendigen Informationen und Kenntnisse verfügt. Es muß mit anderen Worten ein *anerkanntes Testbedürfnis* bestehen.[47)] Ein solches besteht namentlich bei Ungewißheit über die Natur des zu lösenden Problems, über die zu berücksichtigenden Randbedingungen, über die Reaktionen und Verhaltensweisen der betroffenen Bürger und Vollzugsinstanzen, über die Wirkungsweise und die Auswirkungen möglicher Handlungsinstrumente. Dies alles sind Umstände, welche die Durchführung eines Versuchs angezeigt erscheinen lassen können.

b) Experimentelle Gesetzgebung ist nur dann sinnvoll, wenn angenommen werden kann, daß ein *Versuch geeignet* ist, die fehlenden Entscheidungsgrundlagen zu liefern. Dies ist nicht nur eine Frage der richtigen Konzeption des Experiments. Für bestimmte legislatorische Probleme steht zum vornherein fest, daß ein experimentelles Vorgehen – selbst wenn man sich mit "weichen", qualitativen Untersuchungsmethoden und Ergebnissen begnügt und nicht unbedingt "harte", quantitative Daten fordert – kaum gesicherte Erkenntnisse vermitteln wird. Die Erschließbarkeit der entscheidungsrelevanten Sachverhalte hängt namentlich von den Charakteristiken der einzelnen Bereiche und vom Stand ihrer wissenschaftlichen Bearbeitung ab. Die Testgeeignetheit ist daher von Fall zu Fall zu prüfen.[48)]

Testgeeignetheit ist natürlich dann nicht gegeben, wenn der Aufschub des endgültigen Entscheids weniger auf unzureichende Grundlagen und Kenntnisse, als auf die politisch bedingte Unmöglichkeit, zu klaren, von einer Mehrheit getragenen Wertungen zu gelangen, zurückzuführen ist. Experimentelle Gesetzgebung ist kein Substitut für politische Wertungen. Sie kann Wertentscheidungen zwar beeinflussen, auf sachlichere, rationalere Grundlagen abstützen, aber nicht ersetzen.

c) Auf Experimente ist auch dann zu verzichten, wenn ihre Realisierung schwerwiegende irreversible Zustände schafft. Ein grundsätzliches Verbot der Irreversibilität, wie dies verschiedentlich gefordert wird, d.h. die völlige *Widerherstellbarkeit des vorexperimentellen Zustandes*[49], ginge m.E. allerdings zu weit. Ein solches Verbot schränkte die Verwendbarkeit dieser Form der Gesetzgebung zu sehr ein. Wesentlich ist, daß der Versuch keine Sachlagen schafft, die den zukünftigen legislatorischen Entscheid weitgehend oder gar vollständig determinieren. Wäre dies der Fall, so fehlte die für ein Experiment wesensnotwendige Offenheit des Ergebnisses. Diese Offenheit ist natürlich bei Experimenten dieser Art niemals total. Der Versuch ist jedoch so zu gestalten, daß die Entscheidungsfreiheit des Gesetzgebers gewahrt bleibt. Der Gesetzgeber muß insbesondere die Möglichkeit haben, auf die versuchsweise eingeführte Regelung zu verzichten. Schon aus diesem Grunde sollten Experimentiergesetze nicht mit beträchtlichen Aufwendungen oder Investitionen Privater verbunden sein. Sie sind zudem im Bereich der Leistungsverwaltung wohl grundsätzlich weniger problematisch als in jenem der Eingriffsverwaltung.

d) Zwingende rechtliche Regelungen mit Versuchscharakter erscheinen mir schließlich nur dann angezeigt, wenn ein auf freiwilliger Teilnahme basierender Versuch nicht geeignet ist, die als notwendig erachteten Abklärungen zu ermöglichen (*Subsidiarität*). Freiwilligkeit ist somit nicht grundsätzliche Voraussetzung für die Durchführung von Versuchen.[50] In diesem Zusammenhang ist zu berücksichtigen, daß die Reaktionen der freiwillig Teilnehmenden in der Regel wohl nur beschränkten Aufschluß über die Verhaltensweisen aller von einem zukünftigen verbindlichen Erlaß Betroffenen geben. Selbst bei verbindlichen Erlassen ist ja nicht auszuschließen, daß die Adressaten wegen dem Versuchscharakter der Regelung anders reagieren als bei dauerhaft gedachten rechtlichen Vorschriften. Unter anderem ist die Bereitschaft der Einzelnen zur Einhaltung der Normen wahrscheinlich tendenziell geringer, und die Vollzugsinstanzen sind zurückhaltender im Gebrauch von Sanktionen bei Mißachtung der Vorschriften.[51]

6. Gesetzestechnische Ausgestaltung

Die geringeren Anforderungen, welche bei experimentellen Erlassen an die Erkundungs- und Prognosepflichten des Gesetzgebers gestellt werden, sollten – entgegen manchmal geäußerten Bedenken[52] – den Gesetzgeber nicht dazu verleiten, diese Form der Gesetzgebung zu benützen, um seine Entscheide weniger sorgfältig vorbereiten zu müssen. Die Gefahr der mißbräuchlichen Verwendung der Rechtsfigur der experimentellen Gesetzgebung, die hier keineswegs in Abrede gestellt werden soll, sondern durchaus ernst zu nehmen ist, läßt sich m.E. durch eine adäquate gesetzestechnische Ausgestaltung der Regelungen mit Versuchscharakter reduzieren und weitgehend ausschließen.

a) Wichtig ist zunächst, daß der *experimentelle Charakter* der Gesetzgebung und vor allem auch der *Zweck* des Versuchs klar zum Ausdruck gebracht wird. Dies nach Möglichkeit im Erlaßtext selbst, zumindest aber in den offiziellen Erläuterungen und Materialien.

b) Wichtig ist auch die ausdrückliche *Befristung*. Die zeitliche Begrenzung ist sozusagen ein Wesensmerkmal der experimentellen Gesetzgebung; sie ist so zu wählen, daß methodisch vertretbare Schlüsse aus den gemachten Erfahrungen gezogen werden können. Vorzeitige Abbrüche oder Verlängerungen der Versuche sollten nur aus zwingenden Gründen vorgenommen werden.

c) In Erlassen mit Versuchscharakter ist schließlich die Frage der *Erhebung und der Auswertung der Daten* ausdrücklich zu regeln. Es sollten zumindest die dafür zuständigen Organe bezeichnet werden. Wünschbar ist, daß zudem auch die als relevant betrachteten Daten angegeben werden.

7. Erprobung der experimentellen Gesetzgebung

Gesetzgebungsexperimente finden gegenwärtig in der Praxis einen großen Anklang. Aus juristischer Sicht bestehen jedoch weiterhin ernsthafte Bedenken gegen diese Form der Gesetzgebung. Dies ist durchaus verständlich, ist doch der Gedanke des experimentellen Vorgehens in der Gesetzgebung mit der klassischen Vorstellung vom Gesetz kaum vereinbar. Zudem verlangt auch der zunehmend stärker betonte Grundsatz der Rechtssicherheit Zurückhaltung im Gebrauch dieser besonderen Form legislatorischen Handelns. Andere rechtliche Grundsätze, namentlich das Verhältnismäßigkeitsprinzip, lassen jedoch in bestimmten Situationen ein versuchsweises Vorgehen als angezeigt oder sogar geboten erscheinen. Sie unterstützen somit gesetzgebungsmethodische Bestrebungen, welche in die gleiche Richtung weisen.

Experimentelle Gesetzgebung dient der Beschaffung soliderer Entscheidungsgrundlagen. Sie vermag zweifellos einen Beitrag zur Rationalisierung der Gesetzgebung zu leisten. Ihre Möglichkeiten und Grenzen sollten aber noch vermehrt praktisch erprobt werden.[53)] Daß die Versuche zumeist recht einfache Regelungen zum Gegenstand haben, entspricht dabei nicht nur den Empfehlungen des Begründers der "Experimentellen Rechtswissenschaft"[54)], sondern auch dem methodischen Leistungsvermögen der Sozialwissenschaften und insbesondere dem Entwicklungsstand der empirischen Rechtssoziologie.

Anmerkungen

1 P. Noll, Gesetzgebungslehre, 1973, S. 76; in diesem Zusammenhang siehe auch die von F.K. Beutel entwickelte Idee einer "experimentellen Rechtswissenschaft", der eine ähnliche

Vorstellung zugrunde liegt: F.K. Beutel, Die experimentelle Rechtswissenschaft – Möglichkeiten eines neuen Zweigs der Sozialwissenschaft (Some Potentialities of Experimental Jurisprudence as a New Branch of Social Science, 1957, übersetzt von U. Krüger), 1971.

2 W. Hugger, Die Erkenntnisleistung der experimentellen Rechtsetzungsmethodik, in: Studien zu einer Theorie der Gesetzgebung 1982, hrsg. von H. Kindermann, 1982, S. 334 f.

3 H. Kindermann, Erfolgskontrolle durch Zeitgesetz, in Rationalisierung der Gesetzgebung, hrsg. von H. Schäffer/O. Triffterer, 1984, S. 142.

4 W. Hugger, Gesetze – Ihre Vorbereitung, Abfassung und Prüfung, 1983, S. 328.

5 Siehe z.B. E. von Hippel, Grundfragen der Rechtspolitik, Juristenzeitung 1984, S. 956.

6 W. Hugger (Anm. 2), S. 335.

7 Zum Begriff des Experiments in den Sozialwissenschaften siehe etwa Wörterbuch der Soziologie, hrsg. von W. Bernsdorf, 1969, S. 238 ff.

8 Siehe dazu Kommentar zum Allgemeinen bürgerlichen Gesetzbuch, hrsg. von H. Klang und F. Gschnitzer, 2. Aufl., Wien 1964, S. 9.

9 In diesem Sinn etwa W. Hoffmann-Riem, Modellversuch als Scheintest, ZRP 1980, S. 31; für Beispiele W. Hugger (Anm. 2), S. 334 und M. Kloepfer, Gesetzgebung im Rechtsstaat, VVDStRL 40, 1982, S. 91 ff.

10 Amtliche Sammlung der eidgenössischen Gesetze (=AS) 1980 I 431; am 1.1.1984 trat die herabgesetzte Geschwindigkeit generell in Kraft.

11 AS 1982 I 1149; die Verordnung dient ausdrücklich "zur Vorbereitung der künftigen Gesetzgebung" (Art. 1 Abs. 1).

12 AS 1983 I 623; die Verordnung ist inzwischen durch einen neuen Erlaß abgelöst worden, siehe AS 1985 II 1866.

13 AS 1984 II 956; das automatisierte Fahndungssystem (RIPOL) wurde Ende 1985 ohne formell-gesetzliche Grundlage vorläufig eingeführt, siehe AS 1986 I 7.

14 Verordnung (3) zum Schweizerischen Strafgesetzbuch, vom 16. Dezember 1985, AS 1985 II 1941. Art. 5 sieht vor, daß die Kantone die Erfahrungen mit den neuen Vollzugsformen (Halbgefangenschaft, Maßnahmenanstalt, Wohn- und Arbeitsexternat) auswerten und darüber Bericht erstatten.

15 AS 1984 I 1119.

16 Bundesblatt 1983 III 595 f.

17 Zu den Merkmalen des klassischen Gesetzes (allgemeingültig, dauerhaft, nicht streng zweckgerichtet) siehe etwa H. Huber, Niedergang des Rechts und Krise des Rechtsstaats, in: ders., Rechtstheorie, Verfassungsrecht, Völkerrecht (Festschrift, hrsg. v. K. Eichenberger/R. Bäumlin), 1971, S. 27 ff.; siehe auch J. Chevalier / D. Loschak, La science administrative, 1980, S. 103.

18 H. Huber, Betrachtungen über die Gesamtsituation des Rechts, in: ders., Rechtstheorie, Verfassungsrecht, Völkerrecht, a.a.O., S. 16.

19 Staatliches Handeln auf Probe? Bemerkungen zur Versuchsphilosophie in der Medienpolitik – und anderswo, Neue Zürcher Zeitung No 26, 1./2. Februar 1986.

20 K.M. Meyer-Abich, Grundrechtsschutz heute – Die rechtspolitische Tragweite der Konfliktträchtigkeit technischer Entwicklung für Staat und Wissenschaft, ZRP 1984, S. 40.

21 L. Mader, L'évaluation législative, 1985, S. 48; zur Würdigung des politischen Kompromisses unter dem Gesichtspunkt der Rationalität der Gesetzgebung siehe den Beitrag von H. Schulze-Fielitz in diesem Band.

22 Dazu insbesondere G. Schwerdtfeger, Optimale Methodik der Gesetzgebung als Verfassungspflicht, in Festschrift I. P. Ipsen, 1977, S. 173 ff.

23 Allgemein zu dieser Problematik insb. J. Habermas, Legitimationsprobleme im Spätkapitalismus, 1977; siehe auch P. Moor, Le principe de légalité dans l'administration moderne, Volk und Recht No 23, 1981, S. 15 ff; L. Mader (Anm. 21), S. 113.

24 L. Mader (Anm. 21), S. 169; M. Stock, Medienfreiheit als Funktionsgrundrecht, 1985, S. 443, spricht bezüglich der Kabelversuche in ähnlichem Sinn von einer seltsamen Phänomenologie der "gleitenden Starts" in ein Definitivum.

25 M. Kloepfer (Anm. 9), S. 96.

26 W. Hugger (Anm. 4), S. 327.

27 Siehe auch Kloepfer (Anm. 9), S. 95 f.

28 In diesem Sinn z.B. die Kritik von P. Lerche an den Ausführungen Kloepfers, in: VVDStRL 40/1982, S. 116 f.

29 Siehe insb. Entscheidungen des Schweizerischen Bundesgerichts (= BGE) 103 Ia 369 ff. (Urteil vom 25. Mai 1977).

30 Siehe z.B. Ch.-A. Morand, Le principe de la légalité dans une perspective de méthode législative, in Mitteilungsblatt der Schweizerischen Gesellschaft für Gesetzgebung No 4 (1984), Bern.

31 BGE 106 Ib 188; BGE 110 Ia 13 ff.

32 BGE 109 Ia 38 ff.

33 BVerfGE 50, S. 334.

34 Dazu siehe insb. Ch. Gusy, Das Grundgesetz als normative Gesetzgebungslehre?, in ZRP 1985, S. 291 ff.; Schwerdtfeger (Anm. 22); U. Karpen, Zum gegenwärtigen Stand der Gesetzgebungslehre in der Bundesrepublik Deutschland, in Zeitschrift für Gesetzgebung 1/86, S. 22.

35 Kindermann (Anm. 3), S. 142.

36 J. Carbonnier, Sociologie juridique, 1978, S. 328.

37 BGE 108 IV 52 ff.

38 I. Richter, Experiment und Begleitforschung in der Grundrechtsverwirklichung, in: Grundrechte und soziale Wirklichkeit, hrsg. von W. Hassemer u.a., 1982, S. 92.

39 J.-F. Aubert, Traité de droit constitutionnel suisse, Bd. 3, 1982, S. 224.

40 In diesem Sinn z.B. die Kritik D. Grimms an den Thesen Kloepfers, in VVDStRL 40/1982, S. 104.

41 Siehe z.B. BGE 102 Ia 331 ff.; für die neuere Lehre insb. B. Weber-Dürler, Vertrauensschutz im öffentlichen Recht, 1983, und A. Kölz, Intertemporales Verwaltungsrecht, in: Zeitschrift für Schweizerisches Recht, 1983, Bd. 2, S. 101 ff.

42 Ähnlich Kloepfer (Anm. 9), S. 95.

43 Richter (Anm. 38), S. 97.

44 Dazu insb. W. Jakob, Forschungsfinanzierung durch den Bund – Gedanken zur Kompetenz des Bundes zu "Ressortforschung" und "Modellversuchen", in: Der Staat 1985, S. 527 ff.

45 Jakob (Anm. 44), S. 561 f.

46 Siehe oben S. 213.

47 Kloepfer (Anm. 9) S. 94.

48 Kloepfer (Anm. 9) S. 94.

49 Hugger (Anm. 4), S. 326; Jakob (Anm. 44), S. 562 f.

50 Anderer Ansicht Hugger (Anm. 4), S. 326.

51 So jedenfalls die praktischen Erfahrungen bei der Durchsetzung der versuchsweisen Herabsetzung der zulässigen Höchstgeschwindigkeit in bestimmten Ortschaften in der Schweiz.

52 Siehe z.B. Hugger (Anm. 2), S. 332.

53 In gleichem Sinn Kindermann (Anm. 3), S. 149, das Zeitgesetz betreffend.

54 Siehe Beutel (Anm. 1), S. 201.

Harald Kindermann

Symbolische Gesetzgebung

> Ein Wort oder ein Bild ist symbolisch, wenn es mehr enthält, als man auf den ersten Blick erkennen kann.
>
> C. G. Jung

I.

Wer den Begriff des symbolischen Gesetzes in die Diskussion einführte, läßt sich kaum verläßlich feststellen; wahrscheinlich war es Thurman W. Arnold 1935 mit seiner Schrift "The Symbols of Government".[1] Die aktuelle Diskussion in der Bundesrepublik geht auf die Arbeiten der amerikanischen Soziologen Joseph R. Gusfield und Murray Edelman zurück.[2]

Gesetze haben nach Gusfield eine instrumentelle oder aber eine symbolische Funktion. Instrumentelle Gesetze dienten konkreten Zwecken, etwa dem Zweck, die Preise importierter Waren durch Zölle zu beeinflussen. Ihre Wirkung hinge von dem "Nachdruck" ab, mit dem der Staat sie durchzusetzen versuche. Ein instrumentelles Gesetz, dem der Staat keinen Nachdruck verleihe, bleibe in der Gesellschaft ohne Wirkung. Gesetzgebung könne aber auch als ein "zeremonielles und rituelles" Verfahren begriffen werden, um soziale Normen und Ideale zu bekräftigen.[3] Das symbolische Gesetz sei eine "Geste", um den Wert einer gesellschaftlichen Gruppe zu glorifizieren und den "Wert" einer anderen Gruppe herabzusetzen. Es bezeichne den Wert eines bestimmten sozialen Normensystems, den Wert einer bestimmten Subkultur. Es zeige, welche Kultur legitim und herrschend sei und welche nicht. Anders als bei instrumentellen Gesetzen komme es auf staatlichen Nachdruck bei symbolischen Gesetzen nicht an. Allein durch den Akt der Verkündung werde das Gesetz mit seiner symbolischen Dimension "verknüpft" und als Mittel sozialer Kontrolle installiert. Auch das tatsächliche Verhalten brauche den derart fixierten sozialen Normen nicht zu entsprechen. Obwohl häufig gebrochen, blieben sie Bekräftigungen eines akzeptierten Codes; "ihre Rolle als Ideal wird durch Alltagsverhalten nicht bedroht".[4]

Gusfield hat sich bemüht, für die symbolische Gesetzgebung einen konkreten Beleg aufzufinden. Er führt die amerikanische Prohibitionsgesetzgebung an, die Herstellung, Handel und Konsum von Alkohol unter Strafe stellte. Um 1870 gehörte zur Moral des ländlichen und kleinstädtischen Amerikas die religiös untermauerte Forderung nach strikter Abstinenz. Trinker oder diejenigen, die man dafür hielt, waren Adressaten moralischer Appelle und religiöser Bekehrungsversuche. Nur vereinzelt finden sich jedoch Bemühungen, den Verkauf und Genuß von Alkohol gesetzlich zu verbieten. Dieses Bild ändert sich mit der mehr und mehr zunehmenden Einwanderung der Iren und Deutschen. Ausgesprochene Trunksucht wurde verachtet, aber die Forderung nach strikter Abstinenz gehörte nicht zur Moral der Einwanderer. Überwiegend ließen sich die Einwanderer in den rasch wachsenden Städten nieder; sie gewannen wirtschaftlich, politisch und kulturell schnell an Bedeutung. Die seit langem ansässigen, zur traditionellen Mittelschicht zählenden und vornehmlich auf dem Land wohnenden Amerikaner fühlten sich durch diese Entwicklung zunehmend bedroht. Die Versuche, die Einwanderer freiwillig zur kulturellen und sozialen Anpassung zu bewegen, schlugen fehl. Der Ruf nach dem Gesetzgeber war die Folge. Er wurde anläßlich der großen Einwanderungswelle von 1890 – 1915 immer dringlicher. Die 'Anti-Saloon-Liga' der Puritaner machte den Alkohol für das individuelle und gesellschaftliche Elend verantwortlich. In der Großstadt wurde die Heimat des Lasters, der Armut und der Krankheit gesehen, das Landleben dagegen als gesund und moralisch gerühmt. Zugleich wuchs jedoch auch der Widerstand gegen die Prohibitionsbewegung. Die 'Stadt' wollte sich dem Druck des 'Landes' nicht beugen. Der Sieg oder die Niederlage im Streit um die Prohibition wurde zum "Symbol" für Status und Macht der konfligierenden Gruppen. Den Sieg trugen zunächst die Anhänger der Prohibition davon. Ihnen half, daß im Kongress das Land auf Kosten der Großstadt überrepräsentiert war und daß wegen des 1. Weltkriegs die vorgeschobenen kriegswirtschaftlichen Argumente besondere Resonanz fanden: Das Getreide habe der Versorgung der Bevölkerung zu dienen; was nicht verbraucht werde, müsse für Notzeiten eingelagert werden; zum Brennen von Schnaps dürfe Getreide nicht vergeudet werden. Die Prohibition war jedoch nicht von langer Dauer. Der Aufstieg der städtischen Bevölkerung war unaufhaltsam. 1933 wurde die bundesstaatliche Prohibition aufgehoben. Selbst solange die einschlägigen Gesetze galten, konnte das Alkoholverbot in den großen Städten nur begrenzt durchgesetzt werden. Nach Gusfield kommt diesem Faktum aber nur geringe Bedeutung zu; denn: Es gab "keinerlei Zweifel darüber, wessen Gesetz galt und wessen Lebensstil als verwerflich gebrandmarkt worden war".[5)]

Das Beispiel der Prohibition zeigt, wie mißverständlich es ist, wenn in der deutschen Literatur behauptet wird, den symbolischen Gesetzen fehle die "Absicht", die "Realität zu beeinflussen"[6)], oder sie könnten "unabhängig" davon effektiv sein, ob mit ihnen die "soziale Wirklichkeit" gestaltet werde oder nicht.[7)] Symbolische Gesetze stehen keineswegs außerhalb der 'sozialen Wirklichkeit' und damit gleichsam im leeren Raum. Sie wirken mitunter sehr nachhaltig auf die gesellschaftliche Realität ein. Ist ihr Wirkungsfeld doch das soziale Normengefüge, dessen Bedeutung über die des rechtlichen Normengefüges weit hinausgehen kann. Auch fehlt es den Initiatoren symbolischer

Gesetze keineswegs an der konkreten Absicht, auf die Gesellschaft einwirken zu wollen – vielmehr ist gerade bei der symbolischen Gesetzgebung diese Absicht meist besonders ausgeprägt.[8)] Richtig ist allein, daß symbolische Gesetze *anders* als instrumentelle Gesetze wirken und daß mit ihnen regelmäßig *andere* Absichten verbunden werden als mit instrumentellen Gesetzen. Auch das symbolische Gesetz kann effektiv sein oder nicht; auch seine Effektivität läßt sich mit sozialwissenschaftlichen Mitteln messen. Allerdings versagt der für die instrumentelle Gesetzgebung entwickelte Effektivitätsbegriff.[9)]

Was den Fall der Prohibitionsgesetze angeht, so hält Friedman der auf den ersten Blick bestechenden Beweisführung Gusfields entgegen, daß es den Befürwortern der Prohibition keineswegs um einen symbolischen Sieg gegangen sei. Sie wären vielmehr fanatisch davon überzeugt gewesen, dem Mißbrauch des Alkohols ein Ende machen zu müssen. Soziale Bewegungen wie die der Prohibition seien stets "zweckgerichtet". Allgemeiner formuliert fragt Friedman, ob der Symbolwert eines Gesetzes überhaupt eine eigenständige "Intention" ausmachen könne und ob es "primäre" symbolische Wertvorstellungen überhaupt gebe.[10)]

Noll hält prinzipielle Zweifel an der Konzeption Gusfields für unberechtigt, folgt aber im Fall der Prohibitionsgesetze der Kritik Friedmans. Gusfield habe sein Beispiel schlecht gewählt. Wahrscheinlich hätten die Anhänger der Prohibition ihre Gesetzesinitiative instrumentell verstanden. Es sei ihnen darum gegangen, das Alkoholverbot effektiv durchzusetzen. Dafür spräche vor allem der "gewaltige polizeiliche Aufwand", der durch die Prohibitionsgesetze ausgelöst worden sei.[11)] Wie groß dieser Aufwand war, ist jedoch umstritten. Abweichend von Noll schreibt Schneider, daß Polizei und Gerichte die Prohibitionsgesetze weitgehend nicht angewandt hätten. Durch allzu große Strenge hätten die ländlichen Mittelschichten die Mehrheit der Bevölkerung nicht vor den Kopf stoßen wollen. Privatleuten sei es erlaubt gewesen, leichte alkoholische Getränke für ihren eigenen Bedarf herzustellen. Nicht zuletzt seien die Prohibitionsgesetze gescheitert, "weil der missionarische Eifer der Befürworter des Alkoholverbots mit dem Erlaß der Prohibitionsgesetze schlagartig nachließ".[12)]

Derart widersprüchliche Behauptungen öffnen der Spekulation Tür und Tor. Wurde, wie Noll behauptet, versucht, die Prohibitionsgesetze mit allen zur Verfügung stehenden Kräften durchzusetzen, ist Gusfields Bewertung falsch. Der "Nachdruck", der nach Gusfields eigenen Worten das instrumentelle Gesetz kennzeichnet, wäre dann seitens des Staates versucht worden, dabei aber erfolglos geblieben. Das gescheiterte instrumentelle Gesetz darf aber nicht nachträglich zu einem symbolischen Gesetz uminterpretiert werden. Der von Schneider behauptete plötzliche Wegfall des Interesses an der Prohibition ließe sich im Sinne Gusfields dahin interpretieren, daß die Befürworter des Alkoholverbots mit der Verkündung des Gesetzes ihre Ziele erreicht hatten. Es war ihnen um einen symbolischen Sieg gegangen, und er war errungen. Möglich ist aber auch, daß sie zu viel Vertrauen in den staatlichen Zwangsapparat setzten. Sie intendierten ein instrumentelles Gesetz, glaubten den ihnen zufallenden Beitrag erbracht zu haben und meinten zu Unrecht, der Vollzug des Gesetzes sei bei den staatlichen Organen in guten Händen. Um Klarheit zu gewinnen, wäre es nötig, die Entstehungsgeschichte des Gesetzes eingehend zu untersuchen. Mit vertretbarem Aufwand ist das bei den fernliegenden Prohibitionsgesetzen kaum möglich.[13)] Die Auseinandersetzung um den Charakter der Prohibitionsgesetze gibt jedoch Anlaß, für die weitere Behandlung des Themas einige theoretische Positionen als Ausgangspunkte festzuhalten.

1. Symbolische Gesetze und symbolische Gesetzgebung sind streng voneinander zu trennen.[14)] Gesetze haben mitunter eine lange und wechselhafte 'Karriere'. Im Verlauf einer solchen Karriere können sie eine symbolische Bedeutung gewinnen, die sie zunächst nicht besaßen oder auch die ihnen ursprünglich eigene symbolische Bedeutung verlieren. Bleibt ein Gesetz in seiner normativen Geltung unverändert, während sich die gesellschaftlichen und politischen Verhältnisse rasch und mitunter gravierend ändern, so wechselt die Bedeutung, die das Gesetz für die Gesellschaft hat, nicht selten im gleichen, wenn auch meist verzögerten Rhythmus. Die Frage nach der symbolischen Bedeutung eines Gesetzes kann nur für jeweils konkrete Zeitpunkte gestellt werden. Derart punktuelle Fragestellungen, deren Antworten sich zudem nur mit größter Vorsicht verallgemeinern lassen, sind nicht Gegenstand dieser Arbeit. Ihr Gegenstand ist die symbolische Gesetzgebung. Von symbolischer Gesetzgebung darf gesprochen werden, wenn es den verantwortlichen Akteuren bei der Beschlußfassung eines Gesetzes um die symbolische Dimension der intendierten Regelung ging oder sie doch zumindest in Kenntnis dieser Dimension handelten. Derart intendieren läßt sich nur ein Gesetz mit manifest symbolischer Funktion. Seit Durkheim trennt die Soziologie zwischen manifesten Funktionen, die sowohl beabsichtigt als auch wahrgenommen werden, und latenten Funktionen, die so weder beabsichtigt noch wahrgenommen werden. In der Literatur zur symbolischen Gesetzgebung ist diese terminologische Unterscheidung nicht üblich; in der Regel ist von 'Funktion' undifferenziert die Rede.[15)] Das Bezugsfeld der vorgetragenen Äußerungen ist deshalb nicht immer ganz eindeutig.

2. Der Intention des Gesetzgebers kommt danach eine Schlüsselfunktion zu. Es ist jedoch überaus schwierig, diese Intention verläßlich zu ermitteln. Das zeitgenössische Gesetzgebungsverfahren ist vielschichtig, in der Regel langwierig und kennt zahlreiche Akteure, die nicht selten mit verdeckten Karten spielen. Die Frage nach der Intention des Gesetzgebers ist dabei nicht neu; ein Rückgriff auf die bislang geführte Diskussion ist jedoch in unserem Zusammenhang kaum möglich.

Auf den ersten Blick liegt es nahe, an die in der juristischen Methodenlehre vertretene subjektive Theorie anzuknüpfen. Sie sieht im Gesetzgeber das Subjekt der im Gesetz liegenden Erklärung. Wenn es um die Auslegung dieser Erklärung geht, kommt es nach ihr auf den Sinn an, den der Gesetzgeber mit seinen zum Gesetz gewordenen Worten verband. Ziel der Auslegung als einer historischen Tatsachenforschung ist es, den 'Willen des Gesetzgebers' zu ermitteln[16]; primäre Erkenntnisquelle sind die Gesetzesmaterialien.[17] Bedingt durch das Vordringen der objektiven Theorie ist die subjektive Theorie in den Hintergrund getreten. Vor allem die Gerichte folgen seit langem einer gemäßigt objektiven Theorie. Aber auch zu ihrer Blütezeit im vorigen Jahrhundert vermochte die subjektive Theorie keine praktikable Methode zu entwickeln, um den Willen des Gesetzgebers und damit seine Intention verläßlich festzustellen. Als Auslegungslehre stand sie zu sehr im Spannungsverhältnis zwischen Richter und Gesetzgeber, um historische Tatsachenforschung neutral zu betreiben und auch lückenhafte und widersprüchliche Ergebnisse zulassen zu können. Da dem Gesetzesanwender keine eigene Regelungskompetenz zuerkannt wurde, blieb er ohne Entscheidungsanweisung, wenn es nicht gelang, den Willen des Gesetzgebers zu ermitteln. Um diesem Dilemma zu entgehen, wurde der gesetzgeberische Wille nicht selten fingiert; die "Homogenisierung von inhomogenem Material" zum Prinzip erhoben.[18] Eine Methode, auf die wir heute zurückgreifen könnten, vermochte sich so nicht zu entwickeln.

Erfolgversprechender scheint es, die Erkenntnisse der modernen Evaluationsforschung heranzuziehen.[19] Sie betrachtet sowohl die intendierten wie die nicht-intendierten Wirkungen eines Gesetzes, sieht ihre Hauptaufgabe aber in einem Vergleich des tatsächlich erreichten Ist-Wertes mit dem angestrebten Soll-Wert. Die genaue Ermittlung des jeweiligen Gesetzeszieles ist doppelt wichtig; einmal um das Untersuchungsfeld abzustecken und zum anderen, um einen operationalisierten Maßstab für den Erfolg des Gesetzes zu erhalten. Die methodologischen Schwierigkeiten sind jedoch beträchtlich. Der Gesetzgeber formuliert seine Ziele meist vage, mehrdimensional und nicht selten ambivalent. Die Intention des Gesetzgebers wird nicht klarer, sondern droht um so mehr zu verschwimmen, je mehr Quellen herangezogen werden. Eine befriedigende Lösung ist noch nicht gefunden. In seiner Untersuchung "Wille und Wirkung der Gesetze" schreibt Zeh, daß das Problem immer neu differenziert, umkreist und für das jeweilige Untersuchungsziel verarbeitet werde.[20] Er selbst schlägt folgende Lösung vor: Werde der komplexe, oft Jahre andauernde politische Entwicklungs- und Willensbildungsprozeß zu sehr berücksichtigt, gingen die Kriterien für einen Soll-Ist-Vergleich verloren. Nicht nur die Formulierung des Gesetzes, sondern auch seine spätere Durchführung werde von diesem politischen Prozeß bestimmt. Jede Untersuchung, die sich zu sehr auf ihn beziehe, löse sich in der Erkenntnis auf, daß nichts wesentlich anders habe geschehen können als es geschehen sei. Auszugehen sei deshalb nicht vom Willen des Gesetzgebers und damit von dem angeführten politischen Prozeß, sondern vom Willen des Gesetzes. Kein Gesetz übernähme die Ziele einer Gruppe ungebrochen; sie würden vielmehr durch das Gesetz "kompromißhaft verknüpft". Die das Gesetz tragenden und in ihm "manifest" werdenden Gestaltungsabsichten kämen in dem Gesetz auch lediglich zu einem "Formulierungs-Stillstand", ohne ihre Existenz und eigentliche Zielrichtung zu verlieren.[21] Das Gesetz sei deshalb "etwas anderes und etwas neues gegenüber den darin investierten Willenselementen".[22] Für die Evaluation sei von seinem Text auszugehen.[23] Soweit es um instrumentelle Gesetzgebung geht, mag gegen diesen Ansatz nichts einzuwenden sein. Bei der symbolischen Gesetzgebung hilft er jedoch nicht weiter, da hier die erklärten Ziele als vorgeschoben zu entlarven und die eigentlichen, im Gesetz nicht deklarierten Intentionen des Gesetzgebers aufzudecken sind.

Einen wenigstens partiellen Ausweg eröffnen die Überlegungen Blankenburgs und Auberts. Für Blankenburg ist Gesetzgebung symbolisch, wenn der Gesetzgeber einen normativen Anspruch erhebt, "ohne die Voraussetzungen für die Wirksamkeit dieses Anspruchs schaffen zu wollen".[24] Über den Erfolg eines Gesetzes entscheidet der Gesetzgeber nicht allein. Über diesen Erfolg wird ebensosehr im Vollzug entschieden, der nicht in den Händen des Gesetzgebers liegt. Ausbleibende Wirksamkeit im instrumentellen Sinn erlaubt deshalb weder den Schluß, es habe sich um symbolische Gesetzgebung gehandelt, noch den Schluß, hier sei ein instrumentelles Gesetz gescheitert, weil die vollziehenden Organe es nicht durchsetzen konnten oder nicht durchsetzen wollten – möglich ist beides.[25] Symbolische Gesetzgebung ist aber indiziert, wenn der Gesetzgeber von sich aus nicht einmal den Versuch unternimmt, diejenigen Voraussetzungen für einen wirksamen Vollzug zu schaffen, die er schaffen könnte. Der Handlungsspielraum, der dem Gesetzgeber insoweit zur Verfügung steht, ist unterschiedlich. So kann der Bundesgesetzgeber in einem föderalen Staat wie der Bundesrepublik Deutschland wenig für die Durchsetzung der Strafgesetze tun; für die Überwachungsintensität ist die Kapazität der Polizei maßgebend, über die in den Ländern entschieden wird.[26] Generelle Aussagen sind nicht möglich. Einen objektiven, stets verläßlichen Maßstab, um die Anstrengung des Gesetzgebers zu messen, gibt es nicht. In jedem Einzelfall ist zunächst der mögliche Handlungsspielraum des Gesetzgebers zu bestimmen. Nutzt der Gesetzgeber ihn nicht aus und läßt sich für diesen Verzicht keine überzeugende Erklärung finden, ist symbolische Gesetzgebung indiziert.

Da der vorgetragene Ansatz an dem objektiv zu ermittelnden Unterschied zwischen möglichem Können und konkretem Tun anknüpft und nicht an dem 'Willen' des Gesetzgebers im Sinne eines innersubjektiv gefaßten, individuellen Entschlusses, braucht er sich mit den Argumenten gegen die Annahme eines wie auch immer gearteten gesetzgeberischen Willens nicht auseinanderzusetzen. In der Methodenlehre wird seit langem geltend gemacht, daß ein willensfähiger Gesetzgeber in der parlamentarischen Demokratie nicht existiere. Anders als etwa im Absolutismus sei der Gesetzgeber weder eine natürliche Person, noch bildeten die im Gesetzgebungsverfahren zusammenwirkenden Willenselemente der Beteiligten einen realen Gesamtwillen.[27] Da es 'den' Gesetzgeber bei der Vielzahl der im Gesetzgebungsverfahren mitwirkenden Gremien und Personen nicht gebe, dürfe auch von seinem Willen nur als Fiktion gesprochen werden. Es ist der subjektiven Theorie mit der Konzeption des Gesetzgebungsverfahrens als eines arbeitsteiligen Prozesses und der jeweils "normativen Zurechnung" einzelner Willensmomente weitgehend gelungen, diese Einwände zu entkräften.[28] Diese Lösung mag für die Auslegungslehre zutreffend sein, in unserem Zusammenhang würde sie nicht weiterhelfen, weil es nicht darum geht, den beschlossenen Text des Gesetzes einen im Gesetzgebungsverfahren zum Ausdruck gekommenen Willen normativ zuzurechnen, sondern darum, die fehlende Kongruenz von Text und Intention aufzudecken. Auf die Willensproblematik kommt es aber, wie dargelegt, nicht an.

Die Praktikabilität des hier zugrunde gelegten Ansatzes hat Aubert in seiner berühmten zum Untersuchung Norwegischen Hausangestelltengesetz von 1948 unter Beweis gestellt.[29] Aubert arbeitet zunächst die "manifesten Funktionen" des Gesetzes heraus. Sie seien klar und eindeutig. Ziel des Gesetzes sei es gewesen, die Arbeitsbedingungen der Hausangestellten zu verbessern und ihre Interessen zu schützen. Die konkreten Bestimmungen des Gesetzes zu Arbeitszeit, Kündigungsschutz etc. entsprächen auch diesem Ziel. Auffällig sei allerdings die Fassung der Strafvorschrift, die das Gesetz für den Fall seiner Übertretung vorsehe. Sie weiche von dem durch die Rechtsordnung vorgegebenen Muster deutlich ab. Nach eingehender Analyse kommt Aubert zu dem Ergebnis, daß diese Strafvorschrift habe ohne Wirkung bleiben müssen; sie sei auf ihre spätere Unwirksamkeit geradezu angelegt worden. Mit der Strafvorschrift habe der Gesetzgeber zwar vorgegeben, das Gesetz durchsetzen zu wollen, durch ihre konkrete Ausgestaltung habe er aber zugleich dafür gesorgt, daß die Interessen der arbeitgebenden Hausfrauen gewahrt blieben. Dieser ungewöhnliche Kompromiß habe die widerstreitenden politischen Kräfte zum Ausgleich gebracht. Auf der einen Seite habe der Gesetzgeber seinen ernsten Willen dokumentiert, die Arbeitsverhältnisse der Hausangestellten zu reformieren. Der Tradition gemäß habe er Sanktionen angedroht, um dem Gesetz gleichsam "Zähne" zu verleihen.[30] Durch die bewußt unwirksam konzipierte Strafvorschrift habe der Gesetzgeber aber auch die Gegner der Reform zufriedengestellt. Beide, Befürworter wie Gegner, seien durch das Gesetz "symbolisch" befriedigt worden.

Das Beispiel des Norwegischen Hausangestelltengesetzes zeigt, wie deutlich die Intention des Gesetzgebers an seinen Bemühungen abzulesen ist, daß ihm Mögliche für die Durchsetzung des Gesetzes zu tun oder zu unterlassen. Gruppierungen, denen es in gesellschaftlichen Auseinandersetzungen um ein instrumentelles Gesetz geht und die sich mit einem symbolischen Gesetz nicht begnügen wollen, legen deshalb auch größten Wert auf wirksame Durchsetzungsmechanismen. Übereinstimmend verlangen die Befürworter gesetzlicher Regelungen gegen die Diskriminierung der Frau von dem Gesetzgeber "kompromißlose Durchsetzungsbereitschaft".[31] Alle diejenigen, die Frauen diskriminierten, müßten durch Sanktionen "nachdrücklich getroffen" werden[32]; der Gesetzgeber dürfe das Problem nicht lediglich mit an das Bewußtsein appellierenden Vorschriften "deklaratorisch umgehen".[33] Als der Gesetzgeber durch das Arbeitsrechtliche EG-Anpassungsgesetz vom 13.8.1980 in das BGB das Benachteiligungsverbot des § 611a einfügte, erntete er scharfe Kritik, weil er auf die nötigen schadensrechtlichen Sanktionen verzichtet habe. Der EuGH folgte dieser Kritik und urteilte, daß die Bundesrepublik mit dem angeführten Gesetz die zugrunde liegende EG-Richtlinie nur unzureichend umgesetzt habe. Ihr Ziel sei ohne abschreckende Sanktionen nicht zu erreichen. Ein "rein symbolischer Schadensersatz", wie ihn das deutsche Recht gewähre, reiche nicht aus.[34]

3. Symbolische und instrumentelle Intentionen sind in den zeitgenössischen Gesetzgebungsverfahren häufig miteinander verbunden. Soweit Gusfield meint, sie über den bloß analytischen Rahmen hinaus auch in der Praxis voneinander "oft" unterscheiden zu können, sind Zweifel angebracht.[35] Vorschnelle Zuschreibungen bringen lediglich den theoretischen Ansatz in Mißkredit. Mitunter werden ganze Gesetzgebungsmaterien als symbolisch klassifiziert. In erster Linie wird hier das Strafrecht genannt. Mit Strafnormen und Strafdrohungen, an deren Effektivität gegenüber dem Verbrechen erhebliche Zweifel bestünden, dokumentiere das Strafrechtssystem lediglich seine Präsenz und Reaktionsbereitschaft gegenüber dem sozialisierten Opferinteresse; es vermittele nur den Schein von Effektivität und Gesellschaftsschutz und werde damit auf eine nur symbolische Funktion reduziert.[36] Noch weiter geht die von Edelman aufgestellte Behauptung, Gesetzgebung als solche sei symbolisch. Der Verdacht, die zentralen staatlichen Institutionen hätten nur eine symbolische Funktion, sei oft gespürt und geäußert worden. Edelman will ihn beweisen. Da Edelman die Gesetzgebung zu diesen Institutionen zählt, behauptet er nicht weniger als daß Gesetzgebung symbolisch sei.[37] Derartigen All-Aussagen soll hier nicht weiter nachgegangen werden; auf die besondere Bedeutung des Strafrechts bei der symbolischen Gesetzgebung ist allerdings noch einmal zurückzukommen. Wie die symbolischen kommen auch die instrumentellen Intentionen nur selten in reiner Form vor. Friedman bezweifelt nicht, daß bei einem durch instrumentelle Intentionen geprägten Gesetzgebungsverfahren symbolische brei Intentionen mitschwingen können.[38] Gesetzgebung hat nach Hegenbarth sogar neben der instrumentellen Funktion "immer" auch eine symbolische; bereits strukturell gesehen, hätten Gesetze stets eine "Doppelnatur".[39] Durch diese Sicht wird die Klassifizierung konkreter Gesetzgebungsakte als instrumentell oder symbolisch weiter erschwert; kommt es doch auf die diffizile Entscheidung an, welche Intention im konkreten Fall die "Oberhand" gewann.[40]

4. Wie ausgeführt, wird sowohl von den amerikanischen Prohibitionsgesetzen als auch von dem Norwegischen Hausangestelltengesetz behauptet, es

handele sich um symbolische Gesetzgebung. Die beiden Fälle sind aber offensichtlich sehr unterschiedlich. Gemeinsam ist ihnen lediglich, daß die verantwortlichen Akteure kein instrumentelles Gesetz intendierten. Während die Anhänger der Prohibition in sehr kämpferischer Weise durch das Gesetz ihre Wertvorstellungen bekräftigen wollten, ging es den norwegischen Akteuren darum, einen dilatorischen Formelkompromiß im Sinne Carl Schmitts zu verabschieden.[41)] Es geht danach nicht an, pauschal von symbolischer Gesetzgebung zu sprechen. Vielmehr gilt es, eine Typologie der symbolischen Gesetzgebung zu entwickeln. Für präzise Festlegungen stehen weder genügend empirische Untersuchungen zur Verfügung, noch ist der Gegenstand, wie angesichts dieses Umstandes nicht anders zu erwarten, theoretisch genügend durchdrungen. Erste Fallgruppen zeichnen sich jedoch ab.[42)] Inhalt symbolischer Gesetzgebung kann es sein: a) soziale Werte zu bekräftigen, b) die Handlungsfähigkeit des Staates unter Beweis zu stellen und c) die Lösung gesellschaftlicher Konflikte durch dilatorische Kompromisse aufzuschieben. Diesen drei Fallgruppen soll in der gewählten Reihenfolge näher nachgegangen werden.

II.

Wenn miteinander um die Vorherrschaft ringende Gruppen ihren Kampf auf dem Feld der Gesetzgebung symbolisch austragen, wird der Kampf hart und erbittert geführt. Symbolische Gesetze dieser Art sind oft heftiger umstritten als instrumentelle Gesetze; ihre Funktion liegt geradezu darin, den kämpfenden Gruppen ein "Schlachtfeld" zu eröffnen.[43)] Die treibenden Akteure hat Howard S. Becker mit einem schnell populär gewordenen Begriff als "Moralunternehmer" bezeichnet.[44)] Nicht nur gesellschaftliche Gruppierungen, auch staatliche Institutionen können Moralunternehmer sein. Becker nennt das Federal Bureau of Narcotics, das den Marihuana Tax Act von 1937 initiiert und durchgesetzt habe. Es muß sich auch nicht stets um "selbstgerechte, intolerante, vorurteilsbehaftete Eiferer" handeln; in jedem Fall aber glauben Moralunternehmer, "zu ihrer Mission berufen zu sein, und führen ihre moralischen Kreuzzüge aus humanitären Antrieben und mit Hilfe von Experten, die es mit der wissenschaftlichen Redlichkeit nicht so genau nehmen".[45)]

Die Moral der Akteure bestimmt den Gegenstand, für den sie kämpfen. Zur Moral der Puritaner gehört der Kampf gegen alle Arten des Lasters; also fechten sie für gesetzliche Verbote der Prostitution, der Kuppelei, des freien Verkaufs von Pornographie, Alkohol und Drogen. Nur sehr selten wird bei der symbolischen Gesetzgebung um einen an sich ganz gleichgültigen Gegenstand gerungen, wird also um reine Symbole gefochten. Dazu kann es kommen, wenn mehr politische und weniger moralische Überzeugungen betroffen sind. Hierher gehört der Flaggenstreit zwischen Monarchisten und Demokraten bei den

Beratungen der Weimarer Reichsverfassung[46)] und die Auseinandersetzung über die Fassung des inzwischen aufgehobenen § 835 BGB.[47)] Die linke und die rechte Seite des Reichstages stritten darum, ob der Jagdberechtigte und damit in der Regel der örtliche Großgrundbesitzer für einen durch Hasen verursachten Wildschaden ersatzpflichtig sein sollte oder nicht. Beide Parteien wußten, daß es sich um ein zweitrangige Frage handelte; größerer Wildschaden wird durch Hasen nicht angerichtet. Die Linke forderte die Ersatzpflicht, weil 350 Jahre nach den Bauernkriegen und 100 Jahre nach der Französischen Revolution endgültig mit der "Anmaßung" der Großagrarier ein Ende gemacht werden müsse, durch ihr Wild die Saaten und Felder der kleinen Bauern ohne weiteres beschädigen zu dürfen.[48)] Die Rechte lehnte die Ersatzpflicht strikt ab; zu verhindern sei die "Aufregung, die beständige Agitation, die unter die kleinen Leute getragen wird, die Chikanen, die daraus entstehen müssen, und die politischen Nachtheile, die dadurch notwendig hervorgerufen werden, daß hier wieder ein neues Motiv zur Unzufriedenheit in die Massen hineingeworfen wird".[49)] Die Auseinandersetzung wurde nicht nur sehr heftig geführt; beide Seiten kündigten an, von der zu treffenden Entscheidung ihre weitere Beteiligung an der Beratung des BGB abhängig zu machen.[50)]

In der Regel spiegelt sich der ideologische Kampf aber im Gegenstand der symbolischen Gesetzgebung wider. Wenn symbolische Gesetzgebung auch in allen Bereichen der Rechts denkbar ist, so kommt dem materiellen Strafrecht doch besondere Bedeutung zu.[51)] Dem Strafrecht wird von der Bevölkerung erhebliche Aufmerksamkeit gezollt und symbolische Gesetze, die ein soziales Ideal bekräftigen sollen, brauchen diese Aufmerksamkeit, um ihren Zweck erfüllen zu können. Durch ein Gesetz, das niemand kennt, vermag keine Lebensweise als herrschend dargestellt zu werden. Weiter wird die Autorität und Kompetenz des Strafgesetzgebers immer noch relativ hoch eingeschätzt. In England hat eine empirische Untersuchung ergeben, daß starkes Rauchen als moralisch verwerflich betrachtet werden würde, wenn es verboten wäre.[52)] Für die Befragten, die so antworteten, stellt der Gesetzgeber eine moralische Autorität dar, die am besten weiß, welche Verhaltensweisen richtig und welche falsch sind. Schließlich ist die Effektivität des Strafrechts besonders schwer zu messen. Gerade weil verläßliche Kenntnisse fehlen, bleibt es dem Moralunternehmer erspart, klar und eindeutig nachgewiesen zu bekommen, welch geringes Prestige die von ihm propagierte Lebensform tatsächlich genießt. Nichts hat eine als herrschend propagierte Lebensform aber mehr zu fürchten als den Nachweis, daß sie nicht herrschend ist; die Bevölkerung würde sich von ihr noch weiter abwenden, ein 'Dammbruch' ware zu befürchten.[53)] Moralunternehmer hüten sich deshalb regelmäßig, für die von ihnen durchgedrückten Gesetze eine spätere Erfolgskontrolle zu verlangen.[54)]

Um symbolische Gesetzgebung ging es nach Blankenburg bei dem Streit um die Neufassung des § 218 StGB.[55)] Die Beteiligten seien sich in der Verurteilung der Abtreibung einig gewesen. Sie hätten aber nicht ernsthaft darüber diskutiert, wie sie die Zahl der Abtreibungen am besten hätten senken können. Der politische Streit um den § 218 sei nicht über die Frage seiner Wirksamkeit ausgetragen worden. Den Gegnern der Reform sei es um die "moralische" Bekräftigung des Verbotes gegangen, werdendes Leben zu töten. Das Verbot der Abtreibung hätten sie aufrechterhalten bzw. mit der Klage beim Bundesverfassungsgericht wieder durchsetzen wollen, obwohl sie gewußt hätten, daß strafrechtliche Sanktionen in der Vergangenheit wirkungslos geblieben waren und nach aller Voraussicht auch in der Zukunft bleiben würden. Sie hätten auch nicht dafür plädiert, das Strafrecht in Zukunft schärfer anzuwenden und damit effektiver zu handhaben; weder schärfere Kontrollen noch eine Zunahme der Verurteilungen seien verlangt worden. Die Beteiligten hätten den Konflikt um die "symbolische Bekräftigung von Normansprüchen geführt, nicht jedoch um deren effektive Durchsetzung".[56)] Auch Smaus sieht in der Kontroverse um den § 218 in erster Linie einen gesellschaftlichen Machtkonflikt. Der § 218 sei ein wichtiges "Herrschaftsinstrument"; er solle die Mutterrolle und vor allem die untergeordnete Stellung der Frau auf "symbolischer Ebene" festschreiben.[57)]

Diese Darstellung wird der Argumentation der Reformgegner, wie sie im Mehrheitsvotum des Bundesverfassungsgerichts zum Ausdruck kommt, nicht ganz gerecht. Danach gelingt es den Strafverfolgungsbehörden nie, alle gegen das Gesetz verstoßende Täter zu bestrafen. Die verschiedenen Strafdelikte hätten verschieden hohe Dunkelziffern. Beim § 218 sei die Dunkelziffer ohne Zweifel besonders hoch. Darüber dürfe die generalpräventive Funktion des Strafrechts jedoch nicht vergessen werden. Schon die "bloße Existenz" einer Strafdrohung habe Einfluß auf die Wertvorstellungen und "*Verhaltensweisen*" der Bevölkerung. Das Wissen um die Rechtsfolge im Falle einer Übertretung bilde eine Schwelle, vor der viele Bürger zurückschreckten.[58)] Unabhängig davon sei es dem Gesetzgeber verwehrt, nur sein Ziel, und sei es noch so erstrebenswert, im Auge zu haben. Das Gesetz sei nicht nur "Instrument" zur Steuerung gesellschaftlicher Prozesse nach soziologischen Erkenntnissen und Prognosen, es sei auch bleibender Ausdruck der sozialethischen und rechtlichen Bewertung menschlicher Handlungen; "es soll sagen, was für den Einzelnen Recht und Unrecht ist".[59)] Der Gesetzgeber habe deshalb die Fälle, "in denen der Schwangerschaftsabbruch verfassungsrechtlich zu mißbilligen ist", unter Strafe zu stellen.[60)]

Das Minderheitsvotum nennt diese Argumentation "zweispurig".[61)] Einerseits werde die Effizienz des bloßen Verbots der Abtreibung behauptet und andererseits werde dem Strafrecht die Aufgabe zugewiesen, einzelne Handlungen der Bürger zu "mißbilligen". Was den ersten Argumentationsstrang angehe, so sei die Eignung des Strafrechts für den Schutz des ungeborenen Lebens zweifelhaft. Die Beeinflußbarkeit der betroffenen Frauen vorausgesetzt, zeige sich die ambivalente Wirkung einer Strafdrohung darin, daß sie einerseits der Frau einen gewissen Rückhalt gegen das Abtreibungsverlangen des Erzeugers oder der Familie gewähre, andererseits die Schwangere aber in die Isolierung treibe und dadurch erst recht solchen Pressionen aussetze.[62)] Der "wesentliche Einwand" der Minderheit richtet sich aber gegen die von der Mehrheit postulierte Pflicht des Gesetzgebers, durch das Strafrecht festzulegen, was Recht und was Unrecht ist. Es bleibe unklar, woraus diese Pflicht verfassungsrechtlich abzuleiten sei. Nirgends schreibe die Verfassung dem Gesetzgeber vor, ethisch verwerfliches oder strafwürdiges Verhalten ohne Rücksicht auf den damit erzielten Effekt per se zu mißbilligen. "In einem pluralistischen, weltanschaulich neutralen und freiheitlichen demokratischen Gemeinwesen bleibt es den gesellschaftlichen Kräften überlassen, Gesinnungspostulate zu statuieren. Der Staat hat darin Enthaltsamkeit zu üben".[63)]

Die instrumentelle Argumentation der Mehrheit mag zutreffend sein oder nicht; darauf kommt es über den konkreten Fall hinaus nicht an. Mit der zweiten Argumentationslinie gibt es die Mehrheit aber offen zu, mit dem § 218 auch symbolische Gesetzgebung zu betreiben.[64)] Generell nimmt sie die dahingehende Befugnis für den Staat in Anspruch und glaubt, den Strafgesetzgeber sogar zur symbolischen Gesetzgebung verpflichten zu können.[65)] Man mag einwenden, daß diese Auffassung den Staat keineswegs zu einem Moralunternehmer im Sinne Beckers oder Gusfields mache. Der Staat dürfe keine beliebigen Werte durch symbolische Gesetzgebung durchsetzen; er sei auf die Propagierung der in der Verfassung und insbesondere in den Grundrechten niedergelegten Werte beschränkt. Dieser Einwand setzt voraus, daß sich die jeweiligen Werte mit genügender Sicherheit der Verfassung entnehmen lassen und daß der Gesetzgeber sich auf die Propagierung eben dieser Werte beschränkt. Beides darf bezweifelt werden. Symbolische Gesetzgebung läuft stets Gefahr, das Strafrecht zum Spielball wechselnder gesellschaftlicher Gruppierungen zu machen.

Mit der großen Schärfe und in 'linken' Kreisen sicherlich unerwartet hat Sebastian Scheerer den "Neuen sozialen Bewegungen", zu denen er die Friedens-, die Frauen- und die Ökologiebewegung zählt, kürzlich vorgeworfen, das Strafrecht für ihre Ziele mißbrauchen zu wollen. Die frühere Suche nach Alternativen *zum* Strafrecht sei vergessen. Den neuen Kriminalisierern gehe es um alternative Inhalte *im* Strafrecht. Mit seiner Hilfe wollten sie die neue Wertordnung symbolisch festschreiben. Wie die Moralunternehmer früherer Zeiten seien sie von ihrem Ziel so fasziniert, daß ihnen die Mittel, um es zu erreichen, nahezu gleichgültig seien. Für die GRÜNEN als die parlamentarischen Repräsentanten dieser Bewegungen, die sich von niemandem moralisch übertreffen lassen wollten, seien symbolische Gesetzgebungsakte geradezu eine "Dauerversuchung".[66)]

Moralunternehmer suchen ihre Wertvorstellungen aber nicht nur über die Gesetzgebung durchzusetzen. Reicht dazu ihre Kraft nicht aus, greifen sie zum symbolischen Widerstand.[67] Als symbolischer Protest ist der Zivile Ungehorsam denn auch bezeichnet worden.[68] Darüber ist hier nicht zu handeln; auf die Parallele zwischen symbolischer Gesetzgebung und symbolischem Widerstand sei aber hingewiesen.

III.

Die Alibigesetzgebung bildet die zweite Fallgruppe der symbolischen Gesetzgebung. Alibigesetzgebung will nicht die sozialen Normen und damit den Wert einer einzelnen gesellschaftlichen Gruppe stärken, sondern das Vertrauen der Bürger in die jeweilige Regierung oder ganz allgemein in den Staat. Mit anderen Worten: Alibigesetzgebung will Systemvertrauen schaffen. Dem Bürger soll das Gefühl vermittelt werden, die 'Verantwortlichen' hätten die Lage im Griff; vor allem, wenn das nicht der Fall ist: ut aliquid fieri videatur.

Die Alibigesetzgebung hat vielfältige Gründe. Eine wichtige Rolle spielt der besondere, durch die Struktur unserer repräsentativen Demokratie bedingte 'Zeithorizont' der politisch Verantwortlichen.[69] Gesetze, die mehr als nur oberflächliche Korrekturen anstreben, benötigen meist längere Zeit, bevor sich zeigt, ob sie Erfolg haben oder nicht. Über Erfolg und Mißerfolg in der Politik wird aber in einem anderen, kürzeren Turnus entschieden. Jeweils zum Wahltermin und damit innerhalb einer Legislaturperiode wollen und müssen Regierung und parlamentarische Mehrheit ihren Erfolg unter Beweis stellen. Dieser Leistungsnachweis ist häufig nur schwer zu erbringen. Sei es, daß es an greifbaren Erfolgen noch fehlt, sei es, daß die eingetretenen Erfolge von der gegenwärtigen Regierung nicht für sich in Anspruch genommen werden können. Die Versuchung ist dann groß, den Wähler allein durch die leichter unter Beweis zu stellenden guten Absichten überzeugen zu wollen.[70] Dokumentieren sollen sie die gerade in parlamentarischer Beratung befindlichen oder soeben erlassenen Gesetze. Umgekehrt liegt es auch für die Opposition nahe, die Leistungsfähigkeit der Regierung über unterlassene oder *parlamentarische gescheiterte* Gesetzesvorhaben in Zweifel zu ziehen. Weniger die gelungene oder mißlungene Lösung gesellschaftlicher Probleme bestimmt die Diskussion, als vielmehr der mehr oder weniger gut gelungene Versuch, den Anschein einer Lösung zu erwecken. Gesetzgebung wird zur Alibigesetzgebung.

Wenn aktuelle Vorfälle die Bürger besonders aufgebracht haben und sie deshalb vom Gesetzgeber schnelle und umfassende Lösungen verlangen, wird die strukturell angelegte Neigung der politischen Akteure zur Alibigesetzgebung weiter verstärkt. So war es beim Terrorismus. Die gesellschaftliche Stimmung war aufs äußerste gereizt. Vom Gesetzgeber wurden einschneidende und auf der Stelle wirksame Maßnahmen verlangt. Um diesen Forderungen zu entsprechen, legte etwa die CDU/CSU am 26.4.1977 den "Entwurf eines Gesetzes zur

Bekämpfung von Terrorismus und Gewaltkriminalität sowie zum Schutz des inneren Friedens" vor, mit dem die zeitige Freiheitsstrafe des § 38 StGB von 15 auf 20 Jahre erhöht werden sollte. Oberflächlich betrachtet, ein irrationaler Vorschlag; keiner der damaligen Terroristen hätte sich durch diese Gesetzesänderung zum Einstellen seiner Aktivitäten bewegen lassen. Von dem 1976 in das Strafgesetzbuch eingefügten und 1981 wieder aufgehobenen § 88a, der die verfassungsfeindliche Befürwortung von Straftaten unter Strafe stellte, vermutet Noll, daß er keinen einzigen Terrorakt verhindert habe. Der Gesetzgeber habe sich dem Verlangen, etwas Energisches zu tun, nicht entziehen können oder wollen, obwohl offensichtlich gewesen sei, daß mit solchen gesetzgeberischen Maßnahmen das Problem nicht zu lösen gewesen sei. Die Einführung des § 88a StGB sei jedoch geeignet gewesen, der Bevölkerung das Gefühl zu geben, auch auf gesetzgeberischer Ebene werde der Terrorismus wirksam bekämpft.[71)] Im Sinne von Konrad Lorenz habe es sich um eine reine "Ersatzhandlung" gehandelt. Alibigesetzgebung soll also die Gemüter beruhigen; sie soll Spannung lösen.[72)] Darin soll auch ihre 'Rationalität' liegen. Die bloße Verschärfung strafrechtlicher Sanktionen vermag angeblich in der Bevölkerung den Haß und die Angst aufzusaugen, der in ihr durch die Gewalttaten von Terroristen oder Taximördern hochgekommen ist. Indem der Gesetzgeber den Forderungen der Bürger "anscheinend" entspräche, stelle er das Vertrauen in die Rechtspflege und damit letztlich den Rechtsfrieden wieder her.[73)] Ganz ähnlich sollen nächtliche Polizeistreifen auf die Bürger 'wirken'. Die Kriminalität vermögen sie nicht zu senken; sie gäben aber dem Bürger das "Gefühl der Sicherheit" und wirkten damit der "Entfremdung" zwischen Bürger und Rechtsordnung entgegen.[74)] Die Erwartungen und Hoffnungen, die hier zum Ausdruck kommen, beruhen auf einem Trugschluß. Eine am Ende weitgehend nur noch symbolisch wirkende Gesetzgebung wird unglaubwürdig und zerrüttet nachhaltig das Rechtsbewußtsein der Bevölkerung.[75)] Der Bürger wird getäuscht und letztlich wird er die Täuschung auch bemerken. Solange sie latent bleibt, kann nach Ryffel eine symbolische Gesetzgebung zur Integration und Stabilisierung der Gesellschaft beitragen.[76)] Würden derart latente Funktionen vom Gesetzgeber und den vorbereitenden Instanzen aber bewußt einkalkuliert und zur Gestaltung der Wirklichkeit mitverwandt, sei darin eine "unzulässige Manipulation" der Bürger zu sehen. Eine Manipulation, die die materiellen Probleme nicht nur ungelöst läßt, sondern den Weg zu ihrer Lösung darüber hinaus auch noch verbaut.

In vergleichenden Untersuchungen zum deutschen und amerikanischen Rundfunkrecht ist Hoffmann-Riem der Wirkungsweise einer symbolischen Alibigesetzgebung näher nachgegangen.[77)] Der bis Anfang der achtziger Jahr geltende Communications Act von 1934 habe weitgehend nur eine symbolische Bedeutung gehabt. Beispielsweise habe er die Anbieter von Rundfunkprogrammen verpflichtet, auf die Belange der Hörer des jeweiligen Sendegebiets

Rücksicht zu nehmen. Diese Verpflichtung sei zum einen kaum zu sanktionieren gewesen und zum anderen gingen die Anbieter auf die Interessen der Hörer ohnehin ein, um sie als Teilnehmer und damit als Adressaten der Werbespots nicht zu verlieren. Die Vorschrift sei ohne reale Regelungswirkung geblieben, habe aber den Anschein der staatlichen Vorsorge für ein Mindestmaß an Medienverantwortung erweckt; sie habe kritische Bürger im Sinne Edelmans "beschwichtigen" sollen.[78)] Gleiches gelte für die zeitliche Limitierung von Werbesendungen. Mehr als 16 Minuten pro Stunde durften Werbesendungen nicht ausmachen. Die Anbieter hätten diese Beschränkung anstandslos akzeptiert, da den Teilnehmern ohnehin nicht mehr Werbung zuzumuten sei, wenn der Veranstalter nicht Gefahr laufen wolle, daß die Teilnehmer das Gerät aus Verdruß abschalteten bzw. einen anderen Sender einstellten. Normiert worden sei mithin nur, was ohnehin im Interesse der Veranstalter gelegen habe. Um den Communications Act durchzusetzen, war die Federal Communications Commission (FCC) eingerichtet worden. Um symbolisch-rituellen Politikgebrauch habe es sich auch hier gehandelt. Die "publikumswirksame Darstellung" einzelner Kontrollaktivitäten der FCC habe möglichen Bürgerunmut "abpuffern" und Zweifel an der Rationalität des amerikanischen Mediensystems zerstreuen sollen.[79)] Vor diesem Hintergrund mag es zunächst sonderbar erscheinen, daß 1981 der Hörfunk und 1984 der Fernsehfunk dereguliert wurden. Materielle Beschränkungen wurden aufgehoben; die Kompetenzen der FCC beschnitten. Von seiner symbolisch-rituellen Politik nahm der Staat damit Abstand. Die Erklärung ist nach Hoffmann-Riem darin zu suchen, daß im amerikanischen Bewußtsein das kommerzielle Rundfunksystem inzwischen derart fest verankert ist, daß für symbolische Akte staatlicher Regulierungsverantwortung kein politisch-legitimatorischer Bedarf mehr besteht. Die Situation in der Bundesrepublik sei demgegenüber ganz anders gelagert. Angesichts der heftigen Kontroversen um die künftige Entwicklung des Rundfunks bestehe bei uns noch der in den USA inzwischen weggefallene Bedarf an einer "Dokumentation" staatlicher Regulierungsverantwortung. Ohne eine gesetzliche Normierung der Werbung, des Jugendschutzes und der Konzentrationszulässigkeit sei selbst bei einem Teil derjenigen heftiger Widerstand zu erwarten, die zu den Anhängern eines kommerziellen Privatfunks zählten. Die Rundfunkwirtschaft wäre deshalb politisch schlecht beraten, gegenwärtig eine Kopie der amerikanischen Deregulierung zu fordern. Aus ihrer Sicht seien "Symbole staatlicher Regelungsverantwortung" zur Zeit unverzichtbar. Die meisten der vorgesehenen oder beschlossenen Regelungen seien für sie aus dieser Sicht heraus akzeptabel. Sie seien schwach, unschädlich, praktisch nicht zu handhaben, tolerant oder kaum zu sanktionieren. Einige Vorschriften, wie etwa das Verbot der Unterbrecherwerbung, widersprächen ökonomischen Interessen allerdings eindeutig. Hier bestehe vermutlich die Hoffnung, die politischen Entscheidungsträger nach Einführung des Privatfunks davon überzeugen zu können, daß Rundfunk privatwirtschaftlich nicht erfolgreich betrieben werden könne, wenn solche Vorschriften fortgelten würden.

Auch bei der Alibigesetzgebung kommt dem materiellen Strafrecht erhöhte Bedeutung zu.[80)] Nur Gesetze, deren Verabschiedung in der Bevölkerung überdurchschnittliche Aufmerksamkeit findet, vermögen den Akteuren ein wirksames Alibi zu verschaffen. Ein Beispiel gibt die Neufassung des § 130 StGB durch das 6. Strafrechtsänderungsgesetz vom 30.6.1960. Zur Jahreswende 1959/1960 war eine Welle antisemitischer und nazistischer Ausschreitungen über die Bundesrepublik hinweggegangen. Die Schändung jüdischer Friedhöfe und Synagogen hatte Betroffenheit und Empörung ausgelöst. Die Bundesregierung sah sich im In- und Ausland unter Druck gesetzt; die internationale Reputation der Bundesrepublik war bedroht. Nach einigen Diskussionen wurde der neue, Volksverhetzung unter Strafe stellende § 130 StGB vom Bundestag einstimmig beschlossen. Regierung und Parlament wollten so ihre Entschlossenheit demonstrieren, antisemitische Ausschreitungen keinesfalls zuzulassen. Instrumentell gesehen war das neue Gesetz unnötig. Um die Täter zu bestrafen, reichten die geltenden Strafvorschriften aus.[81)] Auf dem rechten Auge blinde Richter hatten sich allerdings im "Fall Nieland" geweigert, das Hauptverfahren gegen den Verfasser einer antisemitischen Schmähschrift zu eröffnen und damit das geltende Strafrecht auch anzuwenden.[82)] Die berechtigte Bemerkung des Abgeordneten Adolf Arndt, "es fehlen Richter, nicht Gesetze", fand im Rechtsausschuß des Bundestages dennoch keine Resonanz.[83)] Das Problem der Richter war zu heikel und zu wenig vermochte es durch spektakuläre Aktionen 'gelöst' zu werden. Die weitere Entwicklung hat die damaligen Kritiker bestätigt. Große Bedeutung vermochte § 130 StGB nicht zu erlangen. Antisemitische Umtriebe vermochte er erst recht nicht zu unterbinden. Um der "Auschwitz-Lüge" entgegenzutreten, änderte der Bundestag das StGB am 25.4.1985 mit dem 21. Strafrechtsänderungsgesetz erneut ab.[84)]

Nach alledem scheint Alibigesetzgebung einer Theateraufführung gleichzukommen. Wie das Theater scheint auch die politische Arena aus Bühne und Zuschauerraum zu bestehen. Während die politisch Verantwortlichen nach Hegenbarth als mehr oder minder begabte Schauspieler ein eindrucksvolles Drama inszenieren, scheint den Bürgern die Rolle der Zuschauer zuzufallen.[85)] Die Juristen scheinen minder wichtig zu sein; aber auch sie haben nach Hoffmann-Riem in diesem "Illusionstheater" ihren "Auftritt".[86)] Für die Bürger eine traurige und bequeme Rolle zugleich. Traurig, weil sie als bedauernswerte Opfer politischer Täuschungen erscheinen; bequem, weil sie als passive Zuschauer für Inhalt und Qualität der Aufführung nicht verantwortlich gemacht werden können.

Das Bild trügt. In der Debatte um die Neufassung des § 130 StGB warnte der damalige CDU-MdB und Rechtsgelehrte Franz Böhm unter dem Beifall des ganzen Hauses davor, durch gesetzliche Alibis die Auseinandersetzung mit dem

Neonazismus zu umgehen. Andernfalls würden die Bürger "die große Lehre, die sie aus der Vergangenheit zu ziehen hätten, nicht befolgen, daß nämlich eineNation, die nicht will, daß so etwas wie der Nationalsozialismus aufkommt, sich nicht auf ihre Staatsanwälte und ihre Polizei verlassen darf, sondern auf die Straße gehen muß, in die Hände spucken und sich zur Wehr setzen muß, wenn irgendwelche Leute eine gehässige Politik propagieren".[87] Hier wird deutlich, daß der Verzicht auf eine Alibigesetzgebung seitens des Staates für die Bürger die Verpflichtung bedeutet, sich selbst aktiv um die Lösung gesellschaftlicher Probleme bemühen zu müssen. Die Alternative zur Alibigesetzgebung ist nur selten das effektive und damit instrumentelle Gesetz, sondern meist der Regelungsverzicht des Staates und die Überantwortung des Problems auf die Gesellschaft. Kein instrumentelles Gesetz ist zu denken, das den Bürgern die Auseinandersetzung mit dem Neonazismus abzunehmen vermöchte; kein noch so sorgfältig überlegtes Regelungswerk vermag Medienvielfalt und Meinungspluralismus per se zu garantieren. Allen gegenteiligen Beteuerungen zum Trotz liegt ein solcher Regelungsverzicht des Staates aber nicht im Interesse der Bürger. Der Bürger will weder auf die Straße gehen müssen, um den Neonazismus abzuwehren, noch auf amerikanische Unterhaltungsserien verzichten, um die Kommerzialisierung des Fernsehens aufzuhalten. Der Bürger verlangt die Alibigesetzgebung, um seine eigenen Gewohnheiten, Ideologien und Verdrängungen aufrechterhalten zu können.[88] Dagegen läßt sich nicht einwenden, der Staat lege es bewußt darauf an, den Bürger unmündig zu halten; er wolle keinen kämpferischen und seine Angelegenheiten selbst in die Hand nehmenden Bürger. Das mag mitunter der Fall sein. Es geht aber nicht an, den Staat generell als Täter und den Bürger nur als Opfer zu sehen und damit die zwischen ihnen bestehende, komplizierte Wechselbeziehung zu leugnen.

Die politischen Akteure sind nicht nur Produzenten, sondern auch Opfer der in der Gesellschaft erzeugten symbolischen Deutungen. Die moderne Gesellschaft ist durch hohe Komplexität und eine immer noch zunehmende Veränderungsgeschwindigkeit gekennzeichnet. Als Folge drohen den Individuen Orientierungskrisen.[89] Damit verbunden steigt der gesellschaftliche Bedarf an entlastenden Symbolen und Ritualen an. Vor den daraus resultierenden Realitätsverlusten sind auch die politischen Akteure als Mitglieder der Gesellschaft nicht gefeit. Täuschung und Selbsttäuschung gehen ineinander über: "Gesetzgebung wird zur Illusionsfabrik – nicht nur für das tumbe Volk".[90]

Die Begriffe Täuschung und Manipulation sind zu relativieren; Manipulationstheorien zu verabschieden.[91] Edelman hat keineswegs behauptet, daß politische Mythen und Rituale von den Eliten bewußt lanciert würden, um ihre Interessen durchzusetzen. Solche Manipulationsversuche würden gewöhnlich bekannt und scheiterten. Es handele sich um "soziale Rollenübernahme" und nicht um Betrug.[92] Die Anlehnung an das Strafrecht aufnehmend, darf man vielleicht sagen, daß die Akteure mit bewußter Fahrlässigkeit handeln.

IV.

Soweit sie dilatorische Kompromisse zum Inhalt hat, bildet die Kompromißgesetzgebung die dritte Fallgruppe der symbolischen Gesetzgebung.[93] In seiner Analyse der Weimarer Reichsverfassung hat Carl Schmitt den echten Kompromissen die Scheinkompromisse gegenübergestellt und als "dilatorische Formelkompromisse" bezeichnet.[94] Auch sie sind das Ergebnis eines gegenseitigen Nachgebens, denn ohne eine Einigung der streitenden Parteien kämen sie nicht zustande. Die Einigung betrifft aber nicht die Sache, sondern bezieht sich lediglich darauf, die sachliche Entscheidung zu vertagen. Der Kompromiß besteht in einer dilatorischen Formel, die allen widersprechenden Forderungen genügt und in einer mehrdeutigen Redewendung die eigentlichen Streitpunkte unentschieden läßt. Sachlich unvereinbare Inhalte erhalten ein "äußerliches, sprachliches Nebeneinander". Charakteristisch für die Scheinkompromisse ist danach ihre unpräzise und mehrdeutige Formulierung. Jeder nachträgliche Interpretationsversuch ist nach Carl Schmitt aussichtslos. Jede Partei könne sich auf den Gesetzestext berufen. Wort könne gegen Wort, Satz gegen Satz ausgespielt werden, ohne daß Klarheit zu gewinnen wäre.[95]

Soweit sie zur symbolischen Gesetzgebung zählt, sieht die moderne Kompromißgesetzgebung anders aus. Wie Aubert am Norwegischen Hausangestelltengesetz gezeigt hat, ist die normative Regelung meist durchaus eindeutig, der Gesetzgeber unterläßt es aber, für die Durchsetzung des Gesetzes zu sorgen.[96] Aber auch hier geben beide Seiten nach. Die Gegner des Gesetzes akzeptieren einen ihren Interessen zuwiderlaufenden Gesetzestext; seine Befürworter geben sich mit einer bloßen Normierung ihrer Ziele zufrieden. Die eigentliche Entscheidung wird auch hier vertagt bzw. auf die Vollzugsorgane abgeschoben.[97] Es ist aber nicht richtig, wenn Friedman in solchen Gesetzen zur Nichtvollstreckung bestimmte "Krüppel" sieht, die auf der gegenseitigen Absprache beruhten, den Kampf nach dem Inkrafttreten zu beenden.[98] Vielmehr hoffen die Gegner des Gesetzes, den beschlossenen Text durch mangelnden Vollzug auf Dauer neutralisieren zu können, während die Befürworter hoffen, mit zunehmender Stärke später auch einen effektiven Vollzug durchsetzen zu können.[99]

Als ein Beispiel für diese Art symbolischer Gesetzgebung ist die Umweltschutzgesetzgebung genannt worden.[100] Dem soll hier aber nicht weiter nachgegangen werden.

Anmerkungen

1 5. Aufl. New Haven 1948.

2 Gusfield, Symbolic Crusade, 4. Aufl. Illinois 1976; ders., Der Wandel moralischer Bewertungen: Devianzdefinition und symbolischer Prozeß, in: Stallberg (Hrsg.), Abweichung und Kriminalität, Hamburg 1975, S. 167–180; Murray Edelman, Politik als Ritual. Die symbolische Funktion staatlicher Institutionen und politischen Handelns, Frankfurt/New York 1976, bei dieser deutschen Ausgabe handelt es sich um eine geringfügig überarbeitete Zusammenfassung der beiden Originalausgaben The Symbolic Uses of Politics, Urbana, Ill., 1964, und Politics as Symbolic Aktion, Mass Arousal und Quiescence, Chicago 1971.

3 Gusfield, Wandel (Anm. 2), S. 168. Von symbolisch-zeremonieller Arbeit spricht Niklas Luhmann, Legitimation durch Verfahren, 2. Aufl. Neuwied 1975, S. 36; von symbolisch-rituellen Akten Wolfgang Hoffmann-Riem, Fernsehkontrolle als Ritual?, JZ 1981, 74.

4 Gusfield, Wandel (Anm. 2), S. 168–170.

5 Gusfield, Wandel (Anm. 2), S. 174–177. Anders aber Richard Quinney, Ansätze zu einer Soziologie des Strafrechts, in: Lüderssen/Sack (Hrsg.), Strafgesetzgebung und Strafrechtsdogmatik, Frankfurt 1975, S. 52: Die Prohibition habe sowohl als Gesetz wie auch als moralischer Impetus versagt; eine veraltete Moral habe sich auch durch das Strafrecht nicht erzwingen lassen.

6 Peter Noll, Symbolische Gesetzgebung, Zeitschrift für schweizerisches Recht 1981, 349.

7 Hans-Ludwig Schreiber, Ist eine Effektivitätskontrolle von Strafgesetzen möglich?, in: Schäffer/Triffterer (Hrsg.), Rationalisierung der Gesetzgebung, Baden-Baden/Wien 1984, S. 180.

8 Von "handfesten Zielen" spricht Wolfgang Schild, Funktionale und nicht-funktionale Bedeutung des Gesetzes, in: Tammler/Mock, Rechtstheorie und Gesetzgebung, Frankfurt 1986, S. 195 (198).

9 Dazu eingehend Werner Hugger, Gesetze – Ihre Vorbereitung, Abfassung und Prüfung, Baden-Baden 1973, S. 45 ff., 125 ff. Hermann Hill, Einführung in die Gesetzgebungslehre, Heidelberg 1982, S. 37, macht die "Fülle" der instrumentellen Gesetze für ihre abnehmende Effektivität verantwortlich. Ob darin gleichzeitig, wie Hill meint, der Grund für ihre zunehmend symbolische Funktion zu suchen ist, möchte ich bezweifeln.

10 Lawrence M. Friedman, Einige Bemerkungen über eine allgemeine Theorie des rechtsrelevanten Verhaltens, in: Rehbinder/Schelsky (Hrsg.), Zur Effektivität des Rechts, Düsseldorf 1972, S. 210.

11 Noll, (Anm. 6), 350.

12 Hans-Joachim Schneider, Strafgesetzgebung, in: Schneider (Hrsg.), Kriminalität und abweichendes Verhalten, Basel 1983, S. 112.

13 Vgl. neben den bereits Genannten Andrew Sinclair, Prohibition – The Era of Excess, London 1962.

14 So auch Noll, (Anm. 6), 356; genau genommen könne nur von einem "symbolischen Gesetzgebungsakt", nicht von einem symbolischen Gesetz schlechthin gesprochen werden.

15 Anders aber Hans Ryffel, Rechtssoziologie, Neuwied/Berlin 1974, S. 256.

16 Gerhard Hassold, Wille des Gesetzgebers oder objektiver Sinn des Gesetzes, ZZP 94 (1981), 198.

17 Eberhard Baden, Zum Regelungsgehalt von Gesetzgebungsmaterialien, in: Rödig (Hrsg.), Studien zu einer Theorie der Gesetzgebung, Berlin/Heidelberg/New York 1976, S. 373 ff.

18 Baden, Gesetzgebung und Gesetzesanwendung im Kommunikationsprozeß, Baden-Baden 1977, S. 59.

19 Zum Folgenden Klaus König, Zur Evaluation der Gesetzgebung, in: Kindermann (Hrsg.), Studien zu einer Theorie der Gesetzgebung 1982, Berlin/Heidelberg/New York 1982, S. 308 ff.

20 Wolfgang Zeh, Wille und Wirkung der Gesetze, Heidelberg 1984, S. 43.
21 Zeh, (Anm. 20), S. 57.
22 Zeh, (Anm. 20), S. 48.
23 Zeh, (Anm. 20), S. 50. Auch Blankenburg/Krautkrämer, Ein Verwaltungsprogramm als Kaskade von Rechtsvorschriften: Das Arbeitsförderungsgesetz, in: Mayntz (Hrsg.), Implementation politischer Programme, Opladen 1980, S. 147, stellen auf das "erklärte Ziel" des Gesetzgebers ab.
24 Erhard Blankenburg, Über die Unwirksamkeit von Gesetzen, ARSP 1977, 43.
25 Nach Johannes Driendl, Zur Notwendigkeit und Möglichkeit einer Strafgesetzgebungswissenschaft in der Gegenwart, Tübingen 1983, S. 60 f., fand in England Ross heraus, daß die Vollzugsorgane eine Straferhöhung für Verkehrsdelikte durch Nichtverfolgung bzw. nicht gesetzeskonforme Bestrafung unterliefen, weil sie sich dem reformatorischen Ethos des Gesetzgebers nicht anschließen wollten. Plastisch spricht Driendl von "Zielunterschreitungen".
26 Blankenburg, (Anm. 24), 45. Nach Quinney, (Anm. 5), S. 53, 78, enthält das Strafrecht generell keine besonderen Anweisungen für seine Durchsetzung; seine Anwendung sei weitgehend in das Ermessen der Polizisten, Staatsanwälte, Richter, Gefängnisleiter, Bewährungshelfer etc. gestellt.
27 Vgl. Hassold, (Anm. 16), 207.
28 Baden, Gesetzgebung (Anm. 18), S. 60; Hassold, (Anm. 16), 198.
29 Vilhelm Aubert, Einige soziale Funktionen der Gesetzgebung, in: Hirsch/Rehbinder (Hrsg.), Studien und Materialien zur Rechtssoziologie, Köln/Opladen 1967, S. 284-309, bes. S. 285, 292, 296-302.
30 Bereits Sinclair, (Anm. 13), S. 199, hatte das Prohibitionsgesetz "The Toothless Law" genannt.
31 Dagmar Coester-Waltjen, Zielsetzung und Effektivität eines Antidiskriminierungsgesetzes, ZRP 1982, 221.
32 Bericht der Enquete-Kommission, BT-Dr. 8/4461, S. 36.
33 Vera Slupik, Verrechtlichung der Frauenfrage, KJ 1982, 361.
34 NJW 1984, 2022; eingehend dazu Manfred Zuleeg, Gleicher Zugang von Männern und Frauen zu beruflicher Tätigkeit, RdA 1984, 325.
35 Gusfield, Wandel (Anm. 2), S. 168.
36 Winfried Hassemer, Einführung in die Grundlagen des Strafrechts, München 1981, S. 69; vgl. auch Heinz Steinert, Über die Funktionen des Strafrechts, in: FS Broda, Wien 1976, S. 350-360.
37 Edelman, (Anm. 2), S. 14, 16.
38 Vgl. Anm. 10.
39 Rainer Hegenbarth, Symbolische und instrumentelle Funktionen moderner Gesetze, ZRP 1981, 201.
40 Hegenbarth, (Anm. 39); Rainer Krebs, Die effektive Norm unter Berücksichtigung ihres Normzieles, in: Schäffer/Triffterer, (Anm. 7), S. 128.
41 Carl Schmitt, Verfassungslehre, 5. Aufl. Berlin 1970, S. 32.
42 Knut Amelung, Strafrechtswissenschaft und Strafgesetzgebung, ZStW 1980, 54 f.
43 Noll, (Anm. 6), 350; von "Stellvertreterkriegen" spricht Sebastian Scheerer, Die Genese der Betäubungsmittelgesetze in der Bundesrepublik Deutschland und in den Niederlanden, Göttingen 1982, S. 8.
44 "Moralische Unternehmer" nennt sie die deutsche Übersetzung; Howard S. Becker, Außenseiter — Zur Soziologie abweichenden Verhaltens, Frankfurt 1973, S. 133.
45 Schneider, (Anm. 12), S. 113. Im Strafrecht kommt es nach Schneider zu keiner Gesetzesinitiative ohne eine Kanalisierung und Institutionalisierung der diffusen Ver-

brechensfurcht der Bevölkerung seitens der Experten und damit durch die Wissenschaft; S. 109.

46 Zur Bedeutung politischer Symbole für die staatliche Integration immer noch lehrreich Rudolf Smend, Verfassung und Verfassungsrecht, München/Leipzig 1928, S. 48-50.

47 Noll, (Anm. 6), 350 f.

48 Abg. Frohme, in: Benno Mugdan, Die gesamten Materialien zum Bürgerlichen Gesetzbuch für das Deutsche Reich, Bd. 2, Berlin 1899, S. 1370.

49 Abg. v. Stumm, in: Mugdan, (Anm. 48), S. 1379.

50 Ein solcher Streit um normativ unbedeutende Vorschriften oder Worte hat nach Reinhold Hotz, recht (Schweiz) 1984, 44, sein Gutes: Damit sich keine Aggressionen aufstauten, brauche die Demokratie Gelegenheiten, bei denen um die politische Macht gerungen werden könne.

51 Amelung, (Anm. 42), 55. Etwas verharmlosend spricht Michael Kloepfer, Gesetzgebung im Rechtsstaat, VVDStRL 40, 76, von den "normativen Posen" strafrechtlicher Symbolgesetze.

52 Karl-Dieter Opp, Einige Bedingungen für die Befolgung von Gesetzen, in: Lüderssen/ Sack (Hrsg.), Die selektiven Normen der Gesellschaft, Frankfurt 1975, S. 231.

53 Einen derartigen "Dammbruch" befürchteten die Gegner der Fristenlösung bei § 218 StGB; BVerfGE 39, 28.

54 Blankenburg, Rechtssoziologie und Rechtswirksamkeitsforschung, in: Plett/Ziegert (Hrsg.), Empirische Rechtsforschung zwischen Wissenschaft und Politik, Tübingen 1984, S. 48.

55 Blankenburg, (Anm. 24), 42 ff.; vgl. auch Noll, (Anm.6), 353; Hegenbarth, (Anm. 39), 202.

56 Blankenburg, (Anm. 24), 42.

57 Gerlinda Smaus, § 218 StGB – Frauen als Täter und Opfer einer strafrechtlichen Regelung, in: Jung/Müller-Dietz, Paragraph 218 StGB, Heidelberg 1983, S. 69f.

58 BVerfGE 39, 57.

59 BVerfGE 39, 59. Derart "absolute" Begründungen sind nach Noll, Ideologie und Gesetzgebung, in: Maihofer (Hrsg.), Ideologie und Recht, Frankfurt 1969, S. 70, für die symbolische Gesetzgebung im Strafrecht kennzeichnend. Soweit auf das absolute Sittengesetz Bezug genommen würde, etwa im Sexualstrafrecht und bei der Todesstrafe, sei es Aufgabe der Ideologiekritik, auf die Beseitigung "rational nicht faßbarer Normen" zu drängen; S. 74.

60 BVerfGE 39, 65.

61 BVerfGE 39, 92.

62 BVerfGE 39, 88.

63 BVerfGE 39, 94.

64 Christine Landfried, Bundesverfassungsgericht und Gesetzgeber, Baden-Baden 1984, S. 135, mißversteht das Gericht, wenn sie unter wörtlicher Berufung auf Martin Kriele glaubt, das BVerfG habe die Bestrafung der Abtreibung gefordert, "weil (und unter der Voraussetzung, daß) dadurch das Leben besser geschützt wird als durch andere Maßnahmen". Ihre Schlußfolgerung – "Gibt es hinreichend Erkenntnisse, daß diese Voraussetzung nicht zutrifft, ja im Gegenteil das Strafrecht nicht nur nicht besser schützt, sondern die Beratung konterkartiert, dann wäre eine Fristenlösung durchaus im Rahmen des Urteils des BVerfG" – trifft deshalb nicht zu.

65 Driendl, (Anm. 25), S. 37, spricht bereits von einer "symbolischen Theorie" des Strafrechts.

66 Scheerer, Neue soziale Bewegungen und Strafrecht, KJ 1985, 244 ff. Vgl. aber den "Entwurf eines Strafrechtsänderungsgesetzes" seitens der GRÜNEN (BT-Dr. 10/2832), mit dem sie verlangen, von der strafrechtlichen Sanktion nicht mehr allgemein anerkann-

ter Normen der Sexualmoral Abstand zu nehmen. Solange sie nicht allgemein anerkannt sind, muß dies auch für die propagierten neuen Werte gelten.

67 Zum symbolischen Widerstand vgl. Niklas Luhmann, Widerstandsrecht und politische Gewalt, Zeitschrift für Rechtssoziologie 1984, 36, 43; Ralf Dreier, Widerstandsrecht im Rechtsstaat?, in: FS Scupin, Berlin 1983, S. 596.

68 Günter Frankenberg, Ziviler Ungehorsam und Rechtsstaatliche Demokratie, JZ 1984, 268-270.

69 Klaus König, Zur Überprüfung von Rechtsetzungsvorhaben des Bundes, in diesem Band.

70 Wolfgang C. Müller, Issue Transfer and Symbolic Legislation – The Austrian Equal Treatment Act, Workshop-paper "Cause and Consequence in Legislation", Salzburg 1984, S. 3: "For government and more generally for party politicians, it was necessary to do something for women, no matter what". Der Handlungsbedarf hatte nicht allein innenpolitische Gründe; Österreich war mehrfach von internationalen Organisationen scharf kritisiert worden. Zum Gesetz selbst vgl. Theo Mayer-Maly, Gleichbehandlungsgesetz, Wien 1981. Nach Theo Öhlinger, Die Bleibegrenzungsvorschriften im österreichischen Kraftfahrrecht, in: Kindermann, (Anm. 19), S. 301, wollte der Gesetzgeber mit diesen Vorschriften Umweltbewußtsein demonstrieren.

71 Noll, (Anm. 6), 362. So explizit Stree in: Schönke-Schröder, Strafgesetzbuch, 20. Aufl. München 1980, § 88a Rdn. 1; Zweck der Vorschrift sei es gewesen, das "Gefühl der Rechtssicherheit" zu schützen. Da sie an den Beweis zu hohe Anforderungen stellte, konnte sie nach Karl Lackner, Strafgesetzbuch, 14. Aufl. München 1981, Bem. zu § 88a, eine "selbständige" Schutzwirkung ohnehin nicht entfalten.

72 Edelman, (Anm. 2), S. 34; Dahme/Grunow, Die Implementation persuasiver Programme, in: Mayntz (Hrsg.), Implementation politischer Programme II, Opladen 1983, S. 121; Neumann/Schroth, Neuere Theorien von Kriminalität und Strafe, Darmstadt 1980, S. 115.

73 Schild, (Anm. 8), S. 198.

74 Burkhardt Krems, Grundfragen der Gesetzgebungslehre, Berlin 1979, S. 33.

75 Hassemer, (Anm. 36), S. 69; Eike von Hippel, Grundfragen der Rechtspolitik, JZ 1984, 960; Wielinger, Diskussionsbeitrag, VVDStRL 40, 116, sieht die Glaubwürdigkeit des demokratischen Rechtsstaates durch das "pathetische Gerede" inhaltsleerer Alibigesetze gefährdet. Weiter korrumpiert den Rechtsstaat, daß symbolische Gesetze nur partiell und damit regelmäßig ungleich vollzogen werden. Beim § 218 a.F. war die strafrechtliche Verfolgung zum "reinen Zufall" geworden; BVerfGE 39, 83.

76 Ryffel, (Anm. 15), S. 256. Anders Rudolf Wassermann, Vorsorge für Gerechtigkeit, Bonn 1985, S. 94, für den nur auf dem Papier stehende Gesetze zur gesellschaftlichen Integration nicht beizutragen vermögen; "alles" hinge von ihrer Effektivität im instrumentellen Sinn ab.

77 Wolfgang Hoffmann-Riem, Fernsehkontrolle als Ritual?, JZ 1981, 73-82, bes. 74, 78, 81/82; ders., Deregulierung als Konsequenz des Marktrundfunks – Vergleichende Analyse der Rundfunkrechtsentwicklung in den USA, AöR 110 (1985), 528-576, bes. 537, 554, 560, 568-571.

78 Charles-Albert Morand, L'action du droit, FS Huber, Bern 1981, S. 150: "Calmer l'opinion publique par des concessions symboliquse et satisfaire les intérêts matériels des groupes organisés est essentiel dans une démocratie consensuelle".

79 Auch Hoffmann-Riem weigert sich, diesen Befund allein deshalb als positiv zu bewerten, weil alle Seiten annähernd zufrieden gestellt schienen. Für die deutsche Verfassungsordnung wäre die Diskrepanz zwischen Gemeinwohlverpflichtung und Medienpraxis unakzeptabel – "einerlei, ob Bürgerprotest aufkommt oder nicht"; Fernsehkontrolle, (Anm. 77), 82.

80 Das Umweltstrafrecht nennen Hümbs-Krusche/Krusche, Die Effektivität gesetzgeberischer Initiativen im Umweltstrafrecht, ZRP 1984, 64.

81 Amelung, (Anm. 42), S. 56 Anm. 163; anders Josef Schafheutle, Das Sechste Strafrechtsänderungsgesetz, JZ 1960, 471: Der "Kern des Unrechts" sei ohne die Gesetzesänderung nicht zu treffen gewesen.

82 Sebastian Cobler, Das Gesetz gegen die "Auschwitz-Lüge", KJ 1985, 162.

83 Cobler, (Anm. 82), 163.

84 Zustimmend Klaus Vogelsang, Die Neuregelung zur sog. "Auschwitz-Lüge", NJW 1985, 2386; kritisch Michael Köhler, Zur Frage der Strafbarkeit des Leugnens von Völkermordtaten, NJW 1985, 2389.

85 Hegenbarth, (Anm. 39), 203; Claus Offe, Editorial zu Edelman, (Anm. 2), S. IX, spricht von den Bürgern als "Theaterkritikern"; Edelman selbst, S. 4, von "Zuschauersport".

86 Hoffmann-Riem, Fernsehkontrolle, (Anm. 77), 73.

87 Zitiert nach Cobler, (Anm. 82), 170.

88 So ist nach Quensel, Drogenelend, Frankfurt/New York 1982, S. 119, der Normalbürger "Hauptinteressent" an einem Cannabis-Verbot; "unseren" Interessen gelte es auf die Spur zu kommen. Die Erklärung von Volker Meudt, Drogenpolitik in der Bundesrepublik, in: Kutsch/Wiswede, Drogenkonsum, Königstein 1980, S. 209, "Man kann das Drogenproblem als symbolisch ausgetragenen Konflikt zwischen Herrschenden und (Teilen der) Beherrschten betrachten, bei dem es nur vordergründig um Drogen, in Wirklichkeit aber um die Bewahrung oder Veränderung des status quo geht", hält er für einseitig überzogen. Allenfalls könne so der Beginn der Drogengesetzgebung erklärt werden, keinesfalls die fortdauernde Geltung dieser Gesetze; S. 114. Hätte Meudt recht, würde es sich um symbolische Gesetzgebung der ersten Fallgruppe handeln.

89 Hermann Lübbe, Erfahrungsverluste und Kompensationen, in: Lübbe u.a., Der Mensch als Orientierungswaise?, Freiburg/München 1982, S. 145.

90 Hegenbarth, (Anm. 39), 204. Nach Erhard Denninger, Staatsrecht, Reinbek bei Hamburg 1973, S. 124, tritt der Gesetzgeber bei Massenloyalität sichernden Gesetzen "gleichermaßen als Ideologieproduzent und als Ideologieabnehmer (und -verarbeiter) auf".

91 Offe, (Anm. 85), S. X; Quensel, (Anm. 88), S. 109, spricht von "naiven Verschwörertheorien".

92 Edelman, (Anm. 2), S. 16.

93 Helmuth Schulze-Fielitz, Der politische Kompromiß als Chance und Gefahr für die Rationalität der Gesetzgebung, in diesem Band.

94 Schmitt, (Anm. 41), S. 32.

95 Schmitt, (Anm. 41), S. 34.

96 Vgl. oben S. 230.

97 Driendl, (Anm. 25), S. 57.

98 Friedman, Das Rechtssystem im Blickfeld der Sozialwissenschaften, Berlin 1981, S. 110.

99 Vgl. Müller, (Anm. 70), S. 29: "The Equal Treatment Act is generally seen by representatives of women organizations as a first step and a starting point for further legislative measures. Although the material outcome of the specific Act is considered to be meager, it might be politically evaluated more favourably because, with this law, the demand for equal treatment of women is now accepted and further steps should be possible on the basis of this law". Klaus Lenk, Zur instrumentellen Funktion des Rechts bei gesellschaftlichen Veränderungen, Verfassung und Recht in Übersee, Bd. 9 (1976), S. 146, hat durchaus recht: Die "Positivierung von Erwartungen" kann dazu dienen, die fordernden Gruppen zufriedenzustellen, "ohne daß diese über die symbolische Anerkennung ihrer Forderungen hinaus im Ergebnis etwas gewonnen hätten" – sie kann aber auch der erste

Schritt zu ihrer effektiven Durchsetzung sein. In jedem Fall kann der einmal erreichte Standard nur durch ein neues, in der Regel schwerer durchzusetzendes Gesetz normativ abgeändert werden; Öhlinger, (Anm. 70), S. 302.

100 Blankenburg, (Anm. 24), 46.

Ota Weinberger

Rechtspolitische Institutionenanalyse

1. Rechtspolitik als aktuelles wissenschaftliches Problem

In unserer heutigen Welt und unter dem Einfluß demokratischer Ideen glaubt man nicht mehr an die Altehrwürdigkeit des Rechts und hält die Tradition nicht mehr für eine hinreichende Rechtfertigung gesellschaftlicher Einrichtungen. Man ist im Gegenteil davon überzeugt, daß der Mensch seine politische Welt gestalten und umgestalten kann, und daß die rechtlichen Bestimmungen und die gesellschaftlichen Institutionen kritisch geprüft und aufgrund von funktionalen und wertenden Analysen gerechtfertigt werden müssen.

Theoretisch kann man diese Einstellung durch anthropologische und humanethologische Argumente stützen. Der Mensch ist nicht das einzige Lebewesen, das in Gemeinschaften lebt und "organisierte Staaten" zum Lebensmilieu hat. Die menschliche Lebensform und das menschliche Dasein in Gemeinschaften unterscheiden sich jedoch grundlegend von Tierstaaten.

Die Besonderheit der menschlichen Position beruht auf einem grundlegenden Merkmal, das den Menschen von anderen Lebewesen unterscheidet: der relativen Zurückdrängung der Bestimmung des menschlichen Verhaltens durch Instinkte (durch erbkoordiniertes Verhalten) zugunsten der Verhaltensbestimmung durch sogenanntes "freies Entscheiden" und durch Institutionen.[1] Man könnte vermuten, daß nur aus unserer – spezifisch menschlichen – Perspektive die menschliche Position und die menschliche Gesellschaft als grundsätzlich anders erscheinen als Tierstaaten oder daß dieses Urteil über die Besonderheit menschlicher Gemeinschaften aus der religiösen Vorstellung entspringe, dergemäß der Mensch die Krone der Schöpfung sei. Ich bin jedoch der Meinung, daß tatsächlich wesentliche Unterschiede zwischen Tierstaaten und menschlichen Gemeinschaften bestehen. Der Mensch ist fähig, ganz verschiedene Lebensformen und sehr unterschiedliche Gemeinschaftsstrukturen zu schaffen, während Tierstaaten nur geringe Modifikationen der Struktur aufweisen. Der Mensch und die Gesellschaft haben offenbar umfassende "Freiheitsgrade". Der Mensch kann und muß sein Leben gestalten; er hat die vorgegebene Führung durch Instinkte weitgehend verloren und muß die Aufgabe des Entscheidens und der politischen Gestaltung auf sich nehmen. Die beruhigende Sicherheit der Führung durch Instinkte muß er durch den Versuch ersetzen, sein Handeln und die Formen der gesellschaftlichen Institutionen vernünftig zu begründen.

Die Idee der Demokratie als Herrschaft des Volkes für das Volk und durch das Volk – so unklar diese Idee im einzelnen sein mag – stellt uns vor die

Aufgabe, Methoden einer effektiven demokratischen Lenkung zu erfinden und politische Einrichtungen oder Maßnahmen in vernünftiger Weise akzeptabel zu machen.

Dies scheinen mir die wesentlichsten Momente zu sein, auf denen die Aktualität der wissenschaftlichen Bemühungen beruht, das rechtspolitische Geschehen und die rechtspolitischen Argumentationen zu analysieren.

2. *Die Relevanz der rechtsphilosophischen Auffassung für die Möglichkeit rechtspolitischer Analysen*

Keine effektive Praxis ohne angemessene theoretische Basis. Dies gilt ziemlich allgemein, zweifellos auch für die Rechtspolitik und für Analysen politischer Institutionen. Es ist nicht unwichtig, von welchen rechtsphilosophischen Lehrmeinungen man ausgeht. Ich möchte folgende rechtsphilosophische Konzeption auf ihre Eignung als Basis rechtspolitischer Analysen hin prüfen:

(I) den reinen Normativismus,
(II) den Rechtsrealismus,
(III) die verhaltenssoziologische Zutrittsweise,
(IV) die systemtheoretisch orientierte Jurisprudenz,
(V) die Naturrechtslehre,
(VI) den Institutionalistischen Rechtspositivismus.

(I) Die rein normativistische Auffassung, dergemäß nur Strukturtheorie, juristische Hermeneutik und Dogmatik Gegenstand der Jurisprudenz sind, ist ungeeignet, rechtspolitische Untersuchungen zu fundieren. Die rechtspolitische Fragestellung erfordert die Betrachtung des Zusammenhangs zwischen normativen Sinngehalten und tatsächlichem rechtlichen und gesellschaftlichen Geschehen, das heißt, die Untersuchung solcher Relationen, die dem reinen Normativismus prinzipiell unzugänglich sind. Es muß unterstrichen werden, daß die rechtspolitische Fragestellung jedenfalls ein integrierender Bestandteil der Jurisprudenz und des praktischen Rechtslebens ist. "Policies" im Sinne von Ronald Dworkin sind unabdingbare Momente vieler Entscheidungsargumentationen.[2)] Auch die Forderung der Reinen Rechtslehre, Rechtspolitik aus der Jurisprudenz auszuschließen und Politologie des Rechts nur als abgesonderte Disziplin zu betreiben, ist inakzeptabel. Prima facie hat es den Anschein, daß es bloß eine Frage der Konvention über die praktische Gebietsaufteilung der Sozialwissenschaften ist, ob man die rechtspolitischen Untersuchungen in die Rechtswissenschaften integriert oder als selbständige Wissenschaft neben der Jurisprudenz betreibt. Das ist jedoch eine Täuschung, hauptsächlich aus zwei Gründen: (a) Wenn man Untersuchungen über Rechtspolitik aus der Jurisprudenz ausgliedert, setzt man implizit voraus, daß die juristische Tätigkeit von rechtspolitischen Untersuchungen und Argumentationen unabhängig ist – dies ist jedoch keineswegs der Fall; (b) bei der bestehenden Organisationsform der Wissenschaften und der akademischen Rechtslehre werden rechtspolitische Betrachtungen de facto aus der Lehre und Forschung verdrängt, wenn man rechtspolitische Untersuchungen nicht im Rahmen der Jurisprudenz betreibt.

(II) Die rechtsrealistische Lehre, dergemäß geltendes Recht primär durch die Entscheidungspraxis der Staatsorgane und nur indirekt durch die primäre Normerzeugung (Gesetzgebung) bestimmt wird und für die nur jene Elemente Gegenstand der juristischen Untersuchung sind, die zur Begründung von Entscheidungen herangezogen werden, bietet keine adäquate Basis für rechtspolitische Analysen. Sie berücksichtigt zwar rechtspolitische Momente, soweit sie in die Überlegungen des Richters einfließen[3)], doch erfaßt diese Theorie nicht die Gesamtheit der Auswirkungen des Rechts. Das Rechtsleben besteht nämlich nicht nur aus den rechtlichen Entscheidungen, sondern aus der Gesamtheit der Rechtsbeziehungen, Lebensformen und Institutionen, die durch das Recht geschaffen werden. Die Existenz des Richters und anderer Staatsorgane kann nicht einfach als gegeben vorausgesetzt werden; Richter und Staatsorgane sind vielmehr normativ konstituierte Einrichtungen. Aus dem einseitigen Blickwinkel des Rechtsrealismus kann eine funktionalistische und rechtspolitisch-wertende Institutionsanalyse nicht durchgeführt werden.

(III) Jene soziologische Betrachtungsweise des Rechts, die sich ausschließlich auf Verhaltensbeschreibungen konzentriert, d.h. die versucht, die Charakteristik des Rechts auf Verhalten und Verhaltensregularitäten zu reduzieren, klammert ähnlich wie der reine Normativismus – nur von der anderen Seite – rechtspolitische Probleme aus der Betrachtung aus. Denn die Fragen der rechtspolitischen Wertung treten genau dann auf, wenn man Institutionen als normativ erzeugt ansieht und das menschliche Verhalten unter dem Gesichtspunkt institutionalisierter Normen betrachtet. Wer versucht, nur Verhaltensbeschreibungen zu geben, gelangt nicht zu den relevanten rechtspolitischen Wertungen und Entscheidungsproblemen.

(IV) Die Systemtheorie und systemtheoretisch orientierte Analysen in der Jurisprudenz haben für einen wichtigen Aspekt der rechtspolitischen Überlegungen wesentliche Bedeutung: sie stellen die funktionale Betrachtungsweise des Rechts und der rechtlichen Einrichtungen in den Mittelpunkt ihrer Betrachtungen. Dennoch geht m.E. die traditionelle systemtheoretische Jurisprudenz in zwei Momenten fehl und liefert daher keine adäquate Grundlage für rechtspolitische Analysen. (a) Sie ist im wesentlichen reduktionistisch im Sinne des Punktes (III), denn sie ist im wesentlichen behavioristisch fundiert und versucht den Normbegriff dadurch zu eliminieren, daß die ihn als eine spezifische Art der Erwartung, nämlich der "normativen", d.h. "kontrafaktisch stabilisierten" Erwartung definiert.[4)] In Wirklichkeit sind Erwartungen, bei denen man entschlossen ist, sie aufgrund von Erfahrung nicht zu korrigieren, ein Unding, jedoch keineswegs eine brauchbare Explikation des Normbegriffs.

(V) Die Naturrechtslehren stehen rechtspolitischen Untersuchungen insoweit nahe, als sie sich ganz auf die inhaltliche Rechtfertigung des Rechts konzentrieren. Dennoch bedeutet diese Auffassung m.E. eine Beschränkung und Verzerrung rechtspolitischer Analysen. Die Naturrechtler fassen gewisse Prinzipien als notwendigerweise gültig und gerecht auf, statt sie aufgrund funktionaler Analysen als anerkennungswürdig aufzuweisen. Die vorausgesetzte objektive Gültigkeit der rechtlichen Grundprinzipien – mag sie sich auf religiöse Überzeugung oder auf phänomenologische Intuition stützen – stellt eigentlich eine Scheinbegründung dar (z.B. wenn man aus formalen Postulaten materielle Wertkonsequenzen abzuleiten sucht). Die naturrechtliche Voraussetzung ewiger Werte oder die Bestimmung der "richtigen" Normierung durch die Natur der Sache schränken das Feld möglicher Gestaltung von gesellschaftlichen Einrichtungen unberechtigterweise a limine ein. Die Naturrechtler stellen die Grundprinzipien des Rechts als rein kognitiv begründbar hin und verschleiern dadurch die Momente des Wertens und der Dezision, die in allen rechtspolitischen Betrachtungen erforderlich sind.

(VI) Der Institutionalistische Rechtspositivismus stellt meiner Ansicht nach die breiteste Ausgangsposition für rechtspolitische Analysen dar. Er ist ein Normativismus, der besonderes Augenmerk auf die Möglichkeit und Notwendigkeit der schöpferischen Gestaltung gesellschaftlicher Formen und des Rechts legt. Er verbindet die normativistisch-verstehende Perspektive mit der Betrachtung soziologischer Tatsachen, die er als Wirkungsfeld praktischer, insbesondere normativer, Informationen auffaßt. Da er die Institutionen und das Recht in handlungstheoretischer Perspektive sieht, wird für ihn immer die Prüfung der Funktionalität der Einrichtungen thematisiert. Der Institutionalistische Rechtspositivismus ist prinzipiell non-kognitivistisch orientiert, er betrachtet aber die Probleme der Rechtspolitik als einen Bereich rational-analytischer Untersuchungen. Wert- und Gerechtigkeitsanalysen stehen im Blickfeld dieser Lehre ebenso wie das Studium der motivatorischen Auswirkungen des Rechts und die Untersuchung der Ausgewogenheit der Rollenbeziehungen in den gesellschaftlichen Institutionen.[5)]

Als positivistische Lehre leugnet diese Rechtstheorie die Geltung absoluter Werte als Maßstab der Rechtspolitik, doch findet sie in der Wertthese, die unterstreicht, daß jeder Mensch und jede Gemeinschaft immer gewisse Wertüberzeugungen haben, eine brauchbare und entwicklungsfähige Argumentationsbasis für Werterwägungen.[6)]

3. *Charakteristik der Wissenschaft von der Rechtspolitik*

Es wäre meines Erachtens nach verfehlt, die Wissenschaft von der Rechtspolitik rein deskriptiv zu konzipieren; sie ist nicht bloß Beschreibung jener politischen Vorgänge, die mit der Erzeugung und der Anwendung des Rechts zusammenhängen. Sie unternimmt aber auch nicht den Versuch, wissenschaftlich – also rein kognitiv – politische Entscheidungen zu erarbeiten. Sie will das politische Entscheiden nicht überflüssig machen, wohl aber unterstützen, und zwar einerseits durch klare Darstellung der logischen Struktur des Entscheidens und andererseits durch Anleitungen zu solchen Analysen, welche das Entscheiden rationaler machen und zeigen, wie Erkenntnisse für Entscheidungsprozesse nutzbar gemacht werden können.[7)] Sie befaßt sich ferner mit dem Problem der Gestaltung von Institutionen, der Prüfung ihrer Funktionalität sowie der Ausgewogenheit der Rollen in den Institutionen; ferner mit den demokratischen Methoden des Konsenssuchens. Eine Lehre von der Rechtspolitik in dem mir vorschwebenden weiten Sinn umfaßt daher neben der Beschreibung der rechtspolitischen Prozesse vor allem drei Bereiche: die juristische Begründungstheorie de lege ferenda, die funktionalistische Institutionentheorie und die Theorie der Gerechtigkeit.

4. *Rationales Denken und praktische Erkenntnis*

Rationalität wird als Tugend des juristischen Denkens angesehen. Es ist aber nicht klar, was der Begriff "rational" bedeutet, ja es läßt sich kaum daran zweifeln, daß dies ein vieldeutiger und – ich würde sagen – oft mißbrauchter Terminus ist. Der Mißbrauch besteht m.E. darin, daß man den Begriff des Rationalen sehr erweitert und beinahe alle jene philosophischen, methodologischen und gesellschaftspolitischen Auffassungen und Einstellungen als rational bezeichnet, für die man plädiert. Man macht aus dem Rationalen das, was der

Vernünftige für wahr und richtig halten muß, und wer sich nicht der Rationalität – natürlich wie sie der jeweilige Autor versteht – beugt, wer Sachen anders als rational wertet oder sich nicht rationaler Methoden bedient, wird dann als blöd oder schlecht, gegebenenfalls als beides hingestellt.

Zugegeben, daß diese Vorgangsweise eine suggestive Wirkung nicht verfehlt; doch verliert so das Postulat der Rationalität seinen wissenschaftlichen Charakter, wird inhaltlich verschwommen und deckt verschiedene Pseudoargumentationen. Und was besonders schlimm ist: das Rationalitätspostulat verliert die Kraft eines sachlichen Arguments gegen irrationalistische Lehren. Denn wenn man Rationalität als inhaltliche Vernunfteinstellung konzipiert, und sie für die gute und seligmachende Auffassung und Denkweise erklärt, kann der Andersdenkende mit gleichem Recht für die nichtrationale, "bloße Rationalität überwindende", "tiefere" oder "intuitive" Denkweise plädieren. Besonders dann, wenn ein sogenannter Rationalist – er ist in Wirklichkeit ein Totengräber der analytisch-rationalen Konzeption – vorgibt, rationale Rezepte für die Auffindung der Wahrheit, des richtigen Rechts oder der optimalen Handlungsweisen anbieten zu können, öffnet er den Irrationalisten die Tore. Sie können zeigen, daß solche Pseudorationalisten ihre Einstellungen in Wirklichkeit gar nicht beweisen und daß sie als objektive Erkenntnis ausgeben, was nicht aus der Vernunft folgt, sondern in Wirklichkeit Stellungnahme ist. Denn die Zweifler an dem sogenannten Rationalismus haben im Grunde recht: aus der Vernunft allein läßt sich ebensowenig eine Physik wie eine materielle Axiologie gewinnen. Die Ratio ist nur soweit bindend, nur soweit eine objektive kritische Instanz, als sie das Denken als formal richtiges Operieren betrifft.

Auch die ziemlich allgemein akzeptierte Leibnizsche Gegenüberstellung von Tatsachenwahrheit (vérité de fait) und Vernunftwahrheit (vérité de raison) suggeriert, daß die Vernunftwahrheiten sich auf an und für sich bestehende platonische Entitäten beziehen, die in einem Erkenntnisprozeß erfaßt werden. Da scheint es gar nicht ausgeschlossen auch Werte, richtiges Sollen u.ä. als platonisch existierende Entitäten anzusehen, die nur richtig erfaßt werden müssen, damit man aus der Vernunft selbst praktische (= handlungsbezogene) Erkenntnisse gewinnen kann. Nur wenn man sich klarmacht, daß Vernunftwahrheiten leer (tautologisch) sind, reine Strukturerkenntnisse darstellen, wird man dem platonistischen Rationalismus mit dessen materiellen Apriori den Rücken kehren.

Es stellt sich ferner die Frage, wie der Bereich der Vernunftgegenstände abgegrenzt ist. Ist er ein ein für alle Male gegebener Bereich oder können – je nach Voraussetzung bzw. Sprachkonstitutionssystem – verschiedene Systeme von Vernunftwahrheiten bestehen, respektive konstituiert werden? Die moderne Logik antwortet eindeutig im letzteren Sinn, was auch modernen konstruktivistischen erkenntnistheoretischen Auffassungen entspricht. Je nach dem festgesetzten System (klassische zweiwertige Logik, intuitionistische Logik, mehrwertige Logiken usw.) gelten verschiedene Vernunftwahrheiten.

Für uns als Vertreter der praktischen Philosophie ist dabei besonders wichtig, daß nicht nur beschreibende (kognitive) Gedanken als Gegenstände der Vernunftwahrheiten, sondern durchaus auch praktische Sätze — und deren Bedeutungen — als Elemente dieser Strukturerkenntnisse in Frage kommen.

Wenn man die verschiedenen Auffassungen von Rationalität in der Philosophie und den Wissenschaften in Betracht zieht, gelangt man zu der Erkenntnis, daß dabei von verschiedenen Arten der Rationalität die Rede ist. Es ist schwierig, eine befriedigende Systematik der Typen von Rationalität vorzulegen, für die einzelne Philosophen plädieren, weil die Zusammenhänge oft unklar bleiben und "rational" oft eher als Attribut in rhetorischer Funktion, denn als klares Unterscheidungsmerkmal verwendet wird. Ich werde einige Anmerkungen über folgende Typen der Rationalität und die zugehörigen Rationalitätspostulate machen:

(I) Logische Rationalität
(II) Zweckrationalität
(III) Ökonomische Rationalität
(IV) Rationalität der wissenschaftlichen Methode
(V) Diskursrationalität

(I) Den Kern der Rationalität und jenes Feld, wo Klares und für jede Argumentation Relevantes gesagt werden kann, ist die logische Rationalität. Logische Rationalität gibt nicht vor, eine Quelle materieller Erkenntnis sein zu können. Die Logik basiert auf der Unterscheidung von Form und Inhalt. Logisch-rationale Argumente betreffen nur die Form und formale Beziehungen. Mit dem Schlagwort "Logique oblige" ist, wenn es richtig verstanden wird, das Wesen der logischen Rationalität charakterisiert. Die logische Rationalität zwingt uns bzw. fordert, konsequent zu denken, die Festsetzungen des Sprachkonstitutionssystems sowie die Voraussetzungen jeder Überlegung strikt einzuhalten. Inkonsistenz, d.h. logischer Widerspruch, in einem System von Gedanken ist unzulässig; die Feststellung von Widersprüchen ist ein kritisches Argument, das uns zwingt, unser Gedankensystem zu rekonstruieren, es ist ein konsistentes System zu verwandeln. Logische Rationalität hat in unserem Denken instrumentellen Charakter: es dient der Entfaltung der Gedanken, dem Beweisen, Widerlegen und Testen von Hypothesen. (Letzteres natürlich im Zusammenhang mit realen Operationen und Beobachtungen.) Dies ist vor allem die Aufgabe des logischen Folgerns. Durch Deduzieren, d.h. durch formale Operationen zur Durchführung von Folgerungen, bekommen wir ein verläßliches Instrument der Gedankenverarbeitung in die Hände. Hier liegt die wesentliche pragmatische Rolle der rational-logischen Analyse. Die logische Rationalität ist inhaltlich unschöpferisch. Sie ist als Instrument der Verarbeitung informativer (inhaltlich bestimmter) Gedanken immer *relativer* Beweis und *relative* Begründung. Beweise inhaltlicher Thesen gelten nur relativ zu den vorausgesetzten inhaltlichen Prämissen. Es gibt zwar reine Vernunftwahrheiten (auch sie sind aber relativ zum logischen System), doch sind sie als solche immer informationsleer (tautologisch). Wenn wir durch logisches Operieren ohne inhaltliche Prämissen materiell informative Konklusionen bekommen sollten, können wir mit Sicherheit sagen, daß wir falsch operiert haben!

(II) Zweckrationalität bezieht sich auf das Handeln, das gerade dann relativ zu einem gegebenen Zweck (zu einem Zwecksystem) als rational gilt, wenn es die Wahrscheinlichkeit der Erreichung der Zwecke maximiert. Unter dem Gesichtspunkt eines Zweckes Z_1 ist jene Handlung H_1 zweckrational, die Z_1 bewirkt, oder – bei Konkurrenz verschiedener Handlungsmöglichkeiten zur Erreichung von Z_1 – dies mit größter Wahrscheinlichkeit oder/und im höchsten Ausmaß bewirkt.[8)] Bei komplexen Zwecksystemen, in denen sowohl Konkurrenz der Zwecke als auch gleichzeitig Zweckdienlichkeit in bezug auf mehrere Zwecke auftreten kann, ist die Handlungsentscheidung (Wahl des optimalen Mittels) oft von weiteren Präferenzanalysen abhängig. Durch die Bestimmung der Zwecke ist die entscheidungsbestimmende Präferenz noch nicht eindeutig rational bestimmt. Die sogenannte Zweckrationalität ist daher abhängig von Präferenzen (bzw. Dezisionen). Rationalität bedeutet hier nicht immer – wie beim logische Folgern – eindeutige Determination. Die Zweckanalyse ist offen für gewisse Dezisionen. Die Zweckrationalität ist immer relativ in bezug auf die aktuelle Setzung von Zwecken und auf deren relative Gewichtung bzw. auf Präferenzentscheidungen.

Es gibt allerdings auch im Bereich der Zweckanalysen logische Bindungen. Dies betrifft insbesondere die im teleologischen Denken auftretenden Präferenzrelationen. Wenn Präferenzen vergleichbar sind, d.h. wenn sich nach ein und demselben Kriterium bestimmt sind, dann ist das Vorzuggeben transitiv: Wenn *'aPb'* ('*a* wird *b* vorgezogen') und *'bPc'*, dann *'aPc'*.[9)]

Die logische Struktur der Zweckrationalität, ihre Beziehung zur Kausalerkenntnis und das Zusammenspiel von Zweckanalysen, Präferenzen und Dezisionen muß in einer formalen Theorie der Teleologie (Finalität) expliziert werden.

Zweifellos gilt für den Bereich der Zweckrationalität (= der Teleologie), daß Zweckmäßigkeit bzw. teleologisches Werten und Entscheiden relativ zu den gesetzten Zwecken ist. Einfacher gesagt: Nichts ist zweckmäßig an und für sich, sondern nur relativ zu einem gegebenen Zwecksystem.

(III) Mit der Zweckrationalität verwandt, man kann sagen: eine gewisse Ausarbeitung der Zweckrationalität, ist die ökonomische Rationalität. Jenes Handeln oder Wahlverhalten wird als rational bezeichnet, welches den Nutzen maximiert, als irrational jenes, das unökonomisch ist, d.h. die knappen Mittel nicht den vorausgesetzten Zwecken entsprechend optimal einsetzt. Ökonomische Rationalität erscheint als Effektmaximierung der Zweckbefriedigung bei gleichzeitiger Minimierung des Aufwandes (der eingesetzten Mittel).

Die Frage, ob die ökonomische Analyse aufgrund gegebener Voraussetzungen rational (richtig) durchgeführt ist, muß man von der Frage, ob die Handlung selbst vernünftig ist, wohl unterscheiden. Die ökonomische Abwägung bestimmt das Optimum der Handlung nur in bezug auf jene Faktoren (Ziele, Präferenzen), die der Überlegung zugrunde gelegt werden. Soweit wirtschaftlicher Nutzen (finanzieller Vorteil, Gewinn) maximiert wird, ist durchaus nicht ausgeschlossen, daß die gewertete Handlung von anderen Gesichtspunkten aus keineswegs die optimale Handlungsweise darstellt. Der Optimierung des finanziellen Effekts können z.B. Auswirkungen auf die Lebensqualität, die sich eventuell finanziell gar nicht äußern, entgegengestellt werden. Auch die finanziell bestimmbaren Nutzenfunktionen können sich in verschiedener zeitlicher Perspektive ändern (langfristige, kurzfristige Vorteilhaftigkeit).

Nur dann, wenn alles in Nutzenfunktionen ausgedrückt wäre und die Präferenzen im gesamten Feld möglicher Zustände und Handlungen explizit gegeben wären, könnte vernünftiges Wählen mit Nutzenmaximierung gleichgesetzt werden. Dies ist jedoch niemals der Fall: weder in den praktischen Lebenssituationen des Einzelnen noch im Bereich des politischen Entscheidens. Es ist zwar prinzipiell nicht ausgeschlossen, auch primär in Geld nicht ausgedrückte Werte als Nutzenfunktionen zu analysieren. Im ganzen gesehen werden aber immer ökonomisch nicht festgehaltene Momente der Wertung von Handlungen da sein. Man kann daher von der prinzipiellen Partialität der Handlungsberatung durch eine ökonomisch rationale Analyse sprechen. Es ist also durchaus nicht immer unvernünftig, anders zu handeln, als die ökonomische Handlungsdeliberation empfiehlt, z.B. aus moralischen Motiven oder wegen gewisser Momente, die in die ökonomische Abwägung keinen Eingang gefunden haben. Ein Wissenschaftler handelt z.B. durchaus nicht immer unvernünftig, wenn er sich im Gegensatz zur ökonomischen Rationalität, die Gewinnmaximierung anstrebt, seiner Wissenschaft widmet, obwohl er oft, wenn er dieselbe Zeit handwerklicher Tätigkeit widmen würde, einen besseren finanziellen Erfolg erreichen könnte.

Die praktische Unmöglichkeit, die ökonomisch-rationale Handlungsweise vollständig zu bestimmen, ergibt sich m.E. insbesondere aus folgenden Umständen:

1. Wir wissen gar nicht, welche Situationen und Handlungsmöglichkeiten bestehen, denn: (a) wir haben kein erschöpfendes Wissen über die Welt; (b) unsere Handlungspotentialitäten hängen von Institutionen ab, und die sind nicht nur einfach da, sondern entstehen und werden geschaffen; (c) das Handeln (die Handlungsprogramme) gehören wenigstens der Möglichkeit nach in den Bereich der Erfindungen.[10)]
2. Wir können die Gesamtheit der Präferenzen nicht kennen, da wir nicht einmal die Gesamtheit der möglichen Zustände kennen, deren Wertvergleich die Präferenzbehauptung darstellt.
3. Es gibt meiner Ansicht nach keine logische, sondern nur eine dezisionistische Begründung des Einflusses der Zeitdimension auf die Präferenz (bzw. auf den Diskontsatz des Nutzens).
4. Es gibt wertungsrelevante Momente, die nicht als Nutzen – weder ordinal, geschweige denn kardinal – bestimmbar sind. Hierher gehören Begriffe wie 'Lebensqualität' und ähnliche globale Determinanten unseres Entscheidens. Hierher gehören auch gewisse Momente der moralischen Einstellung sowie Geschmacksurteile.

(IV) In der Wissenschaftstheorie spricht man von der Rationalität der wissenschaftlichen Vorgangsweise, z.B. wenn man für die Erfahrungswissenschaften im Sinne von K.R. Popper die Methode der kühnen Hypothesenbildung und der strengen Widerlegungsbemühung der Hypothesen als den rationalen Erkenntnisweg postuliert. Kein Zweifel, daß die wissenschaftliche Methode und die Erklärung von Phänomenen eine enge Beziehung zu Problemen des logischen Beweises haben, daß sich hier die logische Besonderheit der Begründbarkeit und Widerlegbarkeit allgemeiner Erfahrungssätze (also das Induktionsproblem) äußert. Dennoch sollte man m.E. die Probleme der Wissenschaftsmethodologie nicht als Rationalitätspostulate konzipieren. Wie die Wissenschaft vorzugehen hat, läßt sich kaum einheitlich und universell bestimmen. Es ist zwar offensichtlich so, daß das Bilden und Prüfen von Hypothesen einen wesentlichen Kern der empirischen Forschung bildet, doch scheinen die wissenschaftlichen Vorgangsweisen und Explikationen je nach Fragestellung und Problemsituation so differenziert, daß eine volle Reduktion auf eine einzige – und deswegen "die rationale" – Form der Wissenschaftlichkeit kaum als angemessen angesehen werden kann.

Nicht in der Methodologie, sondern im Postulat der Konsistenz und der Richtigkeit des logischen Operierens liegt das Wesen des Rationalen. Die wohlbegründete rational-analytische und empiristische Wissenschaftskonzeption sollte es vermeiden, ein generelles Rezept der wissenschaftlichen Vorgangsweise als wissenschaftliche Rationalität hinzustellen. Für spezifische Betrachtungen scheinen differenzierte Arbeitsweisen angemessen, nicht unbedingt ein einziges "rationales" Schema. Explikation durch Modelle, systemtheoretische Analysen, linguistisch-hermeneutische Erörterungen sind – obwohl sie Erfahrungswissenschaft schaffen – nur gewaltsam und verzerrt einem universellen wissenschaftlichen "Rationalitäts"-Schema unterzuordnen.

(V) Mit dem Begriff der Diskursrationalität versuchen manche Autoren – vor allem Habermas und Alexy – sowohl für den Bereich der theoretischen Erkenntnis als auch für jenen des handlungsbezogenen Denkens zu arbeiten. Unbestritten ist die Bedeutung des Diskurses und des fairen Meinungsstreits sowohl für die philosophische und wissenschaftliche Entwicklung als auch für die Behandlung gesellschaftlicher Probleme im demokratischen Geiste. Zwei mit der Diskursrationalität (der prozeduralen Konzeption der Rationalität) verbundene Thesen müssen jedoch auf das Entschiedenste abgelehnt werden:

(a) die These, daß Wahrheit im Bereich der Erkenntnis und Richtigkeit im Bereich des Handelns, Wertens und Sollens durch Konsens bestimmt ist, oder vorsichtiger ausgedrückt, durch Konsensfähigkeit im idealen Diskurs;
(b) die Behauptung, daß der durch Diskursregeln bestimmte ideale Diskurs den Weg zur wahren Erkenntnis absteckt und im Feld der Praxis objektiv richtiges Werten und Sollen definiert, also zur praktischen Erkenntnis führt.

Die Organisation des wissenschaftlichen und praktischen Meinungsstreits ist eine wichtige Frage, der schon die Denker der griechischen Antike ihre Aufmerksamkeit geschenkt haben. Vorauszusetzen, daß Bedingungen und Formen von Diskursen – seien es reale oder idealisierte – die Wahrheit oder das praktisch Richtige definieren und daß sie den Weg zur Wahrheit und zur praktischen Erkenntnis garantieren, ist m.E. eine grundfalsche und in gefährlicher Weise schädliche Auffassung. Es ist ganz unbegründet und äußerst verwirrend anzunehmen, die Ergebnisse des Diskurses seien wahre Thesen oder richtige (rational begründete) praktische Einstellungen. Es führt kein Weg vom Meinen der Diskursteilnehmer zur objektiven Wahrheit oder Richtigkeit. Der Irrglaube an die Kraft des Diskurses, er führe uns – wenn gewisse prozedurale Bedingungen erfüllt sind – zur Wahrheit und Richtigkeit, lenkt uns von dem wesentlichen Kern der wissenschaftlichen Argumentation ab, Beweis- und Begründungsmethoden zu suchen und zu finden.

In den prozeduralen Theorien wird immer in gewisser Weise vorausgesetzt, daß ein im regelrechten Diskurs erzielter Konsens die rationale Konzeption darstellt: also eine wahre These ergibt oder – wenn es sich um praktische Fragen handelt – die richtige Einstellung, den gerechten Interessenausgleich, richtiges Recht oder die echte Moral ausdrückt. Das Ergebnis von Diskursen[11)] kann nicht nur (a) universeller Konsens, (b) Mehrheitskonsens, (c) die Feststellung einer gewissen Häufigkeitsverteilung der resultierenden Meinungen, sondern auch Zweifel (bei allen oder bei einigen), Staunen oder/und die Erkenntnis sein, daß man noch keine klare Basis für die Problembestimmung oder/und für die Begründung einer These gefunden hat. Diskurse können Mittel sein, die das Denken befruchten und weiterführen; sie sind bedeutungsvoll im *context of discovery*, kaum jedoch im *context of justification*, denn wenn eine Begründung auch allgemein oder mehrheitlich akzeptiert wird, beweist dies keineswegs, daß sie gültig ist. Wenn alle Menschen meinen, daß es eine Methode geben muß, wie die Länge des Kreisumfanges mit Zirkel und Lineal dargestellt werden kann (das Problem der Rektifikation der Kreislinie), belegt das keineswegs die Wahrheit dieser Meinung. Eine universell vertretene Meinung hat mit der Wahrheit der These gar nichts zu tun. Nicht wenn ein Konsens zustandekommt, sondern erst wenn eine neue Art und Weise der Analyse, und infolgedessen der Argumentation *erfunden* wird, erscheint die entgegengesetzte These (in unserem Beispiel: die Unmöglichkeit der Rektifikation der Kreislinie) nicht nur plausibel, sondern sie wird beweisbar.

Meiner Ansicht nach ist die Theorie der Diskursrationalität prinzipiell verfehlt. Der Diskurs kann das nicht leisten, was diese Theorie von ihm erwartet. Er verschiebt das rational-analytische und empirisch forschende wissenschaftliche Denken und Suchen in die Ebene sozialer Meinungsbildungsprozesse und stellt oft solche Diskursregeln auf, die dem Inhalt der diskutierten Thesen gegenüber nicht neutral sind; er täuscht also durch metatheoretische Festsetzung vor, daß er Begründungen liefert, wo er in Wirklichkeit bloß seine Auffassung festlegt.

In Wirklichkeit können wir natürlich nur reale, nicht aber ideale Diskurse durchführen: Diskurse können nicht endlos sein und der Einfluß persönlicher Relationen kann nicht ausgeschlossen werden.

Nicht nur Zwang und Machtrelationen können den Diskurs stören, auch eine Vielfalt anderer subjektiver Momente, wie Autoritätsglaube, Sympathien und Antipathien oder "moderne" politische Schlagworte und massenpsychologische Phänomene können das, was die Menschen tatsächlich akzeptieren, beeinflussen.

Wenn wir Wahrheit oder das praktisch Richtige durch Konsens definieren[12)], dann kann man wohl nur jene Akteure als vernünftig ansehen, die diese Diskursergebnisse akzeptieren und danach handeln. Für ein wissenschaftliches Weltbild ist aber Zweifel immer zulässig, und wer gegen die allgemeinen Konsensmeinungen auftritt, neue Betrachtungs- und Argumentationsmethoden sucht, ist nicht unvernünftig, sondern der eigentliche Träger der geistigen Entwicklung.

Für den wissenschaftlichen Diskurs gibt es keine Beweislastregeln, ebensowenig wie eine *res iudicata.*

Es gibt keine Regeln des Diskurses, die sicherstellen können, daß die entscheidenden Argumente eingebracht und die passenden Beweis- und Argumentationsmethoden aufgefunden werden. Daher ist Diskurs nur ein heuristisches Mittel, aber kein Geltungsgrund und kein Beweis.

Es wird ferner durch den Begriff der Diskursrationalität bzw. der Diskurswahrheit der Unterschied zwischen Aussage und Norm verdunkelt, denn als Ergebnis des Diskurses können Normen gleichermaßen als gerechtferigt (wahr im diskursiven Sinne) sein wie Aussagen.[13)] Es wird hier die fundamentale Differenz der Bedeutung des Probandums und seiner unterschiedlichen Begründungsweise verschleiert: bei Aussagen (Tatsachenfeststellungen) wird über ein Daseiendes gesprochen, die Behauptung muß sich an der beschriebenen Realität bewähren; bei der Begründung von Sollen (Werten und anderen handlungsbezogenen Sätzen) geht es um Stellungnahmen, und Stellungnahmen sind unabdingbare Begründungselemente von Normen. Wenn man alles nur auf Konsens gründet, verschwindet der Unterschied zwischen empirischem Test und willenhafter Akzeptanz.

Und schließlich scheint es mir, daß durch Festsetzung der Diskursregeln Wertentscheidungen und Einstellungen vorweggenommen werden, die den Inhalt praktischer Postulate darstellen, und nicht die Argumentationsweise allein betreffen. Gleichbehandlung und Universalisierung werden als Vernunftregeln, nicht als Forderung der Moral und des Rechts behandelt. Ist es Sache der Vernunft oder Sache der Moral, Gleiches gleich zu behandeln? Wann sind – so muß der Moraltheoretiker ebenso wie der Jurist fragen – zwei Fälle unterschiedlich zu behandeln? Wenn relevante Unterschiede bestehen, lautet die Antwort: Da Unterschiede immer bestehen – sonst könnte man nicht erkennen, daß es zwei Fälle sind (wenigstens die Zeit-Raum-Koordinaten müssen unterschiedlich sein) –, geht es immer um die Wertungsfrage, ob die Verschiedenheit sollfolgenrelevant ist. Das ist keine Sacherkenntnis noch eine Vernunftwahrheit, sondern eine normative bzw. Wertdezision.

Nicht weniger als die kritisierten Autoren bin ich davon überzeugt, daß Diskurse im praktischen Denken von essentieller Bedeutung sind, doch halte ich ihre Auffassung, daß der Diskurs selbst oder die Methode des Diskurses Wahrheit und Richtigkeit garantieren, für eine Verzerrung des Wesens der praktischen Argumentation: sie verdeckt die Momente der Dezision und vernachlässigt die Struktur der Argumentation, indem sie sich nur auf den Konsens konzentriert.

Diskursrationalität ist Täuschung; der Diskurs ist Methode des Suchens, aber nicht Gewähr der Wahrheit oder Richtigkeit.

Ein Demokrat wird die Meinung der Mitmenschen in Rechnung ziehen, nicht um seine "Vernünftigkeit" zu beweisen, sondern weil dies seiner gemeinschaftlichen Einstellung entspricht, ebenso wie er aus Solidarität – nicht wegen seiner "Rationalität" – die Interessen aller Mitglieder der Gemeinschaft beachten wird.

Ich komme zur Schlußfolgerung, daß begründendes Denken – wenn der Terminus "Rationalität" nicht bloß metaphorisch und täuschend verwendet wird, wie dies insbesondere in der Theorie der Diskursrationalität der Fall ist – prinzipiell relativ ist. Rationales Denken ist nämlich im wesentlichen eine operationelle Kapazität, die in konstruktiver und in kritischer Weise angewandt werden kann. Daher gibt es keine Tatsachenerkenntnis aus der Vernunft und keine praktische Erkenntnis, kein absolutes Begründen von Normen, Werten oder Zwecken.

Praktische Vernunft kann als Struktur der handlungsbezogenen Argumentation aufgefaßt und in einer Theorie des praktischen Denkens dargelegt werden; praktische Vernunft als Reservoir objektiver Werte, richtigen Sollens, objektiv gültiger Rechtsprinzipien materieller Natur ist ein Unding.

5. Zwei Typen juristischer Argumentation

Die juristische Lehre unterscheidet zwei Arten der Betrachtung von Rechtsnormen: die Betrachtung *de lege lata* und Überlegungen *de lege ferenda*. Den Kern der Gegenüberstellung dieser juristischen Betrachtungsweisen bildet nicht die Frage, ob über geltendes oder zu schöpfendes Recht gesprochen wird, sondern die Unterschiedlichkeit der Begründungsweisen und des logischen Charakters der Begründung. Auf der einen Seite steht die normenlogische Begründung, bei der aus normativen Prämissen – meist unter Heranziehung tatsachenfeststellender Prämissen – normative Konklusionen gewonnen werden.

Dieser Begründungskontext entspricht der Betrachtung *de lege lata*, denn hier werden gewisse Normen als gültige Argumente vorausgesetzt. Die Rechtfertigung der Norm in teleologischer Perspektive oder/und aufgrund von Wertungen stellt Normbegründungen ganz anderer Art dar, die den Kern der De-lege-ferenda-Überlegungen bilden.

Es darf aber nicht außer acht gelassen werden, daß bei der Lösung juristischer Aufgaben oft beide Argumentationsweisen ineinandergreifen. Z.B. bei der Anwendung von Rechtsnormen ist der Subsumtionsschluß im wesentlichen eine De-lege-lata-Operation, das Entscheiden im Feld von Ermessensrahmen wird im wesentlichen durch Adäquatheitsüberlegungen rechtspolitischer Natur bestimmt. Alf Ross hat diese komplexe Überlegung als Analyse *de sententia ferenda* bezeichnet.[14)]

Die Normenlogik hat sich zwar vorwiegend mit den normenlogischen Begründungskontexten befaßt, es muß jedoch auch eine Theorie der Struktur der Rechtfertigung von Normen ausgearbeitet werden. Man kann, wenn man nicht eine andere Terminologie vorzieht, diese formale Theorie der Normbegründung als zweiten Bereich der Normenlogik ansehen.[15)] Diese Lehre muß als formale Theorie entwickelt werden; es müssen Regeln der Rechtfertigungsoperationen eingeführt werden, in die verschiedene inhaltliche Bestimmungen der Zwecke, Wertstandards und Präferenzen eingesetzt werden können. D.h. diese Theorie unterscheidet, wie jede logische Lehre, zwischen Formen und Operationsregeln auf der einen Seite und der Bestimmung der Werte, welche die in ihnen auftretenden Variablen annehmen können.

6. Rationalität und rechtspolitische Diskussion

Wenn die Vernunft selbst fähig wäre, Kriterien richtigen Handelns zu liefern, oder wenn wenigstens rechtspolitische Argumentationen als reine Vernunftoperationen durchgeführt werden könnten, wäre die politische Überlegung einfacher und problemloser und das politische Handeln sicherer und kognitiv solider fundiert. Die Vernunft ist jedoch kein Reservoir richtiger politischer und rechtspolitischer Auffassungen und die Rationalität – in meinem Sinne, d.h. als operative Kapazität der kognitiven und handlungsbezogenen Informationsverarbeitung – liefert für das rechtspolitische Argumentieren keinen Algorithmus. Das heißt: es gibt keine Anleitung von der Art einer Rechenvorschrift, die Richtigkeit und Effektivität der Vorgangsweise der rechtspolitischen Argumentation garantieren könnte. Die rechtspolitischen Untersuchungen umfassen eine Reihe verschiedener ineinandergreifender rational-analytischer, zielsetzender und wertender Operationen, deren Sukzession nicht im voraus eindeutig bestimmbar ist und bei denen je nach der vertretenen Einstellung verschiedene Vorgangsweisen vertretbar sind. Nur gewisse Teile der rechtspolitischen Argumentationen können als strikt rationale Argumentationen durchgeführt werden. Außerdem muß beachtet werden, daß Lösungen von sozialen und rechtspolitischen Problemen – wie z.B. die Auffindung funktional effektiver Organisationsformen oder die Erstellung konsensfähiger Kompromisse – neben der kognitiven Basis in soziologischen Erkenntnissen immer auch Elemente des Erfindens umfassen. So wie die Erfindung brauchbarer Maschinen nicht nur von der Kenntnis der Naturgesetze abhängt, sondern auch Konstruktionsideen erfordert, so werden gesellschaftliche Probleme durch Erfindung institutioneller Strukturen gelöst. Erfindungen, seien sie technische oder sozialprogrammatische Ideen, lassen sich nicht restlos auf rationale Operationen reduzieren; rationale Operationen sind jedoch in diesen Prozessen in wesentlicher Weise involviert.

Die komplexe rechtspolitische Analyse und das Suchen nach funktional effektiven Lösungen wird auf zwei Ebenen durchzuführen sein; es müssen (a) die Leistungsfähigkeit der vorgeschlagenen Regelungen und Maßnahmen und (b) die demokratische Akzeptabilität der Vorschläge geprüft werden. Die Harmonisierung dieser beiden Gesichtspunkte halte ich für eine der wichtigsten und schwierigsten Aufgaben der Anwendung rechtspolitischer Analysen in der Praxis. Die Dualität der Untersuchung rechtspolitischer Probleme erheischt auch ein Zusammenspiel von wissenschaftlichen Analysen mit politischen Diskussionen auf verschiedenen Ebenen, sowie Beratungen im Rahmen demokratischer Institutionen, insbesondere auf der Ebene der Sozialwissenschaften und jener der willensbildenden Körperschaften.

7. *Typen rechtspolitischer Argumentation*

Das rechtspolitische Argumentieren verläuft in zwei verschiedenen, wenn auch vielfach ineinandergreifenden Formen. Es ist konstruktives Denken, das Aufsuchen tragfähiger und akzeptabler Lösungen gesellschaftlicher Probleme, oder es ist kritisch, indem es zur politischen Realität, zu existierenden oder vorgeschlagenen Institutionen wertend Stellung nimmt. Für das konstruktive Denken gibt es nur wenig handfeste Anleitungen, genauso wie für den Bereich des Erfindens überhaupt. Eine sehr allgemeine Regel kann man für den Bereich des konstruktiven Denkens anführen. Es ist immer zweckmäßig, einen gewissen, möglichst klaren Rahmen der Überlegung abzustecken und in diesem Rahmen einen klaren Überblick der möglichen Alternativen aufzustellen. Es ist auch möglich, zur Erstellung und Analyse einzelner alternativer Möglichkeiten computergestützte Modellanalysen durchzuführen. Die gewonnenen Darstellungen der einzelnen Alternativen können dann in einem Prozeß der relativen Wertung einander gegenübergestellt werden.

Es wäre sehr förderlich für eine wissenschaftlich fundierte Rechtspolitik, wenn wir eine umfassende Typologie der rechtspolitischen Argumentationsweisen, oder wenigstens jener, die in kritischer Funktion verwendet werden können, zur Verfügung hätten. Soweit ich den Stand der Wissenschaft in diesem Bereich beurteilen kann, steht eine solche umfassende Typologie bisher nicht zur Verfügung. Man ist sich allerdings allgemein dessen bewußt, daß die rechtspolitische Begründung und die kritische Wertung rechtspolitischer Einrichtungen im wesentlichen in den Bereich des teleologischen Denkens fällt. Es scheint mir jedoch, daß die Struktur des teleologischen Denkens selbst und die mit dem Zweckdenken verbundenen methodologischen Probleme bei weitem nicht hinreichend klargestellt sind.

In diesem Abschnitt werde ich nicht versuchen, eine universelle Typologie rechtspolitischer Argumentationen vorzulegen, denn dies überschreitet meine Möglichkeit. Ich begnüge mich damit, einige Hinweise zu dieser Problematik zu geben. Wenn wir dabei einige Typen der Argumentation bzw. einige Faktoren des rechtspolitischen Argumentierens betrachten werden, so bleibt die Frage des relativen Gewichts der einzelnen Faktoren in der Gesamtargumentation unbeantwortet. Diese Unbestimmtheit der Rolle der verschiedenen Argumentationsweisen und Argumente in der Gesamtargumentation ist ein Mangel, der sich mehr im konstruktiven rechtspolitischen Denken auswirkt als bei der rechtspolitischen Kritik. In der kritischen Überlegung kann jede einzelne Argumentationsweise einen gravierenden kritischen Einwand darstellen, der Beachtung verdient. Ob er schon dazu hinreicht, gesellschaftliche Institutionen endgültig zu diskreditieren, kann nur im konkreten Fall beurteilt werden.

Folgenanalyse als rechtspolitisches Argument. Rechtspolitische Untersuchungen von Institutionen oder Maßnahmen umfassen immer die Betrachtung der verschiedenartigen Folgen der Institutionen oder Maßnahmen. Der Bereich der relevanten Folgen ist verschiedenartig; es kann sich um ökonomische Folgeerscheinungen, um moralische Auswirkungen und um motivatorische Einwirkungen auf das Verhalten der Menschen sowie um deren Relationen handeln. Wenn man normative Regelungen rechtspolitisch betrachtet, wird man immer die Auswirkungen der Normen auf das faktische Verhalten in Betracht ziehen, ebenso wie die verschiedenen Rechtsbeziehungen und sozialen Folgen der Normierung. Die Untersuchung der Auswirkung rechtlicher Maßnahmen beschränkt sich keineswegs auf die Frage, ob die Normen erfüllt oder verletzt werden, bzw. wie groß die Chance ist, daß die Normen in der Gesellschaft durchgesetzt werden. In der rechtspolitischen Überlegung sind oft gerade die indirekten Auswirkungen von entscheidender Bedeutung. Die motivatorische Wirkung von Normen auf das Verhalten der Menschen hängt offenbar nicht bloß vom normativen Inhalt der Regeln ab, sondern auch von einer Menge anderer Umstände.[16)] Der Einzelne lebt in der Gesellschaft und im Rahmen der Rechtsnormen in der Weise, daß er von seinen Interessen und persönlichen

Zielsetzungen sowie von seinen faktischen sozialen Bindungen bestimmt ist, nicht nur von den Normen des Rechtssystems. Es gibt hier deswegen ein sehr komplexes Zusammenspiel zwischen der Interessenmotivation und dem rechtlichen Sollen. Die rechtssoziologische Betrachtung muß außerdem beachten, daß das Handeln des Menschen in der modernen komplexen Gesellschaft nicht nur vom Rechtssystem lenkend beeinflußt wird, sondern auch von anderen Normensystemen, wie Sitte, Moral, Religionsnormen und anderen partikularen Regulativen, z.B. Regeln des Berufs oder des gesellschaftlichen Status.

Die Konsequenzenanalyse kommt in der Rechtspolitik einerseits im Bereich der De-lege-ferenda-Überlegungen zur Geltung, andererseits ist sie als Analyse der faktischen Auswirkung institutionalisierter Normen ex post als Rechtstatsachenforschung durchzuführen. Bei der Untersuchung der Auswirkung des Rechts ist es wichtig, nicht nur die Erreichung der vorschwebenden Ziele zu untersuchen, sondern es muß ein möglichst breites Feld der faktischen Auswirkungen normativer Einrichtungen untersucht werden. Deswegen erscheint es mir zweckmäßig, diese Untersuchungen, die die Rolle von Feedback-Informationen für die Gesetzgebung haben, nicht bloß von Instanzen durchführen zu lassen, die dem Gesetzgebungsapparat untergeordnet sind, sondern sie lieber unabhängigen wissenschaftlichen Instanzen zu überantworten, denn nur so kann sichergestellt werden, daß diese rechtssoziologisch und rechtspolitisch wertende Betrachtung von Tendenzen, erfolgreiche Bilanzen zu erstellen, befreit wird und daß die Betrachtung nicht auf jene Auswirkungen beschränkt wird, die als Ziele der Normierung vorangestellt wurden.

In der rechtspolitischen Betrachtung ist die Konsequenzenanalyse immer mit wertenden Stellungnahmen zu den Tatsachenfeststellungen verbunden, denn hier ist es ja gerade interessant, ob bzw. in welchem Maße die Folgen erwünscht oder unerwünscht sind. Nur durch diese wertende Stellungnahme gelangen wir zur Rechtfertigung oder zur Ablehnung der untersuchten Regelung.

Kohärenzüberlegungen. Für die Analyse von rechtspolitischen Fragen erscheinen Überlegungen über die Kohärenz der Konzeptionen unabdingbar. Es scheint, daß das Postulat der Kohärenz ein wichtiges regulatives Prinzip ist, doch läßt sich der Begriff der Kohärenz kaum genügend allgemein und exakt bestimmen.[17)] Wir können zwar gewisse Momente exakt anführen, welche Inkohärenz bedeuten, doch sind dies bei weitem nicht alle Momente, welche für die Beurteilung dieser Frage entscheidend sind. Logische Widersprüchlichkeit ist z.B. ein solches kohärenzstörendes Moment, ebenso wie die Erkenntnis, daß in einer gewissen Betrachtung Teile des untersuchten Feldes unbestimmt bleiben. Die Kohärenzfrage betrifft sowohl das Problem der Verhaltensnormen, als auch die Wertestandards und die der rechtlichen Normierung zugrundeliegenden Wertungen und Präferenzen. Die Probleme der Kohärenz näher zu explizieren, bleibt eine vorrangige Aufgabe, die für die Theorie der rechtspolitischen Argumentation ebenso wie für andere Bereiche der praktischen Philosophie bedeutsam ist.

Die teleologische Normrechtfertigung. Die Normrechtfertigung und die funktionale Analyse der Institutionen sind in ihren Grundzügen abhängig vom teleologischen Denken.[18] Normative Regulative und Institutionen sind zu gewissen Zwecken da, und sie müssen vom Gesichtspunkt gesellschaftlicher Zwecke untersucht werden. Die Theorie der Struktur der teleologischen Analyse ist daher eine entscheidende Vorfrage für die Lehre von der rechtspolitischen Argumentation.

Da alle in der Praxis auftretenden rechtspolitischen Untersuchungen mit komplexen Zwecksystemen arbeiten, ist die teleologische Beurteilung in der Rechtspolitik immer von relativen Wertungen und wertenden Dezisionen abhängig.

Immanente und externe Wertung in der rechtspolitischen Überlegung. Rechtspolitische Analysen umfassen häufig eine Wertung von Institutionen, normativen Regeln oder Maßnahmen vom Standpunkt vorausgesetzter Wertestandards. Die Anwendung von solchen Wertestandards bedeutet in der Regel eine Einschränkung der zulässigen Mittel. Die Wertestandards zusammen mit den entsprechenden Präferenzurteilen sind entscheidende Momente, die die Wahl zwischen verschiedenen zweckdienlichen Alternativen bestimmen. Bei der Anwendung von Wertestandards sind zwei Fälle zu unterscheiden: entweder die Wertung wird von Wertkriterien aus durchgeführt, die als immanente Wertestandards des Rechtssystems verstanden werden, oder aber es werden externe Standpunkte zur Bewertung des Rechtssystems herangezogen, z.B. Wertestandards einer gewissen politischen Weltanschauung oder eines gewissen Religionssystems. Im letztgenannten Fall fungieren externe Wertmaßstäbe und gegebenenfalls externe normative Prinzipien als Maßstäbe der rechtspolitischen Analyse. Zweifellos lassen sich solche externen Beurteilungen durchführen, und sie können in gewissen Relationen bedeutsam sein. Es hängt aber immer davon ab, ob man diese externen Standpunkte akzeptiert, denn nur dann wird diese Betrachtung als Kriterium der rechtspolitischen Beurteilung relevant. Vom Standpunkt der demokratischen Toleranz und des Konsenssuchens können diese Beurteilungen aber auch indirekt Bedeutung erlangen.

8. *Die Quellen des praktischen Dissenses und das Konsenssuchen*

Charles Stevensons Hinweis auf die zwei Quellen des Dissenses in praktischen Fragen ist auch für die Theorie der rechtspolitischen Argumentation grundlegend.[19] Wenn zwei Personen in einer Angelegenheit verschiedene praktische Einstellungen haben, dann kann man den Grund für diese Differenz in zwei prinzipiell verschiedenen Bereichen suchen: 1. in der Verschiedenheit der Meinungen über Sachverhalte (über die aktuelle Situation, über Kausalrelationen oder über die wahrscheinlichen Konsequenzen von Verhaltensweisen); oder 2. in der Verschiedenheit in den Werteinstellungen, Zielsetzungen, Interessen oder Präferenzen der beteiligten Subjekte. Weder in den bewußten Prozessen noch in der analytischen Rekonstruktion der handlungsbestimmenden Momente treten diese Elemente scharf getrennt auf. Sowohl für die erklärende Explikation als auch für die Prozesse des Konsenssuchens ist es jedoch eine nützliche methodologische Anleitung, die Gründe der unterschiedlichen Standpunkte gemäß dieser Unterscheidung der Dissensquellen zu strukturieren.

Im Sinne der angeführten Unterscheidung der Dissensquellen erscheint es zweckmäßig, in rechtspolitischen Analysen und in Beratungen über politische Fragen, sich vor allem in zwei Richtungen Klarheit zu schaffen: (a) über die Vorstellungswelt, die Kausalkenntnisse und die weltanschaulichen Meinungen der Diskursteilnehmer, (b) über ihre Werteinstellungen und Präferenzen. Nur in dieser Weise kann die Auseinandersetzung rationalen Charakter annehmen, denn die Art der Argumentation muß in bezug auf Sachfragen anders gestaltet werden als dort, wo unterschiedliche Werteinstellungen zur Geltung kommen. Die rhetorische Argumentation, d.h. der Versuch, durch Argumente die Überzeugung des Gesprächspartners zu modifizieren, besteht deswegen aus zwei Teilen, nämlich aus dem Einbringen solcher Argumente, die die Sachverhaltsbasis der Meinungen und Standpunkte verändern können, und aus Argumenten, die die Einstellungen und Präferenzen beeinflussen. Die rationale Beratung bedeutet immer ein analytisches Auffinden der Gründe des Dissenses und eine kritische Auseinandersetzung mit diesen Gründen.

Es scheint, daß es wesentlich schwieriger ist, überzeugende Gründe für die Modifikation der Werteinstellungen in der Diskussion durchzusetzen, als eine Korrektur der Meinungen über Sachverhalte zu bewirken. Prinzipiell ist es jedoch auch möglich, Werteinstellungen zu verändern. Neben Argumenten, die die Konsistenz und Kohärenz der praktischen Einstellungen betreffen, kommt auch die Vermittlung von Werterfahrungen als Mittel zur Veränderung der praktischen Überzeugung in Frage.

Der Diskurs über praktische Fragen, mögen sie Sachverhaltselemente oder Präferenzen betreffen, pflegt langwierig und schwierig zu sein. Ideologische Fixierungen und Interessenslagen der Diskursteilnehmer stehen der Mobilität der praktischen Auffassungen im Wege. Man muß ferner bedenken – um nicht zu oft enttäuscht zu sein –, daß man nur den überzeugen kann, der nicht aus gewissen, eventuell gar nicht artikulierten Gründen sich keinesfalls überzeugen lassen will: "Niemand ist so taub, wie der, der nicht hören will", sagt ein spanisches Sprichwort.

9. *Häufige Mängel rechtspolitischer Argumentation*

Es gibt gewisse allgemeine Typen von Hindernissen der Verständigung zwischen Diskursteilnehmern und Typen von Momenten, die eine effektive Gestaltung der rechtspolitischen Beratung behindern.

Vorurteile. Unter den Hindernissen des vernünftigen Diskurses kann man an erster Stelle Vorurteile und ideologische Fixierungen nennen, die eine wichtige Art der Vorurteile darstellen. In gewissem Sinne hat jedermann vorgefaßte Urteile und Meinungen, mit denen er in den Diskurs eintritt. Es fragt sich bloß, inwieweit er diese Einstellungen und Auffassungen als vorläufige Meinungen oder aber als unverrückbare Glaubenssätze behandelt. Ideologische Einstellungen sind gewöhnlich auf Backgroundinteressen aufgebaut und stellen fixierte Vorstellungen dar. Sie gehören zu den schwer modifizierbaren Elementen des Weltbildes, die nur in längeren Zeiträumen und/oder durch Schockerlebnisse tiefgreifend verändert werden können.

Scheinbegründungen. Wer die Reden und Argumentationsweisen von Politikern mit kritischer Distanz verfolgt, wird entdecken, daß die vorgetragenen Argumente häufig nicht die eigentlichen Motive und Gründe des vertretenen Standpunkts sind. Es werden nicht selten Begründungen vorgespiegelt, wo in Wirklichkeit nicht sachliche, sondern propagandistische und machtstrategische Momente ausschlaggebend sind. Wie kann man solchen Argumentationen begegnen? Wie kann man sie bekämpfen? Zwei Schritte sind erforderlich: (a) Die Widerlegung der (Schein-)Argumentation und das Aufweisen der eigentlichen Motive des Standpunkts und (b) die kritische Analyse der eigentlichen Motive. In solchen Situationen hat man allerdings wenig Chancen, den Diskursgegner selbst zu überzeugen, der nicht eine passende Lösung sucht, sondern andere Ziele und Interessen verfolgt. In der rechtspolitischen Praxis – vorallem in demokratischen Gesellschaften – geht es aber häufig darum, Dritte und gegebenenfalls breitere Schichten zu überzeugen. Wenn dies gelingt, kann das sekundär auch den Diskursgegner zwingen, seine Einstellung zu modifizieren, um sich in der Gemeinschaft durchzusetzen.

Einseitigkeit der Betrachtung. Institutionen und Maßnahmen entspringen in der Regel einer gewissen gesellschaftlichen Idee und verfolgen einen gewissen Zweck. Sie werden für die Erfüllung gewisser Aufgaben erdacht. Es ist daher naheliegend, daß sie in der Regel – wenigstens in einem gewissen Ausmaß – ihrer Idee und Zielsetzung entsprechen. Für eine kritische rechtspolitische Analyse ist es wichtig, einerseits das Ausmaß der Zweckerfüllung zu prüfen und andererseits die Angemessenheit der Institutionen und Maßnahmen in verschiedenen relevanten Perspektiven zu betrachten und sich nicht nur auf die Beurteilung vom Gesichtspunkt der primären Zielsetzung zu beschränken. Es gilt nämlich ein wichtiges Erfahrungsgesetz: Die Konstitution von Einrichtungen und das Setzen gesellschaftlicher Maßnahmen bewirken in der Regel vielgestaltige Effekte, die die ursprüngliche Intention überschreiten.

Das Schlagwort-Denken. Mit diesem Terminus bezeichne ich eine ganze Familie von Argumentationsgewohnheiten, die insbesondere im praktischen Diskurs und in besonders hohem Maße in rechtspolitischen Diskussionen zur Geltung kommen. Da dieses Phänomen vielgestaltig ist, läßt sich der Begriff des Schlagwort-Denkens nicht exakt definieren. Man fixiert ausdrücklich oder nur implizit eine gewisse positive oder negative Idee, bekennt sich zu einer gewissen Autorität oder man betrachtet sein ganzes Streben als Ausdruck einer gewissen vorgefaßten Weltanschauung, eines religiösen Systems oder einer parteipolitischen Einstellung; diese vorgefaßten Auffassungen werden dann als Maßstab der Überzeugungskraft benützt, wobei der Schlagwort-Denker gar nicht auf die Idee kommt, daß seine vorgefaßte Meinung selbst begründungsbedürftig sein könnte, und daß sie wenigstens in Grenzfällen mit wichtigeren Argumenten in Konflikt geraten könnte. Da das Schlagwort-Denken sehr verschiedene Formen annehmen kann, illustrieren die Beispiele, die ich anführen werde, nur eine allgemeine Tendenz, die sich in der rechtspolitischen Argumentationspraxis äußert.

Für das, was ich Schlagwort-Denken nenne, ist es charakteristisch, daß gewissen Ideen mehr durch ihr emotionales Gewicht, denn aufgrund der Analyse von Sachzusammenhängen und expliziten Wertüberlegungen ausschlaggebende argumentative Kraft zugesprochen wird. Das Schlagwort-Denken führt in der Regel auch zur Einseitigkeit der Betrachtung. Schlagworte und ihre Überzeugungskraft unterliegen in nicht geringem Maße der Mode oder – wenn man das so nennen will – dem "Zeitgeist". Hinter Schlagworten und schlagwortartigen Maximen, wie z.B. "Klassenkampf", "Gemeinnutz geht vor Eigennutz", "Umweltschutz", "Demokratisierung", "Wissenschaftlichkeit", stehen gewöhnlich durchaus sinnvolle und akzeptable Gedanken; sie werden zu Schlagworten und führen zum Schlagwort-Denken genau dann, wenn sie in der Argumentationspraxis Absolutheitscharakter erlangen. Suchendes und prüfendes Denken wird durch dogmatische Argumentationen ersetzt. Ein kritischer Denker weiß, daß alle Grundsätze und Regeln Grenzen haben. Er vermeidet es, seine praktischen und politischen Entscheidungen unter dem Gesichtspunkt eines einzigen Prinzips zu fällen. Er wird das vielschichtig abwägende Denken der Einseitigkeit der dogmatischen Begeisterung vorziehen.

Partiale Abwägungen und deren wertende Gegenüberstellung. Wenn wir die Stellungnahmen verschiedener politischer Parteien zu aktuellen Fragen betrachten, bemerken wir häufig, daß sie für gegensätzliche Meinungen ziemlich überzeugende Argumente anzuführen verstehen. Es besteht hier offensichtlich eine grundlegende Verschiedenheit zwischen den rechtspolitischen Argumentationen und der rein logischen Beweisführung, denn bei dieser kann eine These und ihr Negat nicht gleichzeitig als begründbar erscheinen. Wie läßt sich diese

Differenz erklären? Die gesellschaftlichen Tatsachen sind so komplex, daß sozusagen verschiedene Schnitte durch die Realität möglich sind. Je nach der ausgewählten Betrachtungsebene erhält man verschiedene Ergebnisse. Eine vernünftige und kritische Analyse muß sich dessen bewußt sein, daß hier Partialargumentationen zur Anwendung kommen, die wertend zu einer Gesamtüberlegung ausgestaltet werden müssen. Hierzu einige Beispiele:

Man kann z.B. die Frage stellen, ob aktive und passive Bestechung eines Beamten rechtlich gleich gewertet werden sollen, d.h. im gleichen Maße strafbar sein sollen. Wenn man gegen eine Sonderstellung des Beamten gegenüber den anderen Bürgern plädiert, kann man dies als Argument für die strafrechtliche Gleichbewertung anführen. Wenn man aber die mit der Kompetenz verbundene Sonderstellung, die Relevanz der gesellschaftlichen Aufgabe des Beamten und den Schutz der Funktionalität der Institution berücksichtigt, wird man für eine schärfere Bestrafung der passiven gegenüber der aktiven Bestechung eintreten.

Die Annahme der Beurteilungskriterien impliziert oft schon die meritorische Entscheidung. Als Beispiel dafür, daß die Entscheidung schon auf dieser Metastufe fallen kann, sei die aktuelle österreichische Diskussion über die friedliche Nutzung der Atomkraft angeführt. Die folgende Analyse ist davon unabhängig, ob wir für oder gegen Atomkraftwerke sind.

Die erste Argumentationsweise: Man kann in der Demokratie nicht, ohne ihr Wesen zu vernichten, immer wieder von neuem abstimmen, bis man das von einer Machtinstanz gewünschte Ergebnis erzielt.

Die zweite Argumentationsweise: Volksentscheidungen sind in der Demokratie prinzipiell durch neue Entscheidungen veränderbar, denn das Volk begibt sich niemals des Rechts, seinen Willen im Verlauf der Zeit zu ändern.

Beide Argumente sind an und für sich richtig. Es geht darum, Gründe für ihre relative Gewichtung zu finden und unter Berücksichtigung beider Überlegungen eine Entscheidung zu finden. Die Schwierigkeit liegt darin, daß hier – wie so oft bei der Bestimmung demokratischer Verfahren – eine wertende Vorentscheidung getroffen werden muß.

10. Demokratiekonzeption und Rechtspolitik

Demokratie als Selbstherrschaft des Volkes, ausgedrückt durch die Lincolnsche Formel "Government of the people, by the people, for the people" ist ein Rahmenbegriff, der in unserer Gesellschaft stark positiv wertbetont, aber kaum klar bestimmt ist. Die angeführte Formel drückt zwar aus, daß der Staat nach demokratischer Auffassung kein Dominium irgendeines Herrschers oder irgendeiner weltlichen oder geistlichen Institution ist. Alle entscheidenden Fragen bleiben aber offen: Was ist Herrschaft des Volkes? In welcher Weise kann sie realisiert werden? Welche sind die Volksinteressen? Sind sie kollektivistisch oder als Summe von Einzelinteressen zu deuten? Niemand meint, daß die Lincolnsche Demokratie die Definition einer angemessenen Beschreibung des demokratischen Staates oder eine Anleitung für die Gestaltung des demokratischen Lebens sei; sie drückt bloß eine regulative Idee aus.

Meines Erachtens stützt sich die demokratische Rechtspolitik auf folgende Grundgedanken:

(1) Rechtliche Institutionen müssen gleichzeitig von zwei Gesichtspunkten beurteilt werden: (a) man muß sie vom Standpunkt demokratischer Postulate und Ideale prüfen und (b) man muß die Effektivität der Organisation sowie der Entscheidungs-, Lenkungs- und Kontrollfunktion analysieren.

(2) Es gibt kein universell gültiges Schema der optimalen demokratischen Organisation, denn die funktionale Differenziertheit der Institutionen erfordert unterschiedliche Strukturen und Lenkungsmechanismen.

(3) Demokratie ist nicht nur Herrschafts- und Lenkungsform; Demokratie ist notwendigerweise auch Lebensform, die in einer offenen Klasse inhaltlicher Postulate – wie z.B. Toleranz, Meinungsfreiheit, Minderheitenschutz – zum Ausdruck kommt. Ohne diese materiellen demokratischen Überzeugungen breiter Schichten der Gesellschaft und ohne demokratische Gewohnheiten ist ein demokratischer Staat auf Dauer nicht lebensfähig.

(4) Wir wissen aus der Geschichte und aus Funktionsanalysen demokratischer Einrichtungen, daß demokratische Formen entarten können und daß sie gelegentlich durch undemokratische Manipulationen gestört werden. Die Stabilität der Demokratie erfordert daher funktionierende kritische Instanzen; es müssen sowohl formal etablierte als auch formal nicht geregelte Möglichkeiten der öffentlichen Kritik und Diskussion aller politisch relevanten Angelegenheiten existieren.

(5) Der demokratische Staat beruht nicht nur auf der Tätigkeit der politischen Parteien, des politischen und bürokratischen Apparats, sondern er ist ein wesentlich komplexeres Gefüge von Faktoren der demokratischen Gesellschaft. In die rechtspolitische Analyse müssen neben den politischen Parteien, den Berufspolitikern und der Bürokratie auch das Wirken der Massenmedien, die Wissenschaften und die verschiedenen sozialen Gruppen wie Berufsstände, nationale und religiöse Gruppen sowie verschiedene Interessensorganisationen einbezogen werden. Die Formen des Zusammenwirkens der verschiedenen Faktoren ist für den mehr oder weniger demokratischen Charakter der Gesellschaft entscheidend. So können z.B. die Massenmedien eher als politischer Propagandaapparat oder aber als Verbreiter kritischer Information für breite Schichten

fungieren. Die Wissenschaft – dies betrifft vor allem die Sozialwissenschaften – kann politisch und geistig mehr oder weniger gebunden oder frei sei. Sie kann ganz abseits vom öffentlichen Leben stehen oder in den Prozeß des politischen Diskurses und der politischen Entscheidungen integriert sein. Sie kann "Parteiexperten" liefern und so der Politik einen gewissen wissenschaftlichen Anstrich geben; sie kann aber auch als echte Quelle von gesellschaftlichen Ideen und als kritische Instanz funktionieren. Wie die Relationen zwischen den Faktoren des demokratischen Lebens gestaltet sind, hängt meines Erachtens weniger vom Charakter der beteiligten Menschen ab als von den institutionalisierten Strukturen sowie von den demokratischen Gewohnheiten und Traditionen.[20)]

Das aktuelle Problem der angemessenen Entlohnung für leitende Arbeit in demokratischen Einrichtungen und die Einschränkungen der Möglichkeit eklatanter persönlicher Bereicherung aufgrund von Funktionen- und Machtpositionen kann nur durch effektive Organisations- und Kontrolleinrichtungen gelöst werden.[21)] Dabei sind Momente der Motivation, Abhängigkeit der Entlohnung von Erfolg, aber auch Verantwortung für Mißerfolge zu institutionalisieren. Moralische Momente, z.B. Mißbrauch von Funktionen zur persönlichen Bereicherung, sind nicht als Kavaliersdelikte, sondern als Momente zu werten, die für politische Funktionen diskreditieren.

(6) Eine besondere Gefahr für die Demokratie ist die Unterordnung des Staates und des öffentlichen Lebens unter ideologische oder religiöse Doktrinen und deren Organisationen.

Da der Begriff des Gemeinwohls, der als Leitlinie der demokratischen Politik dienen sollte, kaum objektiv bestimmbar ist, konzentrieren die Demokratietheoretiker ihre Aufmerksamkeit meist auf die Form der Entscheidungsprozesse in der Hoffnung, daß adäquate demokratische Formen zur inhaltlichen Optimierung der Entscheidungen führen. Es wird hierbei vorausgesetzt, daß im Prinzip kollektives Entscheiden demokratisch ist – im Gegensatz zu monokratischen Entscheidungen. Ich halte diese These nicht für überzeugend, denn unter gewissen Bedingungen kann auch monokratisches Entscheiden als demokratische Entscheidungsform anerkannt werden.

Nach Kelsen ist Freiheit die Grundidee der Demokratie und das Majoritätsprinzip ein Garant für die Minimierung der Freiheitsbeschränkungen.[22)] Es läßt sich zeigen, daß dieses Prinzip dies nicht leistet, ebensowenig wie durch Abstimmungen die Präferenzen der Einzelnen optimal zur Geltung gelangen. Wichtiger als diese bekannten Probleme der demokratischen Willensbildung erscheint mir die Erkenntnis, daß jeder kollektive Entscheidungsprozeß von normativen Festsetzungen abhängt, deren adäquate Bestimmung durchaus nicht unstrittig ist. Kollektive Willensbildungsprozesse hängen von der Bestimmung der Kandidaten, der Formulierung der zur Abstimmung vorgelegten Entscheidungsfragen sowie anderen prozessualen Bestimmungen ab. Es gibt praktisch immer verschiedene Möglichkeiten der Normierung demokratischer Prozesse, die zu nicht-äquivalenten Ergebnissen führen und rational nicht restlos begründbar sind. Die Regeln der demokratischen Prozesse können nicht demokratisch erzeugt werden.[23)]

Das demokratische Leben wird nicht unwesentlich durch Theorien der Demokratie beeinflußt. Zwei sehr verbreitete Auffassungen möchte ich kurz erörtern: die romantische Einstellung zur Demokratie und das Eliten-Konkurrenz-Modell.

Die romantische Einstellung zur Demokratie. Sie wird wohl am krassesten durch die These ausgedrückt "Das Volk irrt nie". Die These von der immanenten Richtigkeit des Volkswillens ist nur insoweit sinnvoll, als sie festlegt, daß in der Demokratie gesellschaftliche Utilität durch die Interessen des Volkes bestimmt ist. Doch auch hier gelten Einschränkungen. Die Lösungen gesellschaftlicher Probleme können nicht von den Massen des Volkes produziert werden, sondern sie sind Produkte einzelner Persönlichkeiten oder spezialisierter Gruppen. Die Bewertung gesellschaftlicher Maßnahmen hängt von Folgenanalysen, Informationen und Werterfahrung ab, die der Masse des Volkes in der Regel nicht zugänglich sind. Außerdem sind Werteinstellungen der Massen in hohem Maße manipulierbar. Volksmassen lassen sich auch für den totalen Krieg begeistern, obwohl Hunger, Millionen Tote und andere Kriegsfolgen kaum den wohlerwogenen Interessen des Volkes entsprechen. Die romantische Demokratiekonzeption beruht auf der ganz unplausiblen Annahme, daß zwar der Einzelne aufgrund von Informationen und systematischen Analysen entscheiden muß, kollektive Entscheidungen aber schon "rein instinktiv" das Richtige treffen, etwa nach dem Prinzip "vox populi, vox Dei". Die romantische Auffassung der Demokratie produziert zwar wirksame Schlagworte, sie impliziert aber den Ruin der Demokratie.

Das Eliten-Konkurrenz-Modell im Sinn von Schumpeter.[24)] Dieses Modell geht von einer realistischen Betrachtung der Parteiendemokratie aus. Faktisch herrschen immer Eliten. In der pluralistischen Demokratie kämpfen sie um ihre Vormacht durch den Konkurrenzkampf um die Wählerstimmen. Der Wille des Wählers kommt dadurch zur Geltung, daß seine Stimme über die Macht der konkurrierenden Eliten entscheidet. Parteipropaganda – inklusive Persönlichkeitskult als wichtiges Mittel des Wählerfangs – wird zu einem wesentlichen Moment des politischen Alltags. Es besteht kein Zweifel, daß dieses Modell ein Stück der demokratischen Realität treffend beschreibt. Meines Erachtens erfaßt es aber nur einen Teilaspekt der Wirklichkeit des Parteienstaates. Es unterschätzt funktionale Momente und die Kraft konstruktiver Ideen, der idée directrice, wie man diesen Faktor in der juristischen Institutionentheorie nennt. Die komplexen Relationen zwischen verschiedenen Faktoren des demokratischen Lebens werden auf einen Aspekt, nämlich den des Konkurrenzkampfes um Wählerstimmen, reduziert.

Bedenklich ist der Einfluß dieser Theorie auf die Handlungsweise der Politiker. Es wird weitgehend unter dem Gesichtspunkt des Stimmengewinns gehandelt und geredet. Der Vertrauensverlust gegenüber den Politikern und die Politikverdrossenheit haben ihre Quellen unter anderem in diesem Moment. Ein Politiker kann nur dann Vertrauen gewinnen, wenn er für die gesellschaftlichen Anliegen und nicht für seine Herrschaftsposition kämpft. Wer Macht nicht deswegen will, um politische Ideen, die er für nützlich hält, realisieren zu können, sondern nur deswegen für gewisse Auffassungen eintritt, um Macht zu erlangen, verdient das Vertrauen der Menschen nicht. Es ist ein Irrtum zu meinen, man sei Demokrat, wenn man dem Volk nach dem Munde redet. Man ist nur dann zur politischen Lenkung legitimiert, wenn man für Auffassungen eintritt, an die man selbst glaubt, und wenn man es versteht, funktional wirksame Institutionen zu schaffen.

11. Funktionalistische Institutionenanalyse und demokratische Rechtspolitik

Die funktionalistische Analyse fragt nach den Strukturen, die in der Gesellschaft bestehen, und nach der Wirkungsweise der Einrichtungen. In funktionalistischer Sicht werden Rechtsnormen nicht nur hermeneutisch erfaßt, sondern als Elemente von Handlungskontexten expliziert. Die funktionalistische Analyse ist institutionalistisch orientiert; sie betrachtet Normen (a) als das, was Struktur und Ordnung der Institution bestimmt, (b) als Basis der institutionell gegebenen Handlungsrahmen, (c) als Grundlage der interpersonalen Pflichtund Erwartungsbeziehungen, (d) als Moment, das die institutionellen Realien – institutionelle Tatsachen und Gegenstände in institutioneller Funktion – bestimmt. In funktionalistischer Sicht treten gleichzeitig Normen, gesellschaftliche Tatsachen und Handlungsmöglichkeiten in unser Blickfeld. Rechtsnormen funktionalistisch zu erfassen, stellt eine ganzheitliche Sicht dar, in der auch die Zusammenhänge zwischen Leitideen, Organisationsformen und Handlungsweisen expliziert werden.

Die institutionalistische Konzeption unterstreicht auf der einen Seite die Notwendigkeit gesellschaftlicher Stabilität und die das Handeln des Einzelnen bestimmende Rolle der Institutionen; auf der anderen Seite faßt sie die Institutionen und Ordnungen als Menschenwerk auf und als wandelbar durch menschliches Wollen.

Die institutionalistische Zugangsweise erlaubt, einige demokratietheoretische Probleme zu klären.

Wenn Demokratie nicht nur Staats- und Regierungsform ist, sondern auch als Lebensform aufgefaßt wird, dann gelten in ihr sowohl demokratische Willensbildungsprozesse als auch gewisse demokratische Ideen. Es kann deswegen zu folgendem Dilemma kommen: aufgrund demokratischer Willensbildungsprozesse können Entscheidungen zustandekommen, die gewissen materiellen Prinzipien der Demokratie zuwiderlaufen. Demokratische Prozesse können durch Propaganda, ideologische Indoktrination oder Manipulation verdorben werden. Diktaturen werden oft demokratisch oder durch Manipulation auf demokratischer Basis installiert. Wir müssen uns daher fragen, wie diese Entartungen demokratischer Formen beziehungsweise der Zusammenbruch der Demokratie verhindert werden können.

Der Schutz demokratischer Prinzipien durch Versteinerung oder durch Festsetzung erschwerter Änderungsbedingungen ist gerade in entscheidenden Augenblicken kaum wirksam, denn gegenüber emotionalen Massenbewegungen sind erschwerte Änderungsbedingungen kein effektiver Schutz. Absolute Unveränderbarkeit festzusetzen, ist weder wirkungsvoll noch im Einklang mit dem demokratischen Weltbild, das nicht zuläßt, den aktuellen Willen des Volkes von der Gestaltung des gesellschaftlichen Lebens fernzuhalten.

Es ist nicht unstrittig, welche inhaltlichen Prinzipien absolute Geltung beanspruchen können. Minderheitenschutz, Periodizität von Wahlen und andere Willensbildungsprozesse sowie Glaubensfreiheit sind Anwärter für eine solche Position im demokratischen Weltbild.

Nach dem Majoritätsprinzip können Minoritätenrechte aufgehoben werden. Bei einer entsprechenden Interessenlage – z.B. drohender Arbeitslosigkeit – kommt es gelegentlich zu Maßnahmen gegen einzelne Gruppen (z.B. gegen Gastarbeiter, Nichtmitglieder von Parteien und Gewerkschaften). Die politische Propaganda stützt sich nicht selten auf die Feindgruppenmethode und erreicht unter gewissen Umständen Majoritätsentscheidungen, die zur Verfolgung nationaler, religiöser Minderheiten führen können.

Es gibt natürlich gute Gründe, warum Regierungen und Führungsstäbe stabil bleiben sollen; es erhöht ihre Kraft, gibt die Möglichkeit, Erfahrungen zu nutzen und langfristige Pläne zu realisieren. Eine Bindung an den Volkswillen, wie sie die demokratische Gesellschaft fordert, ist nur zusammen mit der Periodizität der Funktionen möglich. Die angemessene Länge der Funktionsperioden ist allerdings eine Frage, die je nach Umständen verschiedene Lösungen erfordert.

Glaubensfreiheit ist im Prinzip ein überzeugendes Postulat der Demokratie, doch darf nicht vergessen werden, daß Glaubenssysteme selbst oft äußerst intolerant sind. Die Begeisterung für den Glauben führt nicht nur zu Idee der Verbreitung und Mission, sondern oft auch zur Verachtung Nicht- oder Andersgläubiger, zur Bekämpfung anderer Glaubensauffassungen ("Ketzer") und zu Krieg und Vernichtung, die oft mit besonderer Grausamkeit verbunden sind.

Glaubenssysteme pflegen mit kirchlichen Organisationen verbunden zu sein und beanspruchen oft Herrschaftsgewalt über das öffentliche Leben und den Staat, nicht nur Einfluß auf das Seelenleben und die Moral ihrer Angehörigen. So sehr Glaubensfreiheit geschützt werden muß, darf nicht vergessen werden, daß Religion und Religionsgemeinschaften sehr undemokratisch sein können, was auch zu Religionskriegen oder zum "Heiligen Krieg" sowie zu Genozid führen kann. Wird Glaubensfreiheit als absolutes Prinzip aufgefaßt, unabhängig von den Glaubensinhalten und der Toleranz der Glaubensgemeinschaft selbst, dann kann dieses Prinzip zu einem Blankoscheck gegen Freiheit und Demokratie entarten.

Gefahren für die Demokratie und für ihre materiellen Prinzipien sprechen nicht gegen die Demokratie; sie sind nur als Warnung zu verstehen: demokratische Formen und demokratische Lebensprinzipien sind immer bedroht. Es ist deswegen erforderlich, unermüdlich an der Etablierung demokratischer Gewohnheiten und Überzeugungen zu arbeiten und Einrichtungen der freien demokratischen Kritik des öffentlichen Lebens sowie Selbstkontrollen im demokratischen System aufzubauen. Das Postulat der Gewaltenteilung, die adäquate Gestaltung von Macht- und Einflußbereichen sowie die Einsetzung demokratischer Kontrollen stellt nur einen Teil der Maßnahmen dar, durch die das demokratische Leben geschützt wird. Daneben erscheint auch die Institutionalisierung adäquater Beziehungen zwischen dem Staat, den Politikern und der Bürokratie auf der einen Seite, den Wissenschaften, den Massenmedien und der Literatur auf der anderen von wesentlicher Bedeutung für den Schutz demokratischer Ideen und die Kontrolle ihrer Realisierung.

Man muß damit rechnen, daß immer wieder antidemokratische Tendenzen auftreten werden, denen entgegengetreten werden muß, insbesondere dann, wenn sie organisierte Formen annehmen.

In der Theorie der Institutionen spielt der Begriff der Leitidee eine wesentliche Rolle: die Leitidee ist das Kristallisationszentrum der Institution. Hauriou betrachtet die Leitidee als vorgegebene geistige Entität, welche die Quelle der normativen Regulative ist und Institutionen ins Leben ruft.[25)] Im Gegensatz zu Hauriou betrachte ich die Leitideen als schöpferische Gedanken, die von der gesellschaftlichen Situation und den aktuellen Bedürfnissen der Menschen abhängig sind.[26)] Für die Rechtstheorie bedeutet die Lehre von den Leitideen einen Hinweis auf die Tatsache, daß das Rechtssystem nicht nur eine Menge von Verhaltens- und Ermächtigungsnormen ist, sondern mit Ideen und gesellschaftlichen Zwecken korreliert.

Aufgrund der institutionalistischen Auffassung kann eine gewisse Antwort auf das Problem der Beziehung zwischen den Formen der demokratischen Willensbildung und den materiellen demokratischen Idealen gefunden werden. Die materiellen Prinzipien der Demokratie können als eine Art von Leitideen der demokratischen Institutionen angesehen werden. Sie sind nicht strikte Verhaltensregeln, sondern Zielvorstellungen und regulative Ideen, die in konkreten Analysen entwickelt werden. Sie sind richtungsweisend für die Wertung der Organisation und für die Beurteilung der Funktionalität der Institutionen. Eine angemessene Berücksichtigung der materiellen Grundsätze ist nur dann gewährleistet, wenn man die Demokratie als Beratung, Diskussion und Kritik und nicht nur als Kampf und Mehrheiten versteht. Das Eliten-Konkurrenz-Modell sowie die mit ihm verwandten ökonomischen Demokratietheorien[27] beachten diese ideellen, aber nicht immer rationalen, Elemente der demokratischen Institutionen nicht hinreichend. Es ist durchaus nicht richtig, daß Wähler nur durch Maßnahmen gewonnen werden, die ihren materiellen Interessen entgegenkommen. Auch die Identifikation mit Leitideen und gesellschaftlichen Zielsetzungen bestimmt das Verhalten des Wählers.

Die kritische Institutionenanalyse hat die Aufgabe, die funktionale Bestimmung der Institutionen adäquat zu erfassen und sie als lebensfähige und vom demokratischen Standpunkt aus akzeptable Idee zu entwickeln.

An dem Beispiel der Probleme unserer Universitäten läßt sich die Schwierigkeit, die Leitideen klar herauszuarbeiten, aufweisen. Die Univerität ist ursprünglich als Gemeinschaft der Lehrenden, Lernenden und Forschenden konzipiert. Für die Tätigkeit dieser Gemeinschaft sind Meinungs-, Lehr- und Lernfreiheit wesentliche Voraussetzungen. Gewisse Entwicklungen brachten Beschränkungen der Transparenz, der Offenheit und vielleicht auch der Meinungspluralität an den Universitäten. Dem sollte durch die Idee der sogenannten Gruppenuniversität abgeholfen werden. Man stellte verschiedene Interessengruppen an der Universität fest und deutete deren Beziehung analog zu den Beziehungen zwischen sozialen Klassen. Meiner Ansicht nach übersah man hierbei, daß die Universität als Institution primär einer gesamtgesellschaftlichen Aufgabe und der ihr entsprechenden Leitidee dient, denen die Gruppeninteressen unterzuordnen sind. Auch halte ich die Analogie zwischen den Gruppen an den Universitäten und den sozialen Klassen für eine schwache Parallele. Die problematische Interpretation der Leitideen der Universität führte dazu, daß man statt Transparenz zu fördern, Beratungs-, und Mitsprachegremien zu schaffen, Abstimmungskörper und Mechanismen einführte, die eine ganz andere Funktionalität aufweisen, als gefordert und erwartet wurde.

Die Institutionentheorie weist auf die große Verschiedenheit der Institutionen hin, der unterschiedliche Organisations- und Entscheidungsformen entsprechen. Es wäre sinnlos und funktionsstörend, verschiedene Institutionen nach einem einheitlichen Rezept aufzubauen. Es gibt daher verschiedene Arten der demokratischen Willensbildung, und aus funktionalen Gründen ist die Form der Partizipation an den Entscheidungen für verschiedene Institutionen unterschiedlich zu gestalten.

Bei der Bestimmung der angemessenen Entscheidungsform kommen vor allem drei Gedanken zur Geltung:

(1) Funktional richtiges Entscheiden ist sowohl von Informationen als auch von einer Problemlösungsidee abhängig.

(2) Ideen sind zwar meist Ergebnisse der Interaktionen zwischen Menschen, der interpersonalen Beratung, trotzdem sind sie individuelle und persönliche Leistungen; sie können nicht durch Abstimmungsprozesse erzeugt werden.

(3) Es herrscht nicht immer der, der die Entscheidungen trifft und das Handeln im einzelnen lenkt. Deswegen ist es nicht erforderlich, daß das herrschende Volk in jeder Phase des Entscheidens direkt an den Dezisionen teilnimmt.

Aus diesen Überlegungen folgt eine Demokratiekonzeption, die ich als "Theorie der strukturierten Demokratie" bezeichne und die sich in folgenden Punkten zusammenfassen läßt:

(a) Es müssen differenzierte Formen des Entscheidens und funktionell adäquate Strukturen der Institutionen eingeführt werden (auch kontrollierte monokratische Entscheidungen können in manchen Fällen als demokratisch gelten).

(b) Entscheidungen aufgrund von Beratungen und Mitspracherechten sind jenen durch bloßes Abstimmen vorzuziehen.

(c) Die Institutionen müssen funktional effektiv gestaltet werden, schöpferische Kräfte und Informationen sowie Fachkenntnisse sind in gemeinschaftlichem Interesse zu verwerten; Täuschungen im Geiste der romantischen Demokratiekonzeption sind zu vermeiden.

(d) Die Funktion der demokratischen Eliten ist als schöpferische Tätigkeit im Interesse des Volkes zu verstehen. Eliten sind Schöpfer und Träger der Leitideen, nicht ein passives Sprachrohr der Meinungen der Massen.

12. Demokratie und Macht

Die Fragen der Macht und der Machtkontrolle sind ewige Probleme der Demokratie. Es geht hierbei nicht nur um die Frage der Machtbeschränkung, sei es durch Gewaltentrennung, sei es durch ein ausgewogenes System von Kompetenzen und Kontrollen, sondern um die Beziehungen zwischen Machtproblemen und anderen Fragen. Wichtig sind insbesondere folgende Relationen:

Die Orientierung der Macht und der Entscheidungen an den Zwecken und Interessen des Volkes.[28)]

Die Auswahl demokratischer Funktionäre aufgrund stufenweiser Bewährung.

Der Aufbau von persönlichen Positionen, Machtkompetenzen und Machtrelationen, die soziales Handeln und politisches Wirken ermöglichen.
Die Frage der Aufteilung von politischen Rollen auf einen breiten Kreis von Personen, da in unserer hoch entwickelten Gesellschaft viele Menschen fähig sind, politische Rollen zu übernehmen.

Die gesunde Praxis, höhere Funktionäre aufgrund ihrer Bewährung in untergeordneten Rollen zu bestimmen, ist zwar sinnvoll, aber kein vollkommen verläßliches Kriterium, denn die höheren Tätigkeiten können anderer Art sein als die untergeordneten.
Bei der Auswahl der Funktionäre spielen Beziehungen und Machtpositionen eine wesentliche Rolle. Die Notwendigkeit des Politikers, sich selbst aufzubauen, führt oft dazu, daß er eine Menge von Funktionen, Rollen und Kompetenzen auf sich zu vereinigen sucht. Er belegt hierdurch gleichzeitig Fähigkeiten und gewinnt Beziehungen und Bekanntheit. Trotzdem glaube ich, daß ein demokratisches System in einer Gesellschaft, wo so viele Menschen befähigt sind – oder aufgrund spezifischer Erfahrungen befähigt sei können –, gesellschaftliche Funktionen zu übernehmen, die Kumulation von Rollen, Ämtern usw. wesentlich beschränken müßte. Hier ist eine Änderung unserer Einstellung erforderlich: übertriebene Bestrebungen, Funktionen an sich zu raffen, müssen als undemokratisches Verhalten gewertet werden, und Kooperationsfähigkeit müßte an die Stelle der Fähigkeit treten, gleichzeitig viele Funktionen zu bewältigen.

Auch im wirtschaftlichen Bereich besteht das aktuelle Postulat, die Kumulation von Berufen oder von Berufen mit berufsartigen Funktionen zu bekämpfen. Die entsprechenden Maßnahmen sollten der Arbeitszeitverkürzung vorangehen. Ich bin mir natürlich dessen bewußt, daß infolge der aktuellen Machtstrukturen Schwierigkeiten bestehen, solche Konzeptionen durchzusetzen und daß man einwenden wird, daß derartige Beschränkungen eine Einschränkung der Freiheit implizieren. Dennoch scheinen mir hier rechtliche Reformen und die Entwicklung eines neuen sozialpolitischen Bewußtseins erforderlich, denn in einer kulturell hoch entwickelten Gesellschaft ist eine neue Aufteilung der gesellschaftlichen Arbeit notwendig.

Zweifellos besteht hier in der Demokratie ein gewisses Dilemma: Der Aufbau von Machtpositionen und das Erlangen wirtschaftlich starker Positionen sind abhängig von der Kumulation von Funktionen und Tätigkeiten. Der erforderliche Aufbau von Machtpositionen kommt hier in einen fast unlösbaren Konflikt mit dem demokratischen Denken, welches anderen Personen die gleiche Fähigkeit einräumt, wichtige gesellschaftliche Rollen zu übernehmen.

Es mag einfach und für die gute Erledigung der betreffenden Geschäfte effektiv sein, bewährte Funktionäre auf unbeschränkte Dauer beizubehalten;

dennoch sollte man dies nicht tun. Rollen bedeuten Macht; daher kann eine echte Demokratie nur bei zeitlicher Begrenzung der Funktionen existieren. Machtbeschränkung ohne Rotation der Funktionen ist praktisch unmöglich. Es muß das Bewußtsein geweckt werden, daß der Wechsel der Funktionäre für die entwickelte Demokratie typisch ist und daß daher das Ende der Funktionsperiode für den abtretenden Funktionär keine capitis deminutio bedeutet.

Die angemessene Zeitspanne für politische Funktionen in der Demokratie wird im wesentlichen durch zwei Momente bestimmt: die untere Grenze resultiert aus der Tatsache, daß sich jeder Funktionär in seine Tätigkeit einarbeiten muß und daß die Verwirklichung neuer Konzepte, die er einbringen möchte, jedenfalls eine gewisse Zeit erfordert; die obere Grenze folgt aus der Notwendigkeit, in der Demokratie keine petrifizierten persönlichen Domänen zuzulassen und das Vetrauen des Volkes neu bestätigen zu lassen. Für die meisten Fälle wird eine drei- bis fünfjährige Funktionsperiode mit der Möglichkeit einmaliger Wiederwahl angemessen sein.

13. Determinanten der politischen Lenkung

Eine wissenschaftliche Analyse des Problems der politischen Lenkung muß von allgemeinen Überlegungen über die Struktur des Lenkens ausgehen: Jedwedes rationale Entscheiden und Lenken ist von folgenden Faktoren abhängig:

A. von *kognitiven Faktoren*, nämlich:
   1. von Informationen über die aktuelle Situtation, in der gehandelt wird oder Maßnahmen gesetzt werden sollen;
   2. von Informationen über kausalgesetztliche Zusammenhänge;
   3. von Handlungsprogrammen, d.h. Anleitungen und Regeln, wie gewisse Ziele erreicht oder Aufgaben gelöst werden können.
   4. Die Durchführung von Programmen und von politischen Aktionen erfordert Rückkoppelungsinformationen und eine Adaption der Programme (soweit diese nicht schon als Feedback-Programme mit Reaktionen auf alle möglichen Zwischenergebnisse konzipiert werden – was im sozialen Bereich wegen der Unüberschaubarkeit der Faktoren und möglichen Entwicklungen kaum vollständig realisierbar ist).

B. von *volitiven (stellungnehmenden)* Faktoren, nämlich:
   1. von einem System von Zielen und Wertgesichtspunkten, ausdrückbar in Form praktischer Informationen (Zielbestimmungen, Wert- und Präferenzsätzen sowie normativen Handlungsprinzipien);
   2. von der Fähigkeit der Akteure, zu wählen, d.h. Präferenzentscheidungen zu treffen.

In der Realität sind die kognitiven und volitiven Faktoren voneinander nicht vollkommen unabhängig. Einstellungen hängen vom Wissen über Möglichkeiten und von Werterfahrungen ab; Programme werden zur Befriedigung praktischer Zielsetzungen entwickelt.

Die kognitiven Faktoren stellen den sogenannten "Sachverstand" dar, der in der politischen Praxis des demokratischen Staates in dem bürokratischen Apparat, in der Wissenschaft (bzw. bei den Experten) und teilweise auch bei den Politikern verankert ist. Er ist nicht nur Wissen, das "angewandt" werden kann, sondern auch Schöpfung, Erfindung von Lösungen.

Die volitiven Elemente sind: politischer Wille, politisches Programm, gesellschaftliche Idealvorstellungen und Tendenzen der gesellschaftlichen Entwicklung. Sie werden vor allem von den Politikern repräsentiert, aber ebenso von Interessenverbänden, Vereinigungen und anderen Institutionen des öffentlichen Lebens.

Die Demokratie braucht, wie jedes System, geistige Führer. Der "Volkswille" – wenn ich diesen nebulosen Ausdruck verwenden darf – bestimmt den Weg durch Wahlen und Abstimmungen; aber Leitideen, Programme und Lösungen werden erfunden – oder am besten: in Beratungsprozessen erstellt. Der "Volkswille" kann sich nicht unmittelbar äußern, er kann nicht unmittelbar konstruktiv sein, sondern nur auf Vorschläge reagieren, sie akzeptieren oder verwerfen, bzw. den Erfolg oder Mißerfolg von Maßnahmen ex post durch ein entsprechendes Wahlverhalten honorieren. Diese zwei Momente – die Notwendigkeit von geistigen Führungseliten und die Unmöglichkeit eines direkt konstruktiven Volkswillens – führen, wie schon erwähnt, zu jener Konzeption der demokratischen Gesellschaft, die ich als *'strukturierte Demokratie'* bezeichne. Dies ist eine Form der Demokratie, die die Tatsache und Notwendigkeit von führenden Eliten akzeptiert, den freien Zutritt zu öffentlichen Ämtern, die Differenziertheit der Institutionen, Transparenz, Ausgewogenheit und Kontrolle fordert, und – mit Rücksicht auf funktionale Effektivität – differenzierte Organisationsformen der Institutionen einführt. In dieser Konzeption werden die Faktoren: Beratung, Diskussion und Kontrolle als demokratische Elemente gegenüber dem bloßen Abstimmen und Wählen in den Vordergrund gestellt.

14. Die Stellung der Wissenschaft und der Experten in der Demokratie

Die Abhängigkeit des politischen Entscheidens von Wissen und Können wirft die Frage auf, welche Rolle den Wissenschaften in der Demokratie zukommt. Es ist ein modernes Schlagwort, "wissenschaftliche Politik" zu betreiben. Die einen stellen ihr politisches Programm nicht nur als Ergebnis von Beratungen zwischen Politikern und Wissenschaftlern hin, sondern als Ergebnis wissenschaftlicher Forschung, die – nach dieser Auffassung – fähig sei, nicht nur die bisherige geschichtliche Entwicklung in Grundzügen zu erfassen und zu deuten, sondern auch die zukünftige Entwicklung im wesentlichen vorherzusehen und zu bestimmen, was als politisches Ziel angestrebt werden soll. Die kommunistische Doktrin zieht in dieser Weise den historischen Materialismus als "wissenschaftliche" Begründung ihres Programmes heran. Die anderen stützen wenigstens ihre Programme auf Expertenmeinungen und sagen ihren Wählern explizit oder implizit: das, was wir machen, und das, was wir tun wollen, ist als wissenschaftlich richtig belegt.

Wir wollen hier von der Propagandafunktion der sogenannten Wissenschaftlichkeit absehen. Ausgehend von grundlegenden wissenschaftstheoretischen Betrachtungen möchte ich die Rolle der Wissenschaften funktionalistisch betrachten und solche institutionelle Formen der Zusammenarbeit zwischen Politik und Wissenschaft suchen, die der Idee einer strukturierten Demokratie entsprechen.

Wenn ich eine wesentlich bedeutendere Rolle der Wissenschaft im öffentlichen Leben fordere, so darf dies nicht als expertokratische Konzeption verstanden werden. Die Wissenschaften und die Experten können das richtige politische Handeln nicht bestimmen, da politische Entscheidungen immer auch von Wertungen und von der Geltendmachung verschiedener Interessen abhängen.

Unser Problem kann nur dann in adäquater Weise diskutiert werden, wenn man die große Differenziertheit der wissenschaftlichen Disziplinen beachtet. Die formalen Wissenschaften (wie Logik und Mathematik), die Naturwissenschaften oder die technischen Wissenschaften stehen in einer anderen Beziehung zur Politik als die Sozialwissenschaften (Soziologie, Jurisprudenz, Ökonomie usw.) und die historischen Wissenschaften. Diese These darf aber nicht in dem Sinne verstanden werden, als würde ich meinen, irgendwelche Wissenschaften – z.B. die formalen oder die Naturwissenschaften – seien politisch neutral und stünden daher außerhalb der politisch-ideologischen Kämpfe. Das Gegenteil ist wahr: jede wissenschaftliche Konzeption oder Interpretation der politischen Praxis kann zu einem Feld ideologischer Auseinandersetzungen werden.[29)]

Es gibt nicht *die* wissenschaftliche Meinung, sondern immer verschiedene wissenschaftliche Auffassungen, die geprüft und kritisch diskutiert werden müssen. Die Wissenschaft ist nicht fähig, Lieferant von endgültigen Wahrheiten zu sein, und sie bietet keine optimalen Handlungsrezepte an. Deswegen kann die Zusammenarbeit zwischen Politik und Wissenschaft nicht in der Form der Rezeption wissenschaftlicher Resultate vor sich gehen, ebensowenig wie politische Maßnahmen durch einzelne Expertisen hinreichend begründet sind. Die Kooperation zwischen Politik und Wissenschaft muß als komplexes Beratungssystem organisiert sein. Außerdem muß den Sozialwissenschaften die Rolle einer kritischen Instanz eingeräumt werden. Institutionen der freien wissenschaftlichen Diskussion müssen erweitert werden.

Die faktische Rolle der Experten in der Politik ist zu einem großen Teil unfunktional und hängt dem politischen Handeln bloß ein täuschendes Mäntelchen der Wissenschaftlichkeit um. Die Auswahl der Experten bedeutet oft schon eine Vorentscheidung über das Ergebnis. Die Expertisen bleiben oft geheim und werden nicht dem wissenschaftlichen Meinungsstreit ausgesetzt. Sie entbehren also des grundlegenden Moments aller wissenschaftlichen Arbeit: der Unterwerfung unter die öffentliche Kritik.

Wissenschaftliche Politik müßte beratende Zusammenarbeit sein zwischen Politikern, der Bürokratie und Wissenschaftlern. Die Dualität der Träger des Sachverstandes: auf der einen Seite die Bürokratie und auf der anderen Seite die Wissenschaftler, scheint mir bedeutsam für die Prozesse der demokratischen Entscheidungsoptimierung. Die prinzipielle Verschiedenheit der Positionen – die Bürokratie hat mehr praktische Erfahrung, sie hat weniger Vorbereitungszeit und ist stärker von den Politikern abhängig; der Wissenschaftler hat größere Möglichkeiten für hypothetisches Gedankenspiel, mehr Zeit für Orientierung und Fachstudium – muß institutionell in Beratungen verwertet werden. Leider sieht die Bürokratie in den Wissenschaftlern eher eine Konkurrenz als einen Partner für demokratische Zusammenarbeit.

Die Jurisprudenz nimmt kaum an der Diskussion aktueller rechtspolitischer Fragen teil. Sie beschränkt sich meist auf hermeneutische Analysen. Ihre Stimme kommt in den Diskussionen um rechtspolitische Reformen wenig zur Geltung. Denkanstöße gehen eher von den Massenmedien als von der Wissenschaft aus.

Die demokratische Beratung muß den Entscheidungen vorangehen. Leider entscheiden Poliker oft nach dem "Gefühl" oder um gewisse pressure groups zu befriedigen. Vorangehende Analysen mit transparenter beratender Teilnahme der Wissenschaften wären oft erforderlich.

Ihre kritische Rolle, die sie in autonomer Tätigkeit leisten müssen, können die Sozialwissenschaften nicht erfüllen, wenn sie auf die Wand der Geheimhaltungsmechanismus stoßen. Ich kann mich des Eindrucks nicht erwehren, daß viele Geheimhaltungen in Wirklichkeit der Abschirmung vor demokratischer Kritik dienen und nur als Persönlichkeitsschutz getarnt werden.[30] Persönlichkeitsschutz und Transparenz der politisch-sozialen Realität müssen harmonisiert werden.

Das wissenschaftliche Ethos sollte dem Wissenschaftler gebieten, zur Erstellung von Expertisen in politisch relevanten Bereichen nur dann bereit zu sein, wenn diese der wissenschaftlichen Kritik ausgesetzt werden. Geheimwissenschaft verletzt meines Erachtens das Ethos des Wissenschaftlers und steht in Konflikt mit seiner Rolle in der demokratischen Gesellschaft.

15. *Demokratische Rechtspolitik und Gerechtigkeit*

Man kann es als immanente Aufgabe der Gesetzgebung ansehen, gerechtes Recht zu schaffen. Daß die Gesetzgebung diese Aufgabe hat, wird von niemanden geleugnet. Das Ziel, gerechtes Recht zu schaffen und gerechte Lebensformen zu institutionalisieren, ist aber nicht das einzige Ziel der Gesetzgebung: sie hat auch die Aufgabe, effektives Arbeiten und Wohlstand zu ermöglichen, kurz: eine soziale Welt zu schaffen, in der es sich angenehm und moralisch leben läßt, und in der Wohlverhalten und Leistung besser wegkommen als gesellschaftlich unerwünschtes Verhalten.

Sehr verschieden wird aber die Aufgabe, gerechtes Recht zu schaffen, gedeutet. Die Posivisten meinen, daß die Gesetzgebung definiert, was – im Sinne des Systems – gerecht ist. Die Naturrechtler sind der Meinung, daß solches Recht zu schaffen sei, das nach objektiv geltenden Kriterien gerecht ist. Dieses objektive Gerechtigkeitskriterium wird von manchen Naturrechlern als absolut gültig, von anderen nur als relativ zur historischen Situation objektiv bestimmbar angesehen.

Positivismus und Naturrechtslehren wurden lange Zeit als einander prinzipiell ausschließende Konzeptionen angesehen. Heute herrscht eher die Tendenz, zwischen beiden Konzeptionen Brücken zu schlagen.[31)] Der Positivismus erkennt die Notwendigkeit an, das Recht rational zu begründen, was allerdings ohne Dezisionsmomente unmöglich ist; die Naturrechtler anerkennen nun meist sowohl die historisch-kulturelle Variabilität der Maßstäbe als auch die Schwierigkeit, die Objektivität der materiellen Gerechtigkeitskriterien unabhängig vom aktuellen Werterleben zu beweisen. Es bleibt dabei eine offene Frage, ob dieses tatsächliche Werterleben objektiv gültige Werterkenntnis ist. Das Werterleben als relevantes Argument kann jedoch auch der Positivist als soziale Realität und als Moment der praktischen Argumentation akzeptieren. Und meiner Ansicht nach muß er dies auch tun.

Wenn wir unstrittig und objektiv beweisen könnten, was gerecht ist, ließe sich das früher erwähnte Problem, wie die materiellen Postulate der Demokratie vor der Einschränkung durch formal-demokratische Beschlüsse geschützt werden könnten, lösen, indem das, was als objektiv richtig (gerecht, demokratisch) ausgewiesen wäre, als unabänderbares Recht nicht den Willensbildungsprozessen unterworfen würde. Diese Möglichkeit besteht jedoch nicht, denn es gibt keine objektive Erkenntnis richtigen Sollens. Unsere Überzeugung, was richtigerweise gesollt ist, bleibt prinzipiell ein sozial und kulturell bedingtes Datum, oder wenigstens: wir können die Grenze zwischen aktuell Geglaubtem und objektiv Notwendigem im praktischen Bereich nicht kennen.

Vom Standpunkt eines Positivismus, der zwar die sogannte "praktische Erkenntnis" für unmöglich hält (Non-Kognitivismus), aber die Möglichkeit und Wichtigkeit der De-lege-ferenda-Argumentationen unterstreicht, wird die

Gerechtigkeitsanalyse auf eine empirische Tatsache des praktischen Denkens gestützt, die ich "Wertthese" nenne. Es ist eine empirisch gut belegbare psychosoziologische Tatsache, daß jedes menschliche Individuum Wertbewußtsein hat und Gerechtigkeitsvorstellungen entwickelt. Gesellschaftliche Gruppen bilden gewisse gemeinschaftliche Wert- und Gerechtigkeitsvorstellungen aus. Ich bin der Meinung – und darin liegt der Unterschied zu den Naturrechtskonzeptionen –, daß diese Wertvorstellungen selbst hinterfragbar sind; dennoch sind sie – wenn auch nicht ewige – so brauchbare und eventuell konsensfähige Argumente.

Ich möchte nun einige Thesen über Gerechtigkeit und die Rolle der Gerechtigkeitstheorie in der Rechtspolitik aufstellen – ohne sie in diesem Rahmen hinreichend begründen zu können.

(1) Gerechtigkeit betrifft zwischenmenschliche Beziehungen. Da der Mensch ein Gemeinschaftswesen ist, sind Momente der Ausrichtung seines Wollens und Sollens auf Gemeinschaftlichkeit sowohl im Sinne von Zusammenleben und Kooperation als auch im Sinne von Mitberücksichtigung der Interessen der Mitmenschen (ich würde von Solidaritätsmomenten sprechen) biologisch und sozial-kulturell unabdingbare Bestandteile der Struktur seines Handelns. Normative Regulative und gesellschaftliche Ideale sind immer an Gemeinschaftsbeziehungen orientiert. Die Gemeinschaftsbindung kann aber verschiedene Formen annehmen: sie schwankt zwischen Gruppensolidarität, die mit Feindbildideologie gepaart ist, und universalistisch-humanistischer Solidarität.

(2) In der zeitgenössischen Gerechtigkeitstheorie nehmen Versuche, soziale Gerechtigkeit wissenschaftlich bzw. rational-objektiv zu begründen (z.B. John Rawls' Lehre) einen breiten Raum ein. Mich überzeugen diese Theorien nicht. Sie täuschen objektive Geltung gewisser Gerechtigkeitsideale vor. Wir können meines Erachtens nicht beweisen, wie die gerechte Gesellschaft aussehen müßte.

(3) Es ist meines Erachtens nicht die Aufgabe der Gerechtigkeitstheorie, sozial-politische Programme zu erstellen. Sie ist vielmehr kritische Instanz. Wir fordern zwar Gerechtigkeit und versuchen zu bestimmen, nach welchen Kriterien menschliche Beziehungen, Institutionen oder politische Maßnahmen als gerecht bzw. ungerecht beurteilt werden können, doch ein gesellschaftspolitisches Programm zu erstellen, kann nicht Aufgabe der Gerechtigkeitstheorie sein.

(4) Rechtspolitik ist als Zusammenspiel von Utilität – nützlichen Maßnahmen und Einrichtungen – und der Verwirklichung von Gerechtigkeitsidealen zu konzipieren. Gerechtigkeit selbst darf meines Erachtens nicht unabhängig von Fragen der Motivation betrachtet werden. "Gerecht, zweckmäßig und effektiv" ist das Ziel vernünftiger Rechtspolitik.

Rechtpolitische Wertungen ohne Berücksichtigung der motivatorischen Wirkungen und ohne Berücksichtigung der gesellschaftlichen Leistungen halte ich nicht nur für weltfremd, sondern auch für eine falsche Gerechtigkeitstheorie.

(5) Schlagwortartig kann man sagen: Wir können nicht allgemein bestimmen, was gerecht ist, wir können aber sehr oft überzeugend darlegen, was ungerecht ist, und daher Institutionen von Gerechtigkeitsgesichtspunkten aus kritisieren. Ein Beispiel zur Illustration: Es läßt sich unschwer überzeugend begründen, daß es ungerecht ist, die Prämie für die Vollkaskoversicherung von Autos nach dem Neuwert des Wagens zu bestimmen, wenn der aktuelle Wert – und natürlich der durch die Versicherung gewährte Schadensersatz – oft nur ein Bruchteil des Neuwertes ist, so daß die Jahresprämie sogar den Wert des versicherten Gegenstandes übersteigen kann.

(6) Die formalen Gerechtigkeitsprinzipien sind wichtige Instrumente der Gerechtigkeitsanalyse, sie bieten aber allein – d.h. ohne zusätzliche Prämissen – keine Maßstäbe für rechtspolitische Entscheidungen. Nach dem Prinzip der formalen Gerechtigkeit sollen unter gleichen relevanten Bedingungen gleiche Rechtsfolgen gesetzt werden. Dieses Prinzip zwingt uns, die Gründe der Rechtfolgen aufzudecken, und es zeigt, daß das juristische Werten prinzipiell analytisch-wertend ist, d.h., daß es die relevanten Gründe herauszustellen hat und sich niemals mit bloß global-intuitiver Stellungnahme zufriedengeben darf.

(7) Nach dem Universalisierungsprinzip ist ein Sollen nur dann gerechtfertigt, wenn es als universalisierte Regel akzeptabel ist. Diese Metaregel der Gerechtigkeitsanalyse muß näher expliziert werden. Erstens bedeutet sie keineswegs eine Forderung des Keinen-Unterschied-Machens; was gleich und was unterschiedlich behandelt werden soll, ist Dezisionssache. Es muß betont werden, daß sie kein selbständiges rechtspolitisches Begründungsprinzip ist.

(a) Schon aus der Kantschen Formulierung des kategorischen Imperativs (die ein Ausdruck dieses Prinzips ist[32]) geht hervor, daß es ein Prinzip der Art und Weise ist, wie normative Regeln (Handlungsmaximen) auf ihre Akeptabilität hin geprüft werden können, d.h. sie müssen als universell (relativ zu den gegebenen Anwendungsbedingungen) gültig *gewollt werden können.* Von einer selbständigen objektiven Begründung durch dieses Prinzip kann also nicht die Rede sein. Wertung unter generellen Gesichtspunkten stellt nur dann eine materielle Begründung des Sollens dar, wenn eine materielle Stellungnahme hinzutritt, bei Kant ausgedrückt durch das Wollen-Können.

(b) Von "Universalisierung" zu sprechen, ist offenbar nur dann sinnvoll, wenn das Merkmal, nach dem generalisiert wird, bestimmt ist. Ein Einzelfall, der Ausgangspunkt unserer Analyse ist, weist immer eine Menge von Merkmalen auf. Wenn wir alle denkbaren Merkmale universalisieren würden, dann würde die Wertung nach dem Prinzip der identitas indiscernibilium eigentlich nur diesen Fall betreffen. Es geht aber darum, die für die rechtspolitische Wertung entscheidenden Merkmale herauszuheben und als Basis der Generalisierung zu nehmen. Das heißt aber: das Universalisierungsprinzip gilt nur relativ zur Entscheidung, was die rechtspolitisch relevanten Merkmalen sind.

(8) Den formalen Prinzipien verwandt scheint das Gegenseitigkeitspostulat zu sein, das im demokratischen Weltbild eine wichtige Rolle spielt. Als Postulat nach Gleichheit (oder Wertgleichheit) von Leistung und Gegenleistung, der Gleichheit der gegenseitigen Rechte und Pflichten der beteiligten Subjekte, scheint es ein formales Gerechtigkeitsprinzip zu sein. Daran zweifle ich jedoch. Als formales Prinzip müßte es universelle Geltung haben. Nicht für jede Beziehung zwischen Menschen gilt jedoch die Forderung nach Gegenseitigkeit. Ich glaube, sie gilt nur für jene Beziehungen, die wir als "partnerschaftlich" bezeichnen. Das Gegenseitigkeitsprinzip ist also kein formaler Grundsatz der Gerechtigkeit. Der inhaltliche Charakter des Gegenseitigkeitspostulates kommt auch darin zur Geltung, daß es eine materielle Wertentscheidung ist, ob für die betreffende Relation Gegenseitigkeit zu fordern ist, ferner darin, daß die Art der Gleichheit bestimmt werden muß: genau gleiche Tätigkeit, Gleichwertigkeit der Leistung und Gegenleistung oder Gleichheit der Bereitschaft zur Hilfe usw.

(9) Es gibt wichtige und sehr plausible Gerechtigkeitspostulate der Rechtsanwendung, die von anderen materiellen rechtspolitischen Auffassungen unabhängig sind. Das Postulat der wahren Tatsachenfeststellung ist eine selbstverständliche Forderung, aber dennoch oft noch ein praktisches und politisches Problem. Nach dem Postulat der Verwirklichung sind die den Tatsachen entsprechenden Rechtfolgen nicht nur wertende Feststellungen, sondern Maßnahmen, die in die Tat umzusetzen sind. Für die institutionstheoretische Forschung bilden die Postulate der Verfahrensgerechtigkeit ein Feld der rechtssoziologischen Forschung und von Optimierungsüberlegungen, denn es geht darum, Rechtsprozesse so zu organisieren, daß die Wahrscheinlichkeit gerechter Lösungen maximiert wird.

(10) Gesellschaftliche Institutionen sind mit Systemen von Rollenspieleen der beteiligten Personen verbunden. Das Rollenspiel ist ein Komplex aus Sollen, Können (Kompetenzen) und Dürfen, aus Ansprüchen und

Erwartungen, aus Tätigkeit und Anpassung. Rollenspiele sind gesellschaftliche Gegebenheiten, in die wir automatisch oder durch Willensakte eintreten. Man ist automatisch Staatsbürger; man wird Vereinsmitglied oder Ehepartner durch einen spezifischen Willensakt. Der Mensch gestaltet seine Rollenspiele zum Teil aus relativ freier Entscheidung, oder er kann Typen von institutionalisierten Rollenspielen bei der Gestaltung seiner konkreten Beziehungen durch Übereinkunft modifizieren. Mit dem Dasein von Gemeinschaften und Rollenspielen sind immer Gerechtigkeitsprobleme verbunden. Die Gerechtigkeitsprobleme konzentrieren sich hier auf die Ausgewogenheit der Leistungen und Gegenleistungen der Partner des Rollenspiels.

(11) Fragen der Gerechtigkeit betreffen – darüber ist man sich heute wohl schon im klaren – nicht nur Individuen, sondern auch Gruppen und deren Freiheiten und gegenseitige Beziehungen. Darüber hinaus ist die relative Freiheit des Einzelnen gegenüber der Gruppe und sein Recht, aus Gemeinschaften auszutreten, eine wichtige und schwierige Frage. Wenn soziale Freiheit überhaupt bestehen soll, dann muß Freizügigkeit gegenüber der Gruppe (außer unter besonderen Umständen) institutionalisiert sein.

(12) Gerechtigkeit hat einen konservativen und einen reformatorischen Aspekt. Rechtsfriede, gleiche Beurteilung gleichartiger Fälle mit bloß unterschiedlicher Zeitkoordinate und der Schutz erworbener Rechte sind Momente der Stabilität des gesellschaftlichen Lebens und unserer Gerechtigkeitsvorstellungen. Gleichzeitig verstehen wir Gerechtigkeit als Streben, die rechtlichen Beziehungen im Laufe der gesellschaftlichen Entwicklung gerechter zu machen. Daraus ergibt sich die Notwendigkeit, zwischen beiden Idealen der Gerechtigkeit, Konstanz und Fortschritt, einen Kompromiß zu finden.

(13) Das aktuelle Problem der Gerechtigkeit ist nicht mehr bloß das Eintreten für die Gemeinschaft, sondern die Konstituierung von friedlichen und kooperativen zwischenmenschlichen Beziehungen. Dies ist aktuell im kleinen wie im großen: die erste Vorbedingung für das Zusammenleben von verschiedenen Volksgruppen und für das Überleben der Menschheit angesichts der modernen Waffen und der aktuellen gesellschaftlichen Konstellationen in der Welt. Die Gerechtigkeitsideale unserer Zeit sind in den Dienst dieses Problems zu stellen. Öffnung für die Kommunikation zwischen den Kulturen, politischen Systemen und Gemeinschaften, Toleranz und Versuche, zwischengemeinschaftliche Verständigung zu erreichen, sollten unser wichtigstes rechtspolitisches Ideal sein.

(14) Die konfliktgeladene Welt, in der wir leben, die Eskalation der Kampfmittel bis zum atomaren Overkill, zwingen uns, das Gerechtig-

keitsproblem nicht mehr primär als Mechanismus der Schuldbewältigung, der Vergeltung und Repression zu sehen, sondern als Suchen nach tragfähigen Systemen für das zukünftige Zusammenspiel zwischen verschiedenen menschlichen Gemeinschaften. Die Vergangenheit ist nur insoweit wichtig, als sie bestehende Strukturen erklärt; es geht aber nicht um historische Ansprüche oder Vergeltung, die die Welt nur verwirren würden und die sicherlich keine universelle Friedensbasis bieten, sondern um das Auffinden von Lösungen, die die Welt für Zukunft harmonisieren.

Anmerkungen

1 A. Gehlen, Der Mensch. Seine Natur und seine Stellung in der Welt, Bonn 1955.

2 Vgl. R. Dworkin, Taking Rights Seriously, London 1977, S. 22 ff, S. 90 ff.

3 Je nach der Tradition und herrschenden juristischen Doktrin schwankt das Ausmaß, in dem die Rechtsprechung rechtspolitische Argumente in Erwägung zieht.

4 Vgl. N. Luhmann, Rechtssoziologie, Band I, Hamburg 1972, Opladen 1987^3, S. 30, 42 ff., sowie meine Kritik in: O.Weinberger, Soziologie und normative Institutionentheorie, Recht und Institutionen. Helmut Schelsky Gedächtnissymposium Münster 1985, Berlin 1985, S. 32-58.

5 In der modernen Gerechtigkeitstheorie besteht ein wesentliches Manko an Überlegungen über die Frage, wie eine gewisse rechtliche Norm oder eine gesellschaftliche Einrichtung das Handeln der Menschen motiviert. Man meint oft, Gerechtigkeit sei eine Frage, Motivation eine andere. Ich glaube dagegen, daß die gerechten Rechtsfolgen nicht ohne Berücksichtigung der motivatorischen Funktion bestimmt werden können. Vgl. O. Weinberger, Analytisch-dialektische Gerechtigkeitstheorie. Skizze einer handlungstheoretischen und non-kognitivistischen Gerechtigkeitstheorie, in: I. Tammelo/A. Aarnio (Hrsg.), Zum Fortschritt von Theorie und Technik in Recht und Ethik, Rechtstheorie, Beiheft 3, S. 307-330.

6 Vgl. O. Weinberger, Jenseits von Positivismus und Naturrecht, in: Contemporary Conceptions of Law – 9th World Congress (Basel 1979), ARSP, Supplementa, Vol. 1, Part 1, S. 43-56.

7 O. Weinberger, Zur Theorie der Gesetzgebung, in: J. Mokre/O. Weinberger (Hrsg.), Rechtsphilosophie und Gesetzgebung, Wien/New York 1976, S. 173-198.

8 Hier zeigt sich schon eine gewisse Undeterminiertheit der Zweckrationalität. Es sei vorausgesetzt, daß die Handlung H_1 den Zweck Z_1 mit größerer Wahrscheinlichkeit aber mit geringerer Intensität als die Handlung H_2 bewirke. Dann ist rein logisch nicht bestimmt, ob H_1 H_2 oder umgekehrt H_2 H_1 vorzuziehen ist.

9 Vgl. Ch. Weinberger/O. Weinberger, Logik, Semantik, Hermeneutik, München 1979, S. 54 f.; O. Weinberger, Rechtslogik, 2. Aufl., Berlin, im Druck.

10 Zukünftige Erfindungen kann man kaum konkret prognostizieren; jedenfalls kann man sie nicht im einzelnen charakterisieren, sonst hätte man sie ja schon erfunden. Eine Gesamtübersicht der möglichen Erfindungen kann man offenbar überhaupt nicht aufstellen.

11 Auch bei idealen Diskursen haben wir keinen Grund vorauszusetzen, daß universeller Konsens erreichbar ist.

12 Diese Konzeption kann man nicht dadurch verbessern, daß man nur begründeten Konsens als wahrheitsbestimmend ansieht. Wenn das Kriterium der Begründung herangezogen wird,

dann wird der Konsens irrelevant (die wohl begründete These ist doch wohl auch wahr, wenn die Diskursteilnehmer sie aus Dummheit oder Voreingenommenheit nicht akzeptieren). Bei sogenanntem begründeten Konsens geht es doch offenbar nicht darum, daß irgendetwas als Begründung vorgetragen wird, noch darum, daß die Diskursteilnehmer meinen, gute Gründe für ihre Zustimmung zu haben, sondern um die Frage, ob die Gründe tatsächlich gute und hinreichende Gründe sind.

13 Vgl. R. Alexy, Theorie der juristischen Argumentation, Frankfurt/M. 1978, S. 138.

14 A. Ross, Law and Justice, London 1958, S. 46.

15 O. Weinberger, Zwei Bereiche der Sollsatzlogik, in: ders., Studien zur Normenlogik, Rozpravy ČSAV, Prag 1960, ferner: ders., Studien zur Normenlogik und Rechtsinformatik, Berlin 1974, S. 177 f.

16 Vgl. O. Weinberger, Gesetzgebung und Motivation, in: E. Mock/I. Tammelo (Hrsg.), Gesetzgebung und Rechtstheorie, FS für Robert Weimar, Frankfurt/M / Bern / New York, 1986, S. 117-131.

17 Vgl. D. N. MacCormick, Coherence in Legal Justification, in: W. Krawietz et al., Theorie der Normen. Festgabe für Ota Weinberger, Berlin 1984, S. 37-53.

18 Vgl. N. Hartmann, Teleologisches Denken, Berlin 1951. Ch. Weinberger/O. Weinberger, Logik, Semantik, Hermeneutik, München 1979, Kap. 8.

19 Ch. L. Stevenson, Ethics and Language, New Haven, London 1944.

20 Ich unterschätze dabei keineswegs die Bedeutung von Zivilcourage für das demokratische Leben und sehe sehr wohl die Gefahren der karrieristischen Anpassung für die demokratische Moral.

21 Vgl. O. Weinberger, Institution, Organisation, Kontrolle, Akten des Symposiums in Salerno 1985, in Druck.

22 H. Kelsen, Vom Wesen und Wert der Demokratie, Tübingen 1929².

23 Vgl. O. Weinberger, Abstimmungslogik und Demokratie, in: B. Sutter (Hrsg.), Reformen des Rechts, FS zur 200-Jahr-Feier der Rechtswissenschaftlichen Fakultät der Universität Graz, Graz 1979, S. 605-623.

24 J. A. Schumpeter, Kapitalismus, Sozialismus und Demokratie, München 1972³.

25 M. Hauriou, Die Theorie der Institutionen und der Gründung (Essay über den sozialen Vitalismus), in: R. Schnur (Hrsg.), Die Theorie der Institution, Berlin 1965, S. 27-66.

26 Vgl. O. Weinberger, Ausgangspunkte des Institutionalistischen Rechtspositivismus, Einleitung zum Buch D.N. MacCormick/O. Weinberger, Grundlagen des Institutionalistischen Rechtspositivismus, Berlin 1985.

27 Vgl. A. Downs, Ökonomische Theorie der Demokratie, Tübingen 1968 (Orig. 1957).

28 Dies ist ein wichtiges demokratisches Postulat, wenn auch keineswegs ausgeschlossen ist, daß ein Diktator es in gewissen Situationen realisiert.

29 Jahrzehntelang hat z.B. die offizielle marxistische Lehre die Logik, insbesondere ihre moderne Form, bekämpft, ebenso wie die moderne Semantik und die Kybernetik. Der Mendelismus und Darwinismus wurden abgelehnt und Lysenkos Lehre als marxistische Biologie gefeiert. Auf anderen ideologischen Fronten sieht es nicht ganz anders aus, auch wenn hier die "richtigen" wissenschaftlichen Auffassungen meist nicht durch politische Entscheidungen als maßgeblich deklariert werden. Ich verweise nur auf zwei Bereiche, wo sich dies zeigt: (a) Die sozialdarwinistische Interpretation des Darwinismus brachte die bekannten politisch-ideologischen Implikationen, die im rassistischen Nazismus gipfelten. (b) Der Kampf für und gegen das Naturrecht wird in der Rechtsphilosophie durchaus nicht emotionsfrei geführt, sondern durch religiöse und ideologische Voraussetzungen wesentlich beeinflußt.

30 Daß jemand Schuster oder Professor für Rechtsphilosophie ist (und nach einem gesetzlichen Schema entlohnt wird) ist keine geschützte Persönlichkeitsinformation. Informationen

darüber, wer in welchen Aufsichtsräten und Funktionen tätig ist, und welche Vernetzungen der Machtpotentiale bestehen und mit welchen Einkünften und Privilegien solche Positionen verbunden sind, empfindet man als Eingriff in die persönliche Sphäre.

31 Vgl. z.B. O. Weinberger, Jenseits von Positivismus und Naturrecht, in: Contemporary Conceptions of Law – 9th World Congress der IVR (Basel 1979), ARSP, Supplementa, Vol. I. Part 1, 1982, S. 43-56, sowie das Referat von Norbert Leser "Der Konflikt zwischen Recht und Gerechtigkeit", beim 12. Weltkongreß der IVR in Athen 1985.

32 Ich meine natürlich die Formulierung: "Handle nur nach derjenigen Maxime, durch die du zugleich wollen kannst, daß sie ein allgemeines Gesetz werde".

Helmuth Schulze-Fielitz

Der politische Kompromiß als Chance und Gefahr für die Rationalität der Gesetzgebung

1. Die Vernachlässigung des politischen Kompromisses in der Gesetzgebungstheorie

a) Die tendenzielle Geringschätzung von Kompromissen

Die Rolle (partei- und sach-)politischer Kompromisse für das Gesetzgebungsverfahren und das Gesetz als sein Produkt wird in den zahlreichen neueren Publikationen zur Gesetzgebungslehre merkwürdig vernachlässigt. "Kompromißgesetze" stehen nicht nur bei *Peter Noll* im Kontext sozial unwirksamer Gesetze als pejorative Formel für Gesetze, die als Ergebnis unentschiedener politischer Machtkämpfe eher symbolische, bestenfalls marginale Wirkungen aufweisen oder Probleme durch unklare Lösungen verschieben.[1] Bei eher traditionellen staatsrechtlichen Auffassungen verpflichteten Darstellungen fehlt der politische Kompromiß praktisch ganz[2)] oder soll gar die Gerechtigkeit als Kriterium der Gesetzgebung ablösen.[3)]

Solche Defizite kontrastieren der empirisch überragenden Rolle von Kompromissen: Gesetzgebung in der vertragsgeprägten Verhandlungsdemokratie *ist* institutionalisierte Kompromißbildung.[4)] Sie erstaunen aber auch vor dem Hintergrund der verschiedenen Kompromißethiken[5)] bis hin zu jenem "klassischen" Urteil von *Georg Simmel* über den Kompromiß als eine "der größten Erfindungen der Menschheit".[6)]

b) Traditionelle verfassungstheoretische Belastungen des Kompromißgedankens

Die Unterbewertung des Kompromisses in der Gesetzgebungslehre ist (auch) eine Spätfolge verschiedener, z.T. von spezifisch deutschen verfassungstheoretischen Traditionen geförderter Vorbehalte. Erinnert sei an jene Traditionslinie, die Verfassung und Gesetzgebung als durch die realen Machtverhältnisse erzwungene Kompromisse der Arbeiterbewegung mit der herrschenden Klasse als Form des "Gleichgewichts" der sozialen Klassen[7)] oder als "Klassenkompromiß"[8)] ansieht, jenen ungeliebten Kompromiß aber bei nächster Gelegenheit aufkündigen will: Kompromisse geraten so von vornherein in Gegensatz zu der ihnen eigentümlichen Idee ausgewogener Gerechtigkeit[9)]; sie können kompromittieren.

Eine in der Staatsrechtslehre gewiß stärker wirksame Traditionslinie sieht auf der Grundlage des gleichen Tatbestandes (der Demokratisierung und Pluralisierung des Parlaments) die Einheit und innere Souveränität der Staatsgewalt durch taktierende Kompromisse und Aushandlungsprozesse mit gesellschaftlichen Gruppenmächten[10)] bedroht, obwohl doch gerade (nur) der Staat jenen Ordnungszusammenhang durch "Entscheiden" stiften könne und rechtlich durchzusetzen in der Lage sei, um Frieden durch Recht zu garantieren.[11)]

Wenig kompromißfreundlich sind auch neuere Erscheinungsformen, bestimmte Sachfragen für kompromißunfähig bzw. einer Mehrheitsentscheidung unzugänglich zu erklären, sei es durch Ausdehnung des Unabstimmbaren in der Grundwerte-Debatte[12)], sei es durch die Ausdehnung der Grenzen des Mehrheitsprinzips im Namen eines ökologischen Fundamentalismus[13)] – so gewiß im historischen Wandel bestimmte Sachfragen dem unveränderbaren Verfassungskern sich anlagern können (Art. 79 III GG). Ein neutrales Verständnis wird auch nicht dadurch gefördert, daß man ihn im Kontext der gewaltenteilenden Demokratie als bloß indirekt rechtfertigungsfähiges Ordnungsprinzip für partikulare, nicht verallgemeinerungsfähige Interessen reserviert.[14)]

In abgeschwächter Form kommt in der heutigen Gesetzgebungslehre jene vielschichtig motivierte Distanz zur alltäglichen Politik im Parteienstaat im Ideal des "klaren", "richtigen", "rationalen" Recht gegenüber den schlechten Kompromissen des Gesetzgebers zum Ausdruck.[15)]

2. *Vorläufiges zum Begriff des Kompromisses*

Für die gebotene realistische Bestandsaufnahme soll unter einem Kompromiß eine Entscheidung verstanden werden, durch die zur Überbrückung eines Gegensatzes zwischen zwei oder mehreren, einander widersprechenden Zielvorstellungen diese nur teilweise berücksichtigt werden. Nicht erforderlich ist, daß bei einem Konflikt zwischen *zwei* Zielen an *beiden* Abstriche vorgenommen sein müssen [16)]; denn auch schon in der Hoffnung bzw. unverbindlichen Inaussichtstellung auf ein Entgegenkommen in der Zukunft in anderen Fragen kann der Grund für ein freiwillig-einseitiges Nachgeben liegen; es handelt sich dann um einen "hinkenden" Kompromiß, in deutlichem Unterschied zum einseitigen Diktat.

Der Begriff des "echten" Kompromisses ist wegen seiner mehrdeutigen Verwendung zu vermeiden. Als echt wird teils eine Sachentscheidung (im Unterschied zum dilatorischen Verfahrenskompromiß)[17)], ähnlich ein "wirkliches" Zugeständnis aus Überzeugung (im Gegensatz zu einem "nur taktischen" Kompromiß)[18)], teils auch ein beiderseitiges Entgegenkommen (im Unterschied zum einseitigen Nachgeben bzw. einem Diktat) angesehen.[19)]

In jener Differenz von Sachentscheidung und aufschiebender Entscheidung wird erkennbar, daß Kompromisse auch als Entscheidungsverfahren betrachtet werden können in Parallele zur grundlegenden Erkenntnis, daß die Gemeinwohlgerechtigkeit eines Entscheidungsinhalts maßgeblich von der Verfahrensgerechtigkeit des vorangegangenen Entscheidungsverfahrens abhängig ist.[20)] Auch die Rationalität von Kompromissen läßt sich nicht nur vom Regelungsinhalt, sondern auch vom Verfahren her bestimmen und begründet die Zweckmäßigkeit eines weiten Kompromißverständnisses (unter Einschluß hinkender Kompromisse). Politische Gestaltung durch Gesetzgebung ist ein dauerhafter Verhandlungsprozeß, in dem vergangene und zukünftige Entscheidungen im Zusammenhang stehen. Die Zustimmung zu einem Gesetz oder einer Regel kann der Preis für ein früheres Entgegenkommen in anderen Fragen oder Vorleistung in Hoffnung auf ein späteres Entgegenkommen sein. Solche Reziprozitätserwartungen entfalten ihre beherrschende Wirksamkeit vor allem unter Koalitionsparteien, aber auch (abgeschwächt) zwischen Regierung und Opposition unter dem Druck der Möglichkeit parlamentarischer Mehrheitswechsel nach Wahlen und des Kampfes um die politische Mitte der Wähler.

Ein Kompromiß ist "sach"-politisch, wenn es um den Konflikt zwischen Alternativen zur Gestaltung eines Sachbereiches des Gemeinwesens geht; er ist parteipolitisch, wenn jene Alternativen von unterschiedlichen politischen Parteien "besetzt" sind, weil sie von diesen auf der Ebene von Führungsentscheidungen vertreten werden. Er wird zum Gesetzeskompromiß, wenn er sich im positiven Recht niederschlägt.

3. *Ebenen und Institutionen der Kompromißbildung im Gesetzgebungsverfahren*

a) *Ebenen der Kompromißfindung im informalen Verfassungsstaat*

Entgegen einem staatsrechtlich geleiteten Verständnis, das die Kompromißfindung in engem Zusammenhang mit dem parlamentarischen Verfahren sieht[21)], läßt sich feststellen, daß Kompromisse weitgehend außerhalb der parlamentarischen Organe auf allen Ebenen und während aller Verfahrensstationen des Gesetzgebungsprozesses gefunden werden.

Die Entscheidung über das *Ob* einer Gesetzesinitiative *im Schoße der Ministerialbürokratie* (z.B. Prüfung der Zweckmäßigkeit, einen Referentenentwurf zu erarbeiten) kann *Folge* politischer Kompromisse sein (z.B. die Koalitionsvereinbarung vom März 1983, Maßnahmen gegen vermummte Demonstranten "zu prüfen"). Sie kann ebenso *selber* ein Kompromiß innerhalb der Regierung sein (z.B. durch Eingrenzung des Gesetzgebungsgegenstandes) wie das *Wie* der Ausgestaltung i.S. einer Ausgrenzung von Alternativen, namentlich nach den vertragsartigen[22] Verhandlungen der Ministerialreferenten mit Verbandsvertretern (vor *und* nach Fertigstellung von Referentenentwürfen), aber auch mit den kommunalen Spitzenverbänden, z.T. auch mit sonstigen interessierten (und angesprochenen) Fachkreisen. Schon *vor* der Verabschiedung eines Regierungsentwurfs fallen die maßgeblichen Vorentscheidungen[23] durch regierungsinterne interministerielle (und damit oft auch zugleich koalitionsinterne) Kompromißbildungsprozesse "von unten nach oben" (vgl. § 17 I GO-BReg), bei der frühzeitigen Abstimmung mit den Ländern[24] und auf informaler Ebene in und zwischen den Fraktionen und Parteivorständen in Konkretisierung von Koalitionensvereinbarungen.

Diese Koalitionskompromisse können freilich *auch* erst im parlamentarischen Verfahren nach Einbringung des Regierungsentwurfs erfolgen; ihr Ort sind aber nicht die Ausschüsse des Bundestages, sondern z.T. parakonstitutionelle Gremien, in die sich die Kompromißbildung verlagert.[25] So finden Aushandlungsprozesse in erster Linie *innherhalb* der *Bundestagsfraktionen,* in Arbeitsgruppen *zwischen den Koalitionsfraktionen* bzw. ihren Fachexperten und zwischen einzelnen hochrangigen *Spitzenpolitikern der Koalitionsparteien* statt: Koalition ist der Kompromiß eigentümlich.[26] Erst sekundär und unter spezifischen Bedingungen geht es um Vereinbarungen zwischen Regierung(sparteien) und Opposition(sparteien). Je länger und umstrittener die (z.T. öffentlich geführten) Koalitionsauseinandersetzungen sind, desto eher werden Ausschußberatungen als dem Gesetzgebungsprozeß nicht weiter förderlich angesehen.[27]

Prozessual werden solche Kompromißfindungsprozeduren in der politischen Öffentlichkeit durch Stellungnahmen von Parteipolitikern und sonst Interessierten (unterschiedlich stark) beeinflußt. *Institutionell* finden jene parteipolitischen Kompromisse ihren Niederschlag in formellen Beschlüssen von staatsorganisatorisch-parlamentsrechtlichen Entscheidungsgremien: von interministeriellen Arbeitsgruppen, vom Bundeskabinett, von den Fraktionen, den Bundestagsausschüssen, dem Bundestag (bzw. seinem Ältestenrat), dem Bundesrat oder auch dem Vermittlungsausschuß nach Art. 77 II GG.

b) *Schwerpunkte der Kompromißbildung*

Kompromißbildung als *Prozeß* läßt sich für den außenstehenden Beobachter an drei Stationen des Gesetzgebungsverfahrens ablesen, an denen Veränderungen der Regelungsvorschläge sichtbar werden: Öffentliche (partei-) politische Auseinandersetzungen im Vorfeld der Einbringung von Gesetzesinitiativen in das Parlament (aa), die (kompromißhaften) Veränderungen während der Ausschußberatungen im Bundestag (bb) und die Veränderungen aufgrund der Beratungen im Vermittlungsausschuß (cc).

aa) Vorparlamentarische Kompromisse am Beispiel der Diskussion um ein Erziehungsgeldgesetz

Die verschiedenen Kompromißebenen lassen sich gut, wenn auch nicht ganz typisch am Beispiel der in der Diskussion befindlichen Einführung eines Erziehungsgeldes für alle Mütter erkennen. Ein erster, vom 6.2.1985 datierter Referentenentwurf wurde, noch vor endgültiger Abstimmung mit den anderen Bundesministern, den Verbänden und den Ländern, von Familienminister *H. Geißler* am 12.2.1985 der Öffentlichkeit vorgestellt[28)], nachdem der Parteivorstand der CDU am 4.2.1985 einen Leitantrag zur Frauen- und Familienpolitik verabschiedet hatte, in dem erstmals das Erziehungsgeld konkret geplant und der sechs Wochen später von dem Essener ("Frauen"-) CDU-Parteitag (vom 20. – 22.3.1985) verabschiedet wurde. Der Gesetzenwurf enthielt für alle jungen Mütter eine einjährige sogenannte "Arbeitsplatzgarantie", die durch ein Kündigungsverbot bis 2 Monate nach Ablauf des Erziehungsurlaubs eine Rückkehr auf den alten Arbeitsplatz sichern sollte (§ 19 Ref.-Entwurf). Koalitionsinterner Widerspruch vor allem der FDP und der Mittelstandsvereinigung der CDU/CSU führte beim Minister zur (Kompromiß-)Bereitschaft, Kleinbetriebe mit bis zu fünf Beschäftigten von der Arbeitsplatzgarantie auszunehmen.[29)] Im Beschluß des CDU-Parteitages selber wurde als Kompromiß zwischen Befürwortern und Gegnern (neben den genannten noch der CDU-Wirtschaftsrat und die Frauen der Jungen Union) die Arbeitsplatzgarantie zu einem Rückkehrrecht beim alten Arbeitgeber abgeschwächt.[30)]

In den "langwierigen, schwierigen" Koalitionsverhandlungen von Spitzenpolitikern der Koalition aus CDU/CSU und FDP wurde ein – von der FDP zunächst "mit Vorbehalt" gebilligter[31)] und von der FDP-Fraktion zunächst abgelehnter[32)] – neuer Kompromiß vereinbart.[33)] Statt jener generellen Arbeitsplatzgarantie wird dem erziehenden Ehegatten für die Zeit des Erziehungsurlaubs nur noch Schutz vor einer Kündigung gewährt, die "in besonderen Fällen" mit arbeitsschutzbehördlicher Genehmigung für zulässig erklärt werden kann; Anhaltspunkt für die besonderen Fälle (z.B. wirtschaftliche Existenzgefährdung des Betriebes, Stillegung von Betriebsabteilungen) sollen in der Begründung des Gesetzentwurfs enthalten sein[34)] und durch Verwaltungsvorschriften des BMA präzisiert werden.[35)] Insoweit wurde strukturell die Regelung des Kündigungsschutzes während der Mutterschaftsfristen auf die Zeit des Erziehungsurlaubs übertragen. Eine unbefristet eingestellte, weil anders nicht zu gewinnende Ersatzkraft berechtigt aber in Betrieben mit weniger als sechs Arbeitnehmern zur Kündigung. Der Entwurf stößt dennoch auch als Regierungsentwurf auf Kritik der Mittelstandsvereinigung der CDU, vor allem an Kündigungsschutz, aber auch an der Nichtberücksichtigung der Situation der mithelfenden Familienangehörigen.[36)] Politische Einwände im Detail wie eine "Bevorzugung der Hausfrauen" spielen keine maßgebende Rolle.[37)] bb) Kompromisse in parlamentarischen Ausschußberatungen

Die Ausschüsse des Bundestages scheinen nach der Logik des verfassungsrechtlichen Gesetzgebungsverfahrens institutioneller Kern der kooperativen Kompromißsuche zu sein[38)]; die Nichtöffentlichkeit ihrer Beratungen wird gerade auch im Hinblick auf die Erleichterung von Kompromissen gerechtfertigt.[39)] Ausschüsse sind indessen keine zentralen Kompromißfindungsorgane.

Nur selten werden Regierungsentwürfe von vornherein unter dem Vorbehalt ihrer Veränderung im Gesetzgebungsverfahren gestellt, weil die partei- und regierungsinternen Kontroversen nicht ausdiskutiert worden sind, aber ein politischer Zeitdruck besteht.[40)] (Tendenziell: nur) koalitions*intern* (noch) umstrittene Projekte erfahren im Ausschuß wesentliche Änderungen, die außerhalb des Ausschusses ausgehandelt werden. Beispiele aus jüngster Zeit sind die Modifikationen bei der Reform des Demonstrationsstrafrechts und beim 21. StrÄndG (betreffend die "Auschwitz-Lüge"), weil der vom BMI forcierte Regierungsentwurf vom 14.7.1983 wie der aus der 9. WP übernommene Regierungsentwurf des BMJ koalitionspolitisch nicht abgestimmt waren.

Eine empirische Analyse von Änderungen koalitionsintern abgestimmter Regierungsvorlagen zeigt (am Beispiel der 9. WP als Stichprobe) einen großen Teil von Gesetzentwürfen, die gar nicht oder nur marginal geändert worden sind (d.h. durch zeitliche Anpassungen des Gesetzes aufgrund längerer Gesetzesberatungen, stilistisch-redaktioneller Veränderungen, Klarstellungen, Beseitigung von Redaktionsversehen, redaktioneller Lückenschließung und dergleichen mehr).

Unter materiellen Veränderungen fallen auf: inhaltliche Modifikationen, Vereinfachungen, Streichungen, Ergänzungen, Änderungen des Finanzierungsrahmens, schließlich auch einige Kompromißformulierungen (s.u.). Solche Änderungen werden weitgehend von Meinungsänderungen der Bundesregierung geprägt. Die Behauptung, "nicht selten" gingen "erhebliche Teile" eines Gesetzentwurfes der Opposition in die Beschlußempfehlungen des Ausschusses ein[41)], läßt sich für die 9. WP nicht wirklich (d.h. in Absehung von unmittelbaren Folgen des Regierungswechsels 1982) verifizieren.

Selbst eine Neigung zu (kompromißhafter) Konsensfindung über die Regierungsmehrheit hinaus[42)] läßt sich bei materialer Betrachtungsweise empirisch anhand von Entwurfsveränderungen im Ausschuß als Tendenz nicht belegen. Ausnahmen bilden solche Gesetze, bei denen die Regierungsmehrheit aus politischen Gründen die Zustimmung (und Einbindung) der Opposition unbedingt wünscht (jüngstes Beispiel: VZG 1987)[43)], bei sachlich dringlichen grundsätzlichen Gesetzen kodifikatorischen, auf Dauer angelegten Charakters (z.B. BtMNG) und bei bestimmten Konkordanzmaterien (z.B. Parteienfinanzierung).[44)] cc) Das Verfahren im Vermittlungsausschuß nach Art. 77 II GG

Einen institutionellen Kern der Kompromißfindung bildet der Vermittlungsausschuß, der zugleich auf drei Ebenen zwischen (1) Bundes- und Länderinteressen, zwischen (2) Länderinteressen untereinander und (3) zwischen den Interessen der jeweils die Regierung führenden politischen Parteien vermitteln muß. Die Kompromißbildungsprobleme vertiefen sich deshalb, wenn die Interessen der Ländermehrheit im Bundesrat einerseits und die Interessen des Bundes andererseits sowohl parteipolitisch wie landespolitisch auseinanderlaufen. In solchen Situationen können sich Kompromisse am kleinsten gemeinsamen Nenner orientieren mit der Folge, daß lösungsbedürftige Probleme mangels Konsensfähigkeit ausgeklammert werden.[45)]

Die Kompromißbildung im Vermittlungsausschuß wird im Verhältnis von Bund und Ländern vor allem durch die Veto-Macht des Bundesrates infolge der Zustimmungsbedürftigkeit von Bundesgesetzen verstärkt.[46)] Der Vermittlungsausschuß ist "Katalysator der politischen Harmonisierung im Bereich der staatlichen Legislativtätigkeit".[47)]

Nimmt man die *9. Legislaturperiode* als Beispiel, so wurden von den 136 verkündeten Gesetzen 16 im Vermittlungsausschuß behandelt. In 10 Fällen wurde das Gesetz als Ergebnis des Vermittlungsverfahrens und des anschließenden erneuten Bundestagsbeschlusses verändert. Nur in 3 dieser 10 Fälle war das Gesetz nicht zustimmungsbedürftig, ebenso wie in den übrigen 6 "erfolglosen" Vermittlungsverfahren ohne kompromißhafte Änderungen.[48)] Nur in einem der "erzwungenen" Kompromisse (VZG 1983) läßt sich primär ein Bund-Länder-Konflikt (über die Finanzierung) feststellen; in allen übrigen Fällen ging es um zentrale (partei-)politische Kontroversen, vor allem über das Ausmaß staatlicher Intervention in die Wirtschaft im Sinne wirtschafts-, sozial- oder gesundheitspolitischer Ziele[49)], aber auch um die Reichweite der Bewältigung der steigenden Asylbewerberzahlen (AsylVerfG 1982). Auch bei den Vermittlungsverfahren, die sich auf Einspruchsgesetze bezogen, handelte es sich um hochpolitische Streitigkeiten, die die "Basisphilosophien" der politischen Parteien betreffen: die Frage von Steuererhöhungen, das (symbolische) Ausmaß von Strafbarkeit und die Familienpolitik[50)]; auch hier läßt sich nur einmal eine reine Bund-Länder-Streitigkeit (Wertgrenzengesetz) feststellen.

Die scheinbar geringe Anzahl von Vermittlungsverfahren und dessen Folgen erklärt sich bei einer materialen Betrachtungsweise der Gesetzgebung. Ein Großteil der Bundesgesetzgebung besteht aus konfliktfreien Vertragsgesetzen nach Art. 59 Abs. 2 GG. Ein weiterer erheblicher Teil besteht aus relativ unumstrittenen, formalen, punktuellen Gesetzen. Alle umfassenderen und politisch bedeutsamen Regelungswerke (Artikelgesetze) fanden bis zum Mehrheitswechsel 1982 unter der Bedingung parteipolitisch kontroverser Mehrheitsverhältnisse in Bundestag und Bundesrat den Weg in das Vermittlungsverfahren.

Insgesamt läßt sich empirisch bestätigen, daß der durch den Bundesrat vermittelte Einfluß auf die Bundesgesetze durch die "oppositionsgeführten" Länderregierungen so bedeutsam ist, daß sich von einem "Beteiligungsföderalismus" sprechen läßt, der generell zu einer kompromißfreudigen Lage im Vermittlungsausschuß und dessen "Konsensdruck" oft zum "Allparteienkompromiß" führt.[51)]

Die Gefahren dieser Entwicklung waren einerseits die Verwischung von Verantwortlichkeiten für Gesetzgebungsentscheidungen, die Verwischung von politischer Konkurrenz im Parteienwettbewerb, die inkompetente Lösung von Problemen durch ein sachlich dazu wenig geeignetes Gremium. Manche Kompromißlösung, die im Vermittlungsausschuß gefunden wurde, wurde sehr bald wieder korrigiert. Die parteipolitische Harmonisierung von Bundestag und Bundesrat 1982 hat aber zur Aufwertung der vorparlamentarischen Koalitionskompromisse und der informalen Kompromißbildung zwischen Bund und den CDU/CSU-geführten Bundesländern geführt, deren Fachminister sich untereinander gesondert treffen.

4. *Erscheinungsformen von Kompromissen auf einfachgesetzlicher Ebene*

a) *Inhaltliche Lösungen*

Verschiedene gesetzliche Kompromißlösungen bzw. -formeln (auf der Ebene des Regelungs*inhalts* einzelner Gesetze) lassen sich empirisch (hier beispielhaft vor allem im Rahmen der Ausschußberatungen der 9. WP) nachweisen.

(aa) Eine (sehr schwache) Kompromißform kommt inhaltlichen Bedenken gegen eine gesetzliche Normierung dadurch entgegen, daß zwar ein Regelungsentwurf nicht verändert wird, der Ausschuß aber mehrheitlich bestimmten *politischen Erwartungen schriftlich Ausdruck* gibt, die solchen Bedenken, sei es im Hinblick auf eine zukünftige Folgegesetzgebung, sei es bei der Gesetzesanwendung, Nachdruck verleihen sollen. Das ist etwa der Fall, wenn an das Handeln des Ministers "im Verwaltungswege" bestimmte Erwartungen geknüpft werden[52)], oder wenn zu vorheriger Information des Ausschusses durch die Bundesregierung "aufgefordert wird".[53)] Solche Erwartungen oder Anforderungen können sogar als Entschließungsantrag für das Plenum durch (schlichten) Parlamentsbeschluß besonderes politisches Gewicht gewinnen.[54)]

(bb) Eine andere Form sind *quantitative Mittelungs-Lösungen*: Zähl- oder meßbare Bezugseinheiten, vor allem der Umfang des *Finanzierungsrahmens*, erweisen sich durch ihre leichte rechnerische Verarbeitung als besonders kompromißgeeignet.[55)] Entsprechende finanzbezogene Ausschuß-Kompromisse waren z.B. die Dauer des Zahlungsaufschubs im Zusammenhang mit der Erhöhung der Branntweinsteuer oder die stufenweise vermehrte Einbeziehung der bergrechtlichen Förderzinsabgabe in den Finanzausgleich.[56)]

Die Quantifizierbarkeit von Streitfragen erleichtert zwar Kompromißbildungsprozesse. Kehrseite bei finanzieller Teilbarkeit ist aber, daß Geld auf sehr unterschiedliche Verantwortungsträger übergewälzt werden kann. Zuletzt konnte die Rentenerhöhung zum 1.7.1985 "real" um mehr als das (symbolisch und wählerpsychologisch wichtige[57)]) 1,... Prozent erhöht werden, indem in einem Kompromiß von Spitzenpolitikern der Koalition die gleichzeitig geplante Erhöhung des Krankenversicherungsbeitrages der Rentner um 0,5 % gekürzt wurde.[58)]

(cc) Auch *zeit*liche Fristen und Einheiten sind ähnlich kompromißfreundlich. Die Kürzung etwa der Förderungs*dauer* für Behinderte nach § 58 I a AFG war begleitet durch eine einmütige Ausschußformulierung, die zwischen den Positionen von Bundesrat und Bundesregierung dadurch vermittelte, daß für eine Verlängerung der (grundsätzlich gekürzten) Förderungsdauer erleichterte Voraussetzungen festgelegt wurden[59)]: Faktisch wurde so (ohne Aufhebung der grundsätzlichen Kürzung der Förderungsdauer) der Betroffenenkreis für eine Verlängerung erweitert – und damit die Kürzung zum Teil aufgehoben. Direkter quantifizierend ist der Kompromiß, die Strafandrohung beim Betäubungsmittel-Grundstraftatbestand auf 4 Jahre festzusetzen (§ 29 I BtMG) und so zwischen den Vorschlägen 3 Jahre (so zunächst der Bundestag[60)]) und 5 Jahre (so der Bundesrat[61)]) zu "vermitteln".

(dd) Eine besondere, weit verbreitete Form des Kompromisses ist die (teilweise oder völlige) *Verschiebung des Inkrafttretens* von (jetzt verabschiedeten) Regelungen auf spätere Zeitpunkte. Auch *Übergangsbestimmungen* erweisen sich oft als Kompromiß, um schmerzliche neue Regelungen in ihrer Umsetzung abzumildern und (partiell) zu verzögern.

Die 1984/85 breit diskutierte *Steuerreform* in "zwei Stufen" ab 1986 bzw. 1988 ist z.B. ein Kompromiß zwischen dem auf eine Haushaltskonsolidierung bedachten Finanzminister und solchen politischen Kräften, die auch die Bezieher höherer Einkommen schon 1986 entlasten wollten. Dieser Kompromiß wurde erleichtert durch das Scheitern einer Ersatzregelung für die vom Bundesverfassungsgericht für verfassungswidrig erklärte Investitionshilfeabgabe ("Zwangsanleihe")[62)], deren Verfassungswidrigkeit[63)] und Rückzahlung an alle Betroffenen gerade nur den Beziehern höherer Einkommen zugutegekommen war. Gegen die Sozialpolitiker in der CDU, die eine Ersatzlösung anstrebten, hatte sich namentlich die FDP (Stichwort: "Neid-Steuer") durchgesetzt.[64] Der zeitliche (Teil-)Aufschub der Steuerreform war insoweit ein kleiner sozialer Ausgleich im koalitionsinternen Kompromißgefüge[65], das trotz einer im Frühsommer 1985 aus wahl- und konjunkturpolitischen Motiven wieder aufgeflammten Diskussion[66] bislang "hielt", auch wegen der Hartnäckigkeit des Finanzministers und des Widerstandes der von Einnahmeausfällen betroffenen Bundesländer.[67]

(ee) Wesentlich weniger leicht sind *qualitative Kompromisse* zu erzielen, die den normativen Regelungsinhalt modifizieren, ohne daß quantifizierende Einheiten ihre suggestive Hilfe böten. Gemeinsam ist ihnen die Idee der "praktischen Konkordanz" widerstreitender Interessen, Rechte und Werte.

Qualitative Mittel-Lösungen begegnen in Form von *Regel-Ausnahme-Techniken*[68], die (auf Tatbestandsebene) die Gesetzesadressaten in verschiedene Personengruppen und/oder das lösungsbedürftige Problem in typische Sachverhalte ausdifferenzieren und unterschiedlichen Rechtsfolgen unterwerfen. Je detailliert-perfektionistischer die Lösung gerät[69], desto komplizierter ist in aller Regel die Anwendung des Gesetzes.

Eine weitere Technik ergänzt die Gesetzesregel durch eine zusätzliche *verfahrensrechtliche Absicherung* gegen eine befürchtete Fehlentwicklung. So wurde z.B. in § 454 I 5 StPO eine Sachverständigenprognose auch normiert, um grundsätzlichen Bedenken der CDU/CSU-Opposition gegen die Fassung der Sozialprognoseklausel (bei der Strafaussetzung für Lebenslängliche) entgegenzukommen.[70]

Als weitere Methode kommt in Frage, beide konträre Positionen durch ein Sowohl-als-auch zum Zuge kommen zu lassen. Sachlich ist an *getrennte Lösungen* zu denken; jüngstes Beispiel ist der Kompromiß bei der Frühpensionierung der Bundeswehroffiziere.[71] Personal sind *Paritäts. oder Proporzregeln*, zeitlich sind *alternierende Regelungen* selber Ausdrucksform von Kompromissen. Namentlich in weltanschaulich brisanten Bereichen wie dem Schulrecht erweist sich z.B. das Angebot unterschiedlicher, konkurrierender Schularten als Kompromißlösung im Vergleich zu einer allein eine staatliche Einheitsschule (Förderstufe) gebietenden Schulgesetzgebung.[72]

b) *Verfahrenskompromisse*

Wichtige Erscheinungsformen sind weiter solche Kompromisse, die Konflikte nicht selber durch eine Kompromißregelung in der Sache entscheiden, sondern (teilweise) durch Verfahrenslösungen ersetzen.

(aa) Am klarsten, wenn auch meist übersehen sind *Kompromisse durch* ausdrückliche *Nicht-Entscheidung*. Ihre Einigung beschränkt sich, im Unterschied zu völligem Nicht-Handeln, auf die Übereinstimmung, (jetzt zumindest vorerst) überhaupt nicht gesetzgeberisch aktiv zu werden, ohne daß eine Partei ihre Vorstellungen einseitig durchsetzt. Solche Kompromisse können ebenso im Zusammenhang mit gesetzgeberischem Handeln einzelne Streitfragen ausdrücklich (ganz oder teilweise) ausklammern und deren Entscheidung auf später verschieben – und so ebenfalls (noch) nicht entscheiden[73)] oder ganz auf eine Regelung verzichten.[74)] In einer solchen Verständigung über unüberbrückbare Gegensätze (in Respekt vor den Zielvorstellungen der Gegenseite) kann ein wesentliches Element der Rationalisierung liegen.[75)]

(bb) Als ein verfahrensorientierter (meist "hinkender") Kompromiß kann sich auch die häufige Erscheinungsform erweisen, daß ein Gesetz im Plenum bzw. im Ausschuß einstimmig angenommen wird, dieser *einmütigen Endabstimmung* aber *kontroverse Einzelabstimmungen* im Ausschuß vorangegangen sind.[76)] Dieses Verfahren signalisiert dann sachliche Zustimmung im Ganzen, obwohl eine Partei z.T. ihre Vorstellungen nicht hat mehrheitlich durchsetzen können. Die schwächste Form eines solchen Kompromisses ist wohl die Kritik des (ganzen) Ausschusses an der Bundesregierung, ohne den Entwurf zu verändern[77)]: *Einwände* werden wegen der Dringlichkeit einer schnellen Lösung auf später *zurückgestellt*. Auch im umgekehrten Falle einer grundsätzlich streitigen Abstimmung über das Gesamtgesetz bei einmütiger Zustimmung zu vielen einzelnen Teilen (wie regelmäßig bei den Haushaltsgesetzen und der Abstimmung über die Einzelpläne) kann ein Kompromißcharakter sichtbar werden, zumal wenn sich die Opposition der Stimme enthält. Der nur auf den zweiten Blick sichtbare Kompromißcharakter solcher Verfahren gründet im Verständnis der Gesetzgebungsaktivität einer Legislaturperiode als eines zusammenhängenden, zeitlich nicht punktuell-isoliert zu betrachtenden Entscheidungsprozesses.[78)]

(cc) Vom Rationalitätsanspruch her problematischer sind gänzlich wirkungslose gesetzliche Kompromisse: Eine bestimmte gesetzgeberische Formel kann ein Problem nur scheinbar (also gar nicht) lösen mit der Folge sozial unwirksamer Normen – solche *Scheinkompromisse* sind unter dem Stichwort der "symbolischen" Gesetzgebung zu behandeln. *Carl Schmitt* hat sie wirkungsvoll auch "dilatorische Formelkompromisse" genannt.[79)] Hinter solchen *Formelkompromissen* verbergen sich meistens höchst unbestimmte, nicht umstandslos "anwendbare" Rechtsbegriffe (z.B. "Verteidigung der Rechtsordnung" in § 47 I, 56 III StGB; "wirtschaftlich nicht vertretbar" in § 17 II Nr.1 BImSchG 1974). Es finden sich aber auch andere als bloße "Formelermächtigung" kritisierte[80)] Formen ausdrücklicher Delegation: durch einen Ländervorbehalt im Bundesgesetz, der die Bundesländer zu gesetzlichen Konfliktlösungen ermächtigt (z.B. § 27 II BNatSchG); durch Planungsermächtigungen, Verordnungsermächtigungen und "Einzelakt-Ermächtigungen" (im Rahmen unbestimmter Gesetzesbegriffe).[81)] Die Kompromißbildungsprobleme werden so "nach unten" verschoben.

Formelkompromisse bilden, zumal im Kontext einer strengen Trennung von Politik und Verwaltung, eine Quelle ständiger Kritik am pluralistischen Gesetzgeber und seinen "unklaren" Entscheidungen[82)], die der Differenzierung bedarf.

c) *Besonders: Formelkompromisse als funktionell-rechtliches Problem*

(aa) Hochabstrakte Gesetzesbegriffe als Delegationsnormen

Wesentlicher, von Kompromißformeln unabhängiger Ausgangspunkt ist die Erkenntnis, daß – aus rechtstheoretischen und rechtssoziologischen Gründen *unvermeidlich*[83)] – nahezu *jede materielle Rechtnorm* ein Stück *Delegation an die* konkretisierende *Rechtspraxis* enthält. Solche Delegationen des Gesetzgebers verbergen sich hinter den bekannten rechtstechnischen Figuren wie unbestimmten Rechtsbegriffen, Generalklauseln oder Ermessensdirektiven (= "offene Kompetenznormen"[84)]) i.S. "offen gelassener Gesetzgebung" (*W. J. Hedemann*), die von Justiz, Verwaltung oder Bürgerpraxis konkretisiert werden. Gerade allgemeine Rechtsgrundsätze sind so Einfallstor für Gerechtigkeitsvorstellungen und gesellschaftliche Funktionserfordernisse auf der Ebene des Einzelfalles[85)]; der Rechtsfortbildungsauftrag des Richters ist eine logische Konsequenz.[86)]

Auch jeder abstrakte *Formelkompromiß* zwischen bestimmten politischen Alternativen *delegiert* daher mehr oder weniger die Konkretisierung seines unentschiedenen Gehaltes. Solche Verschiebungen der Kompromißfindung lassen sich oft durch die größere Sachnähe der Delegatare, die Möglichkeit einzelfallgerechter Entscheidungen und die zeitlich flexiblere Anpassung an außerrechtliche Entwicklungen rechtfertigen. Sie können freilich auch nur Ausdruck gesetzgeberischer Entscheidungsschwäche oder selber Ausdruck eines Verfahrenskompromisses sein. Scheitert die Kompromißfindung in der Rechtskonkretisierungspraxis[87)], so wird dies regelmäßig "dem" Gesetzgeber angelastet.[88)] Solche wirkungslosen Scheinkompromisse sind indessen wesentlich weniger häufig als oft gesetzgebungskritisch in Vernachlässigung der rechtlichen Wirkkraft z.B. auch von programmatischen, appellativen, "weich" formulierten, teilweise sogar unklar gefaßten Rechtsnormen für die Rechtskonkretisierungspraxis behauptet wird. Justiz und Verwaltung gewinnen unter den leitenden Gesichtspunkten der *Sach*gesetzmäßigkeiten eines Problems auch offen formulierten, aus sich heraus textlich unklaren Kompromißregeln noch sachbereichsspezifisch geleitete normative Kraft ab.[89] Hinter dem (teil-)"dilatorischen" Charakter einer gesetzlichen Regel kann sich eine sachliche Klugheit verbergen, die durch eine Dichotomie in echte und unechte Kompromisse gar nicht erfaßt wird, die eher einem rechtsstaatlich-idealen Modell-Platonismus als der wesentlich differenzierteren Kompromißwirklichkeit entspricht.

(bb) Qualitätskriterien für Formelkompromisse

Die Qualität und Rationalität von Formelkompromissen richtet sich deshalb danach, ob Art und Ausmaß einer Delegation von Aufgaben durch die Kompromißformulierung den Möglichkeiten der Rechtskonkretisierungsinstanz angemessen sind.[90] Zu fragen ist daher (ohne Anspruch auf Vollständigkeit) nach einigen Kriterien für die Sachgerechtigkeit einer Delegation im Einzelfall.

(1) *Ein* Kriterium dürfte die Entsprechung von Interessenvielfalt bei Abwägungsentscheidungen und der Fähigkeit der zuständigen Verwaltungsbehörden zur Abwägung dieser Interessenvielfalt sein. Generell mag gelten: Je vielfältiger und abstrakter eine Interessenvielfalt abzuwägen und zu gewichten ist, desto eher handelt es sich um politische Leitentscheidungen, die auf parlamentarischer Gesetzesebene (vor-)zuentscheiden sind. Wenn aber im Interesse einer sachgerechten und differenzierten Abwägung "vor Ort" die Konkretisierungskompetenz an Verwaltungsinstanzen delegiert wird (z.B. die Planungsleitentscheidungen nach § 1 BBauG), so ist eine solche Delegation von Konfliktlösungen sachgerecht, wenn jene Interessenvielfalt auch vor Ort im *Verwaltungsverfahren angemessen* aufgenommen werden kann – etwa durch eine "politische" Satzungsgebung (wie bei der Bauleitplanung).

(2) Als eine andere Form der Aufnahme vielfältiger konträrer Interessen vor Verwaltungsentscheidungen erweisen sich *abgestufte Verwaltungsverfahren*, in denen die Perspektiven sehr unterschiedlicher Verwaltungsinstanzen integriert werden.[91] Fehlt es an organisatorischen und verfahrensrechtlichen Voraussetzungen, die Vielfalt der Interessen und die Vielfalt der Verwaltungsträger im Sinne eines Interessenausgleichs zusammenzuführen – etwa bei hierarchisch-zentralistischer Verwaltungsorganisation –, dann ist eine weittragende Delegation solcher Kompromißkonkretisierungsbefugnisse Indiz für einen schlechten Formelkompromiß.[92]

Gleiches gilt für Konkretisierungen, die der punktuellen Kontrolle durch Gerichte aus strukturellen Gründen praktische entzogen sind.[93)]

(3) "Vage" Formelkompromisse lassen sich unter bestimmten Verfahrensbedingungen eher dann rechtfertigen, wenn es sich z.B. um *sehr schnell veränderliche Materien*[94)] handelt oder um sehr spezielle, fachwissenschaftliche Regelungen (man denke an *technisch-naturwissenschaftliche Regelwerke* wie die technischen Anleitungen im Umweltschutzrecht). Solche könnten auf der Ebene von Parlamentsgesetzen kaum annähernd differenziert und sachgerecht erbracht werden.

(4) Formelkompromisse sind auch erlaubt, wo *weder Geld noch* das *Gesetz Steuerungskraft* entfalten können, sondern die Verwaltung nur selber die Voraussetzungen ihrer Arbeit schaffen kann (z.B. personalbezogene Sozialarbeit für Drogenabhängige[95)]).

(5) Gemäß den Kriterien der "Wesentlichkeitsdoktrin" des Bundesverfassungsgericht gilt: Je größer die *grundrechtliche Relevanz* und die Bedeutung einer gesetzlichen Regelung ist, desto eher muß der Gesetzgeber eine Regelung möglichst bestimmt und ausreichend normenklar selber regeln; je weniger eine gesetzliche Regelung "eingreift", desto eher sind Kompromißkonkretisierungen auf Verwaltungsebene möglich.[96)]

(6) Der Gesetzgeber kann eher dann mit wertausfüllungsbedürftigen unbestimmten Rechtsbegriffen arbeiten, wenn ein *sachverständiges Verwaltungsgremium* zur Ausfüllung des damit gegebenen Beurteilungsspielraums existiert.[97)]

(7) Eine Delegation an die Verwaltung "vor Ort" durch unbestimmte Rechtsbegriffe empfiehlt sich um so weniger, je mächtiger die betroffenen Gesetzesadressaten sind, weil dadurch Großorganisationen mit Dauerkontakt zur Verwaltung begünstigt werden.[98)] Dabei läßt sich nach der *Stärke der Verhandlungspositionen* von Verwaltung und *Gesetzesadressaten* differenzieren; die Stellung der Verwaltung ist z.B. vor einer (beantragten) Genehmigung stärker als bei der Aufgabe nachträglicher Anordnungen.[99)]

(8) Die *Grenze* jeder Delegation durch Formelkompromiß liegt in der *Unanwendbarkeit einer Norm* durch unklare Gesetzesziele und (zu) parzellierte Gesetzeskonkretisierungskompetenzen.[100)]

d) Der unterschiedliche Tiefgang von Kompromissen

Für Kompromisse ist ein sehr unterschiedlicher Tiefgang charakteristisch. Idealtypisch können sie sich auf die abstrakten Gesetzesziele beziehen; oder aber die Gesetzgeber sind sich über die Ziele einig, streiten aber auf der Ebene der Mittel.[101)] Je mehr ein politischer Kompromiß auf der obersten Abstraktionsstufe der Zielbestimmungen angesiedelt ist, desto kompromißhaft-umstrittener wird auch die Ausgestaltung eines entsprechenden Gesetzes sein[102], spiegeln solche Kompromisse doch Grundsatzkonflikte zwischen politischen Parteien. Das gilt vor allem dann, wenn bestimmte Ziele für kompromißunfähig erklärt und damit dem Basiskonsens zugeschlagen werden.[103]

Regelungsmaterien sind unterschiedlich "konfliktträchtig"[104] – je breitenwirksamer und je eingriffsintensiver eine Regelung ist, je mehr Finanzierungs- und Verteilungsprobleme auftauchen, je stärker kulturelle Tiefendimensionen berührt werden (Ehe und Familie; Bildung und Schule) und je tiefer politische Grundsatzfragen tangiert werden. Eine Einigung auf der Ebene der Wertvorstellungen ist schwierig, schon weil der Austausch von Vor- und Nachteilen schwer zu messen ist[105] – sie ist eben oft nur durch einen "Formelkompromiß" möglich. Das "Geheimnis" delegierender Formelkompromisse gründet darin, daß sie *um so konsensfähiger* sind, *je* "höher" (*abstrakter*) *ein Rechtsbegriff formuliert* ist.[106] Einigungen im Rahmen von (Kompromiß-) Verhandlungen erfolgen nicht stets auf dem kleinsten gemeinsamen Nenner, der es erlauben würde, explizit im Gesetz gemeinsam Vereinbartes von den divergierenden Zielvorstellungen im übrigen abzuschichten[107], sondern auf der höchstnötigen Abstraktionsstufe, die die divergierenden Zielvorstellungen umfaßt; eben damit ist die unentschieden-offene Delegation der Rechtskonkretisierungskompetenzen verbunden.

Je detailbezogener der politische Streit stattfindet, desto leichter kann es zu Kompromissen kommen, wenn die Diskussion der Mittel nicht nur Fortsetzung des Streits um den abstrakten politischen Kompromiß ist. Die in der Öffentlichkeit so beachteten heftigen Koalitionsstreitigkeiten gründen z.T. in solchen (auf die Mittel-Diskussion verschobenen) Grundsatzkonflikten. Umgekehrt erklärt sich die bewährte Kompromißfähigkeit des Vermittlungsausschusses auch daraus, daß Grundsatzkonflikte schon bis auf die Ebene der Mittel (und ihrer Alternativen) kleingearbeitet worden sind.

5. Funktionen von Gesetzeskompromissen in der Verfassung des Pluralismus

a) Kompromisse als notwendige Folge der Verfassung als Konfliktordnung

Die pluralistische Demokratie lebt von ihrer Offenheit, die Freiheit ihrer Bürger von den Möglichkeiten zu Alternativen.[108] Der demokratische *Verfassungsstaat domestiziert* die deshalb unvermeidlichen und produktiven *Konflikte*[109] zwischen den gruppierten und organisierten Interessen als Motoren der gesellschaftlichen Entwicklung; Verfassungsrecht ist "Konflikt- und Kompromißrecht"[110], mag verfassungspolitisch nicht jeder Konflikt auch wünschenswert sein.[111] In der "Verfassung des Pluralismus" (*Peter Häberle*) ist nicht der künstliche Schein von Harmonie[112], sondern der politische und soziale Kompromiß als Form der Konfliktverarbeitung charakteristisches Merkmal[113], gerade weil der demokratische Verfassungsstaat seine Entwicklungsziele nicht als Vorgabe, sondern als ständige Aufgabe ansieht.[114] Der Kompromiß und seine Basis, das streitige Ver- und Aushandeln, stärken die Friedensfunktion des modernen Staates, "denn Kompromiß bedeutet: sich vertragen"[115], so daß im Ergebnis alle Vertragsbeteiligten gewinnen.[116]

Dem Kompromiß entspricht die *Kompromißbereitschaft* der verhandelnden Eliten als ein *Merkmal der politischen Kultur* im Pluralismus.[117] Die Bereitschaft zum Kompromiß liegt schon im Wesen des parlamentarischen Systems[118], mögen Ausgleich und Kooperation auch zugleich zur gewachsenen und wirksamen politischen Kultur der Bundesrepublik gehören[119], im Unterschied zur Weimarer Republik.[120] Pluralismus verlangt mithin Toleranz und damit auch die Fähigkeit, Dissens zu ertragen.[121] Toleranz und Kompromißbereitschaft als Form praktizierter Toleranz stehen in engem Zusammenhang. Sie werden positiv als ein "politisches Reifezeichen" bewertet[122] und individuumsbezogen – in den Erziehungszielen der Verfassung[123], zumindest in einem Kontext von Mäßigung, Augenmaß und Anerkennung der Erfahrung der kompromißlosen Durchsetzung bestimmter Wertvorstellungen gegenübergestellt.[124] Der Kompromiß ist "keine Verfallserscheinung", sondern wie der Mehrheitsbeschluß "eine typisch demokratische Verfahrensweise im Raume einer geschichtlichen Mitmenschlichkeit, wo man sich nur beschränkt einig ist und wo es nur um eine relative Gerechtigkeit gehen kann".[125]

In der parteienstaatlichen Demokratie des Grundgesetzes wird die *Idee des Kompromisses* vielfältig *vorausgesetzt.*[126] Die Parteien als Volksparteien sind Agenturen von politischen In-Sich-Kompromissen[127], wie sie z.B. auch in Proporzregeln zum Ausdruck kommen. Das Verhältniswahlrecht führt faktisch zu Koalitionsregierungen als Erscheinungsformen institutionalisierter (partei-) politischer Kompromißbildung. Im übrigen ermöglichen die staatsorganisatorischen Entscheidungsverfahren stets eine Relativierung auch von absoluten Gegensätzen, soweit es um das soziale Miteinander aller Verfassungsbürger geht.[128] Dem Verfahren ist der Gedanke des Kompromisses eigentümlich.

b) Der Gesetzeskompromiß im Spannungsfeld von Politik und Rationalität

Die Rationalität gesetzlicher Gestaltung darf (praktisch) keine andere sein als die Rationalität des demokratischen Verfassungsstaates. Dem parlamentarischen Gesetz ist ein rationaler Steuerungs- oder Gestaltungsanspruch eigentümlich. Die Eigengesetzlichkeiten des vermachteten und von (Partial-)Interessen geleiteten politischen Prozesses entziehen sich tendenziell auch heute einem fundamentalen, "objektiven" gemeinwohlorientierten Rationalitätsanspruch, der mit dem

Parlamentsgesetz erhoben wird. Dieses Spannungsverhältnis von Politik und Rationalität wird im verfassungsstaatlichen *Gesetzgebungsverfahren* institutionell eingefangen: Es *schafft* distanzierte *Zonen der Interpenetration von Rationalität und Politik*, um die auch im parlamentarischen Entscheidungsprozeß bestehende Kluft zwischen Begründung und Entscheidung zu reduzieren.[129)] (Partei-)politische und/oder sachliche Kompromisse (im Gesetzgebungsverfahren) sind eine ebenso zentrale wie spezifische Erscheinungsform, jenes Spannungsverhältnis von Rationalität und Politik bzw. politischen Konflikten (im Gesetzgebungsverfahren) in auf Zeit verbindliche Mehrheitsentscheidungen zu transformieren, die die Vermutung einer Vernünftigkeit des Entscheidungsinhalts mit der Wahrscheinlichkeit ihrer Anerkennung als legitim miteinander verknüpfen.

Kompromißregelungen haben dabei *unterschiedliche* Berührungsflächen zu den verschiedenen (hier nicht weiter sezierbaren) *Erscheinungsformen von Rationalität.* Auf der Ebene der *einzelnen* inhaltlichen Regelungen können sie die Effektivität einer Norm durch falsche Zweck-Mittel-Entscheidungen, durch unklare Normziele oder ungelöste Zielkonflikte auf Normebene oder fehlende Berücksichtigung der Anwendungsbedingungen von Beginn an unterlaufen oder auch die formale Qualität von Gesetzen oder eine bestehende rechtsbegriffliche oder rechtsdogmatische Systematik beeinträchtigen. Auf der Ebene der Gesetzgebung als Produkt eines aufwendigen Verfahrens gewinnt der Kompromiß gerade mit dem Wachstum sozialstaatlich-regulativer Politik seine Bedeutung. Vor dem Hintergrund eines evolutionären Wandels des Rechts von formaler zu materialer Rationalität[130)] erklärt sich der Bedeutungsgewinn von politischen Kompromissen als Erscheinungsform, die sozialstaatlichen Steuerungsansprüche festzulegen. Der Kompromiß gewinnt seine Rationalität dabei weniger aus der – möglicherweise durchaus "schlechten" – Einzelregelung, als aus dem Ausgleich im Gesetzgebungsverfahren überhaupt.

Gemäß der Diskussion um die Prozeduralisierung des Rechts bzw. um "reflexives Recht" als neueste Verlaufsform der Rechtsrationalität[131)] ist empirisch feststellbar und normativ-theoretisch zu begrüßen, daß statt direkter zentralstaatlicher Intervention und Regulierung (z.B. durch Gesetz) gesellschaftlichen Teilbereichen im Rahmen verbindlicher verfahrensrechtlicher Vorgaben autonome Selbstorganisationsmacht eingeräumt wird, um der Komplexität der Entscheidungen in postmodernen Gesellschaften besser gerecht zu werden, gerade auch im Verhältnis zu anderen gesellschaftlichen Bereichen (Subsystemen): Recht "zieht sich darauf zurück, selbstregulatorische Mechanismen zu regulieren, wie etwa Verhandlung, Dezentralisierung, Planung, organisierter Konflikt".[132)] Damit wird der Kompromiß sowohl als Ergebnis solcher Selbstregulierungsprozeduren[133)] als auch über das Rahmen-Recht als institutionalisierte Garantie für faire Kompromißbildung zukünftig größere Beachtung verdienen (müssen).

c) *Der Kompromiß als Bedingung für Mehrheiten und Konsens*

Mitunter wird der politische Kompromiß als "Lösung von Konflikten durch Verhandlung und vertragsähnliche Vereinbarungen zwischen den streitbeteiligten Parteien" dem "starren" Prinzip der *Mehrheitsentscheidung* kontrastiert, und es wird ihm eine größere demokratische Dignität zugesprochen.[134)]

Indessen ist auch die Suche nach einer Mehrheit in aller Regel zugleich die Suche nach Kompromissen (wenn auch nur z.T. unter Einschluß der Opposition)[135)], die Mehrheitsentscheidungen praktisch überhaupt erst möglich machen[136)]: Mehrheiten als "Summe von Minderheiten"[137)] beruhen z.B. auf innerparteilichen, koalitions- und regierungsinternen, verbandsinternen, korporativen oder interfraktionellen Kompromissen. Eine Aufteilung der Gesetzesbeschlüsse des Bundestages in Kooperations-, Kompromiß- und Kontroversentscheidungen[138)] ist deshalb wenig aussagekräftig.

Im Lichte der Kompromißbildung scheint die Differenz zwischen Mehrheit und Einstimmigkeit eine solche der unterschiedlichen Reichweite der Kompromißlösung zu sein.[139)] Eine entscheidende Funktion des Kompromisses bezieht sich auf die unterschiedliche Intensität, mit der konträre Interessen vertreten werden, ohne daß die formale Mehrheitsregel diese messen könnte[140)]: Der Tauschcharakter von Kompromissen bringt (idealiter) eben diese Intensitätsdifferenzen zum Ausgleich.[141)] Denn Kompromissen liegt die Logik des durch Reziprozitätserwartungen getragenen Do-ut-des zugrunde, die jene wenn nicht vernünftig, so doch für den einzelnen Verhandlungspartner nach Maßgabe seiner Präferenzen erträglich macht.[142)]

Mehrheit und Kompromiß, Dissens und Konsens, Konflikt und Entscheidung oder konkurrenz- und konkordanzdemokratische Erscheinungsformen sind im Verfassungsstaat als "constitutio mixta" materiell- und verfahrensrechtlich eingebunden und stehen jeweils in einem engen komplementären Zusammenhang, der es verbietet, sie ohne Differenzierungen nach dem verfahrensrechtlichen Kontext gegeneinander auszuspielen.[143)]

d) *Besondere Funktionen von Gesetzeskompromissen*

(aa) Die zentrale positive Funktion eines Gesetzeskompromisses gründet darin, den zugrundeliegenden *sozialen Konflikt* (auf Zeit) *stillzustellen.*[144)] Die politischen Kompromissen eigentümliche Instabilität aufgrund ihrer stets erneuten Infragestellung im Prozeß des sozialen Wandels wird durch die Verrechtlichung in einem sehr aufwendigen Gesetzgebungsverfahren z.T. verhindert: Kompromißbildung im Recht schafft Rechtssicherheit und Rechtsklarheit und verstärkt damit die Friedensfunktion des Kompromisses.[145)]

Ein nur unter großen politischen Schwierigkeiten geborener Kompromiß läßt sich *nicht beliebig wiederholen*, sondern gründet oft in einem "Momentankonsens"[146)] der Verhandlungssituation. Die Investitionshilfeabgabe z.B. ebenso wie die Abgabentechnik des Ausbildungsplatzförderungsgesetzes konnten Jahre später nach ihrer aus eher "formalen" Gründen erfolgten Verfassungswidrigerklärung nicht (mehr) neu geregelt werden.[147)] Diese prekäre Balance garantiert den Fortbestand einer für ausgewogen gehaltenen gesetzlichen Kompromißregelung, solange kein betroffener Interessent weiß, wie seine Rechtsstellung nach einer neuen gesetzlichen Regelung aussehen würde.

(bb) Kompromisse werden oft aus der politischen (Verhandlungs-)Situation und der parteipolitischen "Großwetter"-Lage heraus geformt. Im Widerspruch zu dieser gewissen Kurzatmigkeit von politischen Kompromißnormen sind für *bestimmte Gesetzesbereiche* oder zentrale Grundsatzentscheidungen auf Dauer angelegte, durch Kompromißlösungen für möglichst viele politische Kräfte akzeptable interfraktionelle Gesetzesregelungen im Sinne einer "*Konsensgesetzgebung*"[148)] besonders wichtig, ohne daß es zu immer wieder grundsätzlich anderen neuen Novellen kommt. Man denke zum Beispiel an die Hochschulorganisation[149)], den Allgemeinen Teil des Strafgesetzbuches, die Rentensystematik mit ihrem "Generationenvertrag"[150)], Gesetze zur Einhegung der Kernkraft oder Gesetze mit mittelfristig erheblichen Einwirkungen auf das Verfassungsrecht als (auch) ranghöheres Konzentrat unter verfassungsrechtlicher Rechtskomplexe wie etwa das Mitbestimmungsgesetz.[151)]

Parteiübergreifende Mehrheiten können insoweit die Legitimität von Gesetzen (über die Legitimät des Gesetzgebungsverfahrens hinaus) vertiefen.[152)] Voraussetzung ist, daß sich die (Parlaments-)Minderheit jedenfalls in einem solchen Umfang mit ihren politischen Intentionen vertreten fühlt, daß sie im Falle eines Mehrheitswechsels den Veränderungsaufwand scheut; insoweit garantieren gute Kompromisse *Gesetzgebungskontinuität* auch über die Zäsuren der Wahlperioden hinaus. Nebenfolge ist eine Begrenzung der Änderungshäufigkeit von Gesetzen.

(cc) Durch breite Mehrheiten werden soziale Konflikte rechtlich eingebunden und politische (Konflikt-)Parteien integriert (*Integrationsfunktion von Kompromissen*), der Zwang zum Kompromiß kann stabilisierend wirken.[153)] Auf Verfassungsebene konkretisieren solche Gesetzgebungs-Kompromisse als realer Entscheidungsmaßstab die Idee der "constitutio mixta" im Sinne einer Mäßigung der Macht unmittelbarer (Mehrheits-)Politik. In den Kompromissen des Vermittlungsausschusses zum Beispiel liegt zugleich eine Einigung über das zwischen den Streitparteien Dissensfähige – und damit eine Stärkung des Grundkonsenses.[154)] Auch auf einzelgesetzlicher Ebene können Kompromisse bei einer Vielfalt von

Alternativen besser als einseitige Mehrheitsentscheidungen soziale Einschränkungen des Einzelnen optimieren.[155)]

(dd) Läßt man sich von der Idee des Gesetzgebungsverfahrens als eines Aushandlungsprozesses zur Konkretisierung der (Verfassungs-)Vertragsgerechtigkeit leiten, so lassen sich reale Kompromisse unter Umständen auch als Ausdruck einer *ausbalancierten Entscheidungsfindung und Indiz* für Gesetze auffassen, die von einer *realisierten Gerechtigkeitsidee* getragen werden.

(ee) Im *Verhältnis zu anderen Verfassungsinstitutionen* kann ein interfraktioneller Kompromiß eine Anrufung des Vermittlungsausschusses durch den Bundesrat aus parteipolitischen Gründen in hohem Maße unwahrscheinlich machen. Parteiübergreifende Kompromisse lassen es (außerhalb von Gesetzen "in eigener Sache") unwahrscheinlich werden, daß das Bundesverfassungsgericht im Wege des abstrakten Normenkontrollverfahrens angerufen wird oder gar die Regelung für verfassungswidrig erklärt.[156)] Zumindest entfaltet ein parteiübergreifender Konsens erhebliche präventive Kraft gegenüber zu "offensiven" Vorstößen des Bundesverfassungsgericht, sofern dieses dabei nicht (gerade deshalb) seiner Aufgabe als Instanz des Minderheitenschutzes nachgehen muß. Umgekehrt fördert schon die Möglichkeit verfassungsgerichtlicher Kontrolle als "konsensvermittelndes, mäßigendes Regulativ"[157)] Kompromißlösungen.[158)]

6. *Gefahren und Grenzen der Rationalität von Kompromissen*

a) *Einwände grundsätzlicher Art*

(aa) Ein erster Einwand zielt auf den strukturellen Konservatismus als Kehrseite des Kompromisses: Dieser verhindert "einseitige" Entscheidungen.[159)] Die Innovationsfähigkeit einer Gesellschaft lebt aber davon, daß neue Lösungen oft auch einmal einseitig (evtl. gegen – noch – starke Minderheiten gerichtet) sein müssen; der Dissens kann zu ertragen sein, solange nur die Minderheit als spätere Mehrheit diese Entscheidungen wieder ändern kann.[160)] Ein abschwächender *Kompromiß* mit dem status quo *kann* deshalb *Innovationen behindern.* Zumal unter den Bedingungen der Akzeleration des technischen und sozialen Wandels mit seinen außerordentlichen, prima facie nicht leicht erkennbaren Folgeproblemen[161)] könnten neuartige Lösungs- und Steuerungsnotwendigkeiten überlebenswichtig erscheinen. Das Vertrauen auf entsprechend innovative Kompromißbildungsprozesse unterstellt eine außerordentlich große Rationalität des demokratischen Gesetzgebungsprozesses. Aus den

Zweifeln daran speist sich die relativ geringere Kompromißbereitschaft ökologischer Parteien.[162)]

(bb) Zweitens gibt es *strukturelle Hindernisse für die (Verfassungs-)Gerechtigkeit von gesetzlichen Kompromissen.* In der Wirklichkeit der Kompromißbildung bilden sich auch gesellschaftliche Machtverhältnisse ab; ein bloß schematisierter Kompromiß der jeweils "goldenen Mitte" ohne sachlich und rational begründbare Gewichtsverschiebungen (z.B. kompensatorischer Art) kann die Ausgewogenheit von Kompromissen gerade unterlaufen. Der durch die Ungleichheit der Beteiligten verzerrte, einseitige Kompromiß ist zugleich der Keim für neue Auseinandersetzungen[163)]; er kommt in der Ankündigung zum Ausdruck, man werde bei anderen Mehrheitsverhältnissen das Gesetz bald wieder ändern.

Spezifische Erscheinungsformen können "falsch geschnürte" Kompromißpakete sein, in denen ein (parteipolitisches) Junktim zwischen sachlich heterogenen rechtspolitischen Bestrebungen hergestellt wird, die nichts verbindet außer ein formaler Entstehungszusammenhang, der sie zu Aufrechungsposten bei der Kompromißbildung macht. Die Verknüpfung politisch höchst unterschiedlicher Gesetze in den Haushaltsstrukturgesetzen bietet ein anschauliches Beispiel.[164)] Da nur bestimmte (primär: Verteilungs-)Fragen Verhandlungsgegenstand sind, führt der Prozeß des Aushandelns im Rahmen der Haushalts(begleit)gesetzgebung zur *Verrechnung in monetären Größen,* so daß die zugrundeliegenden sozialen Fragestellungen unabhängig von abstrakten Geldmengen nicht mehr politischer Gestaltung zugänglich zu sein scheinen.[165)] Erst recht spielen bestimmte Fragen der materiellen Rationalität, z.B. die rechtsdogmatische Qualität, bei solchen Kompromißbildungsprozessen keine Rolle.

Eine andere Form verzerrter Kompromisse ist die *Folge von "versäulten" Volksparteien* mit innerparteilichen Veto-Gruppen oder von kleinen Interessenparteien mit einer sehr speziellen Wählerklientel, die (bei Strafe existenzbedrohender Wahlverluste) im Rahmen der Verhandlungen von Koalitionsregierungen faktisch Veto-Positionen zugunsten dieser speziellen Wählergruppen wahrnehmen. Mangels ausbalancierender Gegenkräfte in den (nur in sich relativ ausbalancierten) Volksparteien führen solche Konstellationen zu verzerrten Kompromissen zugunsten der mächtiger organisierten Mitte und zulasten von Randgruppen, indem in Zeiten voller Kassen diese Gruppen per saldo undurchschaubar bevorteilt, in Zeiten notwendigen Sparens aber alle schematisch gleichmäßig belastet werden.

b) Prozedurale und gesetzesspezifische Gefahren

(aa) Gefahren für die Rationalität der gesetzlichen Regelung ergeben sich auch aus den *Modalitäten* bestimmter Erscheinungsformen des Kompromißbildungsverfahrens. So können *politisch verbindliche*, oft schon auf Kompromissen beruhende, veröffentlichte *Entscheidungen* im Vorfeld der eigentlichen *Gesetzesgestaltung* durch "vollendete Tatsachen" *negativ präjudizieren.*[166)] Ein jüngeres Beispiel ist das Scheitern der in den Koalitionsvereinbarungen von 1983 durch die "Elefantenrunde" vorgesehenen Regelungen über das Vermummungsverbot.

Die *öffentlichen Festlegungen* der Spitzenpolitiker und/oder die interparteilichen Auseinandersetzungen *erschweren* Kompromißfindungsprozesse und überlagern die Fragen der Sach-Gerechtigkeit. (Auch) deshalb kommt es angesichts derartiger (partei-)politischer Konfrontationen *zu spät zu Kompromißentscheidungen*: Am Ende des Gesetzgebungsverfahrens, unter dem selbst auferlegten *Zeitdruck*, kommt es in der Regel zu Kompromißlösungen, die der Komplexität der Abwägung nicht mehr gerecht werden und zu "legistischen" Fehlerhaftigkeiten führen.[167)] Namentlich "politische" Kompromißzwänge nach langwierigen Kontroversen, etwa im Vermittlungsausschuß nach Art. 77 II GG, können zu "unausgegorenen" Kompromissen führen. Ein (faktischer) "Konsenszwang" (und damit Kompromißzwang) führt zu *zähflüssigen Entscheidungsprozessen* und an die Grenzen der Entscheidungsfähigkeit.[168)] Speziell die von Regierung und Opposition vereinbarten und von letzterer mitgetragenen Kompromisse können die Opposition dann so einbinden, daß sie sich als mitverantwortlich wirksamer Kritik enthält[169)] oder aber politische Alternativen im Parteienwettbewerb verwischt statt konturiert.

(bb) Je schwieriger solche politischen Verhandlungen werden, desto höherrangige (Partei-)Politiker wirken an der Entscheidungsfindung mit, desto geringer wird aber auch der unmittelbare Sachverstand an der Kompromißfindung beteiligt: Die *Instanzen der Kompromißbildung* (z.B. die Parteivorsitzenden) sind *oft* gerade wegen des sachlichen Streits *zu sachfern*, um legistisch gute Kompromisse zu finden.

(cc) *Kompromisse verschlechtern* dann nach verbreiteter Ansicht oft die *Gesetzesqualität*[170)], weil legistisch gute Gesetze der Experten im politischen Prozeß gerade dort verschlechtert würden, wo die Suche nach Konsens durch Kompromiß am stärksten gewesen sei.[171)] Allerdings läßt sich auch umgekehrt beobachten, daß Kompromisse scheitern, eben weil sie zu begrifflichen Unklarheiten und Vollzugsproblemen geführt hätten.[172)] Unbestimmte Formelkompromisse können vollzugsunfähig sein, wie die Dominanz einer informalen Verwaltungspraxis neben dem

Gesetz indizieren kann[173]; die Diskussion um § 17 BImSchG zeigt, daß gerade mächtige Gesetzesadressaten mit ausreichendem Tauschpotential durch solche Formen der Delegation bevorzugt werden.[174] Ähnlich gilt jede Norm der Datenschutzgesetze als ein als Generalklausel gefaßter Kompromiß, der "die Regelungschancen letztlich aushöhlt".[175] Kompromisse können hier nichts anderes als politische Schwächen des Gesetzgebers anzeigen.

(dd) Auch Kompromisse können nicht garantieren, daß die Rationalität des Kompromisses wirklich gemeinwohlförderlich ist.[176] So wie der Output einer pluralistischen Demokratie nur eine (widerlegbare) Vermutung für die erfolgreiche Integration von individuellen Interessen und systemischen Bedürfnissen begründet, so garantiert die Handlungsrationalität der Akteure bei der Kompromißbildung nicht notwendig einen systemrationalen Kompromiß; im Gegenteil sind Kompromisse oft eher Erscheinungsformen kurzfristiger Krisenregulierungen.[177] Der Kompromiß nimmt insoweit keine andere Rolle ein als die sonstigen, "sich selbst tragenden" Institutionen des Verfassungsstaats, die gleichfalls ihre Voraussetzungen nicht zwingend garantieren können: Die Verfassung ist keine politische Lebensversicherung eines Gemeinwesens.[178]

7. *Ausblick: Auf dem Wege zu "guten" Kompromissen im Gesetzgebungsprozeß*

Eine praktisch anspruchsvolle Gesetzgebungslehre des demokratischen Verfassungsstaats muß sich hüten, den (partei-)politischen Primat rechtspolitischer Gestaltung zu mißachten (so sehr ihr Rationalitätsanspruch bestimmte Politik(-folgen) als schlecht kritisierbar machen kann). Vorschläge für "gute" Kompromisse müssen ihren Schwerpunkt in Verfahrensvorschlägen, inhaltsneutralen gesetzestechnischen Überlegungen und Je-Desto-Aussagen haben. Abschließend seien einige solcher Fragestellungen angedeutet.

a) Kompromisse werden erleichtert, wenn *Konflikte "kleingearbeitet"* werden. Kompromißlinien sollten (nur) im Grundsätzlichen möglichst frühzeitig erarbeitet werden, aber von maßgeblichen (verantwortlichen) Spitzenpolitikern (in Regierung oder Fraktion) "abgesegnet" sein. Die Kompromißfindung im Detail sollte hierarchisch "von unten nach oben" (von der sachnächsten zur politiknächsten Ebene) verlaufen, weil im umgekehrten Falle politische Entscheidungen als Vorgaben nahezu irreversibel wirken.

Die heute politische Lösungen präjudizierende Kraft von Referentenentwürfen gründet darin, daß sie meist nicht mehr Diskussions-Entwürfe von Referenten, sondern frühzeitige (partei-)politische Vorgaben der politischen Spitze verwirklichen, die Alternativen und Kompromißmöglichkeiten von vornherein einengen. In diesem Sinne eröffnet eine "Politisierung" der Referentenentwürfe im Sinne einer offenen Diskussion von Regelungsalternativen auf sachnächster Ebene auch leichter Kompromißlösungen, ohne daß damit parteipolitische Gesichtsverluste verbunden sein müssen.

Konflikte sollten mithin in möglichst viele kleine Teilentscheidungen bzw. Schritte aufgegliedert werden[179], um Teil-Kompromisse zu ermöglichen[180], ohne die Teillösungen durch zu viele Junktims miteinander zu verknüpfen. So lassen sich parteipolitische Grundsatzkonflikte in Konflikte alternativer Rationalitätsmodelle auflösen (und damit Kompromißlösungen erleichtern).[181] Je feinnervig-differenzierter umstrittene Regelungen sind, desto "dezisionistischer" darf ein Kompromiß sein, desto eher kann ohne Schaden unter Zeitdruck entschieden werden.

b) Kompromisse werden um so schwieriger, je mehr Macht- und Prestige-Träger an ihrer Ausarbeitung beteiligt sind.[182] Kompromisse werden tendenziell um so leichter, je kleiner die erarbeitenden *Gremien* und je "hochkarätiger" ihre verhandelnden Mitglieder sind.

c) Kompromisse werden um so schwieriger, je tiefgehender sie die "*Wertkonflikte*" der Beteiligten hinter den Interessenkonflikten tangieren.[183] Ein Kompromiß kann dann praktisch unerreichbar sein, eine einseitige Regelung aber hohe Akzeptanzprobleme schaffen. Unter solchen Umständen kann die *Verfahrenslösung* der delegierenden Problemverschiebung (evtl. durch Formelkompromisse) auf andere, neutralisierende Instanzen besser sein (z.B. Arbeitskampfrechtsprechung durch das Bundesarbeitsgericht statt Regelung durch Bundesgesetz?).

d) Regelungen mit Eingriffscharakter von großem Neuerungsgehalt, die eine neue Verwaltungspraxis konstituieren, sind schon wegen ihres innovativen Charakters schwerer gegen betroffene Interessenten in der Verwaltungspraxis durchzusetzen als Neuerungen, die die lang *eingespielte Praxis eines bestehenden Behördenapparates* nur modifizieren.[184] Unklare Kompromißformeln schwächen dann den Regelungsanspruch, wenn er gegen mächtige Betroffene durchgesetzt werden soll.

e) Je umfangreicher Gesetzentwürfe werden, desto häufiger lassen sich im Bundestag Kampfabstimmungen feststellen und desto leichter können sachlich voneinander völlig unabhängige Materien zu sachwidrigen Kompromißpaketen verknüpft werden. Grundsätzlich sollten sich deshalb *Gesetzentwürfe* inhaltlich auf einen Regelungsbereich bzw. die Änderung eines

(Stamm-)Gesetzes (mit den technischen Folgeänderungen in anderen Gesetzen) *beschränken*. Artikelgesetze nach dem Modell der Haushaltsstrukturgesetze fördern (auch) wegen ihrer sachlichen Heterogenität schlechte Kompromisse.

f) *Je "irreversibler"* eine gesetzliche Entscheidung ist, ein *desto größerer Konsens* ist wegen der schädlichen Folgen der Revision von Grundsatzentscheidungen im Interesse von Gesetzgebungskontinuität sowie von langfristiger Akzeptanz solcher Grundsatzentscheidungen erforderlich. In solchen Fragen mit (lebensgeschichtlich-)individueller oder kollektivgenerationenübergreifender Langzeitwirkung (z.B. Schulreformen bzw. atomare Entsorgung, Staatsverschuldung, Rentenreform) sind Kompromisse, die Einmütigkeit zwischen den Parteien stiften, Voraussetzung auch für "gute" Gesetzgebung.

g) Der Zeitdruck von Kompromißfindungsverfahren als Quelle von Gesetzesmängeln ließe sich durch eine deutliche, Prüfungen ermöglichende mehrwöchige (Regel-)*Frist zwischen* der abschließenden *Beratung* im Ausschuß *und* der *Verabschiedung* im Plenum einerseits bzw. den Zwang zu einer mehrwöchigen legistischen Prüfung von Vorschlägen des Vermittlungsausschusses bis zur erneuten Beschlußfassung ansatzweise reduzieren.

8. Zusammenfassung in Thesen

1. Der politische Kompromiß wird trotz seiner zentralen Rolle für den Gesetzgebungsprozeß bis heute gesetzgebungstheoretisch vernachlässigt oder pejorativ im Kontext einer Verschlechterung der Gesetzgebung erwähnt. Die traditionelle Geringschätzung gründet in vielschichtigen, unverändert virulenten verfassungstheoretischen Belastungen (u.a. marxistischer, etatistischer und fundamentalistischer Provenienz).

2. (Partei- und sach-)politische Kompromisse sind regelmäßig (aber nicht notwendig) durch beiderseitiges Entgegenkommen gekennzeichnet. Die analytisch mögliche Trennung von Ergebnisinhalt und Verfahren ist unter praktischem Erkenntnisinteresse ebensowenig zweckmäßig wie die isolierte Betrachtung einzelner Kompromißentscheidungen ohne den Kontext einer Gesetzgebungskontinuität.

3. Der Gesetzgebungsprozeß *ist* institutionalisierte Kompromißbildung mit einer Vielfalt von (möglichen) Kompromißfindungsebenen. Im Parteienstaat dominieren informale Kompromißfindungen im vorparlamentarischen

Gesetzgebungsverfahren; Parlamentsausschüsse sind nur ausnahmsweise Orte der Kompromißfindung. Der Vermittlungsausschuß nach Art. 77 II GG als institutionalisiertes Kompromißfindungsorgan ist primär bei parteipolitischen Divergenzen zwischen Regierungs- und Bundesratsmehrheit bedeutungsvoll; nur zustimmungsbedürftige Gesetze entfalten einen Kompromißzwang.

4. (a) Die Realität der Gesetzgebungskompromisse offenbart eine Vielfalt von Erscheinungsformen. Inhaltlich lassen sich (außergesetzliche) Interpretationserwartungen des Ausschusses, quantitative Mittelungslösungen vor allem in finanzieller und zeitlicher Hinsicht, Inkrafttretens-Termine, Übergangsbestimmungen, qualitative Problemlösungen durch Regel-Ausnahme-Techniken, verfahrensrechtliche Absicherungen oder Sowohl-als-auch-Lösungen durch sachliche, personale oder zeitliche Aufteilungen feststellen.
(b) Verfahrenskompromisse begegnen als (ausdrückliche, evtl. partielle) Nicht-Entscheidungen, partielles Entgegenkommen im Abstimmungsverhalten und "dilatorische Formelkompromisse".
(c) "Formelkompromisse" sind nur selten (symbolische) Scheinkompromisse ohne jede Geltungskraft. Wie alle unbestimmten Rechtsbegriffe sind sie Delegationsnormen, die die Auflösung von Normzielkonflikten den jeweiligen Rechtskonkretisierungsinstanzen überlassen. Ihre Qualität bemißt sich nicht daran, ob der parlamentarische Gesetzgeber selber hätte entscheiden können, sondern ob die Delegation dem Regelungsinhalt angemessen ist. Kriterien können sein: die organisatorische bzw. verfahrensrechtliche Fähigkeit der Verwaltung zur Abwägung einer Interessenvielfalt, die Wahrscheinlichkeit ausreichender gerichtlicher Konkretisierungsleistungen, sachlich und zeitlich konkretisierbare Konflikten Grundrechtsintensität, Verhandlungsstärke betroffener Gesetzesadressaten u.a.
(d) Abstrakte Formelkompromisse sind um so wahrscheinlicher, je grundsätzlich umstrittener der lösungsbedürftige Konflikt ist.

5. (a) In der Verfassung des Pluralismus sind politische Kompromisse ein zentrales, charakteristisches Mittel, ausgleichende Gerechtigkeit durch Konfliktlösung auf Zeit zu schaffen. Kompromißbereitschaft als eine demokratische Tugend wird im Parteienstaat vorausgesetzt.
(b) Kompromisse sind Ausdruck der Verfahrensrationalität des demokratischen Verfassungsstaats. Sie transformieren im Spannungsfeld von Politik und Rationalität politische Konflikte in auf Zeit verbindliche Entscheidungen. Mit einer Prozeduralisierung des Rechts steigt die Bedeutung von Kompromissen.

(c) Kompromisse sind nicht Alternativen, sondern Voraussetzungen des Mehrheitsprinzips. Sie sind ein zentrales Mittel der Konsensfindung, das die von der Mehrheitsregel nicht gewichteten Intensitätsdifferenzen zum Ausgleich bringt.
(d) Gesetzeskompromisse stellen Konflikte (auf Zeit) still. Die Legitimität von faktisch kaum reversiblen Gesetzen wird durch einen breiten (interfraktionellen) Konsens aufgrund von Kompromißentscheidungen gesteigert. Angemessene Kompromisse ermöglichen Gesetzgebungskontinuität, stabilisieren den Grundkonsens und indizieren eine ausbalancierte, auch vom Bundesverfassungsgericht weniger angreifbare Entscheidungsfindung.

6. Kompromisse können Innovationen behindern und den gesellschaftlichen status quo befestigen; falsche Kompromißbildungsprozeduren können sich zu sachwidrigen Entscheidungsalternativen verselbständigen. Legistische Qualitätsstandards sind keine Kriterien bei der Kompromißfindung; die politischen Eigengesetzlichkeiten der Kompromißverfahren belasten eher die Gesetzesqualität. Durch eine Verbesserung der Kompromißfindungsvoraussetzungen könnten die verfahrensrechtlichen Bedingungen von fehlerhaften Kompromissen gemindert werden.

7. Eine demokratische Gesetzgebungslehre hat den Primat der Politik zu respektieren. Entsprechende Leitlinien für "gute" Kompromißbildung zielen auf Kompromißfindung in sachnahen und kleinen Gremien, Ausdifferenzierung von Regelungsalternativen, Korrespondenz von Problemdelegation und Konkretisierungsinstanz, Abbau von Artikelgesetzen, Konsens bei irreversiblen Entscheidungen, Mindestdauer von Gesetzesberatungen u.a..[185)]

Anmerkungen

1 P. Noll, Gesetzgebungslehre, 1973, S. 158 f. S. ferner etwa: N. Luhmann, Rechtssoziologie 2. Auflage 1983, S. 292; R. Zuck, NJW 1979, 1681 (1685); M. Kloepfer, VVDStRL 40 (1982), 63 (77: "Kompromißfassaden"); R. Krebs, in: H. Schäffer/O. Triffterer (Hrsg.), Rationalisierung der Gesetzgebung, 1984, S. 297 (298: "Kastration"); R. Herber und W. Zeh, in: W. Maihofer (Hrsg.), Theorie und Methoden der Gesetzgebung, 1983, S. 31 (34) bzw. 57 (71).

2 S. z.B. H. Schneider, Gesetzgebung, 1982, der aber in Rdn. 122 auf die kompromißfördernde Rolle zustimmungsbedürftiger Gesetze bes. im Vermittlungsausschuß nach Art. 77 II GG verweist. Eine Fehlanzeige auch bei H. Hill, Einführung in die Gesetzgebungslehre, 1982, S. 42 f.

3 So F. Ossenbühl, FG BVerfG I, 1976, S. 458 (511).

4 S. T. Wilhelm, Traktat über den Kompromiß, 1973, S. 142 f.; zu weitgehend will umgekehrt N. Wimmer, in: Triffterer/Schäffer, Rationalisierung (Anm. 1), S. 225 (230) daraus folgern, das unstillbare Verlange nach politischer Einigung treibe den Gesetzgeber zur

Gesetzesflut: "Je mehr Gesetze, desto mehr Einigungschancen, desto mehr Demokratie lautet die neue Formel, auf der unser heutiger Gesellschaftsvertrag beruht".

5 S. die Übersichten bei W. A. Jöhr, Der Kompromiß als Problem der Gesellschafts-, Wirtschafts- und Staatsethik, 1958, S. 10 ff.; T. Wilhelm, Traktat (Anm. 4), S. 38 ff., pass.; V. Büchler-Tschudin, Demokratie und Kompromiß, 1980, S. 40 ff.; M. Müller, Der Kompromiß oder vom Unsinn und Sinn des menschlichen Lebens, 1980, S. 139 ff.

6 G. Simmel, Soziologie, 5. Aufl. 1968, S. 250.

7 Vgl. zur austromarxistischen Linie: O. Bauer, in: H.-J. Sandkühler/R. de la Vega, Austromarxismus, 1970, S. 70 ff.

8 S. zur Verfassung als Klassenkompromiß: W. Abendroth, Das Grundgesetz, 1966, S. 64 ff., s.a. 38 f.; dazu auch J. Perels, KJ 7 (1974), S. 147 ff.; J. Seifert, Der Kampf um Verfassungspositionen, 1974, S. 105 ff.; ferner E.-W. Böckenförde, FS f. G. Gmür, 1983, S. 7 (15 ff.).

9 S. z.B. jüngst wieder die Kritik von W. Abendroth, Gedächtnisschrift f. H. Heller, 1984, S. 213 (229 f.) an H. Heller und "Kompromiß-Ideologisierungen" in Weimar; zu Hellers Bejahung von Kompromißpolitik s. ebd. A. Bolaffi und W. Luthardt, S. 235 (244 ff.) bzw. S. 259 ff.; s.a. J. Habermas, Die Neue Unübersichtlichkeit, 1985, S. 152: "vielleicht sogar Irreversibilität dieser noch immer umkämpften Kompromißstruktur".

10 Zur Institutionalisierung des Gruppenkompromisses ("Strukturwandel") O. Kirchheimer (1941), in: ders., Von der Weimarer Republik zum Faschismus: Die Auflösung der demokratischen Rechtsordnung, 1976, S. 213 (223 ff.); K.-H. Ladeur, Der Staat 21 (1982), 391 (395 ff., 399 ff.); s.a. H.-D. Rath, JöR 33 (1984), 131 (135).

11 Staatsrechtlich grdl. C. Schmitt, Der Hüter der Verfassung, 1931, S. 71 ff. (krit. dazu E. Fraenkel, 1964, in: ders., Deutschland und die westlichen Demokratien, 5. Aufl. 1973, S. 197, 200 ff.; A. Rinken, in: Kommentar zum Grundgesetz für die Bundesrepublik Deutschland, AK-GG, 1984, Band 1, Art. 9 Abs. 1 Rdn. 25); s.a. aus neuerer Zeit R. Altmann, Späte Nachricht vom Staat, 1968, S. 27 ff.; R. Herzog, Allgemeine Staatslehre, 1971, S. 71 ff., 133 ff.; K. Stern, Staatsrecht I, 2. Aufl. 1984, S. 620.

12 Bilanz der Grundwerte-Debatte bei P. Häberle, Erziehungsziele und Orientierungswerte im Verfassungsstaat, 1981, S. 19 ff.; krit. zur antiparlamentarischen Stoßrichtung E. Denninger, VVDStRL 37 (1979), 7 (11 ff.).

13 Vgl. die Vielfalt der Sachthemen (über die Frage der atomaren Entsorgung hinaus) bei B. Guggenberger, i: ders./C. Offe (Hrsg.), An den Grenzen der Mehrheitsdemokratie, 1984, S. 207 (210 ff., 217 u.ö.).

14 J. Habermas, Legitimationsprobleme im Spätkapitalismus, 1973, S. 154 f.

15 Vgl. im Bereich der Staatsrechtslehre nur M. Kloepfer, VVDStRL 40 (1982), 71 ff., 75 ff. u.ö.; krit. ebd. D. Grimm, S. 104 f. (Diskussion); vgl. auch W. Zeh, in: Triffterer/Schäffer, Rationalisierung (Anm. 1), S. 283.

16 So aber weithin die Literatur, z.B. schon G. Simmel, Soziologie (Anm. 6), ebd.; W. A. Jöhr, Kompromiß (Anm. 5), S. 15, 21; G. Sartori (1975), in: Guggenberger/Offe, Mehrheitsdemokratie (Anm. 13), S. 83 (94); T. M. Benditt, in: J. P. Pennock/J. W. Chapmann (Hrsg.), Compromise in Ethics, Law and Politics, N.Y. 1979, S. 26; anders aber (wie hier) V. Aubert (1963), in: W. L. Bühl (Hrsg.), Konflikt und Konfliktsoziologie, 1972, S. 178 (186); A. Kuflik, in: Pennock/Chapman, a.a.O., S. 38 (40, 62).

17 So z.B. C. Schmitt, Verfassungslehre, 1928, S. 31 ff.; R. Zuck, NJW 1979, 1681, 1685.

18 So z.B. E.-W. Böckenförde (1957/58), in: H. D. Wendland (Hrsg.), Politik und Ethik, 1969, S. 218 (225).

19 So z.B. K. Sontheimer, in: Handbuch des deutschen Parlamentarismus, 1970, S. 245.

20 S. etwa W. Schmidt, VVDStRL 33 (1975), 183 (194 f.); H. H. v. Arnim, Gemeinwohl und Gruppeninteressen, 1977, S. 48 ff., 183 ff.; speziell für das Gesetzgebungsverfahren

H. Schulze-Fielitz, NVwZ 1983, 709 ff.; vgl. auch W. Hoffmann-Riem, VVDStRL 40 (1982), 187 (219).

21 S. etwa H. Kelsen, Das Problem des Parlamentarismus, 1926, S. 32; H. Steiger, Studium Generale 23 (1970), 710 (731); H. Oberreuter, Aus Politik und Zeitgeschichte, B 2/83, S. 19 (24).

22 Vgl. nur U. Scheuner, in: G. Jakobs (Hrsg.), Rechtsgeltung und Konsens, 1976, S. 33 (65 f.).

23 S. nur K. Eichenberger, VVDStRL 40 (1982), 7 (28 ff.); W. Maihofer, in: G. Winkler/ B. Schilcher (Hrsg.), Gesetzgebung, 1982, S. 3 (4 f., 20 ff.); speziell für die Kompromißfindung in der Schweiz auch V. Büchler-Tschudin, Demokratie (Anm. 5), S. 68 f.

24 S. R. Herber (Anm. 1), S. 39 f.; U. Thaysen, Aus Politik und Zeitgeschichte, B 35/85, S. 3 (9 f.).

25 Ein aktuelles Beispiel sind die Beratungen der "führenden Innenpolitiker der Koalition", an denen neben den Fraktionsexperten aus CDU, CSU und FDP die Staatssekretäre und weitere Fachbeamte aus Justiz- und Innenministerium teilnahmen, s. FAZ v. 8.8.1985, S. 2. Allg. zu informalen Erweiterungen des Verfassungsstaats H. Schulze-Fielitz, Der informale Verfassungsstaat, 1984, hier S. 92 ff., pass.

26 S. grds. L. A. Coser, Theorie sozialer Konflikte (1956), 1972, S. 173 ff.

27 Man denke neuestens an die Hinterbliebenenreform oder die Novellierung des Demonstrationsstrafrechts.

28 Vgl. FR v. 13.2.1985, S. 1 und v. 14.2.1985, S. 1 f.; der Entwurf ist dokumentiert in FR v. 14.3.1985, S. 19.

29 S. FAZ v. 4.3.1985, S. 13 und v. 5.3.1985, S. 2; auch die niedersächsische Wirtschaftsministerin B. Breuel (CDU) und die Bundesvereinigung der Deutschen Arbeitgeberverbände betonten die die Frauen benachteiligende Funktion einer solchen Arbeitsplatzgarantie.

30 S. FR v. 23.3.1985, S. 1; FAZ v. 22.3.1985, S. 2; zu den vorangegangenen innenpolitischen Kontroversen s. FAZ v. 8.3.1985, S. 3.

31 S. FR v. 28.6.1985, S. 4; krit. die CDU-Sozialausschüsse: FR v. 1.7.1985, S. 1.

32 S. FR v. 29.6.1985, S. 1.

33 S. FAZ v. 5.7.1985, S. 1.

34 S.a. schon FAZ v. 29.6.1985, S. 11 und jetzt BT-Drs. 10/3792.

35 FR v. 17.7.1985, S. 4.

36 S. FAZ v. 18.7.1985, S. 1 (2); FR v. 18.7.1985, S. 1.

37 S. aber zur Kritik aus der IG Metall FR v. 25.7.1985, S. 4. Auch im parlamentarischen Verfahren kam es zu einem weiteren, verfassungsrechtlich mehr als problematischen Kompromiß zwischen den Ländern über die Art des Gesetzesvollzuges, s. FAZ v. 15.11.1985, S. 2.

38 S. etwa H.-P. Schneider, in: HdbVerfR, 1983, S. 239 (262).

39 Vgl. etwa W. Zeh (Anm. 1), S. 65 f.; s.a. H. H. v. Arnim, DÖV 1985, 593 (597).

40 S. z.B. zum Scheidungsfolgenrecht-Reformentwurf der christlich-liberalen Koalition in der 10. WP: FAZ v. 25.10.1984, S. 1; FR v. 25.10.1984, S. 3.

41 So A. Gerontas, EuGRZ 1982, 145 (148) unter Hinweis auf H. Troßmann, JöR 28 (1979), 1 (287 ff.).

42 S. W. Zeh (Anm. 1), S. 64; V. Nienhaus, ZParl 16 (1985), 163 (165).

43 S. FR v. 16.2.1985, S. 1.

44 S. zu solchen interfraktionellen Gesetzesinitiativen H. Schulze-Fielitz, Verfassungsstaat (Anm. 25), S. 54 ff.

45 So G. Kisker, in: Probleme des Föderalismus, 1985, S. 23 (31).

46 S. G. Limberger, Die Kompetenzen des Bundesrates und ihre Inanspruchnahme, 1982, S. 76.

47 E. Hasselsweiler, Der Vermittlungsausschuß, 1981, S. 289; zu den verschiedenen Beratungsphasen ders., ebd., S. 200 ff. und J. Jekewitz, in: AK-GG (Anm. 11), Art. 77 Rdn. 25.

48 Der Erfolg i.S. einer Kompromißregelung bei Einspruchsgesetzen war schon immer deutlich geringer, s. G. Limberger (Anm. 46), S. 85 ff.; vgl. aber auch W. Zeh (Anm. 1), S. 74.

49 2. HStruktG; BeschäftFG; SGB-X; KHKÄndG; BerBiFG. Die Gesetze der 9. Wahlperiode sind skizziert in: Deutscher Bundestag/Bundesrat, Gruppe Datenverarbeitung (Hrsg.), Stand der Gesetzgebung des Bundes, 9. Wahlperiode 1980-1983, 1983.

50 19. und 20. StrÄndG; MinöBranntwStÄndG 1981; 2. MinöStÄndG, VerbStÄndG 1982, KVEG; AFKG; 9. BKGÄndG.

51 S. näher G. Kisker (Anm. 45), S. 33; U. Thaysen (Anm. 24), S. 9 ff.; s.a. schon E.-W. Böckenförde, FS für F. Schäfer, 1980, S. 182 (189 ff.); G. Lehmbruch, Parteienwettbewerb im Bundesstaat, 1976, S. 135 ff., 160 ff.; ferner H. Abromeit, in: Guggenberger/Offe, Mehrheitsdemokratie (Anm. 13), S. 132 (143 f.); insgesamt positivier zuletzt P. Lerche (1985), in: T. Maunz/G. Dürig, GG, Kommentar, Art. 84 Rdn. 73.

52 S. z.B. die Aufrechterhaltung der Ermächtigung zur Mineralölsteuerbegünstigung für experimentellen Verbrauch (trotz einer gegenläufigen Anregung des Bundesrechnungshofs) in der Erwartung, daß der BMF bei Versuchen zur Verbesserung des Umweltschutzes von der (eben deshalb) aufrechterhaltenen Ermächtigung wohlwollenden Gebrauch mache, s. BT-Drs. 9/979, S. 14 (Ausschußbericht – AB – zum VerbStÄndG 1982).

53 S. am Bsp. des Art. 1 Nr. 1 TiefsBergbG der Wirtschaftsausschuß, BT-Drs. 9/1176, S. 2 und 4.

54 S. z.B. die Betonung der Streichung des Kinderbetreuungsbetrags als kürzungsmindernder Gesichtspunkt bei der Kürzung des Kindergeldes, s. BT-Drs. 9/972, S. 7 und 2 (Beschlußempfehlung zum 9. BKGÄndG); die Bedenken gegen die Neuregelung der Einkommenserfassung in der Beschlußempfehlung zum 7. BAFÖGÄndG, s. BT-Drs. 9/603, S. 25 und 5; s. ferner Anm. 53.

55 S. allg. J. Galtung (1965), in: W. L. Bühl, Konflikt (Anm. 16), S. 113 (158 f.).

56 Vgl. Art. 2 I Nr. 2 MinöBranntwStÄndG 1981, BT-Drs. 9/167, S. 5 f. und 8 bzw. Art. 6 Nr. 3 Haushaltsbegleitgesetz 1983, BT-Drs. 9/2290, S. 10, Ergebnis eines vom Bundesrat bzw. von den Ländern initiierten Kompromisses, so H. Donner, ZRP 1985, 327 (331).

57 Die Forderung kam aus CDU-Kreisen in Ländern, in denen 1985 Wahlen bevorstanden, s. FAZ v. 9.1.1985, S. 1.

58 S. FAZ v. 15.1.1985, S. 1.

59 BT-Drs. 9/846, S. 60 und BT-Drs. 9/966, S. 78.

60 BT-Drs. 9/27, S. 12 (Entwurfsbegründung) bzw. 8/4267, S. 28 (§ 28 a.F.), AB.

61 BT-Drs. 8/4407, S. 2.

62 S. Minister G. Stoltenberg, zit. nach FAZ v. 14.12.1984, S. 1.

63 BVerfGE 67, 256 ff.

64 S. FAZ v. 19.11.1984, S. 13; v. 20.11.1984, S. 1.

65 S.a. zur 1. Lesung FAZ v. 2.3.1985, S. 1 (2).

66 S. zur Forderung von "Teilen der FDP" nach einer Steuerreform in einem Schritt: FAZ v. 8.5.1985, S. 1; zur gleichsinnigen Forderung der CSU s. z.B. FR v. 25.5.1985, S. 1 (2); zum entsprechenden Votum des Sachverständigenrates s. FR v. 25.6.1985, S. 5; FR v. 26.6.1985, S. 1.

67 S. z.B. FR v. 25.5.1985, S. 1 f.; v. 9.2.1985, S. 1.

68 Nach J. Driendl, Zur Notwendigkeit und Möglichkeit einer Strafgesetzgebungswissenschaft in der Gegenwart, 1983, S. 57 sind sie Indiz für Kompromißgesetze, obwohl sie die gesamte Rechtsordnung strukturell durchziehen.

69 Das kann Ausdruck eines stark umkämpften Kompromisses sein, so schon W. Weber (1959), in: Spannungen und Kräfte im westdeutschen Verfassungssystem, 3. Aufl. 1970, S. 152 (163).

70 Vgl. BT-Drs. 9/450, S. 5, 8 und 9 (AB) betr. 19. StrÄndG i.V.m. BT-Drs. 8/3857, S. 6.

71 Statt ursprünglich 1500 wurde nur noch 1200 Offizieren ein vorzeitiger Ruhestand ermöglicht; 300 sollten anderweitig im öffentlichen Dienst Verwendung finden.

72 Daraus kann sich eine verfassungsrechtliche Pflicht zum Kompromiß ergeben, s. BVerfGE 41, 29 (50). Vgl. auch R. Herzog, FS für T. Maunz, 1971, S. 145 (151 f.).

73 S. z.B. die einstimmige Streichung von Art. 1 Nr. 10 3. BbÄndG(E) im Verkehrsausschuß (betr. Bahnstreckenweiterführung durch Länder) nach Widerspruch des Bundesrats (BT-Drs. 9/910, S. 2) im Interesse einer zeitgerechten Verabschiedung des Regierungsentwurfs im übrigen, s. BT-Drs. 9/1033, S. 4.

74 S. z.B. den Verzicht der CDU/CSU-Opposition beim BtMNG auf eine Strafandrohung für Verherrlichung des Mißbrauchs von Betäubungsmitteln, s. MdB Hartmann, Stenographische Berichte, 9. BT, 38. Sitzung, S. 2013.

75 S.a. H. Ryffel, Grundprobleme der Rechts- und Staatsphilosophie, 1969, S. 318.

76 S. z.B. beim 2. AbfÄndG, BT-Drs. 9/1222, S. 2, 10 ff. (AB).

77 S. z.B. BT-Drs. 9/1042, S. 3 (AB) betr. 10. WSÄndG: "Der Ausschuß hätte es für wünschenswert gehalten, wenn ... besser". Es handelt sich, soll der Begriff des Kompromisses nicht uferlos werden, sicher um einen Grenzfall; dennoch scheint hier ein Nachgeben um des lieben Friedens willen charakteristisch.

78 Auch zeitlich befristete Gesetzgebungsexperimente können selber Ausdruck eines Kompromisses sein, so M. Kloepfer, VVDStRL 40 (1982), 92 f.; vgl. auch I. Richter, in: W. Hassemer u.a. (Hrsg.), Grundrechte und soziale Wirklichkeit, 1982, S. 77 (95 f.).

79 S. C. Schmitt, Verfassungslehre (Anm. 17), S. 32; krit. zuletzt H. Bethge, Der Staat 24 (1985), 351 (357).

80 S. etwa J.-F. Staats, in: H. Kindermann (Hrsg.), Studien zu einer Theorie der Gesetzgebung 1982, 1982, S. 192 ff.

81 S.a. J. Hucke, in: R. Voigt (Hrsg.), Abschied vom Recht , 1983, S. 50 (56 f.). In der Perspektive der Implementationsforschung handelt es sich um "Programmfehler", s. z.B. H.-U. Derlien, VerwArch 75 (1984), 256 (269 f.).

82 S. z.B. N. Luhmann (1968), in: ders., Politische Planung, 1971, S. 143 (151); P. Lerche, FS für H. P. Ipsen, 1977, S. 437; R. Zuck, NJW 1979, 1685; W. Schmitt Glaeser, Die Verwaltung 14 (1981), 277 (298: "vage Gefälligkeitsformulierungen"); M. Kloepfer, VVDStRL 40 (1982), 76 f.; E. Benda, DÖV 1983, 305 (307); W. Thiele, DVB1. 1985, 805 (806); R.-P. Callies, NJW 1985, 1506 (1510); mehr oder weniger krit. zu Formelkompromissen auch W. Braun, VerwArch 76 (1985), 24 (49). Schon Carl Schmitts Paradebeispiel, der über Art. 140 GG unverändert geltende Weimarer Kirchenkompromiß (vgl. Verfassungslehre, Anm. 17, S. 32 ff.), belegt nach Maßgabe der Rechtsprechung des BVerfG offenkundig keine sachliche Unentschiedenheit, vgl. zuletzt die Bilanz von A. Hollerbach, AöR 106 (1981), 218 ff.

83 S. nur J. Esser, Grundsatz und Norm in der richterlichen Forbildung des Privatrechts (1956), 3. Aufl. 1974, S. 150 f.; aus jüngster Zeit etwa: F. Müller, Strukturierende Rechtslehre, 1984, S. 184 ff. u.ö.; W. Krawietz (1981), in: ders., Recht als Regelsystem, 1984, S. 50 (77 f.); W. Seibel, in: R. Voigt (Hrsg.), Abschied (Anm. 81), S. 134 (136 ff., 150 ff.).

84 Vgl. W. Braun, VerwArch 76 (1985), 36 ff.; s.a. W. Seibel (Anm. 83), S. 136 ff.; D. Freischmidt, in: J. Rödig (Hrsg.), Studien zu einer Theorie der Gesetzgebung, 1976, S. 421 (425).

85 S. speziell zu Gemeinwohlklauseln P. Häberle, Öffentliches Interesse als juristisches Problem, 1970, S. 71 ff.; jüngst zum Grundsatz der Verhältnismäßigkeit R. Wiethölter, KJ 18 (1985), 126 (132 ff.).

86 Vgl. schon F. Werner (1960), in: ders., Recht und Gericht in unserer Zeit, 1971, S. 176 (190).

87 S. z.B. zur Nicht-Anwendung von § 17 BImSchG E. Bohne, der informale Rechtsstaat, 1981, S. 164 ff.; zum ungeklärten Auslegungsstreit s. nur einerseits H. Sendler, in: Dokumentation zur 6. wissenschaftlichen Fachtagung der Gesellschaft für Umweltrecht e.V., 1983, S. 29 (64 ff.); ders., DVBl. 1983, 209 f.; andererseits, seine enge, betriebswirtschaftliche Interpretation (NJW 1977, 1849 ff.) verteidigend, W. Hoppe, DVBl. 1983, 20 ff.; zur methodischen Problematik der Auslegung angesichts unklarer bzw. verschiedener Gesetzeszwecke s. am Bsp, des § 17 BImSchG H.-J. Koch/H. Rüßmann, Juristische Begründungslehre, 1982, S. 222 ff.

88 Krit. z.B. zur fehlenden Lärmschutzverordnung nach § 43 I BimSchG u.a. J.-F. Staats (Anm. 80), S. 195 ff.

89 S. auch G. Teubner, in: F. Kübler (Hrsg.), Verrechtlichung von Wirtschaft, Arbeit und sozialer Solidarität, 1984, S. 289 (319) am Beispiel des Mitbestimmungsgesetzes; weitreichende rechtstheoretische Folgerungen zum (Verwaltungs-)Recht als gesellschaftliches "Kompromißrecht" (S. 340, 367) bei K.-H. Ladeur, Leviathan 8 (1979), 339 ff.

90 Vgl. W. Hoffmann-Riem, VVDStRL 40 (1982), 218 ff.

91 Vgl. dazu J. Burmeister, in: Drittes deutsch-polnisches Verwaltungssymposion, 1983, S. 45 (69).

92 Zur Diskrepanz von nachträglicher hoheitlicher Verfügung und Interessenvielfalt E. Bohne, Rechtsstaat (Anm. 87), S. 79 ff.

93 Vgl. W. Schmitt Glaeser, Die Verwaltung 14 (1981), 294 f. (betr. § 1 2 BROG).

94 Zum Scheitern der Idee eines Gentechnologie-Gesetzes auch aus diesem Grunde s. E. Benda, NJW 1985, 1730 (1734).

95 S. J. Gotthold, in: R. Voigt (Hrsg.), Abschied (Anm. 81), S. 249 (252 ff., 259 f. u.ö.).

96 S. jetzt für das Wirtschaftsverwaltungsrecht W. Braun, VerwArch 76 (1985), 159 ff.

97 Vgl. W. Braun, a.a.O., S. 181 f.

98 Dazu Nw. bei R. Hegenbarth, JbRSoz 7 (1980), 130 (138 ff.); s.a. W. Hoffmann-Riem, VVDStRL 40 (1982), 209 ff.

99 Dazu J. Hucke (Anm. 81), S. 61.

100 So (am Bsp. des Kartellrechts) K. J. Hopt, in: F. Kübler (Hrsg.), Verrechtlichung (Anm. 89), S. 229 (272 f.).

101 Zwar läßt sich jedes Oberziel in Unter-Ziele und Unter-Unter-Ziele aufspalten, die ihrerseits zugleich Mittel auf dem Wege zur Verwirklichung des höherrangigen (Zwischen-)Zieles sind (Zweck-Mittel-Hierarchien), vgl. nur H. Schulze-Fielitz, Sozialplanung im Städtebaurecht, 1979, S. 111 ff. m.w.Nw. Die nur relative Bedeutung dieser Unterscheidung erlaubt dennoch einige generelle Beobachtungen.

102 Z.B. das Gesetz über die "Auschwitz-Lüge", das durch die "ideologische Aufrechnung" mit der "Vertreibungslüge" in seinem Ziel verwässert und praktisch überflüssig wurde, vgl. dazu H. Ostendorf, NJW 1985, 1062 ff.

103 S.o. bei Anm. 12, 13. Eine parallele Abschichtung stellt dem Basiskonsens (= Verfassungskonsens) die Einzelkonsense (auf Gesetzesebene) gegenüber, s. A. Podlech, in: G. Jakobs (Hrsg.), Rechtsgeltung (Anm. 22), S. 9 (25 ff.).

104 P. Noll, Gesetzgebungslehre (Anm. 1), S. 179, bezogen auf die Nähe des Rechts zur Bevölkerung.

105 V. Aubert (Anm. 16), S. 183 f., 186, 189. Auch qualitative, "unteilbare" Gesetzesgegenstände sind durch die subjektiv motivierte Verknüpfung in "Paketen" Kompromissen zugänglich, s. grdl. G. Simmel, Soziologie (Anm. 6), S. 250: bei "Vertretbarkeit" des umstrittenen unzerlegbaren Gegenstandes; s.a. W. A. Jöhr, Kompromiß (Anm. 5), S. 17, 19 f.; G. Lehmbruch, Proporzdemokratie, 1967, S. 44 f.

106 S.a. M. Lendi, FS für H. Huber, 1981, S. 487 (488).

107 S. aber I. Ebsen, AöR 110 (1985), 2 (13).

108 P. Häberle (1977), in: ders., Verfassung als öffentlicher Prozeß, 1978, S. 17 (19 ff.); die empirischen und theoretischen Restriktionen dieses Anspruchs diskutiert F. W. Scharpf, Demokratietheorie zwischen Utopie und Anpassung, 1970, S. 33 ff.

109 Zur positiven Funktion sozialer Konflikte s. grdl. L. A. Coser, Theorie (Anm. 26), S. 95 ff., 142 ff. u.ö.; ferner R. Dahrendorf (1961), in: ders., Pfade aus Utopia, 1967, S. 263 ff., bes. S. 272 ff. u.ö.; eine sehr positive Einschätzung von Konflikten, durch die sich komplexe Gesellschaften "ein stabiles Verhältnis zur eigenen Instabilität" herstellen, jetzt bei N. Luhmann, Konflikt und Recht, in: ders., Ausdifferenzierung des Rechts, 1981, S. 92 (97); s.a. K. F. Röhl, Rechtstheorie 8 (1977), 93 ff. m.ausf.Nw., freilich mit engerem Konflikt-Verständnis (S. 99 ff.).

110 P. Häberle (1975), in: ders., Die Verfassung des Pluralismus, 1980, S. 79 (93); W. Schmitt Glaeser, Die Verwaltung 14 (1981), 283 f.

111 S. zur Kritik W. Schmitt Glaeser, Die Verwaltung 14 (1981), 278 f.

112 S. zur Kritik z.B. H. Klein, Koalitionsfreiheit im pluralistischen Sozialstaat, 1979, S. 107 ff.; vgl. auch I. Fetscher, in: Guggenberger/Offe, Mehrheitsdemokratie (Anm. 13), S. 196 (199 f.).

113 S. etwa BVerfGE 5, 85 (198); abw. Meinung zu BVerfGE 39, 1, 68 (72)-SV; P. Häberle (1977), in: ders., Verfassung (Anm. 108), S. 28 f.; U. Scheuner (Anm. 22), S. 43 ff.

114 S. V. Büchler-Tschudin, Demokratie (Anm. 5), S. 33 f.; T. Wilhelm, Traktat (Anm. 4), S. 161.

115 H. Kelsen, Parlamentarismus (Anm. 21), S. 31, s.a. S. 43/44. Nicht zufällig steht am Beginn des westlichen Verfassungsstaats der Gedanke des Gesellschaftsvertrages, so wie auch das GG als Verfassungsvertrag Ausdruck sozialer und politischer Kompromisse ist, vgl. nur W. Soergel, Konsens und Interessen (1969), 2. Aufl. 1985. Die Verfassung als Kompromiß muß "für alle tragbar und erträglich" sein, ohne daß ein bestimmtes Gesellschaftsmodell von ihr verabsolutiert werden dürfte, so P. Häberle (1974), in: ders., Verfassung (Anm. 108), S. 93 (110).

116 N. Bobbio (1981), in: B. Guggenberger u.a., Mehrheitsdemokratie (Anm. 13), S. 108 (117 f.).

117 F. W. Scharpf, Demokratietheorie (Anm. 108), S. 40 f.; s.a. R. Herzog, Staatslehre (Anm. 11), S. 58 f., 73 f., 135; H. Mandt, ZfP 32 (1985), 115 (128).

118 So z.B. H. Kelsen, Parlamentarismus (Anm. 21), S. 32 f.; E. Friesenhahn, VVDStRL 16 (1958), 9 (25).

119 S. H. Steiger, Organisatorische Grundlagen des parlamentarischen Regierungssystems, 1973, S. 86 f.; A. Gerontas, EuGRZ 1982, 148; s.a. T. Wilhelm, Traktat (Anm. 4), S. 159.

120 Zur pluralismusfreundlichen Position Richard Thomas s. H.-D. Rath, JöR 33 (1984), 139 f.; zu solchen Tendenzen bei Franz L. Neumann s. V. Neumann, in: J. Perels (Hrsg.), Recht, Kapitalismus und Demokratie, 1984, S. 65 (69, 71 f., 76 f.).

121 M. Lendi, FS für H. Huber, 1981, S. 493; F. E. Schnapp, JZ 1985, 857 (858); gefordert ist deshalb eine "Ethik des Kompromisses", s. P. Häberle, VVDStRL 29 (1971), 98 (99).

122 M. Lendi, FS für H. Huber, 1981, S. 496, der zugleich die Ambivalenz deutlich macht; zum Kompromiß als außerrechtliche "Ambiance" des Verfassungsrechts: V. Büchler-Tschudin, Demokratie (Anm. 5), S. 48 f.

123 Vgl. z.B. Art. 26 Ziff. 1 Verf. Bremen; Art. 56 III und IV Verf. Hessen; Art. 7 II Verf. NRW; Art. 33 Verf. Rheinland-Pfalz; s.a. P. Häberle, Erziehungsziele und Orientierungswerte im Verfassungsstaat, 1981, S. 77, 106 u.ö.; ders., FS für H. Huber, 1981, S. 211 (230 f. u.ö.).

124 S. für viele: F. W. Scharpf, Demokratietheorie (Anm. 108), S. 71; W. Kewenig, FS für H. Huber, 1981, S. 501 (511).

125 R. Bäumlin, in: EvStL 1966, Sp. 278 (280).

126 H. Oberreuter (Anm. 21), S. 23; K. M. Meessen,NJW 1985, 2289 (2290 f.).

127 S. z.B. D. Tsatsos/M. Morlok, Parteienrecht, 1982, S. 171 f. Parteien sind deshalb stets Kritik von Vertretern "reiner Lehren" ausgesetzt, s. als jüngstes Beispiel W. Frickhöffer, Die "Volkspartei" als Ausrede, FAZ v. 26.8.1985, S. 13, mit typischer Identifikation von Kompromiß und "Kuhhandel"; s.a. B. Guggenberger (Anm. 13), S. 217; W. Frotscher; DVBl. 1985, 917 (922). Vgl. zur Kritik bereits R. Thoma, Über Wesen und Erscheinungsformen der modernen Demokratie, 1948, S. 22 f.

128 Vgl. auch G. Püttner, DÖV 1974, 656 (657 f.).

129 S. jetzt R. Münch, ZfRSoz 6 (1985), 19 (22 f., 26 f.).

130 G. Teubner, ARSP 68 (1982), 13 (14 ff., 25 f.); zu den verschiedenen juristischen Rationalitätskonzepten jetzt W. Krawietz, Rechtstheorie 15 (1984), 423 ff.

131 Zusammenfassend zuletzt K. Tonner, KJ 18 (1985), 107 (116 ff.); N. Reich, FS. für R. Wassermann, 1985, S. 151 ff.

132 G. Teubner, ARSP 68 (1982), 23; vgl. auch R. Wiethölter, JbRSoz 8 (1982), 38 ff.; F. Lehner, Grenzen des Regierens, 1979, S. 131, 178 ff.

133 S. zur abweichenden amerikanischen Tradition R. Münch, ZfRSoz 6 (1985), 24 f.; zum Kompromiß als Instrument staatsfreier gesellschaftlicher Selbstregulierung auch T. Wilhelm, Traktat (Anm. 4), S. 152.

134 S. B. Guggenberger/C. Offe, Aus Politik und Zeitgeschichte, B 47/83, S. 3 (6); B. Guggenberger, in: Guggenberger/Offe, Mehrheitsdemokratie (Anm. 13), S. 184 (193); vgl. auch H. Abromeit, ebd., S. 132. Ähnlich soll für die Mehrheitsregel ein Gewichtsverlust zugunsten kooperativer Entscheidungsverfahren festzustellen sein, vgl. C. Offe, ebd., S. 150 (173).

135 In diesem Sinne schon H. Kelsen, Parlamentarismus (Anm. 21), S. 31 ff.; s.a. S. 38: zum Majoritätsprinzip als Voraussetzung des Kompromisses; weiter K. Hesse, Grundzüge des Verfassungsrechts der BR Deutschland, 15. Aufl. 1985, Rdn. 142.

136 V. Büchler-Tschudin, Demokratie (Anm. 5), S. 36 f.; C. Gusy, AöR 106 (1981), 329 (342 f.); ders., ZfP 32 (1985), 133 (139); N. Bobbio (Anm. 116), S. 117; R. A. Rhinow, ZSR N.F. 103 II (1984), 111 (249); s.a. E. Denninger, Staatsrecht I, 1973, S. 53 ("Mittel der Konsensbildung").

137 H. J. Varain (1964), in: Guggenberger/Offe, Mehrheitsdemokratie (Anm. 13), S. 48 (56).

138 So H. Meyer, VVDStRL 33 (1975), 69 (100).

139 Der Versuch, die Mehrheitsregel als abstraktes Prinzip gegen das Bemühen um vernünftigen Konsens auszuspielen, vgl. C. Gusy, ZfP 32 (1985), 143 f. u.ö., impliziert mithin, Kompromißbildungsprozesse im politischen Entscheidungsprozeß als demokratie- oder freiheitsfeindlich auszuweisen.

140 S. G. Sartori (Anm. 16), S. 90 ff.; W. Heun, Das Mehrheitsprinzip in der Demokratie, 1983, S. 209 ff.

141 Vgl. W. Heun, a.a.O., S. 212.

142 W. Heun, a.a.O., S. 89; G. Sartori (Anm. 16), S. 94 ff.; zum Reziprozitätsgedanken ausf. m.w.Nw. H. Schulze-Fielitz, Verfassungsstaat (Anm. 25), S. 118 ff.

143 S. P. Häberle, JZ 1977, 241 (245). S. als Bsp. für solche pauschale Gegenüberstellung C. Gusy, ZfP 32 (1985), 140 ff.

144 Soziologisch grdl. G. Simmel, Soziologie (Anm. 6), S. 250 f.

145 Zu dieser M. Hättich, Demokratie als Herrschaftsordnung, 1967, S. 128 f.

146 S. M. Lendi, FS für H. Huber 1981, S. 492, 498.

147 Auch die radikalen Versuche zur Sunset-Gesetzgebung in den USA, nach denen alle Gesetze automatisch nach 10 Jahren enden oder erneut verabschiedet werden sollten, scheiterten u.a. daran, daß abgewogene gesetzgeberische Kompromisse dann später gefährdet worden wären, so D. Rethorn, in: H. Kindermann (Hrsg.), Studien 1982 (Anm. 80), S. 316 (325). Jede Gesetzesevaluation ist deshalb ein potentieller Feind politischer Kompromisse.

148 So P. J. Schick, in: Winkler/Schilcher (Hrsg.), Gesetzgebung (Anm. 23), S. 84 (90) betr. das ÖStGB; vgl. auch M. Lendi, FS für H. Huber, 1981, S. 488.

149 S. am Bsp. der HRG-Novelle U. Karpen, ZRP 1985, 177.

150 W. Rüfner, JZ 1984, 801 (804); für die Sozialgesetzgebung generell z.B. H. F. Zacher, SF 1984, 1 (12); nach P. Krause, DÖV 1984, 740 (748) unter Einschluß der Verbände; gefordert für das Umweltrecht von H.-J. v.d. Heide, DÖV 1985, 461 (467).

151 Vgl. P. Lerche, FS für H. P. Ipsen, S. 437, 441 f.; allg. bes. ders., FS für T. Maunz, 1971, S. 285 ff.; s.a. H. Schulze-Fielitz, DVBl. 1982, 328 (333 f.) m.w.Nw.

152 S. M. Lendi, FS f. H. Huber, 1981, S. 498; zum insoweit bestehenden "Defizit" der Mehrheitsregel s. C. Gusy, AöR 106 (1981), 352 f.

153 Vgl. V. Büchler-Tschudin, Demokratie (Anm. 5), S. 35. Weicht z.B. die Opposition im kompetitiven Parteiensystem zu stark vom gesellschaftlichen Konsens ab (oder offenbart sie eine wenig wählerattraktive innere Zerrissenheit, die zudem die Einhaltung von Kompromißvereinbarungen gefährdet), dann entfällt für die Regierung(smehrheit) der Zwang zur Konkurrenz mit der Folge, daß sie selbst einseitig, ideologisch "rein", kompromißlos handeln kann, vgl. D. Thränhardt, PVS 25 (1984), 440 (457 f.).

154 S. jetzt U. Thaysen (Anm. 24), S. 13.

155 So O. Weinberger, in: Schäffer/Triffterer, Rationalisierung (Anm. 1), S. 212 (218), gegen Kelsen gerichtet.

156 Mit Ausnahme des Volkszählungsurteils betrafen nahezu alle für den Antragsteller (faktisch oder rechtlich) erfolgreichen Normenkontrollverfahren Gegenstände, die politisch zwischen Regierungsmehrheit und Opposition stark umstritten waren.

157 W. Schreckenberger, VerwArch 68 (1977), 28 (41).

158 A. Gerontas, EuGRZ 1982, 148. Damit ist gelegentlich ein Kompromiß-Versagen nicht ausgeschlossen, s. z.B. zum umstrittenen Finanzausgleich im Bundesstaat H. Donner, ZRP 1985, 332.

159 S. z.B. M. Lendi, FS für H. Huber, 1981, S. 500; anders T. Wilhelm, Traktat (Anm. 5), S. 134: "Kategorie der vorwärtsdrängenden Gesellschaftsveränderung". Der Kompromiß ist jedenfalls kein "Selbstzweck", s. W. Schmitt Glaeser, Die Verwaltung 14 (1981), 278 f.

160 Vgl. C. Gusy, AöR 106 (1981), 343; M. Lendi, FS für H. Huber, 1981, S. 492.

161 S. jetzt z.B. P. Saladin, Verantwortung als Staatsprinzip, 1984, S. 123 ff.

162 W. Frotscher, DVBl. 1985, 922 (923); s.a. H. Schulze-Fielitz, Verfassungsstaat (Anm. 25), S. 154 f. Die Orientierung am Kompromiß unterbindet offenbar nicht Reflexionen über die Legitimität bestehender Institutionen, so aber noch die Befürchtung von Helge Pross (1963), in: dies., Kapitalismus und Demokratie, 1974, S. 11 (14). Die Verfas-

sungsgerechtigkeit und Rationalität von Kompromissen ist selber Maßstab für die Legitimität des Gesetzgebungsverfahrens.

163 K. F. Röhl, Rechtstheorie 8 (1977), 106 f.

164 S. zu verfassungsrechtlichen Folgen am Bsp. des 2. HStruktG W.-R. Schenke, Die verfassungsrechtlichen Grenzen der Tätigkeit des Vermittlungsausschusses, 1984, S. 50 ff.; s. a. H. Schulze-Fielitz, NVwZ 1983, 711 f.

165 Vgl. K.-J. Bieback, KJ 17 (1984), 257 (274); vgl. auch P. Krause, DÖV 1984, 741.

166 S. J. Ponzer, in: H. Klecatsky/N. Wimmer (Hrsg.), Sozialintegrierte Gesetzgebung, o. J. (1981), S. 29 (30 f.); zust. N. Wimmer (Anm. 4), S. 231.

167 S. ein Bsp. in Anm. 37; zur (großteils erfolgreichen) Technik der Kompromißvermeidung am Bsp. der Strafrechtsreform: W. Maihofer (Anm. 23), S. 10.

168 S. N. Luhmann (Anm. 82), S. 145 f.; M. Lendi, FS für H. Huber, 1981, S. 497; W. Heun, Mehrheitsprinzip (Anm. 140), S. 257.

169 Vgl. U. Scheuner, ZParl 7 (1976), 307 (308); H. H. v. Arnim, DÖV 1985, 597.

170 So z.B. J. Baumann, FS für H. H. Jescheck, 1985, S. 105 (108 f.); für Österreich: T. Mayer-Maly, in: H. Kindermann (Hrsg.), Studien 1982 (Anm. 80), S. 2 (6 ff.). Z.B. wären viele (zu) komplizierte Planungsinstrumente im Städtebaurecht, die abgesehen von ihrer präventiven Drohwirkung weithin leerlaufen, bei der politisch damals nicht konsensfähigen Lösung einer Planungsgewinnabschöpfung wohl überflüssig gewesen, so K. Redeker, UPR 1984, 313 (316).

171 T. Mayer-Maly (Anm. 170), S. 7. Mit jedem neuen Kompromißversuch verändern sich "Struktur und Transparenz der gesetzlichen Regelung", so S. Simitis, 53. DJT, Bd. II/Q, 1980, S. 35 (42). Ein jüngeres Beispiel ist das Scheitern der Reform des Demonstrationsstrafrechts in der ursprünglich vorgesehenen Form aufgrund der Anhörung im Innenausschuß, s. zu ihr FAZ v. 14.12.1984, S. 7. Sachverständigenanhörungen haben nicht per se kompromißfördernden Charakter, sondern nur dann, wenn der Ausschuß wirklich (noch oder wieder) offen und sachlich kompromißbereit, d. h. ohne parteipolitische Verfestigungen lernbereit ist. Solche Teilexternalisierung des Konflikts ist dann ein "zusätzlicher Modus der Komplexitätsreduktion", so N. Luhmann (Anm. 109), S. 110. Zur Kritik an der Anhörungspraxis s. H.-J. Mengel, DÖV 1983, 226 ff.

172 S. z.B. den (gescheiterten) Vorschlag beim 2. AbfÄndG, im Streit um die Reichweite der Genehmigungspflicht bei der Abfallbeseitigung (wenigstens) auch "hausmüllähnliche Gewerbeabfälle" von der Genehmigungspflicht freizustellen, s. BT-Drs. 9 /1222, S. 12.

173 Vgl. E. Bohne, Rechtsstaat (Anm. 87), S. 84 f.; die Entscheidungen werden dann auf Kompromisse im Rahmen von informellen Vorverhandlungen verlagert, S. 148 f., s. ferner W. Hoffmann-Riem, VVDStRL 40 (1982), 216 f.

174 E. Bohne (Anm. 87), S. 226 ff. u.ö.; W. Hoffmann-Riem, a.a.O., S. 208, 218 f. u.ö.

175 So S. Simitis/R. Wellbrock, NJW 1984, 1591 (1595).

176 S. zuletzt F. Lehner, Der Staat 24 (1985), 91 (97 ff.) m.ausf.Nw.

177 F. Lehner, Grenzen (Anm. 132), S. 149.

178 H. Ehmke (1963), jetzt in: ders., Beiträge zur Verfassungstheorie und Verfassungspolitik, 1981, S. 329 (345).

179 Ein hilfreiches, praxisorientiertes Frageraster zur Konfliktanalyse bei D. Craemer, in: J. Rödig (Hrsg.), Studien (Anm. 84), S. 529 (532 f.).

180 Vgl. auch N. Wimmer (Anm. 4), S. 231.

181 Zur Produktivität solcher Zerlegungsprozesse s. N. Luhmann, in: ders., Ausdifferenzierung (Anm. 109), S. 111; vgl. auch T. Wilhelm, Traktat (Anm. 4), S. 173; ebenda S. 175: Kompromißbildung impliziert Versachlichung und "dient der Kultivierung der politischen Rationalität".

182 S. als aktuelles Beispiel die Insuffizienz der Konzertierten Aktion im Gesundheitswesen, vgl. FAZ v. 30.3.1985, S. 1.

183 S. V. Aubert (Anm. 16), S. 183 f.; s. a. oben bei Anm. 101 ff.

184 Vgl. E. Bohne, Rechtsstaat (Anm. 87), S. 82 f.; J. Hucke (Anm. 81), S. 59.

185 Abgeschlossen im Dezember 1985. Ergänzungen und Vertiefungen jetzt bei H. Schulze-Fielitz, Theorie und Praxis parlamentarischer Gesetzgebung, 1987.

Hans-Peter Schneider

Gesetzgeber in eigener Sache
Zur Problematik parlamentarischer Selbstbetroffenheit im demokratischen Parteienstaat

Ein alter römischer Rechtssatz lautet: "Nemo judex in sua causa".[1] Der darin zum Ausdruck kommende Grundgedanke, daß niemandem zugemutet oder von ihm erwartet werden könne, in eigenen Angelegenheiten objektiv zu urteilen, erscheint uns heute selbstverständlich und hat in sämtlichen Prozeßordnungen mit entsprechenden Ausschließungsregelungenn seinen positivrechtlichen Niederschlag gefunden.[2] Als unverzichtbare Errungenschaft abendländischer Rechtskultur dient dieses Prinzip der Unvereinbarkeit von Prozeßpartei und Richteramt in erster Linie dem Schutz des Vertrauens der Allgemeinheit in die Unabhängigkeit und Unvoreingenommenheit der Rechtspflege, zugleich aber auch der Entlastung des Richters selbst von schwer erträglichen Konflikten zwischen Privatinteressen und Amtspflichten.

Inzwischen hat sich das Unvereinbarkeitsdogma im Sinne eines generellen Verbots der Vermischung von Person und Amt weit über den Bereich der Justiz hinaus überall da durchzusetzen vermocht, wo Objektivität und Unparteilichkeit der Entscheidung gefordert werden. Das gilt insbesondere für die öffentliche Verwaltung, deren Bedienstete ebenfalls zu einer unparteiischen und gerechten Amtsführung verpflichtet sind.[3] Deshalb schließt heute § 20 Abs.1 VwVfG jeden Beteiligten sowie dessen Angehörige, Bevollmächtigte, Angestellte oder Gutachter ausdrücklich von einer Tätigkeit im betreffenden Verwaltungsverfahren aus. Ebenfalls kraft Gesetzes sind die Mitglieder von kommunalen Vertretungskörperschaften an der Beratung und Beschlußfassung über eigene oder ihre Interessen berührende Angelegenheiten gehindert.[4]

Angesichts dieser unbestrittenen Anerkennung von Ausschließungsregelungen und Mitwirkungsverboten bei Entscheidungen "in eigener Sache" für die Bereiche der Justiz und Verwaltung lag es nahe, auch die Tätigkeit der ersten Gewalt: des Gesetzgebers, an den gleichen Maßstäben der Unabhängigkeit oder Unparteilichkeit zu messen und ihm um der Integrität und Glainwürdigkeit parlamentarischer Demokratie willen in Fällen konkreter Selbstbetroffenheit ähnliche Restriktionen aufzuerlegen. Anlässe zu solchen Forderungen gab es in den vergangenen Jahren genug: Das Problem der sogenannten "Beraterverträge", aber auch die Diätenfestsetzung, die Parteienfinanzierung und nicht zuletzt der fehlgeschlagene Versuch einer Amnestie für Fälle angeblicher Steuerhinterziehung im Zusammenhang mit Parteispenden, von der auch Abgeordnete profitiert hätten, haben in der Öffentlichkeit immer wieder den Verdacht sachwidriger Privilegierung geweckt, den Vorwurf ungenierter Selbstbegünstigung genährt, ja gelegentlich sogar das bittere Wort vom Parlament als "Selbstbedienungsladen" provoziert. Ob und inwieweit eine solche Kritik berechtigt ist, soll im folgenden ebenso untersucht werden wie die Frage, in welchem Sinne bei Abgeordneten im Unterschied zu Richtern und Verwaltungsbeamten überhaupt von "Befangenheit" gesprochen werden kann und welche Vorkehrungen gegen eine bedenkliche Vermischung von Privatinteressen und Mandatstätigkeit zur Erhaltung bzw. Rückgewinnung des öffentlichen Vertrauens in die demokratische Integrität des parlamentarischen Entscheidungsprozesses erforderlich sind.

I. Bestandsaufnahme

1. Die öffentliche Diskussion über eine fragwürdige Interessenverquickung bei Abgeordneten hatte sich zunächst am Problem der sogenannten *Beraterverträge* entzündet, aufgrund deren Parlamentsmitglieder gegenüber Verbänden oder Großunternehmen gegen Entgelt zu bestimmten Dienstleistungen verpflichtet waren.[5)] Veranlaßt durch den "Fall Geldner", dem für einen Scheinübertritt von der FDP- zur CSU-Fraktion im Jahre 1970 ein "Beratungshonorar" von DM 400.000 angeboten wurde, erließ der Deutsche Bundestag zwar nicht die ursprünglich in § 22 GO BT vorgesehene "Ehrenordnung", beschloß aber im Oktober 1972 konkrete "Verhaltensregeln", nach denen jede Nebentätigkeit sowie alle Vereinbarungen über irgendwelche Dienstleistungen für Dritte dem Präsidium des Bundestages anzuzeigen waren.[6)] Ungeachtet dessen erklärte das Bundesverfassungsgericht drei Jahre später sämtliche Einkünfte von Abgeordneten aus solchen "Beraterverträgen", die sie lediglich in Erwartung entsprechender Interessenwahrnehmung für den Auftraggeber erhielten, für verfassungswidrig, weil sie "mit dem unabhängigen Status der Abgeordneten und ihrem Anspruch auf gleichmäßige finanzielle Ausstattung in ihrem Mandat unvereinbar" seien, und verlangte dagegen sogar "gesetzliche Vorkehrungen".[7)] Diesem verfassungsgerichtlichen Auftrag kam der Bundestag jedoch nur sehr zögernd und eingeschränkt nach. Er fügte in das Abgeordnetengesetz lediglich die Ermächtigungsnorm des § 44 a ein, nach der sich das Parlament "Verhaltensregeln" gibt, die Bestimmungen "über die Unzulässigkeit der Annahme bestimmter Zuwendungen" treffen müssen.[8)]
In der bisherigen Praxis haben sich diese Vorkehrungen allerdings weitgehend als ineffektiv erwiesen, und zwar nicht nur, weil – wie im "Fall Barzel" – die Annahme von Beraterhonoraren häufig verschwiegen wird, sondern vor allem wegen der faktischen Unmöglichkeit, zwischen einer erlaubten und lediglich anzeigepflichtigen "vergüteten Nebentätigkeit" einerseits und der unzulässigen, weil mit bestimmten Erwartungen des Auftraggebers verbundenen und

"final" finanzierten Interessenwahrnehmung durch den Abgeordneten andererseits zu unterscheiden.[9)]

2. Während Beraterverträge nur indirekt, nämlich insoweit zu einer Selbstbetroffenheit von Abgeordneten führen können, als sie hauptsächlich um der Erzielung persönlicher Zusatzeinkünfte willen die Interessen ihres "Klienten" wahrnehmen, liegt bei der Festsetzung von *Diäten* das Problem einer Entscheidung des Parlaments "in eigener Sache" auf der Hand. Deshalb lösen Diätenerhöhungen häufig auch öffentliche Debatten und allgemeines Mißbehagen aus, das den Abgeordneten sichtlich unangenehm ist und deren Neigung verstärkt, Beschlüsse über ihre Entschädigung und Versorgung möglichst ohne großes Aufsehen zu fassen. Dabei ist ihnen in diesem Falle die Pflicht, über eigene Angelegenheiten zu entscheiden, von der Verfassung selbst auferlegt. Für den Anspruch der Abgeordneten "auf eine angemessene und ihre Unabhängigkeit sichernde Entschädigung" bestimmt Art. 48 Abs. 3 Satz 3 GG: "Das Nähere regelt ein Bundesgesetz". Die Abgeordneten können sich dieser lästigen Aufgabe also gar nicht entziehen.

Auch das Bundesverfassungsgericht hat im "Diäten-Urteil" gegen den hierdurch geschaffenen Zwang zur Entscheidung in eigener Sache keine grundsätzlichen Bedenken geäußert, jedoch dem Parlament eine automatische Anhebung der Diäten – etwa durch Koppelung an die Beamtenbesoldung – untersagt und von ihm ausdrücklich verlangt, "jede Veränderung in der Höhe der Entschädigung im Plenum zu diskutieren und vor den Augen der Öffentlichkeit darüber als einer selbständigen politischen Frage zu entscheiden".[10)] Auf diese Weise ist das Gericht bemüht, gerade in den Fällen, bei denen das gesamte Parlament oder einzelne Abgeordnete schon von Verfassungs wegen unausweichlich selbst betroffen sind, d.h. ein verfassungsrechtlicher Zwang zur Entscheidung in eigener Sache besteht, weil – wo ein Gesetz erforderlich ist – dessen Beschlußfassung eben nach Art. 77 Abs. 1 Satz 1 GG allein dem Bundestag obliegt, die infolge materieller Interessenidentität entfallende "Intra-Organ-Kontrolle"[11)] durch die parlamentarische Opposition über die Herstellung eines Mindestmaßes an Transparenz und demokratischer Öffentlichkeit auszugleichen.

3. Eine ähnliche Interessenkonstellation wie bei den Diäten besteht innerhalb des Parlaments gemeinhin auch in Fragen der *Parteienfinanzierung*. Betrachtet man die Fraktionen funktionell als "Parlamentsparteien", weil sie unter den Bedingungen der modernen Massendemokratie die politischen Parteien im Parlament repräsentieren[12)], dann ist ihr generelles Eigeninteresse an einer möglichst guten und großzügig bemessenen Finanzausstattung auch der Parteien selbst nicht zu bestreiten. Dies bestätigt nicht zuletzt die bisherige Parlamentspraxis, nach der zumindest der staatliche Anteil an der Parteienfinanzierung: die

Wahlkampfkostenpauschale, mehrfach im ausdrücklichen oder stillschweigenden Einverständnis *aller* Fraktionen des Deutschen Bundestages erhöht worden ist.[13)]

Mit Recht zählt daher *v. Arnim* Beschlüsse des Parlaments in Fragen der Parteienfinanzierung ebenfalls zu den "Entscheidungen in eigener Sache".[14)] Dieser Betrachtungsweise hat sich letztlich auch die "Sachverständigen-Kommission Parteienfinanzierung" angeschlossen und daraus – in Parallele zum Gebot der Diätentransparenz – ihre Forderung nach einer spezialgesetzlichen Grundlage für alle finanziellen Vorteile abgeleitet, die den Parteien zugute kommen (einschließlich indirekter Subventionen, etwa durch Steuerermäßigungen).[15)] Ob institutionelle und organisatorische Vorkehrungen wie Öffentlichkeit und Transparenz des Entscheidungsverfahrens oder das Erfordernis eines Leistungsgesetzes allerdings ausreichen, um ein notwendiges Maß an demokratischer Kontrolle gerade auf dem Gebiet der Parteienfinanzierung sicherzustellen, wird noch näher zu untersuchen sein.

4. Ein letztes Beispiel bedenklicher Selbstbegünstigung im Parlament stellt der fehlgeschlagene Versuch einer *Amnestie* von Parteispendern wegen angeblicher Steuerhinterziehung dar.[16)] Zwar zielte dieses Vorhaben nicht in erster Linie auf eine Strafbefreiung gerade von Abgeordneten. Laut Presseberichten wären aber über zwanzig Mitglieder des Bundestages, gegen die bereits wegen Anstiftung oder Beihilfe zur Steuerhinterziehung ermittelt wurde, gleichfalls in den Genuß der Amnestie bzw. Abolition gekommen. Dieser Umstand löste eine Diskussion darüber aus, ob und inwieweit sich die betroffenen Abgeordneten überhaupt an der Beratung und Beschlußfassung des Amnestiegesetzes beteiligen durften. Während *Achterberg* in diesem Fall nicht nur de constitutione lata jedes Mitwirkungsverbot ablehnt, sondern auch von künftigen Beschränkungen namentlich der Abstimmungsbefugnis einzelner Mandatsträger im Wege der Verfassungsänderung abrät[17)], hält *Peine* ein solches Mitwirkungsverbot bei eindeutigem "Mandatsmißbrauch" sogar für verfassungsrechtlich geboten, ohne allerdings auch dessen nähere Kriterien bereits dem Grundgesetz selbst "interpretatorisch" entnehmen zu wollen.[18)] Im Bundestag wurde die Kontroverse nach Zurückziehung des Amnestiegesetzentwurfs nicht mehr bis zu Ende ausgetragen, sondern dem Geschäftsordnungsausschuß zur weiteren Erörterung überwiesen. Damit waren freilich die Probleme parlamentarischer Selbstbetroffenheit bei einem Handeln des Gesetzgebers "in eigener Sache" keineswegs gelöst, sondern erneut aktualisiert, sollten zugleich aber auch einer gründlicheren systematischen Durchdringung vorbehalten werden.

II. Problemstellung

Eine solche systematische Vorgehensweise erscheint hier schon deshalb geboten, weil auf der einen Seite das Prinzip des "nemo judex in sua causa" schon um des Vertrauens in die Objektivität und Unabhängigkeit frei gewählter Abgeordneter willen von größter Bedeutung für die Glaubwürdigkeit und Legitimationskraft demokratischer Ordnung ist, also gerade auch im parlamentarischen Bereich unverzichtbar bleibt, andererseits jedoch – wie die schon erwähnten Beispiele zeigen – unter dieser allgemeinen Prämisse so unterschiedliche Problemlagen und Fallkonstellationen denkbar sind, daß einheitliche Lösungen, etwa über Mitwirkungsverbote oder gar straf- bzw. disziplinarrechtliche Maßnahmen, von vornherein ausscheiden. Um die verschiedenen Problemkreise besser voneinander abgrenzen sowie nach ihren Ursachen und Auswirkungen funktionell differenzieren zu können, sind zunächst noch einige *terminologische* Vorklärungen erforderlich.

1. Als generelle, vor allem im Prozeßrecht verbreitete Bezeichnung für mangelnde Distanz eines Amtsträgers von der ihm anvertrauten Sachentscheidung wird gemeinhin der Begriff "Befangenheit" verwendet. Darunter versteht man in der Regel einen Zustand oder Sachverhalt, der geeignet ist, Mißtrauen gegen die jeweilige Amtsperson (Richter, Verwaltungsbeamter) in die "Unparteilichkeit" ihrer Amtsführung zu rechtfertigen.[19)] In diesem Sinne versuchen neuerdings einige Autoren, die sich aus bestimmten aktuellen Anlässen mit der Frage parlamentarischer Entscheidung in eigener Angelegenheit beschäftigt haben, den Begriff der "Befangenheit" auch auf sachlich involvierte oder interessierte Abgeordnete zu übertragen. Unter Hinweis darauf, daß auch der Abgeordnete als "Vertreter des ganzen Volkes" (Art. 38 Abs. 1 Satz 2 GG) nach Art. 48 Abs. 2 GG ein öffentliches "Amt" innehabe, welches ihn ausschließlich auf das Gemeinwohl als "Endzweck seines Handelns" verpflichte, versucht insbesondere *Peine* aus der Vermischung öffentlicher und privater Interessen bzw. aus der Verfolgung egoistischer Ziele bei parlamentarischen Entscheidungen unter rechtsstaatlichen und statusrechtlichen Aspekten einen Willkürtatbestand zu konstruieren, der in diesen Fällen schon von Verfassungs wegen ein generelles Mitwirkungsverbot zur Folge habe.[20)]

Diese Auffassung ist aus mehreren Gründen in Frage zu stellen: Erstens gehört zu den inzwischen gesicherten Erkenntnissen einer modernen pluralistischen Demokratietheorie[21)] die Einsicht, daß die Inhalte des Gemeinwohls nicht abstrakt vorgegeben sind, sondern sich im Zusammenwirken der unterschiedlichen politischen Bestrebungen und Interessen überhaupt erst herausbilden, die Verfolgung partikularer Ziele, ja selbst persönlicher Anliegen also geradezu eine Voraussetzung und nicht etwa ein Hindernis der konkreten Gemeinwohlverwirklichung darstellen. Daher erscheint die im Begriff der "Befangenheit" zum

Ausdruck kommende Entgegensetzung von Gemeinwohl und Privatinteresse mindestens problematisch. Zum zweiten ist der Abgeordnete im demokratischen Parteienstaat gerade nicht zur Unparteilichkeit und politischen Neutralität verpflichtet, sondern nimmt ein partei- oder gruppengebundenes Mandat[22)] wahr, das ihn von "Amts" wegen stets auf eine bestimmte politische Richtung festlegt. Dem widerspricht drittens keineswegs – wie vielfach behauptet – der Grundsatz des freien Mandats (Art. 38 Abs. 1 Satz 2 GG), wonach der Abgeordnete, von Aufträgen und Weisungen unabhängig, nur seinem Gewissen unterworfen ist, im Gegenteil: Gerade dieses Prinzip unterstreicht sogar noch zusätzlich die von der Verfassung gewollte, außerordentlich starke Subjektivierung und Personalisierung des Abgeordnetenstatus, dessen besondere Pflichtbindungen mit herkömmlichen Befangenheitskatergorien nicht sach- und funktionsgerecht zu erfassen sind. Ein Abgeordneter handelt niemals "unbefangen", sondern immer "interessengebunden", kann aber von bestimmten Parlamentsentscheidungen sehr wohl persönlich "(mit-)betroffen" sein. Deshalb sollte man zur Vermeidung von Mißverständnissen bei parlamentarischen Entscheidungen in eigener Sache nicht von "Befangenheit", sondern besser von "Selbst-" oder "Mitbetroffenheit" des Abgeordneten sprechen.

2. Eine weitere wichtige Differenzierung, die bei parlamentarischem Handeln in eigener Sache erhebliche Bedeutung für mögliche Rechtsfolgen hat, ergibt sich aus der Notwendigkeit, zwischen *subjektiver*, auf persönlichem Wollen oder Verhalten beruhender, und *objektiver*, d.h. zwangsläufiger, weil statusbedingter Betroffenheit von Abgeordneten zu unterscheiden. Erstere resultiert in der Regel aus eigenen individuellen Entscheidungen oder Verhältnissen des Abgeordneten, deren Beweggründe und Ursachen überwiegend außerhalb des Parlaments zu suchen sind, und soll daher als *Privatbetroffenheit* bezeichnet werden. Hierzu gehören etwa das Problem der Beraterverträge ebenso wie die Selbstamnestie, aber auch Fragen der Parteienfinanzierung.

Demgegenüber kann die Interessenverquickung aber auch aus dem besonderen verfassungsrechtlichen Status des Abgeordneten herrühren. Sie besteht dann meist in der Versuchung, bei der Ausübung parlamentarischer Befugnisse oder Pflichen sich in seiner Abgeordneteneigenschaft selbst zu begünstigen oder die eigene Organstellung zu verbessern, wie dies in Fällen der Wahlprüfung, der Immunitätsaufhebung oder der Diätenfestsetzung geschehen kann. Anders als bei der "gewillkürten" Privatbetroffenheit ist eine solche Sachnähe des Abgeordneten verfassungsrechtlich vorprogrammiert und mit seiner Organstellung unauflösbar verbunden. Wegen ihrer Unausweichlichkeit, der selbst durch Mitwirkungsverbote nicht beizukommen ist, weil das Parlament in solchen Fragen sonst handlungsunfähig würde, sollte man bei dieser Fallkonstellation genauer von *Organbetroffenheit* sprechen, der anders als bei der Privatbetroffenheit von Abgeordneten nur schwer durch ausschließlich parlamentsinterne Vorkehrungen oder Kontrollen abzuhelfen sein dürfte, da hier wegen der statusbedingten Interessenhomogenität im Parlament das Wechselspiel von Regierungsmehrheit und Opposition nur begrenzt funktioniert.

3. Für Art und Umfang möglicher Sanktionen von erheblicher Bedeutung ist ferner die Frage, ob von einer bestimmten Angelegenheit nur ein einzelner Abgeordneter berührt ist oder größere Gruppen (Fraktion, Mehrheit/Minderheit) bis hin zum Gesamtparlament involviert sind. Im ersten Fall *individueller* Betroffenheit können beispielsweise auch Statusrechte eingeschränkt werden, weil das Kriterium der Funktions- und Arbeitsfähigkeit des Parlaments hier eine erheblich geringere Rolle spielt als bei *kollektiver* Betroffenheit, der eine Vielzahl von Abgeordneten, im Extremfall sogar der ganze Bundestag ausgesetzt sein können. Liegt ausnahmsweise sogar kollektive Organbetroffenheit vor, etwa in Diätenfragen oder bei Angelegenheiten des Parlamentshaushalts, dann kommen ohnehin nur außerparlamentarische Sanktions- und Kontrollmechanismen in Betracht, die in Verbindung mit der öffentlichen Meinung ein hinreichendes Maß an Vertrauen in die Objektivität und Richtigkeit parlamentarischer Entscheidungen herzustellen vermögen.

4. Eine letzte Unterscheidung bezieht sich auf Form und Gegenstand parlamentarischer Selbstbetroffenheit. Sie differenziert danach, ob im konkreten Fall jeweils die Person des Abgeordneten, seine persönlichen Lebensumstände oder -beziehungen tangiert sind (*persönliche* Betroffenheit), oder ob es um ein bestimmtes politisches Vorhaben geht, mit dem sich der Abgeordnete identifiziert hat (*sachliche* Betroffenheit). Da die Vertretung persönlicher Interessen im Parlament stets suspekt erscheint, während die Wahrnehmung und Durchsetzung sachlicher Anliegen geradezu als die eigentliche Aufgabe des Abgeordneten angesehen wird, bedarf es bei einem Selbstbetroffenheit signalisierenden Sachengagement zweifellos geringerer Beschränkungen als bei unmittelbar personenbezogener Interessenverflechtung.

Zusammengefaßt sind bei parlamentarischen "Entscheidungen in eigener Sache" alle erwähnten Differenzierungen miteinander kombinierbar und führen auf diese Weise zu ganz unterschiedlichen Fallkonstellationen, die jeweils eigene adäquate Lösungen oder Vorkehrungen verlangen, wenn man dem Problem parlamentarischer Selbstbetroffenheit im ganzen sachgerecht beikommen will. Bevor diese Fallgruppen im einzelnen präsentiert und analysiert werden können, bedarf es jedoch zunächst noch einer kurzen Rückbesinnung auf die verfassungsrechtlichen Maßstäbe, nach denen bestimmte Formen parlamentarischer Selbstbetroffenheit zu beurteilen sind und die zugleich den Ausgangspunkt für eine Suche nach angemessenen Sanktions- und Kontrollinstrumenten bilden.

III. Verfassungsrechtliche Maßstäbe

1. Im Zentrum aller Überlegungen zur Begrenzung oder Regulierung parlamentarischer Selbstbetroffenheit steht gemeinhin das *Demokratieprinzip* (Art. 20 Abs. 1 und 2, 28 Abs. 1 GG). Wesentliche Elemente demokratischer Ordnung sind die Offenheit und Transparenz des politischen Prozesses[23)], welche nicht nur eine freie und faire geistige Auseinandersetzung mit der Chance jederzeitigen Machtwechsels für die jeweilige Minderheit ermöglichen, sondern auch ein Mindestmaß an Rationalität, Einsehbarkeit und öffentlicher Kontrolle der staatlichen Willensbildung gewährleisten sollen. Das gilt insbesondere für Entscheidungen der Parlamente, wenn – wie in der parlamentarischen Demokratie – die Volksvertretung als "öffentliches Forum der Nation"[24)] den eigentlichen Dreh- und Angelpunkt des politischen Prozesses darstellt. In der freiheitlichen Demokratie ist also namentlich die *parlamentarische* Willensbildung, weil sie öffentlich kontrolliert und verantwortet werden muß, stets auf Durchschaubarkeit und Zurechenbarkeit angelegt. Damit wird jener institutionelle Mangel an Objektivität und Distanz zur Sache ausgeglichen, der sich zwangsläufig aus der Tatsache ergibt, daß in einer parlamentarischen Demokratie, die zugleich *pluralistisch* organisiert ist, die Abgeordneten eben nicht auf ein abstraktes Gemeinwohl verpflichtet sind, sondern vielfach in durchaus legitimer Weise auch oder sogar vorrangig konkrete Partikularinteressen von Parteien oder Verbänden wahrnehmen. In diesem Sinne sind Abgeordnete, anders als Richter oder Beamte, geradezu darauf verwiesen, bestimmte Sachentscheidungen zu ihrer "eigenen Angelegenheit" zu machen, sofern das nur in aller Öffentlichkeit und vor den Augen des Wählers geschieht.

2. Dem steht auch der Grundsatz des "*freien Mandats*" nicht entgegen, wonach Abgeordnete als Vertreter des ganzen Volkes an Aufträge und Weisungen nicht gebunden, sondern nur ihrem Gewissen unterworfen sind (Art. 38 Abs. 1 Satz 2 GG). Denn diese *Unabhängigkeit* des Abgeordneten, welche keinesfalls als "Unbeteiligtheit" oder gar "Unparteilichkeit" mißdeutet werden darf, dient in erster Linie seinem eigenen Schutz vor sachfremdem Druck oder Zwang und nicht dem Schutz der Öffentlichkeit vor eigennützigen Entscheidungen des Abgeordneten. Anders wäre die Bezugnahme auf sein "Gewissen" als maßgeblicher Orientierungsinstanz kaum zu verstehen, wenn man darin nicht im Unterschied zur objektivierten Rechts- und Gesetzesbindung von Richtern und Beamten (vgl. Art. 20 Abs. 3, 97 Abs. 1 GG) gerade eine Individualität und Personalität ermöglichende Regelung erblicken würde.[25)] Deshalb ist der überwiegenden Ansicht zuzustimmen, die dem Art. 38 Abs. 1 GG jedenfalls keine verfassungs*rechtlichen* Restriktionen oder immanenten Schranken der Abgeordnetentätigkeit im Parlament entnehmen zu können glaubt.[26)] Damit bleibt freilich noch offen, welche außerparlamentarischen Konsequenzen eine sachwidrige

Einflußnahme auf die Mandatsausübung nach sich ziehen muß oder soll. Im Falle erkennbarer "Finalität" von Geldzuwendungen, die dem Abgeordneten ausschließlich in der Erwartung eines bestimmten Vorteils gewährt werden, hat sich das Bundesverfassungsgericht zum Beispiel für ein Annahmeverbot ausgesprochen[27)], das inzwischen auch Eingang in die "Verhaltensregeln" für Bundestagsabgeordnete gefunden hat.[28)]

3. Ob darüber hinaus besondere Ineligibilitäts- oder Inkompatibilitätsregelungen, wie sie andere Länder (z.B. Frankreich, Italien oder Österreich) kennen[29)], schon von Verfassungs wegen erforderlich sind, um das öffentliche Vertrauen in die Integrität parlamentarischer Mandatsausübung sicherzustellen, erscheint ebenfalls sehr zweifelhaft. Die Vorschrift des Art. 137 Abs. 1 GG, welche ohnehin nur eine gesetzliche Ermächtigung, aber keine verfassungsrechtliche Verpflichtung enthält, die Wählbarkeit bestimmter Berufsgruppen (öffentliche Bedienstete, Soldaten, Richter) zu beschränken, kann vor allem deshalb nicht erweiternd ausgelegt werden[30)], weil das Grundgesetz zur Verstärkung der Unabhängigkeit des Abgeordnetenstatus nach Art. 38 Abs. 1 Satz 2 GG in Art. 48 Abs. 2 Satz 1 GG ein generelles "*Behinderungsverbot*" enthält, wonach prinzipiell niemandem verwehrt werden darf, "das Amt eines Abgeordneten zu übernehmen und auszuüben". Auch wenn diese Bestimmung einer außerstaatlichen (kirchlichen) Inkompatibilitätsnorm nicht im Wege steht, weil sie nur gezielte Behinderungen abwehren soll[31)], läßt sich ihr doch der Grundgedanke entnehmen, daß zusätzliche Erwerbs- oder Berufsverbote, wie sie für den Bundespräsidenten und die Regierungsmitglieder gelten (vgl. Art. 55 Abs. 2, 66 GG), für Abgeordnete jedenfalls verfassungsrechtlich eher unerwünscht als erforderlich sind, da sie deren Unabhängigkeit, insbesondere gegenüber Partei oder Fraktion, nicht stärken, sondern schwächen würden. Daran vermag letztlich auch die Auffassung vom Abgeordnetenamt als "full time job"[32)] nichts zu ändern.

4. Ein weiterer Aspekt, der in den Debatten um Entscheidungen des Gesetzgebers in eigener Sache häufig vernachlässigt zu werden pflegt, hängt mit dem *Parteiensystem* in der Bundesrepublik zusammen. Auch wenn die Stellung der politischen Parteien, ihr aus Art. 21 Abs. 1 Satz 1 GG abgeleiteter Mitwirkungsanspruch auf allen Gebieten des öffentlichen Lebens, zunehmend in Zweifel gezogen wird, ist doch kaum zu bestreiten, daß die Parteien schon aufgrund ihres faktischen Kandidatenaufstellungsmonopols über eine Art "Alleinvertretungsmacht" des Volkes im Parlament verfügen. Dieser Zustand mag zwar bedenklich erscheinen, läßt sich aber ohne tiefgreifende Veränderungen des politischen Willensbildungsprozesses kaum überwinden und gehört deshalb zu den verfassungsrechtlichen Grundbedingungen freiheitlicher Demokratie in einer modernen pluralistischen Gesellschaft. Wenn aber, wie bereits betont, die

parteienstaatlichen Elemente des politischen Systems letztendlich dazu führen, daß ein Abgeordneter stets in erster Linie als "Parteivertreter" im Parlament agiert, dann betreibt er zumindest insoweit die "eigene Sache", als er in Loyalität zu *seiner* Partei deren Ziele und Anliegen durchzusetzen versucht. Solange ein solches Eigeninteresse des Abgeordneten am Erfolg der von ihm favorisierten politischen Richtung nicht in Fraktions- oder Parteizwang umschlägt, ist es weder zu beanstanden, noch bedarf dies einer verfassungsrechtlichen Korrektur.

5. Schließlich ist zu berücksichtigen, daß sich eine institutionelle Notwendigkeit zur Entscheidung gerade des Gesetzgebers in eigener Sache schon aus dem Grundsatz der *Gewaltenteilung* (Art. 20 Abs. 2 und 3 Satz 3 GG) ergibt. Wenn alle wichtigen politischen Fragen des Gemeinwesens nach der inzwischen anerkannten "Wesentlichkeitstheorie"[33)] durch förmliches Gesetz zu regeln sind, die letztverbindliche Beschlußkompetenz im Gesetzgebungsverfahren aber nach Art. 77 Abs. 1 Satz 1 GG unabänderlich beim Parlament liegt, dann kann es nicht ausbleiben, daß in zahlreichen Fällen Abgeordnete auch ihre eigenen Angelegenheiten unausweichlich mit Hilfe eines Gesetzes ordnen müssen. Diese Aufgabe vermag ihnen im gewaltenteilenden Rechtsstaat niemand abzunehmen. Sie erweist sich bei näherem Hinsehen auch keineswegs als so problematisch wie vielfach behauptet wird. In Strafverfahren wegen Rechtsbeugung entscheiden ebenfalls Richter, in einfachen Disziplinarsachen Verwaltungsbeamte über Angelegenheiten des eigenen Berufsstandes. Solche vom Gewaltenteilungsprinzip her gebotenen, zwangsläufigen Interessenüberschneidungen sind verfassungsrechtlich nicht zu beanstanden und bedürfen daher auch keiner besonderen Vorkehrungen oder Kontrollen. Somit ergibt die Analyse der einzelnen Beurteilungsmaßstäbe im Grundgesetz, daß Entscheidungen des Gesetzgebers in eigener Sache teils unvermeindlich, teils sogar von Verfassungs wegen gewollt sind und deshalb eine verfassungs*rechtlich* begründbare Notwendigkeit zur Eindämmung der Gefahr parlamentarischer Selbstbegünstigung, etwa durch Beschränkung von Abgeordnetenrechten oder durch Schaffung neuer "Statuspflichten", nicht besteht. Obwohl Art. 84 der Bremischen Landesverfassung ein – nur stadtstaatlich erklärbares – generelles Mitwirkungsverbot für Entscheidungen enthält, die einem Mandatsträger Vor- oder Nachteile bringen können[34)], sind darauf gestützte Analogien zu entsprechenden kommunalrechtlichen Regelungen in den Gemeindeordnungen de lege lata weder für die Landtage noch gar für den Bundestag zulässig, aber auch nicht sinnvoll, weil ein direkter persönlicher Bezug zum jeweiligen Sachgegenstand normalerweise selbst dann fehlen wird, wenn im weiteren "politischen" Sinn eine Selbstbetroffenheit (noch) anzunehmen ist.[35)]

Allerdings hat sich zugleich gezeigt, daß die Glaubwürdigkeit der parlamentarischen Demokratie und die Funktionsfähigkeit repräsentativer "Volksvertretungen" nicht zuletzt von der Integrität, Unbestechlichkeit und Selbstlosigkeit ihrer Mitglieder abhängen. Da sich aber ein solches *Amtsethos* in aller Regel nicht automatisch einzustellen pflegt und bloße Appelle oft wirkungslos bleiben, zwingt der Umstand, daß auch in Fällen parlamentarischer Selbstbetroffenheit Vertrauen gut, Kontrolle aber besser ist, jedenfalls verfassungs*politisch* zu Überlegungen, die zumindest den Erfordernissen der Publizität, Transparenz und demokratischen Verantwortung parlamentarischer Entscheidungen in differenzierter Weise Rechnung tragen.

IV. Parlamentarische Selbstbetroffenheit

Besonderen Unmut in der Öffentlichkeit erregen naturgemäß diejenigen Vorfälle, bei denen der Eindruck entstehen muß, daß ein oder mehrere Abgeordnete eigennützige Interessen verfolgt, vielleicht sogar aus gewinnsüchtigen Motiven gehandelt, jedenfalls aber private Anliegen mit ihrem Amt verknüpft und in Wahrnehmung ihrer besonderen parlamentarischen Befugnisse durchgesetzt haben. Solche "*Privatbetroffenheit*" kann individuellen oder kollektiven Charakter haben und sowohl persönlicher als auch sachlicher Natur sein.

1. Betrachtet man zunächst die *individuelle* Privatbetroffenheit von Abgeordneten in *persönlicher* Hinsicht, dann drängt sich als bekannteste, wenn auch in der Praxis äußerst seltene Erscheinungsform parlamentarischer Selbstbegünstigung der sog. "*Mandatsmißbrauch*" auf.[36)] Er ist gekennzeichnet durch eine grobe Verletzung von Abgeordnetenpflichten, insbesondere durch ein Handeln in "gewinnsüchtiger Absicht" oder mit dem Ziel, sich selbst oder einem anderen persönliche Vorteile zu verschaffen. Einige Landesverfassungen sehen für solche Fälle die *Abgeordnetenanklage* bei einem Staats- oder Verfassungsgerichtshof vor.[37)] In Bremen und Hamburg besteht die Möglichkeit des *Parlamentsausschlusses* für die gesamte Wahlperiode durch schlichten, mit Dreiviertelmehrheit gefaßten Bürgerschaftsbeschluß, der gerichtlich nicht überprüft werden kann.[38)] Dagegen ist man dem Vorbild zahlreicher anderer Staaten[39)] sowie zweier Landesverfassungen aus der Weimarer Zeit, die den Mandatsmißbrauch mit strafrechtlichen Mitteln zu bekämpften versuchten und hierfür den Tatbestand der *Abgeordnetenbestechung* vorsahen[40)], nach 1945 nicht mehr gefolgt, weil diese Regelungen zuvor nur in einem einzigen Fall praktische Bedeutung erlangt hatten.[41)] Ein letzter, in diese Richtung zielender Versuch der SPD-Fraktion des 1. Deutschen Bundestages, durch Einfügung eines Art. 46 a GG dem Bundesverfassungsgericht die Befugnis zur Aberkennung des Mandats zu übertragen, scheiterte durch Ablauf der Wahlperiode.[42)] Auch nach den jüngsten Erfahrungen aus der "Flick-Affaire" mit nicht unerheblichen Geldzuwendungen an Abgeordnete empfehlen sich in solchen Fällen weder staats- noch strafrechtliche Maßnahmen, weil "Gewinnsucht" in der Regel ebensowenig

beweisbar sein dürfte wie ein konkreter Bestechlichkeitsvorsatz. Bei Mandatsmißbrauch bleibt daher nur übrig, die Verhaltensregeln für Abgeordnete zu verschärfen, d.h. mit wirksamen Sanktionen zu versehen, und im übrigen auf die "Selbstheilungskräfte" des politischen Prozesses zu vertrauen.

Vom "Mandatsmißbrauch" für persönliche Zwecke zu unterscheiden ist die individuelle Privatbetroffenheit von Abgeordneten in *sachlicher* Hinsicht bei Vorliegen einer konkreten Politikverknüpfung des parlamentarischen Mandats mit organisierter oder zumindest formalisierter Interessenvertretung. Hauptbeispiel hierfür sind die sog. "Beraterverträge", aufgrund deren sich Abgeordnete zur bevorzugten Information ihres Auftraggebers, meist aber auch zur Wahrnehmung seiner politischen Belange im Parlament verpflichten. Man könnte in diesen Fällen von "*Mandatsnießbrauch*" sprechen, bei dem ein Abgeordneter ohne jedes unlautere Motiv einfach die ihm angebotenen, mit jedem Parlamentsmandat verbundenen ideellen oder materiellen Vorteile nutzt. Dagegen ist grundsätzlich kaum etwas einzuwenden, solange die Grenze zum Mandatsmißbrauch, etwa in gewinnsüchtiger Absicht, nicht überschritten wird.

Dennoch haben einige Länder dieses Problem, um den Abgeordneten gar nicht erst in Versuchung zu führen, mit Hilfe von strengen *Inkompatibilitätsregelungen* für bestimmte Berufsgruppen (z.B. Öffentlicher Dienst, Führungspositionen in Banken, Wirtschaft und Industrie) oder für einzelne Tätigkeiten (bei Rechtsanwälten die Strafverteidigung oder die Übernahme von Verfahren gegen den Staat) zu lösen versucht.[43)] Dieser Weg hat jedoch den erheblichen Nachteil, daß gerade qualifizierte Persönlichkeiten aus freien Berufen häufig nicht zur Wahrnehmung eines Mandats bewogen werden können. Deshalb haben sich namentlich die USA und Großbritannien für ein Verfahren entschieden, das mit Hilfe umfassender *Anzeige- und Offenlegungspflichten* sowie durch Einführung bestimmter Obergrenzen bei Zusatzeinkünften eine vollständige Transparenz sämtlicher parlamentarischer Nebentätigkeiten gewährleisten soll.[44)]

Auch der Deutsche Bundestag ist bei seinen "Verhaltensregeln" von 1972, die im Jahre 1980 aufgrund des "Diäten-Urteils" geändert worden sind, dem anglo-amerikanischen Beispiel gefolgt, wenn auch nicht mit der gleichen Stringenz und Rigidität. Immerhin konnte man sich dabei aber am Transparenzgebot des Art. 21 Abs. 1 Satz 3 GG orientieren, das der Rechenschaftspflicht politischer Parteien zugrunde liegt und dem ein allgemeines Prinzip der *Publizität politischer Finanzen* entnommen werden kann. Nimmt man diesen Grundsatz wirklich ernst, dann müßten die "Verhaltensregeln" des Bundestages nicht nur erheblich verschärft und mit wirksamen *Sanktionen* (Ausschluß von Sitzungen, Verlust parlamentarischer Ämter, Kürzung der Diäten) versehen[45)], sondern auch um eine Vorschrift ergänzt werden, die zwar nicht den "gläsernen Abgeordneten", aber doch die Veröffentlichung von "politischen Einkünften" (nach Höhe und Herkunft) verlangt, d.h. von Einnahmen, die der Abgeordnete nach Annahme des Mandats *zusätzlich* erzielt, wobei der politische Charakter des

Differenzbetrages zu seinen vorherigen Bezügen unwiderleglich vermutet wird. Daß sich die "Rechtsstellungskommission" im Deutschen Bundestag, die kürzlich mit diesen Problemen beschäftigt war, freilich zu so weitgehenden Maßnahmen nicht durchringen konnte, war leider vorauszusehen.

2. Anders als bei individuellem Verhalten fehlt der *kollektiven* Privatbetroffenheit größerer Gruppen von Abgeordneten oder des gesamten Parlaments ein bestimmtes Zuordnungssubjekt, das ohne Gefährdung der Funktionsfähigkeit uneingeschränkt zur Verantwortung gezogen werden könnte. Deshalb erweisen sich diese Fälle als ungleich schwieriger und sind mit "Verhaltensregeln" allein nicht zu bewältigen. Ein aktuelles Beispiel für *persönliche* Privatbetroffenheit von mehr als zwanzig Bundestagsmitgliedern bildete im Frühjahr 1984 der bereits erwähnte Versuch einer Amnestie für Steuerdelikte im Zusammenhang mit Parteispenden, an denen die Abgeordneten als Anstifter oder Gehilfen beteiligt gewesen sein sollen. Obwohl ihre Strafbefreiung zwar nicht das eigentliche Ziel des Gesetzentwurfs war, wären sie doch mittelbar in den Genuß dieser Amnestie gekommen. Deshalb ist damals im Bundestag ebenso wie in der Öffentlichkeit die Frage aufgeworfen worden, ob und mit welchem Recht eigentlich Abgeordnete an ihrer eigenen Strafbefreiung sollten mitwirken dürfen. Was indes auf den ersten Blick als untragbar erscheint, erweist sich bei näherer Prüfung als höchst komplexes Problem. Auf der Suche nach Analogien stößt man auf die allgemein akzeptierte Tatsache, daß Abgeordnete sogar über die Aufhebung ihrer eigenen Immunität (Art. 46 Abs. 2 und 3 GG) mitentscheiden können. Nicht zuletzt aus diesem Grund und wegen einer nicht unbeträchtlichen Manipulationsgefahr war der Bundestag im Endeffekt gut beraten, beim Amnestievorhaben den dadurch begünstigten Abgeordneten das Stimmrecht nicht versagen zu wollen[46)], auch wenn infolge Rückzugs des Initiativantrags der Regierungsfraktionen durch Druck der öffentlichen Meinung die Probe aufs Exempel ausblieb. Zumindest hat dieser Fall deutlich gezeigt, wie problematisch es ist, an eine kollektive Privatbetroffenheit statusrechtliche Konsequenzen zu knüpfen.

Selbst wenn eine solche Privatbetroffenheit ganzer Abgeordnetengruppen oder Fraktionen nicht persönliche, sondern *sachliche* Gründe hat, versagt in diesen Fällen meist der innerparlamentarische Kontrollmechanismus durch die Opposition, so daß letztlich nur eine kritische Öffentlichkeit und vor allem die Massenmedien für ein politisches Gegengewicht sorgen können, das der Begehrlichkeit des Parlaments oder seiner überwiegenden Mehrheit Schranken zieht. Zu den Gegenständen, die alle Fraktionen des Bundestages – vielleicht mit Ausnahme (noch) der "Grünen" – unabhängig von politischen Überzeugungen gleichermaßen interessieren, gehört insbesondere eine möglichst großzügige finanzielle Ausstattung der politischen Parteien, ebenso der parteinahen Stiftungen. Im letzteren Fall hat es bei den jährlichen Haushaltsberatungen um entsprechende "Globalmittel" noch nie Streit gegeben, in Fragen der Parteienfinanzierung nur deshalb, weil die unterschiedlichen Partei- und Klientelstrukturen abweichende Präferenzen in bezug auf die einzelnen Finanzierungsformen (z.B. bei Mitgliedsbeiträgen, Spenden und staatlichen Zuwendungen) nahelegen. Über den stetig wachsenden Finanzbedarf der Parteien insgesamt sind sich jedoch alle Fraktionen im Bundestag einig.

Dies bestätigte auch das jüngste Gesetzgebungsverfahren zur Neuordnung der Parteienfinanzierung im Jahre 1983. Damals wurden von den Bundestagsfraktionen nahezu sämtliche Vorschläge der "Sachverständigen-Kommission" akzeptiert, von denen sich die Parteien Einnahmenerhöhungen versprachen, jedoch keine einzige ihrer Empfehlungen zur Kostenbegrenzung.[47] Hier hat bedauerlicherweise selbst die kritische Öffentlichkeit, zu stark fixiert auf die "Spenden-Affaire", in ihrer Wächterrolle versagt. Nach ähnlichen Erfahrungen ist in den Vereinigten Staaten zu Beginn der siebziger Jahre eine besondere Kontrollbehörde geschaffen worden, welche die gesamte Wahlkampffinanzierung der einzelnen Kandidaten überprüft und jährlich darüber berichtet: die "Federal Election Commission" (FEC). Es wäre durchaus einer Überlegung wert, ob nicht auch in der Bundesrepublik eine ähnlich unabhängige Instanz von Nutzen sein könnte, um dem allgemeinen Vertrauensschwund in die politischen Parteien, vor allem hinsichtlich der ordnungsgemäßen Erfüllung ihrer grundgesetzlichen Rechenschaftspflicht (Art. 21 Abs. 1 Satz 4 GG), wirksamer zu begegnen.

V. Parlamentarische Organbetroffenheit

Während die Finanzierung der politischen Parteien, die außerhalb des Parlaments stehen und im gesellschaftlichen Bereich verwurzelt sind, noch zu den Angelegenheiten gehört, welche die Abgeordneten im weiteren Sinne "privat" (nämlich als Parteifunktionäre) interessieren, beziehen sich andere Gegenstände parlamentarischer Beratung und Entscheidung unmittelbar auf ihren verfassungsrechtlichen Status und haben direkte Auswirkungen auf den Parlamentsbetrieb. Da sie deshalb in der Regel nicht nur die Abgeordneten als Personen oder in ihren Außenbeziehungen angehen, sondern das Gesamtparlament und dessen Mitglieder als "Verfassungsorgane", sollte man hier im Unterschied zur Privatbetroffenheit richtiger von parlamentarischer "*Organbetroffenheit*" sprechen. Auch diese Form des Handelns "in eigener Sache" kann individuelle wie kollektive Interessen berühren und persönlicher oder sachlicher Art sein.

1. In ihrem *individuellen Organstatus* betroffen sind Abgeordnete *persönlich* zum Beispiel bei parlamentarischen Wahlen (in das Präsidium, zum Bundes-

kanzler u.ä.), bei der Aufhebung ihrer Immunität sowie bei Entscheidungen über Ordnungsmaßnahmen des Parlamentspräsidenten. In diesen Fällen ist es parlamentarische Übung, daß der Abgeordnete sich selbst wählen sowie über seine Immunität und über alle Beschwerden gegen ihn betreffende Ordnungsmaßnahmen mitentscheiden darf. Begründet wird diese Praxis mit der Behauptung, es handele sich hier stets um Einzelfälle, bei denen die Stimmabgabe des Betroffenen in aller Regel nicht von ausschlaggebender Bedeutung sei. Die nur mit seiner eigenen Stimme erfolgte Wahl *Adenauers* zum ersten Bundeskanzler im Jahre 1949 bilde eine extreme Ausnahme. Dennoch hinterlassen gerade solche persönlichen Entscheidungen von Abgeordneten "in eigener Sache" einen unguten Eindruck. Selbst schlichte Vereins- oder Unternehmensvorstände pflegen sich im allgemeinen bei Entlastungsbeschlüssen pflichtgemäß der Stimme zu enthalten.

Es gilt aber nicht nur als moralisch bedenklich, anvertraute Macht mit der eigenen Stimme für die Durchsetzung persönlicher Interessen zu nutzen; auch die Rechtsordnung mißbilligt gelegentlich solche Formen der *Selbstbegünstigung*. So enthält beispielsweise im Verfahren der Wahlprüfung § 17 WPrG ein ausdrückliches *Mitwirkungsverbot* für einzelne Abgeordnete, deren Wahl angefochten wird, zugleich aber davon wieder eine Ausnahme, wenn es um die Wahl von mehr als zehn Abgeordneten geht.[48)] Da es sich hier um Statusfragen handelt, erscheint diese Beschränkung von Statusbefugnissen auch durchaus konsequent und sachgerecht. Man könnte in der Differenzierung zwischen einzelnen und einer Gruppe von Abgeordneten sogar ein Musterbeispiel für Betroffenheitsregelungen erblicken, die zugleich den Aspekt der Funktionsfähigkeit des Parlaments im Auge behalten.[49)] Es läge daher nahe, auch für andere Fälle persönlicher Organbetroffenheit entsprechende Beratungsoder Abstimmungsverbote einzuführen, wozu allerdings zweifellos eine Verfassungsänderung erforderlich wäre.[50)] Andererseits stellt aber jede Beschränkung von Statusrechten einen erheblichen Eingriff in die Organstellung des Abgeordneten dar. Hinzu kommt die Gefahr, daß solche Restriktionen leicht politisch mißbraucht oder über sie Mehrheiten manipuliert werden können. Deshalb sollte man stets sehr sorgfältig prüfen, ob und in welchen Fällen das Vertrauen in die Unabhängigkeit und Integrität parlamentarischer Entscheidungen statusbeschränkende Maßnahmen zwingend gebietet. Bei Immunitätsfragen und geheimen Wahlen im Parlament scheint dies nicht unbedingt erforderlich zu sein.

Zu den Angelegenheiten, die Abgeordnete in ihrer individuellen Organstellung *sachlich* betreffen, gehört in erster Linie das "Diätenwesen", d.h. die ihnen nach Art. 48 Abs. 3 Satz 3 GG zustehende "angemessene, ihre Unabhängigkeit sichernde Entschädigung" (einschließlich der Versorgung). Da die konkrete Bemessung und Festsetzung der Diäten von Verfassungs wegen aber ein Bundesgesetz verlangt, gilt dieser Fall geradezu als das Musterbeispiel für Gesetzgebung in eigener Sache. Parlamentsbeschlüsse mit ebenso evidentem wie unausweichlichem Selbstbegünstigungseffekt werden zum allgemeinen Gesetzgebungsproblem. Spätestens hier zeigt sich indes zugleich, daß der für die Rechtsanwendung konstitutive Satz des "nemo judex in sua causa" keineswegs unbesehen auf den Gesetzgeber übertragen werden kann, ohne für bestimmte Gegenstände dessen prinzipiell umfassende Legislativkompetenz selbst in Frage zu stellen, sondern daß vielmehr funktionsspezifische Differenzierungen notwendig sind.

Geht man davon aus, daß einerseits – wie das Diätenbeispiel zeigt – Entscheidungen des Gesetzgebers in eigener Sache aus Gründen des Demokratieprinzips, des parlamentarischen Repräsentativsystems, des Parteienstaates und der Gewaltenteilung unvermeidlich sind, andererseits aber repressive Steuerungs- oder Kontrollinstrumente (z.B. Mitwirkungsverbote) schon bei individueller Organbetroffenheit disfunktional wirken, dann bleibt entweder auch hier nur die Hoffnung auf eine kritische (letztlich aber machtlose) Öffentlichkeit, auf die weise Selbstbeschränkung der Abgeordneten oder auf neu zu schaffende institutionelle Sicherungen, die im Zusammenspiel mit der öffentlichen Meinung eine effektive Einflußnahme auf die innerparlamentarische Willensbildung gewährleisten. Solche Einrichtungen, die sich auf unabhängigen Sachverstand, politische Erfahrung und persönliche Integrität ihrer Mitglieder stützen sollten – man denke etwa an einen "*Parlamentssenat*" beim Deutschen Bundestag, der später noch näher zu umreißen ist –, bleiben immer dort der einzige Ausweg aus einem sonst unlösbaren Dilemma, wo im Gesetzgebungsprozeß das dem parlamentarischen System immanente Käftespiel von Mehrheitsentscheidung und Oppositionskontrolle, also letztlich ein Stück Gewaltenteilung, nicht wirksam werden kann.

2. Das gilt in noch verstärktem Maße für Entscheidungen des Gesetzgebers, die nicht nur den Status des einzelnen Abgeordneten, sondern die Organstellung des gesamten Parlaments oder zumindest aller seiner Mitglieder betreffen. *Persönliche* Dimensionen einer solchen *kollektiven Organbetroffenheit* haben zum Beispiel die Beschlußfassung über ein Abgeordnetengesetz, Entscheidungen in Geschäftsordnungsfragen (etwa zum Antrags- oder Rederecht), die Abkürzung der Wahlperiode durch Selbstauflösung des Parlaments oder durch Vorverlegung des Wahltermins, aber auch deren mit dem Periodizitätsprinzip kollidierende und daher äußerst bedenkliche Verlängerung.[51)] Ferner gehören in diesen Zusammenhang alle Änderungen des Wahlrechts, die das Verfahren der Kandidatenauslese, den Mandatserwerb oder den Abgeordnetenstatus unmittelbar berühren, und nicht zuletzt entsprechende Verfassungsänderungen mit direkten Konsequenzen für die Bedingungen des politischen Kampfes oder die Regeln des demokratischen Prozesses. In all diesen Fällen spielt das Problem parlamentarischer Selbstbetroffenheit eine zentrale Rolle.

Schon jene Vielfalt denkbarer Fallkonstellationen weist auf die Unmöglichkeit hin, für sämtliche Varianten potentieller Selbstbetroffenheit von Abgeordneten einheitliche Vorkehrungen zu treffen. Gleichwohl soll der Versuch unternommen werden, wenigstens die Richtung anzudeuten, in der solche Lösungen zu finden sind. Anzusetzen haben entsprechende Überlegungen nicht abstrakt bei irgendeinem Rechtsprinzip, das hier als Mitwirkungsverbot in eigener Sache zu bestimmen und, abgeleitet etwa aus dem Rechtsstaatsgrundsatz oder aus dem Abgeordnetenstatus, nur noch für den Bereich der Gesetzgebung zu implementieren wäre, sondern ganz konkret bei den funktionellen Konstitutionsbedingungen des parlamentarischen Systems. Die Funktionsfähigkeit der parlamentarischen Demokratie hängt entscheidend davon ab, ob und inwieweit sie oppositionelle Minderheiten schützt und ihnen die reale Chance eines Machtwechsels bietet. Formale Voraussetzung dafür ist die *Periodizität* der Herrschaft, d.h. die Übertragung von politischer Macht lediglich auf begrenzte Zeit und damit verbunden die Diskontinuität parlamentarischen Handelns.

Daraus folgt bei Entscheidungen des Gesetzgebers in eigener Sache, daß – soweit kollektive Organbetroffenheit mit persönlichen Konsequenzen impliziert ist – stets entsprechende Beschlüsse erst für die *nachfolgende Wahlperiode* in Kraft gesetzt oder zumindest für künftige, noch nicht vorhergesehene Fälle wirksam werden können, damit sie ihren Urhebern keinen unmittelbaren Vorteil bringen und spätere Parlamente zumindest die Möglichkeit haben, sie zu revidieren. So ist beispielsweise bei der Einführung einer Altersversorgung für Abgeordnete, aber auch bei der Änderung des Art. 39 Abs. 1 und 2 GG (Abschaffung einer "parlamentslosen" Zeit) verfahren worden. Ein solcher Aufschub, der das Problem der Selbstbetroffenheit des Gesetzgebers zwar nicht völlig beseitigen, aber doch entschärfen kann, erscheint nicht nur moralisch angezeigt, sondern auch verfassungsrechtlich geboten. Daß zur Vorbereitung so weittragender Entscheidungen die zusätzliche Einschaltung des erwähnten "Parlamentssenats" von erheblicher vertrauensbildender Bedeutung wäre, versteht sich von selbst.

Als unabhängiger Beratungsinstanz des Parlaments fiele einem solchen Gremium schließlich die wichtige Aufgabe zu, in allen Fällen kollektiver Organbetroffenheit *sachlicher* Art eigene Überlegungen anzustellen, Vorschläge auszuarbeiten, Initiativen zu entwickeln und die Vorhaben der betroffenen Abgeordneten zu begutachten. Dazu gehören etwa der Parlamentshaushalt und die darin veranschlagten Mittel für Hilfsdienste oder Fraktionszuschüsse ebenso wie Organisationsgesetze, die das Verhältnis von Parlament und Regierung oder den Status parlamentarischer Einrichtungen (Wehrbeauftragter, Parlamentarischer Staatssekretär, Untersuchungsausschüsse) regeln. Um sich allerdings gegenüber massiven Eigeninteressen von Abgeordneten auch tatsächlich durchsetzen zu können, müßte dieser "Parlamentssenat" nicht nur ein hohes Ansehen genießen und das Vertrauen der Bevölkerung besitzen, sondern in seiner Tätigkeit vor allem von einer kritischen öffentlichen Meinung nachhaltig unterstützt werden. Welche organisatorischen Voraussetzungen dafür erforderlich sind, soll abschließend noch kurz skizziert werden.

VI. Schaffung eines "Senats für Parlamentsfragen"

1. Die bisherigen Überlegungen zum Problem des "Gesetzgebers in eigener Sache" haben gezeigt, daß in einigen Fällen zwar parlamentsinterne Lösungen denkbar sind, diese aber sehr bald da an ihre Grenzen stoßen, wo wegen partei- oder fraktionsübergreifender Interessenidentität die normale Kontrollfunktion der parlamentarischen Opposition ausfällt. Bei solchen "Gemeinschaftsanliegen" aller Abgeordneten bleibt nur noch der Weg über eine unabhängige außerparlamentarische[52)] Instanz, die um der Glaubwürdigkeit parlamentarischer Demokratie und der Integrität gesetzgeberischer Entscheidungen willen dazu beiträgt, daß Abgeordnete in eigenen Angelegenheiten die erforderliche Objektivität und Distanz wahren. Zu diesem Zweck sollte ein "*Senat für Parlamentsfragen*" gebildet werden, der unabhängigen Sachverstand, politische Erfahrung und persönliche Uneigennützigkeit repräsentiert.[53)]

2. Seine *Aufgabe* könnte vor allem darin bestehen, zu sämtlichen Gegenständen parlamentarischen Eigeninteresses von sich aus öffentlich Stellung zu nehmen, Lösungsvorschläge auszuarbeiten, Gutachten zu erstatten, dem Parlament Initiativen zu empfehlen und nicht zuletzt über seine Tätigkeit jährlich Bericht zu erstatten. Damit wäre ein solcher "Parlamentssenat" weitgehend der amerikanischen "Federal Election Commission" nachgebildet. Darüber hinaus wäre er geeignet, auch die Funktion eines parlamentarischen "Ehrenrates" zu übernehmen, wie ihn *Adolf Arndt* früher einmal gefordert hat, und dem Bundestag Empfehlungen über die Behandlung von rechtlichem oder moralischem Fehlverhalten einzelner Abgeordneter zu geben, was zum Beispiel im "Fall Fellner" angezeigt gewesen wäre.[54)]

3. Um zu verhindern, daß nach den üblichen Erfahrungen mit wissenschaftlicher Politikberatung die Arbeit eines solchen Gremiums entweder parteipolitisch dominiert wird oder folgenlos bleibt, müßte bei seiner *Zusammensetzung* streng auf eine Berufung von Persönlichkeiten geachtet werden, die nicht nur in der Öffentlichkeit hohes Ansehen genießen, sondern auch gegenüber den Mitgliedern des Parlaments ein Stück unabhängiger "Amtsautorität" verkörpern. Zu denken wäre hierbei in erster Linie an ehemalige Abgeordnete selbst, die sich während ihrer Parlamentszugehörigkeit bereits in hervorgehobener Position mit jenen Fragen beschäftigt haben und von daher über das in diesen Dingen unerläßliche Maß an politischer Erfahrung verfügen. Da Unabhängigkeit in erster

Linie eine Eigenschaft des Richters ist und der Satz des "nemo judex in sua causa" zudem in dessen Funktionsbereich seinen Ursprung hat, müßte wohl das richterliche Element ebenfalls vertreten sein. Schließlich sollte auch auf wissenschaftlichen Sachverstand nicht vollständig verzichtet werden. Auf diese Weise wäre eine überparteilich besetzte Instanz geschaffen, der man durchaus die schwierige Aufgabe der Entscheidungshilfe bei parlamentseigenen Angelegenheiten anvertrauen könnte.

4. Im Interesse einer Steigerung seiner Autorität und vertrauenschaffenden Wirkung sollten an der *Bildung* dieses Parlamentssenats möglichst alle Verfassungsorgane des Bundes beteiligt werden. Der Bundespräsident müßte einen neutralen Vorsitzenden berufen. Von den Fraktionen des Bundestages wären insgesamt vier ehemalige Abgeordnete vorzuschlagen. Der Bundesrat sollte im Einvernehmen mit der Bundesregierung zwei sachkundige Wissenschaftlicher benennen, während das Bundesverfassungsgericht ebenfalls zwei frühere Verfassungsrichter zu entsenden hätte. Auf diese Weise wäre nicht nur gewährleistet, daß jenes Gremium die für Ratschläge gegenüber dem Deutschen Bundestag als Volksvertretung erforderliche hohe Legitimation erhielte, sondern bei insgesamt neun Mitgliedern auch seine Arbeitsfähigkeit noch sichergestellt.

5. Zur Schaffung eines solchen "Parlamentssenats" sind Verfassungsänderungen nicht zwingend erforderlich. Ausreichen würde ein einfaches Errichtungsgesetz. Dennoch wären dessen Bedeutung und politisches Gewicht erheblich gesteigert, wenn ein solches Gremium auch im Grundgesetz verankert würde, zumal Verfassungsinstitutionen stets einen – hier besonders wichtigen – überparteilichen Konsens signalisieren.

VII. Zusammenfassung der Ergebnisse

1. Das Verbot der "Entscheidung in eigener Sache" gilt unbestritten für den Bereich der Rechtsanwendung. Bei der Übertragung dieses Prinzips auf die Gesetzgebung hat sich gezeigt, daß es zwar auch hier keineswegs inadäquat oder irrelevant ist, aber doch nur mit erheblichen Modifikationen und funktionsspezifischen Differenzierungen im Parlament zur Geltung gebracht werden kann. Insbesondere lassen sich sämtliche Probleme individueller oder kollektiver, persönlicher oder sachlicher *Privatbetroffenheit* mit Hilfe innerparlamentarischer Vorkehrungen lösen.

2. Dagegen erfordern Entscheidungen, die eine generelle *Organbetroffenheit* indizieren, vielfach zusätzliche (außerparlamentarische) Kontrollmöglichkeiten, weil hier die Rollen- und Machtverteilung zwischen Mehrheit und

Opposition leerlaufen kann. Es ist daher notwendig, für diese Fälle eine unabhängige Kontrollinstanz (Senat für Parlamentsfragen) zu schaffen, die das Vertrauen der Öffentlichkeit in die Objektivität und Integrität des Gesetzgebers zu stützen vermag. Nur so kann letztlich dem Mißbrauch des parlamentarischen Mandats zu eigennützigen Zwecken wirksam begegnet und die Glaubwürdigkeit der parlamentarischen Demokratie gewahrt werden.

Anmerkungen

1 Cod. Just. 3, 5. Rubrik.

2 Vgl. §§ 41 Nr. 1 ZPO, 22 Nr. 1 StPO, 54 Abs. 1 VwGO.

3 Dazu P. Kirchhof, Die Bedeutung der Unbefangenheit für die Verwaltungsentscheidung, in: VerwArch 66 (1975), S. 370 ff.; vgl. auch F.-J. Peine, Der befangene Abgeordnete, in: JZ 1985, S. 914 ff. (919 m.w. Nachw.), dem die "Unparteilichkeit von Amtswaltern" sogar als "allgemeiner Rechtsgedanke" erscheint, der auch für Mandatsträger gelte und dort im Konfliktfall konkrete Mitwirkungsverbote begründe.

4 Vgl. § 26 NdsGO (ähnlich alle übrigen Gemeindeordnungen) sowie BGH DVBl. 1967, 618; BaWüVGHE 14, 162; BaWüVBl. 1973, 110. Eine insoweit unzulässige Mitwirkung des "befangenen" Ratsmitgliedes führt nach allgemeiner Ansicht stets zur Unwirksamkeit des jeweiligen Beschlusses.

5 Hierzu K. M. Meessen, Beraterverträge und freies Mandat, in: Festschrift für U. Scheuner zum 70. Geburtstag, Berlin 1973, S. 431 ff.

6 Vgl. H. Trossmann, Parlamentsrecht des Deutschen Bundestages, München 1977, S. 107, 934 f.; P. Schindler, Umstrittene "Ehrenordnung" für den Deutschen Bundestag, in: ZParl 3 (1972), S. 140 ff.

7 BVerfGE 40, 296 (319) – "Diäten-Urteil".

8 Tatsächlich wurden die seit 1972 existierenden "Verhaltensregeln für Mitglieder des Deutschen Bundestages" nur um eine Nr. 2 ergänzt, die den Wortlaut des betreffenden Leitsatzes 5 aus BVerfGE 40, 296 (297) übernahm und wie folgt lautet: "Ein Mitglied des Bundestages darf kein Rechtsverhältnis eingehen, das ihm Bezüge verschafft, die es, ohne die danach geschuldeten Dienste zu leisten, nur deshalb erhält, weil von ihm im Hinblick auf sein Mandat erwartet wird, daß es im Bundestag die Interessen des Zahlenden vertreten und nach Möglichkeit durchsetzen wird". Die Schwachstelle dieser Bestimmung liegt in dem Tatbestandsmerkmal "ohne die danach geschuldeten Dienste zu leisten", weil im konkreten Fall irgendeine Gegenleistung (Informations- oder Beratertätigkeit) immer nachweisbar sein dürfte. Kritisch dazu bereits H. H. v. Arnim, Reform der Abgeordnetenentschädigung, Wiesbaden 1976, S. 15 ff. – Sehr viel schärfer gefaßt ist die niedersächsische Regelung in § 27 Abs. 3 NdsAbgG, wonach Abgeordneten "mit Rücksicht auf ihr Mandat keine anderen als die in diesem Gesetz vorgesehenen Zuwendungen gemacht werden" dürfen. Weiter heißt es: "Insbesondere darf einem Abgeordneten eine Vergütung aus einem Dienst- oder Werkverhältnis nur gewährt werden, soweit sie den Wert einer vom Abgeordneten tatsächlich erbrachten und mit seinem Mandat nicht zusammenhängenden Tätigkeit entspricht".

9 Aus rechtsvergleichender Sicht neuerdings kritisch K. Troltsch, Der Verhaltenskodex von Abgeordneten in westlichen Demokratien, in: Aus Politik und Zeitgeschichte B 24-25/85 (1985), S. 3 ff. (14 ff.).

10 BVerfGE 40, 296 (316 f.): "Wertet man also die 'technische' Koppelung der Entschädigung an eine besoldungsrechtliche Regelung materialiter, so führt sie zur Abhängigkeit jeder Erhöhung der Entschädigung von einer entsprechenden Erhöhung der Besoldung. Genau dies aber widerstreitet der verfassungsrechtlich gebotenen selbständigen (und nicht in die ganz andere Entscheidung über die Besoldung der Beamten eingeschlossene) Entscheidung des Parlaments über die Bestimmung dessen, was nach eigener Überzeugung 'eine angemessene, die Unabgängigkeit sichernde Entschädigung' ist". — Vgl. auch P. Häberle, Freiheit, Gleichheit und Öffentlichkeit des Abgeordnetenstatus, in: NJW 1976, S. 537 ff. (540): "Diese Forderung nach einem öffentlichen Gesetz verknüpft sachliche mit formaler Publizität. Sie ist Ausdruck des — politisch — zu verstehenden demokratischen Gesetzesbegriffs".

11 So K. Loewenstein, Verfassungslehre, Tübingen 1959, S. 177 ff.

12 So H.-P. Schneider, in: AK-GG, Rdnr. 35 zu Art. 38.

13 Die anfängliche Zurückhaltung und Kritik der "Grünen" an der Erhöhung der Wahlkampfkostenpauschale auf DM 5,- pro Wählerstimme zum 1.1.1984 scheint inzwischen einer eher nüchternen wirtschaftlichen Betrachtungsweise gewichen zu sein, wie die Mahnungen einiger ihrer Schatzmeister zeigen, für künftige Phasen möglicher Stimmenverluste vorzusorgen.

14 H. H. v. Arnim, Parteienfinanzierung. Eine verfassungsrechtliche Untersuchung, Wiesbaden 1982, S. 46 ff. (47): "Wenn es um Fragen der Parteienfinanzierung, vor allem um die direkte und indirekte Finanzierung aus öffentlichen Kassen, geht, entscheiden die Parlamente deshalb weitgehend in eigener Sache". Seine Schlußfolgerung, damit werde gegen eine "Grundregel der repräsentativen Entscheidungsbildung" verstoßen, nach der "die Entscheidenden kein eigenes Interesse an der Entscheidung haben" dürften, erscheint jedoch im Hinblick auf die pluralistisch-parteienstaatliche Struktur gerade der parlamentarischen Willensbildung im demokratischen Gemeinwesen nicht nur lebensfremd, sondern auch in verfassungstheoretischer Hinsicht problematisch.

15 Vgl. den Bericht zur Neuordnung der Parteienfinanzierung. Vorschläge der vom Bundespräsidenten berufen Sachverständigenkommission, Köln 1983, S. 175: "Die Kommission ist der Auffassung, daß finanzielle Begünstigungen der Parteien durch den Staat ausnahmslos einer gesetzlichen Grundlage bedürfen, weil es sich bei der staatlichen Parteienfinanzierung jeglicher Art letztlich um Entscheidungen der im Bundestag vertretenen Parteien in eigener Sache handelt".

16 Entwurf eines Gesetzes über die Einstellung bestimmter Strafverfahren vom 8.5.1984 (BT-Drs. 10/1421).

17 N. Achterberg, Die Abstimmungsbefugnis des Abgeordneten bei Betroffenheit in eigener Sache, in: AöR 109 (1984), S. 505 ff. (524 ff.).

18 Peine, a.a.O., S. 920 f.

19 Vgl. statt anderer A. Blomeyer, Zivilprozeßrecht, Berlin 1963, S. 24; ähnlich auch H. J. Wolff/O. Bachof, Verwaltungsrecht II, 4. Aufl., München 1976, S. 39: "Befangenheit ist die Beeinflussung einer unparteiischen Entschließung durch unsachliche psychologische Motive".

20 Vgl. Peine, a.a.O., S. 918 ff. (et passim).

21 Grundlegend dazu E. Fraenkel, Der Pluralismus als Strukturelement der freiheitlichrechtsstaatlichen Demokratie, in: Deutschland und die westlichen Demokratien, 3. Aufl., Stuttgart 1968, S. 165 ff.

22 So bereits P. Badura, in: Bonner Kommentar, Rdnr. 65 ff. zu Art. 21 GG; H.-P. Schneider, in: AK-GG, Rdnr. 32 ff. zu Art. 38 GG; ähnlich auch N. Achterberg, Das rahmengebundene Mandat, Berlin 1975.

23 Vgl. K. Hesse, Grundzüge des Verfassungsrechts der Bundesrepublik Deutschland, 14. Aufl., Karlsruhe 1984, S. 62 ff.

24 So A. Morkel, Das Parlament als öffentliches Forum. Zum Verhältnis von Bundestag und öffentlicher Meinung, in: Aus Politik und Zeitgeschichte B 40/1966.

25 Ähnlich M. Schröder, Grundlagen und Anwendungsbereich des Parlamentsrechts, Baden-Baden 1979, S. 299 ff., der zutreffend darauf hinweist, "daß das, was den Abgeordneten durchgängig vom Amtswalter herkömmlichen Stils unterscheidet, die Subjektivierung seiner Pflichten ist".

26 Meessen, a.a.O., S. 447 f. in bezug auf "entgeltliche Beraterverträge"; Achterberg, a.a.O., S. 510 für "stillschweigende Beschränkungen" der Abstimmungsbefugnis; a.A. Peine, a.a.O., S. 919, der aus einer angeblichen "Gemeinwohlbindung" des Abgeordneten in allen Fällen persönlicher "Befangenheit" (wie er die Selbstbetroffenheit nennt) aus dem Rechtsstaatsprinzip und aus Art. 38 Abs. 1 GG ein generelles Mitwirkungsverbot ableitet. Ähnlich auch Troltsch, a.a.O., S. 4.

27 BVerfGE 40, 296 (319): "Einkünfte dieser Art sind mit dem unabhängigen Status der Abgeordneten und ihrem Anspruch auf gleichmäßige finanzielle Ausstattung in ihrem Mandat unvereinbar".

28 Vgl. oben Anm. 8.

29 Dazu H.-A. Roll, Verhaltensregeln für Abgeordnete, in: ZRP 1984, S. 9 ff.; Troltsch, a.a.O., S. 5 ff., 8 ff.; Peine, a.a.O., S. 916 f. Auch einige Bundesländer sind diesem Beispiel gefolgt: So legt § 5 Abs. 3 Nr. 3 NdsAbgG eine Unvereinbarkeit von Mandat und Beruf fest "für Angestellte von Kapitalgesellschaften, Vereinen, Verbänden oder Stiftungen, wenn zu mehr als 50 v.H. juristische Personen nach Nr. 2 (des öffentlichen Rechts) Kapitaleigner oder Mitglieder sind, das Stiftungsvermögen bereitgestellt haben oder die Aufwendungen tragen".

30 Ebenso Achterberg, a.a.O., S. 515 ff.

31 So BVerfGE 42, 312 (327 ff.); vgl. dazu die Dokumentation von D. Dahrmann (Hrsg.), Kirchliches Amt und politisches Mandat, Hannover 1977.

32 So BVerfGE 40, 296 (312 ff.).

33 Vgl. BVerfGE 33, 1 (10 f.); 47, 46 (78 ff.); 49, 89 (126 ff.); 57, 295 (320 f.); 58, 257 (268 ff.).

34 Ähnlich auch § 143 Abs. 1 der Geschäftsordnung des Bayerischen Landtages: "Von der Abstimmung ist ein Abgeordneter ausgeschlossen, wenn es sich um Angelegenheiten handelt, die allein und unmittelbar ihn selbst betreffen".

35 Ebenso Achterberg, a.a.O., S. 508 f.

36 Dazu O. Kratzsch, Die Befugnis der Länderparlamente zur Aberkennung des Abgeordnetenmandats bei Unwürdigkeit und Mandatsmißbrauch, in: DÖV 1970, S. 372 ff.; P. Krause, Freies Mandat und Kontrolle der Abgeordnetentätigkeit, in: DÖV 1974, S. 325 ff.; H. Klatt, Rechtliche Möglichkeiten gegen Mandatsmißbrauch, in: ZParl 10 (1979), S. 445 ff.

37 Vgl. Art. 42 Abs. 1 BaWüVerf, Art. 61 Abs. 3 BayVerf, Art. 13 NdsVerf, Art. 85 SaarlVerf.

38 Nach Art. 85 Abs. 1 BremVerf, Art. 13 Abs. 2 HbgVerf.

39 Als Sondertatbestand ist die "Abgeordnetenbestechung" strafbar in Großbritannien, wo die Entscheidung beim Parlament liegt, sowie in den USA und in Griechenland; der Beamtenbestechung gleichgestellt ist sie in Frankreich, Italien, den Niederlanden und Belgien (vgl. dazu Krause, a.a.O., S. 334).

40 So die Verfassungen des Landes Anhalt vom 18.7.1918 (GS S. 59) in den §§ 23, 29 Abs. 3 und des Landes Mecklenburg-Schwerin vom 17.5.1919 (RVBl. S. 653) in den §§ 39, 72.

41 Dazu H. Erbler, Der innere Ehrenschutz der altständischen und neueren Vertretungskörperschaften, Leipzig 1935, S. 102 ff.; vgl. auch Krause, a.a.O., S. 331 f.

42 Vgl. BT-Drs. 1/2303 sowie die Verhandlungen des Deutschen Bundestages, 1. Wahlperiode, 143. Sitzung, S. 6090 B; 150. Sitzung, S. 6150 A. Über die Gesamtentwicklung in Deutschland berichtet Schulze, Zur Frage der Abgeordnetenbestechung, in: JR 1973, S. 485 ff.

43 So etwa Frankreich; ähnlich auch Österreich und Italien. Vgl. dazu Roll, a.a.O., S. 9; Krause, a.a.O., S. 333; Troltsch, a.a.O., S. 8 ff.

44 Dazu Troltsch, a.a.O., S. 10 ff., der zwischen einer Offenlegung nach dem Vertrauensprinzip (Frankreich, Österreich) und einer Offenlegung nach dem Transparenzprinzip (Großbritannien, USA) unterscheidet.

45 Dies fordert insbesondere Troltsch, a.a.O., S. 16, stellt jedoch zugleich mit Recht etwas resigniert fest: "Letzten Endes aber kann keine noch so ausgefeilte Neuregelung der Verhaltenskodizes das Problem der Interessenverflechtungen aus der Welt schaffen, auch wenn unsere Abgeordneten, eventuell auch unter dem Druck der öffentlichen Meinung, die nötige Bereitschaft und das entsprechende Problembewußtsein entwickeln".

46 Aufgrund einer gutachtlichen Stellungnahme von N. Achterberg, aus der die bereits zitierte Abhandlung über "Die Abstimmungsbefugnisse des Abgeordneten bei Betroffenheit in eigener Sache" im AöR hervorgegangen ist.

47 Vgl. dazu den Kommissionsbericht, a.a.O., S. 176 ff., der sich insbesondere für einnahmenbezogene Obergrenzen einer Kreditaufnahme von Parteien ausgesprochen hatte.

48 Die Vorschrift des § 17 WPrG lautet: "(1) Von der Beratung und Beschlußfassung im Wahlprüfungsverfahren ist der Abgeordnete ausgeschlossen, dessen Wahl zur Prüfung steht. (2) Dies gilt nicht, wenn in einem Verfahren die Wahl von mindestens zehn Abgeordneten angefochten wird". – Vgl. dazu auch Achterberg, a.a.O., S. 508.

49 Vgl. BVerfGE 51, 222 (237); ferner Achterberg, a.a.O., S. 529 ff. (m.w. Nachw.).

50 Statusrechte können grundsätzlich nur auf Verfassungsebene eingeschränkt werden. Zumindest bedürfte es also eines dem Art. 41 Abs. 3 GG entsprechenden Gesetzesvorbehalts; a.A. Peine, a.a.O., S. 918 ff., der ein ungeschriebenes Mitwirkungsverbot bei parlamentarischen Entscheidungen in eigener Sache, jedenfalls dem Grundsatz nach, aus dem Rechtsstaatsprinzip und aus immanenten Schranken des Abgeordnetenstatus selbst ableiten will.

51 Vgl. dazu BaWüStGH ESVGH 11 II 7 = BaWüVBl. 1959, 185; BayVerfGHE (NF. II) 27, 119 f.; HambVerfG HambJVBl. 1978, 43 ff.; ferner K. G. Troitzsch, Der Verfassungsstreit um die Terminierung der Bürgerschaftswahl in Hamburg, in: ZParl 9 (1978), S. 73 ff.

52 Troltsch, a.a.O., S. 15 f., fordert ebenfalls die Schaffung eines "unabhängigen" Gremiums, das er jedoch dem Präsidium des Bundestages zuordnen möchte. Der Nachteil solcher parlamentsinternen Lösungen besteht allerdings darin, daß auch hier wiederum "Betroffene" (im weiteren Sinn), nämlich aktive Abgeordnete über ihre eigenen Angelegenheiten entscheiden. Dagegen ist der mit einem parlamentsexternen Gremium zu erzielende Vertrauens- und Legitimationsgewinn wesentlich größer.

53 Wichtige Anregungen zur Bildung und Aufgabenstellung eines solchen Gremiums verdanke ich dem Parlamentarischen Geschäftsführer der SPD-Fraktion im Deutschen Bundestag, Herrn Bundesminister a.D. Gerhard Jahn.

54 Der Abg. Fellner (CSU) hatte kürzlich im Zusammenhang mit Wiedergutmachungsforderungen an die Fa. Flick geäußert, daß sich Juden schnell zu Wort meldeten, wenn irgendwo in deutschen Kassen Geld klimpere, sich für diese Entgleisung aber inzwischen vor dem Plenum des Deutschen Bundestages öffentlich entschuldigt.

Wolfgang Hoffmann-Riem

Sachverstand: Verwendungsuntauglich?
Eine Fallanalyse zur Politikberatung im Rahmen der Enquete-Kommission "Neue Informations- und Kommunikationstechniken"*

A. Fragerichtung der Fallanalyse

Gesetzgebung ist Entscheidung, und zwar Rechtsanwendung wie Rechtssetzung. Gesetzgebungswissenschaft sollte dementsprechend als Entscheidungswissenschaft konzipiert sein. Bevor sie als normative Entscheidungswissenschaft entwickelt werden kann, ist die Einsicht in empirische Strukturen wichtig, damit sie nicht empirisch gehaltlos oder gar fehlgeleitet wird. Ausgehend von dieser Annahme ist der folgende Beitrag um empirisch-deskriptive Vorarbeiten bemüht, und zwar zu einem Teilproblem: Wie steht es mit den realen Möglichkeiten einer Politikberatung im parlamentarischen Gesetzgebungsraum?

I. Thesen zur relativierten Verwendungstauglichkeit von Wissenschaft

Zu den fast selbstverständlichen Forderungen von Gesetzgebungslehren gehört die nach verstärkter Beachtung von Sachverstand und insbesondere der Nutzung wissenschaftlicher Erkenntnisse.[1)] Es ist jedoch kein Geheimnis, daß wissenschaftlich fundierter Sachverstand nur selten und meist nur sorgfältig gefiltert Zugang zu politischen Entscheidungsprozessen und -inhalten erhält.[2)] Die verschiedenen Forschungsansätze, -methoden und -befunde haben je unterschiedliche Chancen, den Gatekeeper zur praktischen Politik zu passieren bzw. zu überlisten. Dieser Befund hat zu Thesen über die relativierte "Verwendungstauglichkeit" (sozial-)wissenschaftlicher Erkenntnisse geführt.[3)] Das Auseinanderklaffen zwischen den Entscheidungsmechanismen der praktischen "Verwendungstauglichkeit" und den Beurteilungskriterien der wissenschaftlichen Akzeptanz und Fruchtbarkeit ist in der Literatur herausgearbeitet worden.[4)] Die Rezeption eines wissenschaftlichen Ansatzes in den handlungs- oder legitimationsbezogenen Verwendungszusammenhängen der Praxis korreliert keineswegs mit seiner methodischen Gültigkeit und Zuverlässigkeit, dem Grad seiner empirischen Bestätigung oder gar seiner Tauglichkeit zur Erklärung komplexer Zusammenhänge. Vielmehr scheint die praktische Verwertbarkeit stärker von adressaten-, situations- und verwendungsbezogenen Faktoren geprägt zu sein.

Das jeweilige Praxisinteresse[5)] an der Erhaltung des eigenen Entscheidungsspielraums, an der Entlastung durch legitimationsfördernde Argumentationen, an der Befriedigung der als wichtig eingeschätzten Klientel u.a. scheint die "Akzeptanz" wissenschaftlichen Sachverstands stärker zu prägen, als es die Redeweise von der Verwissenschaftlichung der Politik erwarten läßt. In den Worten von Beck/Lau:[6)] "Die Verwendungstauglichkeit sozialwissenschaftlicher Ansätze wird vielmehr durch die Handlungslogik von Praktikern bestimmt, denen es nicht um 'die Lösung' eines Problems geht, sondern um dessen 'Handhabung' in einem interessenpolitischen Konfliktfeld". Dieser Befund erklärt die Beliebtheit von Sachverstand als "Legitimationsressource für politische Handlungskalküle"[7)] und die Verwendung von wissenschaftlichen Ergebnissen eher für die Darstellung als für die Herstellung einer Entscheidung.[8)] Nachvollziehbar wird die Abwehrhaltung z.B. gegenüber solcher Wissenschaft, die in kritischem Zugriff Handlungslegitimationen aufweicht, Themenprioritäten zu ändern sucht oder Probleme im Widerspruch zu den Handlungsmöglichkeiten der Praxis strukturiert.[9)]

Eine selektive Ausbeutung von Wissenschaft – leicht verfügbar sind Bilder vom Steinbruch[10)] Wissenschaft oder vom Selbstbedienungsladen der Praxis – dürfte dem Rationalitätsideal widersprechen, das hinter manchen Aussagen über die Notwendigkeit wissenschaftlicher Fundierung praktischer Entscheidungen zu stehen scheint.[11)] Formuliert werden allerdings auch warnende Fragen, ob eine Nähe von (kritischer) Wissenschaft zur Politik überhaupt erwünscht sein kann. Daneben aber gibt es weiterhin viele Bemühungen, zu einer "verbesserten Nutzung" wissenschaftlicher Fragen und Erkenntnisse zu kommen, so auch durch Vorschläge über Veränderungen von Verfahren und Organisation der Beratung. Typisch sind hierfür etwa Anregungen zum Ausbau des Wissenschaftlichen Dienstes oder – so für den Bereich der Technologiefolgenabschätzung – die Idee, eine Enquete-Kommission des Bundestages als Quasi-Dauereinrichtung zu schaffen.[12)]

II. Enquete-Kommissionen als Mittel der Binnenberatung parlamentarischer Politik

Diese zuletzt genannten Vorschläge betreffen die sogenannte Binnenberatung der Politik[13)] im Bereich des Parlaments. Dies ist ein Modus der Politikberatung, der einen unmittelbaren Transfer aus dem Wissenschaftssystem in das politisch-administrative Entscheidungssystem ermöglicht. Bisher gibt es nur wenige Realanalysen über solche Transfers und deren Chancen.[14)] Um mehr über die Möglichkeiten zu erfahren, bietet sich die Analyse der Arbeit von Enquete-Kommissionen an. Enquete-Kommissionen[15)] – in denen externe Sachverständige zu Mitgliedern werden können – sind ausdrücklich zur Vorbereitung von Entscheidungen über umfangreiche und bedeutsame Sachkomplexe (§ 56 Abs. 1 GeschO BT) vorgesehen.[16] Auf eine empirisch orientierte Analyse einer solchen Kommission zielt die folgende Untersuchung. Am Beispiel der Enquete-Kommission "Neue Informations- und Kommunikationstechniken" (EK-IuK) soll gefragt werden, welche Möglichkeiten bzw. Hindernisse einer folgenreichen Politikberatung beobachtbar sind.

Aus der Perspektive einer problemorientierten und damit inhalts- und entscheidungsbezogenen Gesetzgebungswissenschaft ist Gesetzgebung als komplexer Prozeß der Problemwahrnehmung, Zieldefinition, Programmentwicklung und der Weichenstellung für die Implementation zu begreifen. Interessenstrukturen des zu bearbeitenden Problemfelds sind für die entscheidungsbezogene Analyse ebenso wichtig wie die Fähigkeit des politisch-administrativen Entscheidungssystems zur Problembearbeitung.[17] Auf der Ebene der Problemwahrnehmung und Programmentwicklung handeln viele Akteure, und es gibt vielfältige Mechanismen der Realitätskonstruktion und der Problemverdrängung oder -aufbauschung. Auch bestehen hier Anknüpfungspunkte für Kontroversen über sinnvolle Ziele, Wege und Strategien der Zielerreichung usw. Eine zur Vorbereitung parlamentarischer Entscheidungen eingesetzte Enquete-Kommission kann dementsprechend ein "sozialer Ort" sein, auf dem entsprechende Interessen versammelt sind und Kontroversen ausgetragen werden. Der in solchen Kommissionen praktizierte Set von "Verkehrsregeln" entscheidet daher auch über eine Möglichkeit von Wissenschaft, den Filter zum politisch-administrativen System zu passieren und in diesem Sinne "praktisch" zu werden.

III. Das Scheitern der EK-IuK

Die für die folgende Analyse ausgewählte EK-IuK hat in den Jahren 1981 bis 1983 gearbeitet. Sie galt thematisch den technologischen Innovationen im Informations- und Kommunikationssektor. Die Einführung bzw. die Fortführung der Einführung dieser Großtechnologie wird nach fast unbestrittener Meinung die ökonomische Struktur, die politische Kultur, die Rechts- und Gesellschaftsordnung u.ä. nachhaltig beeinflussen. Die Folgen werden in fast allen Berufsbereichen sowie im privaten Leben der Bürger spürbar sein und werden politische Willensbildungsprozesse sowie Machtstrukturen der Gesellschaft tangieren. In einer Zeit, in der "Technologiefolgenabschätzung" zum geflügelten Wort geworden ist[18], liegt die Forderung nahe, vor der Einführung dieser Technologie Folgenanalysen durchzuführen und gegebenenfalls gesetzlich Vorkehrungen zur Förderung der als positiv eingeschätzten Wirkungen und zur Verhinderung oder Abpufferung der negativ bewerteten Folgen vorzusehen. Auf eine solche Technologiefolgenabschätzung war der Einsetzungsauftrag der EK-IuK ausgerichtet.

Noch nie ist eine Enquete-Kommission des Bundestages derart offensichtlich an ihrer Aufgabe gescheitert wie diese.[19] Der Arbeitsauftrag ist nicht erfüllt worden. Abgeliefert wurde lediglich eine als "Zwischenbericht" titulierte Dokumentation der bis zum Abbruch der Kommissionsarbeit erstellten Vorlagen.[20] Dieser ist ein inhaltliches Torso, in dem wichtige Komplexe ganz ausgespart werden, und insbesondere die nachgefragten "Empfehlungen" fehlen. Immerhin werden wichtige Problemfelder bezeichnet und zum Teil in Details analysiert. Insofern hätte selbst der "Zwischenbericht" eine reich gefüllte Fundgrube für die anschließende öffentliche Diskussion zu den neuen Technologien werden können.[21] Er ist jedoch in Abweichung von früheren Praktiken lediglich als Bundestagsdrucksache und nicht zusätzlich als gesondertes Buch publiziert worden und auch im übrigen weitgehend unbeachtet geblieben. Weder wurde das öffentliche Bewußtsein nachhaltig berührt, noch gab es Initiativen zur parlamentarischen Umsetzung.

Der durch die Arbeit der Kommission – sowie die nachfolgende Politik – praktizierte Verzicht auf die Entwicklung politischer Entscheidungsprogramme erlaubte die ungehinderte Fortsetzung einer Politik, die sich in weiten Teilen als Nonregulation darstellt, d.h. insbesondere als Verzicht auf die (von einem Teil der politischen Akteure geforderte) bewußte Gestaltung der Einführung der neuen Technologien. Dieser Verzicht auf Gestaltung war jedoch nicht das konsentierte oder mehrheitlich festgestellte Ergebnis der Beratungen; vielmehr ermöglichte das Scheitern der Kommission das Absehen von einer auf der Grundlage der Kommissionsarbeit aufbauenden parlamentarischen Entscheidung. Für die folgende Ausarbeitung kann dahinstehen, ob der Verzicht auf eine gestaltende Rahmensetzung politisch "positiv" oder "negativ" zu bewerten ist. Ausgangspunkt der Analyse ist vielmehr der Befund, daß es weder zu einer entsprechenden Bewertungsentscheidung noch zu darauf ausgerichteten Vorarbeiten gekommen ist. Auch bei Zurückhaltung über die Bewertung des Gestaltungsverzichts kann jedoch festgestellt werden, daß der Befund der Nichtentscheidung politisch nicht neutral ist: Die Seite, die gegen gestaltende Rahmensetzungen eingestellt war, ist "Sieger" geblieben. Für sie bedeutet das Scheitern der Kommissionsarbeit einen politischen Erfolg. Aber auch von ihr dürfte das klägliche Ende der Kommission als "Scheitern" in dem Sinne verbucht werden, daß der Arbeitsauftrag nicht erfüllt worden ist.

IV. Zur Aussagekraft der Fallanalyse

Die Nichterfüllung des Arbeitsauftrages provoziert die Frage nach "Gründen". Diese können in makrotheoretischer Absicht gesucht und eventuell im Umfeld der Diskussion über die begrenzte Handlungsautonomie des politisch-administrativen[22] gegenüber dem ökonomischen System und insbesondere der

Diskussion um die Dominanz des technologisch-ökonomischen Komplexes gefunden werden. Derartiges ließe sich jedoch nicht anhand einer Fallanalyse belegen.[23)] Deshalb soll hier bescheidener vorgegangen werden und in mikrotheoretischer Perspektive lediglich nach Mechanismen der Feinsteuerung des Ablaufs und Ergebnisses gefragt werden, nach strukturell abgesicherten Weichenstellungen des "Scheiterns" sachverständig angeleiteter Problemanalyse und Entscheidungsempfehlung. Zugrunde gelegt wird die Hypothese, daß das Scheitern nicht – oder doch nicht allein – mit schlichtem personellen Versagen erklärt werden kann[24)], sondern daß es (zumindest auch) mit dem Gegenstand – insbesondere der Art der Konflikthaftigkeit der zu analysierenden Problematik und der betroffenen Interessen bzw. der Art des verfügbaren sachverständigen Wissens – und mit den Entscheidungsstrukturen zu tun hat, die zur Bearbeitung eines solchen Problems bereitstanden. Damit verknüpft ist die weitere Hypothese, daß die erkennbaren Mechanismen der Feinsteuerung der Kommissionsarbeit durchaus ambivalent sind: Sie haben in anderen Kontexten mit hoher Wahrscheinlichkeit auch ein Potential zur Verhinderung offensichtlichen Scheiterns.

Der Befund fehlender Nutzung dieses "Erfolgs"-Potentials und kumulierender Nutzung der Möglichkeiten zur "Mißerfolgs"-Steuerung kann z.B. die Frage nahelegen, ob bzw. wann von einer in dem Themenfeld und dem institutionellen Rahmen strukturell verankerten Prädisposition zum Scheitern der Politikberatung gesprochen werden darf. Für Antworten hierauf schafft die folgende Fallanalyse keine hinreichende Basis. Deshalb sei nur die These formuliert, daß in strukturell vergleichbaren Situationen vermutlich ähnliche Weichenstellungen erfolgen werden. Empfehlungen zur zukünftigen Vermeidung des "Scheiterns" lassen sich aus der Fallanalyse jedoch um so weniger ableiten, je plausibler die Annahme externer (insbesondere sozio-ökonomischer oder allgemein politischer) Vorprägung des Ausgangs ist, die entsprechenden Strukturen aber selbst nicht zur Disposition gestellt werden.

B. Ausgangslage und Ablauf der Kommissionsarbeit

I. Konflikthafte Ausgangslage im politischen Umfeld

Die Arbeit der EK-IuK war von vornherein von intensiven Konflikten über die richtige Politik gegenüber den neuen Techniken geprägt.[25)] Sie fielen in eine Politikphase, in der es in der Gesellschaft einen Grunddissens über Wachstum, Technik und Ökologie gab. Hinzu kam ein von den etablierten politischen Parteien öffentlichkeitswirksam ausgetragener Streit um die Medienpolitik, d.h. insbesondere um die Privatisierung/Kommerzialisierung des Rundfunks und den Aufbau eines Breitbandkabelnetzes. Dieser medienpolitische Streit überlagerte

Diskussionen über sonstige Folgewirkungen der IuK-Techniken, etwa über Rationalisierungspotentiale, qualitative Veränderungen am Arbeitsplatz, Möglichkeiten staatlicher und privater Überwachung, Veränderungen der Machtverhältnisse in Betrieben, Auswirkungen auf die politische Willensbildung.[26)] Diskussionen hierüber wurden allerdings meist überlagert durch Überlegungen, ob die IuK-Techniken zur Überwindung der ökonomischen Krise, insbesondere Arbeitslosigkeit, genutzt werden könnten. Resonanz fand die These, daß die neuen IuK-Techniken in einem rohstoff- und energiearmen Land wie der Bundesrepublik gute Möglichkeiten zur Stärkung der internationalen Wettbewerbsfähigkeit hätten und die Modernisierung der Volkswirtschaft erleichtern könnten.[27)]

All diese Dimensionen, am stärksten aber die medienpolitische, prägten die Kommissionsarbeit. Zur Zeit der Einsetzung der Kommission hatten neuformulierte Thesen über den politischen Einfluß der Medien, insbesondere des Rundfunks, Anklang bei Politikern gefunden.[28)] Dies galt mit besonderem Nachdruck für die – wissenschaftlich höchst umstrittene – These der Schweigespirale (Noelle-Neumann).[29)] In der CDU wurde die Einschätzung formuliert, daß die Umgestaltung des Medienwesens ein wichtiger Hebel zum Wahlerfolg sein könnte, und daß der Ausbau von Breitbandkabel und Satellit einen Impuls zur Änderung der Rundfunkstruktur und insbesondere zur Beseitigung des Monopols öffentlichrechtlicher Rundfunkveranstalter geben könnte. Demgegenüber hielt die SPD fast geschlossen am Modell des öffentlichrechtlichen Integrationsrundfunks fest, war allerdings über die Einschätzung der Unvermeidbarkeit oder gar Erwünschbarkeit einer allmählichen Öffnung des Rundfunksystems zerstritten.

Die medienpolitische Komponente konnte infolge begrenzter Regelungskompetenzen des Bundes[30)] nur ansatzweise zum offiziellen Gegenstand der Arbeit werden, war in der Sache aber bei den meisten Streitigkeiten präsent. Kontrovers zwischen den Parteien wurden auch die industriepolitischen Expansionschancen und die gesellschaftspolitischen Gefährdungspotentiale eingeschätzt. Am ehesten gelang es noch der CDU/CSU, auf einem Gleichklang in der industrie-, gesellschafts- und medienpolitischen Ausrichtung aufzubauen. Demgegenüber war die SPD in sich zerrissen; der dominante industriepolitische Optimismus ließ sich nicht reibungslos mit der verbreiteten gesellschaftspolitischen Skepsis und dem medienpolitischen Credo in den Fortbestand des öffentlichrechtlichen Rundfunkmonopols vereinbaren. Die SPD, die sich auf dem Weg zum Verlust der Regierungsmacht befand, hatte nicht die Kraft, die industriepolitische Aufbruchstimmung auf einen Nenner mit der gesellschafts- und medienpolitischen Skepsis zu bringen.

Die FDP hatte zwar auch keine stromlinienförmige Position, bei ihr war die Kluft zwischen industriepolitischem Optimismus, gesellschaftspolitischer Ablehnung eines Überwachungsstaates und medienpolitischer Befürwortung öffentlichrechtlichen Rundfunks bei gleichzeitiger Öffnung für private Konkurrenz jedoch nicht allzu groß.

Nicht nur die verschiedenen Konfliktfelder führten zu Einsetzungshypotheken, sondern auch die Entstehungsgeschichte.[31)] Eine Bundeskommission wurde von der CDU/CSU, weiten Teilen der Industrie und vielen Interessenverbänden sowie – vor allem aus kompetenzrechtlichen Erwägungen – von allen Bundesländern abgelehnt. Geargwöhnt wurde insbesondere, sie werde unnötige Verzögerungen bei der Nutzung der IuK-Techniken bewirken und der SPD Zeitgewinn verschaffen können, damit diese eine medienpolitische Verzögerungspolitik fortsetzen könne. Die Initiative zur Einsetzung ging von der SPD aus, allerdings ohne große Begeisterung. Das Interesse an der Kommission und die Bereitschaft zu ihrer Unterstützung waren umgekehrt proportional zur politischen Bedeutung des zu behandelnden Gegenstands. Die politische Partei, die den Vorsitzenden stellte, war sogar ausdrücklich gegen die Einsetzung der Kommission gewesen, hatte allerdings dann doch Gefallen an den Möglichkeiten gefunden, die Regierungspolitik mit Hilfe einer solchen Kommission zu beeinflussen bzw. die Kommission gegen die Regierung zu nutzen. Außerhalb des Parlaments gab es kaum Verbündete der Kommissionsarbeit und auch nicht die Chance, bei der weiteren Arbeit neue Verbündete zu finden. In der Öffentlichkeit und in den politischen Entscheidungsgremien gab es nicht einmal eine aktive Nachfrage nach Analysen und Empfehlungen. Zwar wurde ein entsprechender Bedarf rhetorisch immer wieder betont, aber nicht in einem Kontext, der die Bedarfsbefriedigung als Voraussetzung weiteren Handelns erscheinen ließ. Im Gegenteil: Parallel zur Einsetzung demonstrierte die Bundesregierung, daß sie auch ohne entsprechende Vorarbeiten Weichen stellen könne und wolle. Noch am Tage vor dem Einsetzungsbeschluß des Bundestages kündigte sie neben dem Ausbau des Fernmeldenetzes "den zügigen Aufbau eines integrierten Breitbandglasfaserfernmeldenetzes" an.[32)] In die gleiche Politikphase fiel die Entscheidung zur bundesweiten Einführung von Bildschirmtext als neuem Fernmeldedienst.[33)]

In der Entstehungsphase der EK-IuK gibt es wenig Anhaltspunkte zur Entkräftung der von Mettler-Meibom formulierten These[34)]: Die EK-IuK sollte "aus der Sicht der regierenden SPD nicht Entscheidungshilfen, sondern Zeitgewinn verschaffen und aus der Sicht der CDU nicht wissenschaftlich begründete Technologiepolitik, sondern öffentlichen medienpolitischen Druck erzeugen". Dies ist sicherlich eine Zuspitzung. Wird die These nicht im Sinne eines Entweder-Oder verstanden, sondern als Aussage über die vorrangige Orientierung im Zeitpunkt der Einsetzung genommen, so dürfte sie jedoch nicht zu widerlegen sein.

Damit aber wird deutlich, daß es von vornherein allenfalls begrenzt um die Nutzung von Sachverstand zur Problemanalyse und -lösung ging. Es dürfte jedoch nichts Besonderes sein, daß nicht oder nicht allein Erkenntnisdrang zur

Einsetzung einer solchen Kommission geführt hat, sondern (auch) die Hoffnung, sie strategisch-taktisch nutzen zu können. Zielgrößen wie Zeitgewinn, Legitimationssteigerung, Abpufferung öffentlichen Widerstands, Erarbeitung von Munition gegen die Regierung u.a. sind politischem Handeln nicht fremd. Sie pflegen nicht im Einsetzungsauftrag einer Enquete-Kommission als Ziele benannt zu werden. Sachverständige, die sich zur Binnenberatung der Politik bereiterklären, übernehmen einen Part in einem Spiel mit vorgeprägten Spielregeln. Sie müssen sich in einen Set unterschiedlicher, häufig verdeckter Orientierungen und Erwartungen einklinken, ohne daß zwingend nach einer sachverständigen Information und Analyse gefragt ist. Je mächtiger sonstige – meist nicht offen artikulierte – Zielsetzungen in die konkrete Arbeit hineinwirken, um so schwerer fällt es, sich an dem "offiziellen" Auftrag der Analyse und Beratung zu orientieren. Es wird zu zeigen sein, daß an verschiedenen Stellen Steuerungselemente bereitstehen, um die Arbeit einer Kommission bei Bedarf von der sachverständig angeleiteten Diagnose und Prognose ablenken zu können.

II. Die Stadien der Kommissionsarbeit

Kennzeichnend für die Arbeit der EK-IuK waren unterschiedliche Stadien mit unterschiedlichen Konsens- bzw. Konfliktakzenten. An den Einsetzungsbeschluß vom 9.4.1981 und die formelle Eröffnung knüpfte sich eine relativ intensive Arbeitsphase an, in der der Arbeitsauftrag konkretisiert, das Problemfeld strukturiert, Problembereiche in Form einer Bestandsaufnahme systematisiert, Arbeitsschritte festgelegt und vier Unterkommissionen eingesetzt wurden. Die erste Phase dauerte gut ein Jahr, in der trotz der Ausgangskonflikte vorrangig durch ein Kooperations- und Konsensstreben mit Möglichkeiten ritualisierter Konfliktaustragung gekennzeichnet war.

Als sich ab Sommer des Jahres 1982 das Ende der sozial-liberalen Koalition andeutete und vollzog, kam ein Zwischenspiel des Abwartens, Verzögerns und der Neuorientierung. Dieses endete in einer Phase offener Blockade durch die der CDU/CSU verbundenen Mitglieder. Diese Akte 2 und 3 bescherten der Kommission gut ein halbes Jahr Arbeitsstillstand mit harten Konflikten, die meist die Form von Kontroversen über Verfahrensfragen annahmen.

Es folgte der vierte Akt, in dem die inhaltliche Arbeit nicht wieder aufgenommen wurde, wohl aber ein Minimalkonsens im Sinne der Veröffentlichung der bisher erarbeiteten unvollständigen Materialien erzielt wurde. Nunmehr versuchten die der SPD verbundenen Mitglieder, jedenfalls die Thematisierungsfunktion eines Berichts auszunutzen, d.h. konkret, die bisherigen Arbeitspapiere zu veröffentlichen und dabei die Problemfülle zu dokumentieren. Die CDU/CSU-Fraktion war demgegenüber bemüht, die mißglückte Vollblockade mit anderen Mitteln teilweise zu ersetzen, d.h. möglichst die Thematisierung zu verhindern; sie wollte nur die schon (meist einstimmig) beschlossenen Teile aufnehmen und versuchte – als dies nicht durchsetzbar war –, die bisher formulierten Befunde, Einsichten u.a. durch nachträglich eingefügte Gegenanmerkungen u.ä. zu relativieren. Es wurde für die Öffentlichkeit ein Ritual des Konflikts zelebriert, und es wurde versucht, gute Startchancen für die weitere Themenbearbeitung in anderen Arenen zu gewinnen.

Nachspiel des Berichts war eine in der Öffentlichkeit kaum bemerkte Kurzdebatte des Bundestags am 24.6.1983, die den Erfolg der Dethematisierungsstrategie symbolisierte.[35)]

C. Steuerungsebenen parlamentarischer Politikberatung

Die EK-IuK war als sogenannte Problem-Enquete[36)] konzipiert. Auch wenn – wie bei allen Enquete-Kommissionen – keine bindenden Entscheidungen gefällt werden konnten, so war die Aufgabe doch auf Informationsverarbeitung und Alternativenwahl, d.h. auf politische Entscheidungen, ausgerichtet. Eine Vorsteuerung des Scheiterns läßt sich auf allen Ebenen festmachen, deren Steuerungskraft auch sonst in Entscheidungsanalysen bekannt ist, nämlich auf den Steuerungsebenen Programm, Organisation, Personal und Verfahren. Im folgenden werden vor allem solche Steuerungsfaktoren beschrieben, die als Gatekeeper der Einflußmacht für externen Sachverstand bzw. als Filter der Verwendungstauglichkeit des Sachverständigenarguments eingesetzt werden können und eingesetzt worden sind.

I. Programm (Aufgaben, Ziele, Prämissen)

1. Weite des Aufgabenfeldes

Der Einsetzungsauftrag zielte auf eine "Vorbereitung von Entscheidungen des Deutschen Bundestages im Zusammenhang mit neuen elektrotechnischen Kommunikationsformen wie Bildschirmtext, Videotext, Kabel- und Satellitenrundfunk" und formulierte für die Kommission die Aufgabe, "die Probleme der neuen Informationstechniken unter rechtlichen, insbesondere verfassungsrechtlichen, datenschutzrechtlichen, gesellschaftspolitischen, wirtschaftlichen, finanziellen, technischen und organisatorischen Aspekten national wie international darzustellen und Empfehlungen für entsprechende Entscheidungen zu erarbeiten."[37)] Diese Aufgabenumschreibung umfaßte die Einschätzung der Technologieentwicklung, der Bedarfsermittlung, die Technologiefolgenabschätzung und Technologiegestaltung, gegebenenfalls einschließlich der Umsetzung in technologiepolitische Entscheidungen. Entsprechende Begriffe wurden allerdings vermieden. Aus dem Arsenal der für eine Enquete-Kommission allseits akzeptierten Einsetzungsformeln wurden vielmehr gängige Arbeitsdimensionen herausgegriffen.

Die EK-IuK hat die Weite des Auftrags akzeptiert. Dies war keineswegs selbstverständlich gewesen, denn in der Entstehungsgeschichte war z.B. die Rundfunkzentrierung der öffentlichen Diskussion immer wieder bemerkbar geworden, und der Rundfunkbezug hatte sich auch auf die Auswahl der Mitglieder ausgewirkt. Für die Kommission war jedoch unübersehbar, daß die IuK-Techniken zwar auch den Rundfunkbereich verändern, daß deren sonstige Auswirkungen aber vermutlich ungleich wichtiger sein würden, so die Folgen in fast allen geschäftlichen, betrieblichen Bereichen, aber auch in der privat-persönlichen Kommunikation. Thematisch mußte die Analyse deshalb auf viele Wirtschaftsbereiche, und zwar Hersteller wie Anwender, sowie auf die privaten Endverbraucher (Nutzer) erstreckt werden. Im Nutzungsbereich waren Auswirkungen auf die Wettbewerbssituation, den Arbeitsmarkt, den Arbeitsplatz, auf Bildung, Wissenschaft, Kultur, auf Kinder und Familien, soziale Beziehungen, politische Willensbildung, gesellschaftliche Integration u.a. zu behandeln.[38)]

Keineswegs selbstverständlich war allerdings, daß die Kommission sich von dem Einsetzungsauftrag des Bundestages in einer Hinsicht entfernt hat; sie hat nämlich die in ihm besonders betonten rechtlichen Aspekte weitgehend in den Hintergrund gerückt. Da die IuK-Techniken nach Meinung vieler zu einer der "industriellen Revolution" vergleichbaren Veränderung der gesellschaftlichen und ökonomischen Verhältnisse führen können, ist es nicht vermittelbar, die Gestaltung der zukünftigen Entwicklung nur in bekannten Rechtsformen zu denken und die Möglichkeit zu vernachlässigen, bei Bedarf sogar die Verfassung so zu ändern, daß ein den gesellschaftlichen Folgen angemessener Rahmen bereitsteht. Insofern war die rechtliche Prägung des Einsetzungsauftrags dysfunktional. Dementsprechend hat die Kommission Rechtsfragen nicht in den Vordergrund gerückt.

Schon durch die Annahme des breiten Aufgabenverständnisses hat die EK-IuK sich eine große Bürde aufgelastet. Durch den Verzicht auf die vorzeitige Verengung von politischen Gestaltungsaufgaben zu Rechtsfragen hat sie sich darüber hinaus den Weg verbaut, die komplexe Problemlage durch gängige Ausweichmechanismen zu vereinfachen. Theoretisch hätte sie damit die Chance einer adäquaten komplexen Problembearbeitung gewahrt gehabt. Hier lag andererseits eine besondere Anfälligkeit der Kommission: Personell war sie nicht auf die Erfüllung eines solchen Auftrags ausgerichtet (s.u. C. III.). Das Auseinanderklaffen zwischen Aufgabenstellung und realer Möglichkeit der Aufgabenerfüllung ergab viele Ansatzpunkte, "unbequeme" Fragen auszufiltern und wissenschaftliche Befunde gar nicht erst wahrzunehmen.

Die Weite des Aufgabenfeldes erleichterte es im übrigen, verdeckte Ziele zu verfolgen und die Verhaltensstrategien hinter einem Bündel von vielfältigen Aktivitäten zu verbergen.

2. Dissens über Ziele

Die weite Aufgabenformulierung hatte es dem Bundestag erspart, im Einsetzungsauftrag die inhaltlichen Ziele der Kommissionsarbeit zu definieren. Diese Zurückhaltung war angesichts der unterschiedlichen betroffenen Interessen und der vielen Zieldissense Vorbedingung für die (letztlich einvernehmlich beschlossene) Einsetzung der Kommission. Da in der Kommission aber Empfehlungen erarbeitet werden sollten, konnte das Zielproblem in ihr nicht ausgespart werden. Die Aussicht auf die Erarbeitung eines Zielkonsenses war jedoch von vornherein schwach. Zu diesem Abschnitt des "zweistufigen Arbeitskonzepts"[39] ist es auch nicht mehr gekommen.

a) Abgedrängter Grunddissens über Wachstum und Technik

Ein Zieldissens ist keine Besonderheit politisch-parlamentarischer Arbeit. Der auf den Ausbau und die Nutzung der IuK-Techniken bezogene gesellschaftliche Dissens hatte – wie es auch bei anderen weitreichenden Entscheidungen, wie z.B. dem Ausbau der Kernenergie, beobachtbar war und ist – fundamentalen Charakter.[40] Er verweist auf gegensätzliche gesellschaftstheoretische Annahmen und gesellschaftspolitische Überzeugungen, die Zielkompromisse in Einzelfragen erschweren, wenn nicht gar unmöglich machen. In der EK-IuK war jedoch aufgrund ergänzender Faktoren – so insbesondere der Personalauswahl – vorgesorgt, daß ein möglicherweise aufbrechender Basisdissens nicht die volle Spannbreite der in der Gesellschaft auffindbaren Positionen hatte. Die Vielfalt und Divergenz der in der EK-IuK personell vertretenen Positionen war kleiner als in den politischen Parteien des Bundestages oder gar in der bundesdeutschen Gesellschaft insgesamt. So waren z.B. die selbst in der SPD-Bundestagsfraktion als Minderheit vertretenen Anhänger eines medienpolitischen Status quo bzw. die Vertreter einer ökologisch orientierten Wachstumsskepsis nicht vertreten. Ziele wie die der Stärkung der deutschen Wirtschaftskraft und der internationalen Wettbewerbsfähigkeit waren in der Kommission ebensowenig grundsätzlich umstritten wie Notwendigkeiten oder doch Unvermeidbarkeiten der Nutzung der neuen Technologien. Dementsprechend wurde die grundsätzliche Frage nach dem Ob – dem Sinn bzw. der praktischen Unvermeidbarkeit – des Ausbaus der technisch vermittelten Kommunikation nicht gestellt, sondern implizit und prinzipiell positiv beantwortet.[41] Eine Gelegenheit, die gesellschaftspolitischen Prioritäten anders zu setzen und den

Möglichkeitskatalog der Politik zu verändern, hat es daher von vornherein nicht gegeben.

b) Latenter Grunddissens über staatliche Steuerung

Streitig war allerdings die Gewichtung verschiedener Ziele, so insbesondere das Verhältnis ökonomischer Ziele zu anderen (wie z.B. der Bändigung des Machtpotentials, Sicherung des Beschäftigungsniveaus und der Arbeitsplatzqualität, des Daten- und Verbraucherschutzes u.a.).[42] Allenfalls auf abstrakter Ebene waren insofern verbale Zielkonsense möglich. Sie brachen jedoch spätestens auf, wenn es um konkrete Fragen, einschließlich der Prognosen möglicher Vor- und Nachteile (insbesondere der "Gefahren" der IuK-Techniken), sowie um mögliche Instrumente zur Sicherung der Zielerreichung ging. Hier wirkten verschiedene gesellschafts-, industrie- und medienpolitische Orientierungen (s.o. B.I.) auf die Analyse und Folgerungen ein. Vor allem aber gab es einen grundsätzlichen Dissens über die Frage der Steuerbarkeit der Entwicklung bzw. des Steuerungsbedarfs. Dieser "Steuerungsdissens" wurde in der EK-IuK nicht grundsätzlich thematisiert, lugte aber aus vielen Einzelkontroversen hervor. Am deutlichsten prägte er die Diskussion über die zugrunde zu legende Handlungsstrategie. Die "CDU/CSU-Bank" setzte für die Nutzung neuer Technologien auf möglichst weitgehende Nonregulation bzw. – so etwa im Hinblick auf die Rolle der Bundespost – auf Teil-Deregulation. Optimistische Prognosen über ökonomische und gesellschaftliche Chancen und geringe Gefahren wurden bei der CDU/CSU mit dem Vertrauen in den ökonomischen Markt als Entdeckungsverfahren und als Problemlöser gekoppelt. Dem stand seitens der "SPD-Bank" die Annahme gegenüber, ohne intensive staatliche Gestaltung sei eine wildwüchsige Entwicklung zu erwarten, die zu einer nicht verantwortbaren Ökonomisierung gesellschaftlicher Prozesse und zur Verwirklichung von erheblichen Gefahren führen würde.[43] Die Steuerungskapazität des Staates wurde insofern positiv eingeschätzt, und es wurden Steuerungsvorkehrungen gefordert, bevor die Nutzung der Technologie freigegeben werden konnte. In der Fassung des (End-)Zwischenberichts wird dieser Grunddissens durch ein gemeinsames Bekenntnis zur politischen Steuerbarkeit der Entwicklung und zur Anwendung der neuen Technologien abgeschwächt[44], bricht aber in den Einzelaussagen über Steuerungsanlässe und Notwendigkeiten vielfach auf.[45]

Die durch den parlamentarischen Rahmen vorgeprägte Reduktion der Problemwahrnehmung auf diese in den beiden Bundestagslagern vertretenen Steuerungskonzepte schnitt Überlegungen über die Notwendigkeit eines steuerungstheoretischen Paradigmawechsels ab, über den z.B. in der sozialwissenschaftlichen Literatur nachgedacht wird.[46] Soweit staatliche Gestaltung befürwortet wurde, lag dem ein konventionelles Verständnis von Steuerungsbedarf, -möglichkeit und -instrumenten zugrunde, ohne daß auch nur versucht wurde, die Diskussion über Defizite dieses Konzepts und die Krise staatlicher Regulierung aufzugreifen.[47)]

c) Offener Dissens in Detailfragen

Der unübersehbare Dissens in der Einstellung zur Rolle des Staates gegenüber ökonomisch-gesellschaftlichen Prozessen sowie davon beeinflußte Unterschiede in der diagnostischen und prognostischen Einschätzung der Lage wurden direkt nicht zum Gegenstand der Kommissionsarbeit gemacht und deshalb auch nicht bearbeitet. Grundpositionen der großen politischen Lager standen eben nicht zur Disposition, sondern prägten den jeweiligen Referenzrahmen. Der Dissens war dementsprechend unausgesprochen allgegenwärtig und prägte insofern fast alle Einzelkonflikte – soweit diese nicht von tagesaktuellen Anlässen gespeist waren. Der offene Streit galt der Frage nach dem "Wie" – also den Detailentscheidungen – der Techniknutzung.

Daneben gab es auch Auseinandersetzungen in Detailfragen, ohne daß der Grundsatzcharakter des Streits rekonstruierbar gewesen wäre. Streitursachen mag es insofern verschiedene gegeben haben, von Profilierungswünschen angefangen über Rücksichtnahmen auf eine spezielle Klientel bis hin zum unterschiedlichen Grad an Informiertheit. Theoretische Reflektionen unter Rückgriff auf wissenschaftliche Diskussionen waren als Streitursachen demgegenüber kaum erkennbar.

Zu dem aktuell aufbrechenden Dissenspotential stand das zumindest in der Anfangsphase überwiegende Konsensstreben in Widerspruch. Da aber wenig unternommen wurde (und vermutlich in einer solchen Kommission auch nichts unternommen werden konnte), um die tieferliegenden Dissensursachen zu bearbeiten, stand nicht die Auflösung, sondern die praktische Handhabung von Dissensen im Vordergrund. Dafür boten sich kompromißhafte Konsensformeln unter Übertünchung von Dissensrissen an. Die Auslotung eines aufklärerischen Potentials von wissenschaftlichem Sachverstand hätte vermutlich störend gewirkt; jedenfalls wurde sie nicht versucht. Zaghafte Ansätze wurden übereinstimmend von Vertretern aller Fraktionen abgeblockt.

3. *Zielwechsel durch Koalitions- und Regierungswechsel*

Eine Enquete-Kommission des Bundestags ist aufgrund des Entstehungsakts und des beabsichtigten Verwendungszusammenhangs sowie ihrer personellen Zusammensetzung notwendig in das jeweilige politische Umfeld integriert. Zu den politischen Rahmenfaktoren gehörte bei der Einsetzung die sozial-liberale Regierungskoalition. SPD und FDP zusammen verfügten über die Stimmenmehrheit und hatten möglicherweise deshalb keine grundsätzlichen Einwände gegen die Übernahme des Vorsitzes durch einen CDU-Politiker gehabt.

Das Vertrauen in den Fortbestand dieser politischen Konstellation als einer faktischen Prämisse der Arbeit wurde jedoch lange vor Abschluß der Kommissionstätigkeit erschüttert. Der Koalitionswechsel der FDP und der Sturz der Regierung *Schmidt* im Herbst 1982 veränderten die Arbeitssituation nachhaltig. Der Regierungswechsel schuf neue Kräftekonstellationen für die Zielverfolgung. Nunmehr stimmten Vorsitz und Mehrheit überein mit dem Erfolg, daß die "neue" Opposition eine schwächere Stellung hatte als die frühere Opposition seinerzeit. Die politischen Parteien machten sich daran, ihr Selbstverständnis über den "Gebrauchswert" der Kommission und Strategien zu ihrer Nutzung zu überdenken. Konnte die CDU/CSU sie zuvor benutzen, um die Regierungspolitik zu torpedieren und den politischen Dissens in der SPD auszunutzen, so mußte sie nun befürchten, die SPD könnte die Kommission als Instrument gegen die medien- und technologiepolitische "Wende" einsetzen. Entsprechende Überlegungen dokumentierten sich insbesondere beim Umgang mit den bisher schon erzielten "Konsensen". Der Regierungswechsel änderte ihren politischen Wert. Kompromißpositionen, die von der CDU/CSU zuvor konsentiert werden konnten, weil sie zur Aufweichung der SPD-Position führten, erschienen nunmehr als Hemmnis einer neuen Politik, die nicht mehr auf einen solchen Kompromiß angewiesen war. Umgekehrt entdeckte die SPD nun, daß eine früher als Kompromiß zögernd konzedierte Mittelposition einsetzbar sein könnte, um die neue CDU/CSU-Politik argumentativ zu bekämpfen. Der situative Wert und Nutzen von Kompromißformeln – ihre Ambivalenzen – wurden nachhaltig illustriert.

4. *Umgang mit diagnostischen und prognostischen Unsicherheiten*

Wichtige Entscheidungsprämissen sind neben den Zielsetzungen die verfügbaren Fakten und Prognosen. Da die Politik sich kaum die Setzung präskriptiver Prämissen nehmen lassen dürfte,[48] wird die Beiziehung externen Sachverstands vor allem durch die Aussicht auf Mithilfe bei der Diagnose der faktischen Ausgangslage und der Prognose von Entwicklungen gerechtfertigt. Im praktischen Entscheidungsverhalten können faktische Prämissen jedoch geeignet sein, normative Prämissen als unrealistisch zu diskreditieren oder gar angesichts realer Entwicklungen für irrelevant zu erklären u.ä. Auf diesem Verschiebebahnhof der Prämissen hat der Streit um Fakten einen erheblichen taktischen und strategischen Stellenwert, der um so mehr ausgenutzt werden kann, je unsicherer die empirischen Prämissen sind. Diagnostische und prognostische Unsicherheiten schwächen die Position insbesondere der Sachverständigen. Insofern rächt es sich insbesondere an dem Politikberater, wenn das Wissenschaftssystem sich nicht, zu spät oder zu lückenhaft mit dem Themenfeld befaßt hat und – wie im Bereich der IuK-Technologien – nicht rechtzeitig den

Analysebedarf herausgearbeitet und wissenschaftliche Vorarbeiten nicht schon im Zeitpunkt der politischen Weichenstellung geleistet hat. Die prognostischen Einschätzungen waren dementsprechend in der EK-IuK angreifbar. Mögliche Angriffe reichten von wissenschaftsimmanenten Einwänden (etwa methodologischer Art) bis hin zum Bestreiten der Legitimation wissenschaftlich begründeter Prognosen überhaupt; sie umfaßten das Anzweifeln der Wissenschaftlichkeit der jeweils eingesetzten Disziplin bis hin zur Kritik an der faktischen Prognosebasis oder den zugrunde gelegten Wertannahmen. Hinzu trat der Einwand, der ermittelte Wahrscheinlichkeitsgrad sei zu gering, um die Prognose zum Anlaß von Schutzvorkehrungen u.a. zu nehmen.

Solche Einwände können in dem parlamentarischen Entscheidungszusammenhang nicht nach (mehr oder minder) akzeptierten Regeln wissenschaftlichen Diskurses behandelt werden. Zwar ist auch im Parlament die "Versozialwissenschaftlichung" der Gesellschaft merkbar, und die Sprachbarrieren sowie die Informationskluft sind teilweise überbrückt. Dennoch fehlt es im Verhältnis von Politik und Wissenschaft häufig an wechselseitig kompatiblen Denkmustern, erst recht aber an Konsensen über relevante Kriterien. Dementsprechend durchkreuzte das Interesse an der instrumentell-strategischen Nutzung bzw. Nichtnutzung des wissenschaftlichen Arguments fast jeden Versuch, über die Verwertbarkeit von Prognosen losgelöst vom tagespolitisch geprägten Verwendungszusammenhang zu entscheiden. Dies wirkte sich in der Kommission häufig in dem Verzicht aus, jeweils kritisch Rechenschaft über den Grad der Unsicherheit von als "positiv" eingeschätzten Prognosen – z.B. über Wachstumseffekte – zu geben. Demgegenüber wurden Prognosen über negativ bewertete Entwicklungen – z.B. über Dequalifizierungen am Arbeitsplatz – häufig relativiert und in ihrer wissenschaftlichen Fundierung bzw. Aussagekraft angezweifelt. Sprachlich wurde die vorverständnisgeleitete Selektivität zum Beispiel in Berichtsvorlagen daran erkennbar, daß "positive" Prognosen ungeachtet ihrer Unsicherheit häufig in indikativer Behauptungsform beschrieben wurden, während andererseits darauf bestanden wurde, den vorsichtigeren Konjunktiv "könnte" oder die distanzierende Erwähnung als "Befürchtung" bei der Beschreibung negativer Folgen zu verwenden. Gewichtiger als die Darstellungsform ist jedoch der selektive Umgang mit Unsicherheiten der Prognosebasis und der zugrunde gelegten Erfahrungssätze.

Prototypisch wurde dies bei der Behandlung des Themenfelds "Kinder, Familie, soziale Beziehungen" deutlich.[49)] Auf dieses Feld konzentrierten sich viele Kontroversen, die vor dem Hintergrund des Dissenses über die Vermehrung der Rundfunkprogramme und die Zulassung privater Rundfunkveranstalter geführt wurden. Ausgetragen wurde der Streit häufig in der Form einer Diskussion über die Sicherheit/Unsicherheit sozialwissenschaftlicher Forschung. Die "Bank", die Gefährdungen verneinte, wies mit Nachdruck darauf hin, daß die Medienwirkungsforschung noch viele Lücken lasse, und daß viele Ergebnisse umstritten seien.[50] Auch seien ausländische Befunde wegen unterschiedlicher kultureller und medialer Voraussetzungen nicht unmittelbar auf deutsche Verhältnisse übertragbar.[51] Von der gleichen "Bank" wurden andererseits im optimistischen Zugriff auf Aussagen von Wirtschaftswissenschaftlern "positive" ökonomische Effekte des Einsatzes der neuen Technologien bejaht.[52] Die ökonomische Theorie hat zwar eine längere und zum Teil breiter angelegte Tradition als die Medienwissenschaft, ist aber in ihrer Prognosefähigkeit schon vielfach in ihre Schranken verwiesen worden.

Soweit unter Unsicherheit zu entscheiden war, wurde zum Teil gefordert, den Bereich auszusparen oder sich auf den Hinweis zu beschränken, weitere Forschungen seien zu dem Problemfeld nötig. Eine solche Vorgehensweise ist nicht ergebnisneutral, wie z.B. erkennbar wird, wenn sie bewirkt, daß bis zum Vorliegen der Forschungsergebnisse von Gefahrenvorsorge und ähnlichen Maßnahmen vollständig abgesehen wird. Das Nichthandeln und der Verweis auf abzuwartende Forschungsergebnisse erhalten insbesondere dann den Makel strategisch motivierter Selektivität, wenn so nur in bestimmten Problemfeldern vorgegangen wird.[53]

In der Politikberatung nicht zu umgehen ist die Frage, unter welchen Voraussetzungen vermutete Gefahren zu Vorkehrungen berechtigen oder gar nötigen. Die Antwort setzt eine entsprechende normative Prämisse voraus. Hierzu wurde in der EK-IuK gelegentlich – jedenfalls mündlich – die These vertreten, bis zum Nachweis der Gefahr dürfe nichts geschehen. Von der gegenläufigen Prämisse ging die andere These aus, wer die Gefahrlosigkeit der neuen Technologien behaupte, habe diese zu "beweisen". Eine solche Alles-Oder-Nichts-Dichotomie war verfassungsrechtlich nicht geboten. Da die IuK-Techniken nicht voll ausgebaut waren, bestand politisch und rechtlich eine Startsituation mit der Chance, Möglichkeiten differenzierender Gemeinwohlsicherung auszuloten. Allerdings verwies der Streit um Prognoseanforderungen auch zurück auf den Grunddissens über die politische Steuerbarkeit bzw. über die Notwendigkeit der Steuerung der Entwicklung (s.o. C.I.2.b). Der "prägende" Charakter dieses Dissenses wurde daran erkennbar, daß gefahrenorientierte Prognosen gelegentlich als solche diskreditiert wurden, nicht aber versucht wurde, andere Strategien der Entscheidungsfindung zu nutzen. Dazu hätte es gehören können, zunächst Regeln über den Umgang mit "nur wahrscheinlichen", als negativ oder positiv eingeschätzten Folgen zu erarbeiten. Vorteilsvorsorge wie Gefahrenvorsorge werden in vielen gesellschaftlichen Bereichen versucht[54], und die Rechtsprechung und Rechtswissenschaft sind bemüht, Regeln über den Umgang mit faktischen Unsicherheiten zu entwickeln.[55] Wird nicht nach solchen Regeln gesucht und verfahren, so wird auf einen Transformator verzichtet, der es erlaubt, unter Unsicherheit gewonnene diagnostische und prognostische Einsichten im Handlungsfeld Politik einsetzen zu können.

Der Verzicht hilft allerdings dazu, die Entscheidungsmacht der politisch-administrativen Entscheidungsträger unangetastet zu lassen.

II. Organisation

1. Rechtliche Stellung und Zusammensetzung der EK-IuK

Enquete-Kommissionen arbeiten im parlamentarischen Aufgabenfeld des Bundestages, haben aber eine eigenständige organisatorische Stellung. Hier kann dahinstehen, ob sie als "Untersuchungsausschüsse" gemäß Art. 44 GG oder im Rahmen der allgemeinen Organisationsautonomie des Bundestages eingesetzt werden.[56)] Jedenfalls sind sie nicht Organe oder Hilfsorgane des Bundestages, sondern parlamentarische Beratungsgremien besonderer Art.[57)] Sie haben keine gesetzliche Grundlage, sind aber in der Geschäftsordnung des Bundestags (§ 56) berücksichtigt. Dabei wird verdeutlicht, daß sie nur "vorbereitende" Funktionen haben. Dementsprechend ist die Verwirklichung ihrer Ergebnisse – etwa von Kommissionsempfehlungen – auf die Umsetzung durch besondere Initiativen im parlamentarischen Verfahren oder durch die Regierung angewiesen.[58)] Ihre Abhängigkeit von Umsetzungsentscheidungen Dritter ist Strukturprinzip ihrer Arbeit mit erheblicher inhaltlicher Vorwirkung.

Mitglieder von Enquete-Kommissionen sind nicht notwendig Abgeordnete. Als Regelfall ist vorgesehen, daß Externe – sogenannte Sachverständige – die Mehrheit bilden. Die GeschO BT sieht vor, daß jede Fraktion ein Mitglied – auf Beschluß des Bundestages auch mehrere – entsenden kann. Für die EK-IuK wurde von der Ausnahmeklausel Gebrauch gemacht. Es wurde die Entsendung von 9 Abgeordneten (4 CDU/CSU, 3 SPD, 2 FDP) beschlossen. Hinzu kamen 7 Sachverständige, für die das Benennungsrecht den Fraktionen im Verhältnis 3:3:1 zustand. Die Dominanz der Abgeordneten und das Überwiegen parteipolitischer Faktoren waren daher schon im Kreationsakt abgesichert.

Für die Arbeit der EK-IuK gilt die GeschO BT entsprechend (§ 74). Es ist nicht rechtlich geregelt, entspricht aber der Praxis, daß alle Mitglieder – Abgeordnete wie Externe – als rechtlich gleichberechtigt gelten. Für den Vorsitz allerdings scheiden Externe nach bisheriger Übung aus.[59)] Vielmehr stellt die Fraktion den Vorsitz, die nach der Reihenfolge für die Vergabe des Vorsitzes in Enquete-Kommissionen (festgelegt nach der Fraktionsstärke) gerade "dran" ist.[60)]

2. Bildung von Unterkommissionen

Enquete-Kommissionen sind berechtigt, Unterkommissionen zu bilden. Davon hat die EK-IuK Gebrauch gemacht und vier Unterkommissionen ("Technik"; "Wirtschaft, Kosten, Finanzierung und Organisationsstrukturen"; "Nutzungsmöglichkeiten und Auswirkung"; "Recht") eingesetzt. Zwei wurden von Abgeordneten, zwei von Externen als Vorsitzenden geleitet.[61)] Die Unterkommission (UK) "Recht" hatte eine Sonderstellung. Da die Bearbeitung der Probleme nicht durch eine rechtliche Zentrierung dominiert bzw. reduziert werden sollte, hatte diese Unterkommission vorrangig bloße Zuarbeitungsfunktionen für andere Unterkommissionen. Im Laufe der Zeit entwickelte sie sich jedoch zur Auffangkommission für die Bearbeitung von Fragen, die in anderen UK unbearbeitet blieben, insbesondere weil sie wegen der Konflikthaftigkeit dort ausgeklammert wurden. Dies war auch das Ergebnis unterschiedlicher Vorgehensweisen der Vorsitzenden der UK. Die UK "Wirtschaft" und "Nutzung" wurden jeweils von Abgeordneten geleitet. Enthielt ein Thema zu viel Konfliktstoff, so wurden Hinausschieben und Ausklammern häufig als Ausweg genutzt. Der Vorsitzende der UK "Recht" – ein Hochschullehrer – lehnte diese Strategie ab und opponierte dementsprechend nicht gegen Aufträge aus den anderen UK zur weiteren Bearbeitung der Konfliktthemen. Dadurch sammelte sich in der UK "Recht" ein besonders konflikthaftes Themenfeld.[62)]

Die Aufspaltung der Arbeit in Unterkommissionen war angesichts der Weite des Themenfeldes und der begrenzten verfügbaren personellen und zeitlichen Ressourcen arbeitspraktisch unvermeidbar. Die Art der Aufspaltung wurde zu einem wesentlichen Steuerungsfaktor der Arbeit. Die arbeitsteilige Aufgliederung bewirkte eine Reduzierung der Komplexität in der Problembearbeitung bei gleichzeitiger Vernachlässigung von Verflechtungen. Dies hatte inhaltliche Auswirkungen. So wurde durch die Art der Aufteilung eine bestimmte Problemwahrnehmung – einschließlich der Annahme der Segmentierbarkeit der Fragestellung – festgeschrieben.[63)] Auch ermöglichte dieses Vorgehen (vorläufige) Feststellungen in einzelnen Bereichen – z.B. Technik –, die bei einer Zusammenschau der in anderen Unterkommissionen bearbeiteten Aspekte *so* vermutlich nicht zustandegekommen wären. Die von der Kommission formell beschlossenen Änderungsvorbehalte konnten zwar den vorläufigen Status symbolisieren[64)], taugten aber nicht, um die faktische Festschreibung nachhaltig zu relativieren. Auch forderte die Bildung der Unterkommissionen eine zeitlich nacheinander geschaltete Bearbeitung von Problemsegmenten, die zur Abschottung von Alternativen, zur Akzentuierung einzelner Aspekte u.ä. führte. Die isolierte Behandlung der Fragen von "Technik" ist ein solches Beispiel. Diese Vorentscheidung, die durch den zeitlichen Fahrplan der Kommission vertieft wurde, signalisierte gleichzeitig eine inhaltliche Präferenzordnung: Die Technik gibt den Raum des Möglichen für andere Bereiche vor – nicht etwa umgekehrt.

Durch solche Faktoren – sowie durch die nicht immer für die Gesamtkommission repräsentative Zusammensetzung der einzelnen Unterkommissionen – wurden zum Teil in inhaltlich verkürzter Weise Konsense ermöglicht, die in der Gesamtkommission kaum noch revidierbar waren. Diese segmenthafte Festschreibung von (vorläufigen) Ergebnissen erleichterte zudem die später einsetzende Blockadestrategie, da die von den Blockierern positiv bewerteten Themenkomplexe in die Zuständigkeit von Unterkommissionen fielen, in denen ihre Vertreter den Vorsitz hatten ("Technik" und "Wirtschaft"), und in denen viele Fragen schon weitgehend abgehandelt waren, während in den hochumstrittenen anderen Themenfeldern weitgehend noch keine Festlegungen erfolgt waren.

3. Fraktionsobleute

Die zahlenmäßige Dominanz der Abgeordneten erleichterte es, manche aus dem parlamentarischen Raum stammende informelle Praxis in die EK-IuK zu tragen. Als besonders folgenreich erwies sich die Einsetzung der auch in anderen Ausschüssen üblichen Fraktionsobleute. Diese "Obleute" waren von den Fraktionen allein ohne Hinzuziehung der Sachverständigen eingesetzt worden und versuchten, die Entscheidungsbildung an den Usancen parlamentarischer Ausschußarbeit zu orientieren. Den "Obleuten" werden üblicherweise eine Reihe von Kompetenzen, so insbesondere geschäftsleitender Art, konzediert. Mit ihnen kann der Vorsitzende sich in einer Art "Ältestenrat" in Verfahrensfragen abstimmen. Sie werden aber auch bei Versuchen zur Überwindung von Konfliktsituationen als "Verhandlungsführer" eingesetzt und bereiten häufig inhaltliche Abstimmungen zwischen den Fraktionen vor.

Solche Funktionen nahmen sie auch in der EK-IuK wahr. Ihr Selbstverständnis gewannen sie dabei aus der Arbeit "normaler" Bundestagsausschüsse, bei der sie auf Loyalität der Fraktionsmitglieder, wenn nicht gar faktischen Fraktionszwang, rechnen können. Diese Loyalitätserwartung wurde nun quasi automatisch auf die von den jeweiligen Fraktionen benannten Sachverständigen erstreckt. Aufgrund der hervorgehobenen Stellung und ihres Informationsvorsprungs zumindest in Angelegenheiten interfraktioneller Abstimmung stellten die "Obleute" innerhalb der Kommission eine Verstärkung der "parlamentarischen" Seite bei Verminderung der Einflußmöglichkeit der Externen dar. Sie waren gewissermaßen ein Instrument der Anbindung dieses Ausschusses eigener Art an parlamentarische Entscheidungsusancen und damit auch der Unterordnung externen Sachverstands unter Entscheidungsmechanismen parlamentarischer Politik.

4. *Fraktionsarbeitskreise*

Eine weitere organisatorische Vorkehrung zur parlamentarischen Anbindung der Kommissionsarbeit ist die Einsetzung besonderer Fraktionsarbeitskreise.[65] Die Ankoppelung an die Fraktionsarbeit ist nicht zuletzt deshalb wichtig, um die spätere Umsetzung der (sonst) folgenlosen Beschlußempfehlungen u.ä. der Kommission in die praktische politische Arbeit abzusichern. In solchen begleitenden Fraktionsarbeitskreisen arbeiten üblicherweise außer den von der Fraktion benannten Kommissionsmitgliedern weitere Abgeordnete, parteinahe Ministerialbeamte, Vertreter sympathisierender Verbände und weitere Sachverständige[66] mit. Die Arbeitskreise können die Ausschußmitglieder beraten, Verhandlungspositionen und -taktiken mit vorbereiten und Zwischenergebnisse auswerten. Meist wirkt zur Unterstützung ihrer Arbeit und der Kommission ein Fraktionsassistent mit.

Begleitend zur EK-IuK hatten jedenfalls CDU/CSU und SPD solche Arbeitskreise eingesetzt. Auf diese Weise verlagerten sich viele Entscheidungsprozesse partiell auf parteibezogene Gremien. Die Hinzuziehung der Arbeitskreise erlaubte eine umfassendere Berücksichtigung des politischen Konfliktfeldes, gelegentlich auch die Erschließung zusätzlicher Informationsquellen. Sie bewirkte auch eine verstärkte Einbindung der Kommissionsmitglieder – einschließlich der Sachverständigen – in parteipolitische Kalküle und drohte damit die Eigenständigkeit des Sachverstands in der Kommissionsarbeit zu reduzieren. Auch verhinderte sie es zum Teil, Fragen in der Kommission selbst diskursiv zu entscheiden: Waren schon externe Festlegungen erfolgt, blieb meist nur noch Raum für Diskussionssymbole.

5. *Geschäftsstelle – Wissenschaftlicher Dienst*

Zur Unterstützung der Arbeit von Enquete-Kommissionen pflegt von der Verwaltung des Bundestages eine besondere Geschäftsstelle eingerichtet zu werden.[67] Ergänzend können die Gutachter des Wissenschaftlichen Dienstes für einzelne Komplexe zur Informationsaufbereitung hinzugezogen werden. Die Geschäftsstelle wickelt die Geschäftsabläufe ab (wie z.B. die Reservierung von Räumen, Versendung von Einladungen und Materialien u.ä.), hat aber auch maßgeblichen Anteil an der Beschaffung von Informationen und deren Verarbeitung zu Vorlagen. Auch pflegt die Geschäftsstelle die Arbeit des Vorsitzenden – gelegentlich auch die der Vorsitzenden der Unterkommissionen – vorzubereiten, so z.B. durch Erstellung der Tagesordnungen oder Vorbereitung sogenannter "Sprechzettel", auf denen der Vorsitzende Formulierungen für einleitende Bemerkungen, strukturierende Vorschläge, Empfehlungen zur Konfliktbewältigung u.ä. vorfindet.

Die Geschäftsstelle war personell sehr knapp besetzt. Drei, zum Teil nur zwei Angehörige des höheren Verwaltungsdienstes – und ein kleiner Unterbau (ein Oberamtsrat sowie zwei Verwaltungsangestellte) – hatten die Arbeit zu bewältigen.[68)] Hinzu kamen für begrenzte Zeiträume und Themenfelder drei wissenschaftliche Mitarbeiter des Wissenschaftlichen Dienstes. Diese geringe Größenordnung stand im auffälligen Kontrast zu der Weite des Aufgabenfeldes. Da die Kommissionsmitglieder nur ehrenamtlich in der Kommission mitwirkten, war das Fehlen eines adäquaten organisatorischen Unterbaus ein weiterer strukturell verankerter Garant verkürzter Problemanalyse.

6. Ministerialbürokratie

Als Einrichtung des Parlaments ist eine Enquete-Kommission rechtlich, personell und organisatorisch von der Ministerialbürokratie unabhängig. Die meist bejahte Anwendbarkeit des Art. 43 GG[69)] erlaubt es jedoch, diesen Befund in der Realität zu durchbrechen. Nach Art. 43 Abs. 2 GG haben die Mitglieder des Bundesrates und der Bundesregierung sowie ihre Beauftragten zu allen Sitzungen der Bundestagsausschüsse Zutritt, und sie müssen jederzeit gehört werden. Während der Bundesrat dieses Recht in der EK-IuK nur selektiv nutzte, machten die von der Arbeit der Kommission tangierten Ministerien intensiv Gebrauch davon. Auch in den Unterkommissionen waren sie vertreten. Es ist in solchen Fällen üblich, daß besonders betroffene Ministerien einzelne Beamte mit der Begleitung der Kommissionsarbeit betrauen und sie zum Teil sogar für die Arbeit freistellen. Insbesondere die Bundespost hat dies intensiv genutzt.

Bieten Enquete-Kommissionen in der Theorie die Möglichkeit, den strukturell abgesicherten Informations- und Planungsvorsprung der Exekutive abzubauen[70)], so ist das Anwesenheitsrecht eines von mehreren Instrumenten, um die Exekutivdomäne zu verteidigen. Die Ministerialbeamten wurden durch die Mitwirkung an der Kommissionsarbeit z.B. mit den Überlegungen der Kommissionsmitglieder rechtzeitig vertraut und konnten die ministerielle Strategie darauf einstellen. Die Ministerien nutzten z.B. die Chancen, Informationen einzugeben und eigene Vorlagen, die als Grundlage für Entwürfe von Berichtsteilen nutzbar waren, einzureichen. Sie erfuhren etwas über die Reaktion anderer Ministerien und erhielten die Chance, Positionen dieser Ministerien vor der Kommission anzugreifen, zu relativieren oder zu unterstützen.[71)]

Die formalisierte Teilhabe der Ministerien ist nicht nur wegen deren überlegener Informationsmacht inhaltlich wichtig. Die Ministerien sind zudem die einzigen an allen Kommissionssitzungen zugelassenen Organisationen. Weder Verbände noch andere Sachverständige als die Kommissionsmitglieder dürfen an nichtöffentlichen Kommissionssitzungen (Nichtöffentlichkeit ist der Grundsatz) teilnehmen.[72] Nicht einmal die persönlichen Assistenten der Abgeordneten oder Mitarbeiter der externen Mitglieder haben Zutritt. Die Exklusivität verstärkte den Ministerialeinfluß auf die Kommissionsarbeit, da es an Gegengewichten fehlte. Je kontinuierlicher die Ministerialbeamten mitarbeiteten, um so mehr wurden sie faktisch zu Quasi-Mitgliedern der Kommission. Einige wurden sogar in Vorbereitungen von Kommissionsfraktionen und die Arbeiten der begleitenden Fraktionsarbeitskreise einbezogen, so daß ihnen am vollen Status nur das Stimmrecht fehlte. Die für die Kommissionsarbeit einsetzbare Zeit schien bei ihnen häufig größer zu sein als bei den Kommissionsmitgliedern selbst.

Die Informationsmacht der Ministerialvertreter wurde durch deren routinisierte Fähigkeit unterstützt, Vorlagen in formell ansprechender Weise zu erarbeiten und dabei Konflikte hinter bewährten Konsensformeln u.a. zu verbergen. Angesichts der Alleinstellung der Ministerialvertreter in der Informationsunterstützung der Tagesarbeit der Kommission war es nicht überraschend, daß die Problemwahrnehmung der Kommission in Bereichen, die in den Ministerien als besonders wichtig eingeschätzt wurden, durch die Ministerialperspektive mitgeprägt war. Je konflikthafter in der Kommission gearbeitet wurde, d.h. je "unakzeptabler" die von einer Bank unterbreiteten Beschlußvorlagen für die andere wurden, um so größer war die Chance, daß auf Ministerialvorlagen als möglicher Grundlage eines parteienübergreifenden Kompromisses zurückgegriffen wurde. Die Exekutive hatte ein Stück Definitionsmacht und damit auch ein Stück "Planungshoheit" insoweit zurückerobert. Zugleich wurde der ministerielle Verwendungsbezug mittelbar zum Referenzrahmen der Sachstandsanalyse der Kommission.

Die Abhängigkeit von selektiver Informationsgewährung durch einzelne Ministerien konnte am ehesten (partiell) durchbrochen werden, wenn ein Konflikt verschiedener Ressorts nicht schon in interministeriellen Abstimmungsprozessen bereinigt worden war, und die jeweiligen Ressorts um Unterstützung durch die EK-IuK warben. Solche Konflikte gab es mehrfach, z.B. zwischen Bundespost und Wirtschaftsministerium oder Innenministerium, Bundespost und Datenschutzbeauftragtem. Insofern konnte die Informationsaufnahme in der Kommission durch Verarbeitung der Sicht eines weiteren ministerialen Standpunkts ergänzt werden, ohne dadurch allerdings die Ministerialabhängigkeit durchbrechen zu können.

III. Personal

1. Abgeordnete[73]

Die Rekrutierung der Kommissionsmitglieder gehört zu den wichtigsten Weichenstellungen der inhaltlichen Arbeit. In der Literatur wird betont, daß

Enquete-Kommissionen in der Hierarchie der Ausschüsse beim Parlament einen niederen Rang einnehmen.[74] Sie geben den Abgeordneten – abgesehen vom Vorsitzenden – wenig Profilierungschancen, führen meist nicht zu entscheidungsrelevanten Vorgaben und haben ungewisse oder gar geringe Erfolgschancen. Das Ansehen wirkt sich auch auf das verfügbare Rekrutierungspotential aus. Mangels eigener Beobachtungsmöglichkeit soll hier jedoch nicht über das Rekrutierungsverfahren und die dabei angewandten Selektionskriterien räsoniert werden. Allgemein aufgefallen ist allerdings die primär medienpolitische Ausrichtung der Interessen vieler Mitglieder.[75] Spezialisten für Anwendungsfelder der IuK-Techniken außerhalb der Massenkommunikation gab es mit einem Ausnahmefall nicht. Einzelne Abgeordnete verband ein eigenes ökonomisches Interesse mit dem Gegenstand. So wurde später – nach seinem Ausscheiden infolge der Ernennung zum Bundespostminister – bekannt, daß der erste Vorsitzende sich an einer Gesellschaft beteiligt hatte, die Verkabelungsinteressen verfolgte.[76] Das nach dem Regierungswechsel zum Vorsitzenden gewählte Mitglied ist (spätestens) anschließend an die Arbeit der EK-IuK in das Privatrundfunkgeschäft eingestiegen.[77]

2. *Externe Mitglieder (Sachverständige)*

Die Sachverständigen wurden auf Vorschlag der jeweiligen Fraktionen ausgesucht. Eine Festlegung der Fraktionen auf die Bennenung von Sachverständigen mit bestimmten Spezialkompetenzen war nicht erfolgt. Bei der Rekrutierung ist in der Folge nicht vorgesorgt worden, für die verschiedenen Anwendungsfelder der IuK-Techniken auch jeweils Experten verfügbar zu haben. Auch bei den Sachverständigen fiel das medienpolitische Schwergewicht auf.[78] Zwei Sachverständige waren beruflich in der Presse bzw. im Rundfunk tätig. Drei Sachverständige waren Juristen, und zwar Hochschullehrer. Ein einziger Sachverständiger war Experte in IuK-Technologien und gleichzeitig hoher Repräsentant eines großen elektrotechnischen Unternehmens. Ein weiterer schließlich war Kommunalpolitiker im kulturellen Sektor.

Offensichtlich waren die Fraktionen bemüht gewesen, Sachverständige zu benennen, die sich im Grundkonsens mit den jeweils von den Fraktionen bezogenen Grundlinien befanden.[79] Dies zeigte sich spätestens daran, daß sie in der EK-IuK schnell mit der Erwartung konfrontiert wurden, sich dem dominanten Rahmen der Fraktionen anzupassen. Die Erwartung wurde zwar nicht immer erfüllt[80], aber doch immerhin soweit, daß im Argumentations- und Abstimmungsverhalten im Regelfall "CDU/CSU- und SPD-Bänke" jeweils für sich einheitlich auftraten.

Bezogen auf die wissenschaftlichen Disziplinen fällt auf, daß unter den Hochschullehrern nur Juristen vertreten waren. Dies wurde dysfunktional, als die Kommission sich darauf verständigte, nicht (vorrangig) von Rechtsfragen auszugehen, sondern das Feld zunächst realanalytisch zu erfassen. Wirtschafts- und Sozialwissenschaftler fehlten ebenso wie Naturwissenschaftler. Diese Defizite wurden weder durch die anderen Expertenmitglieder noch durch die Abgeordneten hinreichend ausgeglichen. Die Mehrzahl der Sachverständigen kam im übrigen aus Praxisfeldern. Insofern war von Anfang an ein Zugriff zum vollen Erkenntnispotential des Wissenschaftsbetriebs personell nicht abgesichert. Insbesondere für Praktiker pflegt die "Verwendungstauglichkeit" wissenschaftlicher Methoden, Befunde und Theorien ein zentrales Selektionskriterium zu bilden.[81)] Dies trifft sich grundsätzlich mit der Vorgehensweise der Abgeordneten – wenn auch vermutlich mit der Besonderheit eines spezifisch bevorzugten Verwendungszusammenhangs. Anträge auf Hinzuziehung wissenschaftlicher, insbesondere sozialwissenschaftlicher Sachverständiger wurden – trotz Vorhandenseins entsprechender Finanzmittel – abgelehnt (s. aber auch u. 5.). Es ist nicht auszuschließen, daß befürchtet wurde, der nicht voll kontrollierbare Zugriff auf das Aufklärungspotential von Wissenschaft könnte die "Balance der Handhabbarkeit" gefährden.

3. Personal in Geschäftsstelle und Wissenschaftlichem Dienst

Parlamentarischer Brauch erlaubt es, daß die Geschäftsstelle mehrheitlich dem Kommissionsvorsitzenden "nahesteht". Aber auch die "andere Seite" ist personell "vertreten". Dies ermöglicht die parlamentarische, insbesondere parteipolitische Einbindung und fördert entsprechende Loyalitätserwartungen. Die Mitglieder der Geschäftsstelle der EK-IuK haben ihr unterschiedlich Rechnung getragen. Insbesondere nach einem Wechsel in der Geschäftsstellenleitung – im März 1982 – war die parteipolitische Ankoppelung in der Arbeit spürbar. Angesichts der erheblichen Bedeutung der Geschäftsstelle für die Arbeitsbewältigung in der Kommission und in Anbetracht der parteipolitischen Prägung vieler Kommissionskonflikte wirkte dies als strukturell verankerte Verstärkung der Position einer "Bank".

Die Geschäftsstelle war in den hervorgehobenen Positionen mit Juristen besetzt. Ihre Mitglieder waren daher nur begrenzt in der Lage, sozial- oder wirtschaftswissenschaftliche Kompetenzdefizite der Kommissionsmitglieder zu kompensieren. Auch der Wissenschaftliche Dienst des Bundestages konnte diesen Mangel nicht wettmachen. Über Experten der IuK-Techniken – etwa mit der Materie vertraute Techniker, Sozial- oder Wirtschaftswissenschaftler – verfügte er entweder nicht, oder er wollte sie nicht für die Kommission abstellen. Immerhin war ein zeitweise verfügbarer Mitarbeiter ein Ökonom.

4. *Ministerialbeamte*

Formal extern, real aber mit Möglichkeiten interner Teilhabe ausgestattet, sind die mitarbeitenden Ministerialbeamten. Sie werden ausschließlich von den jeweiligen Ministerien ausgewählt. Vorrangiges Selektionskriterium scheint die Befassung bzw. die Vertrautheit mit den in der Kommission behandelten Themenbereichen gewesen zu sein.

Die Ministerialvertreter arbeiteten in ihrer Rolle als Angehörige der Ministerien mit, d.h. in voller Weisungsabhängigkeit. Nicht etwa ging es um die Aktivierung der persönlichen Einstellungen, Präferenzen u.a. Zwar versuchten die Ministerialbeamten häufig, die Durchsetzungskraft der vertretenen Positionen dadurch zu stärken, daß sie auch ihr persönliches Ansehen, Engagement u.a. einsetzten und insbesondere ihre persönliche Glaubwürdigkeit als Argumentationshilfe nutzten. Daß ein solcher Rückzug auf die Rolle als "Person" jedoch vorrangig instrumentellen Charakter hatte und keineswegs zur Selbständigkeit gegenüber Ressortinteressen genutzt werden durfte, wurde spätestens nach dem Regierungswechsel offenbar. Aufgrund dieses Richtungs- und Ministerwechsels waren die Beamten nunmehr veranlaßt, ihre Informationen, Ratschläge, Formulierungshilfen u.a. auf das neue politische Umfeld einzustellen.

Die Anwesenheit der Ministerialvertreter und ihre Bereitschaft zur Mitarbeit waren eine wichtige Stütze der Kommissionsarbeit, da auf diese Weise Informationen verfügbar wurden, die sonst nur schwer hätten erschlossen werden können. Erkauft wurden diese Vorteile mit der Zuteilung einer Informationsmacht an die Ministerien (s.o. C.II.6.) und der Einbettung der Kommissionsarbeit in die in den Ministerien gültigen Maßstäbe der "Verwendungstauglichkeit". Die aktiv mitwirkenden Ministerialvertreter bemühten sich um die Wahrung der Ressortinteressen, zu denen es auch gehörte, nicht durch Interventionen von außen – etwa die EK-IuK oder die breite Öffentlichkeit – in der eigenen Politikformulierung und -durchsetzung gehindert zu werden. Die meist dosierte, vom jeweiligen Ressortstandpunkt geprägte Informationseingabe war ebenso ein deutliches Indiz des Versuchs zur Bewahrung der Entscheidungsmacht in den jeweiligen Politikfeldern wie der Verzicht darauf, zu Problemen anderer Ressortbereiche Stellung zu nehmen. Innerhalb der Ministerialbürokratie gibt es im übrigen vielfältige Mechanismen der Vorabstimmung – einschließlich der ressortübergreifenden Vorabstimmung –, die dazu führen, daß die Ministerialbeamten nicht die volle Konfliktbreite und das Arsenal möglicher Alternativen thematisieren müssen, sondern nur eine "abgestimmte", auf *eine* Sichtweise und *eine* Handlungsalternative reduzierte Position zu formulieren pflegen. Nur ausnahmsweise kam es dementsprechend in der EK-IuK zu sichtbaren Konflikten zwischen Ressorts. Sie erlaubten der Kommission zwar eine weiter aufgefächerte Problemwahrnehmung, betrafen aber keine grundlegenden Dissense, sondern Detailfragen.

Die Wirkungsweise der ministerialen Interventionsmacht kann am Beispiel der Diskussion um die Einführung von Bildschirmtext illustriert werden. Wie schon erwähnt, hatten die Bundesregierung bzw. die Bundespost schon vor und weiter während der Arbeit der EK-IuK Weichen gestellt, um Bildschirmtext – den es bis dahin nur in Pilotprojekten gegeben hatte – bundesweit einzuführen.[82)] Hierfür wurden von der Bundespost im Zusammenwirken mit den Ländern und der betroffenen Industrie technische, rechtliche und organisatorische Vorkehrungen getroffen. Alle im Bundestag vertretenen Parteien waren grundsätzlich für Bildschirmtext – besonders nachdrücklich die CDU/CSU, während weite Teile der SPD eine vorherige Auswertung der Erfahrungen der noch laufenden Pilotprojekte forderten. Die Bundesländer berieten gleichzeitig über einen Staatsvertrag über Bildschirmtext.[83)] Zwischen der Bundespost und den Ländern gab es Streit über die jeweiligen Kompetenzen, aber auch grundsätzlichen Konsens, die Einführung von Bildschirmtext zu beschleunigen und eventuell pragmatische Kompetenzkompromisse abzuschließen. Solche Verhandlungen fanden ohne nähere Information der Öffentlichkeit statt. Selbst in den Länderparlamenten, die später zur Ratifizierung des Staatsvertrages gefragt werden mußten, waren Informationen meist nicht verfügbar. Zum Thema allgemeiner öffentlicher Diskussion war Bildschirmtext bis dahin nicht geworden. Die Bundespost, die Bundesländer und unter den Parteien in erster Linie die CDU/CSU waren intensiv bemüht zu verhindern, daß Bildschirmtext zum Thema der EK-IuK wurde, oder daß Empfehlungen entwickelt wurden, die der nicht öffentlich beschlossenen Einführungsstrategie widersprachen.

Die Befassung der Kommission mit Bildschirmtext wurde von einigen Mitgliedern zunächst mit dem Verweis auf eine fehlende Bundeskompetenz abgelehnt. Die mit dem Problemkomplex befaßte UK "Recht" hat unter Berufung auf entsprechende Kompetenzregeln gleichwohl beschlossen, das Thema zu bearbeiten. Die Länder nutzten die allgemein gegenüber der Kommission geübte Informationsblockade gegenüber der Unterkommission und verweigerten ausdrücklich jegliche Information über den Planungsstand oder konkrete Vorstellungen. Parteiloyalität führte nicht dazu, diese einheitliche Linie der Länder zu durchbrechen. Demgegenüber beteiligte sich das Bundespostministerium an den Beratungen und bearbeitete Vorlagen. Es wurde jedoch schnell deutlich, daß Informationen selektiv gegeben wurden, und daß die Post nachhaltig intervenierte, wenn die Problemwahrnehmung von ihrer Sicht abzuweichen drohte. Gelegentlich hatte die EK-IuK die Chance, aufgrund von (partiellen) Dissensen zwischen Bundespost und Bundesdatenschutzbeauftragtem im Datenschutz und zwischen Justizministerium und Wirtschaftsministerium in Einzelfragen des Verbraucherschutzes unterschiedliche Positionen kennenzulernen.

An der Behandlung des Problemfeldes Datenschutz läßt sich das dennoch verbleibende Informationsdilemma der EK-IuK besonders gut zeigen. Da es keinen BTX-spezifischen Datenschutz gab, andererseits aber Zweifel an dem

Ausreichen der allgemeinen Datenschutzgesetze geäußert wurden, sollte analysiert werden, wo Datenschutzgefahren beständen, und ob es Möglichkeiten zu ihrer Abwehr gäbe. Die Bundespost plante, Datenschutzregelungen durch organisatorische und rechtliche Regelungen, und zwar in Form von selbstgesetzten Benutzungsordnungen, vorzusehen. Im Laufe der Arbeit teilte sie auch einzelne Vorhaben in groben Zügen mit, weigerte sich jedoch, die Planung oder gar Entwürfe der Benutzungsordnungen offen zu legen. Auch die Länder arbeiteten an eigenen Datenschutzregelungen und versuchten, die für den geplanten Staatsvertrag vorgesehenen Normierungen mit den Datenschutzbeauftragten des Bundes und der Länder abzustimmen. Offiziell durfte die EK-IuK von solchen Überlegungen oder gar dem Entwurf des Staatsvertrages keine Kenntnis nehmen. Nur wer informelle Kontaktsysteme nutzen konnte – für die Sachverständigen setzte dies die Bereitschaft zur Einbindung in das parteipolitische Umfeld voraus –, erhielt Zugang zu diesen für die Kommissionsarbeit wichtigen Begleitinformationen.

Der Versuch, die Datenschutzprobleme eigenständig zu analysieren, traf auch inhaltlich auf nachdrücklichen Widerstand. Abgesehen von unterschiedlichen Einschätzungen des Schutzbedarfs gab es zwischen den an Datenschutzempfehlungen interessierten Kommissionsmitgliedern einerseits und der Bundespost andererseits einen ständigen Konflikt darüber, ob ein Bedürfnis für die Behandlung des Themas in der Kommission dadurch entfiele, daß die Bundespost plante, mit ihrem Regelungsinstrumentarium Datenschutz vorzusehen. Die Bundespost akzeptierte nicht das Argument, daß eine Enquete-Kommission auch dann Gefährdungen bezeichnen müßte, wenn diese ebenso von der Bundespost gesehen und bekämpft würden. Sie verschloß sich gegenüber der Argumentation, die geplanten (der Kommission ja nicht einmal bekannten) Vorkehrungen der Bundespost könnten vielleicht in Zukunft geändert werden oder sich als unzureichend erweisen, so daß es sinnvoll sein könnte, daß die EK-IuK die Öffentlichkeit über mögliche Gefährdungen informierte und Ansätze für Gegenvorkehrungen bezeichnete.

Zunehmend verstärkte sich der Eindruck, daß die Bundespost einer öffentlichen Diskussion über mögliche Gefährdungen ausweichen wollte. Die Thematisierung der Möglichkeit des Einsatzes von Regelungsinstrumenten außerhalb des Regelungsbereichs der Bundespost – etwa durch Gesetz – kam ihr offenbar ungelegen, und sie versuchte, diese zu unterbinden. Die Bundespost ist nicht nur ein wirtschaftliches Großunternehmen, sondern auch ein wichtiger politischer Faktor für die Ausgestaltung der Kommunikationsstruktur der Gesellschaft. Sie hat es über Jahrzehnte verstanden, grundlegende Entscheidungen in eigener Regie zu treffen und in vielen Bereichen parlamentarischen Entscheidungsprozessen auszuweichen. Zur Rechtfertigung verwies sie auf die Mitwirkung des Postverwaltungsrates[84)], eines demokratisch erheblich schwächer legitimierten Gremiums, als es der Bundestag ist. Die Recherchen der EK-IuK verursachten Risiken, daß ein wichtiger Themenbereich aus der (relativen) Arkansphäre gezogen wurde. Daher ist die Annahme plausibel, daß der Widerstand der Bundespost nicht nur durch das Interesse an der zügigen und widerstandsfreien Einführung von Bildschirmtext, sondern auch durch das grundsätzliche Interesse an der Erhaltung parlamentsfreier Entscheidungsräume geprägt war.

Da die Strategie der Bundespost im Ergebnis mit der Haltung der Bundesländer und der CDU/CSU-Vertreter harmonierte, bestanden Möglichkeiten einer Art "Negativ-Koordinierung". Die anfänglich von einem SPD-Minister geleitete Bundespost hatte es insofern allerdings schwer, offen eine Koalition mit den CDU/CSU-Vertretern einzugehen. Sie versuchte, ihre Kooperationsbereitschaft mit der "SPD-Bank" durch (selektive) Informationseingaben zu symbolisieren, aber faktisch auch das Widerstandspotential der "CDU/CSU-Bank" zu stützen. Parallel dazu wurden durch Ausgestaltung des BTX-Systems vollendete Tatsachen geschaffen. Zu einer anspruchsvollen Realanalyse konnte es in einem solchen Umfeld nicht kommen.

5. Vertreter mitarbeitender Forschungsinstitute

Die Komplexität des Aufgabenfeldes, das Fehlen wichtiger Qualifikationen unter den Kommissionsmitgliedern, die Furcht vor dilettantischer Arbeit und anschließender Blamage dürften Hauptauslöser dafür gewesen sein, daß die Kommission sich um professionelle Unterstützung durch Forschungsinstitute bemühte, und zwar vorrangig für ökonomischen Sachverstand. Zwei – nach Proporzaspekten vorgeschlagene – Institute (Deutsches Institut für Wirtschaftsforschung; Prognos AG) haben entsprechende Arbeitsaufträge erhalten, später auch das Heinrich-Hertz-Institut (Wirtschafts- und Sozialwissenschaftliche Abteilung) im Gegenstandsbereich "Nutzungsmöglichkeiten der IuK-Techniken". In der Folge ergab sich die Teilnahme von Institutsvertretern an solchen Sitzungen, in denen die entsprechenden Themen anstanden. Je konflikthafter die Arbeit in der Kommission wurde, desto größer war die Angewiesenheit auf Vorarbeiten externer Instanzen. Sie stellten die Beratung erleichternde, als "neutral" definierte Arbeitsunterlagen bereit, an der sich die weitere Diskussion orientieren konnte. Vor allem die Prognos AG gewann aufgrund des professionellen Know-how, der interdisziplinären Fähigkeiten und des Verhandlungsgeschicks ihres Hauptvertreters ein zunehmend starkes Gewicht – so zunächst bei der Auswertung von Expertenanhörungen, dann bei dem Entwerfen von Berichtsteilen, schließlich auch im Verlauf der einzelnen Diskussionen bis hin zur Entwicklung von Verfahrensvorschlägen und Kompromißformeln. Der Rückgriff auf andere Mitarbeiter in der Prognos AG gab dem Hauptvertreter zudem eine Unterstützung durch einen Apparat, wie sie kein anderes Kommissionsmitglied so nutzen konnte.

Die Prognos AG ist bekanntlich in der Erfüllung staatlicher Aufträge, insbesondere auch für die an der Arbeit der Kommission interessierten technologieorientierten Ministerien, geübt. Mittelbar konnten Erfahrungen aus entsprechenden früheren Projekten – sowie aus Projekten für andere Auftraggeber – auf diese Weise in die Arbeit der EK-IuK einfließen. Die Orientierungen eines kommerziellen Forschungsinstituts, das auf Nachfolgeaufträge angewiesen und schon deshalb in der Antizipation politisch-administrativer "Verwendungstauglichkeit" geübt ist, prägten die Kompromißarbeit auch in der Kommission. Der Vertreter der Prognos AG zog es vor, Detaildissense so zu behandeln, daß der Rückgriff auf grundlegende Dissense möglichst vermieden wurde. Die mit einer solchen Art der Problembearbeitung verbundenen Präferenzen bzw. inhaltlichen Einengungen wurden personenbezogen auf diese Weise zu einem wichtigen Faktor der Kommissionsarbeit. Die Rolle als Konsensexperte konnte der Vertreter der Prognos AG auf Dauer durchhalten – und zwar bei zunehmender Konflikthaftigkeit in der Kommissionsarbeit mit wachsender Bedeutung bis hin zu einer Art Alleinstellung. Je mehr der in der Kommission selbst vertretene Sachverstand in der Blockadephase wechselseitig paralysiert wurde, je größer wurde der Handlungsspielraum für den externen Experten. Er schien immer mehr zum einzigen Garanten der Fortsetzung der anfangs verfolgten Konsenslinie geworden zu sein. Die in der Kommission an sich repräsentierte (wenn auch begrenzte) Pluralität wurde aufgrund der Blockadepolitik neutralisiert. In die Lücke trat zunehmend ein kommerzielles Forschungsinstitut – mit der Folge einer Ausrichtung wissenschaftlicher Selektion auf die Bedingungen der "Verwendungstauglichkeit" in einer vor dem Scheitern stehenden EnqueteKommission.

6. Anhörung externer Experten

Expertenwissen wurde im übrigen in Form schriftlicher Stellungnahmen und mündlicher Anhörungen eingeholt. Soweit Stellungnahmen nicht auf Eigeninitiative Dritter – oder (wie gelegentlich geargwöhnt wurde) auf diskrete Aufforderung des Vorsitzenden oder anderer Kommissionsmitglieder – eingingen, erfolgten sie auf eine vorherige Aufforderung und damit Beschlußfassung der Kommission. Es sind drei öffentliche Anhörungen veranstaltet und über 150 externe Experten schriftlich bzw. mündlich gehört worden.[85)]

Die Auswahl solcher Experten – bzw. der sie benennenden Verbände – baute auf Vorschlägen der Kommissionsmitglieder bzw. der Geschäftsstelle auf. Für Vorschläge wurden ferner die externen Kontaktsysteme – wie Fraktionsassistenten, begleitende Fraktionsarbeitskreise u.a. – genutzt. Die Anhörungen boten den Politikern die Chance, solche Institutionen, Verbände und Personen zu berücksichtigen, die bei der Zusammensetzung der EK-IuK nicht berücksichtigt worden waren bzw. die für die jeweilige politische Klientel Schlüsselfunktionen innehatten. Die Möglichkeit, von externer Seite Informationen und Anregungen zu erhalten und politische Präferenzen zu erfahren, sollte zweifellos auch genutzt werden. Sie wurde jedoch zur nachrangigen Größe im Verhältnis zu dem Ziel, dem eigenen politischen Umfeld möglichst weitreichende Artikulationschancen zu verschaffen und dort um legitimatorische Unterstützung nachzusuchen.[86)] Nicht der spezifische Sachverstand und die zu erwartenden Informationen wurden zum maßgebenden Selektionskriterium, sondern Überlegungen der politischen Rückversicherung. Die äußere Folge war z.B. ein Aufblähen der Listen Anzuhörender. Die Chance, das "pluralistische Umfeld" abzudecken, wurde soweit genutzt, als dieses von den in der Kommission vertretenen politischen Richtungen umworben wurde. Die volle Breite des politischen Spektrums wurde nicht erfaßt – so waren prinzipielle Gegner einer wachstums- und technologieorientierten Politik fast überhaupt nicht vertreten. Die Toleranz war jedoch im übrigen recht groß – ging es doch "nur" um die Teilnahme an der Anhörung. Je größer die Zahl der Teilnehmer, um so größer war die Chance, Entscheidungsspielräume zu bewahren und Akzente später setzen zu können – etwa bei der Entscheidung über die Einladung zur mündlichen Befragung, über Intensität und Zeitdauer der Befragung und erst recht bei der Auswertung der Stellungnahmen.[87)] Viele schriftlich angehörte Personen und Institutionen wurden nicht zur mündlichen Anhörung geladen. Eine Reihe von Stellungnahmen spielten in der weiteren Beratung keine Rolle. Sie wurden bestenfalls in einer Synopse beiläufig vermerkt. Insofern war die "Kommunikation" mit den Anzuhörenden einseitig: Eine "Rezeption" fand nur teilweise statt. Stellungnahmen wurden um so eher Grundlagen von Beratungen oder gar von Entwürfen der Kommissionsarbeit, je mehr sie in das Raster der kommissionsbezogenen "Verwendungstauglichkeiten", insbesondere das taktische Spiel um argumentativen Punktgewinn gegenüber der "anderen Seite", paßten. Der vorrangig taktische Zugriff war z.B. auch in den Formulierungen der Fragen unüberhörbar, die in den mündlichen Anhörungen gestellt wurden.

IV. Verfahren

1. Formelles Verfahren: Geschäftsordnung, Parlamentspraxis, Mehrheitsprinzip

a) Geschäftsordnung

Für Enquete-Kommissionen gelten parlamentarische Entscheidungsregeln (ensprechende Anwendung der §§ 59-61, 64, 67-73, 75ff., 116ff.

GeschO BT). Diese Regeln sind auf die normale parlamentarische Arbeit abgestimmt und passen nicht nahtlos für die Aufbereitung "bedeutender Sachkomplexe" unter starkem Angewiesensein auf wissenschaftlichen oder sonstigen Sachverstand. Die Anwendbarkeit parlamentarischer Entscheidungsregeln kann im übrigen die Position der Abgeordneten verstärken, da diese sich in ihnen täglich bewegen, während die Entscheidungsregeln den Externen in vielem fremd sind. Externe mußten sich insofern in einem Feld relativer Unsicherheit bewegen, während die Abgeordneten "Herrschaftswissen" über Usancen, Absprachen u.ä. einsetzen konnten.

b) Informationsherrschaft über Protokollierungen

Die Ausrichtung des Verfahrens an parlamentarischen Bedürfnissen wurde durch die parlamentsbezogene Organisation der Arbeitsabläufe verstärkt. Daß hierdurch auch Herrschaftschancen beeinflußt wurden, war vielfach sichtbar, soll hier aber nur an einem Beispielsfeld illustriert werden. Über die Sitzungen der Gesamtkommission wurden zwei Protokolle gefertigt, sogenannte Beschlußprotokolle und (ausführlichere) sogenannte Kurzprotokolle. Auch Sitzungen der Unterkommissionen wurden protokolliert. Wortlautprotokolle gab es nur über die öffentlichen Anhörungen. Die Protokolle wurden von der Geschäftsstelle in Abstimmung mit dem jeweiligen Vorsitzenden – also in parlamentsinterner Entscheidungsmacht – gefertigt. Angesichts der Arbeitslast aller Kommissionsmitglieder wurde den Protokollen zumindest anfänglich keine besondere Aufmerksamkeit geschenkt. Erst später wurde sichtbar, daß die – notwendig selektiven – Protokollierungen nicht alle von einzelnen Mitgliedern als wichtig eingestuften Vorgänge dokumentierten, und daß nicht alle Darstellungen für alle Beteiligten akzeptabel waren. Je konflikthafter das Arbeitsklima wurde, desto mehr Aufmerksamkeit fanden die Protokollierungen; die Folge waren weitere Konflikte.

Hier nur erwies sich die Protokollierungsmacht von Vorsitzendem und Geschäftsstelle als Instrument der Informationsbeherrschung. Bei einem besonders wichtigen Protokoll wurde dies in evidenter Weise genutzt. Dieses Protokoll[88)] galt einer höchst explosiven Sitzung, in der die Blockadestrategie unverhüllt verfolgt worden war und sich letztlich durchgesetzt hatte. Das Protokoll wurde mehrere Monate zurückgehalten – die Geschäftsstelle hatte es vorbereitet, der Vorsitzende verzögerte die Unterschrift bzw. die Weitergabe – und erst in der letzten Sitzung der EK-IuK verteilt.[89)] Da für Protokollrügen bzw. -änderungsanträge die jeweils nächstfolgende Sitzung vorgesehen war, waren mangels einer solchen weiteren Sitzung die Änderungsmöglichkeiten unterlaufen worden.

Auch entpuppte sich ein technisch vermitteltes Informationsmonopol der Geschäftsstelle als wichtig. Es wurden nämlich die meisten Sitzungen zwecks Unterstützung der Protokollarbeit auf Tonband aufgenommen. Den (einfachen)

Kommissionsmitgliedern einschließlich der Vorsitzenden der Unterkommissionen wurde jedoch der Zugang zu den Tonbandaufzeichnungen verwehrt. Bei einem Dissens über die Richtigkeit des Protokollierten konnte sich die Geschäftsstelle auf die "Autorität" des Tonbands berufen, ohne jedoch die Überprüfung der korrekten Nutzung dieses Informationsträgers zulassen zu müssen. Diese selektive Zugänglichkeit – deren Unüberwindbarkeit vom Bundestagspräsidenten persönlich bestätigt wurde[90] – ist auch real als "Machtmittel" der Informationsdokumentation eingesetzt worden.[91] An solchen Stellen wurde eine Hierarchie von praktischer Bedeutung symbolisiert.

c) Möglichkeiten des Rückgriffs auf andere parlamentarische Entscheidungsträger

Den nichtparlamentarischen Mitgliedern ist es aufgrund des Organisations- und Verfahrensrahmens kaum möglich, die Unterstützung anderer parlamentarischer Entscheidungsträger zu erreichen. Auch dies soll an einem Beispiel illustriert werden, das die Unterbreitung der Kommissionsergebnisse zwecks öffentlicher Kenntnisnahme und Diskussion betrifft. Noch während der Konsensphase hatte die EK-IuK sich darauf verständigt, ihren Bericht nicht nur als gewöhnliche Bundestagsdrucksache, sondern zusätzlich in der Schriftenreihe "Zur Sache" zu veröffentlichen. Diese zusätzliche Publikation hätte eine weitere Streuung des Berichts in der Öffentlichkeit ermöglicht, zumal die Publikationen dieser Reihe kostenlos abgegeben werden und Bildungseinrichtungen, politischen Organisationen usw. daher als Arbeitsgrundlage leicht zugänglich sind. Diese Publikation war in der Konsensphase einstimmig befürwortet und es war von der Geschäftsstelle bzw. dem Vorsitzenden mit dem Bundestagspräsidenten abgeklärt worden – so wurde jedenfalls in der Kommission berichtet –, daß alle Voraussetzungen einschließlich der Finanzierung gesichert wären.

Dieser Beschluß ist niemals rückgängig gemacht worden. Allerdings ist das Interesse einer "Bank" an der Fertigstellung und Publikation eines Berichts in der Schlußphase entfallen. Selbst die Veröffentlichung des Berichts als Bundestagsdrucksache soll nur auf Druck einzelner Abgeordneter der anderen "Bank" zustandegekommen sein. Zu der Publikation in der Reihe "Zur Sache" kam es demgegenüber nicht. Bis in die Mittes des Jahres 1985 – also weit über zwei Jahre nach Berichterstellung – dauerten Versuche einzelner Sachverständiger, diese Publikation zu bewirken. Schließlich bestärkten auch Abgeordnete das Anliegen.[92] Sogar der letzte Vorsitzende der Kommission sah sich aufgrund solcher Interventionen sowie angesichts der klaren Beschlußlage veranlaßt, beim Bundestagspräsidenten zwecks Einlösung der Abrede vorstellig zu werden.[93] Gleichwohl weigerte sich der Bundestagspräsident. Hinweise auf fehlende Mittel, mangelnde Tauglichkeit der Reihe u.a. dienten zur Begründung.[94] Die Publikation ist definitiv unterblieben – in der Geschichte der Enquete-Kommissionen eine Novität.[95] Im Ergebnis wurde dadurch die Dethematisierungspolitik einer Seite durch eine Art "Amtshilfe" des Bundestagspräsidenten maßgebend unterstützt. Vereitelt wurde auf diese Weise der Versuch, durch die Buchveröffentlichung zur besseren Verbreitung an die Öffentlichkeit zu sorgen und damit jedenfalls die Thematisierungsfunktion einer Enquete zu erfüllen.

d) Dysfunktionalität des Mehrheitsprinzips

Da es in der Kommission nicht zu Empfehlungen gekommen ist, beschränkte die Arbeit sich auf analytische Aufgaben. Für eine – möglichst mit dem Anspruch der Wissenschaftlichkeit versehene – Analyse taugt das parlamentarische Instrumentarium der Abstimmung und Mehrheitsbildung jedoch nur höchst begrenzt. Über die Richtigkeit von diagnostischen und prognostischen Befunden läßt sich nicht in sinnvoller Weise abstimmen; es läßt sich häufig nicht einmal ein "Kompromiß" rechtfertigen. Allenfalls läßt sich Richtigkeit für solche Analysen fingieren, die mehrheitsfähig sind. Der fiktive Charakter bleibt aber unüberwindbar und wird z.B. besonders deutlich sichtbar, wenn sich die Mehrheitsverhältnisse in einer solchen Kommission bei gleichbleibendem Personalbestand aufgrund externer politischer Ereignisse verändern (s.o. C.I.3.).

Die Besonderheit der Aufgabe von Enquete-Kommissionen im Vergleich zu der des Bundestages oder parlamentarischer Ausschüsse hat früher gelegentlich zu der rechtlichen Einschätzung geführt, Enquete-Kommissionen dürften allenfalls Verfahrensbeschlüsse, nicht aber inhaltliche Beschlüsse fassen und könnten bei Dissensen nur die voneinander abweichenden Meinungen wiedergeben.[96)] Die in § 74 GeschO BT erklärte Anwendbarkeit der normalen Verfahrensregeln schließt jedoch diese Referenz an die Besonderheit der Aufgabe aus. Dementsprechend war in der EK-IuK die Möglichkeit von Mehrheitsbeschlüssen – gekoppelt mit dem Recht zur Abgabe von Minderheitsvoten – Verfahrensgrundlage. Da die Kommission zunächst optimistisch mit der Möglichkeit von Empfehlungen rechnete, sollte hierfür eine Basis in Form einer möglichst konsenshaften Analyse der Fakten und Ursachenzusammenhänge erarbeitet werden. Insofern war die Berufung auf das Mehrheitsprinzip zunächst verpönt. Als im Zusammenhang mit dem Koalitions- und Regierungswechsel eine Neubewertung des Konsensbedarfs einsetzte und eine Blockade der Kommissionsarbeit versucht wurde, wurden dafür jedoch wieder die parlamentarischen Mehrheitsregeln genutzt.

Besonders eindrucksvolle Belege für den inhaltlich folgenreichen Einsatz solcher Verfahrensregeln finden sich in der Arbeit der UK "Recht". Da sie sich zur Sammelstelle für anderenorts nicht bearbeitete Konfliktthemen entwickelt hatte (s.o. C.II.2.), gab es bei ihr im Zeitpunkt der Blockade eine Reihe unerledigter Aufgaben. Für die entsprechenden Themenbereiche – wie internationaler Kommunikationsfluß, Persönlichkeits- und Datenschutz, Verbraucherschutz, Urheberrecht, Stellung der Bundespost zu den Ländern, Gemeinden und Privaten – gab es zwar ausformulierte und zum Teil mehrfach beratene

Beschlußvorlagen. Die Endberatung und Beschlußfassung waren jedoch durch Änderungsanträge, Anträge auf Einholung weiterer Stellungnahmen u.ä. immer wieder hinausgeschoben worden. Nach den Verfahrensabsprachen setzte die Einbringung der Vorlagen in die Gesamtkommission die vorherige Beschlußfassung in der UK voraus. Die UK "Recht" bestand aus fünf Mitgliedern, von denen eins aber in mehreren Sitzungen fehlte. Soweit Abstimmungen nicht durch Formen des Filibuster verhindert wurden[97)], ergab sich mehrfach – so in der letzten maßgebenden Sitzung – eine Pattsituation: Zwei Vertreter stimmten gegen, die anderen für die Vorlagen.[98)] Nach dem Mehrheitsprinzip waren sie dementsprechend mit Stimmengleichheit "abgelehnt". Die in den Vorlagen enthaltenen Analysen – und damit auch die in ihnen bearbeiteten Themen – waren damit verfahrensrechtlich nicht existent für die weitere Bearbeitung in der EK-IuK.

2. *Einsatz informeller Verfahrensweisen*

Ein solcher Versuch zur "Dethematisierung" durch Verfahren stieß auf Widerstand. Insofern bestand – das Beispiel mag stellvertretend für die Behandlung anderer "verfahrener" Entscheidungssituationen erwähnt werden – die Möglichkeit, eine zweite, nicht durch Geschäftsordnungsnormen formalisierte Verfahrensebene zu aktivieren. Das parlamentarische Entscheidungssystem verfügt über eine Vielzahl informeller Verfahrensmöglichkeiten, die ergänzend zur Sicherung der Reibungslosigkeit des Verfahrens oder aber auch substituierend eingesetzt werden. Informelle Vorabsprachen zwischen den Fraktionsobleuten oder "Friedensgespräche" in Konfliktsituationen waren auf diese Verfahrensebene angewiesen. Im Ausgangsfall reichten sie allerdings nicht. Stattdessen wurde das schärfere Instrumentarium von Druck, Androhung der Skandalisierung und der Aufkündigung jeglicher Zusammenarbeit u.a. durch Abgeordnete eingesetzt. Erfolgreich wurde so die vollständige Verdrängung der erwähnten Themenfelder aus dem Zwischenbericht verhindert. Der eigenartige Status der in der UK "Recht" erarbeiteten, auf die informelle Verfahrenshilfe angewiesenen Vorlagen ist im Zwischenbericht dokumentiert – allerdings unter Kaschierung der Ablaufsgeschichte durch neutral klingende, den Sachverhalt teilweise verfälschende Formeln, wie z.B. die, der abgedruckte Text sei in der UK "Recht" "nicht mehr beraten" worden.[99)]

3. *Insbesondere: Unterordnung bzw. "Verstrickung" parlamentsexternen Sachverstandes*

Bei der Binnenberatung der Politik schafft die Möglichkeit der inhaltlichen Beeinflussung parlamentarischer Entscheidungsträger und der Transformation eigener Anliegen in ein parlamentarisches Dokument oder gar parlamentarische Entscheidungsinhalte einen Mitwirkungsanreiz für Externe – und zwar Wissenschaftler wie auch sonstige Sachverständige. Erkauft wird diese Wirkungschance aber durch den Zwang, die Dominanz parlamentarischer Verfahren und Entscheidungsmodi sowie mittelbar parlamentarisch üblicher Denkweisen zu akzeptieren. Wenn z.B. Verfahrensvorschläge durch Fraktionsobleute vorgeklärt werden, und diese danach praktisch nicht mehr abänderbar sind, empfiehlt es sich, Verfahrenswünsche zunächst den Obleuten nahezubringen. Wenn Fragenkataloge und Fahrpläne der Problembearbeitung in einem Bargaining-Prozeß zwischen den "Banken" ausgehandelt werden, empfiehlt es sich auch für die Sachverständigen, eigene Vorschläge rechtzeitig in die Verhandlungspakete einzuschnüren. Wenn im Dissensfall mehrheitsmäßig abgestimmt wird, empfiehlt sich im Interesse der Erfolgssicherung, rechtzeitig für Unterstützung zu sorgen. Diese pflegt aber häufig nur "tauschmäßig" gewährt zu werden: Niemand kann in solchen Entscheidungsprozessen dauerhaft auf Unterstützung anderer rechnen, wenn diese sich nicht auch auf seine Unterstützung verlassen können.

Da Parlamentarier im übrigen gewohnt sind, daß viele Entscheidungen nicht in den offiziellen Sitzungen "hergestellt", sondern dort allenfalls "dargestellt" werden, hatten die Abgeordneten auch nur begrenzt Geduld für die eingehenden Diskurse, die von manchen Sachverständigen gewünscht und geführt wurden. Obwohl die Beratungssituation in der EK-IuK vielfach erheblich diskussionsfreudiger und argumentationsoffener war als in üblichen Ausschußsitzungen des Parlaments, mußte jedoch auf die Erwartungshaltung der Abgeordneten Rücksicht genommen werden, die meist ergebnisorientiert argumentierten und denen die Einhaltung einer taktischen Linie wichtiger sein mußte als die Problematisierung durch immer neue Argumente oder auch nur Fragen und Arbeitsaufträge. Zu dieser Erwartungshaltung gehörte es auch, daß viele Fragen vor den Sitzungen – in Vorgesprächen der "Bänke" oder in den begleitenden Fraktionsarbeitskreisen – vorgeklärt wurden. Die Durchsetzungschancen des Sachverständigen waren um so größer, je mehr es ihm gelang, seine eigenen Vorstellungen zu denen der gesamten "Bank" zu machen, der er zugerechnet wurde. Dazu gab es viele Gelegenheiten, da auch die Abgeordneten froh waren, Anregungen und Formulierungshilfen aufgreifen zu können – soweit dadurch die allgemeine Linie nicht gestört wurde. Unvermeidlich war insofern aber ein Stück Verfahrensverstrickung.

Selbstverständlich hätte jeder Sachverständige je für sich "autonom" bleiben und seine eigene Position ohne Anbindung an Dritte formulieren können.[100)] Eine solche Abweichung von der "Geschäftsgrundlage" seiner Berufung in die Kommission hätte er jedoch nur um den Preis der weitgehenden Isolierung, insbesondere des Verzichts auf Informationszugang und die Mitwirkung an der wichtigen "Vorformulierung" von Positionen, erlangen können. Ihm blieb praktisch nur die Alternative, zum folgenlosen "Einzelkämpfer" – unabhängig und aufrecht, aber wirkungslos – zu werden oder zu versuchen, seine eigene Position dadurch durchsetzen zu helfen, daß er das Diktat spezifisch-parlamentarisch geprägter Entscheidungsmodi akzeptierte. Ihm blieb nicht einmal die Möglichkeit, mit anderen Sachverständigen eine hinreichend große "Fraktion" Gleichgesinnter zu bilden: Die Sachverständigenbank war zu heterogen und zu sehr unter Ausrichtung auf die politischen Grundorientierungen zusammengesetzt.[101)]

Theoretisch hätte auch die Möglichkeit bestanden, daß jeder Sachverständige sich auf sein spezifisches Fachgebiet zurückgezogen und dadurch eine relativ unangreifbare Position eingenommen hätte. Aber auch dies war nicht die Geschäftsgrundlage seiner Berufung. Zu allen Fragen war Stellung zu beziehen. Wenn eine Analyse nach dem Mehrheitsprinzip zustande kommt, darf es eigentlich keine Verweigerung und keinen Rückzug in Nischen geben: Jeder steht im Entscheidungszwang und muß Routinen entwickeln, die fehlende Sachkompetenz im Entscheidungsverhalten zu kompensieren.

Die damit für die Sachverständigen, insbesondere die Wissenschaftler, ausgelösten (Intra-)Rollenkonflikte waren praktisch unausweichlich. Dem eigenen Rollenverständnis eines Wissenschaftlers widerspricht es allerdings regelmäßig, wenn er veranlaßt wird, das Anspruchsniveau erheblich zu reduzieren, komplexe Zusammenhänge zu simplifizieren, auf Autonomie bei der Problemwahrnehmung und -analyse weitgehend zu verzichten und gegebenenfalls zu "kumpanenhafter Solidarität" mit einer "Fraktionsbank" bereit zu sein. Solche Konzessionen nehmen ihm auch die Möglichkeit, Autonomie gegenüber dem parlamentarischen Handlungsfeld "darstellen" zu können. Selbst wenn es dem Sachverständigen in der Beratungssituation gelingt, eine (zumindest subjektiv empfundene) Unabhängigkeit zu bewahren, ist es ausgeschlossen, die im Wissenschaftsbetrieb meist geschätzte und übliche Darstellung von Neutralität durchzuhalten: Wer sich aktiv an parlamentarisch eingebundener Politikberatung beteiligt und dabei inhaltliches Engagement einsetzt[102)], kann sich nicht hinter einer Fassade der Wertneutralität verbergen. Dies ist allen Beteiligten bewußt. Dennoch kann die offene Durchbrechung eines Darstellungstabus ihrerseits "Kosten" haben. So ist vielfach beobachtet worden, daß in der Bürokratie und vermutlich auch in anderen Bereichen bis hin zum Parlament eine negative Einstellung gegenüber einem politisch-aktiven Rollenverständnis eines wissenschaftlichen Politikberaters besteht.[103)] Zumindest kann die Durchbrechung des Tabus von Dritten genutzt werden, um eine diesem unerwünschte Position des jeweiligen Wissenschaftlers durch Hinweis auf dessen angeblich "unwissenschaftliches" Verhalten zu diskreditieren. Die Abweichung von dem Idealtyp des "Sachverwalters objektiver Erkenntnisse" ist für die Wirkungschance des Wissenschaftlers um so abträglicher, je mehr seine Akzeptanz von entsprechenden Attributen einer sozial zugeschriebenen "Wissenschaftlichkeit" abhängt.

Gerade solche Attribute scheinen aber in dem vordringlich an der Legitimationsfunktion von Sachverstand interessierten politisch-administrativen Raum gefragt zu sein. Das im parlamentarischen Umfeld "an sich" rollenkonforme Verhalten der "Parteinahme" kann insofern dysfunktionale Folgen für argumentative Wirkungschancen haben. Vielleicht könnte eine Neubestimmung der Rolle des wissenschaftlichen Sachverständigen – etwa unter Anknüpfung an und in Fortentwicklung von Konzepten der Aktionsforschung – solche Konflikte mildern helfen. Das Wissenschaftssystem ist darauf jedoch ebensowenig vorbereitet wie das politisch-administrative.

4. Insbesondere: Technologiefolgenanalyse zwischen Konsens und Konflikt

a) Konsens über die Notwendigkeit eines Konsenses

Zu den besonders folgenreichen Vorentscheidungen der EK-IuK gehörte der Versuch, Konsense bei der Problemwahrnehmung und -verarbeitung zu finden. Der politische Kompromiß gehört sicherlich zu den "größten Erfindungen der Menschheit"[104] und ist in pluralistisch strukturierten Entscheidungssystemen unverzichtbar.[105] Ungeachtet aller Konflikte war die EK-IuK lange Zeit um "einvernehmliche" Feststellungen bemüht. Die anfangs in der Regierungsverantwortung stehenden Parteien SPD und FDP waren offensichtlich darauf aus, das öffentliche Konfliktpotential nicht zu steigern und die Regierungsfähigkeit bzw. die Koalition nicht durch zu viele Konfliktfelder zu gefährden. Die CDU/CSU strebte eine Stimulierung des vermehrten Einsatzes der IuK-Techniken an. Ein tiefgreifender, öffentlich ausgetragener Konflikt hätte Schwierigkeiten bei der Durchsetzung der Technologien, wenn nicht gar das Risiko der Loyalitätsverweigerung eines wichtigen Teils der Gesellschaft auslösen können. Der parteipolitische Entscheidungsrahmen enthielt insofern eine Disposition zur Konfliktminimierung und Konsenssuche. Diese Grundorientierung harmonierte mit den meisten der von der IuK-Technik betroffenen Wirtschaftsinteressen. In einer – für die EK-IuK erarbeiteten – Interessenanalyse hat *Zerdick*[106] plausibel gemacht, daß das Spektrum der meisten tangierten Interessen durch einen bemerkenswerten Gleichklang gekennzeichnet war. Es gab zwar unterschiedliche Präferenzen in der Industrie und es wurden unterschiedliche Strategien empfohlen; in der Grundlinie einer prinzipiellen Befürwortung der Nutzung der IuK-Techniken für möglichst viele Anwendungsbereiche bestand jedoch ein Konsens im externen Interessenfeld. Insofern gab es auch – vor allem in industriepolitischer Hinsicht – keinen prinzipiellen Dissens zwischen der Kommunikationswirtschaft und der Bundesregierung. Diese Übereinstimmung in den Grundlinien hätte eher gestört werden können, wenn die EK-IuK sich in konflikthafter Weise mit dem Thema befaßt hätte. Dieses politische Setting wurde auch nicht durch machtvolle Gegeninteressen gestört. Soweit es Widerstandspotential gab, war dieses diffus und unorganisiert. Die warnenden Stimmen der Gewerkschaften, Kirchen, familienorientierter Verbände, jugendschützender Organisationen usw. hatten es schwer, ihre – meist auf angreifbaren Einschätzungen beruhenden – Befürchtungen argumentativ erfolgreich gegen das ökonomisch-technologische Argument zu formulieren und zu verteidigen.

Weder bei den Parteienvertretern noch bei der Mehrzahl der Sachverständigen bestand eine Bereitschaft, das gesellschaftliche Konfliktpotential auszuloten und dabei auch Konflikte sichtbar zu machen, die in der Öffentlichkeit bisher unerkannt geblieben waren. Diese Grundhaltung wurde durch die Einschätzung gestützt, daß die Arbeit der Kommission nur dann politisch sinnvoll sein würde, wenn soweit wie möglich einvernehmliche Feststellungen und Empfehlungen zustande kämen. Die Sachverständigen erklärten sich – zum Teil nach Zögern – zur Unterstützung dieses Versuchs bereit.

b) Bestärkung der Konsensstrategie aufgrund der konkreten Arbeitssituation

Die Möglichkeiten einer Kommission werden durch die konkrete Arbeitssituation geprägt. Zu erwähnen sind u.a. die Zeitenge – der Auftrag sollte ursprünglich in einem Jahr erledigt sein – und die Notwendigkeit für die Kommissionsmitglieder, die Aufgabe zusätzlich zu ihren sonstigen Tätigkeiten in ehrenamtlicher Weise auszuführen. Alle hatten mit beruflicher Rollenhäufung fertig zu werden, die Zeitrestriktionen bedingte und Möglichkeiten schuf, auf zu starke Konflikte bei der Tätigkeit der EK-IuK durch Rückzug in andere Tätigkeitsfelder zu reagieren. Sie hatten Erfahrungen nicht nur allgemein im Konfliktmanagement und mit Entscheidungsdruck trotz Entscheidungsunsicherheit, sondern auch in konsensstrategischen Arbeitsabläufen. Zu den Strategien des sparsamen Umgangs mit Zeit gehörte der Versuch, pragmatische Wege der Problembearbeitung unter Vermeidung zeitraubender Konflikte zu suchen.

Konsensfördernd wirkte auch das allgemeine politische Klima im Parlament. Ungeachtet des in der Öffentlichkeit gelegentlich zelebrierten Bildes erregten Streits herrscht im Bundestag in der Tagesarbeit ein eher kooperatives Arbeitsklima. Die meisten Abgeordneten kennen sich seit langem und haben gelernt, eine Balance zwischen interner kooperativer Arbeitsbewältigung und externer Konfliktdarstellung herzustellen. Zur Stabilisierung der Interaktionsbeziehungen trugen auch private bzw. gesellschaftliche Kontakte bei. Besonders wichtig – vermutlich wichtiger als die zur Begründung reklamierte Informationsverschaffung – waren hierfür Auslandsreisen, die trotz der Zeitknappheit ausgiebig durchgeführt wurden.[107)] Sie trugen allem Anschein nach stark dazu bei, die wechselseitige Interaktion auf größere persönliche Vertrautheit zu stützen.

Für die externen Kommissionsmitglieder waren solche Anpassungsmechanismen nur in begrenzter Weise wirksam. Aber auch sie waren aufgrund ihrer jeweiligen beruflichen Umfelder und der damit verbundenen Rollenerwartungen eher auf Kooperation ausgerichtet. Vertreter von Organisationen, die Tradition in einer offen-konfliktreichen Interessendurchsetzung haben – wie z.B. von Gewerkschaften –, waren in der Kommission nicht vertreten. Selbst die Hochschullehrer, die aufgrund ihrer beruflichen Position am wenigsten auf die Fortdauer von Kooperationsbeziehungen mit dem Parlament oder den beteiligten Ministerien angewiesen waren, tendierten eher zur Kompromißlinie. Manche von ihnen waren in vielen grundsätzlichen Fragen allerdings stärker Träger von Konflikten als die Abgeordneten.

c) Konfliktpotentiale im politischen Umfeld

Trotz dieser grundsätzlichen Konsensneigung gab es eine Fülle von Konfliktanlässen, die zur Ergänzung, nicht aber zur prinzipiellen Gefährdung der Konsensstrategie genutzt wurden. Dabei wurde auf der Ebene der Darstellung gegenüber der Öffentlichkeit zum Teil ein Mehr an Konflikt zelebriert als in den internen Ausschußsitzungen. Im Zuge des Koalitions- und Regierungswechsels und der damit eintretenden Neuorientierung veränderte sich das Konsens- und Konfliktszenario allerdings erheblich. Die "Geschäftsgrundlage" für Konsensversuche war entfallen. Der "neuen" Mehrheit gelang es, durch Nutzung der Verfahrensherrschaft jegliche inhaltliche Arbeit der Kommission zu verhindern. Sitzungen wurden in großer Zahl abgesagt bzw. verlegt, und wenn sie stattfanden, wurde mit Hilfe der Entscheidungsmacht über die Tagesordnung und unter Ausnutzung von Verfahrensregeln eine inhaltsbezogene Arbeit geschäftsordnungsmäßig gar nicht erst zugelassen. Die Konfliktaustragung geschah rund ein halbes Jahr lang auf der Ebene von Verfahrensstreitigkeiten.

Parlamentarische Verfahrensnormen eignen sich für Verzögerungs- und Blockadestrategien gut – weit besser als zur Durchsetzung "positiver" Arbeit. Den Betreibern dieser Strategie kam zugute, daß den Befürwortern einer Arbeitsfortsetzung (nunmehr) die Stimmenmehrheit fehlte. Eine Minderheit kann zwar die Einsetzung einer Enquete-Kommission verlangen; es gibt aber keine Verfahrensminderheitsrechte, um die Erfüllung des Arbeitsauftrags zu erzwingen.

Die nahende Auflösung des Bundestages erleichterte zudem die Verfolgung der Blockadepolitik. Ausgegangen wurde von dem – ansatzweise in § 56 Abs. 4 GeschO BT verankerten – Grundsatz der Diskontinuität einer Enquete-Kommission, so daß ein Bericht vor Zusammentritt des neuen Bundestages abgeliefert werden mußte. Der Zeitdruck verschlechterte die Position der Befürworter einer Arbeitsdokumentation: Die Erreichung ihres Ziels konnte von der "anderen Seite" durch schlichte Verzögerung vereitelt werden. Die Minderheit mußte daher gegen die Zeit und gegen das Blockadepotential des Verfahrensrechts anarbeiten.

Nach langen Verhandlungen und unter Einsatz informeller Bargaining- und Pressionsstrategien gelang es, die alte Konsenslinie in qualitativ veränderter und reduzierter Form wieder aufzunehmen. Die Aufbereitung der Materialien zu einer Art "Arbeitsdokumentation" – dem "Zwischenbericht" – war nunmehr Gegenstand der Konsensbemühungen. Diese – an sich nur dokumentarischen – Anstrengungen wurden von mehr und heftigeren Konflikten begleitet als die inhaltliche Kommissionsarbeit in den Phasen davor. Der Streit um die Art und Inhalte der in den Bericht aufzunehmenden Teile war nunmehr auf der Detailebene eine Fortsetzung des vorherigen Streits um die Verabschiedung eines Berichts als solchem.

Vor allem richteten sich die Versuche der Mehrheit darauf, bestimmte Themen vollständig aus dem Bericht zu eliminieren. Vermutlich wurde das schon in der Thematisierung liegende Konfliktpotential als groß oder doch unkalkulierbar eingeschätzt. Als die Verhindernung nicht gelang, bestand die Abwehrstrategie in Versuchen, die bisherigen Arbeitsunterlagen durch Betonung unterschiedlicher Positionen, zum Teil durch erst jetzt formulierte Gegenstellungnahmen, abwertende Kommentare usw. zu relativieren und zugleich den Stellenwert einzelner Vorlagen zu minimieren.

Im Zwischenbericht ist dieses Vorgehen auf verschiedene Weise dokumentiert. Zum einen gibt es unterschiedliche Textfassungen, zum Teil unter ausdrücklicher Zurechnung zu den verschiedenen "Bänken", zum Teil unter bloßer Erwähnung der Kontroverse. Die entsprechenden gegensätzlich formulierten ("kontradiktorischen") Textfassungen waren größtenteils – nicht ausschließlich – schon in der Arbeitsphase der Kommission mit dem Ziel erstellt worden, nicht überbrückte Dissense zu kennzeichnen. Zum anderen gibt es im Zwischenbericht "Anmerkungen" mit abweichenden Positionen zum Haupttext, die in der großen Mehrzahl erst nach Abschluß der inhaltlichen Arbeit formuliert und in Fußnotenform dem Bericht beigefügt worden sind. Im Zuge einer Dissensdarstellungsstrategie wurden nachträglich gewissermaßen Duftmarken der Konflikthaftigkeit verspritzt, nachdem es nicht gelungen war, das entsprechende Revier zum thematischen Niemandsland zu erklären.

Auf der öffentlichen Bühne konnte nunmehr vorgeführt werden, wie hart und kompromißlos – bei allem Streben nach Konsens – in der EK-IuK gefochten worden war. Zugleich mögen auch solche persönlichen Motive wie die Aussicht mitgespielt haben, gegenüber der Öffentlichkeit bzw. der eigenen Klientel einen Aktivitätsnachweis zu erbringen. Die nunmehr beschlossene Praxis der Namensnennung der Verfasser abweichender Anmerkungen war hierfür vermutlich ein Stimulus. In – wenn auch begrenzter Weise – wurden die Anmerkungen zudem genutzt, um erstmals Positionen zu kennzeichnen, die so zuvor in der Kommissionsarbeit überhaupt nicht thematisiert worden waren. Die Unmöglichkeit des Nachfragens und der vertiefenden Replik wurde gewissermaßen genutzt, um einseitig Pflöcke zu setzen. Besonders öffentlichkeitsbedeutsam ist insofern eine ausgiebige Anmerkung, in der von sachverständiger Seite ein detaillierter Zeitplan der möglichen Einführung der Glasfaser-Technologie vorgelegt und eine von früheren Annahmen der Kommission weit abweichende Schätzung der Investitionskosten der Glasfaser-Verkabelung – geschätzt wurde die gigantische Summe von DM 300 Milliarden – vorgelegt wurde.[108)] Angesichts der Zentrierung des Kommissionsstreits auf die Netzausbaustrategie – für die Zeitplan und Kosten maßgebende Bedeutung haben – drängen sich Vermutungen über den strategischen Einsatz der Informationsgewährung an die Öffentlichkeit geradezu auf, wenn solche wichtigen Aussagen bis zu einem Zeitpunkt zurückgehalten werden, in dem Korrekturen, Ergänzungen u.a. verfahrensmäßig ausgeschlossen sind.

Nunmehr rächte es sich, daß durch die Konsens- und Kompromißbemühungen in der Anfangsphase viel Kraft und Zeit verbraucht worden waren, die jetzt nicht mehr verfügbar waren, um profilierte Aussagen zu erstellen, Wissensdefizite präzise zu beschreiben, normative Positionen kontrastreich zu entwickeln oder gar alternative Szenarien zu entwerfen. In der Phase der Arbeitsblockade wurde sichtbar, daß das anfängliche Konsens- und Kompromißstreben mitgeholfen hatte, ein Potential zur Fesselung, zur Verhinderung einer zukunftsorientierten Aufarbeitung komplexer und konflikthafter Sachverhalte aufzubauen.

Wird die Kommission an ihrer aufklärerischen Aufgabe gemessen, so liegt die Hypothese nahe, daß wirkungsvolle Voraussetzungen für das Scheitern nicht durch ein Zuwenig an Konsenssuche, sondern eher durch zuviel davon – und zwar des Konsensbemühens um jeweils *eine* Position – geschaffen worden waren. Die IuK-Techniken gehören zu den Politikbereichen, in denen das Konfliktpotential – und sei es nur der Dissens über den Steuerungsbedarf – so groß ist, daß Konfliktverarbeitung im Sinne der Konfliktauflösung gegenwärtig kaum möglich ist und in denen die Konsenssuche deshalb am ehesten zur Problemvertuschung führen kann. Auch handelt es sich um ein so komplexes Feld, daß vermutlich nur ein Denken in Alternativen weiterhilft. Die Suche nach "einzig richtigen" Feststellungen als Grundlage möglichst einhelliger Empfehlungen drohte zu einer unüberwindbaren Hürde von Konsensstrategien zu werden. In der EK-IuK hätte ja auch die Möglichkeit bestanden, Konsens über unterschiedliche Alternativen/Strategien zu finden, d.h. diese jeweils konsistent auszubauen. Dem hatte jedoch das dominante Bestreben entgegengestanden, die jeweils *andere* Seite zu fesseln. Das strategisch-parteipolitische Kalkül hatte den Weg versperrt, Offenheit und Alternativenvielfalt als problemangemessene Verfahrensprinzipien zu akzeptieren. Die Kommission hatte gewissermaßen Konsens zur Unzeit gesucht. Dies hatte es erleichtert, den Konflikt später auf die Verfahrensebene zu verlagern und das Blockadepotential von Verfahrensrecht zu nutzen.

d) Modellierarbeiten an einer gesichtswahrenden Version

Blockaden und sonstige gezielte Maßnahmen zur Verhinderung des Arbeitserfolgs dürften in der Öffentlichkeit auf wenig Verständnis stoßen. Deshalb war eine andersartige Darstellungsform gefragt. Sie konnte auch einer Interpretation vorbeugen helfen, nach der das offensichtliche Scheitern als persönliches Versagen der Kommissionsmitglieder gewertet werden könnte. Bundestagskommissionen vermitteln gelegentlich den Abgeordneten Chancen der Profilierung, und sie können ein Sprungbrett für neue Aufgaben sein (Rekrutierungsfunktion). Solche Chancen wollen gewahrt bleiben. Die Kommission nutzte Möglichkeiten, ausdrücklich "akzeptable" Ursachen des Scheiterns zu benennen. Dies klingt im Zwischenbericht z.B. so:[109)]

"Angesichts des durch die vorzeitige Beendigung der neunten Wahlperiode entstandenen Zeitdrucks war jedoch eine weitere wissenschaftliche Durchdringung der Problematik und die Fortführung des Einigungsprozesses nicht mehr möglich. In mehreren Bereichen blieb deshalb keine andere Wahl, als lediglich die unterschiedlichen Positionen zu dokumentieren".

Von einer über halbjährigen Blockade ist ebensowenig die Rede wie von monatelangem Streit über die Art der Darstellung der Kommissionsarbeit in dem Zwischenbericht. Erst recht wird nicht thematisiert, welche anderen Gründe als Zeitmangel eine solche Kommission zum Scheitern bringen können bzw. gebracht haben.

D. Abschließende Anmerkungen

Die beschreibende Analyse der Kommissionsarbeit soll für sich sprechen. Im folgenden wird es nur darum gehen, noch einzelne Anmerkungen zu den Möglichkeiten der Politikberatung zu formulieren.

I. Internalisierung des Realitätsdrucks

Die möglichen Vorteile der Binnenberatung der Politik liegen in der unmittelbaren Teilhabe an (parlamentarischen) Entscheidungsprozessen. Die Chance zur direkten Entscheidungsbeeinflussung wird jedoch durch unvermeidbare inhaltliche und verfahrensmäßige Abstriche erkauft. Schwer oder gar nicht überwindbar sind Risiken des selektiven Zugriffs, der Filterung, des Thematisierungsverzichts und der Abschwächung in Konsensformeln oder öffentlichkeitsbezogenen Darstellungsmustern. Positionen, die dem üblichen Vorverständnis von Parlamentariern entsprachen, die den Ressortpolitiken entgegenkamen bzw. die sich in das parteipolitische Geflecht nahtlos einfügen ließen, hatten in der EK-IuK bessere Chancen, unverfälscht rezipiert zu werden als grundsätzlich kritische Positionen oder ungewohnte Blickweisen. Die Resonanzchance für Sachverständige war um so größer, je stärker deren Position inhaltlich und formal auf das parlamentarische Resonanzpotential abgestimmt war, d.h. pragmatische Reduzierungen vornahm.

Die parlamentarische Indienstnahme von Sachverstand und die Einbindung der Politikberatung in eine "gemischte Kommission" hat es den Sachverständigen sicherlich erleichtert, die aktuellen politischen Kontroversen zu erkennen und gleichzeitig die Einbindung in das politische Interessenfeld anschaulich zu erleben. Dieser Anschauungsunterricht in praktischer Politik dürfte das Gefühl der Unausweichlichkeit mancher Weichenstellung verstärkt und die Bereitschaft gefördert haben, das politisch "Machbare" als Grenze der Analyse und entsprechender Folgerungen zu akzeptieren. Das parlamentarische Umfeld war gewissermaßen ein Mahnmal täglich erlebbarer Handlungsrestriktionen und insofern ein wichtiger Transformator politischer Handlungszwänge in die Sphäre eigener Reflektion und des Umgangs mit kreativer Phantasie zur Entdeckung von Handlungsalternativen. Die auf eine gewisse Dauer gestellte Zusammenarbeit mit Parlamentariern, Ministerialbeamten und den durch Stellungnahmen oder informelle Einflußversuche präsenten Interessenvertretern war auch für die externen Mitglieder ein Nährboden zur Internalisierung des "Realitätsdrucks". Es war zwar möglich, über theoretische Handlungsspielräume der Politik, Belege für die Gestaltbarkeit technologischer Entwicklungen und ihres Einsatzes, die Parteilichkeit der mit technologischen Innovationsträgern koalierenden ökonomischen Interessen usw. nachzudenken. Kaum möglich war es jedoch, den parlamentarischen Akteuren angesichts der Einbindung in eine Vielzahl von inhaltlichen Vorprägungen, persönlich-institutionellen Rücksichtnahmen und taktisch-strategischen Konzepten in überzeugender Weise einen eigenständigen Weg praktischer Gestaltung zu weisen. Der Einwand begrenzter "Machbarkeit" und der Hinweis auf die ohnehin unaufhaltsame, international gesteuerte Technologieeinführung erstickten die Reflektion über Alternativen.

II. Spielräume der Politikberatung

Vorschnell wäre es, aus einer solchen Analyse zu folgern, externe – insbesondere wissenschaftliche – Sachverständige hätten gar keine Chancen für folgenreiches Wirken.[110)] Sachverständige Vorarbeit kann z.B. auch wichtig und hilfreich sein, um das Machbare "machen" zu helfen und insbesondere taugliche Wege inkrementeller Politikveränderung auszuloten. Auch dürften die Resonanzchancen im politisch-administrativen Umfeld gut sein, soweit jedenfalls eine begrenzte Deckungsgleichheit mit der Problemwahrnehmung oder dem gewünschten Ergebnis in der Politik besteht, oder soweit noch eine offene, nicht in fertige Verhaltenskonzepte und stabilisierte Machtkonstellationen gezwängte Analysesituation besteht. Kommt die wissenschaftliche Analyse zudem den Legitimationsbedürfnissen der Politik entgegen, so dürfte sie freudig begrüßt werden. Sie kann dies nutzen, um eine überschießende Tendenz zu entfalten und insofern Handlungsmöglichkeiten erfolgreich mitzuprägen.[111)] Ist der

Arbeitsauftrag einer Kommission im Sinne der Nutzbarkeit solcher Möglichkeiten begrenzt, bzw. wird er entsprechend gehandhabt, so ist zu erwarten, daß die oben (B.) skizzierten Steuerungsfaktoren produktiv genutzt und Mißerfolge vermieden werden können. Daher überrascht es nicht, daß es eine Reihe von Erfolgsmeldungen auch in der Binnenberatung der Politik gibt. Dabei wird es im Einzelfall schwer auszumachen sein, ob und wieweit die Beratung die inhaltlichen Ergebnisse oder gar deren Umsetzung in Gestaltungsentscheidungen geprägt oder aber nur legitimiert und bestärkt hat.

Auch ist es möglich, daß andere personelle und institutionelle Rahmenbedingungen den Sachverständigen Möglichkeiten zum Entrinnen aus der Verstrikkung in parlamentarische Kalküle und Taktiken bieten. Prototypisch ist möglicherweise die erste Kernenergie-Enquete, in der sich die Sachverständigen deutlich von den parteipolitischen Zuordnungen emanzipieren und unerwartete Koalitionen eingehen sowie Themen setzen, Verfahren prägen und Lernprozesse bei vielen Beteiligten (mit-) initiieren konnten.[112)] Es ist aber möglicherweise kein Zufall, daß das Ende der Legislaturperiode vom Parlament genutzt wurde, um danach bei der Zusammensetzung der neuen Kommission – der Kernenergie-Enquete II – für den Austausch von Sachverständigen zu sorgen und die Koalitionsschlachtlinien neu (d.h. in üblicher Weise) zu ordnen. Wohl auch kein Zufall ist, daß der Bundestag die (begrenzten) Empfehlungen der zweiten Kommission umsetzte, nicht aber die der ersten.[113)] Dabei dürfte die Umsetzung der Empfehlungen – es ging um die Inbetriebnahme des Schnellen Brüters in Kalkar – auch durch ihren punktuellen Entscheidungsbezug und die Kapitulation der Kommission vor dem viel weiterreichenden Auftrag erleichtert worden sein.

Die erwähnten Möglichkeiten konstruktiver Politikberatung ändern jedoch nichts an dem Befund deutlicher Grenzen. Eine Illusion dürfte es sein, eine nachhaltige Verschiebung dieser Grenzen durch punktuelle Veränderung der skizzierten Rahmenbedingungen erwarten zu wollen. Fast alle organisatorischen, verfahrensmäßigen und personellen Steuerungsfaktoren scheinen ambivalent einsetzbar zu sein, so daß sie vermutlich stets mit dem Ziel der Sicherung einer spezifischen "Verwendungstauglichkeit" des Sachverstands genutzt werden können. Wenn alles nichts nützt, kann zumindest das Obstruktionspotential der parlamentarischen Entscheidungsprozesse aktiviert werden. Diese Feststellung soll nicht entmutigen, einzelne Änderungen in den Steuerungsfaktoren zu erwägen. So kann schon bei der Zusammensetzung für personelle Gegenstromelemente – etwa in Anlehnung an die Idee des Umkehrproporzes – und für andere (z.B. sozialwissenschaftliche) Sachverstandsqualifikationen gesorgt werden. Auch kann den externen Sachverständigen eine gewichtigere Position eingeräumt werden – schon zahlenmäßig, aber eventuell auch bei der Auswahl des Vorsitzenden. Die Sicherung der Neutralität der Geschäftsstelle kann ebenso helfen wie eine gesteigerte Möglichkeit der Mitglieder zur Nutzung eigener

Berater und zur punktuellen Hinzuziehung von zusätzlichen Sachverständigen, etwa auf Antrag einer qualifizierten Minderheit. Auch auf der Programmebene – so etwa bei der Formulierung des Arbeitsauftrags – kann die Abkehr von allumgreifenden Pauschalaufträgen helfen; gleichzeitig könnte schon im Arbeitsauftrag der Beratungsanspruch verändert und z.B. auf die Analyse alternativer Szenarien und die Bereitstellung alternativer Lösungsansätze konzentriert werden.

III. Zur Rolle der Wissenschaft in der Politikberatung

Dies wären marginale Änderungen. Je stärker mögliche Änderungen die parlamentsbezogene Verwendungstauglichkeit der Ergebnisse zu gefährden drohen, um so größer ist jedoch das Risiko, daß Analysen und Empfehlungen jedenfalls nicht in parlamentarisches Entscheidungsverhalten transformiert werden. Naiv wäre die Hoffnung, in Politikbereichen mit einem intensiven Konfliktpotential eine erfolgreiche Konfliktauflösung in einem parlamentarischen Beratungsgremium organisieren zu können. Da die meisten Konflikte eher auf unterschiedliche Interessen als auf unterschiedliche kognitive Möglichkeiten verweisen dürften, wäre auch die Hoffnung verfehlt, Sachverstand oder gar Wissenschaft könnten die Konflikte auflösen.[114)] Wissenschaftler, die über die fehlende Bereitschaft zur Akzeptanz von Wissenschaft klagen, sollten zunächst einmal ihre Erkenntnismöglichkeiten zur Analyse der realen Bedingungen der Akzeptanz einsetzen. Die Bedeutung von Erkenntnisinteresse und Verwendungszusammenhang von wissenschaftlicher Forschung für Methoden und Ergebnisse ist im Wissenschaftssystem selbst kein Geheimnis. Außerhalb des Wissenschaftssystems besteht meist eine noch größere Vielfalt von möglichen Erkenntnisinteressen und Verwendungszusammenhängen. Daß die politische Praxis bemüht bleibt, ihre eigenen Referenzsysteme funktionsfähig zu halten, darf niemanden überraschen. Eine Chance für die Wissenschaft besteht insofern allenfalls darin, sich auf eine strategische Interaktion mit der Praxis einzulassen, den Verwendungszusammenhang zu beeinflussen und der Instrumentalisierung nach Möglichkeit auszuweichen.[115)]

Allerdings ist die Frage an die Wissenschaft zu stellen, ob sie darauf vorbereitet ist – und vorbereitet sein will –, sich so umzurüsten. Wieweit ist sie bereit und fähig, den spezifischen Verwendungszusammenhängen Rechnung zu tragen, eventuell diese sogar selbst zu prägen? Die Dominanz praktischer Verwendungstauglichkeit bzw. politisch-administrativer "Verdaulichkeit"[116)] wird vermutlich unentrinnbar sein, wenn Wissenschaft sich an die Prioritäten (Aufträge und Grenzen) hält, die in der Tagesordnung praktischer Politik vorgegeben sind. Bisher gibt es kein Modell der Binnenberatung der Politik, das einen Ausweg weist. Will die Wissenschaft aus solchen Zwängen ausbrechen und ein Stück Autonomie bewahren, so wird sie andere Wege des Transfers ihrer Ergebnisse in praktisches Handeln nutzen müssen. Die Ratlosigkeit ist groß.[117)] Vorschläge gibt es nur als Andeutungen; erwähnt sei z.B. die Empfehlung, gesamtgesellschaftliche Prioritäten und Themenlösungen über die öffentliche Meinung zu beeinflussen[118)] oder über einen veränderten Praxiskontakt durch Ankoppelung der Wissenschaft an soziale Bewegungen[119)]. Die akademische Wissenschaft hat sich demgegenüber eher auf Kooperation mit den politisch-administrativen Handlungsträgern eingestellt. Dabei wird sie gegenwärtig jedoch zunehmend von der kommerziell organisierten Auftragsforschung verdrängt[120)], die schon aus ökonomischen Gründen darauf angewiesen ist, Verwendungstauglichkeit von Forschung als Verkaufsargument zu nutzen. Dies beeinflußt Fragestellungen und Methoden – beispielsweise die Bevorzugung leicht handhabbarer quantitativer Erhebungen mit allerdings begrenztem Aussagewert – sowie einsetzbare Theoriestücke und es verführt einen Teil der akademischen Forschung zu antizipativer Selbstanpassung.[121)] Der Erkenntnisgewinn solcher sogenannter Forschung ist gering, die Tauglichkeit für Legitimationszwecke aber häufig herstellbar. Spielräume praktischer Politik werden von ihr nicht verschüttet, und es werden Legitimationshilfen bereitgestellt. Es harmoniert mit den Bedingungen parlamentarischer Verwendungstauglichkeit, wenn nunmehr (wieder) über institutionelle Einbindungen der Auftragsforschung nachgedacht und z.B. deren Ankoppelung an eine auf Dauer gestellte Enquete-Kommission zur Technologiefolgenabschätzung empfohlen wird.[122)]

Demgegenüber bleibt weiter zu fragen, ob die Nähe zur Politik der Wissenschaft "bekommen" kann, ob insbesondere die Kraft der Wissenschaft ausreicht, einen eigenen Referenzrahmen zu setzen, seine Bedeutung in der Durchführung zu sichern und gegebenenfalls eine kritische Funktion von Wissenschaft zu bewahren.[123)] Die Gefahren der Finalisierung der Wissenschaft und ihrer staatlichen Reglementierung deuten auf zwei Problemebenen. Gegebenenfalls – nicht notwendig stets – wird das Bestreben um Distanz sich auch in dem Verzicht auf die Mitwirkung – z.B. an der Binnenberatung der Politik – auswirken müssen.[124)]

Wer Autonomie als Grundbedingung wissenschaftlichen Erkennens begreift, muß gelegentlich in Kauf nehmen, von der Praxis unverstanden zu bleiben. In diesem Sinne wird der Autor dieser Abhandlung es auch mit Fassung zu tragen versuchen, wenn andere Mitglieder der EK-IuK deren Arbeit ganz anders bewerten und andere Mißerfolgsursachen bezeichnen sollten.

Anmerkungen

* Notwendig ist eine Anmerkung über die Gewinnung des Materials. Die Fallanalyse gilt der Arbeit einer Kommission, der ich als Mitglied angehört habe. Ich habe in ihr mit dem Ziel

mitgearbeitet, die Analyse inhaltlich zu beeinflussen, nicht etwa mit der Absicht, später über die Verfahrensweisen, Strategien u.ä. zu berichten. Dementsprechend ist die folgende Darstellung nicht das Ergebnis einer systematisch geplanten und durchgeführten teilnehmenden Beobachtung, sondern der Versuch, einige Beobachtungen nachträglich zu skizzieren. Die der Analyse zugrunde gelegten Beobachtungen habe ich unmittelbar nach der Arbeit festgehalten und die entsprechenden Dokumente aufbewahrt. Wegen der aus der eigenen Mitarbeit resultierenden Befangenheit habe ich die Auswertung selbst allerdings erst nach großem zeitlichen Abstand begonnen. Die gleichwohl fortbestehende Befangenheit nötigt mich zur Zurückhaltung, insbesondere zu dem Verzicht, die eigene Rolle und eigene Strategien zu thematisieren oder gar einen Saldo des Erfolgs oder Mißerfolgs eigener Initiativen zu ziehen. Es werden nur einzelne – mir typisch erscheinende – Beobachtungen wiedergegeben. Nicht alle solche Beobachtungen lassen sich dokumentarisch belegen. Auch werde ich bemüht sein, Vertraulichkeitsobliegenheiten und Persönlichkeitsschutzgebote zu respektieren. Ich hoffe jedoch, daß die Darstellung auch so genügend Plausibilität gewinnt.

1 P. Noll, Gesetzgebungslehre, Reinbek 1973, S. 55, 59 ff. S. ferner W. Maihofer, Der Beitrag der Wissenschaft zur Vorbereitung von Gesetzen, in: W. Maihofer u.a., Theorie und Methoden der Gesetzgebung, Frankfurt/M. 1983, S. 9 ff., 10; W. Bruder, Sozialwissenschaften und Politikberatung, Opladen 1980, S. 16 ff.; O. Weinberger, Rechtspolitische Institutionenanalyse, in diesem Band. Stellvertretend für viele stehe hier die Einschätzung von P.v. Oertzen, Das Verhältnis von Wissenschaft und Politik aus der Sicht des Politikers, Politische Vierteljahresschrift 1978, Sonderheft Nr. 9: "Die Wissenschaft ist die größte und entscheidende Produktivkraft unserer Gesellschaft".

2 Die Art der Rezeption im einzelnen ist jedoch wenig erforscht, s. Bruder (Anm. 1), S. 11 f.; J. Krüger, Wissenschaftliche Beratung und sozialpolitische Praxis, Stuttgart 1975.

3 U. Beck/C. Lau, Die "Verwendungstauglichkeit" sozialwissenschaftlicher Theorien: Das Beispiel der Bildungs- und Arbeitsmarktforschung, in: U. Beck (Hrsg.), Soziologie und Praxis, Sonderband 1, Soziale Welt, Göttingen 1982, S. 369 ff.

4 S. auch B. Giesen/W. Schneider, Von Missionaren, Technokraten und Politikern. Deutungsmuster als Determinanten der Interaktion von Wissenschaftlern und Praktikern, Soziale Welt 1984, S. 458 ff.; V. Gessner, Rechtssoziologie und Rechtspraxis. Zur Rezeption empirischer Rechtsforschung, Soziale Welt 1984, S. 480 ff., 499.

5 Zu ihm vgl. z.B. U. Beck/W. Bonß, Soziologie und Modernisierung. Zur Ortsbestimmung der Verwendungsforschung, Soziale Welt 1984, S. 381, 398; C. Lau, Soziologie im öffentlichen Diskurs. Voraussetzungen und Grenzen sozialwissenschaftlicher Rationalisierung gesellschaftlicher Praxis, Soziale Welt 1984, S. 407, 411 ff.; vgl. auch Gessner (Anm. 4), S. 499; C. Offe, Sozialwissenschaften zwischen Auftragsforschung und sozialer Bewegung, in: Beck (Anm. 3), S. 107 ff., 108, 111.

6 Beck/Lau (Anm. 3), S. 392.

7 V.v. Thienen, Technischer Wandel und parlamentarische Gestaltungskompetenz – Das Beispiel der Enquete-Kommission, Manuskript 1985, S. 14, s. auch S. 18.

8 Vgl. Lau (Anm. 5), S. 409; Beck/Bonß (Anm. 5), S. 405.

9 Vgl. die kritische Einschätzung etwa bei V. Ronge/G. Schmieg, Restriktionen politischer Planung, Frankfurt/M. 1973, S. 52 ff.; V. Ronge, Kritische Analyse der Interaktion von Wissenschaft und Praxis am Beispiel der Arbeit der Projektgruppe "Regierungs- und Verwaltungsreform", in: Wissenschaftszentrum Berlin (Hrsg.), Interaktion von Wissenschaft und Politik, Frankfurt am Main/New York 1977, S. 227 ff. Gegen solche Analysen z.B. Bruder (Anm. 1), S. 28.

10 So etwa Maihofer (Anm. 1), S. 12.

11 Es gibt aber zunehmend auch Warnungen vor einer Überschätzung der wissenschaftlichen Rationalität, s. statt vieler Beck/Bonß (Anm. 5), S. 391.

12 S. etwa M. Dierkes, Technikfolgen-Abschätzung als Interaktion von Sozialwissenschaften und Politik – Die Institutionalisierungsdiskussion im historischen Kontext, in: H.H. Hartwich (Hrsg.), Politik und die Macht der Technik, Opladen 1986, S. 144, 158 f. Weitere Vorschläge bei C. Böhret/P. Franz, Die parlamentarische Technologiefolgenabschätzung: Funktionen, Probleme und Organisationsmodelle, in: H.H. Hartwich, (Anm. 12), S. 169, 172 f.

13 Zur Binnen- und Außenberatung der Politik vgl. statt vieler E.-H. Ritter, Perspektiven für die wissenschaftliche Politikberatung? Beobachtungen aus der Sicht der Praxis, in: J.J. Hesse (Hrsg.), Politikwissenschaft und Verwaltungswissenschaft, Opladen 1982, S. 458 ff., 460.

14 Eine instruktive Analyse gibt z.B. H. Schatz, Funktionsbedingungen und Konfliktsituationen verwaltungswissenschaftlicher Forschung und Beratung, dargestellt am Beispiel der Projektgruppe "Regierungs- und Verwaltungsreform", in: Wissenschaftszentrum (Anm. 9), S. 189 ff.

15 W. Kaltefleiter, Politik als Gestaltungschance. Anmerkungen zur Arbeit der Enquete-Kommission zur Verfassungsreform, in: Festschrift für Helmut Lemke, 1977, S. 124, 132, sieht in der Zusammensetzung von Enquete-Kommissionen "ein Beispiel, wie das Zusammenwirken von Sachverstand und politischer Legitimation institutionalisiert werden kann."

16 Zur Entstehungsgeschichte und den dabei verfolgten Zielen für die Einrichtung von Enquete-Kommissionen s. H. Schmittner, Die Enquete-Kommissionen des Bundestages. Erste Erfahrungen – Rechtliche Ausgestaltung eines neuen parlamentarischen Instruments für "umfangreiche und bedeutende Sachkomplexe", Zeitschrift für Parlamentsfragen 1972, S. 209 ff., 211 ff., 223 ff.; D. Rehfeld, Enquete-Kommissionen in der Bundesrepublik Deutschland, in: K. Lompe/H.H. Rass/D. Rehfeld, Enquete-Kommissionen und Royal Commissions, Göttingen 1981, S. 183 ff.

17 Zur Notwendigkeit, materielle Problem- und Politikanalysen mit der Analyse binnenstruktureller Faktoren zu verbinden, s. z.B. F.W. Scharpf, Der Erklärungswert "binnenstruktureller" Faktoren in der Politik- und Verwaltungsforschung, in: Hesse (Anm. 13), S. 90 ff., 92.

18 Zur umfangreichen Literatur vgl. V.v. Thienen, Technikfolgen-Abschätzung und sozialwissenschaftliche Technikforschung. Eine Bibliographie, Berlin 1983. Aus der neueren Literatur s. statt vieler C. Böhret/P. Franz, Technologiefolgenabschätzung durch das Parlament: Die ausländischen Vorbilder und der "Leidensweg" der Institutionalisierung in der Bundesrepublik, Gewerkschaftliche Monatshefte 1985, S. 537 ff.

19 Näher dazu B. Mettler-Meibom, Breitbandtechnologie. Über die Chancen sozialer Vernunft in technologiepolitischen Entscheidungsprozessen, Opladen 1986, insbes. S. 394 ff.; J. Scherer, Telekommunikationsrecht und Telekommunikationspolitik, Baden-Baden 1985, S. 328 ff. m.w. Hinw. in FN 289; G. Vowe, Wissen, Interesse und Macht, Zf Parl 1986, S. 557 ff.

20 Zwischenbericht der Enquete-Kommission "Neue Informations- und Kommunikationstechniken", Bundestags-Drucksache 9/2442 v. 28.3.1983.

21 Trotz aller Kritik werden auch in der Literatur positive Einschätzungen formuliert, so durch B. Mettler-Meibom, Wer will, kann sich kundig machen. Zur Arbeit der "Enquete-Kommission Neue Informationstechniken" (EKIK). Eine sozialwissenschaftliche Einführung, medium, Bd. 13 (1983), Heft 8, S. 11 ff., 16 ("Rang einer äußerst wichtigen Angelegenheit"); v. Thienen (Anm. 7), S. 10: "Gemessen an seinen Entstehungsbedingungen, kann er (scil. der Zwischenbericht) als eine vergleichsweise beeindruckende Datensammlung bewertet werden".

22 Zu dieser Diskussion s. Ronge/Schmieg (Anm. 9) und Ronge (Anm. 9) sowie J. Hirsch, Wissenschaftlich-technischer Fortschritt und politisches System, Frankfurt/M. 1970; C. Offe, Strukturprobleme des kapitalistischen Staates, Frankfurt/M. 1972; W.-D. Narr (Hrsg.), Politik und Ökonomie – Autonome Handlungsmöglichkeiten des politischen Systems, Sonderheft 6/1975 der PVS.

23 S. statt vieler z.B. Scharpf (Anm. 17), S. 92 f.

24 Reizvoll wäre es allerdings auch, die Bedeutung des personellen Faktors näher zu analysieren – etwa anhand der von Giesen/Schneider (Anm. 4), S. 462 ff. entwickelten Typologie.

25 Zur Beschreibung der Lage vgl. statt vieler Mettler-Meibom (Anm. 19).

26 Vgl. statt vieler H. Kubicek/A. Rolf, Mikropolis. Mit Computernetzen in die "Informationsgesellschaft", Hamburg 1985.

27 Vgl. statt vieler V. Hauff/F.W. Scharpf, Modernisierung der Volkswirtschaft. Technologiepolitik als Strukturpolitik, Frankfurt/M. 1975; Bundesverband der Deutschen Industrie e.V., Neue Informations- und Kommunikationstechniken und ihre gesamtgesellschaftlichen Auswirkungen, Köln 1982; Der Bundesminister für Forschung und Technologie (Hrsg.), Technischer Fortschritt. Auswirkungen auf Wirtschaft und Arbeitsmarkt, Düsseldorf/Wien 1981; ders., Modernisierung der Volkswirtschaft in den 80er Jahren, Düsseldorf/Wien 1981.

28 Prototypisch P. Radunski, Wahlkämpfe. Moderne Wahlkampfführung als politische Kommunikation, München/Wien 1980, insbes. S. 60 ff.

29 E. Noelle-Neumann, Die Schweigespirale. Öffentliche Meinung – Unsere soziale Haut, München 1980.

30 Der Bund ist im Medienbereich nur sehr begrenzt zuständig, so insbes. nicht für die inhaltliche Seite des Rundfunks, s. BVerfGE 12, 224 ff.

31 Zu ihr s. Mettler-Meibom (Anm. 19), S. 396 ff.

32 Beschluß v. 8.4.1981, abgedr. in "Zur Medienpolitik der Bundesregierung", Bonn 1981, S. 63 f.

33 S. die Zusammenfassung der Beschlüsse der Kabinettsitzungen v. 13.5. und 24.6.1981 zum Thema Medienpolitik in der in Anm. 32 zitierten Broschüre, S. 8 ff., 14.

34 Mettler-Meibom (Anm. 19), S. 399.

35 Verhandlungen des Deutschen Bundestages, 10. Wahlperiode, S. 1140 ff.

36 Zur Systematisierung vgl. W. Steffani, Über die parlamentarischen Untersuchungsausschüsse, in: K. Klusen (Hrsg.), Parlamentarimus (1976), S. 249 ff., 268 f.

37 Wiedergegeben in EK-IuK (Anm. 20), S. 2.

38 Zu diesen und vielen anderen Fragen nimmt der Zwischenbericht Stellung, s. EK-IuK (Anm. 20), etwa das Inhaltsverzeichnis S. 5 f.

39 Getrennt nach Bestandsaufnahme und Ermittlung des Handlungsbedarfs, s. EK-IuK (Anm. 20), S. 3.

40 Von einer solchen Sichtweise ist die umfassende Analyse von Mettler-Meibom (Anm. 19) geprägt.

41 S. z.B. – statt vieler – die Äußerungen in EK-IuK (Anm. 20), S. 14 ff., 72 ff., 93. Besonders deutlich die auf S. 91 beschriebene CDU-Position: "Dabei geht es längst nicht mehr um ein 'Ja' oder 'Nein' zu den neuen IuK-Techniken, sondern um die Frage: Kommt unser 'Ja' zu den technischen Entwicklungen noch rechtzeitig, um die Bundesrepublik Deutschland nicht zu einer technologischen Museumsinsel verkümmern zu lassen?" An keiner Stelle des Berichts wird die entsprechende Diskussion der Literatur – und sei es nur als Bericht über mögliche Optionen – referiert. Statt dessen läßt der Bericht eine Reihe impliziter Vorentscheidungen im skizzierten Sinne erkennen, z.B. auch in Unterfragen, wie etwa der grundsätzlichen Befürwortung der Einführung der Glasfaser-

technologie für private und geschäftliche Zwecke. Kritisch dazu z.B. Mettler-Meibom (Anm. 19), S. 399, 413 (unter Bezugnahme auf einen Vortrag des Verf. v. 15.2.1983).

42 Insofern liegen fast nur streitige Einschätzungen vor, s. z.B. EK-IuK (Anm. 20), S. 97 ff., 191 ff. m.d. Hinw. S. 13 f.

43 S. z.B. EK-IuK (Anm. 20), S. 91 f.

44 S. EK-IuK (Anm. 20), S. 8.

45 S. z.B. EK-IuK (Anm. 20), S. 90 ff.

46 S. z.B. die Analyse von Naschold, Politik und Produktion, in: Hartwich, (Anm. 12), S. 231.

47 S. dazu z.B. die Analysen von G. Teubner, so z.B.: Das regulatorische Trilemma. Zur Diskussion um post-instrumentale Rechtsmodelle, in: Quaderni Fiorentini 1984, S. 109 ff.; ders., Reflexives Recht. Entwicklungsmodelle des Rechts in vergleichender Perspektive, ARSP 1982, S. 13 ff. Zur Regulierungsdiskussion s. ferner S. Breyer, Regulation and its Reform, Cambridge, Mass. 1982.

48 Hier braucht nicht besonders betont zu werden, daß ein solches Verständnis über das Verhältnis von Politik und Wissenschaft höchst angreifbar ist. Es dürfte jedoch zumindest dem Selbstverständnis der meisten Parlamentarier entsprechen, die dementsprechend die in dieser Abhandlung beschriebenen Steuerungsmechanismen auch zur Sicherung der Zieldominanz einsetzen dürften.

49 S. EK-IuK (Anm. 20), S. 146 ff. einerseits und S. 154 ff. andererseits. (Dies sind schon wechselseitig aufeinander abgestimmte, auf einer gemeinsamen Vorlage eines der beteiligten Institute aufbauende Textfassungen).

50 S. z.B. EK-IuK (Anm. 20), S. 147.

51 S. z.B. EK-IuK (Anm. 20), S. 148 und im Kontrast dazu S. 154 (Leitsatz 2).

52 Kritisch zu diesem Vorgehen auch z.B. Mettler-Meibom (Anm. 19), S. 408.

53 Ergänzend sei angemerkt, daß der Rückgriff auf wissenschaftliche Theorien und Prognosen in der Praxis keineswegs allein deshalb ausgeschlossen ist, weil der entsprechende Ansatz kritikfähig ist (s. dazu Beck/Lau [Anm. 3], S. 376 f. m. Anm. 12 und S. 392).

54 Aus der neueren Literatur zur Gefahrenvorsorge vgl. nur etwa T. Darnstädt, Gefahrenabwehr und Gefahrenvorsorge, Frankfurt/M. 1983; F. Hansen-Dix, Die Gefahr im Polizeirecht, im Ordnungsrecht und im technischen Sicherheitsrecht, Köln u.a. 1982.

55 S. z.B. BVerfGE 50, 290, 331 ff.; F. Ossenbühl, Die Kontrolle von Tatsachenfeststellungen und Prognoseentscheidungen durch das Bundesverfassungsgericht, in: C. Starck (Hrsg.), Bundesverfassungsgericht und Grundgesetz, Band 1, 1976, S. 458 ff.; E.L. Nell, Wahrscheinlichkeitsurteile in juristischen Entscheidungen, Berlin 1983 (mit ausgiebigen Literaturnachweisen).

56 Zur Rechtsstellung s. L. Kissler, Der Deutsche Bundestag. Eine verfassungssystematische, verfassungsrechtliche und verfassungsinstitutionelle Untersuchung, Jahrbuch des öffentlichen Rechts 1977, S. 39, 80 ff., 81; H. Troßmann, Der Bundestag: Verfassungsrecht und Verfassungswirklichkeit, Jahrbuch des öffentlichen Rechts 1979, S. 119 ff., 120.

57 Vgl. H. Steiger, Organisatorische Grundlagen des parlamentarischen Regierungssystems, Berlin 1972, S. 150; Kissler (Anm. 56), S. 81; Schmittner (Anm. 16), S. 220 f.

58 G. Kretschmer, Enquete-Kommissionen – Ein Mittel politischer Problemlösung? Tagungsbericht des Kongresses der Deutschen Vereinigung für Politische Wissenschaft (v. 4.-7.10.1982, Berlin), S. 261, 263 f.

59 Kretschmer (Anm. 58), S. 263.

60 S. Kretschmer (Anm. 58), S. 263.

61 S. dazu EK-IuK (Anm. 20), S. 3.

62 Dies wird in der Aufstellung der EK-IuK (Anm. 20), S. 9 ff. dokumentiert.

63 Dazu s. auch Mettler-Meibom (Anm. 19), S. 408.

64 Allerdings haben der Vorsitzende und die Geschäftsstelle sich geweigert, die ausdrücklichen Vorläufigkeitsvorbehalte – abgesehen von allgemeinen Aussagen (z.B. EK-IuK, (Anm. 20), S. 4) – besonders aufzunehmen. Audrückliche Vorbehalte wären auch bei den Feststellungen in den Bereichen Technik und Wirtschaft (EK-IuK, S. 14 ff., 35 ff.) notwendig gewesen, da diese zu Unrecht den Eindruck einer abschließend konsentierten Bestandsaufnahme erwecken.

65 Vgl. Kretschmer (Anm. 58), S. 268.

66 Kretschmer (Anm. 58), S. 268.

67 Dazu s. W. Zeh, Die wissenschaftlichen Dienste des Deutschen Bundestages – Ein Gesetzgebungshilfsdienst? in: J. Rödig (Hrsg.), Theorie der Gesetzgebung, Berlin 1976, S. 173, 175 f. Zu den Rechtsfragen s. Kretschmer, Deutsches Verwaltungsblatt 1986, S. 927.

68 Zur Zusammensetzung s. EK-IuK (Anm. 20), S. 2.

69 Dies ist allerdings nicht unproblematisch, s. K. Schmittner, Bessere Rechtsgrundlagen für die Enquete-Kommission des Deutschen Bundestages, Die öffentliche Verwaltung 1973, S. 694, 697.

70 Dazu sowie allgemeiner zu Funktionen von Enquete-Kommissionen vgl. L. Kissler, Die Öffentlichkeitsfunktion des Deutschen Bundestages, 1976, S. 246 ff.; T. Keller/H. Raupach, Informationslücke des Parlaments. Wissenschaftliche Hilfseinrichtungen für die Abgeordneten des Deutschen Bundestages und der Länderparlamente, Hannover 1970, S. 73 f.; Kretschmer (Anm. 58), S. 264 ff. m.w. Hinw.; Steiger (Anm. 57), S. 148; Rehfeld (Anm. 16).

71 Zur Bedeutung der Ministerialmitwirkung vgl. auch Kretschmer (Anm. 58), S. 269.

72 Hierzu wurde ausdrücklich eine Stellungnahme der Bundestagsverwaltung eingeholt, Reg.-Nr. I-54/81 v. 17.7.1981.

73 Zur Zusammensetzung s. EK-IuK (Anm. 20), S. 2 sowie E. Ackermann/J. Zerbel, "Neue Informations- und Kommunikationstechniken". Die Enquete-Kommission des Deutschen Bundestages in der neunten Wahlperiode, Zeitschrift für das Post- und Fernmeldewesen 1983, S. 14, 15 f.

74 Vgl. v. Thienen (Anm. 7).

75 Vgl. Mettler-Meibom (Anm. 19), S. 406 f.

76 Darüber wurde im November/Dezember 1982 ausführlich in der Tagespresse berichtet. S. z.B. "Die Welt", Nr. 280 v. 2.12.1982: "Gutachter waren Schwarz-Schillings Partner".

77 So z.B. als Anteilseigner des Hörfunksenders "Neue Welle". Die Auswertung eines Teils der Anbietergemeinschaften, die Rundfunklizenzen besitzen bzw. beantragt haben, hat ergeben, daß der Abgeordnete Linsmeier an mindestens 39 Anbietergemeinschaften in der Bundesrepublik beteiligt war (Auszählung von U. Paetzold).

78 S. Mettler-Meibom (Anm. 19), S. 406 f.

79 Dies gilt nicht als Fremdkörper in Enquete-Kommissionen, s. z.B. F. Schäfer, Enquete-Kommissionen. Stellung, Aufgaben, Arbeitsweise, 1976, S. 57 f.; vgl. auch Kretschmer (Anm. 58), S. 267. Diese Grundkonstellation ist übrigens keine Besonderheit von Enquete-Kommissionen; sie gibt es auch sonst bei der Hinzuziehung von Sachverständigen, s. z.B. Ritter (Anm. 13), S. 463.

80 Das Kommissionsmitglied Ratzke hat in einem Vortrag im Münchner Kreis am 28.1.1983 dazu ausgeführt: "Die Sachverständigen selber sind wiederum unterschiedlich anfällig gegen die ständige implizite oder explizite Erwartung der 'Kollegen Politiker' von derselben Bank, sachliche Bedenken hinsichtlich des Wunsches nach politischer Durchsetzung eines Vorhabens beiseite zu lassen".

81 S. dazu die Hinweise oben in Anm. 3-8.

82 S. oben Anm. 33.

83 Der "Staatsvertrag über Bildschirmtext" ist am 18.3.1983 abgeschlossen worden und am 1.9.1983 in Kraft getreten.

84 Selbst die Einschaltung des Postverwaltungsrats läßt in vielen Fällen zu wünschen übrig, s. dazu z.B. Scherer (Anm. 19), S. 475 f. und passim.

85 Angaben in EK-IuK (Anm. 20), S. 7.

86 Zu ähnlichen Einschätzungen vgl. H.-J. Mengel, Die Funktion der parlamentarischen Anhörung im Gesetzgebungsprozeß, Die öffentliche Verwaltung 1983, S. 226, 231 ff.; R. Nahrendorf, Hearings im Deutschen Bundestag, Die neue Gesellschaft 1968, S. 254, 256.

87 Zu entsprechenden Selektionen vgl. Mengel (Anm. 86), S. 233; Kretschmer (Anm. 58), S. 267.

88 Protokoll der 18. Sitzung v. 3.12.1982.

89 Verteilt wurde das Protokoll mit mehr als dreimonatiger Verspätung, nämlich auf der 20. Sitzung am 10.3.1983.

90 S. z.B. das Schreiben des Bundestagspräsidenten v. 12.3.1983.

91 So sind in Streitfällen über den protokollierten Inhalt die Tonbänder den Kommissionsmitgliedern nicht zugänglich gemacht worden. In der Folge mußte es bei den von der Geschäftsstelle protokollierten Inhalten bleiben.

92 S. etwa Schreiben der Abgeordneten Nöbel v. 29.6.1984 und Dr. Hirsch v. 10.10.1984.

93 Schreiben des Vorsitzenden Linsmeier v. 21.8.1984.

94 Diese Weigerung wurde vom Referat Öffentlichkeitsarbeit des Bundestages ausgeführt und begründet.

95 So die Feststellung durch v. Thienen (Anm. 7), S. 10.

96 So H. Grossmann, Parlamentsrecht des Deutschen Bundestages, München 1977, Rdnr. 14.2 zu § 74a (a.F. d. GeschO BT).

97 In der entscheidenden Sitzung der Unterkommission "Recht" v. 19.11.1982 kam es aufgrund verschiedener Verzögerungstaktiken nicht mehr zu Abstimmungen über Vorlagen zu Fragen des Gesundheitsschutzes bei Bildschirmarbeitsplätzen, zur Heimarbeit, zur Verarbeitung personenbezogener Informationen in Personalinformationssystemen, zu Persönlichkeits-, insbes. Datenschutzfragen und zu Fragen des grenzüberschreitenden Informationsaustausches und der internationalen Kommunikation.

98 S. dazu Protokoll der 11. Sitzung der Unterkommission "Recht" v. 19.11.1982.

99 S. die Darstellung in EK-IuK (Anm. 20), S. 10 ff.

100 Zu Typen der Verhaltensmöglichkeiten von Sachverständigen in Enquete-Kommissionen s. G. Vowe/V.v. Thienen, Problembearbeitung durch Enquete-Kommissionen. Zum Verhältnis von problembezogenem Wissen und politischem Kalkül, Referat auf dem 16. Wissenschaftlichen Kongreß der Deutschen Vereinigung für Politische Wissenschaft, Manuskript, Bochum 1985.

101 Dies ist nicht notwendig in Enquete-Kommissionen so. S. demgegenüber das Verhalten der Sachverständigen in der ersten Enquete-Kommission "Zukünftige Kernenergie-Politik", dazu s. z.B. D. Rehfeld, Die Enquete-Kommission Zukünftige Kernenergie-Politik, Gegenwartskunde 1981, S. 249, 269.

102 Vgl. das Motto "Wertfreie Beratung ist wertlose Beratung", dazu K. Lompe, Politische Wissenschaft und politische Planung, in: Die Mitarbeit 1968, S. 23 ff.; Schatz (Anm. 14), S. 209 f.

103 Vgl. H. Friedrich, Staatliche Verwaltung und Wissenschaft, 1970, S. 282 f.

104 So z.B. G. Simmel, Soziologie, 5. Aufl. 1968, S. 250.

105 Instruktiv zur Bedeutung des politischen Kompromisses H. Schulze-Fielitz, Der politische Kompromiß als Chance und Gefahr für die Rationalität der Gesetzgebung, in diesem Band.

106 A. Zerdick, Ökonomische Interessen und Entwicklungslinien bei der Durchsetzung neuer Informations- und Kommunikationstechniken, Rundfunk und Fernsehen 1982, S. 478 ff.

107 EK-IuK (Anm. 20), S. 2 zählt die Reisen auf.

108 S. EK-IuK (Anm. 20), S. 229 f., A 54.

109 EK-IuK (Anm. 20), S. 3.

110 Über begrenzte Erfolge wissenschaftlicher Politikberatung allgemein z.B. H. Flohr, Rationalität und Politik, Bd. 1, Neuwied/Berlin 1975, S. 75 ff.; Gessner (Anm. 4); Schatz (Anm. 14); Rehfeld (Anm. 16).

111 Lau (Anm. 5), S. 409 f. unter Verweis auf spieltheoretische Analysen: Als Einsatz in strategischen Spielen können wissenschaftliche Argumente ein Eigengewicht entfalten.

112 Vgl. v. Thienen (Anm. 7), S. 13, 15; vgl. auch R. Ueberhorst, Die Arbeit der Enquete-Kommission "Zukünftige Energiepolitik" des Deutschen Bundestages – Ein Modell für Österreich? Wien 1982.

113 Vgl. v. Thienen (Anm. 7), S. 17.

114 Mettler-Meibom (Anm. 19), S. 418 stellt daher m.E. mit einiger Plausibilität fest, daß auch sogenannte technikkritische Wissenschaftler keine besseren Wirkungschancen in der EK-IuK gehabt hätten.

115 Vgl. dazu z.B. Lau (Anm. 5), S. 409 ff. (Zu der Möglichkeit, über Begründungszusammenhänge folgenreich zu werden). Welche Strategie insofern erfolgsversprechend ist, bleibt weiterhin offen. Zu möglichen Strategien vgl. Gessner (Anm. 4), S. 482.

116 So der von Offe (Anm. 5), S. 110 benutzte Begriff.

117 Vgl. die Beschreibung bei Ritter (Anm. 13), S. 448 f.

118 So z.B. Beck/Lau (Anm. 3), S. 394; vgl. auch J. Reese, Wissenschaft, Gesellschaft und die Rolle der Technologiefolgenabschätzung, in: Hartwich, (Anm. 12), S. 162 ff.

119 Dazu vgl. Offe (Anm. 5).

120 Vgl. statt vieler Reese (Anm. 118); Mettler-Meibom (Anm. 19), S. 464, 471 f.

121 Es gibt eine gesteigerte Konkurrenz der Auftragsnehmer (s. z.B. Ritter [Anm. 13], S. 459); der Konkurrenzkampf führt in Anbetracht der Arbeitsmarktlage vor allem im sozialwissenschaftlichen Bereich keineswegs nur zu Qualitätssteigerungen.

122 Kritisch zu dem Empfehlungen von Dierkes (Anm. 12) etwa Reese (Anm. 118).

123 Vgl. auch die Überlegungen von P. Weingart, Verwissenschaftlichung der Gesellschaft – Politisierung der Wissenschaft, Zeitschrift für Soziologie 1983, S. 233.

124 So z.B. die Folgerung von C. Offe, Die kritische Funktion der Sozialwissenschaften, in: Wissenschaftszentrum Berlin (Anm. 9), S. 321, 329.

Werner Maihofer

Nachwort zur Fragestellung: Gesetzgebungstheorie und Rechtspolitik

Die Arbeitstagung zur Fragestellung Gesetzgebungstheorie und Rechtspolitik, deren schriftliche Erträge in dem vorliegenden Bande zusammengefaßt sind, hat gegenüber den ersten Annäherungen an die neuen rechtstheoretischen und rechtspolitischen Grundfragen einer Gesetzgebungswissenschaft, wie sie in den früheren Bänden dieses Jahrbuches sich abzeichnen, einen weiteren Fortschritt an Erkenntnis gebracht:

Sowohl in Richtung auf eine weitere Ausarbeitung der rechtstheoretischen Fragestellungen einer solchen *Gesetzgebungswissenschaft als Gesetzgebungstheorie*, als auch in Hinsicht auf eine erste Annäherung an die noch ganz offenen Fragestellungen dieser neuen *Gesetzgebungswissenschaft als Rechtspolitik*. Oder, um es in den Stichworten der von mir auch in den Aussprachen dieser Tagung gebrauchten Arbeitshypothesen auszudrücken: Ist es richtig und was folgt daraus, was Peter Noll uns in seiner "Gesetzgebungslehre" zu überlegen gibt, daß *Gesetzgebungstheorie als eine Art umgekehrter Rechtsdogmatik* aufgefaßt und in ihrem Verfahren ausgestaltet werden muß? Und ist es richtig und was folgt daraus, was Jürgen Rödig uns in seiner Rechtsetzungslehre gelehrt hat, daß *Gesetzgebungstheorie als eine Art angewandter Rechtspolitik* gedacht und im Verfahren gehandhabt werden muß?

I.

Wäre dies beides im Grundsatz richtig, so folgte daraus nicht nur: daß damit die Gesetzgebungswissenschaft sich auf Verfahrensweisen, aber auch Denkweisen einließe, die der bisher weitgehend als *Rechtsprechungswissenschaft* begriffenen und betriebenen Rechtswissenschaft fremd sind, ja ihr entgegengesetzt und verkehrt erscheinen müssen. Sondern dann folgte daraus nicht weniger als dies: daß eine solche zur *Rechtsprechungs- und Gesetzgebungswissenschaft* erweiterte Rechtswissenschaft sich diese ihr bisher fremden: entgegengesetzten Denkweisen und umgekehrten Verfahrensweisen insgesamt zu eigen machen müßte.

Womit in einer solchen *Modernen Jurisprudenz* nicht nur die bisherigen Denkweisen und Verfahrensweisen der *Rechtsprechungstheorie* und der *auf ihr begründeten Rechtsmethodologie* und die vermittels dieser sog. "Methodenlehre" *in der Rechtsprechung angewandte Rechtsdogmatik* ihren Platz hätten, sondern in ihr genau entgegengesetzte Denkweisen und umgekehrte Verfahrensweisen Einzug hielten: mit einer *Gesetzgebungstheorie* und *aus ihr begründeten Rechtsmethodologie*, der von Noll sog. "Gesetzgebungslehre", und der vermittels dieser *in der Gesetzgebung angewandten Rechtspolitik*.

Daß damit in das Haus einer solchen *Gesamten Rechtswissenschaft* Denkweisen und Verfahrensweisen Einzug halten, die der Rechtspositivismus der Reinen Rechtslehre eines Hans Kelsen ausdrücklich vor die Tür verwiesen hat, mag noch als ein weiterer Beweis dafür gelten, daß damit der in der nachnaturrechtlichen Epoche der Moderne aus dem anfänglichen *Historismus* sich entwikkelnde *Positivismus* im Rechtsdenken, mitsamt der ihm zugrundeliegenden Vorstellung vom *"autonomen Recht"*, sich überholt hat und von einem, dem heutigen nicht mehr nur Rechtstaat sondern Sozialstaat entsprechender *Realismus* des Rechtsdenkens abgelöst worden ist, zusammen mit der in ihm aufkommenden Vorstellung von einem *"responsiven Recht"*, für das nicht mehr die alte schon für den Naturrechtspositivismus wie noch für den Gesetzespositivismus gebrauchte Formel gilt: Fiat iustitia, pereat mundus!, sondern die genaue Gegenformel: Fiat iustitia, nec pereat mundus!

Aber damit erhält diese Jurisprudenz unserer Epoche der Moderne als eines Zeitalters nicht mehr naturwissenschaftlicher, sondern *gesellschaftswissenschaftlicher Aufklärung* von der Seite eben dieser heute "Epoche machenden" neuen *Sozialwissenschaften* Zuzug.

Womit sich die Rechtswissenschaft nicht etwa, wie manche heute meinen und sagen, in eine dieser Sozialwissenschaften verwandelt. Wohl aber, auch und gerade als Rechtsprechungs- *und* Gesetzgebungswissenschaft, und damit nach ihrer *Denkweise*: Rechtsprechungs- und Gesetzgebungstheorie, und zugleich nach ihrer *Verfahrensweise*: bisherige sog. Methodenlehre der Rechtsanwendung *und* neuartige Methodenlehre der Rechtsetzung (sog. Gesetzgebungslehre), und somit insgesamt angewandte Rechtsdogmatik *und* Rechtspolitik – sich verwandelt auf allen diesen Ebenen und beiden Seiten dieses Denkens von Recht und Verfahren mit Recht in eine *Norm*wissenschaft und *Sozial*wissenschaft.

Daß diese Wandlung und Verwandlung der Jurisprudenz unserer Epoche von einer bloßen Normwissenschaft in eine Norm- *und* Sozialwissenschaft sich nicht nur im Rechtsdenken der westlichen Teile unseres Europäischen Kontinents, sondern über alle politischen Fronten und ideologischen Konfrontationen hinweg und hindurch fast gleichzeitig und gleichgerichtet auch im Rechtsdenken des östlichen Teiles Europas vollzogen hat und weiter vollzieht, ist auch in den Vorträgen und Aussprachen dieser Tagung deutlich geworden.

Daß sich so auf beiden Seiten: in nichtmarxistischen ebenso wie in marxistischen Neuansätzen des Rechtsdenkens unserer Gegenwart, wenn auch von verschiedenen Voraussetzungen her und auf unterschiedliche Zielsetzungen hin, hier wie dort ein neuer Teilbereich der Rechtswissenschaft entwickelt, bald

Rechtsetzungslehre oder auch Gesetzgebungslehre geheißen, aber auch Gesetzgebungstheorie oder einfach Gesetzgebungswissenschaft genannt, zeigt, wie ich meine, daß es sich dabei um einen epochalen Vorgang handelt der offenbar hier wie dort, wenn auch unter anderem Vorzeichen, erfolgten und erfolgenden geschichtlichen Entwicklung zum *Sozialstaat der Epoche der Moderne*, ob von den Voraussetzungen und Zielsetzungen der Demokratie her oder des Sozialismus oder aus einer Verbindung und Vereinigung beider.

Ich will versuchen, die aus dieser geschichtlichen Entwicklung folgende *Neubestimmung der Rolle und Aufgabe der Gesetzgebung*, damit auch einer entsprechenden Gesetzgebungswissenschaft, aber auch der Rechtswissenschaft in unserer Epoche der Moderne insgesamt, zunächst in einer *Rückbesinnung* auf die Denkansätze und Verfahrensweisen der noch im Naturrechtszeitalter mit der sog. Kodifikationsbewegung an der Schwelle unserer Epoche entstehenden *Ersten Gesetzgebungswissenschaft* weiter aufzuklären.

Danach will ich versuchen, den Begriff von *Gesetzgebung* unseres Rechtszeitalters von diesem voraufgehenden Verständnis des Naturrechtszeitalters abzuheben, um im Lichte der gewonnenen Einsichten den Denkansatz und die Verfahrensweise unserer heutigen *Zweiten Gesetzgebungswissenschaft* näher herauszuarbeiten, wie sie deren bisherigem *Vorentwurf* durch Jürgen Rödig und Peter Noll als gesetzgebungstheoretische und rechtspolitische Konzeption und Methode zugrundeliegen.

Die Frage ist, was hat diese damalige *Naturrechtsgesetzgebung*, welche die juristischen Fundamente der Zivilrechtsgesetzgebung, der Strafrechtsgesetzgebung, ja selbst der Verfassunggebung unserer Epoche der Moderne gelegt hat, mit unserer *Gesetzgebung* heute zu tun? Und was können wir aus der diese *Naturrechtskodifikationen* vorbereitenden und begleitenden *Gesetzgebungswissenschaft* für die *Rechtskodifikation* von heute überhaupt lernen?

II.

In den *Sozialstaaten der Epoche der Moderne*, ob auf dem Boden der Demokratie oder dem des Sozialismus oder gar dem eines Sozialismus in der Demokratie entstanden, wächst nicht nur der *Gesetzgebung* und entsprechend damit der *Gesetzgebungswissenschaft*, sondern der *Rechtswissenschaft* insgesamt eine Rolle und Aufgabe zu, vergleichbar und doch verschiedenartig gegenüber der, die der *Berufung der Rechtswissenschaft zur Gesetzgebung* schon einmal in ähnlicher Weise zukam: mit den Naturrechtskodifikationen der sog. "Kodifikationsbewegung", in denen jene zu Ende gehende Zeit nach dem Hegelschen Diktum "in Gedanken gefaßt" ist, die wir bald *bürgerliche Aufklärung*, bald *aufgeklärten Absolutismus* nennen, mit einer Wirtschaft, die durch merkantilistische Staatswissenschaft, mit einer Gesellschaft, die durch polizeistaatliche Wohlfahrtspflege gekennzeichnet ist.

Nicht zufällig steht in jener Umbruchzeit der Naturrechtskodifikationen des 18. Jahrhunderts, der friderizianischen und josephinischen *Reformen* von Wirtschaft und Gesellschaft, vermittels des Rechts durch den Staat gleichsam *von oben*, zum Wohle oder doch vermeinten Wohle der Untertanen, die *Gesetzgebung* wie schon bei Hobbes im Mittelpunkt des diese heraufkommenden Nationalstaaten bestimmenden *absolutistischen Staatsverständnisses.*

Entsprechend erhält im *Rechtsgedanken des Vernunftrechts*, oder wie wir heute auch sagen: des auf das Rechtsdenken eines korporativen Naturrechts bei Grotius und Pufendorf folgenden individualistischen Naturrechts eines Thomasius und Wolff, die Gesetzgebung bis in die bürgerliche Aufklärung hinein die zentrale Rolle und Aufgabe: die *überpositiven Prinzipien und Normen* des zunächst durch Thomasius empirisch fundierten und zuletzt durch Wolff rational deduzierten *Systems des Vernunftrechts* durch ihre *Kodifikation in Gesetzesrecht* und damit in *Prinzipien und Normen positiven Rechts* zu übersetzen und zu überführen.

Dies geschieht am Ende dieser Zeit in förmlich so genannten *"Naturrechtsgesetzbüchern"*: etwa dem des Allgemeinen Landrechts des großen Naturrechtsjuristen und Gesetzgebungsexperten Svarez, das in Preußen noch bis 1900, weit in die Zeit des *Positivismus* hinein, fortgilt; oder dem Allgemeinen Bürgerlichen Gesetzbuch des nicht weniger bedeutenden *Theoretikers des Naturrechts und Praktikers der Gesetzgebung* von Zeiller, das in Österreich bis heute, und selbst in Nachfolgestaaten wie in Ungarn noch bis 1945 weitergilt; aber auch in der weltweit erfolgreichsten und weiterhin fortgeltenden Naturrechtskodifikation in Frankreich: dem Code civil, der in den ersten Ansätzen schon in die vorrevolutionäre Zeit der Aufklärung zurückreicht, das politische Pathos seiner endgültigen Fassung jedoch aus der demokratischen Revolution der freien, gleichen und brüderlichen Menschen und Bürger erhält.

Ein Naturrechtsgesetzbuch also auch diese nachrevolutionäre Kodifikation des Code civil, die in ihrem "optimistischen Doktrinarismus", der "Kehrseite des Vernunftsglaubens" (Wieacker), selbst die deutschen Naturrechtskodifikationen des Aufklärungszeitalters noch überbietet, an dessen epigrammatischer Prägnanz sich ein Stendhal literarisch inspiriert und den der große Thibaut, der Gegenspieler des anderen Schulhauptes der Historischen Schule, noch in der Zeit napoleonischer Herrschaft "als kodifizierte Vernunft" zu preisen kein Bedenken hat.

Nicht zuletzt durch diese gelungene Vernunftgesetzgebung des Code civil ist Anton Friedrich Justus Thibaut zum entschiedenen Befürworter der Berufung seiner Zeit zur Gesetzgebung noch im *Historismus* geworden, die er in seiner Denkschrift "Über die Notwendigkeit eines allgemeinen bürgerlichen Gesetzbuches für Deutschland" (1814) begründet; zusammen mit Anselm von Feuerbachs Abhandlungen: "Gesetzgebung und Historische Rechtswissenschaft" (1810 und 1824) beredte Zeugnisse des auch in der nachrevolutionären Zeit der Historischen Schule fortlebenden Geistes der bürgerlichen Aufklärung mit ihrer *Berufung der Rechtswissenschaft zur Gesetzgebung:* zu vernünftiger Gesetzgebung aus gesetzgebender Vernunft, wie diese sich schon in den vorrevolutionären Schriften dieser *Ersten Gesetzgebungswissenschaft,* etwa der von Carl Gottlieb Svarez über den "Unterricht für das Volk über die Gesetze" (1793) und vor allem der von Franz von Zeiller über "Grundsätze der Gesetzgebung" (1806/09) programmatisch ausspricht. Hier liegt ein weites Feld seit zweihundert Jahren in Brache. Das Feld einer schon vom Iusnaturalismus und noch vom Historismus bestellten Ersten Gesetzgebungswissenschaft, deren theoretische Erörterungen zu den Naturrechtsbüchern dieser letzten Vernunftgesetzgebung des Erinnerns wert sind, wenn wir uns heute auf den Weg einer Neuen Gesetzgebungswissenschaft aus unserer und für unsere Zeit machen.

In dieser ersten großen "Kodifikationsbewegung" des ausgehenden 18. und beginnenden 19. Jahrhunderts sind *Gesetzbücher des Naturrechts,* genauer des Vernunftrechts, im buchstäblichen Sinne entstanden nicht nur für ihre Zeit, sondern weit darüber hinaus, deren aus dem *vorrevolutionären Naturrecht der bürgerlichen Aufklärung übernommene Allgemeine Rechtsprinzipien,* ja selbst aus dem *revolutionären Naturrecht der demokratischen Revolution stammende Menschenrechtskataloge* so bis heute den *grundlegenden kodifizierten und damit positivierten Bestand der Gesetze und Verfassungen unseres sog. Nachnaturrechtszeitalters* ausmachen.

Ich meine, daß eine Rückbesinnung auf diesen Grundsachverhalt uns vor der Fehleinschätzung bewahren sollte, das Naturrecht sei, nach seinem sog. Zusammenbruch schon in der Aufklärung, mit dem Historismus und späteren Positivismus für unsere Zeit in der Sache zu den Akten gelegt. Wo doch seine wesentlichsten inhaltlichen Errungenschaften im Grundbestand heutiger Rechtsprinzipien und Menschenrechtskataloge als auch für unsere Zeit und Welt nicht nur gültig, sondern geltend, in Gesetze gegossen und in Verfassungen verbürgt, fortbestehen und fortwirken.

Auf der Suche nach einer vernünftigen, gerechten und zweckmäßigen, *empirisch fundierten und rational legitimierten Lösung der Probleme und Konflikte einer Gesellschaft durch das Recht* befindet sich schon die Naturrechtsgesetzgebung der Aufklärung und die sie vorbereitende und begleitende *Erste Gesetzgebungswissenschaft.* Mit dem *Empirismus* eines Christian Thomasius löst sie sich vom vorhergehenden korporativen Naturrechtsdenken Grotius' und Pufendorfs ab, hin zu einem *individualistischen Naturrecht,* das mit seiner empirischen Fundierung durch *induktive Methoden* im wirklichen Menschen und seiner tatsächlichen Welt immer mehr heutigem interessenjuristischen Rechtsdenken sich nähert. Sowie sie mit dem *Rationalismus* eines Christian Wolff zugleich zu einem *rationalistischen Naturrecht* sich weiterentwickelt, das mit seiner rationalen Legitimierung durch *deduktive Methoden* der vernünftigen Ableitung von richtigem Recht aus obersten Prinzipien und Normen schon Züge des späteren *begriffsjuristischen Rechtsdenkens* unserer Epoche der Moderne annimmt und vorwegnimmt.

Nicht nur die grundlegenden Errungenschaften dieses zuletzt zugleich *individualistischen und rationalistischen Naturrechts* gehen, wie wir sehen, aus der darauf gegründeten Naturrechtsgesetzgebung jener Zeit in den Grundbestand der Gesetzgebung unserer Zeit über, auch die zweifache induktive und deduktive Methode der damaligen Gesetzgebungswissenschaft findet sich im Rechtsdenken der *Interessenjurisprudenz* wie in der *Begriffsjurisprudenz* bis in die Gesetzgebungsvorhaben unserer Zeit hinein wieder.

Was sich gegenüber der Theorie und Praxis der damaligen Gesetzgebungswissenschaft geändert hat, ist nicht diese von Anfang vorhandene und auch heute anzutreffende zweifache empirische und rationale, induktive und deduktive Denkweise und Verfahrensweise jeder Theorie und Praxis der Gesetzgebung, sondern am Ende allein die *Legitimationsstrategie*, die ihr zugrunde liegt: der Begründung und Rechtfertigung einer Gesetzgebung im letzten Grunde aus einem dem Menschen durch Natur oder Gott *vorgegebenen Recht* wie noch im mittelalterlichen Naturrecht; oder zumindest aus einem dem Menschen durch die ihm innewohnende Naturbestimmung oder eingestiftete Vernunftbegabung *aufgegebenen Recht* wie im neuzeitlichen Naturrecht; oder aber aus einem vom Menschen in Verwirklichung seiner Selbstbestimmung vermittels seiner Vernunftbegabung selbst *geschaffenen Recht.*

III.

Was so damals zu den "geschichtlichen Akten gelegt" wurde, ist die in der bürgerlichen Aufklärung, zumal der Kantischen Kritik der "Metaphysik der Sitten" und des Rechts, zusammengebrochene: unglaubwürdig gewordene Vorstellung von einem aus der Naturordnung oder Schöpfungsordnung vorgegebenen und ablesbaren, gar ewiggültigen und unveränderlichen *Recht der Natur*, mitsamt dem unhaltbar gewordenen Vernunftglauben an ein aus Gottes Vernunft stammenden, dem Menschen "im Herzen eingeschriebenen" oder auch nur aus Gottes geäußertem Willen ableitbaren Recht der Vernunft.

Wo uns doch schon jeder Blick in die Gesellschaft und ihre Geschichte belehrt, daß vom Naturrecht hiernach allenfalls als einem *"Naturrecht der Gewalt"* die Rede sein kann. Einer *"Naturbestimmung"*, aus der "herauszugehen ist", weil sie das Gegenteil von dem ist, worum es für den Menschen in dieser Welt, nicht mehr im Zustande der Natur, sondern im Stande der Gesellschaft geht und gehen kann: seine sittliche *"Selbstbestimmung"*, wie schon Hegel sagt.

Wenn wir auf ein solches *Recht der Selbstbestimmung* heute uns berufen, dem des Einzelnen aus seiner "Privatautonomie", dem einer Gesellschaft aus ihrer "Volkssouveränität", dann ist zwar in der Form nicht mehr von einem Naturrecht die Rede, schon gar nicht von einem ewiggültigen und unwandelbaren. Ist es doch offenkundig, daß dieses Recht erst jetzt von den Menschen unserer Zeit als das *Recht unserer Zeit*, "das mit uns geboren ist", erkannt und anerkannt worden ist.

Dieses Recht der Selbstbestimmung, die Achtung der "Menschenwürde durch Selbstbestimmung" des Einzelnen, die Beachtung des "Selbstbestimmungsrechtes eines Volkes" gelten uns in der Sache danach als der Ausdruck jenes neuen Geistes der demokratischen Revolution, der in Wirtschaft und Gesellschaft, in Recht und Staat bis in unsere Zeit und Welt "Epoche macht".

Ob wir dieses Selbstbestimmungsrecht noch immer ein Naturrecht nennen, gar ein Naturrecht der demokratischen Revolution, ist mehr eine Frage der Redeweise, denn der Denkweise. Denn die Denkweise auch des Rechtsdenkens unserer Zeit und Welt ist danach unumkehrbar eine andere: die einer *Selbstbestimmung des Menschen aus der Vernunft auch im Recht*; ohne einen anderen Vernunftglauben an ein Vernunftrecht als den: an das aus der eigenen Vernunft geschaffene Recht, als den: nach menschlicher Vernunft in einer "Vereinigung von Menschen unter Rechtsgesetzen" verfaßten Staat, wie schon Kant sagte.

Das aber bedeutet, daß auch die *Gesetzgebung* dieses Staates unserer Epoche der Moderne nicht mehr am Maßstab einer vorgegebenen Naturbestimmung gemessen und ausgerichtet werden kann, sondern in ihrem letzten Grund als Ausdruck und Werkzeug dieser Selbstbestimmung des Menschen aufgefaßt und gestaltet werden muß. Was eben darum aber auch bedeutet und fordert, daß diese Gesetzgebung nicht als irgendeine Fremdbestimmung des Menschen wie noch im autokratischen System zuletzt des Absolutismus, sondern als die *Verwirklichung der Selbstbestimmung des Menschen im demokratischen System*, an dem Maßstabe der *wirklichen Bedürfnisse des Menschen* gemessen und bemessen, nach den *tatsächlichen Fähigkeiten des Menschen* eingerichtet und ausgerichtet werden muß, auf deren Widerspruch und Widerstreit in den gesellschaftlichen Verhältnissen der Geschlechterteilung und Arbeitsteilung das *Recht* antwortet, durch eine rechtsförmliche Lösung der aus solchem Widerspruch und Widerstreit in der Gesellschaft entstehenden Probleme: der Konflikte von Interessen und Erwartungen der jeweils Beteiligten und Betroffenen.

Nicht durch irgendeine Lösung, sondern durch eine *empirisch fundierte und rational legitimierte* vernünftige: gerechte und zweckmäßige Lösung, die eine *verantwortliche Antwort auf den Widerspruch und Widerstreit in den gesellschaftlichen Verhältnissen* gibt, die diesen "Streit" durch das Recht, wenn nicht aus der Welt schafft, so doch in den für ein *menschenwürdiges und lebenswer-*

tes Zusammenleben und Zusammenwirken von Menschen in einer Gesellschaft erforderlichen und erträglichen Grenzen hält.

Rational legitimiert ist ein solches Recht "im letzten Grunde" nur, wenn es mit den letzten Grundprinzipien übereinstimmt, die den sog. Grundkonsens in einer Gesellschaft der Freien und Gleichen ausmachen und die schon Kant an der Schwelle der Epoche der Moderne in der Nachfolge Rousseaus als das "angeborene Recht der Freiheit und Gleichheit" umschreibt, das jedem Menschen "kraft der Menschheit in jedermanns Person" zukommt: in seiner Freiheit durch kein anderes Recht beschränkt und bestimmt zu werden, als alle Anderen in derselben Rolle und Lage (das *Prinzip der Universalität*); aber auch "von Anderen nicht zu mehrerem verbunden zu werden, als wozu man sie auch verbinden kann" (das *Prinzip der Reziprozität).*

Insoweit ist die *Gesetzgebung des Staates unserer Epoche der Moderne,* den Kant mit Rousseau eine auf das "Recht der Freiheit und Gleichheit" gegründete "Republik" und den wir heute eine *Demokratie* nennen, schon *im Prinzip* eine andere als die des voraufgehenden Absolutismus oder gar Feudalismus. Der Forderung nach Gerechtigkeit kann in einer solchen Gesellschaft der Freien und Gleichen somit nur ein Recht genügen, das in seinen Regelungen und Ordnungen die Allseitigkeit und Gegenseitigkeit der Rechte und Pflichten seiner Bürger gewährleistet und sicherstellt.

Empirisch fundiert aber auch ist ein solches Recht "im letzten Grund" nach einer ebenso schon bei Kant sich findenden Einsicht nur, wenn es auf den wirklichen Menschen in seinem alltäglichen Verhalten zu "wirken" vermag; ihn zu "bestimmen" vermag, das Rechte zu tun und das Unrechte zu meiden, auch und gerade dann, wenn er für Gründe der Vernunft unansprechbar ist, sich Appellen an die Moral verschließt: sein Tun und Lassen immer auch vom Gesichtspunkt des Vorteils und Nachteils der beteiligten und betroffenen Anderen her anzusehen und einzurichten, er also allein von *Gesichtspunkten der Klugheit und Nützlichkeit nach eigenem Vorteil und Nachteil* sich in seinem Verhältnis und Verhalten zu Anderen bestimmen lassen will.

Auch insoweit ist die Gesetzgebung des Staates unserer Epoche der Moderne bewußt und gewollt eine andere als die der voraufgehenden Epochen moralischer oder gar religiöser Begründung und Rechtfertigung von Recht aus einer Bestimmung der Natur, oder gar aus Geboten Gottes.

Was nach Kant kurz und bündig heißt und fordert: "Ein Gesetz muß auch für ein Volk von Teufeln passen, wenn sie nur Verstand haben". Hier ist so in Blick auf den sog. Adressaten des Gesetzes, den Bürger in einer Demokratie, nicht mehr von *Vernunft,* sondern allein von *Verstand* die Rede als dem Vermögen des Menschen, sein Verhalten nach Klugheit und Nützlichkeit, durch die Wahl der geeigneten Mittel zu bestimmten Zwecken nach dem Gesichtspunkt eigenen Vorteils und Nachteils einzurichten und auszurichten.

Das *Gesetz unserer Zeit* muß danach so gestaltet und gehandhabt werden, daß es auch für *den* tatsächliche Geltung und rechtliche Wirkung erlangt, der sich als *homo iuridicus* von nichts anderem als Gesichtspunkten eigenen Vorteils und Nachteils bestimmen läßt; für den also der traditionale *wertrationale Appell*: "Das Gute zu tun und das Böse zu meiden!" unwirksam ist und nur das *zweckrationale Kalkül* zählt: Ob es klug und nützlich ist, um des eigenen Vorteils oder Nachteils willen, Dieses zu tun und Jenes zu meiden!

Was aber auch und gerade für eine *Gesetzgebung in unserem Zeitalter*: nicht mehr autokratischer Systeme auf monistischer Basis legistischer oder gar kanonistischer Provenienz bis hin zum Normenkodex einer bestimmten religiösen Konfession noch im frühen Absolutismus des "cuius regio eius religio", sondern nunmehr *demokratischer Systeme auf pluralistischer Basis* zugleich auch die Kehrseite hat und haben muß, daß es dem *wertrationalen Pluralismus der Moral seiner Bürger*: der religiösen Moral von Christen verschiedener Konfessionen und Denominationen, aber auch der humanistischen Moral von Nichtchristen, Theisten oder gar Atheisten entsprechen muß und nicht widersprechen darf.

Woraus folgt, daß ein Gesetz unserer Zeit zugleich so gestaltet und gehandhabt werden muß, daß es auch dem Verhalten eines Menschen entspricht und nicht widerspricht, der sich in seinem Verhältnis und Verhalten zum Anderen nicht nur von Erwägungen seines Verstandes, sondern von *Gründen der Vernunft* "bestimmen", also von *Appellen der Moral*, sei es religiöser, sei es humanistischer Provenienz, "motivieren" läßt.

Was bedeutet und fordert, daß *Legalität und Moralität* auch in den Gesetzen unserer Epoche der Moderne sich nicht widersprechen dürfen, sondern entsprechen müssen, in einem allerdings anderen und neuen Sinne als in früheren Epochen: dadurch, daß das Gesetz zwar so gestaltet und gehandhabt wird, daß es die *Legalität* eines bestimmten "äußeren" Verhaltens auch bei einem Menschen gewährleistet, der sich nur von seinem zweckrationalen Kalkül "bestimmen" läßt, aber zugleich mit der *Moralität* vernünftigen Verhaltens eines Menschen vereinbar bleibt, der sich zu seinem äußeren Verhalten "innerlich" durch wertrationale Appelle der Moral "motivieren" läßt.

Eine Gesetzgebung in unserem heutigen demokratischen System auf pluralistischer Basis somit, die sich in beiden grundlegenden Hinsichten: der rationalen Legitimation wie der empirischen Fundierung *im Prinzip* von den früheren Epochen unterscheidet; und die zugleich die *politische Legitimation* dieser Gesetzgebung nicht mehr aus der Berufung auf eine naturgegebene oder gar gottgewollte *überpositive Bestimmung des Menschen* ableiten und gewinnen, sondern ausschließlich aus der *positiven Selbstbestimmung des Menschen* begründen und rechtfertigen kann.

Was auch, von der Kehrseite dieser Gesetzgebung her betrachtet, in einer *Demokratie im Prinzip* jede Berufung auf ein "Unabstimmbares", solcher

Selbstbestimmung des Menschen entzogenen Bestand von überpositiven Prinzipien und Normen, ausschließt, so sehr, wie wir sahen, diese juridischen Traditionen "alteuropäischen Rechtsdenkens", wie man heute zu sagen beliebt, noch immer den Grundbestand allgemeingültiger Rechtsprinzipien und verfassungsmäßiger Menschenrechtskataloge im Rechtsdenken und Staatsverständnis unserer Epoche der Moderne ausmachen.

Daß wir diese in die *Positivität* unserer Gesetze und Verfassungen überführten und übergegangenen Rechtsprinzipien und Menschenrechtskataloge dennoch nicht antasten und abändern, ja sie gar wie in unserer Verfassung zu Teilen jeglicher Abänderbarkeit entziehen, hat mit ihrer *geschichtlichen Bewährung*, auch über den Wandel der Zeiten und die Unterschiede der Völker der Kulturepochen unseres Kulturkreises zu tun.

Oder gar mit dem *historischen Trauma*, das unsere eigene Politische Kultur bestimmt, aus der geschichtlichen Erfahrung der verhängnisvollen Antastung solcher Errungenschaften, wie etwa das schon von Anselm von Feuerbach in der Nachfolge Hobbes' formulierte *Rechtstaatsprinzip allen Strafrechts:* "Nullum crimen, nulla poena sine lege stricta et praevia", das auch unser Strafrecht als die "Magna Charta des Verbrechens", wie es später in der Modernen Schule Franz von Liszts heißt, allein auf eben diesen homo iuridicus und sein zweckrationales Kalkül abstellt und einrichtet.

IV.

Soll die *Gesetzgebungswissenschaft*, die wir im Unterschied zu jener an der Schwelle unserer Epoche der Moderne noch im Naturrechtszeitalter entstehenden Ersten eine Zweite genannt haben, nicht einfach sich auf ein technokratisches Konzept beschränken, wie Gesetze, gleichgültig unter welchen Voraussetzungen und mit welchen Zielsetzungen, in abstracto gemacht werden, sondern eine gesetzgebungstheoretische Konzeption enthalten und darstellen, wie Gesetze in concreto unter den Voraussetzungen eines repräsentativen Systems auf pluralistischer Basis und mit den Zielsetzungen einer freiheitlichen rechtsstaatlichen, aber auch sozialstaatlichen Demokratie zu gestalten und zu handhaben sind, dann muß die *Rechtstatsachenforschung unserer Gesetzgebungswirklichkeit*, der Verfassungswirklichkeit und nicht nur des Verfassungsrechts, der Verfassungspraxis und nicht nur der Verfassungsnormen allem anderen vorangehen, was leider in den bisherigen Ansätzen dieser neuen Wissenschaft noch nicht ausreichend geschehen ist.

Schon insoweit hat die Gesetzgebungswissenschaft von heute eine andere und neue Gesetzgebungswirklichkeit zu ihrem Gegenstand und Ausgangspunkt, für die sie die Theorie *dieser* und keiner anderen Praxis erarbeiten und bereitstellen muß.

Dennoch sind, abgesehen von dem behandelten Grundunterschied in der *Legitimationsstrategie* der früheren Naturrechtsgesetzgebung und unserer Gesetzgebung, die Übereinstimmungen der Fragestellungen heutiger und damaliger Gesetzgebungswissenschaft ungleich größer als es den ersten Anschein hat. Ist doch unser Bild von dieser früheren Naturrechtsgesetzgebung schon dadurch verzeichnet, als es den Eindruck vermittelt, daß hier lediglich fertig vorgegebene Inhalte eines Naturrecht und zuletzt Vernunftrecht genannten *überpositiven Normensystems,* die zuvor nur in Gedankengebäuden der Rechtswissenschaft aufgezeichnet waren, nunmehr in sog. Naturrechtsgesetzbüchern kodifiziert und damit positiviert worden wären.

Eine solche Betrachtung übersieht, daß diese Kodifikationen zu nicht geringem Teil nicht einfach solche von Prinzipien und Normen des Naturrechts, sondern der zuletzt immer stärker damit im Detail sich verbindenden und vermengenden Normen des Gewohnheitsrechts jener Zeit: des sog. gemeinen Rechtes waren, ähnlich heutigen Novellierungen von Gesetzesrecht durch die klarstellende und erweiternde Kodifikation von bisherigem Richterrecht und sonstigem Gewohnheitsrecht.

Eine solche Betrachtung verkennt aber auch, daß dieses sog. Naturrecht und zuletzt Vernunftrecht vom Beginn der bürgerlichen Aufklärung an selbst in einem methodischen und systematischen Prozeß durch die "Großen Rechtsdenker" (Erik Wolf) jener Umbruchzeit, allen voran Thomasius und Wolff, mit ähnlichen *Denkweisen und Verfahrensweisen des Empirismus und des Rationalismus* ausgearbeitet und weiterentwickelt worden ist, wie wir sie auch heute als Methoden der Rechtsetzung und Gesetzgebungslehre kennen:

Von *induktiven Methoden empirischer Fundierung* dieses Naturrechtssystems bei Christian Thomasius, durch Rückgriff auf die tatsächlichen Verhältnisse und Bezugnahme auf den wirklichen Menschen jener Zeit, also auf Fakten als empirischer Fundierung von Normen, die wir heute soziologische oder gar psychologische nennen würden – bis hin zu *deduktiven Methoden rationaler Legitimierung* dieses Vernunftrechtssystems bei Christian Wolff, durch Ableitung der Prinzipien und Normen im Gesamtzusammenhang dieses Systems mit den gleichen logischen und systematischen Verfahrensweisen, mit denen wir auch in unserem Rechtssystem heute logische Schlußfolgerungen ableiten, systematische Zusammenhänge erfassen.

Läßt man sich so nicht von der damals naturrechtlichen und heute gesetzesrechtlichen *Denkweise* oder doch Redeweise beirren, dann lassen sich überraschende und weitreichende Übereinstimmungen in der *Verfahrensweise* damaliger und heutiger Gesetzgebungswissenschaft feststellen, die, wie wir sahen, nicht zufällig dazu geführt haben, den damaligen *Empirismus* eines Thomasius mit den heutigen induktiven Methoden der *Interessenjurisprudenz,* aber auch den damaligen Rationalismus Wolffs mit den deduktiven Methoden der späteren *Begriffsjurisprudenz* in Verbindung zu bringen.

Schon in der damaligen Gesetzgebungswissenschaft begegnen wir so denselben verschiedenen, scheinbar gegensätzlichen, in Wahrheit einander ergänzenden und berichtigenden Verfahrensweisen, die erst beide zusammen auch unsere heutige Gesetzgebungswissenschaft ausmachen: den induktiven Methoden zur empirischen Fundierung der Normen des Rechts in den *Fakten der Lebenswirklichkeit* und zugleich den deduktiven Methoden zur rationalen Legitimierung dieser selben Normen des Rechts in einem *System des Rechtsdenkens,* ob überpositiv vorgegebener oder positiv gesetzter Normen.

Angesichts dieser Übereinstimmung der Verfahrensweisen erweist sich der Unterschied zwischen der früheren Kodifizierung der durch die damalige Rechtswissenschaft erarbeiteten Rechtsdogmatik eines Naturrechtssystems und der jetzigen Kodifizierung der durch die heutige Rechtswissenschaft ausgearbeiteten Rechtsdogmatik unseres Rechtsystems, wie etwa des Strafrechtssystems in der sog. Großen Strafrechtsreform, als eine bloße Verschiedenheit der Denkweise, wenn nicht gar der Redeweise. Die Leistung, die hier im einen wie im anderen Fall erbracht werden muß, ist die einer Übersetzung und Umsetzung von *Lehrsätzen* in möglichst deutliche und eindeutige, aber auch allgemeinverständliche, wenn nicht gar volkstümliche *Rechtsgesetze.*

Immer ist es dabei ein *Noch-nicht-Recht:* genauer ein noch nicht in Gesetzen ausformuliertes und positiviertes Recht, um dessen Kodifizierung und damit Positivierung es in der früheren Naturrechtsgesetzgebung wie in der heutigen Gesetzgebung ging und geht.

Teilweise oder gänzliches Neuland betritt solche Gesetzgebung somit damals wie heute nur, wo sie für schon vom Recht erfaßte *bisherige Lebenssachverhalte* neue und andere *noch nicht positivierte Rechtsregelungen* erarbeitet oder wo sie für *neue Lebenssachverhalte bisher noch nicht formulierte Rechtsregelungen gesetzlich zu positivieren* unternimmt.

Wie schon für die Ausarbeitung der Rechtsdogmatik eines bestimmten Rechtsystems bedarf es auch für die *Erarbeitung der entsprechenden Rechtsregelung für einen bestimmten Lebenssachverhalt* sowohl der induktiven Methoden zur *empirischen Fundierung dieser Rechtsregelung* im Herangehen und Aufbereiten der *Fakten*, die den betreffenden Lebenssachverhalt ausmachen, als auch der deduktiven Methoden zur *rationalen Legitimierung dieser Rechtsregelung* im Entwerfen und Erproben der *Norm*, die diesen Lebenssachverhalt in künftiger Rechtsanwendung erfassen soll, mit Elementen, die eine Subsumtion der betreffenden Fakten unter diese Norm in einem wiederholbaren und nachvollziehbaren rationalen und deduktiven Prozeß der Rechtsanwendung gestatten.

Peter Noll hat in seiner bahnbrechenden Schrift zur "Gesetzgebungslehre" diesen doppelten und gegenläufigen, sich ergänzenden und berichtigenden, induktiven und deduktiven, empirischen und rationalen Prozeß der Rechtsetzung umschrieben in einer *Gesetzgebungstheorie als umgekehrter Rechtsdogmatik* mit

Stichworten wie: *Problemimpuls* und *Problemdefinition, Tatsachenanalyse* und *Zielprojektion*, aber auch als Bestimmung der *"Regelungsmaterie"* und Erarbeitung von *"Lösungsalternativen"*, alles zunächst Verfahrensweisen eines induktiven und empirischen Herangehens und Ausgehens von als "Problem" erkannten *Fakten* auf eine als "Lösung" dieses Problems entworfene *Norm* hin. Schon bei der rechtstechnischen Formulierung der Lösungsalternativen kehrt sich die Verfahrensweise der Rechtsetzung jedoch um in einen deduktiven und rationalen Prozeß: diese zunächst *hypothetische Norm*, im Hin- und Rückblick auf die mit ihr künftig zu erfassenden *sozialen Fakten* so rational auszuformulieren, daß aus ihr als einer durch Gesetzgebung *positivierten Norm* Rechtsanwendung in einem deduktiv rationalen und damit intersubjektiv kontrollierbaren Prozeß möglich ist.

Bei den mit diesen induktiven Methoden der *Rechtsetzung* entworfenen Normlösungen für die betreffende Regelungsmaterie bleibt die Erprobung der Richtigkeit der für ein bestimmtes Problem gefundenen Lösung dabei ganz auf deren Stimmigkeit nach den deduktiven Methoden späterer *Rechtsanwendung* beschränkt.

Schon bei der Entscheidung zwischen verschiedenen möglichen *Lösungsalternativen*, die in einer Gesetzgebungstheorie für die Gesetzgebungspraxis eines repräsentativen Systems auf pluralistischer Basis nur in einem *repräsentativen Diskurs* erfolgen kann, der die wertrationalen und zweckrationalen Argumente für und gegen die eine oder andere Alternative aus pluraler Perspektive reflektiert und so die mögliche oder gar wahrscheinliche gesetzgeberische Entscheidung in die wissenschaftliche Vorbereitung eines Gesetzes mit einbezieht, ist allein danach über die Frage der *Richtigkeit* der einen oder anderen Normlösung für diese Regelungsmaterie in der Sache nichts auszumachen.

Auch wo wir in *simulierter Implementation* die gefundene Rechtsregelung auf den entsprechenden Lebenssachverhalt anwenden, im Blick nicht nur auf die Stimmigkeit der Rechtsanwendung, sondern auch auf ihre vorhersehbaren Auswirkungen: ihre Haupt- wie Nebenwirkungen, ist über die Richtigkeit des in Frage stehenden Rechts allein danach nicht zu entscheiden, im Hinblick auch nur auf den Gesamtzusammenhang unseres Zivilrechtssystems, Strafrechtssystems oder gar unseres Rechtsystems überhaupt.

Dies ist und bleibt eine Frage nicht nur der *richtigen Interpretation* dieser Lebenswirklichkeit und ihrer *entsprechenden Normierung*, sondern eine Frage der *richtigen Veränderung*, die von dieser Rechtsprechung auf unsere Lebenswirklichkeit ausgeht.

Dies ist eine Frage, die Jürgen Rödig in seinen Arbeiten zur *Gesetzgebungstheorie als Regelungstheorie* beschäftigt. Er begreift in seinem "Regelungskreismodell" die *Rechtsetzung als ein "Regelungsinstrument" zur gezielten Veränderung der Lebenswirklichkeit*, die aus dem Rechtsetzungsakt für den "Verhaltensspielraum" der jeweiligen Rechtsadressaten folgt. Er beschreibt zutreffend, wie mit allem positiven und effektiven Recht die Welt verändert wird in Richtung auf eine bestimmte der verschiedenen möglichen "mehreren Welten", dadurch, daß es den Verhaltensspielraum "einer Person in positiv und negativ bewertete Verhaltensalternativen gliedert", "die deren Entscheidung erleichtern und in die gewünschte Richtung beeinflussen soll".

So erhellend dieser Denkansatz einer Gesetzgebungstheorie als Regelungstheorie für eine künftige Gesetzgebungswissenschaft ist, auch wenn er noch zu einseitig auf die Auswirkung einer Rechtsregelung auf das *Verhalten*: die *Aktion* der Adressaten beschränkt ist, wo doch durch solche Regelungen des Rechts ebenso auch die *Struktur* der *Verhältnisse* in einer Gesellschaft unmittelbar, durch entsprechende positiv oder negativ bewertete Institutionen, verändert wird, so bleibt in ihm doch die Antwort auf die entscheidende Frage offen, woher wir denn wissen können, welches diese *"gewünschte Richtung"* und ob diese oder eine andere die *richtige Richtung* einer Veränderung des Verhaltens der Normadressaten in unserem Rechtsystem ist.

Dies aber ist eine Frage nicht mehr bloßer Gesetzgebungstheorie, sondern der Rechtspolitik, oder aber einer Gesetzgebungswissenschaft, die *Gesetzgebungstheorie als angewandte Rechtspolitik* sieht und versteht.

Es ist dieselbe Gretchenfrage jeder Gesetzgebung, die schon den großen Strafrechtsjuristen und Kriminalpolitiker, den Begründer der Modernen Schule heutigen Strafrechtsdenkens, Franz von Liszt in seinen letzten nahezu unbekannt gebliebenen Aufsätzen beschäftigt: über den "Entwicklungsgedanken im Strafrecht" und über das "Richtige Recht in der Strafgesetzgebung".

Wollen wir die Frage nach der *richtigen Richtung einer Veränderung der Lebenswirklichkeit* und damit die nach dem *richtigen Recht,* das diese Veränderung der Wirklichkeit gewährleisten und sicherstellen soll, zumindest in "steter weiterer Annäherung" beantworten, so ist uns hierzu in unserer Epoche der Moderne der frühere Weg der Orientierung an einer *Ideologie des Rechts* versperrt, wie sie im Zeitalter des Naturrechts und zuletzt Vernunftrechts als die *richtige Interpretation und entsprechende Normierung der Welt durch das Recht* gedacht und geglaubt wurde.

Was uns als Antwort auf die Frage nach der richtigen Richtung der Veränderung der Welt durch das Recht in unserer Epoche der Moderne bleibt, ist allein die Orientierung an einer *Antizipation des Rechts*: des Rechtes, mit dem nach einem berühmten Diktum des Karl Marx "unsere Zeit schwanger geht"; durch die konkrete Extrapolation der "empirisch gegebenen Entwicklungstendenz", wie sie Franz von Liszt etwa für das Strafrecht zumindest unseres Kulturkreises zutreffend dahin feststellt: "Geschichte und Rechtsvergleichung lehren uns, daß die Strafe aus einer instinktiven Reaktion der Gesellschaft gegen das Verbrechen (Vergeltung) mehr und mehr zu einer zweckbewußten gesellschaftlichen Reaktion, aus einer Triebhandlung zu einer Zweckhandlung sich gestaltet hat".

Das aber heißt, daß wir mit aller *Rechtsgeschichte und Rechtsvergleichung*, die in unserer Epoche der Moderne zunehmend zum Instrument und Motor der Rechtspolitik wird, nur "die *gegenwärtige Entwicklungslinie*" erkennen und "aus ihr das *nächste Entwicklungsziel* bestimmen" können.

Das aber heißt auch, daß eine solche *"empirisch gegebene Entwicklungstendenz"* schon für Franz von Liszt, wie er in der Hochblüte des Nationalismus in Europa in unbeirrter Scharfsicht feststellt", nur in einer "universalgeschichtlichen Betrachtung" erfaßt werden kann, wogegen "die Entwicklung, die sich in der Geschichte eines noch so bedeutenden *einzelnen* Staatswesens zeigt, kein zuverlässiger Führer" ist.

Mit dieser empirisch feststellbaren, in der Rechtstatsachenforschung der Rechtsgeschichte und Rechtsvergleichung sich herausstellenden *parallelen und universellen Tendenz der juridischen Evolution:* einer gleichen und allgemeinen Entwicklungsrichtung des Rechts, zumindest in den Kulturstaaten unseres Kulturkreises, gewinnen wir ein empirisch in der faktischen parallelen Tendenz fundiertes verifizierbares, aber auch von ihr als einer intersubjektiven universellen Tendenz rational induziertes Kriterium dafür, ob die mit einer Rechtsregelung erwogene und von ihr erwartete *Veränderung der Lebenswirklichkeit* in die grundsätzlich falsche oder *richtige Richtung* führt; in unserem Beispielsfall also zu einer *weiteren Rationalisierung und Humanisierung der Strafrechtspflege* hinführt oder von ihr wegführt.

Dies kann zwar in Grenzfällen strittig und bestritten sein, gibt aber doch in allen Grundsatzfragen, wie auch und gerade die Strafrechtsreform unserer Gegenwart gezeigt hat, einen in repräsentativem Diskurs auf pluralistischer Basis durchaus anwendungsfähigen und handhabbaren Maßstab, selbst da, wo es um realistische Kompromisse zwischen den in sich widerstreitenden Zielsetzungen heutigen *Resozialisierungsstrafrechts* geht: größtmöglichen Rechtsgüterschutz mit geringstmöglicher Rechtsgutbeeinträchtigung und bestmöglicher Wiedereingliederung zusammen vereinigen. Auch da läßt sich zwar *im Detail* über die Einzelheiten dieser oder jener "Lösung" für das hiermit gestellte "Problem" streiten, aber *im Prinzip* kaum je mit guten: wertrationalen wie zweckrationalen Gründen bestreiten, ob die erörterte Veränderung unserer Lebenswirklichkeit, unter den gegebenen Voraussetzungen, auf die dem Strafrecht unserer Epoche der Moderne hiermit aufgegebenen Zielsetzungen hin einen Fortschritt oder aber einen Rückschritt bedeutet. Vielmehr wird offen oder verdeckt die Entscheidung letztlich davon abhängen, ob man diese grundsätzlichen Zielsetzungen heutigen und künftigen Strafrechts bejaht und will und damit in rationaler: logischer wie politischer Konsequenz auch einen Fortschritt in diese als richtig erkannte und anerkannte Richtung bejaht und will.

Mit solcher Rechtstatsachenforschung auf historischer und komparativer Grundlage läßt sich jedoch nicht nur die "empirisch gegebene" parallele und universelle Entwicklungsrichtung feststellen, sondern lassen sich im Vergleich der Rechtsentwicklung in den einzelnen Kulturstaaten eines bestimmten Kulturkreises insgesamt, oder in Hinsicht auf einen bestimmten Rechtsbereich wie das Strafrecht, "typisch wiederkehrende Entwicklungsstufen" erkennen, wie dies schon Franz von Liszt nicht nur theoretisch behauptet, sondern in seinen rechtsvergleichenden Vorarbeiten zur Strafrechtsreform und Kriminalpolitik auch praktisch genutzt hat. Was uns die Erfahrung eines sonst Unerfahrbaren möglich macht: der *richtigen Gestaltung und voraussichtlichen Wirkung des eigenen Rechtes der nächsten Zukunft.*

Durch eine Antizipation eben der Realität von Recht, die in unserer Gesellschaft ein *"Noch-nicht-Recht"* (Bloch) ist, in einer anderen Gesellschaft aber, die uns, wie wir so schön zu sagen pflegen, "in ihrer Entwicklung voraus ist", bereits als ein mögliches positives Recht konzipiert, formuliert und diskutiert, oder gar als ein bereits positiviertes Recht politisch statuiert und juridisch praktiziert wird, mit diesen oder jenen vorliegenden positiven oder negativen Erfahrungen.

Dies ist bei der "Ungleichzeitigkeit des Fortschritts" (Bloch) auch in unserem Rechtszeitalter ein Sachverhalt, der uns schon heute bei jedem größeren Gesetzesvorhaben beschäftigen muß; wie etwa zuletzt in der strafrechtlichen Liberalisierung der Pornographie, die gegen hartnäckigen konfessionell motivierten Widerstand, der sich lange Zeit hinter dem Argument zu behaupten verstand, eine solche Liberalisierung der Pornographie führe zu einer Eskalierung der Sexualdelikte, allein durch die Einbringung der genau gegenteiligen Erfahrungen derjenigen Staaten in unsere ideologisierte Debatte durchsetzbar wurde, die uns in dieser Entwicklung bereits vorausgegangen waren.

Damit eröffnen sich einer Gesetzgebungswissenschaft Möglichkeiten einer wissenschaftlichen Vorbereitung und Anleitung von Gesetzgebung auch in Fragen der *Rechtspolitik* durch empirisch fundierte und rational legitimierte Entscheidungen zwischen verschiedenen möglichen Regelungen künftigen Rechts, am Modell der schon bei anderen vorhandenen theoretischen Entwürfe, oder gar aus der Praxis der von anderen schon gemachten Erfahrungen mit einem für uns noch zukünftigen Recht, wie uns zuletzt die Arbeiten der Großen Strafrechtsreform gelehrt haben.

Damit erlangen wir zwar nicht eine absolute Sicherheit des auch für uns Richtigen, aber doch die *relative Gewißheit der richtigen Richtung gesellschaftlicher Veränderung,* aus der Einsicht in die geschichtliche Entwicklung des Rechts und im Erkennen der "gegenwärtigen Entwicklungslinie": der *universalen und parallelen Evolution des Rechts,* auf der Grundlage ähnlicher oder doch vergleichbarer Lebensverhältnisse und Wertüberzeugungen innerhalb der Rechtsordnungen desselben Kulturkreises.

Auch hier eröffnet sich so für eine künftige Gesetzgebungswissenschaft ein noch unbestelltes Feld zwar schon heute praktizierter, aber bisher im Zusammenhang einer *Gesetzgebungstheorie als angewandte Rechtspolitik* kaum reflektierter Verfahrensweisen: zur empirischen Fundierung und rationalen Legitimierung einer Entscheidung der *Frage nach dem richtigen Recht in der Gesetzgebung.*

Mit diesem Nachwort sei der Band dieses Jahrbuchs insgesamt dem ehrenden Gedenken Peter Nolls, des früh verstorbenen Freundes, gewidmet, der wie kein anderer in unserer Zeit nicht nur theoretisch zum Neuansatz einer Gesetzgebungswissenschaft beigetragen, sondern aus demselben Geiste auch eines der großen Gesetzgebungsvorhaben unserer Gegenwart gefördert hat, den von der Strafrechtswissenschaft vorbereiteten, inzwischen zum Strafgesetzbuch gewordenen Alternativentwurf zur Strafrechtsreform.

Anhang

Bundesminister des Innern | Bundesminister der Justiz

Prüffragen zur Notwendigkeit, Wirksamkeit und Verständlichkeit von Rechtsetzungsvorhaben des Bundes

1. Muß überhaupt etwas geschehen?

1.1 Was soll erreicht werden?
1.2 Woher kommen die Forderungen; welche Begründungen werden genannt?
1.3 Wie ist demgegenüber die gegenwärtige Sach- und Rechtslage?
1.4 Welche Mängel sind festgestellt worden?
1.5 Welche Entwicklungen, z. B. in Wirtschaft, Wissenschaft, Technik und Rechtsprechung, stehen mit dem Problem in einem besonderen Zusammenhang?
1.6 Wie hoch ist die Zahl der Betroffenen und der zu lösenden praktischen Fälle?
1.7 Was geschieht, wenn nichts geschieht?
(z. B. das Problem wird sich voraussichtlich verschärfen; ... unverändert bleiben; ... sich durch Zeitablauf oder durch Selbstregulierung gesellschaftlicher Kräfte ohne staatliche Einwirkung lösen. Mit welchen Folgen?)

2. Welche Alternativen gibt es?

2.1 Was hat die Problemanalyse ergeben: Wo liegen die Ursachen des Problems? Welche Faktoren können beeinflußt werden?
2.2 Mit welchen generell geeigneten Handlungsinstrumenten kann das angestrebte Ziel vollständig oder mit vertretbaren Abstrichen erreicht werden?
(z. B. auch: Maßnahmen zur wirksamen Anwendung und Durchsetzung vorhandener Vorschriften; Öffentlichkeitsarbeit, Absprachen, Investitionen, Anreizprogramme; Anregungen und Unterstützen einer zumutbaren Selbsthilfe der Betroffenen; Klärung durch die Gerichte)
2.3 Welche Handlungsinstrumente sind insbesondere unter Berücksichtigung der folgenden Gesichtspunkte am günstigsten?
a) Aufwand und Belastungen für Bürger und Wirtschaft
b) Wirksamkeit (u. a. Treffsicherheit, Grad und Wahrscheinlichkeit der Zielerreichung)
c) Kosten und Ausgaben für öffentliche Haushalte
d) Auswirkungen auf den vorhandenen Normenbestand und geplante Programme
e) Nebenwirkungen, Folgewirkungen
f) Verständnis und Annahmebereitschaft von Adressaten und Vollzugsträgern.
2.4 Bei welchem Vorgehen können neue Vorschriften vermieden werden?

3. Muß der Bund handeln?

3.1 Kann das Handlungsziel – ganz oder teilweise – von Ländern, Kommunen oder anderen staatlichen Stellen mit Hilfe der ihnen zur Verfügung stehenden Mittel erreicht werden?
3.2 Warum muß der Bund tätig werden?
(z. B. womit wird die Notwendigkeit zur Wahrung der Einheitlichkeit der Lebensverhältnisse nach Art. 72 Abs. 2 Nr. 3 GG begründet?)
3.3 Wie weit müssen die Kompetenzen des Bundes ausgeschöpft werden?

4. Muß ein G e s e t z gemacht werden?

4.1 Unterliegen die zu regelnden Gegenstände dem Vorbehalt des Gesetzes (unter Berücksichtigung der Wesentlichkeitstheorie)?

4.2 Ist der Regelungsgegenstand aus anderen Gründen so bedeutsam, daß die Regelung dem Parlament vorbehalten bleiben sollte?

4.3 Soweit kein förmliches Gesetz erforderlich ist: Muß die Regelung in einer Rechtsverordnung getroffen werden? Warum genügt nicht eine Verwaltungsvorschrift oder evtl. die Satzung einer Bundeskörperschaft?

5. Muß j e t z t gehandelt werden?

5.1 Welche Sachverhalte und Zusammenhänge müssen noch erforscht werden? Warum muß gleichwohl schon jetzt eine Regelung getroffen werden?

5.2 Warum kann vorhersehbarer Änderungs- und Regelungsbedarf – z. B. mit gestaffeltem Inkrafttreten – nicht noch abgewartet und in demselben Rechtsetzungsverfahren zusammengefaßt werden?

6. Ist der Regelungsumfang erforderlich?

6.1 Ist der Entwurf frei von entbehrlichen Programmsätzen oder Planungszielbeschreibungen?

6.2 Kann die Regelungstiefe (Differenzierung und Detaillierung) durch eine allgemeinere Fassung (Typisierung, Pauschalierung, unbestimmte Rechtsbegriffe, Generalklauseln, Einräumen von Ermessen) beschränkt werden?

6.3 Können Details einschließlich absehbarer Änderungen dem Verordnungsgeber (Länder oder Bund) überlassen oder in Verwaltungsvorschriften aufgenommen werden?

6.4 Sind dieselben Fälle bereits anderweitig, insbesondere durch höherrangiges Recht, geregelt (vermeidbare Doppelregelungen!)? Z. B. durch
- transformierten, unmittelbar geltenden völkerrechtlichen Vertrag?
- Verordnung der Europäischen Gemeinschaft?
- Bundesgesetz (gegenüber erwogenen Bundesverordnungen)
- Rechtsverordnung (gegenüber erwogenen allg. Verwaltungsvorschriften).

6.5 Gibt es eingeführte technische Regeln (DIN o. ä.) über denselben Regelungsgegenstand?

6.6 Welche schon bestehenden Regelungen werden durch die geplante Vorschrift berührt? Können sie entfallen?

6.7 Ist aus Anlaß einer anstehenden Novellierung der Regelungsumfang auch über den konkreten Änderungsbedarf hinaus überprüft worden?

7. Kann die Geltungsdauer beschränkt werden?

7.1 Wird die Regelung nur für eine vorhersehbare Zeitspanne benötigt?

7.2 Ist eine befristete „Regelung auf Probe“ vertretbar?

8. Ist die Regelung bürgernah und verständlich?

8.1 Wird die neue Regelung auf das Verständnis und die Annahmebereitschaft der Bürger treffen?

8.2 Warum sind vorgesehene Einschränkungen von Freiräumen oder Mitwirkungspflichten unverzichtbar? z. B.:
- Verbote, Genehmigungs- und Anzeigepflichten
- persönliches Erscheinen bei Behörden,
- Antragstellungen, Auskunfts- und Nachweispflichten,
- Strafen oder Geldbußen,
- sonstige Belastungen.

Sind sie durch geringere Belastungen ersetzbar?
z. B.: Anzeigepflicht statt Verbot mit Erlaubnisvorbehalt.

8.3 Inwieweit können Anspruchsvoraussetzungen oder behördliche Genehmigungs-/Bewilligungsverfahren mit denen in anderen Rechtsbereichen abgestimmt und auf ein Minimum an Aufwand und Zeitbedarf reduziert werden?
8.4 Können die Betroffenen die vorgesehene Regelung hinsichtlich Wortwahl, Satzbau, Satzlänge, Länge der Einzelvorschrift, Systematik, Logik, Abstraktion verstehen?

9. Ist die Regelung praktikabel?

9.1 Reicht eine vertragsrechtliche, haftungsrechtliche oder sonstwie zivilrechtliche Regelung aus, damit ein Verwaltungsvollzug vermieden werden kann?
9.2 Warum kann auf neue behördliche Kontrollen und Einzelakte der Verwaltung (oder die Einschaltung eines Gerichts) nicht verzichtet werden?
9.3 Sind die gewählten Vorschriften direkt befolgbar? Lassen sie einen möglichst geringen Bedarf an Einzelakten der Gesetzesausführung erwarten?
9.4 Können verwaltungsrechtliche Gebots- und Verbotsnormen mit den vorhandenen Mitteln durchgesetzt werden?
9.5 Kann auf besondere Vorschriften über Verfahren und Rechtsschutz verzichtet werden? Warum reichen die allgemeinen Vorschriften nicht aus?
9.6 Warum kann auf
a) Zuständigkeits- und Organisationsregelungen
b) neue Behörden, beratende Gremien
c) Mitwirkungsvorbehalte
d) Berichtspflichten, amtliche Statistiken
e) verwaltungstechnische Vorgaben (z. B. Vordrucke)
nicht verzichtet werden?
9.7 Welche Behörden oder sonstigen Stellen sollen den Vollzug übernehmen?
9.8 Welche Interessenkonflikte sind bei den Vollzugsträgern zu erwarten?
9.9 Wird den Vollzugsträgern der erforderliche Handlungsspielraum eingeräumt?
9.10 Wie ist die Meinung der Vollzugsträger/-behörden zur Klarheit des Regelungszwecks und zum Vollzugsauftrag?
9.11 Ist die geplante Regelung unter Beteiligung der Vollzugsträger vorab erprobt worden (Planspiele)?
— Warum nicht?
— Mit welchem Ergebnis?

10. Stehen Kosten und Nutzen in einem angemessenen Verhältnis?

10.1 In welcher Höhe ist eine Kostenbelastung der Adressaten oder sonst Betroffener zu erwarten? (u. U. schätzen oder zumindest Art und Umfang grob beschreiben)
10.2 Kann die zusätzliche Kostenbelastung den Adressaten – insbesondere kleinen und mittleren Unternehmen – zugemutet werden?
10.3 In welcher Höhe entstehen zusätzliche Kosten und Ausgaben für die Haushalte von Bund, Ländern und Kommunen?
— welche Deckungsmöglichkeiten bestehen für die zusätzlichen Kosten?
10.4 Sind Kosten-Nutzen-Untersuchungen durchgeführt worden?
— Warum nicht?
— Zu welchem Ergebnis haben sie geführt?
10.5 Auf welche Weise sollen Wirksamkeit, Aufwand und evtl. Nebenwirkungen der Regelung nach Inkrafttreten ermittelt werden?

Autoren

Universitätsprofessor Dr. *Dieter Grimm*, LL.M., Bundesverfassungsrichter, Bielefeld/Karlsruhe

MinR. Dr. Dr. *Konrad Hobe*, Bonn

Universitätsprofessor Dr. *Wolfgang Hoffmann-Riem*, LL.M., Hamburg

Universitätsprofessor Dr. *Franz-Xaver Kaufmann*, Bielefeld

RegR. Dr. *Harald Kindermann*, Bonn

MinDir. Universitätsprofessor Dr. Dr. *Klaus König*, Bonn

Universitätsprofessor Dr. *Klaus Lüderssen*, Frankfurt

Dr. *Luzius Mader*, Bern

Universitätsprofessor Dr.Dr.h.c. (em.) *Werner Maihofer*, Bundesminister a.D., Überlingen

Professor Dr.Dres.h.c. *Renate Mayntz*, Köln

Professor Dr. *Karl A. Mollnau*, Berlin (DDR)

Professor *Charles-Albert Morand*, Genf

Universitätsprofessor Dr. *Eckard Rehbinder*, Frankfurt

Universitätsprofessor Dr. *Hans-Peter Schneider*, Hannover

Priv.Doz. Dr. *Helmutz Schulze-Fielitz*, Bielefeld

Professor Dr. *Gunther Teubner*, Florenz

o. Universitätsprofessor Dr.jur. et phil. *Ota Weinberger*, Graz

MinR. Dr. *Wolfgang Zeh*, Bonn

GPSR Compliance

The European Union's (EU) General Product Safety Regulation (GPSR) is a set of rules that requires consumer products to be safe and our obligations to ensure this.

If you have any concerns about our products, you can contact us on ProductSafety@springernature.com

In case Publisher is established outside the EU, the EU authorized representative is:

Springer Nature Customer Service Center GmbH
Europaplatz 3
69115 Heidelberg, Germany

Batch number: 10809472

Printed by Printforce, the Netherlands